PHILO-LEXIKON

HANDBUCH DES JÜDISCHEN WISSENS

Mit 250 Abbildungen, zahlreichen Plänen, Tabellen und Übersichten sowie 40 zum Teil mehrfarbigen Tafeln und Karten

Jüdischer Verlag
Frankfurt am Main

Unveränderter Nachdruck der dritten,
vermehrten und verbesserten Auflage
Philo Verlag, Berlin 1936

Umschlagabbildung:
Ausschnitt aus einer Miniatur der
Pessach-Haggadah, um 1420.
Foto: Hessische Landes- und Hochschulbibliothek,
Darmstadt

Druck: Nomos Verlagsgesellschaft, Baden-Baden
Printed in Germany

Herausgeber und Redaktion

Emanuel bin Gorion
Dr. Alfred Loewenberg
Dr. Otto Neuburger
Hans Oppenheimer

Mitarbeiter

Salomon Adler-Rudel, Berlin
Dr. Fritz Aron, Berlin
Julius Bab, Berlin
Dr. Hans Bach, Berlin
Dr. Leo Baeck, Rabbiner, Berlin
Dr. Fritz Bamberger, Berlin
Dr. Cora Berliner, Prof. i. R., Berlin
Dr. Immanuel Bernfeld, Berlin
Dr. Olga Bloch, Berlin
Dr. Friedrich S. Brodnitz, Berlin
Dr. Albrecht Buschke, Berlin
Gustav Cohn, Rabbiner, Leipzig
Ephraim Cohn-Reiß, Berlin
Dr. Arthur Czellitzer, Berlin
Günther Dammann, Berlin
Dr. Max Dienemann, Rabbiner, Offenbach/M.
Wilhelm Düsterwald, Tel Awiw
Dr. Margarete Edelheim, Berlin
Dr. Ismar Elbogen, Professor, Berlin
Dr. Paul Eppstein, Berlin
Dr. Ludwig Feuchtwanger, München
Dr. Georg Flatow, Ministerialrat i. R., Berlin
Dr. Jakob Freimann, Rabbiner, Berlin
Dr. Fritz Friedländer, Berlin
Kurt Friedländer, Regierungsdir. i. R., Berlin
Dr. Felix Goldmann, Rabbiner, Leipzig
Dr. Fritz Goldschmidt, Amtsgerichtsrat a. D.
Dr. Benno Gottschalk, Rabbiner, Berlin
Herbert Graf, Berlin
Dr. Martin Guttfeld, Berlin
Dr. Isaak Heinemann, Professor, Breslau
Dr. Arno Herzberg, Berlin
Leo Hirsch, Berlin
Dr. Otto Hirsch, Ministerialrat i. R., Berlin
Dr. Alfred Hirschberg, Berlin
Dr. Ludwig Holländer, Berlin
Dr. S. A. Horodezky, Berlin
Dr. Benno Jacob, Rabbiner, Hamburg
Dr. Tobias Jakobovits, Prag
Dr. Herbert Kahn, Berlin
Dr. Hans Kalisch, Berlin
Hannah Karminski, Berlin
Salli Kirschstein, Berlin
Dr. Adolf Kober, Rabbiner, Köln
Dr. Max Kreutzberger, Jerusalem
Dr. Wilhelm Kronheimer, München
Dr. Fritz Landsberg, Berlin
Dr. Paul Lazarus, Rabbiner, Wiesbaden
Dr. Adolf Leschnitzer, Studienrat, Berlin
Dr. Salli Levi, Rabbiner, Mainz
Dr. Artur Lilienthal, Landgerichtsrat i. R.
Paul P. Lindenberg, Berlin
Dr. Leo Löwenstein, Berlin
Dr. Ernst G. Löwenthal, Berlin
Dr. Georg Lubinski, Berlin
Dr. Julius Magnus, Justizrat, Berlin
Dr. Ernst Marcus, Berlin
Paul Yogi Mayer, Berlin
Dr. Franz Meyer, Berlin
Dr. Suse Michael, Berlin
Dr. Max Moszkowski, Berlin
Arno Nadel, Berlin
Dr. Alfred Neumeyer, Oberstlandesgerichtsrat i. R., München
Dr. Willy Nußbaum, Berlin
Georg Pape, Gedera
Albert J. Phiebig, Berlin
Felix Pinczower, Berlin
Dr. Joachim Prinz, Rabbiner, Berlin
Dr. Erwin Rawicz, Oberregierungsrat a. D.
Dr. Hans Reichmann, Berlin
Dr. Eva Reichmann-Jungmann, Berlin
Dr. Adolf Reifenberg, Jerusalem
Dr. Hanns Reissner, Berlin
Dr. Kurt Julius Riegner, Berlin
Dr. Helen Rosenau, London
Dr. Werner Rosenberg, Berlin
Dr. Werner Rosenstock, Berlin
Adolf Rubinstein, Berlin
Kurt Sabatzky, Leipzig
Marduk Schattner, Berlin
Dr. Jefim Schirmann, Jerusalem
Dr. Bella Schlesinger, Berlin
Dr. Erich Seligmann, Professor, Berlin
Dr. Bruno Sommerfeld, Berlin
Dr. Heinemann Stern, Rektor, Berlin
Heinrich Stern, Berlin
Dr. Manfred Swarsensky, Rabbiner, Berlin
Dr. Felix A. Theilhaber, Berlin
Dr. Rudolf Wassermann, München
Dr. Gotthold Weil, Professor, Jerusalem
Dr. Julius Weil, Stuttgart
Dr. Berthold Weinberg, Berlin
Dr. Max Wiener, Rabbiner, Berlin
Dr. Mark Wischnitzer, Berlin
Leo Wolff, Kammergerichtsrat i. R., Berlin
Dr. Hans Wollenberg, Berlin

VORWORT

Das Philo-Lexikon soll ein Wegweiser durch alle Gebiete jüdischen Wissens aus Vergangenheit und Gegenwart sein. Es ist der Versuch, auf knappem Raume über all das zu unterrichten, was das Judentum umschließt: Religion und Geschichte, Leistung und Leben. Die Gestalten und Begriffe des jüdischen Altertums und Mittelalters bilden die Grundlage dieser Arbeit; doch ist ein ebenso großer Anteil dem modernen jüdischen Dasein gewidmet, dem deutschen Sprach- und Kulturkreis, innerhalb dessen das Lexikon erscheint, wie dem Werden des neuen Palästina.

Allgemeine Stichwörter wurden nur aufgenommen, soweit sie unter jüdischer Perspektive Wissenswertes enthalten; hierbei soll dieses Handbuch ergänzend neben das Konversations-Lexikon treten. Außer Einzelbiographien dienen Sammelartikel der Übersicht über jüdisches Wirken auf den verschiedensten Gebieten. Für die Aufnahme solcher Personen, die dem Judentum nicht mehr angehören, ist die herrschende Anschauung maßgebend gewesen. Die Redaktion war bemüht, im Zweifelsfalle die Frage der Abstammung zu klären. Dem praktischen Bedürfnis entspricht die Aufnahme der jüdischen Organisationen und Einrichtungen. Die Abbildungen sind nicht nur als Buchschmuck und Erläuterung des Textes gedacht, sondern sollen auch das jüdische Kunstschaffen von den Anfängen bis zur Moderne veranschaulichen.

Förderndes Interesse öffentlicher und privater jüdischer Stellen hat dieses Werk bei seiner Entstehung begleitet. Die Mitarbeit der Leser am weiteren Ausbau dieses Handbuches wird dankbar begrüßt werden.

Berlin, im November 1934.

Der Neudruck (16.—21. Tausend) ist durchgesehen, verbessert und ergänzt worden.

Berlin, im März 1935.

Die dritte Auflage (22.—26. Tausend) wurde im Umfang erweitert und auf den neuesten Stand gebracht.

Berlin, im Dezember 1935.

Herausgeber und Verlag

Zum Gebrauch des Philo-Lexikons

1. Alphabetische Anordnung: ä, ö, ü (ae, oe, ue) hinter a, o, u, also: **Bar, Bär, Baer, Baraita.**

2. Familiennamen: im allgemeinen alphabetische Anordnung nach den Vornamen; aber biblische und mittelalterliche Namen vor dem gleichlautenden späteren Familiennamen, also: **Levi** (biblischer Name), **Levi b. Gerschon, Levi:** 1) Hermann, 2) Julius.

3. Biographien: hinter dem Namen Geburtsjahr (Tag), Geburtsort, Sterbeort, Sterbejahr (Tag), also: **Fischer,** Samuel, 24. 12. 1859 Lipto St. Miklos (Slowakei)—Berlin 15. 10. 1934. Bei gleichem Geburts- und Sterbeort ist der Ortsname vorangestellt.

4. Länder und Orte: hinter dem Stichwort Zahl der Juden nach der zuletzt veröffentlichten Zählung und prozentualer Anteil an der Gesamtbevölkerung, also: **Aachen,** 1345 J = 0,8%.

5. Verweisungen, durch das Zeichen ⁄‐, nur auf sachlich ergänzende Stichwörter, also: **Abessinien,** 50 000 J, sogenannte ⁄‐ Falascha. In einzelnen Gruppenstichwörtern wurde der Übersichtlichkeit zuliebe von Verweisungen abgesehen. Bildhinweise durch Ziffer der Spalte (Abb. . . .) bzw. der Tafel.

6. Abkürzungen: auf S. VII angeführt (bitte genau beachten!). Ein Stichwort ist bei der Wiederholung im dazugehörigen Text nur mit dem Anfangsbuchstaben bezeichnet.

7. Umschrift hebräischer Wörter: nach sefardischer Aussprache, also: Rosch ha-Schana (nicht: Rausch ha-Schonoh); Verzicht auf schriftgetreue Wiedergabe des Originals, also: Alija (nicht Alijah); keine Unterscheidung zwischen lautgleichen Buchstaben (Tet und Taw gleicherweise mit T umschrieben); Berücksichtigung der doppelten Aussprache von Bet (b, w), Kaf (k, ch), Pe (p, f). Ausnahmen: 1) feststehende Organisationsnamen, Titel; 2) biblische Eigennamen in eingebürgerter Form wie Jakob (nicht Jaakow). Bei großen Unterschieden Hinweis: Jecheskel ⁄‐ Ezechiel.

8. Bibelzitate: Nachweis durch Buch (vgl. Abkürzungen S. VII), Kapitel und Vers, beide in arabischen Ziffern.

9. Gruppenstichwörter, Listen und Tabellen (Aufzählung Seite VI) beachten, falls keine Einzelbiographie vorhanden.

10. Organisationen: nach Namen oder gebräuchlicher Abkürzung eingereiht. Adressentafel auf Spalte 507—512 mit Hinweisen auf die Einzelstichwörter.

VERZEICHNIS
der Tafeln, Karten, Listen, Tabellen, Textproben etc.

(Spalten = Arabische Ziffern. Tafeln = Römische Ziffern)

Abrahams Geschlecht (Stammbaum) 5/6
Alphabet, Hebräisches 17/18
Altneuschul in Prag I
Archäologie (Ausgrabungsfunde) II
Architektur: Moderne Kultbauten III
Berlin: Jüdische Bauten IV
Bibel (Handschrift) V
„ (Einteilung) 91/94
Bildhauerkunst VI
Deutschland: Jüd. Siedlungen 149/50
„ : Jüd. Gemeinden 151/52
„ : Süßkind von Trimberg VII
„ : Jüd. Frauen im 19. Jhd. VIII
„ : Jüd. Familie um 1840 IX
Dreyfus-Affäre: „J'accuse" 157/58
Erfinder und Entdecker 179/80
Europa: Statistik 187/88
Film: Anteil der Juden 199/200
Gemeinden, größte der Welt 227/28
Geschichtstafel 237/38
Haggada, Darmstädter X
„ , Prager 265/66
Haifa, Ansichten XI
Hebräisch, 100 Worte 277/78
Heine und Lassalle: Totenmasken XII
Inkunabel, hebräische 305/06
Jerusalem: Alte Bauten XIII
„ : Neue Bauten XIV
Kalendertafel 361/62
Karikaturen 371/72
Malerei: Selbstbildnisse XV
„ : Frauenbildnisse XVI
„ : Farbtafel XVII
„ : Kinderbildnisse XVIII
Mediziner, Liste bedeutender 457/62
Megilla des 14. Jahrhunderts XIX
Mendelssohn, Moses: Büste XX
„ : Toraübersetzung 467/68
„ -Bartholdy u. Phil. Veit XXI
Nobelpreisträger (Liste) 511/12
„ (Bildnisse) XXII
Organisationen (Adressentafel) 523/28
Palästina: Landschaft XXIII
„ : Siedlung XXIV
„ : Statistik 539/40
„ : Karte (Altertum } nach
„ : Karte (Neuzeit) } 543/44
Parochet XXV
Presse, jüdische in Deutschland 575/78
Rabbinerbildnisse XXVI
Rassentypen, jüdische XXVII
Rembrandt: Rabbinerbildnis XXVIII
Rom: Relief am Titusbogen XXIX
Rothschild (Familienbilder) XXX
Schrifttum, Juden im deutschen 663/74
Spinoza (Bildnisse) XXXI
Sportler, jüdische 706/10
Statistik: Karte (Deutschland) } nach
„ „ (Europa/Mittelmeer) } 711/12
Synagogalmusik (Notenbeispiele) 731/32
Synagogenbau: Außenansichten XXXII
„ : Innenansichten XXXIII
Talmud und Midrasch (Textproben) 741/42
Universität Jerusalem: Dozenten 775/76
Vereinigte Staaten (Statistik) 783/84
Wandmalerei in Mohilew XXXIV
„ „ Unterlimpurg XXXV
Wirtschaftsgliederung der dt. Juden 809/10
Wochenabschnitte des Pentateuch 813/14
Worms, Inneres der Synagoge XXXVI

GRUPPENSTICHWÖRTER

Anthropologen
Archäologen
Architekten
Artisten
Astronomie
Bildhauer
Botaniker
Buchhandel
Chemiker
Dirigenten
Flieger
Geographen
Geologen
Geschichtsschreibung
Graphiker
Hebraisten
Historiker
Industrie
Jiddische Literatur
Journalisten
Juristen
Kantoren
Komponisten
Kunsthistoriker
Literarhistoriker
Maler
Mathematiker
Militärdienst
Miniaturmaler
Musiker
Musikschriftsteller
Neuhebräische Lit.
Oper
Operette
Organisationen
Orientalisten
Philosophen
Physiker
Politiker
Rechtsanwälte
Religionsphilosophie
Sammlungen
Sänger
Schach
Schauspieler
Sozialpolitiker
Sprachwissenschaftler
Stiftungen
Technik und Verkehr
Theater
Theologen
Übersetzer
Volkswirtschaftler
Weltliteratur
Zoologen

J.V.

ABKÜRZUNGEN

△	= Nichtjude
♁	= jüdische Abstammung
⍏	= Antisemit (-ismus, -isch)
L:	= Literaturangaben
↗	= Verweisungszeichen (= siehe)
Ⓦ	= Werke; Organe (von Vereinen)

Abb.	= Abbildung
Abk.	= Abkürzung
Abt.	= Abteilung
Am.	= Amos
a. o.	= außerordentlicher
arab.	= arabisch
aram.	= aramäisch
aschk.	= aschkenasisch
AT	= Altes Testament
B	= Bibel
babyl.	= babylonisch
Bde.	= Bände
begr., Begr.	= begründet, Begründer
bek.	= bekannt
bes.	= besonders
betr.	= betreffend
BGB.	= Bürgerliches Gesetzbuch
Bz.	= Bezeichnung
bzw.	= beziehungsweise
ca.	= circa
D	= Deuteronomium
d.	= der, die, das, des, dem, den
Da.	= Daniel
dgl.	= dergleichen
Dt.	= Deutschland
dt.	= deutsch
E	= Exodus
eigtl.	= eigentlich
engl.	= englisch
Es.	= Esra
Ez.	= Ezechiel
f.	= für
ff.	= und folgende
frz.	= französisch
G	= Genesis
geb.	= geboren
gegr.	= gegründet
Gem.	= Gemeinde
gen.	= genannt
gest.	= gestorben
get.	= getauft
Ggs.	= Gegensatz
gr.	= groß
griech.	= griechisch
H, h.	= Hebräisch
Hi.	= Hiob
Hl.	= Hohes Lied
hpts.	= hauptsächlich
Isr.	= Israel
isr.	= israelitisch
J	= Jude(n)
j.	= jüdisch
Jhd.	= Jahrhundert
Jos.	= Josua
Jr.	= Jeremia
Js.	= Jesaia
Jt.	= Judentum
Kg.	= König(e)
Kgr.	= Königreich
kl.	= klein
Koh.	= Kohelet
Komm.	= Kommentar
kons.	= konservativ
L	= Leviticus
Lit.	= Literatur
lat.	= lateinisch
m.	= mit
MA	= Mittelalter
Midr.	= Midrasch
Mill.	= Million(en)
Mitgl.	= Mitglied(er)
mod.	= modern
Ms.	= Manuskript
N	= Norden
n.	= nach gewöhnl. Zeitrechnung
nat.	= national
Neh.	= Nehemia
NU	= Numeri
O	= Osten
o.	= ordentlicher
od.	= oder
Org.	= Organisation
orth.	= orthodox
Pal.	= Palästina
pal.	= palästinensisch
Präs.	= Präsident
Prof.	= Professor
Ps.	= Psalm(en)
Ri.	= Richter
Rp., Resp.	= Responsen
S	= Süden
Sch. Ar.	= Schulchan Aruch
sef.	= sefardisch
Sm.	= Samuel
soz., sozial.	= sozialistisch
Spr.	= Sprüche
T	= Talmud
Taf.	= Tafel
Tr.	= Traktat
u.	= und
Übs., Übers.	= Übersetzung, Übersetzer
urspr.	= ursprünglich
v.	= vor gewöhnl. Zeitrechnung
vgl.	= vergleiche
Vors.	= Vorsitzender
W	= Westen
Z.	= Zionist, Zionismus
z.	= zionistisch
zahlr.	= zahlreich(e)
z. B.	= zum Beispiel
z. T.	= zum Teil
z. Zt.	= zur Zeit

ZUM GELEIT

Jüdisches Wissen bezeichnet zunächst Wissen vom Judentum, von seinem Gehalt und seiner Geschichte. Aber das Wort darf auch ein anderes noch bedeuten. Denn alles wahre Wissen, das einem zukommt, ist zwiefach gelenkt: durch einen Standort, denn ein bestimmter Mensch sucht es, und durch eine Erstreckung, denn es weist zum Denken der ganzen Menschheit hin. Darum gibt es innerhalb des allgemeinen Wissens ein Besonderes als jüdisches Wissen auch; es ist das Erkennen, dem ein Jude von seiner geschichtlichen Stelle aus zustrebt, und das ihm dann wieder das Eigene dieses jüdischen Platzes zeigt.

Alles Wissen, nicht zum mindesten das jüdische in diesem seinem doppeltem Sinn, bedarf der führenden Hilfe; denn es hat seine Welt der Sachen, sein weites Gebiet des Einzelnen. Das, was schon gewonnen worden ist, soll erreicht und aufgenommen werden. Ein sicherer Weg soll gewiesen und bereitet sein. Solchen Beistand will dieses Buch gewähren.

Leo Baeck

A

Aachen, 1345 J = 0,8%. Isaak aus A. Dolmetscher d. Gesandtschaft Karls d. Gr. bei Harun al-Raschid (797), erster mit Namen bek. dt. Jude.

Aaron (Aharon), Urenkel Levis, älterer Bruder u. Mitkämpfer Mosis, erster Priester u. Hohepriester, Ahnherr d. Priestertums, trotz Sünde d. goldnen Kalbes (E 32) Erwählter Gottes, dessen Stab Blüten treibt (NU 17), Vorbild d. Friedfertigkeit.

Aaron. Fresko in Dura-Europos

Aaronsohn, Aron, 1876—1919, pal. Agronom, begr. 1910 Versuchsstation für Pflanzungen in Atlit u. bemühte sich um rationellere Bodenbewirtschaftung in Palästina.

Aas (Newela), zum Genuß verboten; Berührung macht unrein.

Ab ⁄ Aw.

Abaelard △ Peter, 1079—1142, scholastischer Philosoph, bek. durch d. Liebe zu Heloise, rechtfertigt im „Dialogus inter philosophum, judaeum et christianum" d. Jt.

Abba, aram. = Vater, Anrede Gottes, altj. Ehrentitel f. Gelehrte, auch Eigenname.

Abba Aricha, um 160/247, d. älteste Amoräer, Begründer d. Lehrhauses in Sura (Babylonien), eine d. Hauptgestalten d. T, Schüler Juda ha-Nassis, kurz Raw genannt.

Abbaje, um 280/340, Amoräer, Gefährte d. ⁄ Raba, in ⁄ Pumbedita.

Abbreviaturen ⁄ Abkürzungen.

Abdias (Obadja), Erzählung Adalbert △ Stifters, Lebensschicksal eines nordafrikanischen J schildernd.

Abel (Hewel), zweiter Sohn Adams, Hirte, den sein Bruder Kain tötet.

Abendgebet ⁄ Maariw.

Aberglaube heidnischer Form (Tätowierung, Nekromantie, Zauber jeder Art) wird im Pent. verworfen; volkstüml. A., obwohl von d. Autoritäten (bes. Maimonides) bekämpft, blieb teilw. bis heute erhalten. Beispiele: im T Dämonenglaube, Traumdeutung usw., in d. Kabbala Besessenheit (Dibbuk) u. Beschwörung, im Volksglauben Amulette, Verbrennung abgeschnittner Fingernägel, Böser Blick, Furcht vor Beschreien bei Lob.

Abessinien (Chabasch), im Altertum Aethiopien (Kusch), 50 000 J = 0,5%, sog. ⁄ Falascha (seit 1933 auch kl. aschk. Gem. zu Addis Abeba), christl. Kaiserreich in Afrika, dessen Herrscherhaus sich von Salomo ableitet u. dessen Kirche versprengte Reste d. alt-j. Lit. bewahrt hat (Rest d. Worte Baruchs; äthiopisches Henochbuch u. a. m.).

Abigail, eine d. Frauen Davids, Witwe Nabals.

Abimelech, Bastard Gideons, einziger Kg. d. Richterzeit, Mörder seiner 70 Brüder, Tyrann zu Sichem, fällt bei d. Belagerung von Tebez.

Abiram, Widersacher Mosis, zusammen m. Datan von d. Erde verschluckt.

Abisag aus Sunem, Pflegerin u. letzte Geliebte d. greisen Kg. David.

Abkürzungen, bes. Vereinigung von Anfangsbuchstaben geläufiger Namen u. Redewendungen zu einem künstl. Worte, im H sehr beliebt. Beisp.: Raschi (RSI = Rabbi Salomo Izchaki), Rambam (RMBM = R. Mose b. Maimon), Bescht (BST = Baal Schem Tow), Tenach (Tora Newiim Ketuwim = Bibel), Schass (Schischa Sedarim = d. 6 Ordnungen d. Mischna = T), Akkum (Owed Kochawim u-Masalot: Gestirnanbeter, Heide). — SL (Sichrono Liweracha: sein Andenken zum Segen, Eulogie f. Tote).

Abner, Feldhauptmann u. Verwandter Kg. Sauls, von Joab umgebracht.

Abner aus Burgos (als Christ: Alfonso von Valladolid), um 1270/1350, Apostat, Eiferer gegen d. Jt.

Aboab, sef. Familie. — Isaak A., um 1300 in Spanien, religiös-ethischer Autor. Ⓦ Menorat ha-Maor (Leuchter d. Leuchtens), volkstüml. Kompendium d. talmud. Ethik.

Abot ↗ Sprüche d. Väter.

Abracadabra, antike Zauberformel zur Heilung von Fieber u. Krankheit; d. Name vielleicht h. od. aram. Ursprungs.

Abraham, ältester d. drei Erzväter, Ahnherr Israels, aus Ur Kasdim in Kanaan eingewandert, erster Bekenner d. einzigen Gottes u. Vollzieher d. Beschneidung (A.-Bund), besteht d. Prüfung d. Sohnesopferung (Akeda); Gatte d. Sara u. Hagar, Vater Isaaks u. Ismaels; in d. Höhle Machpela (Hebron) begraben. (Abb. 309, 777.)

Abraham b. David aus Posquières, um 1125/98, Talmudist, Kritiker d. Maimonides. Ⓦ Hassagot (Einwände), zu Maimonides' Mischne Tora.

Abraham ibn Daud, um 1110/80, span. Chronist u. Philosoph. Ⓦ Seder ha-Kabbala (Reihenfolge d. Tradition), Chronik von d. Weltschöpfung bis 1146 n.; Emuna rama (Erhabener Glaube, arab. geschrieben), erster Versuch einer Harmonisierung von Aristotelismus u. Jt.

Abrahams: 1) Israel, 26. 11. 1858 London—Cambridge 6. 10. 1925, j. Gelehrter, Lektor f. talm.-rabbin. Lit. an d. Universität Cambridge. Ⓦ Jewish Life in the Middle Ages (1896). 2) Sidney Salomon, geb. 1885 Birmingham, Generalstaatsanwalt u. Oberrichter in ↗ Uganda.

Abramson, Abraham, 1754—1811, bedeutendster j. Medailleur, Schüler seines Vaters Jakob Abraham (1722—1800), in Berlin tätig. Ⓦ Medaillen zur Zeitgeschichte, auch einige j. Inhalts.

Abravanel, sef. Familie: 1) Don Isaak b. Juda, 1437 Lissabon—Venedig 1508, Schatzmeister Kg. Alfonsos V. von Portugal, klass. Bibelexeget (ausführl. h. Kommentar zur B) u. Religionsphilosoph maimunischer Richtung. 2) Juda (Leo Hebraeus, Leone Ebreo), Sohn von 1, um 1460/1535, neuplatonischer Philosoph. Ⓦ Dialoghi di amore.

Abraxas (griech.), magisches Zauberwort, auf Gemmen oft m. j. Symbolen verbunden.

Absaloms Grab
Kupferstich

Absalom, Sohn Davids, berühmt durch Schönheit u. mächtigen Haarwuchs, büßt d. Aufstand gegen d. Vater m. d. Tode. A.-Grab, Felsendenkmal im Kidrontal, wahrscheinlich aus römischer Zeit.

ABRAHAMS GESCHLECHT

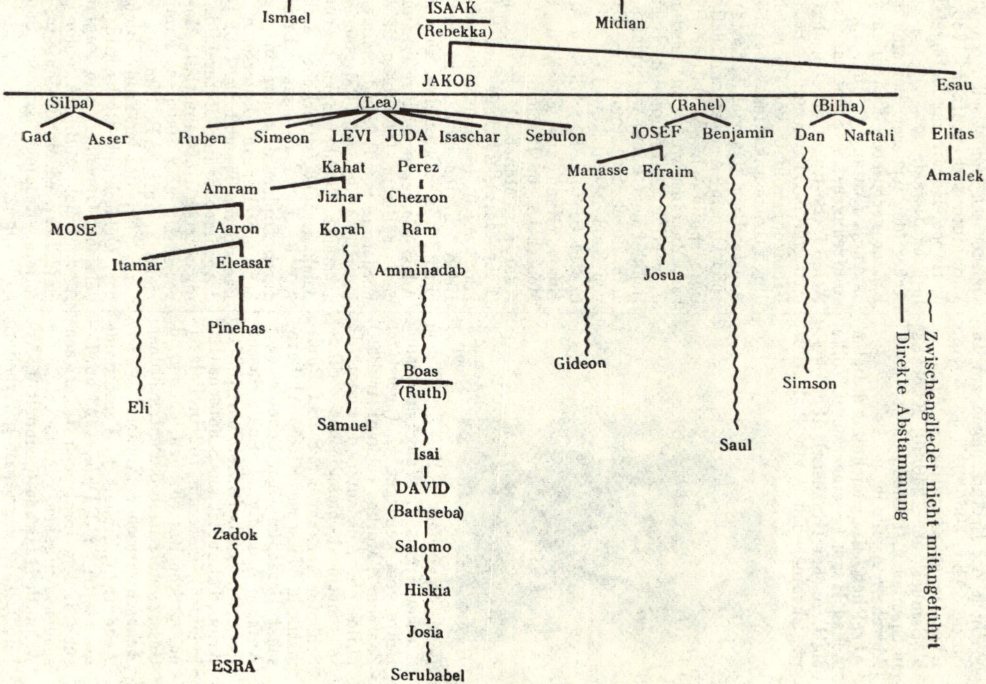

Abudarham, David, Sevilla um 1350. Ⓦ Buch A., Erläuterungen zur Liturgie (Abb. 305/06).

Abulafia, sef. Familie. — Abraham b. Samuel, um 1240/90, Kabbalist in Spanien u. Italien.

Abwehr ↗ Apologie.

Abzeichen ↗ Kennzeichnung d. Juden.

Achad Haam (= einer aus d. Volke, eigtl. Ascher Ginzberg), 1856 Skwira (Ukraine)—Tel Awiw 2. 1. 1927,

Achad Haam

Begr. einer dem polit. Z. u. dem Autonomismus d. Waage haltenden Lehre vom geistigen Z. („geistiges Zentrum", Merkas ruchani, in Pal.), philosoph. Ausdeuter d. histor. Jt. im national - biologischen Sinne, Schöpfer eines neuen h. Stils f. Publizistik u. Wissenschaft. Ⓦ Al Paraschat Derachim (Am Scheidewege), Aufs. u. Abhndlg., 4. Bde.; Haschiloach, wissenschaftl. Zeitschr. 1897ff.

Achai, Talmudist aus Schabecha (Babylonien), gest. um 762 in Palästina. Ⓦ Scheeltot (Fragen, Thesen), d. Gesetzesstoff nach d. Pent. geordnet.

Achaschwerosch ↗ Xerxes.

Achduth („Einheit"), Vereinigung gesetzestreuer J Dt.'s, 1923 zur Lösung d. dem toratreuen Jt. erwachsenden Aufgaben gegründet.

Achduth Haawoda („Einheit d. Arbeit"), 1919 gegr. pal. j. Arbeiterpartei mit marxistisch fundierter sozialistisch-zionistischer Ideologie. Vereinigte sich Anfang 1930 mit d. Hapoel-Hazair zur Mifleget-Poale-Erez Jisrael.

Acher (der Andere), Beiname d. als Ketzer verrufenen Tannaiten Elisa b. Abuja (Anfang 2. Jhd. n.).

Achtzehngebet ↗ Schemone essre.

Achusa (Besitz), Genossenschaft bemittelter pal. Pflanzer; sie lassen d. Pflanzungskolonie vor Übersiedlung durch Dritte ankaufen u. bearbeiten.

Acosta, Uriel (Gabriel da Costa), um 1585 Oporto—Amsterdam 1640, Religionsphilosoph, Vorläufer Spinozas, Marrane, wurde in Amsterdam J, verfiel als Leugner d. Unsterblichkeit dem Bann, widerrief u. endete durch Selbstmord. — Drama von Karl △ Gutzkow 1846.

L: Carl Gebhardt, D. Schriften d. A. 1922.

Adam (Mann aus Erde), d. erste Mensch (A. ha-Rischon).

Adar, 6. Monat d. j. Kalenders (Febr./März), 29 Tage, im Schaltjahr zwei A. (Adar u. Adar scheni). 13. A.: Fasten Esther; 14. A.: Purim; 15. A.: Schuschan Purim.

Adass-Jisroel, orthodoxe Trennungsgem. in Berlin. 1869 unter geistiger Förderung von I. ↗ Hildesheimer zur Erhaltung d. vom Religionsgesetz gebotenen Einrichtungen begründet.

Adel. Uradel (ritterlicher Lehens-A.) d. J verschlossen; Brief-A., durch Diplom d. Souveräne verliehen, erhielten in Oesterreich 1622 Bassevi von Treuenberg, 1762 Diego d'Aguilar; später Rothschild, Königswarter, Hofmannsthal, Morpurgo; in Dt. über 100 j. A.-Familien, meist getauft, z. B. Simson, Weinberg, Friedländer-Fuld, Bleichröder, Goldschmidt-Rothschild, Mendelssohn, Oppenheim; in England j. A. zahlreich, z. B. d'Avigdor-Goldsmid, Bearsted, Mond, Montagu, Montefiore, Reading, Sassoon, Samuel. ↗ Wappen.

Adiabene, im 1. Jhd. n. Grenzland zwischen Rom u. Parthien am oberen Tigris, dessen Königshaus (Helena u. ihre Söhne Monobazos u. Izates) d. j. Glauben annahm (30 n.).

Adler, aschkenas. Familie, d. Frankfurter A. benannt nach d. Adler auf d. Kaiserfahne, den ein Angehöriger dieser Fam. trug, als d. Frankfurter J nach d. ↗ Fettmilchrevolte zurückkehrten. – 1) Alfred, Nervenarzt, geb. 7. 2. 1870 Wien, Schüler Freuds, Begr. d. Individualpsychologie. 2) Cyrus, Orientalist u. j. konserv. Politiker Amerikas, geb. 13. 9. 1863 in Van Buren (Arkansas), 1892 Prof. f. semit. Sprachen, 1907 Präs. d. Dropsie-College. 3) Felix, sozialpol. Schriftsteller, geb. 1851 Alzey (Hessen), wirkte in Amerika, Gründer d. Ges. f. ethische Kultur in Amerika (1876) u. anderen Ländern. 4) Guido, geb. 1. 11. 1855 Eibenschütz (Mähren), hervorrag. Musikforscher, 1898–1927 Prof. d. Musikwissensch. a. d. Wiener Universität, Herausg. der „Denkmäler d. Tonkunst in Österreich" u. mehrerer anderer Sammelwerke. 5) Jankel, geb. 1895 Lodz, Maler expression. Richtung u. bewußt j. Färbung, bis 1933 in Düsseldorf tätig, seitdem in Paris. 6) Nathan b. Simeon, Frankfurt/M. 16. 12. 1741–17. 9. 1800, Begr. einer westj. chassid. Richtung (Frankf. Chassidim). 7) Nathan Marcus, 15. 1. 1803 Hannover–Brighton 26.1.1890, Oberrabbiner von England, Begr. d. „United Synagogue" u. d. „Jews' College" in London. 8) Victor, 24. 6. 1852 Prag–Wien 11. 11. 1918, führender Sozialdemokrat in Österreich, 1918 Staatssekretär.

J. Adler: Die Eltern des Malers. 1921

Adonai (mein Herr), Name Gottes, wird statt d. unausgesprochenen Tetragramms (JHWH) gebraucht.

Adret, sef. Familie. – Salomo b. Abraham A., um 1235 in Barcelona geb., 1310 gest., Dezisor, größte Autorität seiner Zeit.

Adrianopel, 10 000 J = 30%; j. Ansiedlung seit 2. Jhd. n.

Adventisten (Sabbatisten), moderne christl.-evangel. Sekte, hüten d. Sabbat, verpönen Schweinefleisch, sondern Zehnten ab.

Afghanistan, ca. 6000 J = 0,06% in 60 Gem.; j. Ansiedlung seit Mitte 5. Jhd. n.; kulturell von d. persischen J abhängig, d. bucharischen J verwandt, bis 1914 in J-Vierteln.

Afikomon (griech.), Nachtisch; ein Stück Mazza, das zum Abschluß d. Pessachmahls verzehrt wird.

Afrika, ca. 530 000 J = 13,25% d. weißen Bevölkerung, hpts. in NA., dort seit Zerstörung d. Tempels nachweisbar; vgl. d. einzelnen Länder.

Afule, ca. 1000 J = 100%, j. Städtchen im ↗ Emek, Verkehrsknotenpunkt; gegr. 1925.

Agada (Haggada; Gesprochenes, Vortrag), Sammelbegriff f. d. gesamten nicht religionsgesetzl. Teil d. T, Gegensatz zur ↗ Halacha, zugleich Bz. d. Hauptinhalts d. ↗ Midrasch.

Agency ↗ Jewish Agency.

Agnon (eigtl. Czaczkes), Samuel Josef, geb. 17. 7. 1888 Buczacz (Galizien), neu-h. Erzähler, lebt in Pal. Ⓦ Ges. Erzählungen, 6 Bde.

Agobard △ von Lyon, 779–840, Erzbischof, wegen ↑ Tätigkeit zeitweise seines Amts enthoben.

Agrippa, Name d. zwei letzten j. Kge. 1) Julius A., Enkel d. Herodes, Befestiger Jerusalems, regierte 37—44 n. 2) Marcus Julius A., 28—100 n., Sohn von 1, Schattenkönig über d. j. Randgebiete Judäas.

Agudas Jisroel (Bund Israels), Weltorganisation aller toratreuen (orthodoxen) J zur Pflege u. Vertretung ihrer relig. Interessen, 1912 in Kattowitz gegr., Hauptsitz heute Wien II, Leopoldsgasse 26. Ⓦ Judisches Togblatt (Warschau) u. Israelit (Frankfurt/M.). Seit 1921 eigene Pal.-Zentrale zum Aufbau Pal.'s im Geiste d. Tora. Fonds hierfür: ↗ Keren Hajischuw u. ↗ Keren Hatorah.

Aguna (die Gebundene), d. verlassene u. nicht geschiedene Ehefrau.

Ägypten (h. Mizrajim), ca. 72 500 J = 0,5%; Stätte j. Volkwerdung von Josef bis Mose (erste Erwähnung Israels auf d. Stele Mernephtahs 1220 v.), mächtigster Nachbar u. Gegner d. j. Südreichs; j. Diaspora seit Jeremia (nach 586 v.); Mittelpunkt d. j. Hellenismus (Alexandria seit 3. Jhd. v., Oniastempel 160 v.) mit ca. 1 Mill. J = 12% im 1. Jhd. v.; im MA j.-arab. Kulturzentrum mit Hauptort Fostat (Kairo) seit 750 u. Residenz d. j. Nagid (= Fürst, Führer) im 10.—15. Jhd.

Ahab (Achab), Kg. d. israelit. Nordreichs um 865 v., Gatte d. Isebel, führte d. tyrischen Baal-Kult ein, gegen den Elia kämpfte.

Aharon ↗ Aaron.

Aharoni, Israel, geb. 1880 Widzy (Litauen), pal. Zoologe, seit 1925 Dozent in Jerusalem.

Ahasver, d. ewige J, auf d. allgemeine Weissagung Matth. 16, 28 zurückgehende christl. Sage d. MA: Jesus will nach seiner Verurteilung mit d. Kreuze beladen beim Haus d. j. Schusters A. ausruhen u. wird von diesem gefühllos zurückgewiesen. Zuerst in einer anonymen Schrift von 1602 enthalten; zahlreiche Berichte, Flugblätter u. Schriften ü. d. tatsächliche Auftreten d. ewigen J seit Beginn d. 17. Jhd. In d. Erzählung drängt sich (bezeichnender Weise erst seit d. allg. Niedergang d. Judenheit im 16. Jhd.) d. Volksglaube von d. ausgestoßenen, zur ewigen Unruhe u. Heimatlosigkeit verdammten J, einer unheiml. Figur d. Grauens, zusammen.
L: W. Zirus, A. d. ewige J, 1930.

Ägyptische Stele mit der ersten Erwähnung Israels, 1220 v.

Ahawah (h. Liebe), Verein f. j. Kinder- u. Jugendheime in Berlin, Filiale in Haifa.

Ahia (Achija) aus Silo, Prophet unter Salomo u. Jerobeam.

Ahitofel, Ratgeber Absaloms, erhängte sich nach d. Ende d. Empörung.

Ahlem, j. Gartenbauschule bei Hannover-Limmer, gegr. 1893 von Konsul M. Simon zur Ausbildung in Landwirtschaft, Gärtnerei, Handwerk, Kleintierzucht.
Ahnenverehrung, für Jt. charakteristisch: strengste Trauerpflicht nach Ableben d. Eltern, ↗ Kaddisch-Gebet, ↗ Jahrzeitlicht an jährl. Todestage. Neugeborene nach Verstorbenen benannt (daher so häufig Kinder Namen d. Großvaters bezw. Urgroßvaters tragend), keine Erwähnung d. Toten ohne Eulogie.
A. I. U., Abk. f. ↗ Alliance Israélite Universelle.
A. J. A. ↗ Anglo Jewish Association.
Ajin (Auge), 16. Buchstabe d. h. Alphabets, emphat. Kehllaut, Zahlwert 70.
Akademie f. d. Wissenschaft d. Jt. in Berlin, Ziel eines 1919 begr. Vereins, zu dem ein Forschungsinstitut u. ein wissenschaftl. Verlag gehörten. Ⓦ Korrespondenzblatt, 1920 ff.
Akademien ↗ Gelehrtenschulen.
Akademikerverbände ↗ Studentenverbände.
Akeda (Fesselung), d. Opferung Isaaks, Symbol d. Märtyrertums; auch Bz. einer Dichtungsart d. synagogalen Poesie, die dieses Thema behandelt.
Akiba b. Josef, um 50/135, Tannaite, Mitbegründer u. volkstümlichste Gestalt d. talmud. Jt., Märtyrer z. Zt. d. Bar Kochba-Aufstands. A.-Legende handelt vom Opfermut seiner Frau u. A.'s Aufstieg vom unwissenden Hirten zum Meister d. Lehre.
Akkadisch, wissenschaftl. Bz. d. assyr.-babylon. Sprache, aus der viele Lehnwörter ins H gedrungen sind.
Akko, 700 J = 11%, pal. Küstenstadt nördl. Haifa, vorisrael. Siedlung, in bibl. Zeit phönizisch, später hellenist.-römisch (Ptolemais).
Akkum ↗ Abkürzungen.
Aknin, Josef b. Juda ibn, um 1160/1226, Religionsphilos., Schüler Maimonides', starb in Aleppo.
Akzente (Teamim, Neginot), etwa 50 verschiedene, begleiten jedes Wort d. vokalisierten massoret. Bibeltextes; d. A. sind zugleich Ton- (auf d. betonten Wortsilbe), Interpunktions- (Satzteiltrenner u. -verbinder) u. Notenzeichen (f. d. rezitativsynagogalen Vortrag insbes. d. Tora).
Alaska, ca. 500 J = 0,9%.
Albanien, vor 1914 ca. 13 000 J = 1,3%, jetzt nur noch 204 J = 0,02%. Erste J um 1175. Sabbatai Zwi starb zu Berat in A. 1675.
Albeck, Chanoch, geb. 1890 Lowicz (Polen), Dozent d. Lehranstalt f. d. Wissensch. d. Jt. Berlin, T-Forscher (wie sein Vater Schalom A., 1858—1920).
Albo, Josef, Religionsphilosoph in Spanien, starb um 1440. Ⓦ Ikkarim (Grundsätze), Zurückführung d. Glaubensartikel auf drei Prinzipien: Gott, Offenbarung, Lohn u. Strafe.
Alchimie, d. pseudowissenschaftl. Gegenstück zur Chemie, wohl ägypt. Ursprungs, verknüpft ihre Geheimnisse u. Schriften oft mit bibl. Personen, gebraucht in Rezepten u. ä. auch h. Wörter u. entlehnt manchen Begriff d. j. Kabbala; j. Alchimisten: ↗ Maria Hebraea im 1. Jhd. n.; d. zwei „Hollandi" im 15. Jhd.; Benjamin Jesse in Hamburg um 1730.
Alef (Rind, Rindskopf), 1. Buchstabe d. h. Alphabets, unhörbarer Kehllaut (Ein- u. Absatz d. Stimme), Zahlwert 1. — Alef-Bet = Alphabet; von Alew bis Taw = A—Z.
Alenu (A. le schabeach, wir haben zu preisen), Hymne am Schluß d. drei täglichen Gebete; wegen eines Satzes gegen d. heidnischen Glauben lange umstritten.
Alexander d. Gr. △, dessen Weltreich d. größten Teil d. damaligen Judenheit umfaßte, ist einer d. Helden d. j. Sage (Legenden bei Josephus u. im T, mittelalterl. h. A.-Romane). A. wurde j. Vorname (jidd. Sender); sein Beiname Mukdan (= Mazedonier) verbreiteter Nachname.
Alexander Jannai ↗ Jannai.

Alexandra Salome ↗ Salome.
Alexandria, ca. 30 000 J = 5%. Im Altertum Sitz d. größten Gem. d. j. Diaspora (im 1. Jhd. v. nach zweifelhafter Schätzung 1/3–1/2 Mill. J) u. Zentrum d. j.-hellenist. Kultur (griech. Bibelübersetzung; d. Philosoph ↗ Philo); während d. j.-röm. Kämpfe (zuletzt unter Trajan) dezimiert.
Alfassi, Isaak, 1013 Fez–Lucena (Span.) 1103, Kodifikator. Ⓦ Halachot (Gesetze), klassisches Kompendium d. Halacha d. T.
Alfonsi, Petrus (Mose Sefardi) 1062–1110, Apostat in Spanien. Ⓦ Disciplina clericalis, Legenden u. Exempel.
Algerien (Algier), ca. 80 000 J = 11%, seit 1870 frz. Bürger. Nach d. Zerstörung Jerusalems sind J in A. nachzuweisen; um 1400 marranische Einwanderer, um 1700 aus Italien u. S-Frankreich. Ausschreitung gegen J z. Zt. d. Dreyfus-Affäre, in Constantine August 1934.
Alija („Hinaufziehen"), Einwanderung n. Pal.; auch d. einzelnen Perioden d. modernen Einwanderung. In der z. Bewegung d. letzten Jahrzehnte unterscheidet man 5 Einwanderungsepochen (Alijot): 1. A. 1880/1905; 2. A., die d. moderne pal. Arbeiterbewegung begründet, 1905/14; 3. A. 1919/24; 4. A. 1924/27 u. 5. A. ab 1929. ↗ Kinder- u. Jugend-A.
Alkabez, sef. Familie. Salomo b. Mose A. um 1500/80, Kabbalist in Safed. Ⓦ Lecha Dodi, Sabbatlied.
Allenby △ Edmund, Viscount of Megiddo and Felixstowe, geb. 23. 4. 1861, engl. Feldmarschall, erobert 1917 Pal. Jordan-Brücke, Straße Jericho-Amman, u. Hauptstraße von Tel Awiw nach A. benannt.
Allerheiligstes (Kodesch ha Kodaschim; Dewir) in d. Stiftshütte u. im Tempel; bis zum Exil Verwahrungsort d. Bundestafeln; durfte nur vom Hohenpriester am Versöhnungstag betreten werden.

Allgemeine j. Kolonisations-Organisation, abgek. Aiko, gegr. 1909 von Alfred Nossig zur Förderung j. landw. Kolonisation in Pal., Syrien u. Sinai-Halbinsel, rege Tätigkeit bis Ende des Weltkriegs.
Alliance Israélite Universelle, gegr. 1860 Paris, Hilfsverein zur Hebung d. rechtl. Stellung d. J, unterhält über 150 Schulen im Orient, Balkan u. Nordafrika, Ackerbauschule Mikwe Israel bei Jaffa. Ⓦ Paix et droit seit 1921.
Allianz, Israelitische, 1873 in Wien gegr. Hilfsorgan. f. bedrängte J in O- u. SO-Europa; Hilfswerke bei Pogromen; Eingreifen in Ritualmordprozesse Tisza-Eszlar, Polna, Beilis; Gründung von Schulen.
Almemor (arab. = Kanzel, h. Bima = Tribüne), d. abgesonderte, umgrenzte Platz in d. Mitte d. Synagoge

Almemor der Synagoge in Ansbach

(nach der Vorschrift: „Du sollst die Tora vorlesen in der Mitte d. Kinder Israel", D 31, 11). Häufig in kunstvoller Schnitzarbeit ausgeführt.
Alphabet (Alef-Bet), im H 22 Buchstaben (Konsonanten), von rechts n.

Griechisch	Altsemitisch	Hebr. Quadratschrift	Raschischrift	Schreibschrift	Name	Lautwert	Zahlwert
Α	𐤀	א	א	א	Alef		1
Β	𐤁	ב	ב	ב	Bet	b, w	2
Γ	𐤂	ג	ג	ג	Gimel	g	3
Δ	𐤃	ד	ד	ד	Dalet	d	4
Ε	𐤄	ה	ה	ה	He	h	5
	𐤅	ו	ו	ו	Waw	w(o,u)	6
Ζ	𐤆	ז	ז	ז	Sajin	s	7
Η	𐤇	ח	ח	ח	Chet	ch	8
Θ	𐤈	ט	ט	ט	Tet	t	9
Ι	𐤉	י	י	י	Jod	j (i)	10
Κ	𐤊	כ, ך	כ, ך	כ, ך	Kaf	k, ch	20
Λ	𐤋	ל	ל	ל	Lamed	l	30
Μ	𐤌	מ, ם	מ, ם	מ, ם	Mem	m	40
Ν	𐤍	נ, ן	נ, ן	נ, ן	Nun	n	50
Ξ	𐤎	ס	ס	ס	Samech	ß	60
Ο	𐤏	ע	ע	ע	Ajin		70
Π	𐤐	פ, ף	פ, ף	פ, ף	Pe	p, ph	80
	𐤑	צ, ץ	צ, ץ	צ, ץ	Zade	z	90
	𐤒	ק	ק	ק	Kof	q	100
Ρ	𐤓	ר	ר	ר	Resch	r	200
Σ	𐤔	ש	ש	ש	Schin, Sin	sch, s	300
Τ	𐤕	ת	ת	ת	Taw	t, th	400

Hebräisches Alphabet: Ursprung, Entwicklung, heutige Schriftarten

links geschrieben u. gelesen, auch als Zahlzeichen gebraucht. Vom ursemit. A. (Ursprung in Ägypten, Babyl. od. Arabien) sind auch d. europäischen (griech. u. lat. A.) abgeleitet; d. altj. Schriftdenkmäler (Bauernkalender von Geser, um 800; Inschrift am Siloah-Tunnel, um 700) zeigen d. ältesten Typus. Im babyl. Exil übernahmen d. J eine abgewandelte A.-Form, so daß die d. Gestalt d. Buchstaben bezeichnenden Namen diesen nicht mehr entsprechen (Ajin [= Auge], griech. Omikron, hatte in d. alth. Schrift Kreis-, also Augenform); aus d. neuen Schrift entwickelte sich d. heute geläufige ↗ Quadratschrift (Merubba), neben der in rabbin. Drucken vielfach eine Halbkursive (Raschi-Schrift) und im Schreibgebrauch eine Ganzkursive erscheinen.

Alroy, David, Mitte 12. Jhd. Amadia, messianischer Schwärmer unter d. pers. J, endete durch Meuchelmord; A.-Legende stellt ihn als Magier dar. A.-Roman von Disraeli.

Alsberg, Max, 16. 10. 1877 Bonn—Samaden (Schweiz) 11. 9. 1933, Strafverteidiger, Prof. Berlin 1931. Ⓦ Beweisantrag im Strafprozeß, Philosophie d. Verteidigung; Dramen: Voruntersuchung, Konflikt.

Alschech, Mose, ca. 1508 Adrianopel —Damaskus 1600, B-Kommentator.

Altar (h. Misbéach = Schlachtungsstätte), urspr. aus Erde od. unbehauenen Steinen, auch aus Erz od. Holz m. Metallüberzug. Typen: Opfer- u. Räucher-A.

Peter Altenberg. Gemälde von Oskar △ Kokoschka, 1909

Altenberg, Peter (eigtl. Richard Engländer), Wien 9. 3. 1859—8. 1. 1919, Schriftsteller ausgeprägten Eigenstils in Dichtung (impression. Prosaskizzen) u. Leben (Bohème). Ⓦ Wie ich es sehe, 1896.

Altersaufbau d. J in Dt. Der Tabelle liegt d. Volkszählung vom 16. 6. 1933 zugrunde. Augenfällig ist d. starke Überalterung d. j. Bevölkerung, eine Erscheinung, die sich durch d. Auswanderung weiterer Jugendlicher inzwischen noch erheblich verstärkt haben dürfte.

Altersversorgung, j., Unterbringung in Alters- u. Siechenheimen, die von Gemeinden, Organisationen u. Stiftungen errichtet sind. Früher meist unentgeltlich, jetzt Pflegegeldzah-

Altersaufbau der Juden in Deutschland

Altersgruppen in Jahren	(Konfessions-) Juden	Von 100 gehörten zu dieser Altersgruppe bei d. jüdisch. Bevölkerung		Gesamt-Bevölkerung	
	1933	1933	1925	1933	1925
unter 6	24 318	4,9	8,1	9,0	11,4
6–13	54 786	11,0	8,3	14,1	12,3
14–19	27 862	5,5	9,2	7,8	12,5
20–44	194 523	39,0	41,1	41,6	38,9
45–64	145 546	29,1	25,1	20,7	19,2
über 65	52 647	10,5	8,2	7,0	5,8

lung, die durch eigene Leistungen, Renten und gemeindliche Zuschüsse aufgebracht wird. 58 Heime in Dt.

Altes Testament, Alter Bund, christl. Bz. d. h. Bibel (nach II. Kor. 3, 14).

Älteste (Sekenim) heißen in d. Traditionskette d. unmittelbaren Nachfolger Josuas (Jos. 24, 31; Spr. d. Väter I, 1).

Altman, Nathan, geb. 1889 Winniza (Ukr.), Maler, Graphiker u. Bildhauer, sucht eine Verbindung ostj. Volkskunst m. mod. Tendenzen (Abb. 190).

Altmann-Gotheiner, Elisabeth, 26. 3. 1874 Berlin—Mannheim 21.10.1930, wurde 1925 Prof. an d. Handelshochschule Mannheim.

Altneuland, zionistisch - utopischer Roman von Theodor ⁄ Herzl (1904); Titel d. h. Ausgabe „Tel-Awiw".

Altneuschul, d. berühmte alte Synagoge in ⁄ Prag (Tafel 1).

Altona, 2006 J = 0,8%, ⁄ Hamburg.

Amalekiter, arab. Stamm, in d. Bibel d. j. Erbfeind (E 17, 16).

Amarna (Tell el-A.), Ruinenstätte am Nil, neuzeitlicher Fundort von Keilschrift-Brieftafeln d. 15.—14. Jhd. v., die d. Geschichte d. vorisrael. Kanaan beleuchten.

Amarna-Tafel mit der ersten Erwähnung Jerusalems

Amatus Lusitanus ⁄ Lusitanus.

Amen (wahrlich; so sei es!), altj. Formel (D 27, 15—26), als bekräftigendes Schlußwort Bestandteil d. j. u. christl. Liturgie.

American Jewish Committee zum Schutze d. bürgerlichen u. religiösen Rechte d. J in d. gesamten Welt, gegr. 1906.

American Jewish Congress, seit 1912 demokr. Vertretung d. amerik. Juden.

American Jewish Joint Agricultural Corporation (abgek. Agro-Joint), Tochterorganisation d. ⁄ Joint, gegr. 1924.

American Zion Commonwealth (Kehillat Zion), amerik. Finanzierungsges. f. privaten Landankauf in Pal.

Amerika, 4 680 000 J = 2,8%. Erste Einwanderer span. Marranen 1492 auf d. Westindischen Inseln (⁄ Kolumbus), von wo sie um 1500 vor d. Inquisition nach Süd-A. flohen (⁄ Argentinien, ⁄ Brasilien). In Nord-A. tauchen vereinzelte J um 1650 auf (⁄ Vereinigte Staaten). Erste gr. Einwanderungswelle (osteurop. J) 1881. ⁄ D. einzelnen Länder.

Am ha-Arez (Landvolk), talmud. Bz. d. unwissenden Laien im Ggs. zu Gelehrten.

Ammoniter, transjordan. Volk d. bibl. Zeit, mit Isr. verwandt, aber verfeindet, selbständig bis zum babyl. Exil; Hauptstadt Rabbat Ammon, griech. Philadelphia, heute Amman.

Amnon (Vertrauender): 1) Sohn Davids, verführte seine Halbschwester Tamar u. wurde von Absalom getötet (II. Sm. 13). 2) sagenhafter j. Märtyrer zu Mainz (Kreuzzugszeit).

Amoräer (Sprecher, Interpreten), d. etwa 3000 pal. u. babyl. Gesetzeslehrer im 3.—5. Jhd., deren Diskussionen d. beiden T füllen.

Amsterdam, Synagoge der Aschkenasim
Kupferstich, um 1680

Amoriter (Emori), altes vorderasiat. Kulturvolk, nach d. B d. Urbevölkerung in Pal. bzw. Transjordanien. Darche ha-Emori (Sitten d. A.), talm. Bz. abergläubischer u. heidnischer Riten.

Amos (d.Beladene), d. älteste Schriftprophet, Hirte aus Tekoa im isr. Reich (Mitte d. 8. Jhd. v.). Buch A.: 3. d. Zwölfprophetenbuchs, 9 Kap.

Amram, Vater Mosis u. Aarons.

Amram b. Scheschna, um 875, Gaon zu Susa. Ⓦ Seder Raw A., d. älteste Gebetbuch.

Amsterdam, 65 900 J = 8,5%. Aus span.-portug. Flüchtlingen entstand Ende d. 16. Jhd. d. sef. Gem. (1675 berühmte portug. Synagoge), Anfang d. 17. Jhd. aus dt. u. poln. Einwanderern d. aschken. hoogduitsche Gemeente (1670 „Groote Synagoge", Abb. 23). Innerhalb u. zwischen beiden Gem. heftige, oft befruchtende relig. Kämpfe, in deren Verlauf 1640 Uriel ↗ Acosta u. 1656 ↗ Spinoza gebannt wurden. Mit d. Auftauchen ↗ Sabbatai Zwis 1666 erreichen sie ihren Höhepunkt. – Im Diamanthandel, als Diamantschleifer, im Handel mit d. u. beim Aufbau d. Kolonien hervorragend tätig; Mehrzahl d. Proletariat u. d. kleinen Mittelstand zugehörig. Reges kulturelles Leben (Buchdruck, Einfluß auf ↗ Rembrandt). Noch heute spielt sich ein gr. Teil d. j. Lebens im J-Viertel, auf d. J-Markt ab (vgl. Tafel 17). Zahlreiche Synagogen u. Schulen. 1933 starker Zustrom aus Dt. ↗ Wieringermeer-Polder.

Amulett (Kemia = Angebundenes) zum Schutz vor Unglück jed. Art, im j. Volksglauben haupts. als Schrift-A. geläufig: Zeichnungen von geometr. Figuren, Körperteilen, Tiergestalten usw., in die d. Namen von Engeln u. Dämonen, auch d. Gottesname, z. T. in vertauschter Schrift hineingesetzt werden.

Anaklet II., aus d. ✡ Familie Pierleone (A.'s Urgroßvater war get. J), Papst 1130/38.

Analphabeten, Schreibens u. Lesens

Amulett für eine Wöchnerin
Aus dem Buch Rasiel (Amsterdam 1674)

Inneres der Prager Altneuschul
Nach einer Radierung von Bernhard Mannfeld (1885)

Tafel 1

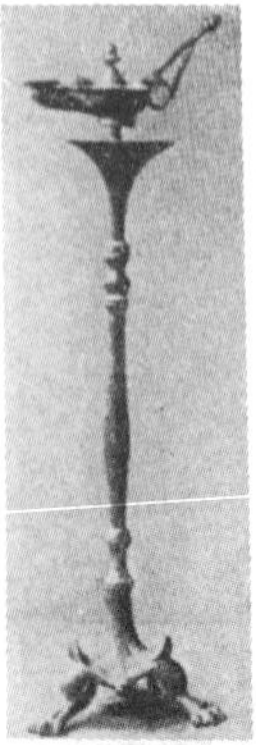

Kandelaber

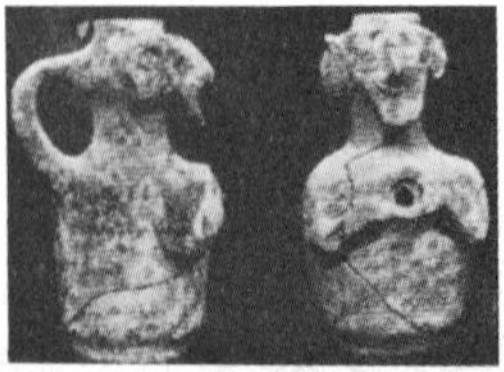

Philistäischer Krug
aus Bet Schemesch

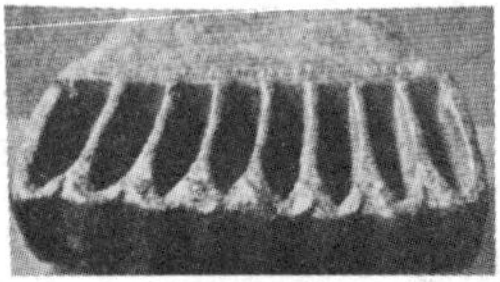

Steinerne Chanukkalampe

Tongefäße

Palästinensische Glasgefäße verschiedener Zeiten

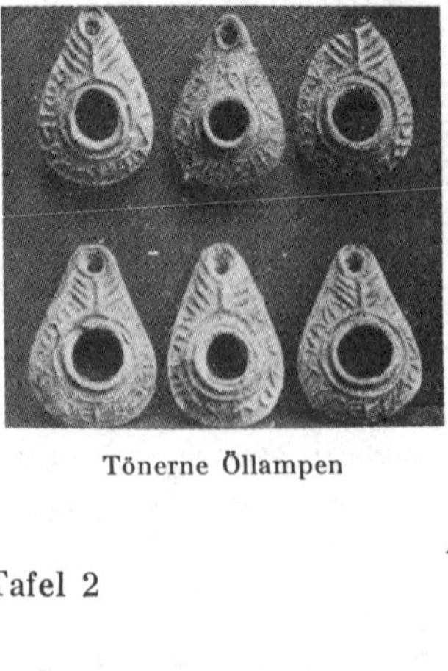

Tönerne Öllampen

Steinernes Ossuarium

Archäologie

Tafel 2

Unkundige, sind u. waren unter J selten; wie Kenntnis d. h. Schrift im j. Altertum selbstverständlich war, so später Kenntnis d. Landessprache u. -schrift.

Anan b. David, um 760/70 in Babylonien, Stifter d. Sekte d. ↗ Karäer, die zuerst Ananiten hießen.

Anarchismus, j., tritt als Bewegung d. j. Arbeiterschaft in Amerika (führend Louis Roman, 1864—1918) u. Rußland um 1905 publizistisch hervor; j. Führer im allgemeinen A. selten; in Dt. z. B. Erich Mühsam 1878—1934, Gustav Landauer 1870—1919 (sog. Edel-Anarchisten).

Anau (d. Bescheidene), j.-ital. Familie. — Zedekia b. Abraham A., Rom 13. Jhd., Rabbiner u. Autor. Ⓦ Schibbole ha-Leket (Ährenlese), Kompendium d. Ritualgesetzes.

Ancona, ca. 1000 J = 1,3%, seit 10. Jhd.; Marranen-Verbrennung 1556.

Ancona, Alessandro d', 20. 2. 1835 Pisa—Florenz 6. 11. 1914, ital. Literarhistoriker, Prof. in Pisa.

Andernach am Rhein, 149 J = 1,2%, berühmtes altes J-Bad aus d. 13. Jhd.

Anglo-Hicem (German Jewish Emigration Council), gegr. London Okt. 1933, Hilfsorganisation f. j. Einwanderung in d. Britische Reich u. seine Mandatsgebiete (ausgen. Pal.), Arbeitsgemeinschaft mit Londoner ↗ Hilfskomitee, ↗ Hicem, ↗ Ica; bes. Aufgabe: Erforschung neuer Einwanderungsländer u. weiterer Möglichkeiten in d. alten Einwanderungsländern.

Anglo-Jewish Association (A.J.A.), engl.-j. philanthrop. Organ., 1871 gegr. zur Förderung d. Schulwesens in d. oriental. Ländern, steht seit 1925 positiv zur Jewish Agency.

Anglo-Palestine Company Ltd. (A. P. C.), 1903 gegr. Bankinstitut, Tochtergesellschaft d. Jewish Colonial Trust, Hauptsitz Tel-Awiw.

Angolaprojekt d. Jewish Territorial Organisation (I. T. O.) bezweckte Ansiedlung von J in d. westafrikan. Kolonien Angola u. Massamades. Das von Israel Zangwill geförderte Projekt, von d. portug. Regierung 1912 befürwortet, scheiterte an polit. u. wirtschaftl. Schwierigkeiten.

Anhalt, 901 J = 0,3%, urkundlich seit Mitte 14. Jhd. u. wieder 1672 (Dessau [1933: 360 J = 0,46%], Geburtsstadt Moses ↗ Mendelssohns).

Anna, griech. Form d. h. Frauennamens Hanna (Channa), d. Liebliche.

Anonym, ohne Verfassernamen, ist d. größte Teil d. altj. Schrifttums (Bibel, Talmud, Midrasch) überliefert; in MA u. Neuzeit hpts. d. mystische Lit. (Kabbala, Chassidismus).

Ansiedlungsrayon ↗ Rußland.

An-ski (eigtl. Rappoport), Salomon, 1863 Witebsk—Warschau 8. 11. 1920, jidd. Dichter. Ⓦ Drama „D. Dibbuk" (in Bialiks h. Übers. von d. Habima gespielt).

Antheil, George, geb. 8. 7. 1901 Trenton (New Jersey), poln.-amerik. Komponist fortschrittlichster Richtung. Ⓦ Oper „Transatlantic" 1930 in Frankfurt/M.

Anthologien werden mit d. Anwachsen d. j. Schrifttums für J (Jakob ibn Chabibs talm.-agadische A., 15./16. Jhd.) u. Christen (Buxtorf 1647) notwendig. In neuester Zeit Winter-Wünsche (für d. gesamte Lit.), Brody-Wiener (Poesie), Bialik-Rawnitzki (Agada), bin Gorion (Sagen u. Legenden), Klatzkin (Philosophie), Bernfeld-Bamberger (Lehren d. Judentums).

Anthropologen, j. Um d. Entwicklungsgesch. u. Rassenlehre haben sich u. a. verdient gemacht: Franz ↗ Boas, Maurice ↗ Fishberg, Hans Friedenthal (Berlin), Alexander Goldenweiser (New York), Friedrich ↗ Hertz, Cesare ↗ Lombroso, Max ↗ Moszkowski, C. G. Seligman (London), Franz Weidenreich (Frankfurt /M.), Samuel ↗ Weißenberg, Ignaz ↗ Zollschan.

Antigonus, 40—37 v., d. letzte hasmonäische König.

Antiochia (bei Aleppo), ca. 100 J unter 180 000 Einw., im Altertum eines d. Zentren d. j. Diaspora.

Antiochus IV. △ Epiphanes, Kg. von Syrien, unterdrückte d. j. Glauben 169 v. u. rief d. Erhebung d. Makkabäer hervor. A.-Rolle (Megillat A.), j.-aram. Volkserzählung, beschreibt diese Vorgänge.

Antipas, 4 v.—39 n., Herodes' Sohn, Tetrarch von Galiläa u. Peräa.

Antipater, Herodes' Vater, starb 43 v.

Antipatris ↗ Ras el-Ain.

Antisemitische Parteien entstehen in Dt. um 1878 (alle Führer sind △), zuerst im Zusammenhang mit der 1878 von Hofprediger Adolf Stöcker begr. Christl.-Soz. Bewegung (in Österr. geführt von Lueger), aus der 1880 d. ↗ Berliner Bewegung hervorging. 1889 unt. Liebermann von Sonnenberg rassenantis. Dt.-Soziale Partei von mehr kons. Färbg., 1890 Antis. Volkspartei unter Böckel, d. ersten antis. Abg. im Reichstag, von mehr demokr. Richtung. 1894—1900 beide Richtungen zus. in Dt.-Soz. Reformpartei. Rassenlehre Gobineaus u. H. St. Chamberlains fand Anklang. Seit 1902 Zeitschrift „Hammer", seit 1884 „Handbuch der Judenfrage", beide herausgegeben von Theodor Fritsch. Antis. Haltg. auch in d. von Stöcker begr. Verein deutscher Studenten, im Bund d. Landwirte (gegr. 1893), b. d. Konservativen (Tivoli-Programm). 1914 Zusammenschluß d. ↑ Gruppen zur Dt.-Völk. Partei unter Werner-Gießen. Nach d. Krieg u. während d. Revol. lebten A. P. aus zahlr. Motiven wieder auf, bes. Dt. Schutz- u. Trutzbund (gegr. 1919). 1922 als Absplitterung von d. Deutschnationalen: Dt.-Völk. Freiheitspartei unter von Graefe, Henning u. Wulle. Seit 1919 Nationalsozialistische Dt. Arbeiterpartei (↗ Nationalsozialismus). An A. P. außerhalb Dt.'s sind besonders bekannt: in Amerika Orden Ku Klux Klan, in Rumänien Cuzisten, in Ungarn Erwachende Magyaren.

Antisemitismus (als Ausdruck von Wilhelm △ Marr um 1879 zuerst gebraucht), judengegnerische Bewegung mit d. Ziel d. Zurückdrängung j. Einflusses, tritt als religiöser, rassischer, wirtschaftlicher, kultureller, gesellschaftlicher A. auf. Religiöser A. vorwiegend im MA, Ausdruck der Glaubensleidenschaft, führt zu Ghetto, J-Abzeichen, Zwangstaufen, Verfolgungen. In neuerer Zeit stützt sich A. vorwiegend auf den Rassegedanken, durch Betonung der Fremdartigkeit des j. Stammes. Wirtschaftlicher A. ist Folgeerscheinung der genannten Formen u. fordert Zurückdrängung j. Einflusses in d. Wirtschaft, häufig verknüpft mit Mittelstandsbestrebungen gegen Warenhaus, Zwischenhandel, überhaupt gegen gewisse kapitalistische Erscheinungen. Kultureller A. wendet sich gegen Beschäftigung von J mit nichtjüdischem Kultur- u. Gedankengut. Gesellschaftlicher A. fordert gesellschaftliche Absonderung.

Mark Antokolskij Plakette von Boris Schatz, 1897

Antokolskij, Mark, 21.10.1843 Wilna—Homburg 14. 7. 1902, bedeutendster russ. Bildhauer seiner Zeit, seit 1880 in Paris. Realistischer Monumentalplastiker. Ⓦ in Leningrad u. Moskau.

Anwälte ↗ Rechtsanwälte.

Apion, lebte im 1. Jhd. n. in Alexandria, einer d. ersten ✡ Autoren; d. Apologie d. Josephus nach A., seinem Hauptgegner, benannt.

Apokalypsen, Gattung d. prophet. j. Lit., durch messianische u. eschatologische Züge, Vision u. Geheimnis, charakterisiert; im AT (Daniel), NT (Offenbarung Johannis, wohl urspr. j.), Pseudepigraphen (Baruch-A.) u. Midrasch-Lit. (j. Henoch-Bücher) vertreten.

Apokryphen (Ketuwim acharonim, „d. letzten, bibl., Schriften"), d. außerhalb d. alttest. Kanons stehenden Bücher, d. nur in d. griech. B-Übersetzung erhalten sind: Geschichte (III. Esra; Makkabäerbücher); Legende (Tobia; Judith; Susanna); Unterweisung (Baruch; Sprüche Sirachs [h. Original gefunden]; Weisheit Salomos). ↗ Pseudepigraphen.

Apolant (geb. Rathenau), Jenny, 1874—1925, Vorkämpferin d. kommunalen Arbeit f. Frauen u. d. Frauenstimmrechts.

Apologetik, d. Abwehr von Angriffen, d. Verteidigung d. Jt., entstand zur Zurückweisung feindlicher Angriffe, zur Sicherung d. eigenen Rechte. A. reicht bis in d. B zurück; Angriffe d. Heiden gegen d. Gott d. J werden dort zurückgewiesen. Systematisch wird sie erstmalig z. Zt. d. Hellenismus betrieben; Philo u. Josephus wenden sich gegen Angriffe auf d. j. Religion, heben d. Bedeutung d. J in d. Kultur u. d. Eigenschaften d. J hervor. Dem Christentum gegenüber mußte vor allem d. Eingottglaube d. J verteidigt werden, ebenso d. Bedeutung d. Gesetzes. Die Religionsphilosophie ist als Ganzes wie im einzelnen apologet. Natur (Juda Halevis „Kusari"). Im MA wird durch d. Angriffe von gehässigen Tauf-J eine erhöhte Abwehr erforderlich. Die von d. Christenheit erzwungenen Disputationen sind apologet. Natur, u. Tausende von Schriften widerlegen d. Angriffe. Am berühmtesten wurden Profiat Durans „Al tehi ka-Awotecha" (Sei nicht wie deine Väter) u. d. Karäers Isaak Troki „Chisuk Emuna" (Stärkung im Glauben). Später befassen sich Manasse ben Israel u. Mendelssohn mit d. A., die noch im wesentlichen religiösen Charakter trägt. Im 19. Jhd. wächst d. Zwang zur A. immer mehr an, weil einerseits d. emanzipierte Jt. ganz in d. Licht d. Öffentlichkeit tritt u. andererseits d. Rassen-✡ d. Grundlage d. Angriffe vollständig verschiebt. Durch C. V. wird systematische Herausgabe vieler Abwehrschriften veranlaßt. Zweifache Methode: entweder stellt man d. Jt. schlicht so dar, wie es ist, und läßt seine Wahrheiten wirken, oder man beweist d. Unrichtigkeit d. Vorwürfe. Heute beginnt man eine relative Methode d. Vergleichung anzuwenden, indem man d. Berechtigung vieler Vorwürfe auch bei anderen Religionen u. Völkern nachweist. A. wird heute als Zweig d. j. Wissenschaft anerkannt.

L: M. Güdemann, Jüd. Apologetik, 1906.

Apostasie, Abfall vom Jt. Stets war d. A. groß. Die missionierenden Tendenzen d. Christentums, d. Glaubenszwang d. MA, d. ungünstige Rechtsstellung d. J, verbunden mit d. Rückgang d. religiösen Sinns trieben Hunderttausende zum Verlassen d. Jt. Wenige traten aus Überzeugung zu anderen Religionen über. Seit Vorherrschen d. Rassen-✡ geht d. A. zurück. Die in Spanien zwangsweise Getauften, d. später u. noch heute zurückkehren, heißen Marranen. Der Umfang d. A. ist zahlenmäßig schwer festzustellen. Für d. 19. Jhd. hat man etwa 225 000 errechnet.

Apostaten, abtrünnige J, sind meist zu Feinden ihrer Glaubensgenossen geworden. Sie fälschten im MA den T u. d. Gesetze (Joh. Pfefferkorn um 1500) u. verfolgten d. J (so

Araberdorf in Palästina

Paulus de Santa Maria = Salomo Levi um 1400). Wenige traten f. ihre Rechte ein (wie Benjamin Disraeli). A. sind vielfach zu großem Ansehen u. Einfluß gelangt.

Apostel (Abgesandte, h. Schelichim), 1) Bz. d. j. Sendboten, Abgaben- u. Spendensammler im hellenist.-röm. Zeitalter, 2) d. 12 Jünger u. unmittelbaren Nachfolger Jesu.

Aptowitzer, Viktor, geb. 16. 3. 1871 Tarnopol, j. Gelehrter, Prof. an d. Israel.-theolog. Lehranstalt Wien.

Aquila, 2. Jhd. n., Proselyt, Autor einer wortwörtlichen, nur in Bruchstücken erhaltenen griech. B-Übers.

Araberfrage in Palästina. Trotz bedeutender Vorteile, die d. einzelne Araber von d. j. Einwanderung hat, bekämpfen moslem. u. christl. Araber prinzipiell, unter Berufung auf panarabische Versprechungen der Alliierten im Weltkrieg u. mit polit. Unterstützung aus den arab. Nachbarstaaten u. dem mohamm. Indien d. Einbeziehung d. Balfour-Dekl. ins Pal.-Mandat. Blutige, f. d. Araber politisch ergebnislose Unruhen 1921 u. 1929. — Jüdischerseits 3 Lösungsvorschläge: Histadrut erhofft durch materielle Hebung u. sozialistische Schulung der arab. Arbeitnehmer u. Pächter im Kampf gegen d. Effendis d. künftige prolet. Verbrüderung zwischen j. u. arab. Arbeiterschaft. — Revisionismus betrachtet j.-arab. Beziehungen als koloniale Machtfrage. — Brit Schalom bezeichnet j.-arab. Ausgleich als moralischen Prüfstein d. Z. Behutsame realpolit., von Arlosoroff begonnene Ausgleichsbemühungen werden von Schertok, außenpolit. Sekretär d. Jewish Agency, fortgeführt.

Arabien, d. Wiege d. Semiten; 25 000 J = 0,35%. D. B leitet d. arab. Stämme von ↗ Ismael ab; auch Amalek, Midian usw. gehören zu A. Arab. Nabatäer waren z. Zt. d. 2. Tempels ein wichtiges Nachbarvolk Israels. In d. röm. Provinz A. bestand j. Diaspora. Vor d. Stiftung d. Islam gab es selbständige j.-arab. Stämme (Banu-Keinuka, B.-Nadir u. B.-Kureisa in Jathrib [Medina]). Heute besteht ausgeprägte j. Siedlung nur noch in ↗ Jemen.

Arabisch war im MA neben d. H Hauptsprache d. j. Lit. (man schrieb

A. mit h. Buchstaben); d. Werke Saadias, Maimonides' „Führer d. Verirrten", Juda Halevis „Kusari" u. v. a. sind arab. geschrieben.

L: Steinschneider, Die arab. Lit. d. J, 1902.

Arachin (Schätzungen), Tr. (Kodaschim): Äquivalente für d. Auslösung gottgeweihter Personen (L 27).

Aram, Land u. Landschaften d. ↗ Aramäer. Aram Naharajim = Mesopotamien; A. Damessek = Damaskus, Syrien.

Aramäer, semit. Stammesgruppe in Mesopotamien u. Syrien (Damaskus), d. Hebräern verwandt u. vielleicht ihre Ahnen, in d. bibl. Richter- u. Königsperiode unmittelbare Nachbarn u. Feinde Israels, erlagen um 735 v. d. Assyrern, die ihre Kultur übernahmen.

Aramäisch, Schwestersprache d. H, zur j. Königszeit Verkehrssprache Vorderasiens, im babyl. Exil von d. J übernommen u. seither, bis zum Abschluß d. T, in mehreren Dialekten als Volkssprache gebraucht: auch das spätere H ist stark vom A. beeinflußt; j. Zeugnisse u. Literaturwerke in A.: Teile von Es. u. Da., Papyri von Elephantine; Targum (Bibelübers.), pal. u. babyl. T, Sohar, einzelne Gebete u. relig. Urkunden (Kaddisch, Kol Nidre; Ketubba, Get u. a. m.).

Ararat, Gebirge in Armenien, wo in d. bibl. Erzählung Noahs Arche landet.

Arba Kanfot (vier Enden), viereckiges Tüchlein, an den vier Enden die ↗ Zizit (Schaufäden): Ersatz für d. ↗ Tallit (Gebetmantel), wird unter d. Kleidung getragen.

Arbeit wird im Jt. hoch geschätzt. Nach d. Schöpfungsgeschichte hat Gott selbst gearbeitet u. d. Menschen zur A. bestimmt. Nach d. Sündenfall besteht nicht in d. A. d. Strafe, sondern in ihrer Mühseligkeit. Ps. u. Spr. heben sie als Notwendigkeit u. sittliche Pflicht hervor u. preisen ihren Segen. In d. Spr. d. Väter wird sie d. Torastudium gleichgestellt. Nach d. T steht sie höher als d. Adel u. die bloße Frömmigkeit, ja sogar als d. Verdienst d. Väter: nur wenn d. Mensch arbeitet, ruht Gottes Segen auf ihm. Die meisten Gesetzeslehrer übten selbst ein ↗ Handwerk aus, wie es auch in- u. außerhalb Pal. zahlr. j. Handwerker gab. Erst d. einschränkende Gesetzgebung d. MA hielt d. J von körperlicher Arbeit fern, ohne deren Wertschätzung zu beseitigen.

Arbeiterbank, j. (Bank ha-Poalim, The Workers Bank Ltd.), Tel Awiw, 1921 von d. Histadrut ha-Owedim gegr., Hauptbank d. j. Arbeiterschaft in Jerusalem.

Arbeiterbewegung, j., geht von d. Erkenntnis d. bes. wirtschaftl. u. kulturellen Lage d. j. Arbeiterschaft aus. 1876 gründet Aron Liebermann, d. „Vater des j. Sozialismus", den ersten sozial. Verein in London; 1878 wird d. erste j. sozial. Zeitung in h. Sprache „Ha-Emet" (Wahrheit) in Wien herausgegeben. Erste j. Arbeiterorg. ist d. „Bund" (1897), der zunächst allgem. sozialist. war, später aber auch d. Forderung nach j. kultureller Autonomie aufstellte. In der z. Bewegung bildeten sich folgende Arbeiterorganisationen: 1) Sejmisten (1905 f. Galut-Autonomie) u. 2) „SS" (Zionisten-Sozialisten, 1904 f. territoriale Konzentration außerh. Pal.), vereinigten sich 1917 zur „Vereinigten sozial. Arb. Partei" (ging später in Rußland zum Kommunismus über). 3) Poale Zion (Gründung d. Weltverbandes 1907); 4) Zeïre Zion (seit 1900 f. stärkere Betonung d. nationalen Gedankens). Poale Zion spaltete sich 1920 in einen linken u. einen rechten Flügel, der sich 1925 mit d. linken Flügel d. Zeïre Zion vereinigte. D. rechte Flügel d. Zeïre Zion bildete 1920 d. Hitachdut. D. paläst. Landesverbände d. rechten Poale Zion („Achdut ha-Awoda") u. d. Hitachdut („Hapoel hazair") sind seit 1929 zur „J. Arb. Partei Pal.'s“ vereinigt, seit 1932 auch d. beiden Weltverbände. Paläst. Einheitsgewerkschaft ist „Histadrut ha-Owedim“ (gegr. 1920; Dez. 1934: 60000 Mitgl.). Außer d. z. Arbeiterpartei u. d. bundist. Landesorg. („Bund“) in Polen, Amerika, England, Rumänien gibt es d. assimilatorischen j. Sektionen d. kommunist. Parteien in Rußland, U.S.A. u. Pal.

Arbeitsdienst ↗ Arier-Gesetzgebung.

Arbeitsfront ↗ Arbeitsrecht.

Arbeitsnachweise, j., dienen d. Arbeitsvermittlung j. Arbeitnehmer. Gegründet von den U. O. B. B.-Logen im Jahre 1897, entwickelten sie vor dem Kriege ihre Tätigkeit über ganz Dt. 1922 erfolgte in Berlin d. Vereinigung mit dem von z. Seite gegr. j. Arbeitsamt zur „Arbeitsgemeinschaft d. j. A.“. 1929 wurden diese als Gemeindeeinrichtung von d. j. Gem. Berlin übernommen. 1926 wurden sämtliche j. A. in Dt. in d. „Vereinigten Zentrale für j. A.“ zusammengeschlossen. A. sind gesetzlich anerkannt u. unterstehen d. Aufsicht d. Reichsanstalt f. Arbeitsvermittlung u. Arbeitslosenversicherung. Derzeit bestehen A. in Berlin (Zentrale), Breslau, Elberfeld, Frankfurt/M., Hamburg, Hannover, Köln, Königsberg, München, Stettin, Stuttgart.

Arbeitsrecht (f. j. Arbeitnehmer). Die Ausdehnung d. Arierparagraphen auf d. Stellung d. j. Arbeitnehmers ist in d. Erlaß d. Reichsinnenministers vom 17. 1. 34 u. Erl. d. Reichsarbeitsministers vom 24. 11. 33 („für d. J keinerlei Ausnahmegesetze auf wirtschaftl. Gebiete“) als unzulässig erklärt. ↗ Arier- u. Judengesetzgebung. — 1) Einzelarbeitsvertrags-Abschluß, Inhalt u. Ende — unterliegt nur Ausnahmen zuungunsten von J bei öffentlichen u. öff. beeinflußten Betrieben. Reichsarbeitsgericht hat in zwei Entscheidungen vom 28.10. u. 25. 11. 33 vorzeitige fristlose Entlassung nur wegen Zugehörigkeit zum Jt. im allgemeinen für unzulässig, sie jedoch im Einzelfall dann für statthaft erklärt, wenn „objektiv Umstände vorhanden sind, die eine Weiterbeschäftigung als für den Dienstberechtigten derart schädlich oder seine Interessen gefährdend erscheinen lassen, daß sie ihm billigerweise nicht zugemutet werden kann.“ 2) Nach dem Ges. zur Ordnung d. nationalen Arbeit vom 20.1. 34 sind J als Arbeitnehmer von d. Ehrenamt d. Vertrauensmannes ausgeschlossen mangels Zugehörigkeit zur Deutschen Arbeitsfront (s. u.); als Arbeitgeber können J Betriebsführer sein, da diese Stellung nicht an Rasseprinzip gebunden ist. 3) Aus d. dt. Arbeitsfront, d. stark öffentlich rechtlichen Organisation aller beruflich Tätigen (20 Reichsbetriebsgruppen) sind J ausgeschlossen, dadurch auch von d. Rechtsberatungsstellen derselben, Freizeitwerk „Kraft durch Freude“ u. dgl. 4) j. Anwälte, soweit sie von d. Dt. Arbeitsfront im Einzelfall dazu ermächtigt sind, können nach § 11 d. Arbeitsgerichtsgesetzes in d. Fassung vom 10. 4. 34 (RGBl. I S. 319) vor d. Arbeitsgerichten j. Arbeitnehmer vertreten. 5) Von d. Teilnahme an Arbeitsdienst u. ↗ Landhilfe sind J ausgeschlossen. 6) Im Bereich d. Arbeitslosenversicherung ist nach Entscheidung d. Reichsarbeitsmin. u. Reichsversicherungsamtes Verhängung d. Sperrfrist nach § 93, Abs. 1 d. Arbeitslosenversicherungsges. bei Entlassungen wegen Zugehörigkeit zum Jt. unzulässig.

Archäologen, j.: Ludwig ↗ Borchardt (Kairo; geb. 1863), Nathan Davis (London; 1812/82), Robert Eisler (Wien; geb. 1882), Ernst Herzfeld (Berlin; geb. 1880), Georg Karo (Athen; geb. 1872), Wilhelm Klein (Prag; 1850—1924), Karl Lehmann-Hartleben (New York; geb. 1894),

Arche Noahs. Miniatur in einer Tora-Handschrift des 13. Jahrhunderts

Cesare Augusto Levi (Venedig; geb. 1856), Emanuel Löwy (Wien; geb. 1857), Max von ♁ Oppenheim (Berlin; geb. 1860), Henry Philipps (Philadelphia; 1838/95, Ludwig Pollak (Rom; geb. 1868), Salomon Reinach (Paris; 1858—1932), Théodore Reinach (Paris; 1860—1928), Joseph Levin Saalschütz (Königsberg; 1801/63), Marc Aurel ↗ Stein (Lahore; geb. 1862), Eleasar Lipa Sukenik (Jerusalem; geb. 1889), Charles Walston (Cambridge; 1856—1927).

Archäologie. Wichtige Ergebnisse zeitigte Ausgrabungstätigkeit englischer, amerikanischer, dt. u. j. Gesellschaften. Bes. erwähnenswert Ausgrabungen d. alten Jericho, Bet Schemesch, Megiddo, Betschean, Geser bei Jerusalem, sowie Synagogenruinen von Kapernaum, Bet Alfa, Gerasa etc. Zur Zeitbestimmung dienten neben spärlichen Inschriften bes. d. zahlreichen Keramikfunde. Ägyptische, mesopotamische, ägaische u. später hellenistisch-römische Einflüsse bestimmend. Außerhalb Palästinas bes. wichtig für j. A. Synagogenruinen (Delos, Dura-Europos etc.), sowie röm. Katakomben. (Vgl. Tafel 2; ↗ Kunsthandwerk, ↗ Synagoge.)

Arche (arca), Bz. d. Kastens (h. tewa) Noahs in d. lat. B-Übersetzung.

Architekten, j., aus d. Altertum sind nicht bekannt; doch ist j. Abkunft zumindest einzelner antiker Synagogenerbauer wahrscheinlich. Aus d. MA sind wenige Namen überliefert. Als Erbauer d. Pinkas-Synag. Prag gilt Juda Goldschmied de Herz (gest. 1625); im 17./18. Jhd. ferner: Simcha ben Salomo Weiss (Synagoge Nasielsk 1692), Benjamin Hillel (um 1765; Synagogen Kurnik. Lutomiersk, Zloczow), Joseph Schlesinger (j. Rathaus Prag 1765), David Friedländer (Synagoge Wyszogrod u. a.). Erst im 19. Jhd. häufen sich d. Namen von j. A.: Albert Rosengarten (1809/93) in Kassel, Otto Simonson (1829/60) in Leipzig, Edwin Oppler (1831/80) in Hannover. Adolf Wolff (1832/85) in Stuttgart, Max Fleischer (1841—1905) in Budweis. Im Ausland: J. G. Basevi (1794—1845) in London, Marco Treves (1815/98) in Florenz, Henry Fernbach (1828/83) u. Dankmar Adler (1844—1900) in New York, A. P. Aldrophe (1834/95) in Paris, Zoltán Bálint (geb. 1871) und Lajos Jámbor (1869) in Budapest. Waren alle diese in erster Linie Synagogenbaumeister, so begegnet uns in G. H. F. ↗ Hitzig (1811/81) d. erste Profanarchitekt v. Rang. Wenig bek. ist bisher Salomo Sachs (1772—1846), als Regierungsbauinspektor d. erste j. A. im preuß. Staatsdienst u. Mitarbeiter △ Schinkels. Zahlreiche Bauten der Reichsbank stammen von J. E. Jacobsthal (1839—1902). — Gegenwart: ein wichtiger Vorläufer d. mod. A. ist Alfred ↗ Messel (1853—1909), einer ih-

Salomo Sachs

rer Hauptvertreter Erich ↗ Mendelsohn (geb. 1887). In Berlin taten sich ferner Alfred Breslauer (1866), Leo Nachtlicht (1872), d. Theaterbaumeister Oskar ↗ Kaufmann (1873), Erwin Gutkind (1886), Arthur Korn (1891), Harry Rosenthal (1892), Ernst L. Freud (1892) hervor, in Wien Oskar ↗ Strnad (1879), Oskar Wlach (1881) und Josef Frank (1885). Mod. Kultbauten (Tafel 3, 32, 33) von Alexander Beer (1875) in Berlin, Fritz Landauer (1883) in Augsburg, Felix Ascher (1883) in Hamburg, Fritz Nathan (1891) in Frankfurt/M. Bedeutende neuere j. A. im Ausland sind Michel de Klerk (1884—1923) in Amsterdam u. Jules Flegenheimer (1880) in Paris. Zahlreiche j. A. wirken neuerdings in Palästina, wo als Pionier bereits vor dem Kriege Alexander Baerwald (1877—1930) dasTechnikum inHaifa erbaute.

Architektur, j. Von einem spezifisch j. A.-Stil kann man nicht sprechen: vom Altertum bis zur Gegenwart zeigen d. erhaltenen Bauten (in erster Linie Synagogen) d. Einfluß d. jeweils herrschenden Zeitstils; allenfalls sind d. Kultbauten Osteuropas im 17. u. 18. Jhd. von eigenartigem Gepräge (↗ Synagoge). Die mod. A. in Pal. ist zu jung, als daß sich bis jetzt ein nationaler Baustil hätte entwickeln können.

Archive. Tempelarchive (bes. Jerusalem) in bibl. Zeit (Josias „Entdeckung" des deuteron. Gesetzbuchs); örtliche A. in Gem. Pal.'s u. d. Diaspora (Auffindung d. Papyri von Elephantine). J. A.-Material d. MA u. d. Neuzeit in allg. A. zerstreut. J. Gem.-A. in allen Ländern. In neuester Zeit in Dt. Versuch zur Katalogisierung u. Zentralisierung im ↗ Gesamtarchiv d. dt. Juden.

Arco ♂ Georg, Graf von, geb. 30. 8. 1869 Ratibor, j. Mutter geb. Mossner, zuerst Offizier, dann Physiker, verdient um d. Entwicklung d. Radio.

Argentinien, ca. 250 000 J = 2%, davon 4/5 in Buenos Aires. Marranen in A. seit 1600, europ.-j. Einwanderung seit 1850. Jüdische Landwirte (in d. Baron-Hirsch-Kolonien).

Arier (sanskrit. „edelgeboren"), Bz. für d. indisch-iranischen Stämme d. indogermanischen Sprachenfamilie, enger Bz. f. germanisch-nordische Rasse, d. h. das deutsche u. ihm stammverwandte europ. Blut.

Arier- und Judengesetzgebung nach d. Stand vom 1. 12. 1935 (a = arisch, Abst. = Abstammung, artv. = artverwandt, Ausf. = Ausführungs(s), Ges. = Gesetz(e), na. = nichtarisch, O. = Ordnung, St., st. = Staatsangehörig(e, er), VO. = Verordnung). — 1.) Ariergesetzgebung: durch sie ist ↗ arische Abstammung als maßgebende Voraussetzung für politische Rechte (insbesondere für amtliche Tätigkeit im Staat u. in d. öffentl. Körperschaften) festgelegt. Ausnahmen bestehen zugunsten von Beamten, Behördenangestellten, Rechtsanwälten usw., d. im Weltkrieg ↗ Frontkämpfer waren od. deren Väter, Söhne od. Ehemänner gefallen sind od. die sich bereits am 1. August 1914 im Amt od. Beruf befanden. A. Abst. ist Voraussetzung f. Beruf als Beamter; schon bei Bestehen der Ehe mit einer Person na. Abst. ist Berufung als Beamter unzulässig (Ges. v. 30. 6. 1933, RGBl. I, S. 433). Na. Beamte sind nach § 3 d. Berufsbeamtenges. in den Ruhestand zu versetzen, auch Altbeamte od. Frontkämpfer bes. dann, wenn sie sich in leitenden Stellen befinden, mit d. Publikum bes. in Berührung kommen od. ihnen viele a. Untergebene unterstellt sind. — Entsprechende Vorschriften enthalten d. Ges. über d. Zulassung zur Rechtsanwaltschaft u. zur Patentanwaltschaft vom 7. u. 22. 4. 1933 (RGBl. I, S. 188 u. 217), d. VO. über d. Zulassung von Ärzten, Zahnärzten u. Zahntechnikern zur Tätigkeit bei

Moderner Kultbau: Friedhofshallen in Königsberg
(1927 von Erich Mendelsohn) und Frankfurt a. M. (1929 von Fritz Nathan)

Tafel 3

Tafel 4

Berliner Bauten: Palais Ephraim, erbaut 1765 von Friedrich Wilhelm △ Dietrichs, und Jüdisches Altersheim (Schmargendorf), erbaut 1931 von Alexander Beer

den Krankenkassen vom 22. 4. u. 2. 6. 1933 (RGBl. I, S. 22 u. 350). — A. Abst. wird grundsätzlich in d. Prüfungs-O. für Apotheker v. 8. 12. 1934 (Reichsministerialblatt Nr. 48, S. 769), in d. Prüfungs-O. für Ärzte u. Zahnärzte (Änderungs-VO. v. 5. 2. 1935, Reichsministerialblatt Nr. 6 v. 8. 2. 1935, S. 65) u. bei d. Zulassung zur Dozentur (Reichshabilitations-O. v. 13. 12. 1934) gefordert. Nach d. Rechtsprechung d. R. A. M. u. d. Reichsschiedsamts wird bei Ärzten u. Zahnärzten eine Tätigkeit als Frontkämpfer od. im Seuchenlazarett von mindestens 6 Monaten verlangt. Ärzte u. Zahnärzte na. Abst. od. mit na. Ehegatten dürfen nicht mehr neu als Kassenärzte zugelassen werden (§ 15 d. Zulassungs-O. vom 17. 5. 1934, RGBl. I, S. 727, §§ 26, 4 d. Zulassungs-O. v. 9. 5. 1935, RGBl. I, S. 594). — Nach § 4 d. Ges. gegen d. Überfüllung dt. Schulen u. Hochschulen vom 25. 4. 1933 (RGBl. I, S. 225) darf bei Neuaufnahmen in allen Schulen außer d. Pflichtschulen die Zahl d. na. Reichsdt. unter der Gesamtheit d. Besucher jeder Schule u. Fakultät den Anteil d. Na. an d. reichsdt. Bevölkerung nicht übersteigen. — Nach d. Ges. über d. Zulassung von Steuerberatern vom 6. 5. 1933 (RGBl. I, S. 257) dürfen als Steuerberater, Bevollmächtigte od. Beistände gegenüber Behörden d. Finanzverwaltungen Personen na. Abst. (auch Frontkämpfer) nicht allgemein zugelassen werden. — Nach § 13 d. Erbhofges. vom 29. 9. 1933 (RGBl. I, S. 685) kann Bauer u. Erbhofbesitzer nur sein, wer dt. od. stammesgleichen Blutes ist, nicht aber, wer unter seinen Vorfahren väter- oder mütterlicherseits j. od. farbiges Blut hat. — Nach § 5 d. Schriftleiterges. v. 4. Oktober 1933 (RGBl. I, S. 713) kann grundsätzlich Schriftleiter nur sein, wer a. Abst. ist u. nicht mit einer Person na. Abst. verheiratet ist, ausgenommen bei j. Zeitungen. — Für aktiven Wehrdienst ist nach § 15 d. Wehrges. vom 21. 5. 1933 (RGBl. I, S. 609) a. Abst. Voraussetzung. Über Ausnahmen entscheidet ein Prüfungsausschuß nach Richtlinien, die d. Reichsminister d. Innern im Einvernehmen mit d. Reichskriegsminister aufstellt. Nur Personen a. Abst. können Vorgesetzte in d. Wehrmacht werden. D. Dienstleistung d. Na. im Kriege wird besonders geregelt. Nach d. VO. über d. Zulassung von Nichtariern zum aktiven Wehrdienst vom 25. 7. 1935 (RGBl. I, S. 1047) wird a. Abst. nach d. Vorschriften d. Beamtenges. geprüft. D. in der Beamtenges. vorgesehenen Ausnahmen gelten aber nicht für d. Wehrgesetz. Personen, deren beide Eltern j. Blutes sind oder die drei j. Großelternteile haben, werden zum aktiven Wehrdienst nicht herangezogen; soweit sie wehrfähig sind, werden sie ausnahmslos d. Ersatzreserve II überwiesen. Nach § 7 d. Reichsarbeitsdienstges. vom 26. 6. 1935 (RGBl. I, S. 769) kann zum Arbeitsdienst nicht zugelassen werden, wer na. Abst. od. mit einer Person na. Abst. verheiratet ist. Na., die nach § 15 Abs. 2 d. Wehrges. für wehrwürdig erklärt werden (die nicht mehr als zwei vollna., insbesondere j. Großeltern haben), können zum Arbeitsdienst zugelassen werden. — Nach § 13 d. VO. zur Ausf. d. Ges. über Titel, Orden und Ehrenzeichen vom 14. 11. 1935 (RGBl. I, S. 1341) werden Treudienstabzeichen zur Auszeichnung für langjährige Treue in Arbeit an nicht beamtete Arbeitnehmer verliehen, sofern sie a. Abst. sind. ↗ Arbeitsrecht.

2.) Judengesetzgebung: Auf d. Nürnberger Parteitag am 15. Sept. 1935 beschlossene Gesetze, die zusammen mit d. Ausf.-Bestimmungen die Stellung der J im nationalsozialistischen Staate regeln. Nach d.

Reichsbürgerges. vom 15. 9. 1935 (RGBl. I, S.1146) ist St., wer d. Schutzverband d. Dt. Reichs angehört u. ihm dafür besonders verpflichtet ist. D. Staatsangehörigkeit wird nach d. Vorschriften d. Reichs- und Staatsangehörigkeitsges. (wie bisher) erworben. Reichsbürger (und damit alleiniger Träger d. vollen politischen Rechte nach Maßgabe der Gesetze) ist aber nur d. St. dt. od. artv. Blutes, der durch sein Verhalten beweist, daß er gewillt u. geeignet ist, in Treue d. dt. Volke u. Reich zu dienen. — Ein J kann nicht Reichsbürger sein; er hat kein Stimmrecht in polit. Angelegenheiten u. kann ein öffentl. Amt nicht bekleiden. Jüd. Beamte treten Ende 1935 in d. Ruhestand; / Frontkämpfer erhalten bis zur Erreichung der Altersgrenze als Ruhegehalt d. vollen ruhegehaltsfähigen Dienstbezüge; sie steigen jedoch nicht in d. Dienstaltersstufen auf. Nach Erreichung d. Altersgrenze wird d. Ruhegehalt nach d. letzten ruhegehaltsfähigen Dienstbezügen berechnet. Das Dienstverhältnis d. Lehrer an öffentl. j. Schulen bleibt bis zur Neuregelung d. j. Schulwesens unberührt. — Reichsbürgerrecht wird durch Verleihung d. Reichsbürgerbriefs erworben. Bis zum Erlaß weiterer Vorschriften gelten vorläufig als Reichsbürger d. St. dt. od. artv. Blutes („Deutschblütige"), die bei Inkrafttreten d. Reichsbürgerges. d. Reichstagswahlrecht besessen haben, od. denen d. Reichsinnenminister d. vorläufige Reichsbürgerrecht verleiht (§ 1 d. 1. VO. z. Reichsbürgerges. v. 14. 11. 1935, RGBl. I, S. 1333) sowie j. Mischlinge. Jüdischer Mischling ist, wer von einem („Mischling 2. Grades") od. zwei „Mischling 1. Grades") der Rasse nach vollj. Großelternteilen abstammt, sofern er nicht nach § 5 Abs. 2 d. VO. (s. u.) als J gilt. J ist, wer von mindestens drei d. Rasse nach vollj. Großeltern abstammt. (Als vollj. gilt ein Großelternteil ohne weiteres, wenn er d. j. Religionsgesellschaft angehört hat.) Als J gilt auch d. von zwei vollj. Großeltern abstammende st. j. Mischling, a) d. beim Erlaß d. Reichsbürgerges. vom 15. 9. 1935 d. j. Religionsgesellschaft angehört hat, oder danach in sie aufgenommen wird; b) d. beim Erlaß d. Ges. mit einem J verheiratet war od. sich danach mit einem solchen verheiratet; c) der aus einer Ehe mit einem J stammt, die nach dem Inkrafttreten d. Ges. zum Schutze d. dt. Blutes u. d. dt. Ehre vom 15. 9. 1935 geschlossen ist; d) der aus d. außerehelichen Verkehr mit einem J stammt u. nach d. 31. 7. 1936 außerehelich geboren wird. Soweit in Reichsges. od. in Anordnungen d. Partei u. ihrer Gliederungen Anforderungen an d. Reinheit d. Blutes gestellt werden, die über § 5 hinausgehen, bleiben sie unberührt. Sonstige Anforderungen an d. Reinheit d. Blutes, die über § 5 hinausgehen, dürfen nur mit bes. Zustimmung d. Reichsinnenmin. gestellt werden. Ausnahmen u. Befreiungen von d. Vorschriften dieses Gesetzes sind in d. Reichsbürger-VO. geregelt. — Nach § 1 d. Ges. zum Schutze d. dt. Blutes und d. dt. Ehre vom 15. 9. 1935 (RGBl. I, S. 1146) sind Eheschließungen zwischen J und St. dt. od. artv. Blutes verboten. St. sind nach § 1 der Ersten Ausf.-VO. vom 14. 11. 1935 (RGBl. I, S. 1334) die dt. St. im Sinne des Reichsbürgerges. Trotz des Eheverbots geschlossene Ehen sind nichtig, auch wenn sie im Ausland geschlossen sind. Verboten sind auch die Eheschließungen zwischen J und st. j. Mischlingen mit nur einem vollj. Großelternteil. St. j. Mischlinge mit zwei vollj. Großeltern bedürfen zur Eheschließung mit St. dt. od. artv. Blutes od. mit st. j. Mischlingen, die nur einen vollj. Großelternteil haben, bes. Genehmigung. Bei d. Entscheidung sind insbesondere zu berücksichtigen d. körperlichen, seelischen u. charakterlichen Eigenschaften d. Antragstellers, Ansässigkeit d. Familie in Dt., Teilnahme am Weltkrieg u. sonstige Familiengeschichte (§ 3 Ausf.-VO.). Eine Ehe soll nicht geschlossen werden zwischen st. j. Mischlingen, die nur einen vollj. Großelternteil haben (§ 4 Ausf.-VO.), ferner nicht, wenn aus ihr eine die Reinerhaltung d. dt. Blutes gefährdende Nachkommenschaft zu erwarten ist (§ 6 Ausf.-VO.). Außerehelicher Verkehr (und zwar nur d. Geschlechtsverkehr) zwischen J u. St. dt. od. artv. Blutes ist verboten. Zuwiderhandlungen gegen d. Verbot d. Eheschließung zwischen J und St. dt. od. artv. Blutes werden mit Zuchthaus bestraft. Bei außerehelichem Verkehr zwischen J u. St. dt. od. artv. Blutes wird der Mann mit Gefängnis od. Zuchthaus bestraft. Strafbar ist auch d. außereheliche Verkehr zwischen J u. staatsangehörigen j. Mischlingen, die nur einen vollj. Großelternteil haben (§ 11 Ausf.-VO.). Besitzt einer d. Verlobten eine fremde Staatsangehörigkeit, so ist vor einer Versagung d. Aufgebots wegen eines der in § 1 d. Ges. oder §§ 2—4 Ausf.-VO. genannten Ehehindernisse, sowie vor einer Versagung d. Ehetauglichkeitszeugnisses Entscheidung d. Reichsinnenmin. einzuholen. Eine vor einer dt. Konsularbehörde geschlossene Ehe gilt als im Inlande geschlossen. Für Verbrechen gegen § 5 Abs. 1 (verbotene Eheschließungen) u. 2 (außerehelicher Verkehr) ist im ersten Rechtszuge die Große Strafkammer zuständig (§ 14 Ausf.-VO.). — J dürfen weibliche St. dt. od. artv. Blutes unter 45 Jahren in ihrem Haushalt nicht beschäftigen. Ein Haushalt ist j., wenn ein j. Mann Haushaltungsvorstand ist od. d. Hausgemeinschaft angehört. Im Haushalt beschäftigt ist, wer im Rahmen eines Arbeitsverhältnisses in d. Hausgemeinschaft aufgenommen ist od. wer mit alltäglichen Haushaltungsarbeiten od. dgl. Arbeiten beschäftigt ist. Weibliche St. dt. od. artv. Blutes, d. beim Erlaß d. Ges. (15. 9. 1935) in einem j. Haushalt beschäftigt waren, können in diesem Haushalt in ihrem bisherigen Arbeitsverhältnis bleiben, wenn sie bis zum 31. 12. 1935 das 35. Lebensjahr vollendet haben. Fremde St., die weder ihren Wohnsitz noch dauernden Aufenthalt im Inlande haben, fallen nicht unter diese Vorschriften. — J ist das Hissen d. Reichs- und Nationalflagge und das Zeigen d. Reichsfarben verboten. Dagegen ist ihnen das Zeigen d. j. Farben gestattet. Zuwiderhandlung gegen diese Bestimmungen wird mit Gefängnis bis zu einem Jahr u. mit Geldstrafe od. mit einer dieser Strafen bestraft. Soweit d. Vorschriften d. Gesetzes und seiner Ausf.-VO. sich auf dt. St. beziehen, sind sie auch auf Staatenlose anzuwenden, die ihren Wohnsitz oder gewöhnlichen Aufenthalt im Inlande haben. Staatenlose, die ihren Wohnsitz od. gewöhnlichen Aufenthalt im Auslande haben, fallen nur dann unter diese Vorschriften, wenn sie früher d. dt. Staatsangehörigkeit besessen haben (§ 15 Ausf.-VO.). Die Strafverfolgung eines fremden Staatsangehörigen bedarf d. Zustimmung d. Reichsministers d. Justiz u. d. Innern (§ 16 Ausf.-VO.). Das Ges. ist am Tage nach d. Verkündung (16. 9. 1935), § 3 erst am 1. 1. 1936, Ausf.-VO. am 15. 11. 1935 in Kraft getreten. Den Zeitpunkt d. Inkrafttretens des § 7 (Ehetauglichkeitszeugnis) bestimmt d. Reichsinnenmin.; bis dahin ist Ehetauglichkeitszeugnis nur in Zweifelsfällen vorzulegen.

Arische Abstammung wird im Arierparagraphen (§ 3) d. Ges. zur Wiederherstellung d. Berufsbeamtentums vom 7.4.1933 (RGBl. I, S. 175) umrissen: „Als nichtar. gilt, wer von nichtar., insbes. j.Eltern oder Großeltern abstammt. Es genügt, wenn ein Elternteil oder ein Großelternteil nichtar. ist. Dies ist insbes. dann anzunehmen, wenn ein Elternteil oder Großelternteil der j. Religion angehört hat. (Nr. 2 d. 1. DurchfVO. vom 11.4.33, RGBl. I, S. 195.)

Aristeas-Brief, d. Sage von d. Entstehung d. griech. Tora-Übersetzung, eine pseudepigraph. j.-griech.Schrift.

Aristobulos, 1) Name eines j.-hell. Philosophen in Alexandrien (2. Jhd. v.). 2) zwei hasmonäische Könige, 104—103 v. u. 67—63 v.

Aristoteles △ 384—322 v., Einfluß auf d. j. Religionsphilosophie d. MA (Abraham ibn Daud, Maimonides); j.-islam. Legenden machen ihn zum Schüler j. Weisen od. selbst zum J.

Arlosoroff, Chajim (Viktor), 1899 Romny (Ukraine)—Tel Awiw 1933 (ermordet), z. Arbeiterführer, in Dt. erzogen, seit 1931 Mitglied der z. Exekutive (außenpol. Referat).

Armenien, Sitz j. Diaspora vom 2. Jhd. v. bis 4. Jhd. n.

Armenwesen ↗ Wohlfahrtspflege.

Armleder, nach ihren Abzeichen benannte ✝ Schar, die dt. J im Elsaß 1338/39 verfolgte.

Arnheim, Fischel, 1812—1864, bayr. Landtagsabg., kämpfte gegen ✝.

Arnhold: 1) Eduard, 1849—1925, Kohlenindustrieller in Berlin, wirtschaftlicher Sachverständiger d. dt. Regierung (bedeut. Gemäldesammlung). 2) Georg, 1859—1926, Privatbankier, umfassende soziale Tätigkeit in Dresden.

Arnold, Viktor, 1873—1914, Charakterkomiker (George Dandin u. ä. Rollen) in Berlin unter ↗ Reinhardt.

Arnon, Fluß im S Transjordaniens (bibl. N-Grenze Moabs), mündet ins Tote Meer.

Arnstein, Wiener j. Bankierfam.: 1) Fanny, 1758—1818, vereinigte in ihrem Salon in Wien d. Schöngeister d. napoleonischen Zeit; 2) Isaak A., 1682—1774, Hoffaktor; Söhne geadelt; 3) Karl, geb. 1887 Prag, Ingenieur, 1915 Chefkonstrukteur in d. Zeppelinwerken („ZR III"), seit 1924 Generaldirektor d. Goodyear Zeppelin Co. (USA).

Aron ↗ Aaron.

Aron, Hermann, 1.10.1845 Kempen —Homburg v. d. H. 29.8.1913, Physiker, gibt d. ersten drahtlosenSignale 1883 über d. Wannsee; Erfinder d. ersten brauchbaren elektr. Zählers.

Aron ha-Kodesch (Toraschrein), ein Wandschrank in d. Synagoge an erhöhtem Platz, in dem die Torarollen aufbewahrt werden, oft in kunstvoller Schnitzarbeit ausgeführt.

Aron ha-Kodesch der Synagoge in Plonsk. Zeichnung von Joseph Budko

Arons, Leo, Berlin 15.2.1860—10.10.1919, Physiker, Erfinder d. A.-schen Röhren, durch Lex A. von d. Universität Berlin entfernt, sozialistischer Politiker.

Artisten, j., infolge häufiger Verwendung von Künstlernamen schwer feststellbar. Zirkus-A.: Emanuel Blumenfeld (1811—1885), Zirkus Blumenfeld (über 100 Jahre alt 1927 zusammengebrochen); 4 Bronetts alias Goldkette (Clown-Quartett); Adolf Könyöt alias Kohn (Kunstreiter); Familie Lorch (Akrobaten, bes. Jul. L., Meister d. ikarischen Spiele); Gebr. Neumann (Akrobaten); Breitbart (Kraftathleten): Siegmund B., 1887 Lodz—Berlin 1925 („d. stärkste Mann d. Welt") u. sein Bruder Josef. Harry Houdini alias Erich Weiss (Entfesselungskünstler); Illusionisten ↗ Zauberkünstler; 2 Hugos (exzent. Musikalakt); Robins (Musik-Clown); Guido Gialdini (Kunstpfeifer); Harry Reso (exz. Stepptänzer); Lili u. Emy Schwarz (Klavierparodistinnen); Rolf Raphaely u. Idi Racz (Schnellzeichner u. Karikaturist); Emanuel Steiner u. Dr. Finkelstein (Rechenkünstler). Besonders zahlreich j. Kabarettkünstler; als Humoristen: Siegwart Gentes (1872—1910), Martin Bendix (d. Urkomische), Ferdinand Grünecker, Leopold u. Ludwig Wolf aus Hamburg, Paul Jülich (1870—1928), Henry Bender; als Vortragskünstler u. Conférenciers: Marcell Salzer (1872—1930), Josef Plaut, Ilse Bois, Willy Prager, Max Ehrlich, Walter Steiner, James Basch, Paul Morgan, Hans Kolischer, Paul Nicolaus.

Artom, Isaak, 1829 Asti—Rom 1900, ital. Politiker, 1856 Sekretär △ Cavours, Gesandter in Dänemark, seit 1877 (als erster J) Senator.

Ärzte, j. Januar 1933 betrug d. Zahl d. j. Ä. in Dt. 8000, davon waren 1000 in Stellungen als Krankenhausleiter, Assistenz-Ä. an Universitätskliniken u. Krankenhäusern, als Vertrauens-Ä. bei Krankenkassen, Berufsgenossenschaften u. dgl.; 1000 übten Praxis ohne Kassenzulassung aus. Die Hälfte dieser Ä. befand sich in Berlin, 2500 in Groß-, 1500 in Mittel- u. Kleinstädten. Durch die ↗ Ariergesetzgebung wurden 2000 Ärzte aus d. kassenärztl. Praxis ausgeschaltet. Ferner wurden aus jeder Tätigkeit an öffentl. Krankenanstalten u. als Vertrauens-Ä. alle j. Ä. ausgeschlossen. Ende 1935 gibt es noch 4800 nichtarische Ä. in Dt., davon 3600 (75%) als Kassen-Ä. zugelassen (2880 Volljuden); ausgewandert sind 1500 j. Ä. Hilfsmaßnahmen werden in einem Ä.-Ausschuß bei d. ↗ Reichsvertretung, in dem d. Ä.-Hilfe d. j. Org. zusammengefaßt ist, bearbeitet. Außerdem Selbsthilfe d. Ä.: Hilfsfonds zur Gewährung produktiver Hilfe; zusätzliche Arbeitsplätze f. d. Aufgaben d. Gesundheitsfürsorge. — Organisatoren d. dt. Ärzteschaft: Lennhoff, Ärztekammer-Vorsitzender; Otto Mugdan u. David Munter, Vorkämpfer d. freien Arztwahl; Magen (Breslau), Generalsekretär d. dt. Ärztevereinsbundes; Heinrich Joachim, Kommentator des Ärzterechtes; Gustav ♁ Ritter, Organisator d. Berliner kassenärztl. Vereinigung; Alfred Peyser, Leiter d. ersten Seminars f. soz. Medizin; Robert Kuttner, Schöpfer d. ärztl. Fortbildungswesens in Preußen; Wolf Becher, Begr. d. Wald-Erholungsstätte vom Roten Kreuz; Schriftleiter: Schwalbe (Mediz. Wochenschrift), Vollmann (Dt. Ä.-Vereinsblatt). ↗ Mediziner.

Asarja (Gott Helfer): 1) Kg. von Juda (Usia); 2) Gefährte Daniels, einer d. drei Männer im Feuerofen (apokryph. Gebet A.'s).

Asasel, Wüstendämon, dem am Versöhnungstag ein Bock (d. „Sündenbock") zugetrieben wurde (L 16).

Asch, aschken. Familienname, wahrsch. Abkürzung f. Altschul od. Eisenstadt. — Schalom A., geb. 1. 1. 1881 Kutno (Polen), jidd. Romancier u. Dramatiker, Ehrenvors. d. jidd. Pen-Klubs, lebt in Amerika. Ⓦ Histor. u. moderne j. Romane: Ein Glaubensmartyrium, Motke Gannew,

Trost d. Volkes; Tragödien: Gott d. Rache, Sabbatai Zwi.
Aschamnu (wir sind schuldig geworden), d. Sündenbekenntnis (Widdui) am Versöhnungstag.
Ascher ⁄ Asser.
Ascher b. Jechiel (Ascheri), um 1250—1327, dt. Dezisor, wirkte in Worms u. Toledo. Ⓦ Halachot, autorit. Kompendium d. Halacha.
Aschera, Figur d. im alten Israel bekämpften Götzendienstes: Göttin d. Fruchtbarkeit (ähnl. d. Astarte), auch heiliger Baum bezw. Pfahl.
Ascherson, Paul, Berlin 14. 6. 1834—6. 3. 1913, Botaniker u. Forschungsreisender. Ⓦ Synopsis d. mitteleurop. Flora (m. △ Graebner), Flora d. Prov. Brandenburg.
Aschheim, Selmar, geb. 4. 10. 1878 Berlin, seit 1931 Honorarprof.; entdeckte d. weibliche Sexualhormon im Urin schwangerer Frauen; Schwangerschaftsreaktion (m. B. Zondek).
Aschi (um 352/427), Amoräer, Hauptredaktor d. babylonischen Talmud.
Aschkenas, als unbek. Volk in d. bibl. Völkertafel (G 10) erwähnt. seit d. MA in d. rabbin. Lit. als Bezeichnung f. Dt. gebraucht; im Ggs. zu d. spanisch-portug. J (Sefardim) werden d. aus Dt. u. Frankreich stammenden J Aschkenasim genannt (Tafel 27), d. jetzt etwa 90% aller J umfassen (aschk. ⁄ Aussprache d. H, aschk. ⁄ Ritus).
Aschkenasi, als Herkunftsbezeichnung (= aus Dt.), häufiger Beiname (z. B. d. Isaak Luria), danach Familienname. Zwi Hirsch b. Jakob A. (1660—1718), Talmudist in Altona, Amsterdam, Lemberg. Ⓦ Chacham Zwi (Responsen).
Aschkenasim ⁄ Aschkenas.
Aschmedai (Asmodäus), Dämonenfürst in d. j. Salomo-Sage.
Asdod, Fürstenstadt d. Philister.
Asharot (Verwarnungen), liturg. Dichtungen f. d. Wochenfest, behandeln d. 613 Gebote u. Verbote.
Asher, Léon, geb. 13. 4. 1865 Leipzig, Physiologe in Bern, Herausg. d. „Ergebnisse d. Physiologie".
Asien, ca. 800 000 J unter 890 Mill., hauptsächl. in Kl.- u. Vorder-A. (ein Drittel in Pal.). Seit MA zerstreute j. Siedlungen in Vorder-, Mittel- u. Ost-A., m. teilw. abweichenden Stammesmerkmalen (chines. J; Beni Israel in Indien) u. charakterist. Eigentypus (jemenit., pers., bucharische J). ⁄ D. einzelnen Länder.
Askalon, philist. Küstenstadt zwischen Jaffa u. Gaza; Ausgrabungsort.
Askese im strengen Sinn (Ehelosigkeit) übten d. außerhalb d. eigentl. Jt. stehenden Essäer; Enthaltung von Wein ein Bestandteil d. Nasirats-Gelübdes (NU 6), sexuelle Abstinenz bei feierlicher Gelegenheit gefordert (E 19, 15), festgelegte Fasttage im Kalender u. Fasten aus besonderem Anlaß.
Assefa, Versammlung.
Assefat ha-Niwcharim (Versammlung d. Abgeordneten), Parlament d. pal. Judenschaft, wählt als Exekutivorgan d. Waad leumi. ⁄ Palästina.
Asser (Ascher), Sohn Jakobs u. d. Silpa, israelit. Stamm im Küstengebiet nördl. d. Karmel.
Asser, holländ. j. Familie von Rechtsgelehrten u. Politikern, darunter Tobias Michael Karl A., 28. 4. 1838 Amsterdam—Haag 29. 7. 1913, Minister, Friedensnobelpreis 1911.
Assimilation ist in j. Geschichte als weitgehende Hingabe an Kultur u. Volkstum d. Wohnländer infolge zerstreuter Existenz j. Gruppen in d. meisten Ländern d. Welt nachzuweisen. Charakteristisch für j. A. ist, daß sie bes. infolge relig. Widerstandskraft nur selten zu vollständiger Auflösung führte. Nach babyl. u. hellenist. A. im Altertum, spanischer A. im MA, brachte 18. u. 19. Jhd. im Zeichen d. Aufklärung umfassende A. in Westeuropa u. Dt.
Assing ♁ Ludmilla, 1821—1880, Nichte △ Varnhagens, Herausgeb. seiner Tagebücher, Schriftstellerin.

Assyrisches Relief 830 v.

Tribut Jehus von Israel an Salmanassar II.

Assyrien (ca. 2000—600 v.), Hauptfeind u. Vernichter d. isr. Nordreiches (assyr. Gefangenschaft 722 v.); semit. Sprache (↗ Akkadisch), Volkstypus dem j. verwandt. Zusammenhänge zwischen assyr. u. altisr. Lit. u. Kultur, ein Thema d. wissenschaftl. A.-Forschung (Assyriologie).
L: Olmstead, History of Assyria, 1923.

Astarte (Aschtoret), phöniz. Göttin (I. Kg. 11). ↗ Ischtar.

Astrologie, Sterndeutung, babyl. Ursprungs, in T, j. Religionsphilosophie (ausgen. Maimonides) u. Kabbala vertreten, im Volksglauben erhalten (d. Begrüßung Masal tow = ein guter Stern!).

Astronomie bei den J seit d. Altertum als wichtige Wissenschaft, notwendig f. d. kalendar. Festsetzungen (Neumond, Schaltjahr usw.), gepflegt. Im MA waren J Hauptverfasser d. astr. Tafeln f. d. Seefahrt. J als Astronomen: Abraham b. Chija (Barcelona um 1100), Jakob b. Machir (Montpellier um 1300), ↗ Gersonides, Abraham ↗ Zacuto; in d. Neuzeit David ↗ Gans, Wilh. Beer (1797—1850, Bruder Meyerbeers), Adolf ↗ Hirsch, Maurice Loewy (1833—1907), Samuel Oppenheim (Wien; 1857—1928), Adolf Marcuse (geb. 1860; Berlin), Friedrich S. Archenhold (geb. 1861; Berlin), Fritz Cohn (1866—1921; Berlin), Karl Schwarschild (Berlin; 1873—1916), Erwin ↗ Freundlich.

Astruc: 1) △ Jean, 1684—1766, frz. Arzt, entdeckte eines d. Hauptkriterien d. modernen B-Wissenschaft, d. Verschiedenheit d. Gottesnamen im Buche G (Elohim u. Jhwh). 2) Zacharie, 1835 Angers—Paris 1907, frz. Bildhauer, trat auch als Maler, Schriftsteller u. Kunstkritiker hervor, Freund

Zacharie Astruc
Gemälde von Edouard △ Manet, 1864

Edouard △ Manets, der 1864 sein Porträt malte.

Asylstädte (Are Miklat), sechs Zufluchtsorte im alten Israel f. unvorsätzliche Totschläger; auch d. Altar bot Asyl, in hellenist.-röm. Zeit die Synagoge in- u. außerhalb Pal. für J u. Fremde.

Atalja, d. einzige regierende Königin d. Reiches Juda (um 843/37 v.), Usurpatorin, von d. Priestern gestürzt. Drama von △ Racine,

Ouvertüre u. Chöre dazu von Felix Mendelssohn.

Athen, ca. 1000 J = 0,25%, hat als geistiger Mittelpunkt d. antiken Welt schon im Altertum Beziehungen zum paläst. Jt.; Paulus predigte in d. Synagoge zu A. Im MA keine J. 1833 kommt mit Kg. Otto I. aus Bayern d. erste J wieder nach A.

Athias, Josef, 1658/98, h. Drucker Amsterdam (B-Ausg. 1661).

Atlit, j. Kolonie an d. Küste, südl. von Haifa, ehem. Kreuzfahrerburg; Bahnstation, Salzgewinnung.

Attar (Abenattar), sef. Familie. Chajim b. Mose (Marokko 1696—1743), Kabbalist. Ⓦ Or ha-Chajim (Licht d. Lebens), Pentateuchkommentar.

Attribute Gottes ↗ Gott.

Aub: 1) H i r s c h , 1796—1875, Rabbiner in München, Vorkämpfer d. Emanzipation. 2) J o s e p h , 1805—1880, Rabbiner in Berlin, predigte als einer d. ersten in dt. Sprache.

Gedenktafel am Geburtshaus Berthold Auerbachs, 1882

Auerbach: 1) B a r u c h , 1793—1864, Leiter d. j. Knabenschule Berlin, gründet 1833 d. A.-Waisenhaus. 2) B e r t h o l d , 28. 2. 1812 Nordstetten—Cannes 8. 2. 1882, Schriftsteller, von Hebbel angefeindet, großdt. gesinnt. Ⓦ Schwarzwälder Dorfgeschichten (darin „Barfüßele"); Spinozaroman; j. Programmschriften. L: A. Bettelheim, B. A. 1907. 3) E l i a s , geb. 1882 Ritschenwalde (Posen), Arzt u. Schriftsteller, lebt in Pal. Ⓦ Wüste u. gelobtes Land 1932. 4) F e l i x , 1856 Breslau—Jena 1933 (Freitod m. Gattin), Physiker. Ⓦ Elektropismus od. d. physikalische Theorie d. Lebens. 5) L e o p o l d , 1828—1897, Arzt u. Biologe, beobachtet als erster (bei einem Wurm) d. Eindringen d. Samenfadens in d. Ei. 6) L e o p o l d , 1847—1925, Schriftsteller. Ⓦ D. Jt. u. seine Bekenner in Preußen, 1890.

Aufklärung (Haskala), geistige Bewegung d. ost- u. mitteleurop. J seit Mitte 18. Jhd. (Streben nach abendländ. Bildung u. weltl. Wissen; Betonung d. Freiheitlichen u. Verstandesmäßigen gegenüber d. Strenge d. Religionsgesetzes; Bevorzugung d. B vor d. T), aus der d. neuh. Lit., d. j. Wissenschaft, d. pädagog. u. relig. Reform hervorgegangen sind. A.-Zeit beginnt mit Mendelssohn; A. in Dt. u. Österreich strebt u. führt zur Emanzipation; A. im östl. Jt. als geistige Richtung dauert bis heute.
L: J. Meisl, Haskala, 1919.

Auge um Auge ↗ Talion.

Augsburg, 1030 J = 0,6%; j. Ansiedlung spätestens seit 1212, Selbstverw. im MA, Muster f. andere Gem.; h. Drucke (16. Jhd.).

Ausbürgerung. Im Inland niedergelassener Ausländer kann auf seinen Antrag dt. Staatsangehörigkeit erwerben (§ 8 d. Reichs- u. Staatsangehörigkeitsges. vom 22. 7. 13). Amtl. statist. Gesamtzahlen über j. Anteil bisher nicht veröffentlicht. Durch Ges. vom 14. 7. 33 (RGBl. 480) kann eine zwischen 9. 11. 18 u. 30. 1. 33 vorgenommene Einbürgerung widerrufen werden, „falls sie nicht als erwünscht anzusehen ist". Dauer d. Gesetzes zeitlich beschränkt. Nach Durchführungsverordnung vom 26.7. 33 (RGBl. 538) kommen für d. Widerruf d. Einbürgerung neben kriminellen u. politisch unerwünschten Personen bes. in Betracht „Ostj., es sei denn, daß sie auf dt. Seite im Weltkrieg an d. Front gekämpft oder sich um d. dt. Belange besonders verdient gemacht haben".

Auserwähltes Volk (Am niwchar), altj. Vorstellung von d. religiösen Erwählung Israels, entstammt d. Zeit, da Israel als einziges Volk d. Monotheismus bekannte, u. gründet in d. bibl. Auffassung wechselseitiger Erwählung (Gottes durch Israel [D 26, 17], Israels durch Gott [E 19, 6]).

Ausgrabungen ↗ Archäologie.

Ausländer. Zahl d. j. A. in Preußen am 16. 6. 1925 76 387 von insgesamt 403 969 = 18,9% ist inzwischen durch starke Abwanderung sehr zurückgegangen. Für A. gelten Sonderbestimmungen: a) Arbeitsrecht. Hier gilt die V. O. über ausländische Arbeitnehmer vom 23. 1. 33 (RGBl. I 26). D. Arbeitgeber, der einen ausl. Arbeitnehmer, gleichgültig ob Angestellten oder Arbeiter (nicht aber Lehrling oder Volontär) beschäftigen will, bedarf dazu einer Beschäftigungsgenehmigung, d. Arbeitnehmer entsprechend einer Arbeitserlaubnis. Arbeitnehmer, die mehr als 10 Jahre im Inlande ihren Aufenthalt haben, können einen Befreiungsschein erhalten, dessen Besitz d. Arbeitnehmer von d. Vorschriften der V. O. befreit. b) Aufenthaltsrecht. In Preußen geregelt durch A.-Polizeiverordnung vom 27. 4. 32 (Ges. Samml. S. 179), in d. and. Ländern durch ähnliche V. O. Das Gesetz über die ↗ Reichsverweisung vom 23. 3. 34 sieht an wichtigen Ausweisungsgründen vor: Bestrafung, staatsfeindliche Betätigung, unerlaubter Aufenthalt, Inanspruchnahme öffentlicher Unterstützung, Paßvergehen. c) Fürsorgerecht. Der A. steht d. Inländer gleich, hat aber keinen Anspruch auf gehobene Fürsorge (§ 34 der Reichsgrundsätze). Im übrigen greifen besondere Staatsverträge Platz. d) Prozeßrecht. A. muß Sicherheit für Prozeßkosten leisten; er hat bei Gegenseitigkeit Anspruch auf Gewährung d. Armenrechts, auch d. Staatenlose. e) Steuerrechtl. Unterschiede bestehen im wesentlichen nicht, nur sind A. von d. Verpflichtung zur Zahlung d. Reichsfluchtsteuer nach § 1 der Reichsfluchtsteuer-V. O. befreit. L: E. Isay, Dt. Fremdenrecht, 1923; Fraustädter-Kreutzberger, Dt. Ausländerrecht, 1927.

Auslegung ↗ Exegese.

Aussatz, geläufige Übersetzung f. das h. Zaraat, eine lepraähnliche, heute unbekannte Krankheit, für deren Behandlung d. pent. Gesetz bes. Bestimmungen vorsah (L 13).

Aussprache u. Betonung d. H, verschieden bei Sefardim u. Aschkenasim (noch größ. Differenzen bei Samaritanern u. jemenit. J). Sef. A. gilt als klassisch u. bestimmt das mod. gesprochene H; sie betont, d. bibl. Akzentuation folgend, meist d. letzte Silbe. Aschk. A. setzt, dt. Vorbild folgend, d. Ton zurück (so aber auch fast ausnahmslos d. h. Poesie); sef. a wird hier zu o, sef. ô zu oi bzw. au (d. Tora, sef. Torâh, ostj. Toîre, deutschj. Taûroh).

Australien, 27 000 J = 0,4%, vor allem in d. Städten Sydney (8000), Melbourne (6500), Perth (2500). In Sydney erste Ansiedlung 1815, erste Gemeinde 1832, erste Synagoge 1845. Einwanderung erfolgte aus England, auch Rußland u. Polen. J sind am Aufbau d. Landes in hohen Ämtern hervorragend beteiligt, wie General John Monash, Generalgouverneur Sir Isaac Isaacs, Minister Matthew L. Moss.

Austritt aus dem Jt. kam schon in früher Zeit vor; Ausgetretene galten aber rechtlich als J. Im MA wurde A. durch Zwangstaufen herbeigeführt. Mitte d. 18. Jhd. begann, veranlaßt durch Aufklärung u. vielfache Beschränkungen, freiwilliger Übertritt zum Christent., in Dt. bes. häufig im 1. Drittel des 19. Jhd. u. seit den 80er Jahren. Nach staatl. Regelung des Rechts der Religionsgesellsch. genügt zum A. die

Erklärung vor d. zuständigen Amtsgericht bzw. Standesamt (in d. dt. Ländern verschieden).

Auswandererfürsorge, j., ist infolge d. ↗ Wanderbewegung der J schon frühzeitig betrieben worden. Für d. Beratung stehen in Dt. neben d. amtlichen Stellen (Reichsstelle f. d. Auswanderungswesen in Berlin mit Zweigstellen in Bremen, Breslau, Dresden, Düsseldorf, Essen, Frankfurt/M., Hamburg, Köln, Königsberg, Leipzig, München, Stettin u. Auslandsinstitut Stuttgart) d. als Beratungsstelle anerkannte ↗ Hilfsverein d. dt. J (Europa u. Übersee) u. ↗ Pal.-Amt zur Verfügung. Für d. Unterstützung d. Auswanderers, bes. in d. großen Häfen d. Welt, sind ↗ Hilfskomitees u. Wohlfahrtsorganisationen tätig.

Auswanderung, j., aus Dt. Auf d. Gesamtaustreibungen im MA folgte seit d. 30j. Krieg ausschließlich Zuwanderung von J in d. darniederliegenden, entvölkerten dt. Einzelstaaten. 1830/1871 erste, der Form nach freiwillige A.-Welle, infolge polit. Reaktion u. wirtsch. Druckes haupts. aus Bayern u. Posen (je etwa 20 000), meist Kleinhändler u. Schneider, nach Frankreich, England u. USA. 1843/71 j. A. aus Preußen = 36% d. natürl. Zuwachses. Versiegen d. j. A. seit Reichsgründung 1871. Als Folge d. polit. Umschwungs seit 1933 verstärkte A. Bis Herbst 1935 sind ca. 80 000 J = 16% ausgewandert (davon 18 000 rückwandernde mittel- und osteurop. J, 30 000 Palästina, 10 000 Frankreich, 1500 CSR, 6000 USA, 4000 Holland, 2500 England, je 3000 Südamerika u. Südeuropa, restl. 2000 Belgien, Luxemburg, Schweiz, Südafrika, Ferner Osten). Flüchtlingskommissariat d. Völkerbundes z. Studium endgültiger Unterbringungsmöglichkeiten bis 1935 (James G. Macdonald unter Assistenz von Prof. Norman ↗ Bentwich). Bis Ende 1934 5,5 Mill. Hilfsgelder ausgegeben, davon 95% j.-seits aufgebracht. ↗ Jewish Agency schuf f. d. produktive Einordnung in Palästina besonderes „dt. Departement" in Zusammenarbeit m. Vereinigung dt. Palästinawanderer (Hitachdut Ole Germania). Rückwanderer betreut Hauptstelle f. j. ↗ Wanderfürsorge. Direkter Kapitaltransfer nur noch für Palästinawanderer.

Ausweisung ↗ Reichsverweisung.

Auszeichnungen. Material sehr unvollständig, d. folgenden Angaben daher nur als Beispiele zu werten. 1) Pour le mérite, a) Kriegsklasse: Simon Kremser 1812, Wilhelm Frankl 1914; b) Friedensklasse: A. von ↗ Baeyer, E. ↗ Bendemann, G. H. F. ↗ Hitzig, C. G. ↗ Jacobi, J. ↗ Joachim, M. ↗ Liebermann, F. ↗ Mendelssohn, G. ↗ Meyerbeer, A. ↗ Rubinstein, R. ↗ Willstätter. 2) Goldnes Militärverdienstkreuz „f. außergewöhnliche Heldentat vor d. Feind", im Weltkrieg 1760 mal verliehen, darunter an: Alexander (Breslau), Wilhelm David (Grebenstein), Viktor Frey (Beuthen), Ernst Noah, Max Pappenheim (Mergentheim). 3) Adlerschild d. Dt. Reichs: Robert ↗ Kronfeld, Max ↗ Liebermann. 4) Schwarzer Adlerorden: Heinrich von ↗ Friedberg, Walter von ↗ Mossner, Eduard von ↗ Simson. 5) Elefantenorden (unter Lettow-Vorbeck): Theodor Freudenberger. 6) Eisernes Kreuz, a) I. Kl.: C. Guttfeldt, L. Lang, J. Nußbaum, I. Rawitz 1870, viele hundert J 1914/18; b) II. Kl.: an 16 J 1812/13 (darunter Luise ↗ Grafemus), an viele tausend 1914/18. Insgesamt wurden im Weltkrieg rund 35 000 dt. J dekoriert, 23 000 befördert (davon 2000 zu Offizieren). ↗ Flieger, ↗ Kriegsstatistik, ↗ Militärdienst, ↗ Nobelpreisträger.

Auszug aus Ägypten (Jeziat Mizrajim, Exodus), Ausgangspunkt d.

bibl. Geschichte Israels, wird mehrfach im tägl. Gebete erwähnt; Gedenkfest Pessach.

Autodafé, d. Ketzerverbrennung d. ↗ Inquisition in Spanien u. Portugal, forderte zahllose Marranen als Opfer.

Autographen. Interesse für j. A. als solche bis in neueste Zeit auch bei großen j. Sammlern kaum vorhanden. Erste syst. Sammlg. j. A. durch Abraham Schwadron (jetzt Bibl. Jerusalem); bemerkenswerte j. Abt. in Sammlg. Eugen Wolbe (Berlin).

Autonomie, nationale. Rechtsverhältnis, kraft dessen innerhalb eines einheitlichen Staatsverbandes zusammengegliederten Nationalitäten d. Selbstbestimmungsrecht über gewisse Angelegenheiten (etwa das Bildungswesen) gewährt wird. Im engeren Sinne ist A. das Selbstbestimmungsrecht einer in einen fremden Volkskörper eingesprengten nationalen Minderheit. Für die J ist A. mangels geschlossener Siedlungsgebiete bes. komplizierte Frage. Versuche zu einer j. A. in d. Nachfolgestaaten Rußlands (speziell in Litauen 1918/24 u. Estland). In d. mittel- u. westeuropäischen Ländern wird A. von d. überwiegenden Mehrzahl d. J nicht erstrebt.

Autonomismus, programmatische, von Dubnow geschaffene Bezeichnung für eine Richtung innerhalb des Zionismus. Der A. erstrebt die Synthese zwischen mittelalterlicher „Absonderung“ und moderner „Assimilation“ im Wege einer stark kulturell gerichteten j.-nationalen Autonomie; er hat u. a. auch beim politischen u. beim Kulturzionismus Gegnerschaft gefunden.

Avicebron ↗ Gabirol.

Avigdor (Vater d. Gedor = Einzäunung), j. Vorname, später Familienname (aschk.): 1) Osmond Elim d'A.-Goldsmid, geb. 1877 Wien, Großgrundbesitzer, Oberstleutnant a. D., Präs. versch. Organis., u. a. des ↗ Anglo-Hicem. 2) Salomon Henry, Graf d'A., Freund Napoleons III., der ihm d. Herzogtitel verlieh.

Avignon, j. Ansiedl. seit d. 4. Jhd.; A. u. Carpentras besonderer j. Ritus.

Aw, 11. Monat d. j. Kalenders (Juli-Aug.), 30 Tage. 9. A. (Tischa be-Aw): Trauertag wegen d. Zerstörung Jerusalems (586 v. und 70 n.), mit Verlesung d. Klagelieder; strenger Fasttag.

Aw Bet Din (Haupt d. Gerichtshofes), Titel d. Vors. im Rabbinatskollegium d. Gemeinde.

Awele Zion (d. um Zion Trauernden), j. Sekte im MA.

Awoda (Dienst): 1) allgem. Bz. d. Gottesdienstes, d. Liturgie; 2) Gattung liturg. Poesien im Mussafgebet d. Versöhnungstages; 3) mod.-h. = Arbeit (A. azmit, Selbstarbeit; A. iwrit, j. Arbeit, Beschäftigung nur j. Arbeitnehmer).

Awoda Sara (Götzendienst), T-Tr. (Nesikin): handelt über d. Absonderung vom griech.-röm. Heidentum.

Axenfeld, Israel, 1787 Nemirow—Paris 1866, jidd. Erzähler; Aufklärer.

Ayllion, Salomo, um 1660/1728, Rabbiner in Amsterdam, Anhänger d. Sabbatai Zwi. (Bildnis Tafel 26.)

Azeret (Festversammlung), Schlußfest, Bz. d. 8. Tages d. Laubhüttenfestes (↗ Schemini Azeret), in talmud. Zeit auch Bz. d. Wochenfestes (als Schlußfest von Pessach aufgefaßt).

Azmun, Berg im obergal. Hochland, nordwestl. von Miron, höchste Erhebung (1207 m) innerhalb d. pal. Mandatgebiets.

Azulai, sef. Familie. — Chajim Josef David, 1724 Jerusalem—Livorno 1806, Bibliograph. Ⓦ Schem ha-Gedolim (Name der Großen), biobibliogr. Lexikon über 1300 j. Gelehrte.

B

Baal (Herr), vorderasiat. Naturgott in Stier- od. Menschengestalt, gegen dessen Kult Elia eiferte.
Baal Schem (Herr des [göttlichen] Namens), Bz. f. Wundertäter, insbes. Beiname d. Israel b. Elieser, Stifters d. ↗ Chassidismus (1699–1760), der seit ca. 1740 in Medshibosh (Ukraine) wirkte u. Baal Schem tow (abgek. Bescht) genannt wird.
Baal Teschuba (Büßer; ↗ Buße), Gedicht von △ Chamisso.
Bab, Julius, geb. 11.12.1880 Berlin, Literatur- u. Theaterschriftsteller, Vorkämpfer △ Dehmels u. △ Shaws, Mitbegründer d. J. ↗ Kulturbundes.
Baba (aram. Pforte), Name d. ersten 3 Tr. d. Ordnung Nesikin, die d. bürgerl. Recht behandeln: B. Kamma (erste Pforte), B. Mezia (mittlere Pf.) u. B. Batra (letzte Pf.).
Babel ↗ Babylonien.
Babel, Isaak, geb. 1894 Odessa, russ. Schriftsteller, schildert in d. „Geschichten aus Odessa" (dt. 1926) d. Ghetto seiner Heimatstadt.
Babylonien (Babel, d. heut. Irak), in bibl.-talmud. Zeit Hauptland j. Geschichte außerhalb Palästinas: Ort d. Paradieses, sagenhafte Sprachenverwirrung (Turmbau zu B.), Auswanderung Abrahams aus B. (Ur Kasdim) nach Kanaan; Eroberung Jerusalems durch Nebukadnezar II. u. babyl. Gefangenschaft (586–538, zugleich Ende des Reiches B.); seither (unter Persern, Seleuziden, Parthern, Römern, Neupersern u. Arabern) bedeutende j. Diaspora u. nach d. Zerst. d. 2. Tempels (70 n.) u. d. Aufhebung d. paläst. Patriarchats (425) bis zum 7. Jhd. d. autonome Zentrum d. Jt.: Gelehrtenschulen (Akademien) in Nehardaa, Sura u. Pumbedita, Abschluß d. babylon. T (um 500), Gaonat u. Exilarchat. – Zusammenhänge zwischen bibl. u. altbabylon. Literatur u. Kultur („Babel u. Bibel"); babyl.-pers. Einflüsse in d. talmud. Agada.
Bacharach a. Rh., 29 J = 2%; d. ersten J in B. 1146, Opfer einer Blutbeschuldigung 1287 (vgl. Heine, Rabbi von B.). – B., Bachrach u. Bacher, j. Familienname. Eva B. (gest. Worms 1651), gelehrte Frau, Großmutter d. Jair Chajim B. (gest. Worms 1702), rabbin. Autorität, Verf. von Responsen (Chawwot Jair).
Bacher, Wilhelm, 12.1.1850–25.12.1913, j. Gelehrter, Prof. an d. Landesrabbinerschule in Budapest, bahnbrechend in d. Agada- u. Traditionsforschung (Agada d. Tannaiten, Agada d. Amoräer, 5 Bde.; Tradition u. Tradenten, 1914), Herausgeber zahlreicher j.-arab. (insbes. Ibn Dschanach) u. j.-pers. Werke.
Bachja ibn Pakuda, Religionsphilosoph in Spanien (11.–12. Jhd.), Autor d. volkstüml. Erbauungsschrift „Chowot ha-Lewawot" (Herzenspflichten; arab. Original, h. Übers. von Juda ibn Tibbon) um 1080/90. Dt. Übertragungen von R. Fürstenthal, E. Baumgarten, M. E. Stern.
Bachur (vulgär Bocher), Jüngling, Junggeselle, Student einer T-Hochschule.
Bacon △ Roger, ca. 1215–1294, bed. engl. Naturforscher u. Philosoph, der für d. Studium d. H u. wissenschaftl. Erforschung d. j. Literatur eintrat. L: S. A. Hirsch, Early English Hebraists: R. B. 1905.
Baeck: 1) L e o, geb. 23.5.1873 Lissa (Posen), 1897 Rabbiner Oppeln, 1907 Düsseldorf, seit 1912 Berlin, Lehrer an d. Lehranstalt f. d. Wissenschaft

Leo Baeck
Gemälde von Ludwig Meidner, 1931

d. Jt., Vors. d. dt. Rabbinerverbandes, Großpräs. d. dt. Distriktes d. ↗ Bne Briss, Präsidialmitgl. d. ↗ Keren Hajessod u. d. ↗ Jewish Agency, 1933 Präs. d. ↗ Reichsvertretung d. dt. J. Ⓦ Wesen d. Judentums 1923; Wege im Jt. 1933. 2) Samuel, 1837—1912, Vater von 1, Rabbiner in Lissa. Ⓦ Gesch. d. j. Volkes u. seiner Literatur.

Bad ↗ Hygiene; ↗ Mikwe.

Badchan (Spaßmacher), d. volkstüml. Typus d. j.-osteurop. Bänkelsängers u. Hochzeitsnarren.

Baden, 20 600 J = 0,85%. Erstmals 1235 erwähnt. Im 13. Jhd. Gem. in Tauberbischofsheim u. Lauda (Kr. Mosbach); im 14. Jhd. in Konstanz, Freiburg, Heidelberg, Durlach u. a. Im MA teilen sie d. Schicksal aller europ. J-Gem. Durch Edikt d. Großherz. Carl Friedrich vom 13. 1. 1809 über d. „Kirchenverfassung" d. J wird d. Oberrat d. bad. Israeliten (↗ Gemeindeverbände) ins Leben gerufen. Größte Gem.: Mannheim (6402 J), Karlsruhe (3119 J), Freiburg (1138 J).

Baeyer ♁ Adolf von, 31. 10. 1835 Berlin—Starnberg 20. 8. 1917 (j. Mutter, geb. Hitzig), Chemiker (künstl. Herstellung d. Indigos), 1905 Nobelpreis; nach ihm benannt „A. B.-Denkmünze" d. Ver. dt. Chemiker, Pour le mérite-Ritter.

Bagdad (Irak), orient.-sef. Gemeinde mit ca. 50 000 J = 20%, seit d. Abbassiden (8. Jhd.), im 9.—12. Jhd. Sitz d. weltl. j. Exilarchats, im 11.—13. Jhd. d. geistl. Gaonats

Baginsky: 1) Adolf, 22. 5. 1843 Ratibor—Berlin 15. 5. 1918, Arzt (Kinderheilkunde, Schulhygiene), a. o. Prof. Berlin. 2) Benno, 24. 5. 1848 Ratibor—Berlin 1919, Bruder von 1, Arzt (Ohrenheilkunde), a. o. Prof. Berlin.

Bahir (d. Durchsichtige), gnostisch-kabbalist. Schrift d. 13. Jhd. (dt. Übers. von G. Scholem. Lpz. 1923).

Leo S. Bakst
Gemälde von Amedeo Modigliani

Bakst (eigtl. Rosenberg), Leo S., 1868 Grodno—Paris 1924, Maler (Ausstatter d. „Russ. Ballets") u. Graphiker.

Balfour-Deklaration, am 2. 11. 1917 im Namen d. engl. Regierung abgegeb. Erklärung d. Außenministers Arthur J. △ Balfour zugunsten d. j. Nationalheims in Pal., wurde in d. ↗ Pal.-Mandat aufgenommen u. dadurch völkerrechtl. anerkannt.

Ballin, Albert, Hamburg 15. 8. 1857 —9. 11. 1918 (Freitod). Reeder, Generaldirektor d. Hamburg—Amerika-Linie (Hapag), wirtschaftl. Berater Kaiser Wilhelms II.
L.: P. F. Stubmann, B., 1926.
Bamberg, 812 J = 1,5%, d. älteste bekannte j. Siedlung in Franken (Verfolgung 1096).
Bamberger: 1) Heinrich von, 1822 Zwornaka (b. Prag)—Wien 1888, Internist, Direkt. d. med. Klinik Wien; 2) Ludwig, 22.7.1823 Mainz—Berlin 14. 3. 1899. Politiker, Vorkämpfer f. Freihandel (Mitgl. d. Zollparlaments) u. Goldwährung. Zuerst nationalliberal, seit 1884 freisinnig. Ⓦ Ges. Schriften (5 Bde. 1894—98).
Band, Max, geb. 1900 Naumestis (Litauen), Maler, seit 1924 in Paris, schuf besonders charakteristische Kinderporträts (Tafel 18).
Baneth, Eduard, 9. 8. 1855 Liptó Szt. Miklós (Slowakei)—Berlin 7. 8. 1930, bed. T-Forscher, Prof. d. Lehranstalt Berlin.
Banken. In Pal. existieren: I. Jüdische B.: Agricultural and Building Bank for Palestine Ltd.. Tel Aviv, Allenby Str. 70; Anglo-Palestine Bank Ltd., Großbank, Tel Aviv, Herzl Str., mit Zweigstellen in: Jerusalem, Jaffa, Haifa, Tiberias und Safed; Ashrai Bank, Cooperative Society Ltd., Tel Aviv, P. O. B. 119; Bank Haahuza Ltd., Haifa; Bank A. M. Kliers & Co, Ltd., Tiberias, P. O. B. 6; Bank Le-Kredit-Gomleen, Cooperative Society Ltd., Tel Aviv, Herzl Str. 14; Bank Yehudi (Jewish Bank) Ltd., Tel Aviv, P. O. B. 294; General-Mortgage Bank of Palestine Ltd., Tel Aviv, Nachlath Benjamin 18; Immigrants Bank Palestine-Poland Ltd., Tel Aviv, Herzl Str. 3; Mizrahi Bank Ltd., Jerusalem, P.O.B. 685; Palestine Kupat-Am Bank, Cooperative Society Ltd., Tel Aviv, Herzl Str. 13; Palestine Mercantil Bank Ltd., Jerusalem, Jaffa Str. Russian Compound Building; Workers Bank Ltd. (Bank Hapoalim), Tel Aviv, Montefiore Str. 21. Dazu kommen neuerdings zahlreiche j. Privatbanken (aus Dt. in Tel Aviv: Ellern, Kollenscher; in Jerusalem: Japhet). II. Nichtj. B.: Banco di Roma, P. O. B. 125, Zweigstellen in Jaffa, Tel Aviv u. Haifa; Bank of the Temple Society Ltd. (deutsch), Jaffa, P. O. B. 24; Bank P.K.O. (Polish Guardian Bank) Ltd., Tel Aviv, Allenby Str. 88; Barclay's Bank, Jerusalem, Zweigstellen in Tel Aviv, Haifa, Jaffa, Gaza, Acre, Nazareth und Nablus; Belgo-Palestine Bank Ltd., Tel Aviv, Hasharon Str. 4; National Bank of Palestine Ltd., Tel Aviv, Herzl Str. 17; Ottoman Bank, Jerusalem, P. O. B. 40, mit Zweigstellen in Jaffa, Haifa, Tel Aviv u. Nablus. — J. B. in Dt. ↗ Iwria-B., Kreditverein.
Bankwesen. Juden im MA durch Verbot anderer Berufe oft zum Geldwechsel u. Geldhandel gedrängt. Dienste für Fürsten u. Adel, ↗ Hofjuden. Im mod. B. J häufig Organisatoren u. Gründer von Großbanken. In Dt.: L. Bamberger, Dt. Bank (1870) u. Reichsbank; E. Gutmann, Dresdner Bank; A. Oppenheim, Darmstädter Bank; J. Rießer, Danatbank; Max Steinthal, Preuß. Hypothekenbank; Adolf Salomonsohn, Diskonto-Gesellschaft; Georg ↗ Solmssen, Schaffhausenscher Bankverein; in Frankreich: J. u. E. Pereira, Crédit mobilier (1852); in England: Sir David Salomon, London and Westminster Bank; Sir E. Cassel, Ägypt. Notenbank; Österr.: Rothschild, Kreditanstalt. Bed. Privatbanken 1760 Rothschild, Frankfurt/M., 1803 Bleichroeder u. um 1830 Mendelssohn & Co., Berlin, außerdem L. M. Oppenheim in Köln, Speyer-Elissen in Frankfurt /M., Arnhold (Dresden), Aufhäuser (München), Dreyfuß (Frankfurt/M.), Haber (Karlsruhe), ↗ Hagen (Köln),

Hirschland (Essen), Ladenburg (Mannheim). Großbankleiter b. 1933 u. a. C. Fürstenberg, O. Wassermann, J. Goldschmidt, K. Sobernheim.
Bann ↗ Cherem.
Bar (aram.) = h. Ben, Sohn.
Bär aus Meshiritschi (Wolhynien), 1710—1772, Nachfolger d. Baal Schem u. geistiger Führer d. Chassidismus, als d. „große Maggid" (Prediger) bekannt.
Baer: 1) Abraham, 1834 Filehne —Gothenburg 1894, Kantor, Verf. d. Baal Tefilla („d. praktische Vorbeter"), einer Sammlung d. gottesdienstlichen Gesänge. 2) Abraham Adolf, 1834 Filehne—Berlin 1908, Sozialhygieniker bes. f. Gefängniswesen. 3) Fritz, geb. 20. 12. 1888 Halberstadt, j. Historiker, Prof. Jerusalem. 4) Max, geb. 11. 2. 1909 Omaha (Nebraska), Vater Deutschjude, Boxweltmeister gegen Carnera (Juni 1934). 5) Seligmann, 18. 9. 1825 Mosbach—Biebrich 31. 3. 1897, j. Gelehrter. Ⓦ Bibl. Textausgaben 1869 ff.
Barabbas (Bar Abba), begnadigter Mörder, Figur im NT (Matth. 27, 16).
Baraita (d. „außenstehende" Lehre), Bz. aller tannaitischen Sätze außerhalb d. Mischna (im Talmud usw.).
Barak (Blitz), Feldherr d. ↗ Debora.
Bárány, Robert, geb. 22. 4. 1876 Wien, Ohrenarzt, bek. bes. durch seine Studien über d. innere Ohr u. d. Gleichgewichtssinn. Nobelpreis 1914; seit 1917 Prof. in Upsala. (Bildnis Taf. 22.)
Barcelona, bedeutende j. Gemeinde im 9.—14. Jhd.; im 13. Jhd. Wirkungsstätte d. Salomo b. Adret, Disputation zwischen Nachmanides u. Pablo Christiani (1263). 1933: 1000 J = 0,13%.
Barches ↗ Speisen.
Bar Giora, Simon, Führer einer d. j. Freiheitsparteien im j.-röm. Kriege (66—70 n.), Verteidiger Jerusalems, von Titus in Rom im Triumph aufgeführt u. getötet.
Barhäuptigkeit ↗ Kopfbedeckung.
Barhebräus ♁ Gregorius (syr. Bar Ebraja = Sohn d. Hebräers), 1226—1286, Sohn eines Arztes j. Herkunft, 1264 Oberhaupt d. jakobitischen Kirche Persiens. Ⓦ Geschichts-Chronik, Märchensammlung.
Bar Kochba (Sternensohn), messian. Beiname d. Simon bar Koseba (= aus d. Stadt K. in Juda), Führer d. letzten gr. Aufstandes d. pal. J gegen d. Römer (132—135 n.), Rückeroberer Jerusalems, von Hadrians Feldherrn Severus in Bethar eingeschlossen, fiel mit d. Besatzung.
Bar-Kochba-Vereine ↗ Sportverbände, Studentenverbände.
Bar Mizwa („Gebotspflichtiger"), Bz. d. Knaben, der d. 13. Lebensjahr vollendet hat u. damit gebotspflichtig geworden ist. Aufrufung d. B. bei d. Toravorlesung; Anlegung d. Gebetriemen. B.-Feier in d. Synagoge neueren Datums, Konfirmation (auch d. Mädchen) in d. Reformgemeinden.
Barnabas (eigtl. Josef), urchristl. Apostel, Gefährte d. Paulus.

Ludwig Barnay

Barnay, Ludwig, 11. 2. 1842 Budapest—Hannover 1. 2. 1924, Schauspieler, berühmter Heldendarsteller (Shakespeare, Schiller), Begr. d.

Genossensch. dt. Bühnenangehöriger (1870) u. d. „Berliner Theaters".
Barnowsky, Viktor, geb. 10. 9. 1875 Berlin, dort 1905/33 Theaterleiter u. Regisseur von Rang. L: Festschr. „25 Jahre Berl. Theater u. V. B." 1930.
Barrios, Don Miguel de (h. Daniel Levi), 1625 Montilla—Amsterdam 1701, span. Dichter (Sonette, Epik, Dramen) u. Schriftst. (j. Theologie u. Geschichte) marran. Abkunft, wurde J, war Weltreisender, span. Offizier u. sabbatian. Kabbalist.
Bart. In bibl. Zeiten Abscheren von B. u. Kopfhaar entehrend; darf an d. Ecken nicht rasiert werden (L 19, 27; 21, 5). Bis ins MA Bartlosigkeit Zeichen d. Unmännlichkeit; seit 2. Hälfte 17. Jhd. trotz Protestes d. Chassidim u. einzeln. Rabbinen d. Ostens Aufkommen d. Sitte in Dt. u. Italien, d. B. durch Aurum u. a. Chemikalien zu beseitigen, um d. Rasierverbot zu umgehen.
Barth, Jakob, 2. 3. 1851 Flehingen (Baden)—Berlin 24.10.1914, Orientalist, Dozent am Rabbinerseminar u. Prof. an d. Univers. Berlin; grundleg. Arbeiten zur semit. Sprachwissenschaft.
Bartholdy, Jakob Salomo, 13.5.1779 Berlin—Rom 27. 7. 1825, Diplomat u. Mäzen, Onkel von Felix ↗ Mendelssohn-B., seit 1815 preuß. Generalkonsul in Rom, in d. Kunstgesch. bek. durch d. in seinem Auftrag von d. Malern △ Cornelius, △ Overbeck, Ph. ↗ Veit u. W. von ↗ Schadow ausgeführten Fresken der „Casa B." in Rom (Darstellungen aus d. Josefsgeschichte, seit 1887 in d. National-Galerie Berlin).
Baruch (d. Gesegnete, „Benedikt"), Jünger d. Propheten Jeremia. — Buch B. (griech. Apokryphon), prophet. Stils, 5 Kap. — B.-Apokalypsen, pseudepigr. Schriften: 1) syr. B.-A., 85 Kap.; 2) griech. B.-A., 17 Kap.; 3) Rest d. Worte B.'s, äthiop.
Barzilai, ital.-j. Familie: 1) Giuseppe (1824—1902), Rechtsanwalt in Triest u. Semitologe. 2) Salvatore, geb. 1860 Triest, ital. Politiker, 1915/16 Minister „für d. unbefreiten Gebiete", 1919 Vertreter Italiens beim Versailler Friedensschluß, 1920 Senator.
Baschan, bibl. Name f. d. N Transjordaniens; Erbteil Manasses.
Basel. 3000 J = 3%, j. Ansiedlung seit 12.—13. Jhd., j. Buchdruck u. h. Sprachwissenschaft im 16. u. 17. Jhd., 1. Z.-Kongreß (1897).
Baseler Programm: d. auf dem 1. z. Kongreß in Basel (29.—31. 8. 1897) angenommene Programm d. z. Organisation; wichtig 1. Satz: „Der Zionismus erstrebt für d. j. Volk d. Schaffung einer öffentlich-rechtlich gesicherten Heimstätte in Palästina."
Basevi, Jakob, Mantua 1780—1846, 1810 Verteidiger Andreas Hofers, übersiedelt nach dessen Hinrichtung nach Mailand, Verfasser zahlr. Schriften gegen d. Todesstrafe.
Basilea, j.-italien. Familie aus Basel, darunter Salomo Abiad, Mantua um 1680/1743, Kabbalist.
Bass, Sabbataj ben Josef, 1641 Kalisch—Krotoschin 1718, j. Pionier d. h. ↗ Bibliographie.
Bassevi von Treuenberg, Jakob, 1570 —1634, Finanzmann unter den österr. Kaisern Rudolf II. (dessen Hofjude), Matthias u. Ferdinand II., Günstling Wallensteins, 1616 Vorsteher d. Gem. Prag, Steuereinnehmer, 1622 als erster J Österr. in d. erbl. Adelstand erhoben, später durch Güterkonfiskation verarmt.
Bathseba (Bat-Schewa), Weib d. Uria, von David im Bade belauscht, geraubt u. zur Lieblingsfrau erhoben, Mutter Salomos.
Baukunst, j., ↗ Architektur; Synagoge.
Baum: 1) Oskar, geb. 21. 1. 1883 Pilsen, Schriftsteller, früh erblindet. Ⓦ „Uferdasein" u. „D. Leben im Dunkeln" (autobiogr.); Roman „D. Tür ins Unmögliche" 1919. 2) Vicky, geb. 24. 1. 1888 Wien,

Schriftstellerin, Verfasserin vielgelesener (meist auch verfilmter) Romane wie „Menschen im Hotel".

Baum d. Lebens ↗ Paradies.

Bayern, 41 939 J = 0,5%. Erstmals in d. Passauer Brückenzollordnung 906 erwähnt. Erste Gem.: Regensburg (981), Bamberg (1096), Landshut (1204), Passau, München, Fürth im 13. Jhd. Unter d. Verfolgungen d. MA hatten d. bayr. J bes. zu leiden (↗Armleder, Rindfleisch). Doch entwickeln sich angesehene T-Schulen in Fürth, Nürnberg u. Regensburg. Josel von ↗ Rosheim entfaltet seine segensreiche Tätigkeit. Im Kampf um d. Emanzipation (1801/72) tritt d. Gem. Fürth hervor. Eisners Ministerpräsidentschaft u. später d. Räteherrschaft (1918/19) gaben d. ✡ neuen Auftrieb, führten 1923 zur Ausweisung zahlr. Ostj. 1920 Verb. d. bayr. israel. Gem. (↗ Gemeindeverbände) m. Individualbesteuerungsrecht; daneben besteht Bund gesetzestreuer bayr. Gem.; 21 j. Volksschulen, Lehrerbildungsanstalt in Würzburg, Realschule u. Waisenhaus in Fürth, wirtschaftl. Frauenschule in Wolfratshausen. Größte Gem.: München (9005 J), Nürnberg (7502 J), Fürth (1990 J), Würzburg (2145 J). L: A. Eckstein, Haben d. J in B. ein Heimatrecht, 1929.

Beaconsfield, Earl of, ↗ Disraeli.

Beamte ↗ Ariergesetzgebung.

Bearsted, Viscount (urspr. Marcus Samuel), 1853—1927, engl. Großindustrieller (Petroleum), 1902/03 Lord Mayor von London, Philanthrop.

Bechorot (Erstgeburten), Tr. (Kodaschim), d. Gesetze über d. ↗ Erstgeburt von Vieh u. Menschen.

Beck, Karl, 1. 5. 1817 Baja (Ungarn)—Wien 10. 4. 1879, dt.-ung. Dichter, Kämpfer gegen Unterdrückung d. Proletariats u. d. Jt.

Becker, Benno, geb. 3. 4. 1860 Memel, Landschaftsmaler in München, Autodidakt; mehrere Gemälde in Münchener Museen.

Bedersi, Jedaja (auch: J. ha-Penini), h. Dichter u. Philos. um 1300 in Perpignan u. Montpellier. Ⓦ Bechinat Olam (Prüfung d. Welt), Lehrgedicht, populäre j. Moralschrift.

Beelzebub, Dämonenfürst, im NT (Matth. 12, 24 u. ö.) angeführt.

Beer, Michael, 19. 8. 1800 Berlin —München 22. 3. 1833, Bruder ↗ Meyerbeers, Dramatiker. Sein Einakter „D. Paria" (aufg. 1823) fand Goethes Beifall, sein Trauerspiel „Struensee" gelangte 1828 durch Vermittlung König Ludwigs I. von Bayern auf d. Bühne. Ⓦ Sämtl. Werke, hrsg. von E. von Schenk, 1835.

Beer-Hofmann, Richard, geb. 11. 7. 1866 Wien, bewußter Vertreter j. Geistes in dt. Dichtung. Dramen: „Der Graf von Charolais" (1905 mit d. j. Figur d. „Roten Itzig"), bibl. David-Trilogie (bisher „Jaákobs Traum" 1918 u. „D. junge David" 1933); d. berühmte „Schlaflied für Mirjam" 1919.

Beerseba (Schwurbrunnen), Stadt in Juda südl. Hebrons, in bibl. Zeit Ort d. Erzvätersage, Kultstätte u. trad. Beispiel f. d. südlichsten Punkt Palästinas („von Dan bis B.").

Beilis, Mendel, wurde 1913 von dem Vorwurf des Ritualmords an d. 12-jähr. Andrej Juschtschinskij in Kiew freigesprochen. Gest. 1934 New York.

Belasco: 1) Aby u. Israel, zwei berühmte j. engl. Boxer in der 1. Hälfte des 19. Jhd.; I. siegte über d. Iren Randall 30. 9. 1817. 2) David, 1859 San Francisco—New York 1931, Dramatiker u. Theaterleiter in New York.

Belgien, 60 000 J = 0,7%. Mehrheit mittel- und osteurop. Herkunft, Minderheit sefardisch. Hauptgem.: Antwerpen 35 000, Brüssel 15 000. Rege Betätigung d. J als Textilkaufleute, Diamantschleifer, Goldschmiede u. Diamantenhändler. Erste Ansiedlung um 400 n., 1865 unter Leopold II. Gleichberechtigung. Religiöse Verfassung: Zentralkonsisto-

rium als Gesamtvertretung d. belg. J nach frz. Muster; an dessen Spitze Präs. d. j. Gem. Brüssel.
Belgrad, ca. 9000 J (80% Sef.) = 3,6%. J in B. seit d. Römerzeit.
Belmonte: 1) Ort in Portugal, früher große j. Gem. mit zahlr. Marranen, 2) Marranenfamilie, 3) Jakob Israel (1570—1629), Gründer d. Amsterdamer j. Gem., Verf. d. „Job" u. einer Versdichtung über d. Leiden d. J, u. 4) François de Schonenberg (angen. holl. Name ders. Fam.), kathol. erzogen, 1709 Marquis von Brabant.
Belsazar, in d. B der letzte babyl. Kg., dessen Ende d. von unsichtbarer Hand geschr. Wandspruch (Mene Tekel) verkündet. Gedicht von Heine.
Bemidbar ↗ Numeri.
Ben (auch: Bin, aram. Bar), Sohn.
Ben Akiba, Figur in △ Gutzkows „Uriel Acosta", vom Dichter erfunden, populär durch Abwandlung d. Bibelverses Koh. 1, 9 („Alles schon dagewesen").
Ben Awigdor (eigtl. Schalkowitz, Abr. Löb), 1866—1921, h. Schriftsteller, Begr. d. ersten modernen h. Verlages („Tuschija" [Fortschritt], Warschau 1892).
Benda, Carl, 1857—1932, anatom. Pathologe, o. Hon.-Prof. Berlin, Leiter d. path. Instituts d. Krankenhauses Moabit.
Bendavid, Lazarus, Berlin 1762—1832, Philosoph (Kantianer), Mathematiker u. B-Kritiker.
Bendemann, Eduard, 3. 12. 1811 Berlin—Düsseldorf 27. 12. 1889, neben ↗ Veit bedeutendster dt.-j. Maler im 19. Jhd. 1859/67 Direkt. d. Düsseldorfer Akademie, Pour le mérite-Ritter. Ⓦ D. trauernden J in Babylon (Mus. Köln) u. Jeremias (Berlin), romant. Kompositionen im Geschmack d. Zeit; Fresken in Dresden. — B.'s Schwester Pauline war m. d. Düsseldorfer Maler Julius △ Hübner (1806—1882) verheiratet.
Bendix, Benedict Heinrich, 1768—1828, Kupferstecher in Berlin, Onkel Ed. ↗ Bendemanns, einer d. ersten j. Graphiker von Ruf.
Benedikt, Moritz, 6. 7. 1835 Eisenstadt (Burgenland)—Wien 14. 4. 1920, Nervenarzt, a. o. Prof. Wien, mit ↗ Lombroso Begr. d. Kriminalanthropologie, bahnbrechend in d. Elektro-Diagnostik u. -Therapie.
Benfey, Theodor, 28. 1. 1809 Nörten —Göttingen 26. 6. 1881, Indologe, Prof. Göttingen. Übersetzer d. Veden u. d. Pantschatantra; Pionier d. vergleichenden Märchenforschung.
Ben Gurion, David, geb. 16. 10. 1886 Plonsk, pal. Arbeiterführer, hervorgegangen aus d. Poale Zion, Vors. d. Executive d. ↗ Jewish Agency.
Ben Hur, historischer Roman aus d. Christuszeit von Lewis △ Wallace (1880), in dem d. j. Fürst Juda b. H. sich nach Unterdrückung d. Römer mit seiner Familie Jesus anschließt; mehrmals verfilmt.
Beni Israel, mit Hindublut vermischte J unbekannter Herkunft

Pauline Bendemann
Gemälde von Julius △ Hübner, 1828

(Jemen, Persien?) in Vorderindien; Ölpresser u. Soldaten. Kenntnis d. H ging ihnen verloren, bis 1796 durch Sam. E. Diweker u. um 1850 durch J aus Bagdad Erneuerung d. relig. Lebens einsetzt. Heute ca. 15000 B. in Bombay, auch Aden.

Benjamin (Glückssohn), jüngster Sohn Jakobs u. d. Rahel; isr. Stamm m. d. Sitz zwischen Efraim u. Juda, ging später in Juda auf.

Benjamin aus Tudela (Navarra), Reisender u. Reiseschriftst. im 12. Jhd., besuchte u. beschrieb d. j. Gemeinden d. europ. Mittelmeerländer, Nord- u. Nordwestafrikas sowie Vorderasiens u. Indiens. Ⓦ Massaot Rabbi Binjamin (ed. Adler, m. engl. Übers., London 1907).

Benjamin II., eigtl. Israel Josef B., 1818—1864, Kaufmann, Forschungsreisender in Afrika, Amerika, Europa in Anlehnung an ↗ Benjamin aus Tudela.

Benjamin, Juda Philipp, 1811 Santa Cruz (Kl. Antillen)—Paris 1884, in Amerika durch juristische Entscheidungen als Anwalt u. Politiker (Whigpartei) bek. geworden; 1852 Senator d. Vereinigt. Staaten, später Generalstaatsanwalt, Minister, floh 1865 nach England, dort angesehener Kronanwalt.

Ben Jehuda (eigtl. Perelmann), Elieser, 1858 Luschki—Jerusalem 16. 12. 1922, Sprachforscher, Pionier d. Erneuerung d. H als gesprochener Sprache. Ⓦ Thesaurus Totius Hebraitatis, fast vollendet, bis Buchstaben Samech veröffentlicht (8 Bde., Berlin 1912 ff.).

Bennet, Salomon, um 1767/1841, Kupferstecher aus Plozk (Polen), 1796 Mitglied d. Berliner Akademie, später in London.

Bensheimer (geb. Coblenz), Alice, 6. 5. 1864 Bingen—Mannheim 20. 3. 1935, 25 Jahre Schriftführerin d. Bundes dt. Frauenvereine, Herausg. d. Nachrichtenblattes d. Bundes dt. Frauenvereine.

Bentwich: 1) Herbert, London 1856—1932, engl. Jurist (Urheberrecht), Präs. des d. zion. Organisation angehörenden Ordens Maccabeans. 2) Norman, geb. 1883 London, Sohn von 1, 1917/31 in Pal. leitender Verwaltungsbeamter, oberster Justizbeamter zur Neuordnung d. Gerichtswesens, jetzt Inhaber d. Lehrstuhles f. Friedenswissenschaft an d. Univ. Jerusalem, Mitglied d. Büros d. Emigrantenkommissars. Ⓦ The Jews and a changing civilisation, 1934.

Beracha (Segen, Lobpreisung), d. Benediktionen in- u. außerhalb d. Gebete. ↗ Gebet.

Berachot (Segenssprüche), Tr. (Seraim), d. Anfangs-Tr. d. Talmud.

Beradt, Martin, geb. 26. 8. 1881 Magdeburg, Erzähler. Ⓦ Das Kind, naturalistischer Roman (1912); Schipper an d. Front, Kriegserlebnisse (1929).

Berdyczewski ↗ Bin Gorion.

Salomon Bennet
Nach einem Gemälde von G. △ Fraser von Bennet selbst gestochen

Berechja b. Natronai ha-Nakdan, Fabeldichter im 12. u. 13. Jhd. Ⓦ Mischle Schualim (Fuchsfabeln), ca. 100 Stücke, in Reimprosa. Neuausgabe m. Holzschnitten von Leo Michelson 1921 (Abb. 191).

Berek Joselewicz, 1770—1809, Führer d. poln. j. Legion 1794, poln. Freiheitskämpfer in d. frz. Armee, ab 1807 in Warschau Kommandeur einer Ulaneneskadron, im Gefecht mit d. Österr. gefallen.
Berend, Alice, geb. 30.6.1878 Berlin, schrieb erfolgreiche Kleinbürger-Romane („Frau Hempels Tochter"); ihre Schwester Charlotte, geb. 25. 5. 1880, Gattin von Lovis Δ Corinth, Malerin u. Zeichnerin von Rang.
Berenike, Schwester Agrippas II., Geliebte d. ↗ Titus.
Bereschit ↗ Genesis.
Berg, Leo, 29. 4. 1862 Zempelburg—Berlin 12. 7. 1908, Literaturkritiker, Vorkämpfer d. Naturalismus. Ⓦ Aus d. Zeit - gegen d. Zeit (Essays 1905).
Bergelson, David, geb. 24. 7. 1884 in d. Ukraine, jidd. Romancier realistisch-sozialer Richtung. Ⓦ Arum wagsal (Rings um d. Bahnhof, dt. 1922); Noch allemen (nach Allem), dt. als „Ende vom Lied" 1923.
Bergjuden, im 9.—11. Jhd. im Kaukasus eingewanderte J, jetzt 30000 Köpfe. ↗ Georgien.
Bergmann: 1) Hugo, geb. 1883 Prag, Philosoph (idealist. Richtung). Prof. Jerusalem, bis 1935 Leiter d. Nationalbibliothek. Ⓦ Hebr. Monographie über Kant, 1927. 2) Juda, geb. 1874, Rabbiner Berlin 1908/33, j. Gelehrter.
Bergner, Elisabeth, geb. 22. 8. 1899 Wien, Schauspielerin, seit 1923 (Rosalinde in „Wie es euch gefällt") sehr erfolgreich in Berlin (Königin Christine, Viola, Heilige Johanna). Seit 1933 in London.
Bergson, Henri, geb. 18. 10. 1859 Paris, frz. Philosoph, 1928 literar. Nobelpreis, Begr. einer neuen spiritualistischen Metaphysik. Ⓦ Zeit u. Freiheit; Schöpferische Entwicklung
L: Chevalier, Henri B. (1928).
Berit (Brit, Briss), Bund.
Berit Mila ↗ Beschneidung.
Berlin, 160 564 J = 3,8% (1933), zuerst 1295 erwähnt. Verfolgung, Vertreibung: 1349 (Schwarze Pest), 1446, 1510, 1573. Wiederansiedlung durch Privileg vom 10. 9. 1671 (Gründungstag d. heutigen Gem.). Ältester Friedhof (Gr. Hamburger Str.) 1672 m. Grab Moses Mendelssohns. Älteste Synagoge 1712 (Heidereutergasse); durch Städteordnung vom 19. 11. 1808 Bürgerrechte. D. Berliner Gem. war maßgebend an d. Emanzipationsbewegungen in Preußen beteiligt. Heute Sitz d. meisten j. Organis. u. Zentralstellen: Lehranstalt f. d. Wiss. d. Jt. (seit 1872); Rabb.-Seminar (seit 1874, verbunden m. d. Austrittsgem. Adass Jisroel [gegr. 1869]). Gesamtarchiv d. dt. J; J. Museum; j. Schulen aller

Berlins älteste Synagoge in der Heidereutergasse. Kupferstich

Gattungen (älteste Gem.-Schule seit 1826). Zahlr. Synagogen (1866 Neue Synagoge Oranienburger Str.). Seit 1880 Friedhof in Weißensee. Stammväter d. ältesten j. Familien in B.: Benedict Veit, Abraham Ries, Jacob Gumprecht, Benjamin Fränkel, Model Ries.
L: L. Geiger, Gesch. d. J in B., 1871.
Berliner: 1) Abraham, 1. 5. 1833 Obersitzko—Berlin 21. 4. 1915, j. Gelehrter, Dozent am Rabbinerseminar Berlin. Krit. Ausgaben (Raschi zum Pent. 1905; Targum Onkelos 1884) u. geschichtl. Darstellungen (Aus d. Leben d. dt. J im MA 1900). 2) Arnold, geb. 26. 12. 1862 Neiße, Begr. u. Hrsg. d. „Naturwissen-

schaften" (1912/35). 3) Emil, 20. 5. 1851 Hannover—Washington 3. 8. 1929, nach Entscheidung d. amerik. Patentamts Erfinder d. Mikrophons (Mitbegr. d. Telephonie) u. d. Grammophonplatte.

Berliner Bewegung, konservativ-Ⴔ Bewegung gegen d. Vorherrschaft d. Fortschrittspartei in d. Berliner Stadtverwaltung, gegr. 1880 von Hofprediger A. Stöcker, brach trotz agitatorischer Unterstützung durch Rektor Herm. Ahlwardt 1890 zusammen.

Bermann: 1) Isaschar aus Limburg, gründet 1708 j. Volkstheater Frankfurt/M. 2) Richard Arnold, (Pseud.: Arnold Höllriegel), geb. 27. 4. 1883 Wien, Reiseschriftsteller. Ⓦ Palästina, 1923. 3) Wassilij, 1862—1896, Förderer d. Pal.-Idee in Rußland.

Bern, ca. 700 J = 0,5%; seit 1259 bezeugt.

Bernard, Tristan, geb. 7. 9. 1866 Besançon, lebt in Paris, Dramatiker u. Novellist von sehr persönlichem Humor, auch in Dt. viel gespielt.

Bernardino da Feltre △, 1438—1494, Franziskanerpater, bewirkte durch Ⴔ-Reden Untergang d. j. Gem. Trient, Vertreibung d. J aus Perugia, Gubbio, Ravenna u. a. italien. Städten.

Bernays: 1) Jakob, 11. 9. 1824 Hamburg—Bonn 26. 5. 1881, klass. Philologe, Prof. in Breslau, später Bonn. 2) Michael, Bruder von 1, 27. 11. 1834 Hamburg—Karlsruhe 25. 2. 1897, Literarhistoriker, o. Prof. in München, Goetheforscher.

Bernfeld, Simon, geb. 6. 1. 1860 Stanislau, j. Gelehrter u. neuh. Schriftst. (B-wissenschaft, dt. B-übersetzung, Literatur- u. Kulturgesch., Biographien, Anthologien), lebt in Berlin. Ⓦ Sefer ha-Demaot (Buch d. Tränen) Quellensammlung über J-Verfolgungen 1924 f.; D. Lehren des Jt. 1920 ff.; h. Hauptwerk: Mawo („Einleitung" in d. AT), 1923.

Bernhard (eigtl. Cohn), Emil, geb. 18. 2. 1881 Berlin, Rabbiner u. Dramatiker. Ⓦ Dramen: Brief d. Uria 1919, Jagd Gottes 1925; Aufruf: Judentum 1923; Lehrbuch: Neu-H schnell gelernt 1933.

Bernhardt, Sarah (eigtl. Rosalie Bernard), Paris 25. 9. 1844—26. 3. 1923, berühmte frz. Tragödin, seit 1872 Mitgl. d. Comédie française, später Leiterin eines eigenen Theaters, glänzte besonders in d. Dramen Victor Hugos u. Sardous, auch in Männerrollen (Hamlet; L'aiglon von Rostand).

Bernheim, Ernst, geb. 1850 Hamburg, Historiker, o. Prof. in Greifswald 1883/1921, Studien zur mittelalterl. dt. Geschichte.

Bernstein: 1) Aron (Pseud. Rebenstein), 6. 4. 1812 Danzig—Berlin 12. 2. 1884, Schriftsteller, Begr. d. „Berliner Volkszeitung", in Dt. einer d. ersten Schilderer j. Volkslebens. Ⓦ Novellen „Mendel Gibbor", „Vögele d. Maggid" (1860). 2) Eduard, Berlin 6. 1. 1850—18. 12. 1932, sozialist. Schriftsteller u. Politiker, Führer d. Revisionismus (gemäßigter Flügel d. Sozialdemokratie). Ⓦ Zur Geschichte u. Theorie d. Sozialismus (3 Tle., 1904). 3) Felix, geb. 1878 Halle/S., Mathematiker, o. Prof. Göttingen; Arbeiten über Funktionenlehre u. Wahrscheinlichkeitsrechnung, mathemat. Statistik (auch Vererbungsstatistik). 4) Henri, geb. 20. 6. 1876 Paris, frz. Dramatiker; seine bühnenwirksamen Stücke (Israel, Baccarat, D. Dieb) vielfach auch in Dt. gegeben. 5) Julius, Berlin 1839—1917, Sohn von 1, Physiologe, Prof. in Halle, bedeut. Arbeiten über d. Wesen d. Muskelphysiologie.

Bernstein-Linie ↗ Reeder.

Berr: 1) Isaak, 1744—1828, Vorkämpfer d. J-Emanzipation in Frankreich (1791), 1807 Mitglied d. gr. Sanhedrin, 1816 mit Titel „de Turique" ausgezeichnet. 2) Michel, 1780—1843, Sohn von 1, Advokat u.

Vorkämpfer d. j. Emanzipation, überreichte 1818 d. Aachener Kongreß Denkschrift über Lage d. dt. Juden.

Bertinoro, Obadja, Talmudist 15./16. Jhd. in Italien u. Jerusalem. Ⓦ Komm. zur Mischna (aus Raschi u. Maimonides), fast allen Mischna-Ausg. beigedruckt.

Berufsausbildung gliedert sich in d. Erstausbildung d. Schulentlassenen u. in d. Berufsumschichtung d. aus anderen Berufen Kommenden. Beschränkungen bestehen in Dt. für Nichtarier in d. schulmäßigen Ausbildung durch d. Gesetz gegen d. Überfüllung d. Hochschulen vom 25. 4. 1933 (↗ Ariergesetzgebung), das für d. Besuch d. Hoch-, höheren, Mittel- u. Fachschulen gilt. Keine Beschränkungen bei d. praktischen B. (vergl. für d. handwerkliche Lehre Rundschreiben d. dt. Handwerks- u. Gewerbekammertags vom 6.12.33), ausgenommen ↗ Landhilfe. Die Zentralstelle f. j. Wirtschaftshilfe (↗ Zentralwirtschaftsstelle), der d. Durchführung d. Maßnahmen zur B. übertragen ist, unterhält 27 Bezirksstellen in Dt., häufig verbunden mit d. j. Arbeitsnachweisen u. Berufsberatungsstellen. Die vorhandenen Ausbildungsstätten sind nach dem Stand vom März 1934 in d. von ihr herausgegebenen Schrift „Grundlagen für d. Berufsausbildung von J in Dt." aufgeführt.

Berufsberatung, j., erleichtert d. schulentlassenen Jugend d. Berufswahl durch systematische Beratung, wirkt für Normalisierung d. Berufsgliederung d. J u. deshalb bes. bei d. Jugend für ↗ Berufsumschichtung, gehört zum Aufgabengebiet d. ↗ Zentralwirtschaftsstelle. Beratungsstellen bei gr. j. Gem.

Berufsorganisationen, j., in Dt.: Allg. dt. ↗ Kantoren-Verband; ↗ Bund d. j. Kranken- u. Pflegeanstalten Dt.'s; Dt. Verband j. ↗ Krankenpflegerinnenvereine; Gruppe berufstätiger j. Frauen im j. ↗ Frauenbund; ↗ Lehrerverbände; ↗ Rabbinerverbände; ↗ Reichsverband d. j. Mittelstandes; ↗ Verband j. Ingenieure u. Chemiker; ↗ Zentralverband j. Handwerker; Verband d. j. Presse.

Berufspolitik, j., hat zwei Aufgaben: 1) Berufsverteilung d. J durch stärkere Ausbildung d. Jugend in Landwirtschaft u. Handwerk zu normalisieren (↗ Berufsumschichtung). 2) Wirtschaftl. Existenz zu schaffen u. zu erhalten (wirtschaftl. Eingliederung). Sie ist festgelegt in d. Richtlinien d. ↗ Zentralausschusses (vgl. Informationsblätter d. Zentralwohlfahrtsstelle vom 16. 7. 1934). Mittel d. B.: Erziehung d. Jugendlichen innerhalb d. Jugendvereine u. Schulen, Planung d. Ausbildungswesens, systematische u. individuelle Berufsberatung durch d. j. Berufsberatungsstellen u. Arbeitsnachweise j. Gem. ↗ Berufsausbildung.

Berufsumschichtung. Während J im bibl. Zeitalter Ackerbau, Viehzucht u. Handwerke betrieben, änderte sich d. Berufsbetätigung d. J im MA durch d. Verbot, Grund u. Boden zu erwerben u. Zunftmitglied zu sein. In d. Neuzeit ist d. ↗ Wirtschaftsgliederung d. J in Dt. sehr unterschiedlich, in d. ehem. Prov. Posen z. B. zeitweise 50% d. J Handwerker, im übrigen Preußen nur 10%. Versuche zur B. setzten in Dt. mit Emanzipation ein. 1812 Gründung d. „Gesellschaft zur Verbreitung d. Handwerks u. d. Ackerbaus unter den J d. Preuß. Staates", die bis 1898 ca. 1200 Lehrlinge unterstützte. Handwerkl. Ausbildung, gefördert durch ↗ Lehrlingsfürsorge, Schulen, wie ↗ Ahlem, Verbände wie ↗ Hechaluz. Neuerdings steht B. im Vordergrund d. Berufspolitik. Am 1. 7. 34 waren 6000 Personen in Dt. in Berufsumschichtung begriffen. ↗ Berufsausbildung.

Beruria, gelehrte u. heldenhafte Gemahlin d. Tannaiten ↗ Meïr.

Beschneidung, h. Mila, auch Berit (vulg. Briss = Bund, ↗ Abrahambund), lt. circumcisio, ein Grundgebot d. Jt., am 8. Tage nach d. Geburt d. Knaben zu vollziehen u. mit d. Namengebung verbunden; wahrscheinl. sehr alter Herkunft, außer im Jt. auch im Islam u. bis heute bei vielen Völkern (ca. 10—15% d. Menschheit) relig. Brauch. Bibl. Daten: Begründung (G 17), Gesetz (L 12, 3), älteste Beispiele (E 4, 25; Jos. 5, 2). Prozedur: Schnitt (Mila, Chittuch), Bloßlegung (Peria), Aussaugen (Meziza). Mohel, Bz. dessen, der d. B. ausführt. ↗ Ritualien.
Bescht ↗ Baal-Schem.
Bessamim (Wohlgerüche, Gewürze) ↗ Hawdala.
Bessels, Emil, 2. 6. 1847 Heidelberg—Stuttgart 30.3.1888, Natur- u. Polarforscher, wies 1869 d. Existenz d. Golfstroms östl. von Spitzbergen nach, 1871 Mitglied der Hall-Expedition auf der „Polaris", später in amerikanischen Diensten. Ⓦ D. amerikanische Nordpolexpedition 1879.
Bestattung in alt. Zeit rasch nach d. Tode durch Begraben in d. Erde od. in Felsengräbern, oft ohne Sarg; Familien- u. Erbbegräbnis, Einzelgräber. Größtes Unglück, unbestattet zu bleiben. Vor d. B. Totenklage durch d. Angehör., Freunde od. berufsmäß. Klagemänner u. -frauen. Noch heute Erd-B. u. Trauergeleit rel. Vorschrift (D 21, 23; G 3, 19). B. außerh. d. Orients seit Mendelssohn

Bestattungsszenen nach Gemälden von Pietro △ Longhi

erst 2—3 Tage nach d. Tode. Ein Beutel m. Palästinaerde wird mitunter mitgegeben. Vor d. B. Trauerfeier (Rezitation einzelner Gebete, Zidduk ha-Din, d. h. Anerkenntnis von Gottes gerechtem Walten, evtl. Nachruf). Relig. Waschung, Bekleidung u. Einsargung nimmt d. fromme Brüderschaft, ↗ Chewra kaddischa, vor, ebenso d. Hinabsenken u. d. Zuschaufeln d. Grabes. Einkleidung ohne Unterschied in einfaches Linnen, „Sargenes"; Sarg ausnahmslos schlicht. Mitgabe von Tallit. Nach d. B. Kaddischgebet u. Tröstung d. Trauernden. Feuer-B. wird von orthodoxen Kreisen abgelehnt. Beisetzung von Urnen auf Gemeindefriedhöfen häufig auf besonderem Feld.

Bet (Haus), 2. Buchst. im h. Alphabet, harte (b) u. weiche (w) Aussprache, Zahlwert 2.

Bet ha-Midrasch. Radierung von Ernst Oppler

Bet Alfa, moderne j. Kolonie in d. Ebene Jesreel; Fundstätte (1928/29) d. Restes einer Synagoge (6. Jhd. n.) mit bemerkenswertem Mosaikfußboden.

Bet Din (Gerichtsstätte), d. rabbin. Gericht u. Gerichtskollegium.

Bet Gubrin (Eleutheropolis), Ort südwestl. von Jerusalem, vielleicht mit ↗ Gat identisch; Fundstätte (hellenist. Mosaik).

Bet ha-Midrasch, d. talmud. Lehrhaus, auch heute gebr. Bz. f. Versammlungsort d. Lernenden u. Bethaus.

Bethar (Better), Festung westl. von Jerusalem, letztes Bollwerk Bar Kochbas u. seiner Getreuen, 135 n. (nach d. Tradition am 9. Aw) von d. Römern erobert u. zerstört. — Abk. f. Brit ↗ Trumpeldor.

Bethel (Gotteshaus), altisr. Kultstätte nördl. Jerusalems, Stein Jakobs zu B. (G. 28), goldenes Stierbild Jerobeams I. zu B. (I Kg. 12, 28 f.; 13, 1 ff.).

Bethlehem (Bet Lechem), Ort in Juda, Heimat Davids.

Betonung des H, ↗ Aussprache.

Bet Schean (griech. Skythopolis), alte kanaanäische Stadt südl. d. Genezareth-Sees; Ausgrabungsort.

Bet Schemesch (Ain Schems), westl. Jerusalems, Ausgrabungsort.

Beuthen, 3148 J = 3,2%; erste Erwähnung von J im 13. Jhd.

Beza (Ei), Tr. (Moed), über Arbeit am Sabbat u. Festtag, Sabbatspeise.

Bezalel, d. kunstfertige Erbauer d. Stiftshütte z. Zt. d. Wüstenwanderung. (Nach ihm d. Kunst- u. Kunstgewerbeschule in Jerusalem benannt, 1906 von d. Bildhauer Boris Schatz begr., seit 1934 unter Leitung von Joseph ↗ Budko).

Bialik, Chajim Nachman, 9. 1. 1873 Rady (Wolhynien)—Wien 4. 7. 1934, d. volkstümlichste neuh. Dichter d. Gegenwart, lebte in Odessa (bis 1921) u. Tel Awiw. Größere Poeme (Die Toten d. Wüste; Die Flammenrolle, Gedicht in Prosa; Am Ort d. Mordens, über d. Pogrom von Kischinew), lyrische Gedichte u.

Chajim Nachman Bialik

Volkslieder (auch jidd.), realist. Erzählungen, Aufsätze u. Studien. auch Übersetzungen (Wilhelm Tell); Editionen u. Anthologien (Sefer ha-Agada); Begr. d. Verlage „Morija" u. „Dwir". Hebr. Gesamtausg. (4 Bde., 1924). — Dt. Übersetzer d. Gedichte: Ernst Müller, Louis Weinberg. L: E. Simon, B. 1935.

Bialystok (Polen), ca. 40 000 J = 50%, seit etwa 1750. Gr. j. Tuchfabriken mit zahlreichen j. Fabrikanten u. Arbeitern seit 1850.

Bibago, Abraham (Mitte 15. Jhd. Spanien), Religionsphilos., Aristoteliker. Ⓦ Derech Emuna (Weg d. Glaubens).

Bibel, griech. Biblia = Bücher, h. Tenach, christl. Altes Testament (AT); heilige Schrift, umfaßt nach j. Überlieferung 24 Bücher; nicht als „kanonisch", d. h. maßgebend anerkannt: ↗ Apokryphen u. ↗ Pseudepigraphen. 3 Abteilungen: I. Tora = 5 Bücher Mose (Pentateuch); II. Propheten = Geschichtsbücher u. Redesammlungen: Josua, Richter, 2 Bücher Samuel, 2 Bücher Könige, Jesaja, Jeremia, Ezechiel (= Jecheskel), 12 „kleine" Propheten; III. heilige „Schriften" (Hagiographen): Psalmen, Sprüche, Hiob, Hoheslied, Ruth, Klagelieder, Kohelet, Esther, Daniel, Esra, Nehemia, 2 Bücher d. Chronik. (Christl. Reihenfolge anders.) Abfassung a) nach Überlieferung: von Mose (um 1400 v.) bis zur „großen Versammlung" (um 400 v.), jedes Buch meist entsprechend Aufschrift, also Tora von Mose, Psalmen von David, Sprüche von Salomo usw.; b) nach kritischer B-Wissenschaft: vom angebl. ältesten Stück, d. Deboralied (Ri 5) um 1200 v. bis zu d. jüngsten Psalmen um 70 v. Zeit d. Sammlung dieser 24 Bücher ungewiß, Aufnahme einiger bis ins 1. Jhd. n. umstritten. — Handschriften d. h. Textes: Papyrus Nasch aus 2. Jhd. n.; andere größere Fragmente aus 9. und 10. Jhd.; älteste datierte und vollständige Handschrift 1009 n. — Übersetzungen: 1) alte für Textgestalt oder den Sinn wichtig: griechische (Septuaginta = LXX, 3. Jhd. v.), aramäische (Targume), syrische (Peschitta), lateinische (Vulgata 4. Jhd. n.); 2) moderne, religiös wichtige deutsche: △ Luther (1523/34), Mendelssohn, Buber-Rosenzweig; 3) in ca. 800 Sprachen u. Dialekte haupts. durch christl. B-Gesellschaften. — Textgeschichte: massoretischer Text (MT) im wesentlichen treue Ueberlieferung d. Urtextes; Verbesserungsversuche durch Textkritik mit Hilfe d. alten Übersetzungen u. d. Pentateuch-Rezension d. Samaritaner oder Vermutungen (Konjekturen). — B-Erklärung u. -wissenschaft: a) alte j. Erklärer auf dem Boden d. Überlieferung: Raschi (um 1100 n.), Raschbam (Samuel b. Meir, um 1130), Abr. Ibn Esra (um 1150), Ramban (Nachmanides, um 1150), David Kimchi (um 1200); Ralbag (Gersonides, um 1300), Seforno (um

1500); b) neuere j. Erklärer, teilweise nicht mehr traditionell: Biur = Schule Mendelssohns, W. Heidenheim, Malbim, S. D. Luzzatto, Philippson, S. R. Hirsch, D. Hoffmann, M. J. bin Gorion, B. Jacob u. a. Christl. B-Wissenschaft seit Humanismus; B-Kritik seit Spinoza. Hauptvertreter: △ Wellhausen. Exegese erklärt den von den Verfassern beabsichtigten Wortsinn. Wissenschaft erforscht geschichtl. Grundlagen, Lit.- u. Religionsgeschichte. Neuere Hilfsmittel: Ausgrabungen im alten Orient, vergleichende semit. Sprachwissenschaft. — Hauptthesen d. B - K r i t i k : 1) Pentateuch nicht von Mose, dessen Existenz fraglich; 2) Scheidung des Pent. in Quellen nach Gebrauch d. Gottesnamen u. sprachlichen wie inhaltlichen Merkmalen; 3) Anordnung der so gewonnenen Quellen zu zeitlicher Entwicklungsreihe: Jahvist (J), Elohist (E), Deuteronomist (D), Priesterschrift (P) = religionsgeschichtl. Entwicklung von primitiver Stammesreligion über prophetische Religiosität zu „jüdischer' Erstarrung in Gesetzlichkeit; 4) Trennung des „2. Jesaja" als einer Exilsschrift (Kap. 40 ff.) vom 1. Jesaja (um 700 v.); 5) zahllose Quellenscheidungen in allen bibl. Büchern, daraus konstruierte Literaturgeschichte Israels; 6) zahllose Änderungen d. massoret. Textes, nach d. alten Übersetzungen u. als „Konjekturen"; 7) krit. Neukonstruktion d. Geschichte Israels u. seiner Religion mit Ausscheiden angebl. sagenhaften u. mythologi-

Die Bücher der Bibel

Überlieferte Reihenfolge (24 Bücher)

I. Pentateuch (Tora)
1. Genesis (Bereschit)
2. Exodus (Schemot)
3. Leviticus (Wajikra)
4. Numeri (Bemidbar)
5. Deuteronomium (Dewarim)

II. Propheten (Newiim)

E r s t e P r o p h e t e n

6. Josua
7. Richter (Schofetim)
8. Samuel I—II
9. Könige (Melachim) I—II

L e t z t e P r o p h e t e n

10. Jesaja
11. Jeremia
12. Ezechiel
13. Zwölf Kl. Propheten (Tre Assar)

III. Hagiographen (Ketuwim)
14. Psalmen (Tehillim)
15. Sprüche (Mischle)
16. Hiob
17. Hoheslied (Schir ha-Schirim)
18. Ruth
19. Klagelieder (Echa)
20. Kohelet
21. Esther
22. Daniel
23. Esra, Nehemia
24. Chronik (Diwre ha-Jamim) I-II

Inhaltliche Übersicht

G e s e t z
- Exodus (Grundlage)
- Leviticus
- Numeri
- Deuteronomium (Wiederholung)

G e s c h i c h t e
- Genesis (Urgeschichte, Ahnen)
- Josua (Einnahme des Landes)
- Richter (Heroische Zeit)
- Samuel (Das Reich)
- Könige, Chronik (Kriege und Zerfall)
- Esra, Nehemia (Wiederherstellung)

E r z ä h l u n g
- Jona
- Ruth
- Esther

W e i s h e i t
- Sprüche (Lebensregeln)
- Hiob (Erkenntnis durch Leid)
- Kohelet (Der grübelnde Geist)

W e i s s a g u n g
- Jesaja (Pathos)
- Jeremia (Predigt)
- Ezechiel (Schau)
- 11 Propheten (Rede)
- Daniel (Deutung)

L i e d
- Psalmen (Gebet u. Hymnus)
- Hohelied (Liebesdichtung)
- Klagelieder

Berühmte Stücke der Bibel

PROSA			POESIE		
Schöpfung	G	1,1—2,3	Jakobs Segen	G	49
Paradies und Sündenfall		2,4—3,24	Schilflied	E	15, 1—21
Der Brudermord		4,1—24	Bileams Sprüche	NU	23—24
Die Arche Noahs		6,1—9,17	Das Lied Mosis	D	32
Der Turmbau		11,1—9	Debora-Lied	Ri.	5
Abraham und die Engel		18	Davids Klage um Jonathan	II. Sm.	1, 17—27
Sodom und Gomorrha		19	Rede an die Töchter Zions	Jes.	3, 16—4, 1
Opferung Isaaks		22	Gleichnis vom Weinberg		5, 1—7
Das Erbbegräbnis		23	Gottes Thron und die Engel		6, 1—8
Elieser und Rebekka		24	Vom einstigen Frieden		11, 1—9
Die Himmelsleiter		28, 10—17	Tröstet, tröstet mein Volk!		40, 1—11
Jakob ringt mit dem Engel		32, 22—33	Der Knecht Gottes		42
Josef und seine Brüder		37 u. 39—45	Das Leiden des Gerechten		53
Die Geburt Mosis	E	2, 1—10	Verheißung der Gnade		54
Der brennende Dornbusch		3, 1—15	Rahel weint um ihre Kinder	Jr.	31
Die zehn Gebote		20, 1—17	Vision vom göttl. Wagen	Ez.	1
Das goldene Kalb		32	Klage, Ach und Weh		2, 8—3,3
Der Priestersegen	NU	6, 22—27	Predigt gegen die Buhlerin		16
Höre Israel	D	6, 4—9	Auferstehung der Toten		37
Jericho	Jos.	6	Hunger nach dem Wort	Am.	8
Gideon ·	Ri.	6—9	Die Himmel rühmen . . .	Ps.	19
Jeftahs Gelübde		11	Der Herr ist mein Hirte		23
Simson		13—16	Von der Vergänglichkeit		90, 1—12
Das Kebsweib zu Gibea		19—21	Lobe den Herrn, meine Seele		104
Das Königsrecht	I. Sm.	8, 11—18	Danket Gott . . .		136
David und Goliat		17	An den Wassern Babylons		137
Die Hexe zu Endor		28	Die wackere Hausfrau	Spr.	31, 10—31
Das Schäfchen des Armen	II. Sm.	12	Gottes Rede aus d. Gewitter	Hi.	38—39
Salomos Urteil	I. Kg.	3, 16—28	Schwarz, aber lieblich	Hl.	1, 5—6
Elia auf dem Horeb		19	Alles ist eitel	Koh.	1
Parabel v. Rizinusstrauch	Jona	4	Alles hat seine Zeit		3, 1—8
Belsazars Gastmahl	Da.	5			

schen Stoffes. — Antikritik: a) von j. u. christl. Orthodoxie prinzipiell; b) von j. u. christl. Gelehrten, zunehmend wegen der willkürlichen Konstruktionen u. teilweise tendenziösen Hypothesen, aber Anerkennung d. wissenschaftlichen, philologischen u. historischen Methoden u. der Ergebnisse d. Ausgrabungen u. Sprachforschung. — Wirkung: AT ist d. verbreitetste Buch d. Welt vor allem infolge Übernahme durch d. Christentum. Es übte ungeheuren Einfluß auf Denkweise, Sitten, gesellschaftl. Ordnungen, Gesetzgebung, Sprachen, Kunst aller Völker. L: zahlr. Einleitungen zum AT; Encycl. Biblica.

Bibliographie d. hebr. Lit., begr. von Giulio △ Bartolocci (Bibliotheca Magna Rabbinica, Rom 1675—93). Spätere Darstellungen: Sabbatai Bass (Sifte Jeschenim, Amst. 1680), Joh. Chr. △ Wolf (Bibliotheca Hebraea, Hamburg 1715—33), Jul. Fürst (Bibl. Judaica, Leipz. 1849—63). Wissenschaftl. zuverlässige Behandlung: M. Steinschneider (Catalogus libr. Hebr. in Bibl. Bodleiana, 1852—60 u. viele andere Arbeiten). Neueste Verzeichnisse: Is. Benjacob (Ozar ha-Sefarim, Wilna 1880), B. Friedberg (Bet Eked ha-Sefarim, Antw. 1928 ff.). Zeitschr. für h. B., Berlin 1896—1920; Kirjat Sefer, Jerus. 1924 ff.

Bibliophile, j, ↗ Sammlungen.

Bibliophilie, j., in Deutschland organisiert in d. 1924 begr. Soncino-Gesellsch. d. Freunde d. j. Buches.

Pflegt d. schöne moderne j. Buch u. fordert d. Neubelebung alter j. Buchkunst.

Bibliotheken, j., entstehen früh aus d. Notwendigkeit religiöser Unterweisung u. Praxis bei den Lehrhäusern (Sammlungen von Kommentaren, Entscheidungen, Predigten); zunächst Handschriften, dann Bücher. B. j. Inhalts auch bei Christen seit Humanismus durch Belebung h. Studiums. Privat-B. (z. T. später in öffentl. Besitz übergegangen): Asarja dei Rossi (16. Jhd.); Graziano, Saraval, Manasse b. Israel (17. Jhd.); im 18. Jhd. de Rossi (jetzt Parma), Oppenheim (jetzt Oxford); im 19. Jhd.: Michael (jetzt Oxford u. London), Rosenthal (jetzt Amsterdam); derzeitige j. Privat-B.: Sassoon, Seligmann, Schocken, Gaster. Neben den j. Abteilungen der öffentl. allg. B. in den letzten Jahrzehnten öffentl. j. Spezial-B.: Berlin, Lehranstalt u. Gem.; Breslau, Jüd. Theol. Sem.; Frankf., Gem.; Wien, Gem.; New York, Jew. Theol. Seminary; Cincinnati, Hebr. Union College; London, Jews' College; Prag, Gem.; u. a. — 1920 Eröffnung d. National- u. Universitäts-B. in Jerusalem.

Biblisches Alter, hohes Alter vom 70. Jahre an (Ps. 90, 10; vgl. Spr. d. Väter 5, 21). In d. Ursage Höchstalter 969 Jahre (Methusalem); später auf 120 begrenzt (Mose).

Biblische Geschichte, Gesch. d. J von d. myth. Weltschöpfung u. d. sagenhaften Anfängen d. Volkes, über d. Religionsstiftung, Richter- u. Königsherrschaft bis zur Rückkehr aus d. babylon. Exil; zum modernen Religions- u. Geschichtsunterricht gehörig.

Biblische Wendungen im deutschen Sprachgut ↗ Wendungen, bibl.

Bie, Oskar, geb. 9. 2. 1864 Breslau, Musik- u. Kunstschriftsteller, Mithrsg. d. Neuen Rundschau. Ⓦ Der Tanz, Die Oper.

Bielschowsky, Albert, 3. 3. 1847 Namslau (Schlesien)—Berlin 21. 10. 1902, Verfasser d. bek. volkstümlichen Goethe-Biographie (1895—1904).

Bikkur Cholim, Krankenbesuch u. -pflege, religiöse Pflicht ↗ Chewra Kaddischa.

Bikkurim (Erstlinge), Tr. (Seraim), Darbringung d. Erstlingsfrüchte.

Bildhauer, j. Vom 13.—18. Jhd. nur vereinzelte Nachrichten über j. B.; Werke nicht bekannt. Im 18. Jhd. einige j. Medailleure, darunter als namhaftester A. ↗ Abramson. Erster eigentlicher j. B. von allgemein kunstgeschichtl. Bedeutung ↗ Antokolskij (1843—1902); östl. Herkunft ferner: Maria Dillon (geb. 1858), Ilja Günzburg (1860), Leopold Bernstamm (1859), Boris Schatz (1866), Leopold Bernstein-Sinajeff (1868), Henryk ↗ Glicenstein (1870), Naum Aronson (1872). In Wien wirkte Jakob Guttmann (1811—1860), in Ungarn Josef Engel (1815—1901), Josef Róna (1861), Sandor Járay (1870), Aladár Gárdos (1878), in Italien Samuel Friedrich Beer (1846—1912, aus Brünn gebürtig), in Dänemark Siegfried Wagner (1874), in Holland Josef Mendes Costa (1863), in Belgien Charles Samuel (1862), in Frankreich A. S. Adam-Salomon (1818—1881), Zacharie ↗ Astruc (1835—1907), Emmanuel Hannaux (1858), in Amerika Moses Jakob Ezekiel (1844—1917), Ephraim Keyser (1850), Katherine M. Cohen (1859—1915), Emil Fuchs (1866). Alle diese mehr oder weniger in dem künstlerisch nicht allzubedeutenden Denkmal- u. Genrestil der 2. Hälfte d. 19. Jhd. befangen (spezif. j. Färbung bei Glicenstein, Aronson u. a.). In Dt. begannen Max Klein (1847—1908), Hugo Rheinhold (1853—1900), Max Levi (1865—1912), Hugo Kaufmann (1868—1919), Alexander Oppler (1869), Jakob Pleßner (1871). Die nächste Generation, den großen bildhauerischen Leistungen eines ♁ Hildebrand, △ Rodin, △ Maillol verpflichtet, weist demgemäß größere Persönlichkeiten auf. D. hohe Schule d. Plastik im 20. Jhd. Paris; dorthin kamen aus d. Osten: Moissej ↗ Kogan (1879), Eli Nadelman (1885), Marek Szwarc (1897) u., dem Kubismus nahestehend, Chana Orlowa (1888) u. Jacques ↗ Lipchitz (1891). In Dt. Führer d. mod. j. Plastik Benno ↗ Elkan (1877) u. Arnold ↗ Zadikow (1884); sodann Emil ↗ Pottner (1872), Julius Obst (1879), Rudolf Saudek (1880), Leopold Fleischhacker (1882), Raphael Chamizer (1882), Fr. J. Kormis, K. H. ↗ Isenstein (1898). Schließlich in Prag: Otto Gutfreund (1889); in Amerika: Jacob ↗ Epstein (1880) u. Aron Goodelman (1890).

Bileam, heidn. Prophet d. Wüstenwanderungszeit (NU 22—24); seine Eselin redet u. weist ihn zurecht, seine Fluchworte gegen Israel verwandelt Gott in Segnungen.

Bilha, Rahels Magd, Nebenfrau Jakobs, Mutter d. Dan u. Naftali.

Bilu (Abk. von Js. 2, 5), Gruppe russ. Pal.-Pioniere (1884).

Bing, dänisch-j. Fam., wohl aus Bingen stammend, darunter Heiman Jacob (1776—1844), Leiter einer Schule in Kopenhagen, Meyer Herman (1807—1883) u. Jacob Herman (1811—1896), beide Buchverleger u. Gründer d. Porzellanfabrik Bing & Gröndahl in Kopenhagen.

Bin Gorion (Berdyczewski), Micha Josef, 1865 Medshibosh [Ukraine]—Berlin 18. 11. 1921, neuh. Publizist (Forderung: Selbstkritik statt Apologie) u. Erzähler (Betonung d. Allgem.-Menschl. im Spezifischen d. Ghettolebens. [Hebr. Gesamtausgabe, 20 Bde.; jidd. Schriften, 6 Bde.]), Mythen- u. Märchenforscher u. -editor (Sagen d. Juden, Neuausg. 1935; Der Born Judas, Neuausg. 1934) u. Bibelkritiker (Sinai u. Garizim, 1926 [These vom Primat altisr. gegenüber altj. Tradition]).
L: Gedächtnisschr. zum 10. Todestag 1931.

Biographische Sammelwerke. Umfassend: S. Wininger, Große j. Nationalbiographie, 6 Bde., 1925 ff.; Auswahl: Kohut, Berühmte isr. Männer u. Frauen, 1909; Gelehrtenlexika: Zeitlin, Bibliotheca Hebraica Post-Mendelssohniana (knappe Daten u. Bibliogr.); Jidd.: Reisen, Lexikon d. jidd. Lit. u. Presse, 1926 ff.; Silberzweig, Lexikon d. jidd. Theaters, 1931 f. Nur die Vergangenheit behandeln Fünn, Michael, Rossi, Schulmann; Spezial-B. f. d. einzelnen Länder: Eisenstadt (Amerika), Carmoly, Groß (Frankreich), Mortara (Italien), Grünwald, Schwarz (Ungarn); dazu zahlreiche Werke f. einzelne Städte. ↗ Sammelwerke.

Birkat ha-Mason ↗ Tischgebet.

Birnbaum: 1) Eduard, 1855 Krakau—Königsberg 1920, Oberkantor seit 1879. Wissenschaftl. Arbeiten über d. Synagogengesang u. ältere j. Musiker. 2) Nathan (Pseud. Mathias Acher), geb. 1864 Wien, j.-nationaler Schriftst.; Eintreten für Ost-Jt. u. jidd. Sprache, Auseinandersetzung mit d. Zionismus, Wendung zur Orthodoxie.

Biro, Ludwig, geb. 22. 8. 1880 Wien, dt.-ung. Schriftsteller. Ⓦ Hotel Stadt Lemberg 1917, Die Juden von Bazin 1921.

Biro-Bidschan, Gebiet im östl. Rußland am Amur, nach zwei Flüssen benannt, seit 1928 von d. Sowjet-Union d. russ. J (2000 Fam. jährlich) zur Siedlung überlassen; kollektive Grundlage. Herbst 1935 ca. 12 000 j. Siedler.

Bischofsheim, Fam. von Bankiers u. Philanthropen in Frankr. u. Belgien, aus Tauber-B. stammend.

Bismarck △ Otto von, 1815/98, kam nach traditioneller Abneigung gegen d. J (Landtagsrede gegen d. Emanz. 15. 6. 1847) zu objektiver Würdigung (Landtagsrede 30. 1. 1872). Unter ihm erhalten d. J volle Gleichberechtigung. Als Reichskanzler 1880 zu Moritz Behrend: „Ich mißbillige ganz entschieden d. Kampf gegen d. J, ob er sich auf konfessioneller od. gar auf d. Grundlage d. Abstammung bewege." Enge Beziehungen zu ↗ Bleichröder u. ↗ Lassalle. L: O. Jöhlinger, B. u. d. J, 1921.

Biur (Erklärung), d. Bibelkommentar Mendelssohns u. seiner Schule („Biuristen").

Bizet △ Georges, 1838–1875, d. Komponist d. Oper „Carmen", Schwiegersohn J. F. ↗ Halévys, wohl fälschlich oft als ✡ bezeichnet.

Blaschko, Alfred, 1858–1922, Hautarzt u. führender Sozialhygieniker in Berlin.

Blau, Ludwig, geb. 29. 4. 1861 Putnok (Ungarn), j. Gelehrter, 1914–32 Direktor d. Landesrabbinerschule Budapest, Red. d. „Magyar Zsidó Szemle". Ⓦ Abhdlg. über talmud. Recht u. Realien.

Blech, Leo, geb. 21. 4. 1871 Aachen, Komponist u. seit 1906 Dirigent in Berlin (bis 1923 u. seit 1926 Staatsoper). Ⓦ Oper „Versiegelt" (1908) u. a.

Bleichröder, Gerson von, 1822-1893, Sohn d. Begr. des Berl. Bankhauses Samuel B., Berater Bismarcks u. Hofbankier Kaiser Wilhelms I., Beziehungen zum Hause Rothschild, 1872 erblicher Adel, Nachkommen getauft.

Ernest Bloch

Blindenfürsorge in Dt.: Selbsthilfegruppe d. j. Blinden in Dt. Berlin-Charl. 4, Dahlmannstr. 5. Jüd. Blindenanstalt f. Dt., gegr. 1910, Berlin-Steglitz, Wrangelstr. 6/7.

Bloch: 1) Ernest, geb. 24. 7. 1880 Genf, mod. Komponist von betont j. Eigenart, seit 1916 in Amerika. Ⓦ Poèmes juifs f. Orchester, 1913. Symphonie „Israel" u. Hebr. Rhapsodie „Schelomo" 1917, liturg. Oratorium „Awodass hakodesch" 1933, auch in Dt. aufgeführt. 2) Jean Richard, geb. 1884 Paris, frz. Schriftsteller. Ⓦ Novellen „Lévy" (1912), Familienroman „Simler&Co." (dt. 1927). 3) Johann, 1836–1902, russ. Volkswirt, Schriftsteller, Eisenbahnunternehmer, trat trotz Taufe warm für d. J ein, Friedensfreund („Der Krieg", 6 Bde. 1899). 4) Josef Samuel, 1850 Dukla (Gal.)–Wien 1923, Rabbiner, j. Gelehrter, Begr. d. „Österr. Wochenschr." (1883 ff.), bek. durch d. Prozeß m. ↑ Rohling um d. Blutbeschuldigung von Tisza Eszlar. R. zog vor Prozeßbeginn d. Klage zurück. 5) Markus Elieser, 1723 Ansbach–Karlsbad 1799, Arzt u. Fischforscher; seine Fischsammlung jetzt im Berliner Zoolog. Museum. Ⓦ Allgemeine Naturgeschichte d. Fische (12 Bde.). 6) Moritz (Ballagi) 1815–1891, ungar. Sprachforscher, begann ung. Bibelübersetzung, später protest. get. Theologieprof. 7) Philipp, 30. 5. 1841 Tworog (O.-S.)–Berlin 3. 2. 1923, j. Gelehrter (Lit.- u. Gem.-Gesch.); Rabbiner Posen.

Blum: 1) Julius (Blum Pascha), geb. 1843 Budapest, Finanzmann, 1879/90 ägypt. Finanzminister. 2) Léon, geb. 9. 4. 1872, Führer d. frz. Sozialdemokratie u. d. Fraktion in d. Abgeordnetenkammer, fördert ↗ Keren Hajessod u. Comité France-Palestine.

Blumenfeld, Kurt, geb. 1884 Marggrabova (Ostpr.), führender Zionist, seit 1924 Präs. d. zion. Vereinigung f. Dt.

Blumenthal: 1) Ferdinand, geb. 5. 8. 1870 Berlin, bed. Krebsforscher, 1905–33 Prof. Berlin, jetzt Belgrad. 2) Oscar, Berlin 13. 3. 1852–24. 4. 1917, d. erfolgreichste Lustspielautor um 1890 („Im weißen Rößl“), auch Kritiker u. 1888 Begr. d. Lessing-Th. Berlin.

Blutbeschuldigung wurde von Römern gegen Urchristen, von Kirchenvätern gegen christl. Ketzer, in d. Neuzeit von Chinesen gegen Christen erhoben; gegen J dieser Vorwurf zuerst im 12. Jhd. vorgebracht. Ungeklärte Mordfälle bes. kurz vor d. Osterfest, vielfach als Ritualmorde gedeutet, führten zu schwersten Verfolgungen. In keinem Fall konnte Schuld d. J nachgewiesen werden. Angebl. „Geständnisse“ wurden stets wie in d. Hexenprozessen unter Foltern gemacht. Das j. Gesetz bestraft Menschenraub u. -mord m. d. Tode (E 21, 16; L 24, 17). Gegen B. wandten sich Päpste (Innozenz IV. 1253), Kaiser (Friedrich II. 1236), Theol. Fakult. (Amsterdam 1882) u. zahlr. anerkannte nichtj. Gelehrte (↗ Strack, Noeldeke, Franz ↗ Delitzsch, ↗ Wünsche, ↗ Renan, von Liszt, ↗ Masaryk). Angebl. R.-Morde Trient 1475, Pösing 1529, Damaskus 1840, Tisza Eszlar 1882, Korfu 1891, Xanten 1891, Polna 1899, Konitz 1900, Kiew 1911 (Beilis), Manau 1929, Memel 1929.

Blutgenuß von d. Tora bei Todesstrafe verboten (L 17, 10ff.); Grundverbot auch im Urchristentum (Apostelgesch. 15, 20).

Bne-Briss-Logen (eigtl. Unabhängiger Orden Bne Briss, „Söhne des Bundes“), abgek. U. O. B. B. Vereinigungen zum Zwecke d. Selbsterziehung im Sinne von Wohltun, Menschenliebe u. Freundschaft; 1843 in Amerika gegr., ohne politischen Charakter; obwohl als „Logen“ bezeichnet, haben sie mit den Freimaurerlogen nichts gemeinsam. Dt. Großloge zählt über 100 Logen mit etwa 12 000 Mitgliedern, befaßt sich besonders mit d. Behebung d. allgemeinen Not u. d. besonderen Förderung ihrer Mitglieder im Sinne jeglicher Ertüchtigung, d. sittlichen Höherzüchtung d. Einzelnen, nachdrücklicher Hilfe f. Witwen u. Waisen; innere Arbeit bezweckt Verständnis u. weitgehendste Förderung von Wissenschaft u. Kunst ohne irgend eine Tendenz. Zeitung: „Mitteilungen der Großloge für Deutschland.“

L: L. Maretzki, Geschichte d. Ordens B. B. (1882—1907); A. Goldschmidt, Der deutsche Distrikt d. Ordens B. B. (1933).

Boas, Gatte d. Ruth, Ahnherr Davids.

Boas: 1) Franz, geb. 9. 7. 1858 Minden, Anthropologe, Studien über nordamerik. Indianer u. Eskimos, Prof. Columbia Univ. New York. Ⓦ Kultur u. Rasse. 2) Ismar, geb. 28. 3. 1858 Exin (Posen), bed. Magenarzt u. Forscher, o. Prof. in Berlin, Begr. d. „Archivs für Verdauungskrankheiten“. Ⓦ Diagnostik u. Therapie d. Magenkrankheiten.

Boccaccio △, 1313—1375, erzählt im Dekameron (I, 3) d. durch Lessing bekannte ↗ Ringparabel.

Bodenfrage in Pal. ist d. Problem d. Verteilung u. Nutzung d. vorhandenen Bodens f. J u. Araber. Die Gesamtfläche d. Mandatsgebietes umfaßt 26 200 000 Dunam (1 Dunam = 1000 qm), wovon d. landwirtschaftl. Nutzungsfläche ca. 11 Mill. Dunam beträgt. Davon sind 5 500 000 Dunam von Arabern, 1 250 000 Dunam von J besiedelt. Der Besitz d. Keren Kajemeth ist 340 000 Dunam. Von d. unbesiedelten Fläche gehört fast d. Hälfte etwa 140 arab. Großgrundbesitzern. Die bewässerbare, f. intensive Pflanzungskultur u. gemischte Wirtschaft geeignete Bodenfläche beträgt fast 3 100 000 Dunam, wovon bisher 250 000 Dunam (150 000 von J, 100 000 von Arabern) mit Citruspflanzungen bebaut sind. Der wirtschaftl. wertvollste Boden bes. f. Citrusfrüchte ist in d. Küstenebene. Durch d. j. Kolonisation wurde in d. letzten 13 Jahren d. Emek Jesreel erschlos-

sen, wo auf etwa 200 000 Dunam 35 neue Siedlungspunkte entstanden sind. Nach d. Ansicht d. besten Sachverständigen kann durch Besiedlung d. großen, brachliegenden Flächen u. Intensivierung d. Wirtschaft (bes. bei d. Fellachen) d. gegenw. landwirtschaftl. Bevölkerung verdoppelt u. d. Gesamtbevölkerung d. Mandatsgebietes (ohne Transjordanien) verdreifacht werden.
L: A. Granovsky, Die Bodenfrage u. d. j. Aufbau in Pal.; S. Kaplansky, Realitäten u. Möglichkeiten in Pal.; A. Böhm, D. j. Nationalfonds; E. Volkani, D. Wirtschaft d. Fellachen; J. Waitz, Kolonisation im Bergland.

Bodenheimer, Max Isidor, geb. 1865 Stuttgart, Rechtsanwalt Köln, seit 1933 Amsterdam, führender dt. Zionist d. Herzl-Zeit.

Boëthosäer, j. Sekte z. Zt. d. 2. Tempels, Abzweigung d. ⁄ Sadduzäer, Gegner d. Pharisäer.

Böhmen hatte J seit d. 2. Hälfte d. 9. Jhd.; älteste Gemeinden: Prag, Wyschehrad, Pribram; Mittelpunkt d. T-Studiums seit 12.–13. Jhd.

Bohr ♁ Niels, geb. 7. 10. 1885 Kopenhagen, dänischer Physiker, aus alter Gelehrtenfam., j. Mutter geb. Adler, einer d. Schöpfer d. mod. Atomtheorie, Nobelpreis 1922.

Bolivien. In der Hauptstadt La Paz ca. 35 j. Familien, hpts. eingewandert aus Osteuropa, Argentinien, Levante. Staatspräs. 1826/28 ⁄ Sucre.

Bolschewismus (Name seit 1903), Bz. d. sowjetruss. Kommunismus, trifft durch scharfe Bekämpfung d. Kirche u. Gottlosenpropaganda auch russ. J: Schließung u. Enteignung von Synagogen, Verbrennung relig. Schriften, Verfolgung relig. J. Viele russ. J, vor allem aus ehemalig. Bürgertum u. Mittelstand, Gegner des B. Einige, aus d. Religionsgemeinschaft ausgetretene russ. J führend, so Trotzki, Sinowjew, Kamenew, Radek, Litwinow, Joffe, Kaganowitsch; Anteil d. J. am Sowjetstaatsapparat wird häufig überschätzt.
L: Dimitri Bulaschow, B. u. Jt., 1924.

Bomberg △ Daniel, einer d. ersten u. berühmtesten Drucker h. Bücher, stellte d. vorbildl. gewordenen Ausgaben d. rabbin. B u. des T her (Venedig 1516 ff.).

Bondi, span.-ital. j. Fam.; B. vielleicht = Jomtow, guter Tag. — Georg Bondi (Berlin), d. Verleger Stefan △ Georges u. Fr. ⁄ Gundolfs.

Bonn a. Rh., 1003 J = 1%; erste Erwähnung 1096, Pflegestätte d. T-studiums im 12. Jhd.

Bonn, Moritz Julius, geb. 28. 6. 1873 Frankfurt/M., Nationalökonom, seit 1911 Prof. München, 1920/33 Berlin, jetzt Gastprof. Amerika. Ⓦ Stabilisierung d. Mark; Das Schicksal d. dt. Kapitalismus; Amerika u. sein Problem.

Bonnier, Albert, 1820 Dresden—Stockholm 1900, begr. in Stockholm d. größten schwed. Verlag, den seit 1914 sein Sohn Karl Otto B. führt.

Borchardt: 1) Georg, ⁄ Hermann. 2) Ludwig, geb. 5. 10. 1863 Berlin, Bruder von 1, Ägyptologe, 1906/29 Direkt. des Dt. Instituts f. ägypt. Altertumskunde in Kairo. Ⓦ Zahlreiche Schriften über ägypt. Baukunst. 3) Rudolf ♁, geb. 9. 6. 1877 Königsberg, Lyriker, Dramatiker, Dante-Übersetzer; Sprachvirtuos; betont indifferente Einstellung zum Jt. Ⓦ Buch Joram (Legende in bibl. Stil).

Bordeaux, ca. 2500 J = 1%; J in B. seit frühestem MA; neuchristl. (marran.) Zentrum nach 1492.

Born: 1) Gustav, 22. 4. 1851 Kempen—Breslau 6. 7. 1900, Anatom, Prof. in Breslau, begründet mit W. △ Roux d. Entwicklungsphysiologie. 2) Max, geb. 11. 12. 1882 Breslau, Sohn von 1, o. Prof. d. Physik in Frankf. u. Göttingen, seit 1933 Cambridge, bahnbrechend durch seine Elektronentheorie.

Born Judas, Titel d. Märchensammlung von M. J. ⁄ bin Gorion.

Börne (eigtl. Baruch), Ludwig, 6. 5. 1786 Frankfurt/M.—Paris 12. 2. 1837,

Ludwig Börne Lithographie nach David △ d'Angers

hervorrag. Journalist, auch ästhetisch reich begabt, aber vor allem politisch interessiert (daher sein Konflikt m. Heine). Einer d. Führer d. „Jungen Dt.". Zu seinem Freiheitsideal gehörte auch d. Kampf gegen d. Antisemitismus. Getauft, beklagte aber später diese „törichte Verschwendung". Ⓦ Ges. Schriften u. Nachlaß, 20 Bde. 1825/34 u. 1844/50.
L.: L. Marcuse, Revolutionär u. Patriot. 1929.

Borochow, Bär, 1881 Poltawa (Südrußland)–Kiew 17. 12. 1917, Schöpfer d. geistigen Grundlagen u. Mitbegr. d. Weltverbandes des ↗ Poale-Z., wirkte bes. in Rußland.

Börse. Die Beteiligung von J am Geld- u. Metallhandel in d. meisten Länder Europas u. d. Bedeutung d. Hoffaktoren u. ↗ Hofjuden im 17. u. 18. Jhd. bedingte auch ihre Wirksamkeit an d. Börse. Vor allem in Amsterdam (erstes 1688 erschienenes Buch über d. Börsenhandel „Confusion de confusiones", vom portug. J Josef de la Vega verfaßt), London Ende 17. Jhd., Hamburg Beginn 17. Jhd., Frankfurt/M. u. Berlin. Seit 1811 sind J für den Börsenbesuch u. Ausübung d. Maklergewerbes in Dt. gleichberechtigt. Effektenbörse wird 1816/26 durch Haus Rothschild mit Niederlassungen in Frankfurt/M., Wien, London, Paris, Neapel, Rom gefördert. Wachsender Einfluß nichtj. Großbanken u. Zurückdrängung d. Privatbankiers hat schon vor politischem Umschwung 1933 j. Einfluß stark vermindert. ↗ Bankwesen.

Böser Blick (Ajin ha-ra, „d. böse [mißgünstige] Auge"), verbreitete Volksvorstellung, im Jt. seit talmud. Zeit bezeugt. Abwehrmittel: B-Verse, Amulette, Pflanzen usw.; Ausruf „unbeschrieen", „unberufen" (jidd.: Keen anhore = Kein Ajin ha-ra!).

Böser Trieb (Jezer ha-ra), Anlage u. Bereitschaft zur Sünde (nach G 8, 21), in d. talmud. Volksvorstellung personifiziert (B. = Satan); d. Fromme besiegt d. B. in sich (legendarisches Beispiel: d. keusche Josef).

Bostanai (gest. 670), d. erste Exilarch n. d. arab. Eroberung Babyloniens u. Begr. d. babylon. Exilarchen-Dynastie. B.-Sage: der Knabe B. bleibt als einziger aus d. verfolgten Geschlecht Davids am Leben.

Botaniker, j.: Paul Ascherson (Berlin; 1834–1913), Ferdinand Julius Cohn (Breslau; 1828/98), Leopold Loeske (Moosforscher, Berlin; 1865–1935), Paul Wilhelm Magnus (Berlin; 1844–1914), Werner Magnus (Berlin; geb. 1876), Ernst G. Pringsheim (Prag; geb. 1881), Nathanael Pringsheim (Jena; 1823/94), Julius Sachs (Würzburg; 1832/97), Siegfried Veit Simon (Bonn; 1877–1934), Eduard Strasburger (Bonn; 1844–1912), Otto ↗ Warburg (Jerusalem; geb. 1859), Julius von Wiesner (Wien; 1838–1913).

Boton, sefard. Rabbinerfam. aus Saloniki.

Boxen, Boxer ↗ Sport.

Boykott als politisch., wirtschaftl. oder gesellschaftl. Zwangsmaßnahme gegen mißliebige Personen oder Sachen wurde auch im Kampf der ↑ gegen J angewandt. So boykottierten ↑ Österreichs j. Geschäfte, d. tschechische Mittelstand j. Handel unter d. Parole: „Jeder zu den Seinen", vereinzelte Badeorte j.

Gäste, z. B. Borkum. 1. 4. 1933 in Dt. Boykott j. Geschäfte als Gegenmaßnahme gegen d. Greuelpropaganda im Ausland.

Brafman, Jakob, Renegat u. Pamphletist, förderte durch „Das Buch des ⁄ Kahal" (1869/71) d. russ. ✝.

Brahm (eigtl. Abrahamsohn), Otto, 5. 2. 1856 Hamburg—Berlin 28. 11. 1912, als Kritiker, Regisseur u. Theaterleiter Bahnbrecher △ Ibsens und △ Hauptmanns, Mitbegr. d. „Freien Bühne", auch Kleist-Biograph.
L: Georg Hirschfeld, O. B. 1925.

Bramson, Leo, geb. 1869 Kowno, russ. Sozialpolitiker, nach polit. Tätigkeit seit 1908 Leiter d. Gesellschaft ⁄ Ort, in Westeuropa lebend.

Brandeis, Louis Dembitz, geb. 1856 Louisville (Kentucky), Richter am Obersten Gerichtshof in Washington, j. Politiker, 1914/21 Führer d. amerikan. Zionisten.

Brandes: 1) Edvard, Kopenhagen 21. 10. 1847 — 20. 12. 1931, Schriftsteller u. Politiker, 1909/10 u. 1913 /20 dän. Finanzminister. 2) Georg (eigtl. Georg Morris Cohen B.), Bruder von 1, Kopenhagen 4. 2. 1842 —19. 2. 1927, Kritiker, Schriftsteller von außerordentl. Einfluß, Wegbereiter neuer Talente von Nietzsche bis Lagerlöf. Ⓦ Hauptströmungen in d. Literatur d. 19. Jhd.
L: H. Nathansen, J oder Europäer, 1931.

Georg Brandes
Gemälde von Max Liebermann, 1902

Brandstätter, Mordechai David, 1844—1928, neuh. Erzähler, humorist. Schilderer ostj. Volkslebens, lebte in Tarnow (Gal.).

Brann, Markus, 19. 7. 1849 Rawitsch—Breslau 29. 9. 1920, j. Geschichtsforscher (Gesch. d. J in Schlesien) u. Bibliograph, Dozent am j.-theol. Seminar in Breslau.

Brasilien, ca. 25 000 J = 0,07%. Erste J kamen als flüchtende od. verbannte Marranen aus Spanien um 1500. Als d. J-Verfolgungen nach B. übergriffen, flohen sie, kehrten unter holländ. Herrschaft zurück, wurden mit deren Sturz ausgerottet. 1904 gründet d. ⁄ ICA d. Kolonie Philippson für russ. J.

Brauchtum, d. Vielfalt volkstüml. Gepflogenheiten u. Sitten (Minhagim), nach Herkunft u. Heimat d. einzelnen j. Gruppen verschieden, erlangten mehrfach eine d. religionsgesetzlichen gleiche Verbindlichkeit. Beispiele: Sabbatkerzen; Vatersegen; Fasten am Sterbetag d. Eltern (Jahrzeit).

Braudes, Ruben Ascher, 1851 Wilna —Wien 1902, h. Erzähler, Aufklärer. Ⓦ ha-Dat weha-Chajim (Religionsgesetz u. Leben), Roman.

Braun: 1) Adolf, 1862—1929, sozialdem. Politiker, Schriftleiter sozialdem. Blätter in Wien, München, Dresden, Nürnberg, Reichstagsabgeordneter. 2) Heinrich, 1854—1927, sozialdem. Schriftsteller, Herausgeber sozialdem. Zeitschriften, verheir. m. d. Schriftstellerin Lily △ Braun (geb. von Kretschman). 3) Otto ♂, Sohn von 2, geb. 26. 6. 1897 in Berlin, fiel 29. 4. 1918 in Frankreich. Ⓦ Aus d. nachgelassenen Schriften eines Frühvollendeten.

Braunschweig (Land), 1240 J = 0,2%.
Brennender Dornbusch, flammend u. nicht verzehrt, aus dem heraus Gottes Stimme Mose beruft (E 3).
Bremen, 1438 J = 0,4%; einzelne J im 11./12. Jhd.
Brenner, Josef Chajim, 1881—1921, neuh. Arbeiterdichter, aus Rußland geflüchtet (1905), seit 1909 in Palästina, Opfer eines arab. Überfalls in Jaffa. Ⓦ Soziale Erzählungen von pessimistischer Grundstimmung; Übersetzung d. „Raskolnikow"; Hebr. Gesamtausgabe (8 Bde., 1925 ff.).
Breslau, 20 202 J = 3,2%; drittgrößte j. Gem. in Dt., j. Ansiedl. seit d. 12. Jhd., Hostienschändungsprozeß, J-Verbrennung u. -Vertreibung 1453; im 19. Jhd. nach Kämpfen (S. Tiktin u. A. Geiger) Einheitsgem.; Zentrum j. Wissenschaft (Jüd.-Theolog. Seminar seit 1854; Frankels „Monatsschrift f. d. Gesch. u. Wiss. d. Jt." 1851 ff.).
Bresslau, Harry, 1848 Dannenberg (Hannover)—Heidelberg 1926, Historiker, 1890—1913 o. Prof. d. Geschichte Straßburg, förderte Urkundenforschung durch zahlreiche Arbeiten (Herausgabe d. Archivs seit 1907), versch. Beiträge zur Geschichte d. J. — B. war d. Schwiegervater von Albert △ Schweitzer.
Breslauer, Bernhard, 1851—1928, Jurist u. dt.-j. Gem.-Politiker, Mitbegr. d. Vereinigung f. d. liberale Jt.
Brest Litowsk (Polen, früher Litauen), jidd. Brisk, ca. 15 000 J = 30%, im 14.—17. Jhd. Hauptgemeinde d. litauischen Juden.
Breuer, Salomon, 1849 Neutra (Ungarn)—Frankfurt/M. 1926, Rabbiner, Vorkämpfer d. Orthodoxie.
Brief (Iggeret), als Dokument u. h. Literaturform (Sendschreiben, offene Br., eth. Traktate, Rp.) häufig. Älteste erh. Zeugnisse: j.-aram. B. aus Elephantine (5. Jhd. v.). Beispiele aus MA: histor.-literar. Sendschr. d. Gaon Scherira (10. Jhd.), arab. u. h. B. Maimonides' an Gemeinden u. Gelehrte (12. Jhd.). Neuzeit: Palästinaberichte, Gesetzesentscheidungen. Moderne Lit.: Briefe von Achad Haam. — Sammlung dt.-j. Briefe aus 3 Jhd.: F. Kobler, 1934.
Briefmarken, j. ⸕ Philatelie.
Brit Schalom (Friedensbund) ⸕ Araberfrage.
Brod, Max, geb. 27. 5. 1884 Prag, schrieb Romane (Tycho de Brahe 1916, Rëubeni, Fürst d. Juden 1925), Dramen u. Essays („Heidentum, Christentum, Jt." 1921). Entwicklung von erotisch betontem „Indifferentismus" zu bewußt j. Haltung.
Brodnitz, Julius, geb. 19.8.1866 Posen, dt.-j. Führer, Justizrat, seit 1920 Vors. d. ⸕ C.V.
Brody (Galizien), ca. 7000 J = 33%, erste j. Ans. 15. Jhd.; Zentrum d. Haskala im 18.—19. Jhd.
Brody: 1) Alexander, 1863—1924, ung. Schriftsteller, Naturalist von Ruf. Sein Drama „D. Lehrerin" (1909) auch in Dt. erfolgreich. 2) Heinrich, geb. 21.5.1868 Ungvár, j. Gelehrter, langjähr. Oberrabbiner in Prag, Leiter d. Forschungsinstituts f. h. Dichtung in Jerusalem, zahlr. Abhdlg. über h. Dichtung d. MA u. Herausgeber von: Diwan d. Juda Halevi, 4 Bde. 1894—1930; Anthologia Hebraica 1923; Diwan d. Mose Ibn Esra, 1934.
Browning △ Robert, 1812—1889, d. gr. engl. Lyriker, behandelte in seinen Dichtungen vielf. j. Motive in sehr positivem Sinne.
Bruch △ Max, 1838—1920, Komponist d. berühmt. ⸕ Kol Nidrei (h. Melodie f. Cello u. Orchester, 1880).
Brüll, Ignaz, 7. 11. 1846 Prossnitz—Wien 17. 9. 1907, Komp. d. beliebten Volksoper „D. gold. Kreuz" (1875).
Brünn (Brno), ca. 11 000 J = 4%; j. Gem. seit 13. Jhd. Israel Bruna (= aus B.), Mitte 15. Jhd. bedeutendste rabbin. Autorität in Dt.
Brunnenvergiftung wurde d. J um die Zeit d. sog. Schwarzen Todes,

einer 1347/50 in Europa wütenden Pest vorgeworfen; durch Verfolgungen wurden etwa 300 j. Gemeinden vernichtet, z. B. Speyer, Straßburg, Worms, Mainz, Köln, Frankfurt/M., Nürnberg.

Brunner, Constantin (eigentl. Leo Wertheimer), geb. 28. 8. 1862 Altona, Philosoph (Spinozist), Antizionist. 1924 C.-B.-Gesellschaft begr. Ⓦ Lehre von d. Geistigen u. vom Volke, 1908; D. Judenhaß u. d. J, 1919.

Brunschvicg, Léon, geb. 10. 11. 1869 Paris, franz. Philosoph, 1909 Prof. an d. Sorbonne, Spinozist. Ⓦ Spinoza et ses contemporains 1923.

Brüssel, ca. 15 000 J = 1,8%. Die ersten J kamen mit römischen Legionären nach B. Im MA waren sie Verfolgungen ausgesetzt. Seit 1800 ungestörte Entwicklung.

Buber: 1) Martin, geb. 8. 2. 1878 Wien, j. Gelehrter, Theologe u. Pädagoge, Prof. d. Univers. Frankf. a. M. bis 1933, Leiter d. Jüd. Lehrhauses u. d. Mittelstelle f. j. Erwachsenenbildung in Frankf., lebt in Heppenheim. Ⓦ Reden über d. Jt. (1932); D. chassid. Bücher, Gesamtausg. (1927); Königtum Gottes (I, 1933); D. Schrift, B-Übs. gemeins. m. Franz Rosenzweig (1926 ff.). Zeitschr. „Der Jude" (1916/24). L: H. Kohn, M. B. 1930. 2) Salomon, Lemberg, 2. 2. 1827—28. 12. 1906, Großvater von 1, Bearbeiter kritischer Midraschim-Ausgaben.

Buchara (Mittelasien, Teil d. Sowjetrepubl. Usbekistan), ca. 30 000 J ältester Herkunft (vielleicht 1. Jhd. n.), anthropologisch u. kulturell von d. übrigen J unterschieden, j.-persische Mundart. (Vgl. Tafel 27.)

Buchdruck ↗ Druckwesen.

Büchertitel, h., in älterer Zeit als Sachtitel (Chowot ha-Lewawot, Buch über d. Herzenspflichten), mit Anspielung auf den Verf. (Bet Jossef, „Haus Josefs" von Josef Karo), sinnbildlich u. meist aus bibl. Ausdruck gebildet (Scheerit Jisrael, Der Rest Israels). Verfassername wird oft als Titel zitiert (Raschi), mit dem Titel auch Verf. bezeichnet (Or sarua = strahlendes Licht, Ⓦ d. Isaak b. Mose aus Wien, wird meist als Bz. f. d. Autor gebraucht). In neuerer Zeit Angleich an allg. Brauch.

Bücherverbote hat es innerhalb d. Jt. wenig gegeben. Spuren davon im talmud. Schrifttum. In späterer Zeit Bann gegen Bücher in geistigen Auseinandersetzungen durch eine d. Parteien (Maimonides, More Newuchim; Mendelssohn, B-Übersetzung).

Buchhandel (Verlagswesen), als Neu- u. Antiquariats-B. seit langem bei J beliebter Berufszweig. In älterer Zeit oft in Verbindung von Handel u. Bibliophilie (Benjamin Mose Foa im 18. Jhd. in Italien). Bevorzugung d. gelehrten u. internationalen Antiquariats: Asher (1830), Calvary (1852), Graupe (1902), Liepmannsohn (1866), Perl (1895) in Berlin; Baer (1785) u. Kauffmann (1832) in Frankfurt/M.; Rosenthal (1859) in München; Olschki in Florenz; Rosenbach in New York. Im Verlagswesen Neigung zu literarischen (u. Kunst-) Verlagen: Georg Bondi (1895), Bruno u. Paul Cassirer (1898), S. Fischer (1886), Propyläen-Verlag (1919), Erich Reiß (1908) in Berlin; Rütten u. Loening (1844) in Frankfurt/M.; Phaidon-Verlag (1923), E. P. Tal (1919), Paul Zsolnay (1924) in Wien; Victor Gollancz in London; Fratelli Treves in Mailand; Calmann Lévy in Paris. Aber auch wissenschaftliche Verlage: Alb. Goldschmidt (Grieben, 1863), Otto Liebmann (1890; Jura), S. Karger (1890; Medizin) u. Carl Heymann (1815) in Berlin; J. Bensheimer (1838/1933) in Mannheim; M. u. H. Marcus in Breslau. Bes. Bedeutung im modernen Zeitungs- u. Zeitschriftenverlag: Mosse (1869), Ullstein (1877) in Berlin, Frankfurter Societätsverlag (1856), denen auch Buchverlage angeschlossen sind; Adolf S. Ochs

(1858—1935) in NewYork; J. M. Lévy in London (Daily Telegraph); Bonnier in Schweden. Jüdische Verlage: Akademieverlag (Berlin 1917); Eschkol-Verlag, 1923 von Jakob Klatzkin u. Nachum Goldmann gegr., gibt d. „Encyclopaedia Judaica" heraus (A—L, 1928/34, Berlin-Charl., Bismarckstr. 106); Fiba-Verlag verlegt hpts. Pal.-Literatur (Wien VI, Gumpendorfer Str. 10); R. Löwit, 1883 gegr. (Wien I, Fleischmarkt 1); Jüdische Buch-Vereinigung, 1934 gegr. (zur Zeit an 5000 Mitglieder), verlegt für ihre Mitglieder Werke von Georg Hermann, Ismar Elbogen, Jakob Wassermann. (Berlin W 15, Pariser Str. 7); Jüdischer Verlag, 1902 von Buber, Lilien u. a. gegr., verlegt Werke von Achad Haam, Bialik, Dubnow, Herzl, Nordau, Ruppin, d. fünfbändige „Jüdische Lexikon" u. a. (Berlin W 50, Budapester Str. 11); Kauffmann, 1832 von I. Kauffmann gegr., verlegt vor allem Hebraica, j. Schul- u. Gebetbücher, im 19. Jhd. Werke von M. Lazarus, S. R. Hirsch, M. Steinschneider, L. Zunz (Frankfurt /M., Schillerstr. 19); Leßmann, 1889 von Max Leßmann in Hamburg gegr., verlegt hpts. Zeitschriften (Berlin SW 68, Lindenstr. 69); Philo-Verlag (u. Buchhandlung), 1919 von Ludwig Holländer gegr., verlegte meist apologetische Lit. (L. Brentano, E. Fuchs, I. Elbogen, E. Fleg, F. Goldmann, J. Goldstein, P. Nathan, P. Rieger, B. Segel, B. Weil), aber auch wissenschaftl. Werke (M. Guttmann, F. Oppenheimer, F. Rosenzweig, M. Wiener) u. neuerdings jurist. (R. Callmann) u. Unterhaltungs- (J. Bab, H. Sinsheimer) Lit., „Zeitschr. f. d. Gesch. d. J in Dt." u. „D. Morgen" (Berlin W 15, Pariser Str. 44); M. Poppelauer, gegr. 1860, verlegt hpts. Hebraica u. Judaica, Werke von J. Faitlovitch, G. Karpeles, M. Steinschneider, M. Sachs, S. Wengeroff (Berlin C, Neue Friedrichstr. 59); Schocken-Verlag, von Salmann Schocken 1931 gegr., verlegt Literaturdenkmäler (B-Übs. Buber-Rosenzweig; Born Judas), Theologie (Gesamtwerk Bubers), Wissenschaft (B. Jacob, G. Scholem, M. Zobel), Volksausgaben (Schocken-Bücherei; Almanach) u. Hebraica (Berlin SW 19, Jerusalemer Str. 65/66). Bedeutende Unternehmungen in Polen (↗ Ben Awigdor u. Orgelbrand in Warschau, Romm in Wilna) u. in Pal. (Dwir, Omanut, Mizpa u. A. J. Stybel in Tel-Awiw); in Amerika (Isidore Singer u. Co.).

Büchler, Adolf, geb. 1867 Priekupa (Ungarn), j. Gelehrter, Prof. am Jews' College London; Ⓦ Abhdlg. ü. d. Zeitalter d. 2. Tempels.

Buchmalerei j. D. Illustrierung von Handschriften mit Randornamenten, kunstvoll ausgeführten Initialen u. schließlich farbigen, d. Text erläuternden oder unabhängig vom Text als reiner Schmuck gedachten Bildern ist d. Hauptgebiet j. Kunstbetätigung im MA. Schon die Fülle des erhaltenen u. meist in öffentl. Bibliotheken leicht zugängl. Materials gibt der kunstgeschichtl. Forschung hier größere Sicherheit als auf anderen Gebieten d. j. Kunst. Früheste Beispiele j. B. aus islamischer Zeit: rein ornamental verzierte Pent.-Handschriften seit 10. Jhd., meist aus Ägypten u. Syrien stammend (Hauptbeispiele in Leningrad u. London). D. B. Europas nimmt ihren Ausgang etwa um 1200 in Spanien. Wichtigstes Objekt dieser Kunstbetätigung wird d. Pessach-Haggada (über 100 Handschr. bekannt). Berühmte spanische Haggada-Hs. des 13. u. 14. Jhd. in London u. Sarajevo, deutsche, besonders d. 15. Jhd., in Nürnberg, München u. Darmstadt. Zahlreiche illuminierte Hs. auch aus Italien, seltener aus Frankreich. Neben d. Haggada bleiben d. ganze MA hindurch d. B u. Teile d. B (nicht aber

d. für den Gottesdienst bestimmten Torarollen), ferner Gebetbücher (Machsor, Siddur), aber auch Schriften d. Maimonides u. anderer Gelehrter Objekte der B. Seit etwa 1500 wird d. Illustrierung d. Estherrolle (/ Megilla) beliebt (d. schönsten Exemplare italienischer Herkunft). Allmählich wird die B. seit 1500 durch d. Druck verdrängt (doch gibt es auch aus d. 17. u. 18. Jhd. noch eine große Anzahl künstlerisch hochwertiger illustr. Haggada-Hs.); einen letzten Ausläufer bildet d. Illustrierung d. /Ketubba. — Künstlerisch folgt d. j. B. im allg. dem Stilwandel von d. Gotik bis zum Rokoko; doch lassen sich von europäisch (bes. v. d. gleichzeitigen christl. B.) stark beeinflußten Miniaturen (Darmstädter Haggada, Tafel 10) solche unterscheiden d. inmitten ihrer zeitl. u. örtl. Umgebung fremdartig anmuten u. auf uralte, als spezifisch j. zu bezeichnende, in d. Volkskunst wurzelnde Tradition zurückgehen (so d. beiden Haggada-Hs. in Nürnberg u. a.). Künstlernamen sind kaum bekannt, soweit man nicht in einzelnen Fällen den Schreiber der Hs. mit d. Buchmaler identifizieren kann. Daß christl. Künstler j. Handschriften illustriert haben, ist nur in einem einzigen Falle ausdrücklich bezeugt. Inhaltlich zeigt d. j. B. vom reinen Zier- u. Ornamentblatt bis zur vielfigurigen Szene eigtl. alle Möglichkeiten überhaupt, in erster Linie Bibelszenen von d. Erschaffung d. Welt bis zur Esthergeschichte (bes. Pent., Haftarot u. 5 Megillot), in d. Haggada-Hs. vielfach auch Darstellungen des Rituals, ferner Symbolisches u. Legendäres, Tierdarstellungen, Jagden, auch reine Phantasiebilder, Landschafts- u. Architekturbilder in Andeutungen, Genreszenen, humorist. bildliche Randglossen, in d. Ketubbot sogar Bildnisse d. Brautleute.

L: D. H. Müller u. J. v. Schlosser, D. Haggadah von Sarajevo, 1898. Br. Italiener im Textband zur Faks.-Ausg. d. Darmstädter Pessach-Haggadah, 1927.

Buch-Vereinigung, j. (JBV), 1933/34 von maßgebenden j. Organisationen auf gemeinnütziger Grundlage gegr. zur Verbreitung u. Vertiefung j. Kulturgutes in Dt.; Geschäftsstelle: Berlin W 15, Pariser Str. 7.

Bucky, Gustav, geb. 3. 9. 1880 Leipzig, Arzt, bedeut. Röntgenforscher, ersann d. B.-Blende zur Abblendung d. Sekundärstrahlen, Entdecker d. Grenzstrahlentherapie (Behandlung mit sehr weichen Röntgenstrahlen), wanderte 1923 nach Amerika aus, 1930/33 am Berliner Virchow-Krankenhaus, seit 1933 Univ. New York.

Budapest, 204371 J = 20,3%, zweitgrößte j. Gem. Europas (nach Warschau). In Ofen J seit 3. Jhd., in Pest seit 1406 nachweisbar. Während der Türkenkämpfe 1526 kam fast d. ganze Gem. ums Leben; nach 1712 wuchs Ofen unter d. liberalen Herrschaft d. Barone Zichy, während in Pest sich J erst

Synagoge in Budapest. Lithographie um 1860

nach 1783 ansiedeln durften. Als Folge d. Räteherrschaft 1919 wurden J aus zahlreichen Ämtern u. Stellen verdrängt; später wurden diese Verordnungen zum Teil aufgehoben. 8 Synagogen, 5 Schulen, Museum, Rabbinerbildungsanstalt u. a. j. Institutionen, j. Zeitungen u. Zeitschriften zeugen für d. kulturelle Leben d. Gem., aus der u. a. ⁄- Herzl u. ⁄- Nordau hervorgingen.

Joseph Budko Selbstbildnis (Radierung), 1915

Budko, Joseph, geb. 27. 8. 1888 Plonsk, Maler u. Graphiker, in Berlin Schüler Hermann ⁄- Strucks, Hauptvertr. d. neu auflebenden j. Kunstbewegung in Pal., seit 1934 Leiter d. Kunstschule Bezalel in Jerusalem. Ⓦ Radierfolgen „Hagadah" 1917, „D. Jahr d. J" 1919 u. a.

Bueno, frz. j. Familie, deren Namensträger in Holland (Ärzte, Gelehrte u. Buchverleger im 17. Jhd.), Amerika, Italien (Drucker Salomon ben Jakob B. um 1576) u. Pal. vertreten sind; den Amsterdamer Arzt Ephraim B. (gest. 1665) porträtierte ⁄- Rembrandt.

Bukarest. ca. 50 000 J = 8%; seit 16. Jhd.

Bulgarien, 45 000 J = 0,9%. Ihre Geschichte reicht nahezu 2 Jahrtausende zurück. Im 8. Jhd. traten unter ihrem Einfluß d. ⁄- Chasaren zum Jt. über. 1335 vermählte sich d. Zar Johann Alexander mit einer Jüdin (⁄- Theodora). B. war zu allen Zeiten Zufluchtsstätte vieler J. Erst seit Ende d. Türkenherrschaft 1878 setzten auch in B. ✡ Strömungen ein.

Bund (Berit; griech. Diatheke = Testament), Bz. d. religiösen Verhältnisses zwischen Gott u. Israel; B. mit d. Ur- u. Erzvätern (Noah-B., Regenbogen; Abraham-B., Beschneidung), mit Mose u. d. Volke (Sinai-B., B.-Lade, B.-Tafeln).

Bund: Allgemeiner j. Arbeiterbund für Litauen, Rußland u. Polen. Älteste j. Arbeiterpartei, gegr. 1897 in Wilna; bis zum Krieg stärkste Arbeiterpartei. Nach dem Kriege von Bedeutung nur noch in Polen u. Rumänien. Antizionistisch; für politische, nationale u. soziale Gleichberechtigung d. J in den Ländern d. Massensiedler. Vorkämpfer d. Jiddischen.

Ephraim Bueno
Gemälde von Rembrandt, 1647

Bund d. j. Kranken- u. Pflegeanstalten Dt.'s E. V. Zusammenschluß d. j. Gesundheitsfürsorgeanstalten zur Vertretung gemeinsamer Interessen, Austausch von Erfahrungen u. Beratung, gegr. 1919.

Bundesbuch, wiss. Bezeichnung f. E 21 ff. (Wochenabschn. Mischpatim), eine Gesetzesreihe, d. mit d. Kodex Hammurabis Übereinstimmungen aufweist.

Bundeslade (Aron ha-Berit), d. Schrein in d. Stiftshütte u. im Tempel, der d. Bundestafeln enthielt, heiligstes altisr. Kultgerät, dem im j. Gottesdienst d. Toraschrein entspricht.
L: Torczyner, Die B. 1930.

Bundestafeln, d. zwei steinernen Gesetzestafeln (Luchot), mit d. Text d. zehn Gebote, von Mose auf d. Sinai empfangen u. in d. Bundeslade bewahrt.

Burchardt, Hermann, geb. 18. 11. 1857 Berlin, Forschungsreisender, unternahm wissenschaftl. Expeditionen im Orient, in Syrien, Persien, Ostafrika, Südarabien, ermordet 19. 12. 1909 von Eingeborenen in Südarabien. Seine Lichtbildersammlung größtenteils im Berliner Orientalischen Seminar.

Burg, Meno, Berlin 1787—1853, preuß. Offizier, bek. als „Judenmajor", Lehrer an d. Artillerie-Offiziersschule Berlin.
L: Eugen Wolbe, M. B. 1909.

Burgos (Spanien), bedeutende j. Gem. im 11.–15. Jhd. Die Apostaten Abner u. Paulus Burgensis stammen aus B.

Burla, Juda, geb. 1888 Jerusalem, neuh. Erzähler sef. Abstammung.

Burnham, Edward, Lord (eigtl. Levy), London 1833—1916, Begr. d. „Daily Telegraph" in London.

Buße (h. Teschuwa = Umkehr), in d. prophet. Religion Sühnung d. Frevels durch Reue u. Guttat (vgl. Ez. 18, 21 ff.). B.-Gebete (Selichot) in Gottesdienst d. Fast- u. Trauertage. B.-Tage (Asseret Jeme Teschuwa), 1.—10. Tischri, von Neujahrs- bis Versöhnungstag.

Buxtorf △ Johannes d. Ältere, 1564—1629, Theologe u. Hebraist, Prof. Basel. Ⓦ Hebr. B-Wörterbuch (1607), B-Konkordanz (1632), Hebr. Grammatik (1605), T-Wörterbuch (1639, vom Sohne Joh. d. Jüng. vollendet).

Meno Burg

Byron △ George Noël Gordon, Lord, 1788—1824, d. gr. engl. Dichter, hier zu nennen als Verf. d. „Hebräischen Melodien" (1814) u. d. „Kain" (1821).

Byzanz (Ostrom, 395—1453) schloß bis zum 7. Jhd. Palästina mit ein (Unterdrückung d. letzten selbständigen Regungen d. J u. Samaritaner; Ausnahmegesetze Theodosius' II. u. Justinians). Ausklang d. j. Hellenismus: griech. Sprache, griech. („romanischer") Ritus.

C

Caballeria ↗ Cavalleria.

Cahn, Wilhelm, 15. 3. 1839 Mainz —Berlin 10. 8. 1920, Kaiserl. Geh. Legationsrat, Vorkämpfer d. Grundsatzes „expatriatio est delenda", trug entscheidend zur Erhaltung d. Deutschtums im Ausland bei. Standardwerk: Reichs- u. Staatsangehörigkeitsgesetz 1889.

Cantor ♂: 1) Georg, 3. 3. 1845 St. Petersburg—Halle 6. 1. 1918, hervorrag. Mathematiker, 1879 o. Prof. Halle, Begründer der Mengenlehre durch Einführung d. transfiniten Zahlen. 2) Moritz, 23. 8. 1829 Mannheim—Heidelberg 9. 4. 1920, Historiker d. mathem. Wissensch.

Capistrano △ Johann von (1386—1456), Franziskanerpater, bewirkte durch ✝ Reden J-Verbrennung in Breslau, J-Verbannung in Bayern, vorübergehende Aufhebung der J-Privilegien in Polen.

Capsali, sef. Familie. 1) Elia, 1490—1555, j. Chronist (J in Italien, Dt., Türkei), Rabbiner in Kandia. 2) Mose, um 1420/95, d. erste Großrabbiner (Chacham Baschi) d. Türkei in Konstantinopel.

Cardozo, Abraham Miguel, um 1630/1706, Mystiker, Sabbatianer.

Carmoly, Eljakim, 1802—1875, j. Gelehrter in Frankfurt/M. Ⓦ Histoire des médecins juifs. (1844).

Caro: 1) Georg, 1867 Glogau—Zürich 1912, Historiker. Ⓦ Sozial- u. Wirtschaftsgeschichte d. J im MA u. in d. Neuzeit (2 Bde., 1908, 1920). 2) Heinrich, 1834 Posen—Dresden 1910, Chemiker, ab 1884 Vorstandsmitgl. d. bad. Anilin- u. Sodafabrik. bed. Farbstoffsynthetiker. 3) Nicodem, 26.5.1871 Lodz—Zürich 30.6. 1935, bed. Chemiker, erzeugte mit Adolf Frank Kalkstickstoff aus Luft (sog. Frank-Caro-Verfahren), mehrf. Dr. h. c., langjähr. Leiter d. bayer. Stickstoffwerke.

Carpentras, j. Gem. vom 10.—19. Jhd.; besonderer Ritus Avignon u. C.

Caesarea, pal. Hafenstadt zwischen Jaffa u. Haifa, von Herodes begründet (10 v.), 1265 zerstört.

Cassel: 1) David, 1818 Glogau—Berlin 1893, j. Gelehrter, Dozent d. Lehranstalt Berlin. Ⓦ Lehr- u. Wörterbücher. 2) Ernest, Sir, 3. 3. 1852 Köln—London 21. 9. 1921, engl. Finanzmann, Philanthrop, Freund Kg. Eduards VII. 3) Oscar, 1849—1923, Rechtsanwalt, freisinniger Politik. (1903/19 preuß. Abgeordneter), Ehrenbürger von Berlin. 4) Paulus, 1821—1892, Apostat (urspr. Name Selig C.); evang. Theologe, J-Missionar, schrieb auch gegen d. ✝.

Cassirer, j. Familie (Breslau—Berlin): 1) Bruno, geb. 1872, Kunstverleger. 2) Ernst, geb. 28. 7. 1874,

Ernst Cassirer Bronzebüste von K. H. Isenstein

bedeutender Philosoph, Neukantianer, 1919/33 o. Prof. in Hamburg, seit 1935 Göteborg. Ⓦ Philosophie d. symbolischen Formen, 3 Bde., 1923/29. 3) Fritz, 1871—1926, Dirigent

u. Musikschriftsteller. 4) Paul, 1871—1926, Kunsthändler, Vorkämpfer d. Impressionismus. 5) Richard, 1868—1925, Nervenarzt, seit 1912 a. o. Prof. Berlin.

Cassuto, Umberto, geb. 1883 Florenz, j. Gelehrter u. Hebraist, Prof. a. d. Universität Rom; Beitr. zur Bibelwissenschaft, Gesch. d. j.-ital. Gemeinden (Ebrei a Firenze, 1918) u. j.-ital. Lit. (Dante e Manoello, 1921).

Castiglioni, Camillo, geb. 1879 Triest, führend in d. Auto- u. Flugzeug-Industrie Österreichs u. Italiens, Kunstmäzen. Zusammenbruch seiner Unternehmungen in d. Deflation.

Castro, de sef. Familie. — Balthasar (Isaak) C. um 1620/87, Marrane, Arzt, Prof. in Salamanca u. Toulouse.

Cavalleria, de la, Marranenfam. aus Aragonien; darunter Alfonso C., Vizekanzler Ferdinands II. von Arag., 15. Jhd.

Centralverein der Juden in Deutschland (C.V.), bis 15. 9. 1935 „Centralverein deutscher Staatsbürger jüdischen Glaubens", bezweckt nach § 1 seiner Satzung „d. Pflege d. j. Lebens sowie d. seelische, rechtliche u. wirtschaftliche Betreuung d. in Dt. lebenden J". Gegr. 1893 zur Wahrung d. staatsbürgerlichen u. gesellschaftlichen Gleichstellung d. dt. J, sowie zur Pflege dt. Gesinnung. Seit 1933 Ausbau zur Rechtsschutzorganisation, ↗ Wirtschaftsberatung. 40 000 Mitglieder in 16 Landesverbänden u. 500 Ortsgruppen. Organ C.-V.-Zeitung (Allgemeine Zeitung d. Jt.s) seit 1922 (vorher ↗ „Im dt. Reich").

Chabad ↗ Chassidismus.

Chabib, Jakob b. Salomo, ca. 1460 Zamora (Span.)—Saloniki 1515, Rabbiner. Ⓦ En Jaakow (Brunnen Jakobs), klass. Kompendium d. Agada d. babyl. T.

Chabiri (Chabiru), Nomadenvolk in Vorderasien, seit 2000 v. nachgewiesen u. von vielen Forschern d. Hebräern gleichgesetzt, kämpfte siegreich gegen d. unter ägypt. Oberhoheit stehenden Städte Palästinas.
L: A. Jirku, Wanderungen d. Hebr., 1924.

Chacham (Weiser), d. Gelehrte; Titel d. sef. Rabbiners.

Chacham Baschi, Titel d. türk. Oberrabbiners.

Chacham Zwi ↗ Aschkenasi.

Chad Gadja (ein Zicklein), aram. Volkslied in d. Pessach-Haggada, etwa im 16. Jhd. in Dt. verfaßt. Übersetzung in „Des Knaben Wunderhorn".

Marc Chagall
Zeichnung von Emil Orlik

Chagall, Marc, geb. 7. 7. 1887 in Liosno (Gouv. Witebsk), Maler u. Graphiker, 1910/14 u. wieder seit 1922 in Paris. Zweifellos d. stärkste Gestalter in d. nachimpressionist. j. Kunst, d. erste „Surrealist"; dabei starke Verbundenheit mit östl. Volkskunst; Betonung d. j. Elements im Thematischen (Abb. 136, 594, Tafel 16). Ⓦ 1935: Bibel-Illustrationen.
L: A. Salmon, Ch. 1928.

Chagiga (Festfeier), letzter Tr. d. Ordn. Moed, behandelt d. Hauptpflichten an d. drei Hauptfesten.

Chagis, sef. Familie in Jerusalem. Jakob C., 1620—1674, Gegner d. Sabbatai Zwi.

Chaliza. Holländischer Kupferstich des 18. Jahrhunderts

Chajes, böhmisch-j. Familie: 1) Zwi Hirsch, 1805–1855, j. Gelehrter in Zolkiew (Gal.). Ⓦ Iggeret Bikkoret (krit. Sendschreiben), über Targum u. Midr.; Mewo ha-Talmud (Einl. in d. T). 2) Zwi Perez, 1876–1927, Enkel von 1, Oberrabbiner von Wien.

Chajim (Leben, lat. Vitus), seit d. MA häufiger j. Vorname.

Chajim b. Isaak, 1749–1821, Begr. d. T-Hochschule (Jeschiwa) in Woloshin (Litauen).

Chajjudsch, Juda, um 1000, h. Grammatiker, Entdecker d. Dreibuchstabigkeit im H (Triliteralität), schrieb arabisch.

Chaldäer (Kasdim), altsemit. Volk südl. d. Euphrats, in d. B eine Bz. d. Babylonier; Ur Kasdim ist d. Heimat Abrahams. Chaldäisch, oft gebr. unzutreff. Bz. d. Aramäischen.

Chaliza („Ausziehung" des Schuhs), bibl. Zeremonie bei d. Ablösung von Pflichten, insbes. bei d. Freigabe d. zur Leviratsehe Verpflichteten (Rut 4, 7; D 25, 7 ff.).

Challa (Kuchen; Teighebe), Bz. d. Pflicht, ein Stückchen vom Teig d. Sabbatbrotes zu verbrennen, eines d. drei Frauengebote; urspr. Priesterabgabe, Tr. (Seraim).

Chalukka (Verteilung), Abgabe d. in d. Diaspora von bes. pal. Sendboten eingesammelten Spenden f. d. Armen Palästinas, etwa seit 15. Jhd.; Verwaltung d. C. durch landsmannschaftl. j. Gemeinden (Kolelim) in Palästina.

Chaluz (Ausgerüsteter, Pionier), Angehöriger des ↗ Hechaluz. Mehrzahl: Chaluzim; weibl.: Chaluza, Mehrzahl: Chaluzot.

Chamberlain △ Houston Stewart, 1855 Portsmouth–Bayreuth 1927, eingedeutscht. Schriftsteller, Schwiegersohn Rich. Wagners. Verherrlicht 1898 in seinen „Grundlagen d. 19. Jhd." d. arischen Geist. Starker Einfluß auf d. Nat.-Soz.
L: Fr. Hertz: Rasse u. Kultur, 1925.

Chamez (Gesäuertes), alles mit Sauerteig zubereitete, für d. Pessachzeit verboten, wird vor Beginn d. Festes weggeschafft.
Chammurapi ↗ Hammurabi.
Chamssin (arab.: 50 [Tage]), heißer Wüstenwind.
Chananel b. Chuschiel, Gesetzesautorität um 1000/50 in Kairuan (Tunis). Ⓦ Komm. zum babyl. T (nur teilw. erhalten).
Chananja (Gott gnädig), Gefährte Daniels, einer d. drei Männer im Feuerofen (Da. 3).
Chanina (Chananja), mehrere T-Lehrer: 1) C. b. Chama, Amoräer, lehrte in Sepphoris (2.—3. Jhd.). 2) C. b. Dossa, Tannaite, Wundertäter, Held zahlr. Legenden (1. Jhd.). 3) C. b. Teradion, Tannaite, einer d. zehn Märtyrer Roms (2. Jhd.).
Channa ↗ Hanna.
Chanoch ↗ Henoch.

Chanukka
Holzschnitt von Jakob Steinhardt

Chanukka (Einweihung), d. achttägige Lichtfest vom 25. Kislew an, zur Erinnerung an d. Tempelweihe d. Makkabäers Juda, zählt wie Purim zu d. Halbfeiertagen. Ritual: Anzünden d. 8-flammigen C.-Leuchters (↗ Menora), von dessen Lichtern am 1. Tag nur eines angesteckt wird, jeden weiteren Tag d. Festes eines mehr (zum Andenken d. Lichtwunders im Heiligtum, wo d. Ölvorrat eines Tages für 8 Tage reichte).
Chaplin, Charles Spencer (Charlie), geb. 16. 4. 1889 London, d. populärste Filmschauspieler d. Welt. Seit 1910 in Amerika. Erste Filme (einakt. Grotesken) 1912. Dann: The Kid 1920, Pilgrim 1922, Goldrausch 1925, Zirkus 1927.
L: E. Burger, Ch. 1929.
Charakterologie. An dem Ausbau d. Ch. als Persönlichkeitsforschung sind j. Gelehrte führend beteiligt, als Graphologen Robert Saudek, Raphael Schermann, als Philosophen u. Psychologen Robert Saitschik, William Stern, Emil Utitz (Herausg. d. Jahrbuch f. Charakterologie 1924/32 u. Verfasser einer Schrift über Ch. 1925).
Charisi (al-Ch.), Juda b. Salomo, Dichter in Spanien, um 1170/1230, Übersetzer aus d. Arab. ins H, viel gereist. Ⓦ Tachkemoni, 50 Makamen in Dialogform (dt. Teil-Uebers. von Kaempf, 1858); Übersetzung von Maimonides' „Führer d. Verirrten".
Charosset (Lehmartiges), Brei aus Früchten, mit Essig gemischt, zur ↗ Seder-Mahlzeit, als Erinnerung an d. Lehm d. ägypt. Frondienstes.
Chasaka (Festhalten), Terminus im j. Recht: Besitzergreifung, Festhalten am Besitz; Rechtsvermutung (Präsumtion).
Chasan (Aufseher), Bz. d. Vorbeters in d. Synagoge. ↗ Kantor.
Chasanowitsch, Josef, 1844—1920, Arzt in Bialystok, eifriger Spinozist, begr. 1896 Nationalbibliothek Jerusalem, die er ausbaute.
Chasaren, nichtsemitisches Volk, vermutlich tatarisch, bildeten seit 4. Jhd. im heutigen Südrußland (an Don, Wolga, Kaspischem u. Schwar-

Aus einer orientalischen Bibel-Handschrift des 10. Jahrhunderts
(Leviticus 5—6)

Tafel 5

Mark Antokolskij: Talmudist

Arnold Zadikow: Der junge David

Bildhauerkunst

zem Meer) ein Reich, dessen Könige u. Oberschicht bei Abkehr vom Heidentum d. Jt. annahmen (um 740), u. erlagen d. Byzantinern u. Russen (10.–12. Jhd.). Zeugnisse u. literar. Fortleben: Brief d. Chasdai ibn Schaprut an C.-König Josef (10. Jhd.); Juda Halevis „Kusari“ (Chasari), gedichtete Dialoge zwischen einem j. Gelehrten u. einem C.-König (12. Jhd.).

L: H. von Kutschera, Die C., 1910.

Chasdai ibn Schaprut ↗ Schaprut.

Chassidäer (d. Frommen), d. Gegner d. Hellenisten vor u. während d. makkab. Erhebung (2. Jhd. v.), Vorläufer d. Pharisäer.

Chassidismus (Chassidut), d. jüngste u. volkstümlichste rel.-myst. Bewegung im Jt., Mitte 18. Jhd. in Podolien (Ukraine) entstanden, die in d. südl. Hälfte d. osteurop. J-heit (Polen, Ukraine, Rumänien) herrschende Form j. Frömmigkeit: eine Popularisierung d. Lehren d. Kabbala, Forderung einfältigen Glaubens u. ethischen Wandels, verbunden mit Aufhebung d. rel. Wertunterschiedes zwischen rabbin. Funktionären, Gelehrten u. einfachem Volke (d. Fromme [Chassid] jeden Standes kann kraft aufrichtiger Gläubigkeit d. Stufe eines Gerechten [Zaddik] erreichen), u. Übergabe d. rel.-sittl. Führung d. Gemeinschaft an d. Zaddik, dessen Würde erblich ist. Begründer: Israel b. Elieser, d. „Baal Schem Tow“ in Medshibosh (um 1750). Ausgestalter: Bär, d. „große Maggid“ (Prediger) in Meshiritschi (um 1770), Jakob Josef in Polonnoje (seine Predigten, „Toledot Jaakow Jossef“ 1780, d. erste chass. Buch), u. Nachman aus Brazlaw (um 1800). Gegner: d. „Mitnagdim“ in Litauen, geführt von Gaon Elia in Wilna (1772), u. später d. Aufklärer. Abzweigung: zurück zur Kabbala strebende Richtung „Chabad“ (Abk. d. kabbalist. ↗ Sefirot-Bezeichnungen: Chochma, Bina, Daat), begr. von Schneur Salman in Ljady (vor 1800). Entartung: im Zaddikismus, d. prunkvollen Hofhaltung d. einzelnen Zaddikim-Dynastien. Schrifttum (vielf. jidd.): Sammlungen von Aussprüchen d. Zaddikim u. Legenden (u. a. Schibche ha-Bescht, d. Leg. d. Baal-Schem).

L: Dubnow, Gesch. d. C., 2 Bde. 1931; Buber, D. chass. Bücher, 1927; Horodezky, Leaders of Hassidism, 1928.

Chawer (Gefährte): 1) rabbin. Ehrentitel f. Gelehrte u. Gelehrtenjünger. 2) „Genosse“, als Anrede, bes. von Organen d. z. Arbeiterpartei gebr.

Chazaren ↗ Chasaren.

Cheder (Stube), Bz. d. Lehrstube, d. traditionellen ostj. Elementarschule f. Knaben. Stoff: B u. T.; Besuch: vom 4.–5. Lebensjahre bis zur Bar Mizwa; Unterricht: unmethodisch, durch privaten ungeprüften Lehrer (Melammed).

Chemiker, j.: Adolf von ↗ Baeyer, Max Bergmann (Dresden; Lederforschung), Ernst Berl (Darmstadt; Explosivstoffe), Georg Bredig (Karlsruhe; Elektrochemie), Heinrich ↗ Caro, Nicodem ↗ Caro, Ludwig ↗ Darmstädter, Fritz Ephraim (Bern), Kasimir Fajans (München; Physikal. Chemie), Franz Feist (Kiel), Andor ↗ Fodor, Adolf ↗ Frank, Walter Fraenkel (Frankfurt/M., Metallurgie), Herbert Freundlich (Braunschweig; Kolloidchemie), Siegmund Gabriel (Berlin), Guido Goldschmidt (Prag), Hans Goldschmidt (Berlin; Thermitverfahren), Viktor Moritz ↗ Goldschmidt, Stefan Goldschmidt (Karlsruhe), Fritz ↗ Haber, Reginald Oliver ♁ Herzog (Berlin; Faserstoffchemie), Georg von ♁ Hevesy (Freiburg; Physikal. Chemie), Moritz Hermann ↗ Jacobi, Rudolf Ladenburg (Breslau), ↗ Lassar-Cohn, Erich Lehmann (Berlin; Photochemie), Carl Liebermann (Berlin; Künstl. Farbstoffe), Edmund von ↗ Lippmann, Georg Lunge (Zürich;

Techn. Chemie), Willy Marckwald (Berlin), Richard Emil Meyer (Braunschweig), Viktor ↗ Meyer, Ludwig ↗ Mond, Carl ↗ Neuberg, Carl Oppenheimer (Berlin; Biochemie), Adolf Pinner (Berlin), Michael Polanyi (Manchester; Kolloidchemie), Richard ↗ Pribram, Hans Pringsheim (Berlin; Biochemie), H. W. B. Roozeboom (Amsterdam; Phasenlehre), Otto Stern (Hamburg; Physikal. Chemie), Edmund Stiasny (Darmstadt; Lederchemie), Moritz Traube (Berlin; Physiolog. Chemie), Otto ↗ Wallach, Richard ↗ Willstätter.

Chemikerverband ↗ Verband j. Ingenieure u. Chemiker.

Chemnitz, 2387 J = 0,7%.

Cherem (Bann), d. Ausstoßung aus d. Gem. (Exkommunikation), von d. Gem. bezw. Rabbinersynoden gegenüber Ketzern, Abtrünnigen u. Unbotmäßigen ausgesprochen (Acosta u. Spinoza, Sabbatai Zwi); d. C.-Drohung diente d. Bekräftigung neuer Gesetze (C. des R. Gerschon b. Juda, 11. Jhd.).

Cherubim (Einzahl: Cherub), d. Engel mit d. Flammenschwert an d. Paradiesespforte (G 3, 24); Bild geflügelter Fabelwesen i. d. Stiftshütte u. im Tempel, in Ezechiels Vision (Ez. 10) Träger d. göttl. Throns.

Cheschwan (auch Mar-Ch.), 2. Monat d. j. Kalenders (Okt.–Nov.), 29 od. 30 Tage.

Chet, 8. Buchst. im h. Alph., scharfer Kehllaut (hartes ch), Zahlwert 8.

Chewra Kaddischa (aram. „Heiliger Verband"), d. in jeder j. Gemeinde bestehende, meist ehrenamtliche Vereinigung zur Erweisung von Liebesdiensten in Krankheits- u. Todesfällen, besonders bei d. Bestattung („Beerdigungsbrüderschaft"); früheste Erwähnung: 14. Jhd. in Spanien. Ch. ist vielfach Urzelle d. j. Gem. gewesen.

Chibbat Zion („Zionsliebe") ist d. auf Pal.-Siedlung gerichtete Bewegung im Ost-Jt. d. 19. Jhd. ↗ Zionismus.

Chicago, 325 000 J = 10,47%. 1837 spärliche, seit 1849 regere Einwanderung. Während d. Weltausstellung (1893) bereits 75 000 J, erste Synagoge 1847. Zeitweise radikale Reformbestrebungen im Gottesdienst; durch ostj. Zustrom überwiegt jetzt Orthodoxie.

Chiddusch (Neuerung), eine neue Erklärung meist talm. Textes; Chidduschim bezw. Chiddusche Tora, d. rabbin. Lit.-Gattung d. „Novellen", T-Erklärungen.

Chija d. Große, talm. Gesetzeslehrer, Ende d. tannait. Zeit (2. Jhd.), Mitredaktor d. Tossefta.

Chile, ca. 15 000 J = 0,45%, europ. J (größtenteils aus Argentinien zugewandert) u. mazedonische Spaniolen; j. Zentren in Santiago (7000), Valparaiso (3000), Osorno u. Temuco (zus. 2000 Sef.). 1934 Zuzug dt. J. Zeitschrift „Nosotros".

China. J im frühen MA nachweisbar, vermutungsweise auch früher; aus Persien, Indien zugewandert. Eingeborene J größtenteils in den

Plan der Synagoge von Khai-fong-fu

Chinesen aufgegangen; älteres Zentrum in Khai-fong-fu (aus d. 13. Jhd. stammende Synagoge zerstört), neueres in Schanghai durch Zustrom europäischer u. Bagdader J.

Kleinere Gruppen in Tientsin, Hankau u. Hongkong. Gesamtzahl etwa 12 000 einschl. d. J in Mandschukuo.

Chirek, Vokalzeichen i (ein Punkt unter dem Buchstaben).

Chiskija ↗ Hiskia.

Chmjelnizki, Kosakenhetman, wurde bei seiner Erhebung gegen d. poln. Adel (1648) Urheber d. blutigsten J-Verfolgung d. ostj. Gesch. (Blutbad zu Nemirow), das zugl. d. Niedergang d. poln. Jt. auslöste.

Chochma (vulg. Chochme), Weisheit.

Chofez Chajim ↗ Kahan, Isr. M.

Cholem, Vokalzeichen o (ein Punkt über dem Buchst., bezw. Konsonant Waw mit Punkt darüber).

Chol ha-Moed, d. Halb- bezw. Zwischenfeiertage (Chol = profan) vom dritten bis zum vorletzten Tag d. Pessach- u. Laubhüttenfestes; Erleichterung d. Arbeitsverbots, veränderte Liturgie.

Chorin, Aaron, 1766—1844, Rabbiner in Arad (Ungarn), Aufklärer Vorkämpfer d. Reform, von d. Orthodoxie bekämpft.

Chorvereinigung, j., gegr. 1933 von Leo Kopf, zur Pflege j. Musik u. des Oratoriums, Berlin, Pariser Straße 24.

Choschen, d. gewebte Brustschild d. Hohenpriesters (E 28). C. ha-Mischpat (Schild d. Rechts), 4. Teil d. Sch. Ar.: Zivil- u. Kriminalrecht.

Chowewe Zion („Zionsfreunde"), d. Anhänger d. ↗ Chibbat Zion.

Christentum. Der Name (Anhängerschaft d. Christus = Messias, Gesalbter) weist auf Entstehung aus j. Religionsgut, indem Ch. Erfüllung d. biblisch-prophetischen Weissagungen auf d. Messias sein will. Ihm gilt d. Jt. als eine durch d. Erscheinen d. Christus Jesus überwundene Vorstufe; die J, die an d. Gottessohnschaft d. messianischen Erlösers nicht glauben, gelten als ausgeschlossen von dem durch ihn gebrachten Heil, das durch d. Besiegung d. seit Adams Sündenfall aller Menschheit eingeborenen Erbsünde dem Gläubigen, und nur ihm, Gottes verzeihende Gnade schenkt. Obwohl sehr früh durch eine Fülle außerjüd., zumal griech. Ideen tiefgreifend geformt, trägt es von seiner Grundquelle, d. Neuen Testament her d. j. Einfluß unverlierbar in seiner Lehre. Seine frühesten Bildner — vom Stifter ganz abgesehen — sind J. Sein Vorläufer, Johannes d. Täufer, vielleicht d. jüd. Essäergruppe angehörig, verkündet d. bevorstehende Weltende, auf das man sich durch Taufe, als sinnbildliche Reinigung von d. Sünde, vorzubereiten habe. Sein Jünger Petrus sammelt d. erste Gem. um d. Glauben an den nach d. Kreuzestode auferstandenen Jesus u. betrachtet d. Jesusgläubigen als legitime Fortsetzer d. von Gott mit Israel geschlossenen Bundes (Judenchristen, d. jüd. Zeremonial als verbindlich ansehend). Vater d. christlichen Theologie u. wirksamster Missionar einer christlichen Universalreligion wird Paulus, der durch d. von ihm erstmalig verkündeten rechtfertigenden Glauben an Jesus als d. Gottessohn d. jüd. Lehre von d. Einheit Gottes durchbricht, d. Voraussetzung f. d. christliche Hauptdogma von d. Dreieinigkeit schafft u. so zugleich d. Gesetz, als für d. Erlangung d. göttlichen Gnade untauglich, aufgibt. Diese Richtung (Heidenchristen, weil sie sich mehr u. mehr auf außerjüd. Gefolgschaft stützt) siegt; es erfolgt d. gänzliche Ablösung vom Jt., indem nach jahrhundertelangen Kämpfen d. Dreieinigkeitsdogma (Konzil zu Nicäa 325) u. d. Gottgleichheit Jesu als Fundamentalsätze festgelegt werden. — Die besonders im späteren MA ausgefochtenen geistigen Kämpfe zwischen Jt. u. Ch. (Religionsdisputationen, apologetische Werke) gehen fast stets von einer dogmatischen Grundlehre aus. Die Moderne betont statt dessen die sich aus den dogmatisch-metaphysischen Grundlagen ergebenden ethischen Differenzen. — In d. talmudisch-rabbinischen Quellen sind Hinweise auf d. entstehende Ch. ziemlich spärlich, zumal d. Gestalt Jesu hier in fast völliges Dunkel gehüllt ist.

L: E. Meyer, Ursprung u. Anfänge d. Christent. 1921 ff.

Chronik, Bücher der (h. Diwre ha-Jamim, „Tagebücher"), d. letzte Buch d. B, inhaltl. d. Büchern Sm. u. Kg. parallel: Gesch. d. Könige Judas von Sauls Tod bis zur Rückkehr aus d. babyl. Exil; 2 Teile, 29 u. 36 Kap.

Chronologie d. alten Jt. stimmt wesentlich mit d. altbabylon. überein; Jahr, Monat u. Tag sind überall erkannt, Woche u. Stunde wohl semit. Ursprungs. Zählung d. Tages beginnt mit d. Dunkelheit (Sabbat am Freitag Abend usw.). Mondmonate, aber Sonnenjahre (j. Jahr ein Lunisolarjahr); zum Ausgleich Schaltjahr (Ibbur, 7mal in 19 Jahren) mit 13. Monat (Adar II). Weltschöpfungsära; Erschaffung d. Welt mit 3761 v. datiert, 1935/36 entspricht 5696 j. Zeitrechnung. ↗ **Kalender.**

Chuetas („Speckesser"), Schimpfname für d. Nachkommen d. Marranen, die als „Juden-Christen" 1679 auf d. Balearen wieder entdeckt wurden; zwar christl. getauft, pflegten sie teilweise j. Gebräuche. Deshalb mußten sie 1691 —1752 im Ghetto wohnen; von Blasco △ Ibanez im Roman „Die Toten befehlen" geschildert. — D. spanische Ministerpräsident Antonio M. Maura (1853—1925) war ein Chueta.

Chug (Kreis), Zirkel; C. iwri = h. C.

Chullin (Profanes), Tr. (Kodaschim), handelt vom Schächten u. ä.

Chuppa (Trauhimmel), d. Baldachin, unter dem Bräutigam u. Braut zusammengegeben werden; übertragen: Trauung. 4 Ch-stangen, von 4 Jünglingen gehalten, über die d. Baldachin gespannt ist.

Chwolson, Daniel, 1819—1911, Orientalist, 1855 o. Prof. Petersburg. Ⓦ Corpus Inscriptionum Hebraicarum 1882.

Citroën, André, 1878—1935, Begr. d. bek. französ. Automobilfabrik, entstammt holländisch-j. Familie.

Cochin, brit.-südindischer Staat, mit ca. 1200 weiß- u. schwarzfarbigen J (↗ Indien) seit 12. Jhd. Trotz gleichem sef. Ritus gesellschaftl. Absonderung u. getr. Synagogen.

Cohen: 1) Hermann, 4. 7. 1842 Coswig (Anhalt)—Berlin 4. 4. 1918, Philosoph, Neukantianer (idealistische Weiterbildung), Begr. d. Marburger Schule, 1876—1912 o. Prof. Marburg, seither dauernd Dozent

Chuppa. Lithographie von Marc Chagall

an d. Lehranstalt f. d. Wissenschaft d. Jt. Ⓦ Die Religion d. Vernunft aus den Quellen d. Judentums (1919), Deutschtum u. Judentum (1916), Der Begriff d. Religion im System d. Philosophie (1915). L: J. Klatzkin, H.C. 1920; B. Strauss, H. C.'s j. Schriften 1924.

Herm. Cohen Gemälde von Max Liebermann

2) Schalom Jakob, 23.12.1772 Meseritz—Hamburg 20.2.1845, Aufklärer u. h. Dichter (Idyllen, Fabeln, Dramen.) Ⓦ Bikkurc ha-Ittim (Erstlingsfrüchte d. Zeiten), Jahrb. f. h. Wissenschaft u. Poesie, Wien 1820 ff.; Nir David (Epos üb. David).

Cohn (h. Kohen = Priester), Familienname, d. urspr. priesterliche Abkunft bezeichnete: 1) Emil, ↗ Bernhard, Emil. 2) Ferdinand Julius, Breslau 24. 1. 1828—25. 6. 1898, einer d. größten Botaniker Dt.'s, erster j. o. Prof. in Preußen (Breslau), grundleg. Arbeiten zur Bakteriologie, erkannte als erster d. Bedeutung Robert △ Kochs. 3) Gustav, Nationalökonom, 12. 12. 1840 Marienwerder—Göttingen 20. 9. 1918, Vertreter d. sozialpol. Richtung d. Wirtschaftslehre. Ⓦ System d. Nationalökonomie (3 Bde., 1885 /98). 4) Hermann, Breslau 4. 6. 1838—11. 9. 1906, Augenarzt, seit 1874 a. o. Prof. Breslau, Begründer d. modernen Schulhygiene, Vater von Emil ↗ Ludwig. 5) Jonas, geb. 2. 12. 1869 Görlitz, Philosoph (Neukantianer), a. o. Prof. Freiburg i. B. Ⓦ Allgem. Ästhetik 1901. 6) Leopold, 1856—1915, klass. Philologe, Prof. an d. Univ. Breslau, Herausgeber (mit Wendland, 1896 ff.) u. Übersetzer (1909 ff.) d. Werke des Philo. 7) William, geb. 22. 6. 1880 Berlin, Kunsthistoriker (indische u. ostasiat. Kunst), bis 1933 Kustos am Berliner Völkerkunde-Museum.

Cohn-Wiener, Ernst, geb. 25. 12. 1882 Bromberg, Kunsthistoriker (Asienforscher), seit 1934 Leiter d. Gemäldegalerie in Baroda (Britisch-Indien). Ⓦ D. j. Kunst 1929 (grundleg. Zusammenfassung, bes. f. Altertum u. MA).

Cohnheim, Julius, 20. 7. 1839 Demmin—Leipzig 15. 8. 1884, Pathologe, o. Prof. Kiel, Breslau, Leipzig, bed. Anatom (Methode d. Gefrierschnitts, Geschwulstlehre). Ⓦ Allgemeine Pathologie 1878.

Comité des délégations juives, gegr. 1919 in Paris auf zion. Veranlassung, erreichte Aufnahme von Minderheitsklauseln für J in den mit den neubegr. Oststaaten, Österr. u. Ungarn abgeschlossenen Friedensverträgen; Sitz Paris, strebt ständige j. Vertretung beim Völkerbund an.

Conrat (eigtl. Cohn), Max, 1848 Breslau—Heidelberg 1911, Bruder d. Botanikers F. ↗ Cohn, Rechtshistoriker, 1878/1907 a. o. Prof. Amsterdam.

Coogan, Jackie, geb. 26. 10. 1914 Los Angeles, bekanntestes „Filmkind". 1920 „The Kid" (mit Chaplin).

Cooper, Alexander (1605—1660) u. Samuel (1609—1672), engl. Miniaturmaler, Brüder, von denen bes. d. jüngere Weltruhm genoß u. seinen Zeitgenossen als „zweiter van Dyck" erschien; von ihm Miniaturporträts fast aller Mitglieder d. Hofes u. d. Aristokratie, auch mehrere Bilder ↗ Cromwells.

Cordova (Span.), j. Ansiedl. vom 8. —15. Jhd., Chasdai ibn Schapruts Wirkungs-, Maimonides' Geburtsort.

Cordovero, Mose, 1522—1570, Kabbalist in Safed, d. systemat. Theologe d. Kabbala. Ⓦ Pardes Rimmonim (Granatäpfelgarten), myst. Kompendium.

Costa, Michele, 1808—1884, Komponist u. Dirigent aus Neapel, seit 1829 in England, dort Leiter d. Philharmon. Gesellschaft, d. Händelfeste u. d. kgl. Oper; 1869 geadelt.

Costarica. Unter 500 000 Einw. wenige j. Familien sefardisch-kreolischen Ursprungs, hpts. in d. Hauptstadt San José. ↗ Mittelamerika.

Cowen, Joseph, geb. 1868, Kaufmann in London; Freund Herzls, Gründer u. Vors. d. Jewish Colonial Trust.

Creizenach, rhein.-j. Fam. — 1) Michael, 16. 5. 1789 Mainz—Frankf./M. 5. 8. 1842, j. Gelehrter, Vorkämpfer d. Reform-Jt. Ⓦ Schulchan Aruch od. enzykl. Darst. d. mos. Gesetzes. 2) Theodor, Sohn von 1, 1818—1877, Dichter u. Goetheforscher. 3) Wilhelm, Sohn von 2, 1851—1919, Literarhistoriker, 1883—1913 Prof. Krakau. Ⓦ Gesch. d. neueren Dramas, 5 Bde. 1893/1916.

Crémieux, Isaac Adolphe, 23.4.1796 Nimes—Passy 10. 2. 1880, bed. Advokat, seit 1842 Abgeordneter u. Politiker, 1848 u. 1870/71 Justizminister, seit 1875 Senator, energischer Vorkämpfer d. j. Emanzipation, Mitbegr. d. Alliance Isr. ↗ Damaskus-Affäre; ↗ Politiker (Abb. 568).

Crescas, j.-span. Vor- u. Familienname. Don Chasdai C. (starb Saragossa 1412), Religionsphilosoph, Kritiker d. j. Aristotelismus, von Einfluß auf Spinoza, Angehöriger (familiaris) d. aragon. Königshofes u. Rabbiner. Ⓦ OrAdonai (LichtGottes).

Cromwell △ Oliver, 1599—1658. Unter ihm kam 1655 ↗ Manasse b. Israel als erster J nach d. Austreibung wieder nach England u. richtete an ihn mit anderen 1656 jene berühmte Petition, die zur Wiederzulassung d. J in ↗ England führte.

Cumberland △ Richard, 1732—1811, engl. Dramatiker. Ⓦ The jew, 1794 (m. d. berühmten Figur des „Schewa").

Curaçao, 600 J = 1,2%.

C. V. ↗ Centralverein.

C. V.-Zeitung, Allgemeine Zeitung des Judentums. Organ d. Centralvereins der Juden in Deutschland. Gegründet Mai 1922, Auflage 40 000, Wochenblatt. Ihr voran ging d. Monatsschrift „Im Deutschen Reich" u. „Allgemeine Zeitung d. Judentums", gegr. 1837.

Cypern ↗ Zypern.

Cyrus △ (h. Koresch), pers. König, Eroberer Babylons, erlaubte 538 v. den J d. Rückkehr aus d. babyl. Exil nach Palästina.

Czernowitz, ca. 35 000 J = 33%, nach J-Verfolgung im 16. Jhd. erst wieder seit 18. Jhd. dort seßhaft. Judenstadt 1859 durch Brand völlig zerstört. Große Synagoge, 1877 vollendet. Reges j. Leben, j. Vertretung im Lande u. in der Gem., zweimal j. Bürgermeister (Ed. Reiss 1905, S. von Weisselberger 1913/15), im 19. Jhd. h. Druckerei, auch jetzt j. Zeitungen in dt., h. u. jidd. Sprache.

Oliver △ Cromwell
Miniaturporträt von Samuel Cooper

D

Dagesch (Verstärkung), Lesezeichen im h. Punktation-System, bez. a) Verdoppelung (z. B.: im = mit, immanu = mit uns), b) harte Aussprache d. zwiefach aussprechbaren Konsonanten (Beracha = Segen, li-Weracha = zum Segen).

Dagon, philistäischer Gott (Ri 16, 23; I. Sm. 5, 2 ff.).

Dajjan (Richter), Bz. d. Rabbinatsassessors.

Dalet (Tür), 4. Buchst. d. hebr. Alphabets, tönender Dentallaut (d), als Zahlzeichen 4; auch Abkürzung d. Gottesnamens.

Damaskus. 7500 J = 3%. Erste j. Erwähnung in d. Patriarchengesch. (G 14, 15: 15, 2), j. Ansiedlung seit 9. Jhd. v. bezeugt (I. Kg. 20, 34). Im 1. Jhd. v. Sitz einer j. Sekte („Gem. d. Neuen Bundes", literar. Dokument: sog. „D.-Schrift", h.). Im 1. Jhd. n. (laut Apostelgesch.) Bekehrung d. Saulus-Paulus zum Christent. Gr. j. Gem. im 12. u. 13. Jhd. (Berichte d. Benjamin aus Tudela u. d. Petachja aus Regensburg). — Am 5. 2. 1840 wird d. Kapuzinerpater Tomaso in D. ermordet. Ritualmordbeschuldigung gegen d. J führt in ganz Syrien zu ↑ Unruhen (Damaskusaffäre). Viele J, darunter Mitglieder d. Familie Farchi, auch Kinder, werden eingekerkert u. gefoltert. Die frz. (Konsul Ratti Menton) u. d. türk. stehen gegen d. österr. u. engl. Regierung. A. ↗ Crémieux, Moses Montefiore, James Rothschild, Lord Palmerston, Fürst Metternich erwirken schließlich d. Freilassung d. noch lebenden J.

Dammai (Zweifelhaftes), Früchte verzehntet od. nicht, Tr. (Seraim).

Dämonen u. Teufel, selten in d. B (gefallene Engel, Asasel, Satan, Lilith), häufiger (wohl babyl.-pers. Einfluß) im T (Aschmedai) u. in d Kabbala; durch Beschwörung vertrieben, durch Amulette abgewehrt: neutraler (Ruchot, Schedim) od. schädlicher Natur (Masikin).

Dan, Sohn Jakobs u. d. Bilha; isr. Stamm, wanderte von d. philist. Küste zum nördlichsten Punkt Israels, den d. Stadt D. („von D. bis Beerseba") bezeichnet.

Dänemark, 6000 J = 0,15%. Christian IV. fordert am 25.2.1622 d. sefard. J Hollands auf, nach Glückstadt zu kommen. Seitdem entwickelten sich zahlreiche kl. Landgemeinden. Um 1900 beginnt d. Abwanderung in d. Hauptst.

Dänisch-jüdisches Familienbild vom Jahre 1818
Gemälde von Christoffer Vilhelm △ Eckersberg

Kopenhagen, wo heute d. einzige Gemeinde D.'s besteht (5870 J = 0,75%). Edvard ↗ Brandes war zeitweise Finanzminister, Hermann Trier (1845—1925) 1901 Präsident des Folkething, Joseph Michaelsen (1826—1889) Organisator d. dän. Postwesens; Höchstkommandierender 1863 war Christian Julius de ♂ Menza.

Daniel (Gott mein Richter), Prophet d. Exilszeit, Traum- u. Zeichendeuter, Götzenstürmer u. weiser Richter unter d. babyl. u. pers. Königen, aus d. Löwengrube gerettet. Buch D., zu d. Hagiogr. gehörig, 12 Kap., Volkserzählung und Apokalypse; apokr. Zusätze zu D. in d. Septuaginta: Susanna u. a.

Dante △ Alighieri, 1265—1321, in d. h. Lit. mehrf. nachgeahmt: Immanuel aus Rom (Makame „Hölle u. Eden"), 14. Jhd.; Mose Zacuto („D. Hölle ist bereit"), 17. Jhd.

Danzig, 9200 J = 2,4%; dauernde Niederlassung seit d. 15. Jhd. Seit 1887 geeinte Gem., die im wesentl. d. Schicksal d. dt. J teilt, 1933 aber von d. Ariergesetzgebung, auf Grund d. vom Völkerbund geschaffenen Statuts nicht betroffen wurde.

Da Ponte, Lorenzo (eig. Emmanuele Conegliano), 1749 Ceneda (Venezien) —New York 1838, schrieb für Mozart d. Texte zu „Figaros Hochzeit", „Don Giovanni" u. „Cosi fan tutte".

Darius I. △, Kg. von Persien 522—486, unterstützte Serubabel bei d. Wiederaufbau d. Tempels; nach d. Daniel-Sage ist er (oder ein anderer D.) ein Gönner d. Propheten (Da. 6).

Darlehenskassen, j., als Träger j. Kredit- u. produktiven Wirtschaftshilfe sind in d. Zentralstelle f. j. Darlehenskassen E. V., Berlin-Charl., Kantstr. 158 zusammengefaßt. Seit etwa 6 Jahren systemat. Ausbau in Dt.; vor 1933 etwa 10, Okt. 1934 60 j. D. Sie gliedern sich in Bezirks- u. Orts-D. Bezirks-D. bestehen in: Baden (Karlsruhe), Bayern (Ansbach, Aschaffenburg, Augsburg, Bamberg, Bayreuth, Fürth, Hof, Kissingen, Kitzingen, München, Neumarkt, Pfalz/Ludwigshafen, Regensburg, Schweinfurt, Würzburg), Brandenburg (Berlin), Grenzmark-Posen-Westpreußen (Schneidemühl), Hessen u. Hessen-Nassau (Frankfurt/M.), Lippe (Detmold), Niederschles. (Breslau), Oberschles. (Beuthen), Ostfriesland (Emden), Ostpr. (Allenstein), Pommern (Stettin), Rheinld. (Köln), Saargebiet (Saarbrücken), Schleswig-Holstein u. Hansestädte (Hamburg), Südhannover (Göttingen), Sachsen-Anhalt (Magdeburg), Südsachsen-Thür. (Erfurt), Westfalen (Bielefeld), Württemberg (Stuttgart); Orts-D. in: Aachen, Altona, Aurich, Berlin, Beuthen, Bremen, Breslau, Chemnitz, Detmold, Dresden, Duisburg, Düsseldorf, Elbing, Frankfurt, Görlitz, Halle, Hamburg, Hannover, Insterburg, Jever, Karlsruhe, Königsberg, Landsberg/W., Leipzig, Magdeburg, Mannheim, München, Plauen, Stettin, Zwickau. Die j. D., zumeist in d. Form des eingetrag. Vereins, arbeiten gemeinnützig, jedoch auf wirtschaftl. Grundlage. Sie können in d. Regel Kredite bis zu RM. 1000.— für eine Laufzeit von 12 Monaten u. gegen Sicherheiten (zwei Bürgen) ausleihen gegen einen mäßigen Verwaltungskostenbeitrag oder in bestimmten Fällen zinslos. Um auch den in Kleingem. wohnenden J d. Möglichkeit dieser Kredithilfe zu erschließen, wird d. Netz d. D. von d. Zentralstelle durch Erhöhung d. Kapitals bestehender D. u. durch Schaffung neuer Orts- u. Bezirks-D. ausgebaut werden. D. American Joint Reconstruction Foundation u. d. American Joint Distribution Committee haben d. Zentralstelle einen Kredit zur Verfügung gestellt, den diese an d. einzelnen D. weiter begeben kann.

Darmstadt, 1427 J = 1,5%. 1585 zuerst erwähnt, liberale u. orthodoxe Gem., 2 Synagogen. In d. Landesbibliothek d. berühmte „Darmstädter Haggada" (Tafel 10).

Darmstädter, Ludwig, 1846 Mannheim—Berlin 1927, bed. Chemiker, sammelte Dokumente zur Gesch. d. exakten Wissensch. u. d. Technik; berühmte Porzellansammlung.

Darschan (Ausleger), rabb. Prediger.

Datan, Genosse d. ↗ Abiram.

Daudet △ Léon, geb. 1867 Paris, frz. Politiker, Führer d. frz. ↑ (Zeitung „L'Action française").

David (Freund, Geliebter), um 1000 v. Kg. über Juda u. Israel, Einer d. Reiches, hervorragendster Vertreter d. j. Königtums, Besieger Goliats, Eroberer Jerusalems, Begründer einer Dynastie, aus deren Stamm auch d. Messias erwartet wird, u. traditioneller Dichter d. Psalters.

David. Holzschnitt der Prager Haggada, 1527

David b. Samuel ha-Levi, um 1586 geb., gest. Lemberg 1667, Dezisor. Ⓦ Ture Sahaw (Schilde von Gold), Komm. zum Sch. Ar.

David: 1) Ferdinand 19. 6. 1810 Hamburg—Klosters (Schweiz) 19. 7. 1873, Violinvirtuose u. -lehrer, seit 1836 Konzertmeister am Leipziger Gewandhaus. 2) Jakob Julius, 6. 2. 1859 Weißkirchen—Wien 20. 11. 1906, mährischer Prosaschriftsteller. Ⓦ Romane: Höferecht 1890, Am Wege sterben 1899, Der Übergang 1903.

Davidschild (Magen David) bezw. D.-Stern, d. sechszackige Stern (Hexagramm), durch zwei ineinandergeschobene gleichseitige Dreiecke gebildet: als magisches Zeichen unerklärter Herkunft bei vielen Völkern, bei d. J zuerst auf einem h. Siegel in Sidon (7. Jhd. v. ?).

Davidsohn, Robert, geb. 1853 Danzig, Historiker, Kaufmann, später Journalist, seit 1889 in Florenz, dessen Ehrenbürger er auf Grund seiner „Geschichte von Florenz" (4 Bde. 1896/1927) wird.

Davidson, Israel, geb. 27.5.1870 Janowo (Polen), j. Gelehrter, Prof. am Jewish Theol. Sem. in New York. Ⓦ Ozar ha-Schira weha-Pijut, Thesaurus of Med. Hebr. Poetry, 1925 ff.

Davidstern ↗ Davidschild.

Dawar (Wort), verbreitetste h. Tageszeitung in Pal., gegr. 1925, herausg. von d. ↗ Histadrut. Redakt. B. Kaznelson.

Dawison, Bogumil, 15. 5. 1818 Warschau—Dresden 1. 2. 1872, Schauspieler, virtuoser Charakterdarsteller (Wien, Dresden, Gastspielreisen), berühmt als „Shylock".

Debora (Biene), Richterin u. Prophetin, mit Barak Siegerin über Sissera. D.-Lied (Ri. 5) gilt als ältestes Stück d. Bibel.

Degania, d. erste genossenschaftl. Siedlung in Pal. ohne fremde Lohnarbeiter, auf K. K. L.-Boden am Ausfluß d. Jordan aus d. Kinneret-See; Citrus- u. Frühgemüsebau, Vorort d. „Chewer Hakwuzot" (Verbandes d. Kwuzot), der alten, kleinen Kwuzot, im Geiste A. D. ↗ Gordons, der dort arbeitete u. starb. Infolge Vergrößerung geteilt in Degania A u. B.

Dekalog (Asseret ha-Diwrot, Zehnwort), d. zehn Gebote (E 20 u. D 5), Kernstück d. am Sinai offenbarten j. Gesetzes. 1.—2. Eingottbekenntnis u. Verbot d. Vielgötterei; 3. Verbot von Mißbrauch d. Gottesnamens; 4. Sabbatgebot; 5. Elternehrung; 6.—8. Verbot d. Mordes, d. Ehebruchs, d. Diebstahls; 9. Verbot d. falschen

Zeugnisses; 10. Verbot d. Begierde nach fremdem Eigentum.
Dekapolis, zehn hellenist. Städte in Pal. (Transjordanien u. Samarien).
Delila, Simsons Geliebte u. Verräterin an die Philister, Verkörperung weibl. List.
Delitzsch △: 1) Franz, 1813–1890, ev. Theologe, J-Missionar, Bekämpfer d. ↟. Ⓦ Berit chadascha, h. Übers. d. NT; Rohlings Talmudjude 1881. 2) Friedrich, 1850–1922, Sohn von 1, Assyriologe, ↟. Ⓦ Babel u. Bibel 1902 f.; D. große Täuschung 1920 f.
Delmedigo, aschk. Familie, aus Dt. nach Kreta ausgewandert. 1) Elia b. Mose (Kandia um 1460/97), Philosoph, Freund d. Pico della △Mirandola. Ⓦ Bechinat ha-Dat (Prüfung d. Glaubens). 2) Josef Salomo (abg. Jaschar = Jos. Salomo Rofe), 1591 Kandia–Prag 1655, Leibarzt (Rofe) d. Fürsten Radziwill in Polen, Mathematiker u. Astronom (Schüler Galileis), Freigeist u. Kritiker, bereiste ganz Europa.
Derascha (Auslegung), Predigt.
Derech Erez (Landessitte), Lebensart, Anstand, sittl. Betragen; Name zweier kl. ethischer Tr. im T.
Derenbourg: 1) Hartwig, Paris 1844–1908, Arabist, Prof. Paris. 2) Josef Naftali, Vater von 1, 1811 Mainz–Ems 1895, Arabist u. j. Gelehrter, Prof. Paris; Hrsg. der Werke Saadias.
Dernburg ♁: 1) Bernhard, geb. 17. 7. 1865 Darmstadt, Sohn von 2, Staatsmann, 1906 Kolonialdirektor, 1. Staatssekr. im Reichskolonialamt 1907, Mitgl. d. Herrenhauses 1912, führend in d. demokrat. Partei, Reichstagsabg., 1919 Reichsfinanzminister. Ⓦ Zielpunkte d. dt. Kolonialwesens. 2) Friedrich, 3. 10. 1833 Mainz – Berlin 3. 12. 1911, fortschrittl. nationalliberal, 1875–90 Hauptschriftleiter d. Berl. „National-Zeitung", dann Redaktionsmitgl. d. „Berliner Tageblatt", glänzender Stilist. Ⓦ Reiseschilderungen, u. a. „Des dt. Kronprinzen Reise nach Spanien u. Rom". 3) Heinrich, 3. 3. 1829 Mainz–Berlin 25. 11. 1907, Bruder von 2, Prof. für bürgerl. Recht in Heidelberg, Zürich, Halle, Berlin, zeitweise Mitglied d. Herrenhauses. Ⓦ Das bürgerl. Recht d. Dt. Reichs u. Preußens.
Dessau ↗ Anhalt.
Dessoir: 1) Ludwig (eigtl. Leopold Dessauer), 15. 12. 1810 Posen–Berlin 30. 12. 1874, Schauspieler, berühmter Charakterdarsteller (Shakespearerollen; Narziß), 1849/72 am Berliner Schauspielhaus. 2) Max, Sohn von 1, geb. 8. 2. 1867 Berlin, Philosoph, seit 1897 a. o., seit 1920 o. Prof. Berlin (Hauptgebiete Ästhetik u. Psychologie).
Deuteronomium (Dewarim), 5. Buch Mose, Rekapitulation d. mosaischen Gesetzes u. d. Wüstenwanderung in d. Form einer Rede Mosis, 11 Wochenabschnitte, 34 Kap.
Deutsch: 1) Ernst, geb. 16. 9. 1890 Prag, Schauspieler, 1917/33 meist in Berlin, einer d. ersten Mittler expressionist. Dramatik; später oft j. Rollen (Lewis in Galsworthys „Gesellschaft", 1925). 2) Felix, 16. 5. 1858 Breslau–Berlin 19. 5. 1928, Kantorensohn. Gründet mit Emil ↗ Rathenau AEG, an deren Spitze er 1915 tritt. 3) Moritz, 16. 12. 1818 Nikolsburg–Breslau 27. 2. 1892, seit 1844 Kantor. Verdient um d. Hebung d. Ritualgesanges. Gründer einer Kantorenschule. Ⓦ Breslauer Synagogengesänge, Vorbeterschule.
Deutschland, 499 682 J = 0,77%. Ursprünge: Erst 4. Jhd. n. Auftreten von J verbürgt (321 n. Konstantin d. Gr. gestattet Heranziehung d. J in Köln zum Munizipaldienst). Erste Niederlassung in d. Bischofsstädten (Worms, Speyer, Trier, Mainz, Regensburg, Merseburg, Magdeburg u. a.).
Mittelalter: Lage in d. Karolingerzeit günstig (Landbewohner, Ärzte,

Jüdische Siedlungen in Deutschland vor 1238. Nach „Germania Judaica“

Geldwechsler, Kaufleute). Recht freier Religionsübung. Allmähliche Verschlechterung, insbes. seit Laterankonzil 1215 (J-Abzeichen, J-Viertel, Ausschluß aus d. Zünften). — Gesetzgebung: Statut Kaiser Friedrichs II. 1236: J als Kammerknechte

Ältester jüdischer Grabstein in Deutschland (Mainz 1064)

reichsunmittelbar; Goldene Bulle 1356: Recht d. Kurfürsten, J zu halten. Wirtschaftslage: nur Zinsgeschäft u. Pfandleihe gestattet (Unsicherheit: Judenschuldentilgung; insbes. Erlaß König Wenzels 1385). Verfolgungen: 1096 I. Kreuzzug; 1146 II. Kreuzzug (Blutbeschuldigung, Anklage d. Hostienschändung); 1298 Verfolgung durch ↗ Rindfleisch; 1348/49 schwarzer Tod, gr. Verfolgung (Vorwurf d. Brunnenvergiftung). Spätere Verfolgungen: 1573 Vertreibung aus Brandenburg, 1614 ↗ Fettmilch-Aufstand in Frankfurt/M.

Neuere Zeit: in d. Reformation Luthers Stellung: vergeblicher Versuch, d. J zu bekehren, danach feindliche Haltung. Reuchlins Streit m. d. Dominikanern 1510 ff. (Verteidigung d. h. Schrifttums). Gesetzentwurf d. Joselmann von Rosheim, des „Regierers u. Befehlshabers" d. J, 1530: Entwurf einer J-Ordnung f. d. gesamte Reich. Im 17. Jhd.: Juden als „Hof-J", auch Heereslieferanten, „Münz-J". Im Zeitalter d. Aufklärung (18. Jhd.) allmählicher Umschwung zugunsten d. J. Moses Mendelssohns Wirksamkeit f. Emanzipation. Von ihm veranlaßt schreibt 1781 Δ Dohm „Ueber d. bürgerl. Verbesserung d. J", 1782 Mendelssohns Vorrede zu Manasse b. Israels „Rettung d. J"

Größte Jüdische Gemeinden in Deutschland (Volkszählung 1933)

Orte	Juden	%	Orte	Juden	%	Orte	Juden	%
Berlin	160 564	3,8	Wiesbaden	2 713	1,7	Halle	1 086	0,5
Frankfurt/M.	26 158	4,7	Mainz	2 609	1,8	Ludwigshafen	1 070	1,0
Breslau	20 202	3,2	Duisburg	2 560	0,6	Bochum	1 069	0,3
Hamburg	16 885	1,5	Wuppertal	2 471	0,6	Fulda	1 058	3,8
Köln	14 816	2,0	Chemnitz	2 387	0,7	Augsburg	1 030	0,6
Leipzig	11 564	1,6	Stettin	2 365	0,9	Worms	1 016	2,0
München	9 005	1,2	Kassel	2 301	1,3	Bonn	1 003	1,0
Nürnberg	7 502	1,8	Würzburg	2 145	2,1	M.-Gladbach	907	0,7
Mannheim	6 402	2,3	Altona	2 006	0,8	Gießen	855	2,4
Düsseldorf	5 053	1,0	Magdeburg	1 973	0,6	Erfurt	831	0,6
Hannover	4 839	1,1	Gelsenkirchen	1 615	0,5	Bielefeld	797	0,7
Essen	4 506	0,7	Krefeld	1 481	0,9	Trier	796	1,0
Stuttgart	4 490	1,1	Darmstadt	1 427	1,5	Heilbronn	790	1,3
Dresden	4 397	0,7	Aachen	1 345	0,8	Pforzheim	770	0,9
Dortmund	4 108	0,8	Bremen	1 314	0,4	Halberstadt	706	1,4
Königsberg	3 170	1,0	Hindenburg	1 154	0,9	Braunschweig	682	0,4
Beuthen	3 148	3,2	Freiburg	1 138	1,2	Liegnitz	674	0,9
Karlsruhe	3 119	2,0	Heidelberg	1 102	1,3	Koblenz	669	1,0

Süßkind von Trimberg, der erste jüdische Dichter in Deutschland
Miniatur in der Manesseschen Liederhandschrift, um 1300

Tafel 7

(gegen d. Vorwurf wirtschaftl. Schmarotzertums), 1783 Mendelssohns „Jerusalem" (relig. Toleranz. Humanität). – Kämpfe f. d. Emanzipation: Verbesserung d. Lage d. J durch Napoleons Einflüsse (teilweise bürgerl. Gleichstellung). Rücknahme d. Verbesserung durch Wiener Kongreß 1815. Seit 1830 Emanzipationskampf im Verein m. dt.-liberaler Bewegung; Vorkämpfer d. Emanzipation: Gabriel Riesser, Joh. Jacoby u. a. (1831 Riessers Schrift „Über d. Stellung d. Bekenner d. mosaischen Glaubens"). – Akte d. J-Gesetzgebung: 1730 u. 1750 (Friedrich d. Gr.) Generaljudenreglements in Preußen (Erwägung d. Nützlichkeit d. J für d. Staat), 1781/82 Toleranzedikte Kaiser Josephs II. in Österreich, 1812 Emanzipationsedikt in Preußen, 1848 Frankfurter Reichsverfassung: § 16 d. „Grundrechte d. dt. Volkes" (staatsbürgerl. Gleichstellung), 1869 norddt. Bundesverfassung, Gesetz vom 3. Juli (staatsbürgerl. Gleichstellung bestätigt), aufgehoben durch ↗ Ariergesetzgebung 1933.

Statistik: J in Dt. etwa 3% aller J d. Welt. 1871: 512 000 J (auf 1000 Reichsdt. etwa 12–13 J), 1910: 615 000 (Höchstzahl), 1925: 564 000 (0,9%); 1933: 499 682 (0,77%), Mitte 1935 schätzungsweise 425 000; dazu kommen etwa 275 000–300 000 Judenstämmlinge. Mitte 1933 in Großstädten 71% d. dt. J, in Städten über 10 000–100 000 13,6%, in Orten unter 10000 Einwohnern 15,4%. Inzwischen zahlreiche Dorf- u. Kleinstadtgem. aufgelöst. ↗Übersichtskarte zum Artikel „Statistik".

L: Germania Judaica 1934; I. Elbogen, D. Gesch. d. J in Dt. 1935.

Dewarim ↗ Deuteronomium.

Dezisoren (h. Possekim, „Entscheider"), d. rabbin. Autoritäten vom Abschluß d. T bis zur Gegenwart, die das f. d. religiöse Praxis verbindliche Gesetz (Halacha) erschließen u. unter versch. Ueberlieferungen u. Lehrmeinungen d. Entscheidung (Pessak) treffen. Einteilung: Kadmonim (d. frühesten), bis zum 10. Jhd. (Saadia); Rischonim (d. ersten), bis zum 15. Jhd. (Alfassi, Maimonides); Acharonim (d. letzten), 16.–18. Jhd. (Jakob b. Ascher, Josef Karo, Mose Isserles). Literaturformen: ↗ Kodizes; ↗ Responsen.

Diaspora (griech. = Zerstreuung, h. Galut = Verbannung), d. Ausbreitung d. j. Stammes über alle Länder; im engeren Sinne Bz. d. außerpaläst. j. Wanderungen u. Siedlungen bis zum Ende d. 2. Tempels u. dem Sieg d. Christentums. Hauptländer d. ältesten D.: Babylonien (Vorderasien) u. Ägypten (Nordafrika); erste größere Niederlassungen daselbst seit assyr. u. babyl. Gefangenschaft, in hellenist.-röm. Zeit Streben nach d. Zentren d. auch in Pal. einflußreichen fremden Kultur. Wachstum d. D. mitbedingt durch Übertritt Hunderttausender von Heiden zum Jt. Im 1. Jhd. v. sind J an allen Orten d. bekannten Welt (nach d. röm. Geographen Strabo).

Dibbuk (Anhaften), Geist eines Toten, der in d. Körper eines Lebenden fährt, kabbalist. Volksvorstellung; Befreiung d. Besessenen durch Beschwörung. Drama von ↗ An-ski.

Dichtung: 1) altjüdische, ↗ Poesie; 2) neuhebräische, ↗ Neuhebräische Literatur; 3) jiddische, ↗ Jiddische Literatur; 4) D. in europ. Sprachen ↗ Schrifttum.

Diebstahl, verboten im 8. Gebot.

Din (Recht, Gericht), religionsgesetzl. Vorschrift. D.-Tora, innerj. Schiedsgericht.

Dina, einz. Tochter Jakobs u. d. Lea, von Sichem geraubt, von Simeon u. Levi gerächt (G 34).

Dirigenten, j. An der Spitze die beiden großen j. Komponisten ↗ Meyerbeer (1791–1864), Operndirigent in Berlin, u. ↗ Mendelssohn (1809–

1847), Konzertdirigent in Leipzig. Ihnen schließen sich an: Ferdinand ↗ Hiller (1811—1885) in Köln, Eduard Lassen (1830—1904) in Weimar, Felix Otto Dessoff (1835—1892) in Wien u. Frankfurt/M., Hermann ↗ Levi (1839—1900) in München u. Ernst Frank (1847—1889) in Mannheim u. Hannover. Führer d. jüngeren Gruppe Gustav ↗ Mahler (1860—1911) als Wiener Operndirektor beispielgebend; unter den Lebenden in vorderster Reihe Leo ↗ Blech (geb. 1871), Bruno ↗ Walter (1876), Otto ↗ Klemperer (1885). Neben ihnen vereinte Berlin zeitweilig: Oscar Fried (geb. 1871), Fritz ↗ Cassirer, Selmar Meyrowitz (1875), Ignaz Waghalter (1882), Fritz Stiedry (1883), Klaus Pringsheim (1883), Richard Lert (1885), Fritz Zweig (1893), Heinz Unger (1895), Paul Breisach (1896). Bed. Operndirigenten sodann: in Frankfurt/M. Ludwig Rottenberg (1864), in Leipzig Gustav Brecher (1879), in Hamburg Egon Pollak (1879—1933) Groß ist ferner d. Zahl d. nach Amerika berufenen dt.-j. D.: Leopold Damrosch (1832—1885) u. seine Söhne Frank (1859) u. Walter (1862), Alfred Hertz (1872), Artur Bodanzky (1877), Fritz Reiner (1888) u. Josef ↗ Rosenstock (1895). Einige Ausländer: Sir Michele ↗ Costa (1808—1884), Sir Georg Henschel (1850—1934) u. Sir Frederic Cowen (1852) in England; Edouard Judas Colonne (1838—1910) u. Albert Wolf in Frankreich; d. Russen Ossip Gabrilowitsch (1878), Issaye Dobrowen (1894) u. Jascha Horenstein (1898). Als Chordirigenten seien schließlich noch Heinrich Porges (1837—1900), Siegfried ↗ Ochs (1858—1929), Erwin Lendvai (1882) u. Kurt ↗ Singer (1885), als Kammerdirigent Michael Taube (1890) genannt.

Disputation (Wikkuach), öffentliches Religionsgespräch zwischen J u. Christen im MA, meist erzwungen: D. von Paris (1240, Jechiel b. Josef gegen d. Apostaten Nic. Donin), T-Verbrennung; D. von Barcelona (1263, Nachmanides siegreich geg. d. Apostaten Pablo Christiani); D. von Tortosa (69 Sitzungen, 1413/14; j. Gelehrte geg. d. Apostaten Geronimo de Santa Fé), T-Verbot.

Disraeli: 1) I s a a k, 11. 5. 1766 Enfield—Bradenham 19. 1. 1848, engl. Literarhistoriker, von venezian. J stammend, j. indifferent. 2) B e n j a m i n, London 21. 12. 1804—19. 4.

Benjamin Disraeli

1881, Sohn von 1, engl. Staatsmann u. Schriftsteller, 1817 get., seit 1837 Parlamentsmitgl., ab 1848 Führer d. Konservativen, wiederholt Schatzkanzler u. Premierminister, 1876 mit dem Titel Earl of Beaconsfield geehrt, arbeitete unter d. Gunst d. Königin Viktoria f. d. Ausbau d. British Empire, trat stets offen für d. Jt. ein (vgl. Abb. 373).
L: G. Brandes, Lord B 1879; A. Maurois, B. D 1931.

Dissidenten (sich Absondernde), Religionslose, innerhalb d. Jt. also durch ↗ Austritt aus d. j. Religionsgemeinschaft Ausgeschiedene. ↗ Proselyten.

Dissimilation bedeutet in Bezug auf J Gegensatz zu ↗ Assimilation, also ihre gesellschaftliche u. kulturelle Absonderung vom Volke der Umwelt. Neuerdings Gesichtspunkt d. Minderheitenpolitik.

Diwre ha-Jamim ↗ Chronik.

Doar, Post. Be-Doar, Postamt. D. ha-Jom (Tagespost), h. Tageblatt (Jerusalem).

Döblin, Alfred, geb. 10. 8. 1878 Stettin, Schriftsteller u. Arzt. Ⓦ Romane: Wallenstein 1920, Berge, Meere u. Giganten 1924, Berlin Alexanderplatz 1929.

Dodekalog, d. Zwölf Flüche (D 27, 15—26).

Dodekapropheton ↗ Propheten.

Dohm △ Christian Wilh. von, 1751—1820, polit. Schriftsteller, wird 1781 durch seine Schrift „Über d. bürgerliche Verbesserung d. J in Dt." zum Vorkämpfer d. ↗ Emanzipation.

Döllinger △ Ignaz von, 1799—1890, kath. Theologe. Prof. München, trat 1881 in seiner Rede „Die J in Europa" (gedr. 1924) f. Emanzipation ein.

Dominikanische Republik (auf d. Insel Haiti), 85 J unter 1 200 000 Einwohnern.

Donin, Nicolas, Apostat. ↗ Disputation.

Dönmeh („Abtrünnige"), türk. Bz. der Ende 17. Jhd. zum Islam übergetretenen j. Anhänger d. Sabbatai Zwi: j.-islam. Sekte (Scheinmohammedaner), 10 000—15 000 Seelen, in Auflösung begriffen. ↗ Querido.

Dornbusch (Sneh), ↗ Brennender D.

Dortmund, 4108 J = 0,8%, seit 1241. Friedhof seit 1366, Vertreibung 1596, Neuansiedlung seit 18. Jhd.

Dositheos (Dosis), samaritanischer Häretiker im 1. Jhd. n., Messias u. Prophet, Stifter einer Sekte.

Dresden, 4397 J = 0,7%. Erstmals 1375 erwähnt. 1837 Religionsgem. In D. wirkte 1835/54 Z. Frankel. (Vgl. Abb. 734.)

Dreyfus, Alfred, 9. 10. 1859 Mülhausen (Elsaß)—Paris 12. 7. 1935, Kaufmannssohn, frz. Generalstabsoffizier. Um ihn entbrannte 1894/1906 d. sog. „Dreyfus-Affäre", in deren Verlauf u. a. Emile △ Zola, Anatole ♁ France, Aristide △ Briand, Georges △ Clémenceau u. d. ursprünglich ✡ Oberst Picquart f. d. unschuldig d. Spionage Verdächtigten eintraten. D.'s Rehabilitierung bedeutete d. endgültige Niederlage d. ✡ Bewegung in Frankreich. Im Okt. 1894 wurde D. wegen angeblicher Spionage zugunsten Dt.'s (von d. dt. Regierung widerlegt) zu Degradation u. lebenslänglicher Verbannung nach Cayenne (Teufelsinsel) verurteilt. Am 31. 8. 1898 beging Oberstleutnant Henry, d. Fälscher eines D. belastenden Dokuments, Selbstmord. Der 1897 einsetzende Kampf um d. Urteil (1898 ↗ Zolas „J'accuse"; ↗ Sp. 161/62) endete 1899 mit Freispruch d. (später als schuldig erkannten) Majors Esterhazy u. erneuter Verurteilung D.'s zu 10 Jahren Gefängnis. Nach sofortiger Begnadigung durch d. Präs. d. Republik betrieb D. seine Verteidigung selbst. Am 12. 7. 1906 völliger Freispruch durch d. Kassationshof in Rennes, Wiederaufnahme ins Heer als Major, Ritter d. Ehrenlegion, im Weltkrieg zum Oberstleutnant befördert. Seitdem lebte D. zurückgezogen in Frankreich. Unter d. Eindruck d. Affäre schrieb Herzl 1895 seinen „Judenstaat".

L: A. Dreyfus, Cinq années de ma vie (dt. 1901), B. Weil, D. Prozeß d. Hptm. D. 1930.

Driesen, Otto, geb. 1875 Segnitz/M., Pädagoge u. Philologe, seit 1921 Leiter d. ↗ Philanthropins.

Dropsie College for Hebrew and Cognate Learning, Philadelphia, durch Testament d. Advokaten Moses A. D. 1907/09 errichtet zur Pflege d. j. Wissenschaft, ist berechtigt d. Titel „Doctor of Philosophy" zu verleihen. Dir.: Cyrus ↗ Adler.

Druckwesen. Erstes gedr. hebr. Buch 1475 (↗ Inkunabeln). Entwicklung des j. Druckwesens läuft innerhalb d. allg.: Typen in Nachahmung d. Handschrift u. ihrer lokalen Verschiedenheiten, Titelblatt entsteht aus Überschrift u. Bordüre, Kolophon tritt zurück. Berühmte Drucker aus d. Familie Soncino; daneben im 16. Jhd. △ Bomberg. Starke Erweiterung h. Druckwesens unter Einfluß d. Humanismus, bes. in Italien (Ferrara, Cremona, Mantua, Riva, Venedig, Sabbioneta), aber auch in Basel. Spanische Emigranten gründen Druckereien in Konstantinopel u. Saloniki. Entwicklung des D. in anderen Ländern angeregt durch Bedarf an Gebet-, Lehr- u. gesetzl. Büchern, immer neugeweckt durch Verlust u. Zerstörung. Blüte d. Amsterdamer Judenheit im 17. Jhd. fördert das D. (Manasse b. Israel, Benveniste, Athias, Proops). In Dt. starke Vermehrung d. Druckereien zu Beginn des 17. Jhd., verursacht oft durch Einfuhrschwierigkeiten. Christliche Drucker beschäftigen j. Setzer; oft auch Gründung durch Konvertiten. Wichtige Druckorte in Dt. (mit erstem Druckjahr): Sulzbach 1664, Wilhermsdorf 1669, Frankfurt/M. 1677, Dyhernfurth 1689, Fürth 1691, Dessau 1694, Frankfurt/O. 1695, Berlin 1697, Hanau 1709, Jeßnitz 1718, Altona 1727. Um 1800 Neubelebung im Zuge von Mendelssohns Bemühungen (Berliner Freischuldruckerei). Danach dienen d. Druckereien einem stetigen Bedarf (Rödelheim, Krotoschin usw.).

Drujanow, A., geb. 6. 7. 1870 Druja (Polen), h. Schriftsteller, Historiker d. ↗ Chibbat Zion u. Folklorist, lebt in Palästina.

Drumont △ Edouard, 1844—1917, frz. Schriftsteller, ↟ Wortführer in seiner Zeitung „La Libre Parole" u. in seinen Schriften.

Dschanach, Abulwalid Merwan ibn, um 990/1050, h. Grammatiker u. Lexikograph, bedeutendster j. Sprachwissenschaftler im MA, schrieb arab.

Dublin (↗ Irland), ca. 3500 J = 0,8%; erste Gem. im 13. Jhd., neue seit 17. Jhd.

Dubno, Salomo, 1738 Dubno (Wolhynien)—Amsterdam 1813, h. Dichter, Aufklärer aus d. Mendelssohnkreis, Biurist.

Dubnow, Simon, geb. 18. 9. 1860 Mstislawl (Weißrußl.), Historiker, wirkte in St. Petersburg, Berlin (1923/33) u. Riga. Seine soziologische Betrachtungsweise u. seine nationalj. Einstellung sieht d. Autonomismus als Triebkraft d. j. Geschichte. Ⓦ Weltgesch. d. j. Volkes (10 Bde., 1925/29), d. erste Gesamtdarstellung nach ↗ Graetz.

Dudaim (Liebesäpfel), Alraune bzw. Mandragora, von Ruben für Lea gepflückt, von Rahel eingetauscht (G 30, 14 ff.).

Dühring △ Eugen, 1833—1921, völkisch. Gegner d. jüd. Religion u. d. auf ihr basierenden Christentums. Dühringbund 1924 gegr. Ⓦ Die Judenfrage als Rassen-, Sitten- und Kulturfrage 1881.

Duisburg-Hamborn, 2560 J = 0,6%, J seit 12. Jhd.

Dukas, Paul, Paris 1. 10. 1865—18. 5. 1935, bedeut. frz. Komponist; seine sinf. Dichtung „D. Zauberlehrling" (1897) ein auch in Dt. vielgespieltes Brovourstück. Oper „Blaubart u. Ariane" (1907).

Dukes, Leopold, 17. 1. 1810 Preßburg—London 3. 8. 1891, j. Gelehrter (h. Literaturgesch. d. MA).

Dunam (türk.), pal. Flächenmaß, 1000 qm.

Dunasch b. Labrat, geb. Fez, gest. Cordova, h. Grammatiker u. Dichter, lebte im 10. Jhd. Ⓦ Streitschrift gegen Menahem b. Saruk.

Dunasch b. Tamim, 9./10. Jhd. N-Afrika, h. Grammatiker u. Religionsphilosoph, schrieb arabisch.

Deuxième Année. — Numéro 87

Cinq Centimes

JEUDI 13 JANVIER 1898

Directeur
ERNEST VAUGHAN

ABONNEMENTS

	Un an	Six mois	Trois mois
Paris	20 »	10 »	5 »
Départements et Algérie	24 »	12 »	6 »
Étranger (Union Postale)	35 »	18 »	10 »

POUR LA RÉDACTION :
S'adresser à M. A. BERTHIER
Secrétaire de la Rédaction

Adresse télégraphique : AURORE-PARIS

L'AURORE

Littéraire, Artistique, Sociale

Directeur
ERNEST VAUGHAN

LES ANNONCES SONT REÇUES :
142 — Rue Montmartre — 142
AUX BUREAUX DU JOURNAL

Les manuscrits non insérés ne sont pas rendus

ADRESSER LETTRES ET MANDATS :
à M. A. BOUIT, Administrateur

Téléphone : 102-88

J'Accuse...!

LETTRE AU PRÉSIDENT DE LA RÉPUBLIQUE

Par ÉMILE ZOLA

LETTRE
A M. FÉLIX FAURE
Président de la République

Monsieur le Président,

Me permettez-vous, dans ma gratitude pour le bienveillant accueil que vous m'avez fait un jour, d'avoir le souci de votre juste gloire et de vous dire que votre étoile, si heureuse jusqu'ici, est menacée de la plus honteuse, de la plus ineffaçable des taches?

Vous êtes sorti sain et sauf des basses calomnies, vous avez conquis les cœurs. Vous apparaissez rayonnant dans l'apothéose de cette fête patriotique que l'alliance russe a été pour la France, et vous vous préparez à présider au solennel triomphe de notre Exposition universelle, qui couronnera notre grand siècle de travail, de vérité et de liberté. Mais quelle tache de boue

lieu, des papiers disparaissaient, comme il en disparaît aujourd'hui encore; et l'auteur du bordereau était recherché, lorsqu'un *a priori* se fit peu à peu que cet auteur ne pouvait être qu'un officier de l'état-major, et un officier d'artillerie : double erreur manifeste, qui montre avec quel esprit superficiel on avait étudié ce bordereau, car un examen raisonné démontre qu'il ne pouvait s'agir que d'un officier de troupe. On cherchait donc dans la maison, on examinait les écritures, c'était comme une affaire de famille, un traître à surprendre dans les bureaux mêmes, pour l'en expulser. Et, sans que je veuille refaire ici une histoire connue en partie, le commandant du Paty de Clam entre en scène, dès qu'un premier soupçon tombe sur Dreyfus. A partir de ce moment, c'est lui qui a inventé Dreyfus, l'affaire devient son affaire, il se fait fort de confondre le traître, de l'amener à des aveux complets. Il y a bien le ministre de la guerre, le général Mercier, dont l'intelligence semble médiocre : il y a bien le chef de l'état-

Est-ce donc vrai, les choses indicibles, les choses dangereuses, capables de mettre l'Europe en flammes, qu'on a dû enterrer soigneusement derrière ce huis clos? Non! il n'y a eu, derrière, que les imaginations romanesques et démentes du commandant du Paty de Clam. Tout cela n'a été fait que pour cacher le plus saugrenu des romans-feuilletons. Et il suffit, pour s'en assurer, d'étudier attentivement l'acte d'accusation lu devant le conseil de guerre.

Ah! le néant de cet acte d'accusation! Qu'un homme ait pu être condamné sur cet acte, c'est un prodige d'iniquité. Je défie les honnêtes gens de le lire, sans que leur cœur bondisse d'indignation et crie leur révolte, en pensant à l'expiation démesurée, là-bas, à l'île du Diable. Dreyfus sait plusieurs langues, crime; on n'a trouvé chez lui aucun papier compromettant, crime; il va parfois dans son pays d'origine, crime; il est laborieux, il a le souci de tout savoir, crime; il ne se trouble pas, crime; il se trouble, crime. Et les naïvetés de rédaction, les formelles assertions dans le vide!

profondément, s'inquiètent, cherchent, finissent par se convaincre de l'innocence de Dreyfus.

Je ne ferai pas l'historique des doutes, puis de la conviction de M. Scheurer-Kestner. Mais, pendant qu'il fouillait de son côté, il se passait des faits graves à l'état-major même. Le colonel Sandherr était mort, et le lieutenant-colonel Picquart lui avait succédé comme chef du bureau des renseignements. Et c'est à ce titre, dans l'exercice de ses fonctions, que ce dernier eut un jour entre les mains une lettre-télégramme, adressée au commandant Esterhazy, par un agent d'une puissance étrangère. Son devoir strict était d'ouvrir une enquête. La certitude est qu'il n'a jamais agi en dehors de la volonté de ses supérieurs. Il soumit donc ses soupçons à ses supérieurs hiérarchiques, le général Gonse, puis le général de Boisdeffre, puis le général Billot, qui avait succédé au général Mercier comme ministre de la guerre. Le fameux dossier Picquart, dont il a été tant parlé, n'a jamais été que le dossier Billot, j'en-

avec lui une correspondance amicale. Seulement, il est des secrets qu'il ne fait pas bon d'avoir surpris.

A Paris, la vérité marchait, irrésistible, et l'on sait de quelle façon l'orage attendu éclata. M. Mathieu Dreyfus dénonça le commandant Esterhazy comme le véritable auteur du bordereau, au moment où M. Scheurer-Kestner allait déposer, entre les mains du garde des sceaux, une demande en revision du procès. Et c'est ici que le commandant Esterhazy paraît. Des témoignages le montrent d'abord affolé, prêt au suicide ou à la fuite. Puis, tout d'un coup, il paye d'audace, il étonne Paris par la violence de son attitude. C'est que du secours lui était venu, il avait reçu une lettre anonyme l'avertissant des menées de ses ennemis, une dame mystérieuse s'était même dérangée de nuit pour lui remettre une pièce volée à l'état-major, qui devait le sauver. Et je ne puis m'empêcher de retrouver là le lieutenant-colonel du Paty de Clam, en reconnaissant les expédients de son imagination fertile. Son œuvre, la culpa-

conseil de guerre déferait ce qu'un conseil de guerre avait fait?

Je ne parle même pas du choix toujours possible des juges. L'idée supérieure de discipline, qui est dans le sang de ces soldats, ne suffit-elle à infirmer leur pouvoir même d'équité? Qui dit discipline dit obéissance. Lorsque le ministère de la guerre, le grand chef, a établi publiquement, aux acclamations de la représentation nationale, l'autorité absolue de la chose jugée, vous voulez qu'un conseil de guerre lui donne un formel démenti? Hiérarchiquement, cela est impossible. Le général Billot a suggestionné les juges par sa déclaration, et ils ont jugé comme ils doivent aller au feu, sans raisonner. L'opinion préconçue qu'ils ont apportée sur leur siège est évidemment celle-ci : « Dreyfus a été condamné pour crime de trahison par un conseil de guerre; il est donc coupable, et nous, conseil de guerre, nous ne pouvons le déclarer innocent; or nous savons que reconnaître la culpabilité d'Esterhazy, ce serait proclamer l'innocence de Dreyfus. » Rien ne pouvait

Dreyfus-Affäre: Zolas „J'accuse" (Erstdruck in der „Aurore" vom 13. 1. 1898)

Dura-Europos, Stadt am Euphrat, in seleuzidischem, parthischem, römischem Besitz, seit 265 n. Ruinenstätte. Neben Denkmälern parthischer, hellenistischer u. frühchristlicher Kunst förderten amerik.-frz. Ausgrabungen hier seit 1932 Reste einer Synagoge (aus d. Jahre 245 n.) mit einem wohlerhaltenen Freskenzyklus zutage (einziges bekanntes Beispiel altj. ↗ Wandmalerei; Abb. 1, 164, 793).

Die Heimführung der Bundeslade Wandgemälde in Dura - Europos

Duran, j.-provenç. Familie. Profiat D., genannt Efodi (14.–15. Jhd.) in Spanien, Grammatiker u. Polemiker gegen d. Christentum, nach 1391 zwangsgetauft, berühmt durch d. Epistel „Al tehi ka-Awotecha“ (sei nicht wie deine Väter) an einen ehem. Freund u. Apostaten. Ⓦ Maasse Efod, h. Grammatik.

Durkheim, David Emile, 15. 4. 1858 Epinal–Paris 15. 11. 1915, Begr. d. mod. franz. Soziologie u. d. Zeitschrift „L'année sociologique“ (seit 1898), Prof. in Bordeaux u. an d. Sorbonne in Paris. Ⓦ Les règles de la méthode sociologique (1895); La division du travail social (1895).
L: Davy, Schriftenauswahl v. D. 1911.

Düsseldorf, 5053 J = 1%, Ende d. ersten Gem. 1438, Neuansiedlung 1671.

Düsterberg ♂ Theodor, geb. 1875, dt. Offizier, zweiter Bundesführer d. „Stahlhelm“, 1932 Kandidat zur Reichspräsidentenwahl. — D.'s Großvater Abraham nahm 1811 in Paderborn d. Namen D. an.

Dyer, Leon, 1807 Alzey–Louisville 1883, nordamerikan. Oberst, ausgezeichnet im Mexikanischen Krieg 1848.

Dyhernfurth a. O. (Schles.), j. Gem. vom 17. Jhd. bis 1916. Druckort h. Bücher 1689/1834. Berühmter Friedhof im 17. u. 18. Jhd. auch für d. Breslauer Judenschaft.

Dymow (eigtl. Perelman), Ossip, geb. 16. 2. 1878 Bialystok, russ. Schriftsteller, seit 1913 in Amerika. schrieb dort auch viel in jiddischer Sprache (z. B. Bronx-Express, auch in Dt. gespielt). Ⓦ Nju (Drama, dt. 1908), D. Knabe Wlas (Roman, dt. 1910).

E

Ebenbild (Zelem, „Bild"; Dmut, „Ähnlichkeit"), Ausdruck d. bibl. Schöpfungsgeschichte; nach Gottes E. ist d. Mensch erschaffen (G 1, 26).

Eben ha-Eser (Stein d. Hilfe), bibl. Ort (I. Sm. 7, 12); Name d. 3. Teils d. Sch. Ar.: Eherecht.

Eber (Ewer), Urenkel Sems (G 10, 21 ff.), nach dem d. Hebräer (Ebräer, Iwrim) heißen.

Ebers, Georg, 1. 3. 1837 Berlin—Tutzing 7. 8. 1898, Ägyptologe u. Schriftsteller, 1870/89 Prof. Leipzig, Entdecker des medizin. „Papyrus E.". Populär sein Roman „Eine ägyptische Königstochter" (1864). L: R. Gosche, G. E. 1893.

Ebjatar, Priester Davids, von Salomo abgesetzt.

Ebreo, Leone, ↗ Abravanel.

Ebstein, Wilhelm, 27. 12. 1836 Jauer—Göttingen 22. 10. 1912, o. Prof. Göttingen 1874, Internist (Stoffwechsel-, Ernährungsfragen). Ⓦ D. Medizin im AT 1901; D. Medizin im NT u. T 1903.

Ecclesiastes ↗ Kohelet.

Echa ↗ Klagelieder.

Ecuador, ca. 100 J unter 2,5 Mill. Einw., haupts. in Guayaquil, auch in Quito u. Rio Bamba.

Edels, Samuel Elieser b. Juda, um 1560/1631, Rabbiner in Lublin u. Ostrog, Kommentator d. T. Ⓦ Chiddusche Maharscha, d. Novellen d. E., allen T-Ausg. beigedruckt.

Edelsteine (Ewen [jekara], d. [kostbare] Stein), hpts. bei d. Beschreibung d. hohepriesterl. Prachtgewandes (E 28, 9—12, 17—21; E 39, 6—14) genannt; fast vollständige Aufzählung Ez. 28, 13 (Herrlichkeit d. Paradieses) sowie I. Kg. 10, 11 u. II. Chr. 9,9 (Geschenke d. Königin von Saba an Salomo). Schwierige Identifizierung d. aus Ofir, Ägypten, Nubien u. d. Sinai eingeführten E.: sebo = Achat (?), ahlama = Amethyst (?), schamir = Diamant, jahalom = Diamant (?), jaschfe = Jaspis, soham = Onyx, sappir = Saphir, odem = Karneol, bareket = Smaragd, pitda = Topas, tarschisch = Türkis, lechem = Opal. Diamant als Beisp. f. d. Härte u. Verstocktheit d. menschl. Herzens (Jr 17, 1; Sach. 7, 12). E. als Gleichnis himmlischer u. irdischer Herrlichkeit (E 24, 10; Ez. 1, 16. 22. 26; Da. 10, 6; Hi 28, 16; Spr. 20, 15; Hl. 5, 14; Kl. 4, 7).

Eden (Wonneland), d. ↗ Paradies.

Edom, Volk (Nachkommen Esaus) u. Landschaft (Gebirge Seïr), südl. Nachbar u. Feind Judas, in hellenist. Zeit Idumäa, von Hyrkan I. unterjocht u. zur Beschneidung gezwungen (126 v.); literar.-kulturelle Spuren in d. B (Bileam, Hiob). Im T ist E., d. j. Erbfeind, Symbol f. Rom.

Edujjot (Zeugnisse), Tr. d. Ordn. Nesikin: 100 Sätze älterer Autoritäten, von späteren Lehrern bezeugt; 40 Kontroversen zwischen d. Schulen Schammai u. Hillel.

Efod, Prachtgewand d. Hohenpriesters (E 28); auch Name eines Gottesbildes aus Edelmetall (Ri. 17).

Efraim (d. Fruchtbare?), d. jüngere Sohn Josefs, erhielt im Vatersegen d. Vorzug; isr. Stamm nördl. Juda-Benjamins, der etwa d. Gebiet d. späteren Samarien besaß u. als Hauptstamm geradezu d. Nordreich repräsentierte wie Juda d. Südreich. Aus E. stammt Josua, nach einer Tradition auch d. Messias.

Eger, 600 J = 2%, urkundlich seit 1314; an d. Pogrom von 1350 erinnert noch heute d. „Mordgäßchen". Austreibung 1430, Neuansiedlung 1853.

Akiba ben Mose Eger

Eger (Egers, Eiger), aschk. Familie aus Böhmen. — 1) A k i b a b. Mose, 8. 11. 1761 Eisenstadt—Posen 12. 10. 1837, Rabbiner in Märk.-Friedland u. Posen, größte talmud. Autorität seiner Zeit. 2) S a l o m o, Sohn von 1, 1786—1852, Rabbiner in Posen.

Ehe gilt im Jt. als göttliches Gebot. Polygamie war bis zu R. Gerschoms Verbot um 1000 gestattet, Monogamie jedoch d. Regel. E. unter nahen Verwandten u. Verschwägerten verbot schon d. B; d. T erweiterte dieses Verbot. Verlobung gilt bereits als bindend. E.-Schließung erfolgt unter d. Trauhimmel (↗ Chuppa) durch Überreichung d. Trauringes u. d. Trauformel. Rechte u. Pflichten sind im E.-Vertrag (↗Ketubba) bestimmt, deren wichtigste d. Anspruch d. Frau auf standesgemäße Ernährung, Kleidung u. ehelichen Umgang ist. Für d. Fall seines Todes u. einer von ihr unverschuldeten E.-Scheidung muß d. Mann d. Frau eine gewisse Summe (Ketubba) aussetzen. Ihm steht nur d. Nutznießung am Vermögen u. Einkommen d. Frau zu, sonst besteht Gütertrennung. Die Witwe hat Anspruch auf ihr eingebrachtes Vermögen oder auf dauernden Unterhalt durch d. Erben. Rechtsstellung d. Nebenfrau (Pilegesch) ist nicht klar. E.-Bruch d. Frau u. der d. Mannes mit einer Verheirateten wurde mit d. Tode bestraft. Das Recht d. E.-Scheidung stand in d. B nur dem Mann, nach d. T auch der Frau zu. Scheidung, für die schon häusliche Mißhelligkeiten genügen, geschieht durch Ueberreichung d. Scheidebriefes (↗ Get), wozu d. Mann gezwungen werden kann. Erfolgt sie auf sein Verlangen, so steht der Frau ihr eingebrachtes Vermögen u., falls sie schuldlos ist, auch d. Ketubba zu.

Eheschließung. Gemälde von Pietro △ Longhi

Ehrenburg, Ilja, geb. 1891 Moskau, russ. Romanschriftsteller, lebt in Paris. Ⓦ Julio Jurenito 1923, D. Liebe d. Jeanne Ney 1926.
Ehrenpreis, Markus, geb. 25. 6. 1869 Lemberg, h. Schriftst., Oberrabbiner in Stockholm seit 1914. Ⓦ D. Land zwischen Orient u. Okzident (dt. 1924).
Ehrenstein, Albert, geb. 23. 12. 1886 Wien, Lyriker u. Erzähler, auch Nachdichter chines. Lyrik u. kulturkritischer Essayist. Ⓦ Ges. Gedichte 1920, Briefe an Gott 1921.
Ehrlich: 1) Arnold B., 1848 Volodovka—New York 1920, origineller B-Forscher (Textkritik), schrieb h. u. dt. („Randglossen zur h. B", 1908 ff.). 2) Paul, 14.3.1854 Strehlen—Homburg v.d.H. 20.8.1915, Chemiker u. Bakteriologe, Begr. d. mod. Chemotherapie, entdeckte 1909 mit d. Japaner Hata das Salvarsan (gegen Syphilis), seit 1906 Direkt. d. Instituts f. Experimentelle Therapie Frankfurt/M., erhielt 1908 d. Nobelpreis. (Bildnis Tafel 22.)
Ehud, isr. Richter, als Linkshänder bekannt, erschlug d. Moabiterkönig Eglon (Ri. 3).
Eibenschütz, aschk. Fam. aus Mähren (Stadt E., Ivancice). — Jonathan E., um 1690—1764, Talmudist u. Kabbalist aus Polen, Oberrabbiner d. Dreigemeinden (Altona, Hamburg, Wandsbeck), der heiml. Anhängerschaft an Sabbatai Zwi beschuldigt (Amulettenstreit E. — Jak. Emden).
Eid. Durch d. E. wird Gott als Zeuge angerufen. Ein falscher E. bedeutet daher d. Entweihung Gottes. So entstand früh d. Scheu vor jeglichem, auch wahrem E., u. d. vermeidliche E. wurde d. Falscheid im T fast gleichgestellt. Dabei ist es gleich, ob d. E. einem J oder Nicht-J gegenüber geleistet wird.
L: I. Bernfeld, E. u. Gelübde, 1930.
Eid more judaico, Eidesformel, die d. J im MA unter entehrenden Zeremonien schwören mußten, da man ihrem Eid sonst mißtraute. In Dt. seit 1828 allmählich abgeschafft.
Einäscherung ↗ Bestattung.
Einbürgerung ↗ Ausbürgerung.
Einhorn, David, 1809 Dispeck (Bayern)—New York 1879, Vorkämpfer d. Reform, Rabbiner in Mecklenburg, Budapest, New York.
Einstein: 1) Albert, geb. 14. 3. 1879 Ulm, Physiker u. Mathematiker. 1914/33 Prof. Berlin, o. Mitgl. d. Akademie d. Wissenschaften, jetzt Princeton U. S. A.; veröffentl. 1905 spezielle Relativitätstheorie, die, zur allgemeinen R. erweitert (1916), seinen Weltruhm begründete, 1921 Physik-Nobelpreis für die Entdekkung d. photoelektr. Gesetzes. Ⓦ Über d. spezielle u. allgemeine Relativitätstheorie, 1916. (Bildnis Tafel 22.) 2) Alfred, geb. 30. 12. 1880 München, führender Musikhistoriker u. -kritiker, Red. d. Zeitschrift f. Musikwissensch., 1927/33 Rezensent am „Berliner Tagebl.", jetzt in London.

Elia als Bote des Messias
Miniatur in einer Haggada des 15. Jahrh.

Eisenmenger △ Johann Andreas, 1654—1704, Prof. in Heidelberg. Ⓦ Entdecktes Judentum (2 Bde., 1700), tendenziös-✡, apologet. Darstellung.

Eisenstadt (Burgenland, Öst.), ca. 450 J = 11%; seit 14. Jhd. Berühmte J-Gasse, noch heute (als einzige westj. Gem.) polit. selbständig.
L: Wachstein, Eisenstädter Forschungen I—II.

Eisernes Kreuz ↗ Auszeichnungen.

Eisik, jiddische Nebenform zu ↗Isaak.

Eisler, Robert, geb. 27. 4. 1882 Wien, Religionswissenschaftler. Ⓦ Jesus Basileus 1929.

Eiss, Alexander, Ritter von, 1840—1915, Generalmajor d. österr. Armee, bewußter J.

El (d. Mächtige), Name Gottes; El eljon, d. erhabene (höchste) Gott.

Elbogen, Ismar, geb. 1. 9. 1874 Schildberg (Posen), führender j. Gelehrter (Liturgie u. Geschichte), Prof. an d. Lehranst. f. d. Wissensch. d. Jt. Berlin. Ⓦ Der j. Gottesdienst 1931; Gesch. d. J seit d. Untergang d. j. Staates 1920; Gesch. d. J in Dt. 1935.

Eldad ha-Dani (E. d. Daniter), oriental. J, trat um 880 in Nordafrika u. Spanien auf u. gab angebl. authentischen Bericht über d. 10 verschollenen isr. Stämme. Frage d. wissenschaftl. Zuverlässigkeit offen.

Eleasar (= Elieser), Sohn u. Nachfolger Aarons, Vater Pinehas'.

Eleasar b. Asarja, Tannaite (1./2 Jhd.).

Eleasar b. Juda b. Kalonymos, um 1160/1230, Augenzeuge d. Verfolgungen in Mainz u. Erfurt, Rabbiner in Worms. Ⓦ Rokeach (Salbenbereiter), Ethik u. Halacha.

Elegie (h. Kina). Die älteste ist d. Klagelied Davids über Jonathan (II Sm. 1). Raum f. zahlreiche E. gewährte d. Gottesdienst d. Fasttage (Jozer u. Selicha), Anlaß boten d. Verfolgungen u. Martyrien im MA, so daß d. E.-Literatur auch eine wichtige Geschichtsquelle wurde.

Elephantine (aram. Jew) am Nil, Station einer j. Militärkolonie im 6.—5. Jhd. v., aus deren Geschichte authentische Dokumente (j.-aram. Papyri in E. u. Assuan) gefunden wurden, zugleich d. ältesten Zeugnisse d. j. Diaspora.
L: Eduard Meyer, D. Papyrusfund von E., 1912.

Eli, Priester zu Silo u. Richter, Erzieher Samuels, Ahnherr d. Unglückshauses d. Eliden (I. Sm. 1—4).

Elia (Elias, h. Elijahu) d. Thisbite, d. volkstümlichste Prophet u. Wundertäter, Eiferer gegen d. Baaldienst d. isr. Kg.'s Ahab (Gottesurteil auf d. Karmel), in d. Wüste von Raben gespeist, fuhr in d. Himmel; im nachbibl. Jt. Helfer u. Tröster d. Armen in Menschengestalt u. Bote d. Messias; nach d. Volksglauben bei jeder Beschneidung (Stuhl E.'s) anwesend, am Seder-Abend als Gast (Becher E.'s) erscheinend.

Elia b. Salomo, d. „Wilnaer Gaon", 1720—1797, talmud. Autorität, Vater d. wissenschaftl. T-Forschung, schärfster Bekämpfer (Mitnagged) d. Chassidismus.

Elias, Julius, 12. 7. 1861 Hoya (Weser) — Berlin 2. 7. 1927, als Kunstkritiker Vorkämpfer d. Impressionismus in Dt., auf literar. Gebiet als Mitherausg. d. dt. Ibsen-Ausgabe u. Begr. d. „Jahresberichte f. neuere dt. Literaturgeschichte“ tätig, Journalist, Übersetzer u. Kunstsammler.

Elieser (Gott ist Hilfe), d. Knecht Abrahams, wirbt Rebekka f. Isaak.

Elieser b. Hyrkanos (d. Große), Tannaite (2. Jhd.), wegen Widerspruchs gegen d. Mehrheit in Bann gelegt, gleichwohl führende Gestalt; Held von Legenden.

Elieser b. Nathan aus Mainz, Halachist u. liturg. Dichter um 1100/50. Ⓦ Eben ha-Eser (Stein d. Hilfe), Ritualwerk, kultur- u. literargesch. Quelle.

Eliot △ George (eigtl. Mary Ann Cross), 1819—1880, engl. Schriftstellerin, in deren Roman „Daniel Deronda“ bereits 1876 z. Ideen auftauchen (dt. Übers. 1876, h. Übers. 1893).

Elisa, Jünger u. Nachfolger Elias, Prophet u. Wundertäter z. Zt. d. Jehu-Dynastie in Israel.

Elisa ben Abuja ↗ Acher.

Elisabeth, griech. Form d. h. Namens Elischewa (E 6, 23) = die Gottgeweihte.

Elischewa △ (eigtl.: Jelisaweta Bychowskaja), geb. 20. 9. 1889 Rjasan (Rußl.), h. Dichterin (Lyrik u. Erzählung); als △ geb., trat E. 1921 zum Jt. über u. hat H, d. Sprache ihrer Dichtung, erst erlernt.

Elkan: 1) Benno, geb. 2. 12. 1877 Dortmund, Bildhauer, Autodidakt. In Dt. einer d. führenden mod. j. Plastiker. Ⓦ Grab- u. Gefallenendenkmäler, Porträtbüsten, Plaketten in sachlich-einfacher Formulierung. 2) Sophie, Göteborg 1853—1921, schwed. Schriftstellerin. Ⓦ D. Ende d. Wasa (Roman, dt. 1909).

Elkana, Vater Samuels, Gatte d. Hanna u. Peninna.

Ellstätter, Moritz, Karlsruhe 1827 —1905, zunächst Rechtsanwalt im badischen Verwaltungsdienst, 1868—93 bad. Finanzminister, bad. Bevollmächtigter im dt. Bundesrat.

El Male Rachamim (Gott voller Barmherzigkeit), Gebet f. d. Seele d. Verstorbenen bei d. Bestattung u. am Jahrestage d. Todes; volkstüml. klagende Melodie.

Elman, Mischa, geb. 21. 1. 1891 Talnoje (Ukraine), berühmter Violinvirtuose von brillanter Technik.

Eloesser, Arthur, geb. 20. 3. 1870 Berlin, Literarhistoriker, Theaterkritiker d. „Vossischen Zeitung“, zeitweilig Dramaturg d. Lessing-Theaters Berlin u. Vors. d. Schutzverbandes dt. Schriftsteller.

Elohim (d. Gewaltigen), Gottesname (Plural m. Singularbedeutung; Einzahl: Eloah).

Elsaß, 25 000 J = 2,2%. Um 1150 erste J in Straßburg. J-Verfolgungen d. MA bedingen kulturellen u. materiellen Verfall. Meir von Rothenburg 1286 in Ensisheim gefangen gesetzt. 1349—1648 J in 59 Orten d. E. erwähnt. Seit 1800 starke Abwanderung ins Innere Frankreichs, nach Amerika u. d. Schweiz. Elsässer-Jiddisch enthält hebr., frz., slaw., dt. Bestandteile.

Elternehrung, fünftes d. 10 Gebote. Klassische T-Erzählung vom frommen Heiden Dama, der d. Schlaf seines Vaters heilig hielt.

Elternhilfswerk für d. Jugend in Dt., 1933 als überparteiliche Gemeinschaft aller Freunde j. Schulwesens gegr. (Berlin-Charl. 2, Kantstr. 158), gewährt Auskunft in allen j. Schulfragen, Unterbringung von auswärtigen Kindern am Schulort, finanzielle Beihilfen zum Schulbesuch.

Elul, 12. Monat d. j. Kalenders (Aug.—Sept.), 29 Tage.

Emanzipation (röm.-rechtl. Begriff f. Entlassung aus d. väterlichen Gewalt) bedeutet in Bezug auf J Erlaß bezw. Geltung gesetzgeberischer Akte, die d. Gleichberechtigung d. J zur Folge haben. Geistesgeschichtlich durch Aufklärung u. Naturrecht vorbereitet, wurde E. zuerst in der im Zusammenhang mit d. Freiheitskämpfen d. Ver. Staaten von Amerika erlassenen Virginischen Deklaration 1776 (Gewissens- u. Religionsfreiheit) verwirklicht. Mit d. Französischen Revolution wurde auf d. Nationalversammlung (1791) Gleichberechtigung der J verkündet. In Preußen wurde d. E.-Edikt vom 11. 3. 1812, das d. J als Staatsbürger anerkannte, später rechtlich u. praktisch wieder eingeschränkt. 1869 bezw. 1871 war in Dt. die E. vollendet; seit 1933 durch ↗ Ariergesetzgebung eingeschränkt. Bestrebungen zur „Gruppen-E." seit 1933.

Emcol, Arbeitsgemeinsch. zwischen ↗ Emigdirect, ↗ Ort, ↗ Ose f. j. Auswanderung u. Kolonisation, gegr. Paris 1934.

Embden, Moritz, 1800—1899, Bankier, Hamburg, mit Charlotte Heine, d. Schwester Heinrich Heines verh., geadelt; ihre Tochter Marie (1835—1908) später Fürstin della Rocca.

Emden, Jakob, 1697—1776, Sohn d. Zwi Hirsch ↗ Aschkenasi, erst Rabbiner (Emden), dann Privatmann (Altona), fanat. Kämpfer gegen erwiesene u. vermeintl. Anhänger d. Sabbatai Zwi, bes. gegen Jonathan ↗ Eibenschütz. Ⓦ T-Studien, Streitschriften; „Megillat Sefer" (Buchrolle), Autobiographie.

Emek (Tal, Tiefebene), Bz. d. gr. Ebene (E.-Jesreel) in Galiläa, Gebiet moderner j. Kolonisation.

Emigdirect = Emigrations-Direktorium, gegr. 1921. Vereinigtes Komitee f. j. Auswanderung, zunächst f. russische J, später durch Landeskomitees in den verschiedensten Ländern als Wandererschutzgesellschaft tätig, seit 1927 Arbeitsgemeinschaft mit ↗ Hicem.

Emin Pascha (eigtl. Isaak Eduard Schnitzer), 28. 3. 1840 Oppeln—Kinema (Kongo) 23. 10. 1892, Arzt, Afrika- u. Naturforscher in türkischen u. ägypt. Diensten, Bekämpfer d. Sklavenhandels, suchte seit 1890 ein dt. Kolonialreich in Mittelafrika zu schaffen; von Sklavenhändlern ermordet. Wilhelm II. nannte ihn d. „großen Sohn seines Volkes". L: E.'s Tagebücher; Stanley, Im dunkelsten Afrika; Stuhlmann, Mit E. im Herzen Afrikas.

Emin Pascha

Endor, Ort in Manasse; Saul besucht d. Totenbeschwörerin zu E., d. „Hexe von E." (I. Sm. 28).

Engel (h. Malach = Bote, griech. Angelos), d. Gottesbote, dessen Manifestation im Feuer wie eine Gotteserscheinung wirkt (Simsons Geburt; vgl. auch Jakobs Kampf mit dem E.), schützende (Hagar) u. strafende (Davids Volkszählung) Macht. Schutz-E. der 70 Völker (Sarim, „Fürsten"), Erz-E. (Michael, Gabriel, Uriel, Rafael), himmlische E.-Scharen (d. geflügelten Cherubim u. Serafim; Chajot, d. Tiere; Ofanim, d. Räder d. göttl. Thronwagens; allgemein: diensttuende E., Malache ha-Scharet). Zürnende, d. Sünder peinigende E. (Malache Chawala); ↗ Dämonen sind „gefallene E." (Nefilim); d. Todes-E. (Malach ha-Mawet) ist eine Erscheinungsform d. ↗ Samael, d. Teufels.

Engel: 1) Eduard, geb. 12. 11. 1851 Stolp, Literarhistoriker, bek. durch seine Schriften zur dt. Sprachkunde (Verdeutschungsbuch u. v. a.). 2) Fritz, 12. 2. 1867 Breslau—Berlin 3. 2. 1935, langjähr. Redakt. u. Theaterkritiker am „Berl. Tagebl.". 3) Georg, 29.10.1866 Greifswald—Berlin 19.10.1931, erfolgreich. Erzähler u. Dramatiker. Ⓦ Zauberin Circe 1894, Hann Klüth, d. Philosoph 1905.

England, 300 000 J = 0,65%. Mittelalterl. Siedlung 1290 ausgetrieben. Einzelne J lebten weiter dort bis zum Erfolg von Manasse b. Israels Petition an Oliver ↗ Cromwell 1656 wegen Wiederzulassung d. J. Rechtsgleichheit in Etappen im 19. Jhd. erreicht. Engl. Jt. markant wegen seiner politischen Begabungen, u. a. ↗ Disraeli, ↗Reading, ↗ Samuel; neuerdings Hore Belisha (Verkehrsminister), E. Shinwell (Landwirtschaftsminister), Philipp Sassoon (im Luftfahrtministerium). Größere Gem. außer London Manchester, Leeds, Glasgow, Liverpool, Birmingham. Neben Großkaufleuten u. Bankiers sef. oder dt. Herkunft zahlr. urspr. osteurop. Textil-, Möbel- und Tabakhändler u. -fabrikanten. Gem. sind freiwillige Vereinigungen, gruppiert in a) Federation of Syn. (kons.), b) United Syn. (mittelpart.), c) Span.-Portug. Congreg. (sef.), d) Liberal Syn. (Reform). Gesamtvertretung intern: Board of Deputies (seit 1760), extern: Joint Foreign Committee.
L: A M. Hyamson, History of the Jews in E. 1928.

Enzyklopädien ↗ Sammelwerke.

Ephraim, Veitel Heine, zu Beginn d. 18. Jhd. geb., gest. 16. 5. 1775 Berlin, Hofjuwelier Friedr. Wilh. I., Münzmeister Friedr. d. Gr. Wegen Prägung minderwertigen Kriegsgelds (Ephraimiten) der Volkswut geopfert. 1758 rehabilitiert. Seit 1749 Oberältester d. Berliner J-schaft; Gründer einer Lehranstalt; ließ 1765 d. nach ihm benannte Palais erbauen, das zu d. schönsten Baudenkmälern Berlins zählt (Tafel 4).

Epikuros (Epikuräer), talmud.-rabbin. Bz. f. Ketzer u. Gottesleugner.

Epstein: 1) Jacob, geb. 10.11.1880 New York, Bildhauer, in Paris u. London tätig. Seine äußerst kühnen symbol. Plastiken erregten in England vielfach starken Widerspruch. 2) Jakob Nahum, geb. 1880 Brest-Litowsk, j. Gelehrter (T-Forschung), seit 1925 Prof. Jerusalem.

Erbforschung u. Erbpflege, Arbeitsgemeinschaft f., gegr. 1933 von W. Nußbaum, Berlin. Befaßt sich mit d. erbbiolog. u. anthropolog. Erforschung d. J hpts. in Dt.

Erbsünde (↗ Sündenfall) ↗ Christentum.

Erbhofgesetz ↗ Ariergesetzgebung.

Erez Israel (Land I.), bibl. Bz. d. isr. Kanaan, Name d. modernen j. Pal. (auch kurz: ha-Arez, „d. Land").

Das erste lenkbare Luftschiff, erbaut von David ↗ Schwarz

Erfinder u. Entdecker. Schon im MA finden sich j. E. (Levi b. Gerschon) u. Forschungsreisende (Benjamin aus Tudela u. Petachja aus Regensburg). Die folgende Tabelle d. Erfinder, Entdecker u. Forschungsreisenden berücksichtigt in d. Hauptsache d. Neuzeit.

Erfinder und Entdecker

Aron, Hermann	1848	Kempen — Berlin 1913	Elektr. Zähler	1884
Arons, Leo	1860	Berlin — Berlin 1919	Quecksilberbogenlampe	1892
Arnstein, Karl	1887	Prag, jetzt Ohio	Zeppelinkonstrukteur	1924
Berliner, Emil	1851	Hannover — Washington 1929	Grammophon, Mikrophon	1889
Goldschmidt, Rudolf	1876	Neubukow, jetzt London	Hochfrequenzmaschine	1907
Hertz ♁ Heinrich	1857	Hamburg — Bonn 1894	Elektrische Wellen	1886
Honigmann, Mor.	1844	Düren — Aachen 1918	Natronlokomotive	
Jacobi, Mor. H.	1801	Potsdam — St. Petersburg 1873	Galvanoplastik	1837
Levi b. Gerschon	1288	Bagnols — Perpignan 1345	Camera obscura	1321
Lieben, Rob. v.	1878	Wien — Wien 1913	Verstärkerröhre	1905
Lippmann, Gabr.	1845	Hollerich — Le Havre 1921	Farbenfotografie	1891
Marcus, Siegfried	1831	Malchin — Wien 1898	Benzinmotor, Auto	1875
Rumpler, Edmund	1872	Wien	Rumplertaube	1914
Schwarz, David	1845	Keszthely — Wien 1897	Lenkbares Luftschiff	1897
Slonimski, Chajim	1810	Bialystok — Warschau 1904	Rechenmaschine	1844

Forscher

Albuquerque, Affonso d'	1453	Estremadura — Goa 1515	Indien, Ceylon, Malakka	1503
Beja, Abraham		lebte im 15. Jhd.	Aethiopien	im 15. Jhd.
Benjamin		aus Tudela (Spanien)	Asien, Afrika	im 12. Jhd.
Bessels, Emil	1847	Heidelberg — Stuttgart 1888	Nordpol	1871
Binger, Louis G.	1865	Straßburg, jetzt Paris	Afrika	1886
Burchardt, Herm.	1852	Berlin — Südarabien 1909	Südarabien	1904
Emin Pascha	1840	Oppeln — Kinema (Kongo) 1892	Afrika	um 1880
Foa, Edouard	1862	Marseille — Villers s. Mer 1901	Südafrika	um 1890
Glaser, Eduard	1855	Dt.-Rust — München 1908	Arabien	um 1885
Hayes, Isr. Is.	1832	Chester (Pennsylv.)—New York 1881	Grönland	1860
Halévy, Josef	1827	Adrianopel — Paris 1917	Arabien	1870
Hedin ♁ Sven	1865	Stockholm	Asien (Tibet)	seit 1900
Heilprin, Angelo	1853	Ungarn — Philadelphia 1907	Arktis	1892
Kandt, Richard	1867	Posen — Nürnberg 1918	Ostafrika	1897
Kohen, Tobia	1653	Metz — Jerusalem 1729	China	um 1700
Langer, Siegfr.	1857	Schönwald — (ermordet) 1882	Jemen	um 1880
Moszkowski, Max	1873	Breslau, jetzt Berlin	Sumatra, Neuguinea	1906/1911
Poljakow, J. S.	1836	Dubrowna — St. Petersburg 1888	Sibirien	um 1870
Popper, Julius	1857	Bukarest — Buenos Aires 1893	Feuerland	1885
Samoilowitsch, R.	1881	Asow, jetzt Leningrad	Arktis (Nobile)	1928
Sanchez, Gabriel		Segovia (Spanien)	Mit Columbus	1492
Stein, Marc Aurel	1862	Budapest	Zentralasien	um 1900
Texeira, Pedro		im 17. Jhd. Lissabon-Antwerpen	Amerika	um 1665
Torres, Luis de		Spanien, betritt als Erster Amerika	Amerika	1492
Vambéry, Hermann	1832	Szerdahely (Ungarn) — 1913	Armenien, Persien	1864
Zapateiro		lebte im 15. Jhd.	Ostindien	im 15. Jhd.

Erfurt, 831 J = 0,57%; J in E. seit 12./13. Jhd. bezeugt.

Erholungsfürsorge. Unterbringung Erwachsener u. Kinder in Heimen, Heilstätten, Tages- u. Ferienkolonien. Etwa 40 gemeinnützige j. Heime an d. See, im Gebirge etc., von j. ↗ Wohlfahrtsorg. errichtet. Einweisung u. Kostenaufbringung durch Privatpersonen, Wohlfahrtsämter u. -vereine. Planmäßiger Ausbau durch „Arbeitsgemeinschaft j. Erholungsfürsorge".

Erlanger, Camille, 1863—1919, frz. Komponist. Seine Oper „D. polnische J" (1900) auch in Dt. viel gespielt; eine ebenfalls erfolgreiche Oper gleichen Namens 1901 von d. Prager Komponisten Karl Weis (geb. 1862), beide nach d. gleichnamigen Drama von △ Erckmann-Chatrian.

Erstgeborene (männliche), im bibl. Recht bevorzugt. Zeremoniell d. Auslösung (↗Pidjon ha-Ben) d. männl. Erstgeborenen (Bechor), weil urspr. alle E. als Gott geweiht galten. Fasten d. Erstgeborenen am Vorabend d. Pessach.

Erstlinge ↗ Bikkurim.

Erter, Isaak, 1792—1851, neuh. Schriftst., klass. Satiriker, Träger d. Aufklärung in Galizien, einer d. Begr. d. mod. h. Prosa.

Eruw (Vereinigung), eine Konstruktion zur Erleichterung d. strengen Sabbatbestimmungen; z. B. theoret. Verbindung d. privaten mit d. öffentl. Bereiche, um innerhalb eines ganzen Stadtgebietes d. Tragen von Gegenständen — sonst nur im Hause erlaubt — zu ermöglichen.

Eruwin, Tr. (Moed), vom ↗ Eruw.

Erwachsenenbildung bedeutet über die unterrichtliche Vermittlung von Kenntnissen u. Fähigkeiten hinaus erzieherische Formung d. Erwachsenen in Richtung auf ein von d. Gemeinschaft d. Lehrenden u. Lernenden herauszuarbeitendes Bildungsideal. Die j. E. geht vornehmlich von d. Übermittlung d. Kulturgüter d. Jt. aus. Ihr dienen Volkshochschulen, Lehrhäuser, Schulen d. Jugend u. dergl., insbes. d. Mittelstelle für j. Erwachsenenbildung (bei der Reichsvertretung d. dt. J), Frankfurt/M., Unterlindau 23, Leitung Martin Buber.

Erziehungswesen, j., als eigenständige systematische Theorie d. Erziehung u. d. Unterrichts gibt es nicht. Dem Wesen d. Jt. entsprechend, war u. ist j. Erziehung religiös gerichtet m. d. Ziel, d. Nachwuchs in d. Gemeinschaft d. Gottesvolkes einzugliedern; Hauptrolle fällt dabei d. Familie u. d. Vater zu. Schulen gab es schon in bibl. Zeit; in d. talmud. Zeit Anfänge eines j. Schulwesens. Mit d. Auflösung d. Ghettos tritt grundsätzlicher Wandel ein; auch j. Erziehung wird d. Prinzip d. „allgemeinen Bildung" unterworfen. Religiösen Bedürfnissen dient d. Religionsunterricht, der je nach d. rel. Grundhaltung in d. Familie gefördert wird. Bestrebungen nach Erweiterung u. Vertiefung d. rel. Erziehung führen zur Verbesserung d. Methode, insbes. im H, zur Gründung j. Schulen u. zu d. Anfängen d. ↗ Erwachsenenbildung, Volkshochschulen u. Lehrhäuser. Die Ausgliederung d. J aus d. dt. Volksgemeinschaft stellt d. Problem d. j. Pädagogik in Theorie u. Praxis in d. Vordergrund. Ihre Aufgabe besteht in d. Aufstellung eines möglichst allgemein anerkannten Erziehungs- u. Bildungszieles u. d. Herausarbeitung eines Bildungsgutes aus d. Beständen d. dt. u. j. Kultur.
L: M. Güdemann, Gesch. d. E. u. d. Kultur d. abendländ. J 1880.

Erzmütter, Bz. d. Hauptgemahlinnen d. Erzväter: Sara, Rebekka, Lea u. Rahel.

Erzväter (Awot, „Patriarchen"), d. Ahnherren u. Stammväter d. Volkes Israel: Abraham, Isaak u. Jakob, gemeinsam in d. Höhle Machpela be-

Essen: Neue Synagoge

graben. Die E. erkannten als erste Gott, den d. B oft Gott d. E. nennt; d. Verdienst d. E. (Sechut Awot) ist ein Sühnemittel f. d. Sünden d. Volkes.

Esau, auch Edom genannt, Sohn Isaaks, d. ältere Bruder Jakobs, der d. Erstgeburt durch Verkauf (Linsengericht) an d. Bruder, d. Vatersegen als Opfer einer List verliert; Stammvater d. Edomiter.

Eschatologie, d. Heilserwartung am „Ende d. Tage" (Acharit ha-Jamim): Kämpfe mit Gog u. Magog, drohender Weltuntergang, Auftreten d. Messias, Auferstehung d. Toten u. Gerichtstag, ewiger Friede im neuen Jerusalem, Gottesreich. Älteste Zeugnisse d. j. E. im prophet. (Jes. 40—66, Ez. 36—48) u. apokalypt. Schrifttum.

Eselskult, vermeintlicher, eine d. ältesten Beschuldigungen gegen d. Jt., zuerst in Alexandrien (2. Jhd. v.) erhoben: d. J beteten angeblich in ihrem Tempel d. goldene Figur eines Esels an.

Esperanto ↗ Zamenhof.

Esra (Hilfe), Träger d. religiös-geistigen Erneuerung nach d. Rückkehr aus d. babyl. Exil, Priester u. Schreiber (Sofer), wurde zum Begr. d. eigentl. Jt. — Buch E. (vorletztes d. Hagiographen, z. T. aram.), Gesch. d. Restauration, 10 Kap.; Buch ↗ Nehemia als 2. Buch E. gezählt; apokryph. 3. Buch E. (bibl. Stellen m. Zusätzen, 9 Kap.); pseudepigr. 4. Buch E. (Apokalypse, christianisiert; 16 Kap.).

Esra, 1883 zur Unterstützung ackerbautreibender J in Pal. u. Syrien begr. Verein, fördert Ansiedlung in Pal.

Essäer (Essener; Name unerklärt), j. Sekte im 1. Jhd. v. u. n.; Form mönch. Ordens: Ehelosigkeit, Gütergemeinschaft, Pflege von Handwerk u. Ackerbau; Lehre: d. pharisäischen verwandt. Ursprung d. Christentums z. T. hier vermutet; Johannes d. Täufer als E. aufgefaßt.

Essen, 4500 J = 0,7%, seit 14. Jhd. Monumentalbau der Neuen Synagoge (erbaut von Edmund △ Körner 1913), Jugendheim, Stammhaus d. Hofjuden Berend Lehmann.

Esther (= Ischtar?), auch Hadassa (Myrte) genannt, j. Gemahlin d. Ahas-

Esther, der König u. Haman beim Mahl
Kupferstich aus einer Megilla, um 1700

veros (Xerxes), rettete mit ihrem Oheim Mordechai d. pers. J vor d. Anschlag Hamans. Buch E. (↗ Megilla), eine d. „fünf Rollen“, wohl d. jüngste bibl. Buch: d. E.-Geschichte u. d. Ursprung d. Purimfestes, 10 Kap., wird zu Purim verlesen.

Estland, 4600 J = 0,4%, davon ca. 2000 in Reval (Hptst.), ca. 1300 in Dorpat. Sie besitzen d. nationalen ↗ Minderheitenrechte seit 1920.

Ethik beruht im Jt. auf religiöser Grundlage, indem Gott d. Menschen verkündet, was gut ist. Gott ist ein sittliches Wesen, seine Verehrung besteht im sittlichen Handeln. Die Frömmigkeit beruht also nicht auf d. Glauben; aber nicht d. Tun als solches wird geschätzt, sondern d. Gesinnung, der es entspringt. E. fordert d. Übung d. Guten um d. Guten willen; sie verwirft nicht nur d. frevelhafte Tun, sondern auch d. unlautere Gesinnung. Dabei geht sie von d. Überzeugung aus, daß d. Mensch d. Fähigkeit u. daher d. Pflicht zum Guten hat. E. kennt nicht d. Erbsünde u. d. Notwendigkeit d. Erlösers; d. Mensch kann sich vielmehr selbst durch Umkehr (Teschuwa) vom Bösen befreien. Die j. E. bejaht d. Willensfreiheit, auf der d. sittliche Verantwortlichkeit beruht, u. lehnt d. Gnadenwahl u. d. unentrinnbare Fatum ab. Der Weg zum Guten ist keinem verschlossen. Hierauf gründet sich d. Lehre, daß d. Tun Lohn u. Strafe in sich trägt. Der Mensch soll d. Gute ohne Wunsch nach Belohnung tun u. d. Böse ohne Furcht vor Strafe unterlassen. Die j. E. kennt dabei keinen Unterschied zwischen J u. Nicht-J; alle Menschen gelten ihr sittlich gleich. Die Auserwähltheit Israels bildet keinen Vorzug, sondern nur eine Aufgabe. Auf dieser Grundlage erhebt sich d. praktische E., deren oberster Grundsatz Gerechtigkeit ist. Jeder Eingriff in d. Eigentum: Raub, Erpressung, Diebstahl, Unterschlagung, Veruntreuung, Fundverheimlichung, ist nicht nur eine Schädigung d. Mitmenschen, ohne Unterschied von J u. Nicht-J, sondern eine schwere Sünde gegen Gott. Jede Übervorteilung im Handel ist verboten, jedes Geschäft gegen d. guten Sitten rechtsungültig, unangemessener Gewinnaufschlag, Preistreiberei u. unlauterer Wettbewerb sind unzulässig; niemand darf sich in ein bereits begonnenes Geschäft eines andern mischen, noch ihn aus einer Pacht oder Miete verdrängen (↗ Sozialrecht; Zins).

Ethnarch, griech. Titel, d. j. Gemeindeoberhäupter in Alexandria sowie der Nachfolger d. Herodes in Judäa.

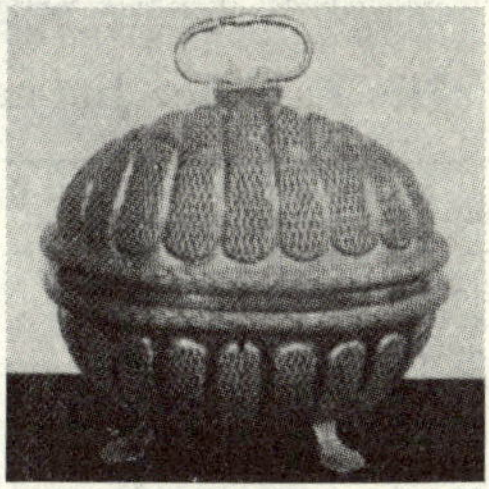

Etrog-Dose
Augsburg.. Silberarbeit, 18. Jhd.

Etrog (Essrog, zuerst im T genannt), Paradiesapfel (Pampelmuse, Zedrate), eine d. vier Pflanzen f. d. Feststrauß d. Laubhüttenfestes. Kunstvolle E.-Behälter (Dosen, Schalen).

Ettinger, Max, geb. 27. 12. 1874 Lemberg, Komponist, bek. durch Lieder, Kammermusikwerke u. d. Opern „Juana“, „Clavigo“, „Frühlings Erwachen“.

Ettlinger, Jakob, 1798 Karlsruhe—Altona 1871, ausgeprägt orthodoxer Rabbiner in Mannheim u. Altona, Lehrer von S. R. ↗ Hirsch u. Esr. ↗ Hildesheimer. Begr. 1845 Zeitschrift „D. Zionswächter“ gegen Reformbestrebungen.

Euphemismus, Umschreibung eines traurigen od. unpassenden Ausdrucks durch sein Gegenteil, bereits in d. B (gelegentlich „segnen" f. „fluchen") nachzuweisen, in d. späteren Lit. häufig. Beispiel: „Saggi Nahor" (aram.: d. Lichtreiche) = d. Blinde (danach E. im H als „Leschon [Sprache] Saggi Nahor" bezeichnet).

Euphrat (h. Prat), Hauptstrom /- Babyloniens, in d. Ursage einer d. vier Flüsse d. Paradieses.

Europa, 10,3 Mill. J = 2%. Genau ist d. Auftauchen d. J in E. nicht festzustellen. Mit d. 1. Zerstörung d. Tempels beginnt wohl d. Wanderung. Freiwillig u. als Sklaven gelangen sie zuerst nach Byzanz, Griechenland, Italien. In Spanien, Gallien, Dt. tauchen sie nach d. 2. Zerstörung d. Tempels im 1. Jhd. n. (England erst 11. Jhd.) auf. Aus Westen wegen d. J-Verfolgungen im MA Zug nach Osten: Böhmen, Polen (aschken. J); aus Spanien nach d. Vertreibung im 15. Jhd. Wanderung nach d. anderen Mittelmeerländern u. Holland (sef. J). Rückstrom d. östl. J nach Westen (Dt., Österreich-Ungarn) seit 17. Jhd.

Eusebius △ von Cäsarea, um 260—340, Kirchenvater (nach fragl. Überlieferung ♁). Ⓦ Historia Ecclesiasti-

Die Zahl der Juden in den europäischen Ländern

Land	Zahl der Bevölkerung	Zahl der Juden	%-Anteil d. Juden	Größte jüdische Gemeinde	
Albanien	800 000	14 000	1,75		
Belgien	8 092 000	75 000	0,92	Antwerpen	35 000
Bulgarien	6 006 000	46 000	0,9	Sofia	21 000
Dänemark	3 551 000	6 000	0,2	Kopenhagen	5 870
Danzig	407 000	9 200	2,4	Danzig	5 000
Deutschland	66 044 000	499 600	0,77	Berlin	160 560
Estland	1 126 000	4 600	0,4	Reval	2 000
Finnland	3 668 000	1 800	0,05	Helsingfors	1 100
Frankreich	41 944 000	225 000	0,55	Paris	135 000
Griechenland	6 620 000	75 000	1,15	Saloniki	60 000
Großbritannien	46 194 000	300 000	0,67	London	180 000
Irland	2 972 000	5 300	0,17	Dublin	3 500
Italien	41 177 000	50 000	0,12	Rom	13 000
Jugoslawien	13 934 000	70 000	0,5	Belgrad	7 500
Lettland	1 900 000	96 000	5,0	Riga	40 000
Liechtenstein	10 000	35	0,35		
Litauen	2 220 000	165 000	7,0	Kowno	39 000
Luxemburg	300 000	2 200	0,7	Luxemburg	2 000
Niederlande	7 936 000	134 600	1,7	Amsterdam	66 000
Norwegen	2 814 000	1 500	0,05	Oslo	850
Oesterreich	6 759 000	300 000	3,7	Wien	200 000
Polen	32 133 000	2 980 000	9,7	Warschau	340 000
Portugal	6 826 000	2 000	0,03	Lissabon	1 000
Rumänien	18 057 000	900 000	5,0	Bukarest	50 000
Rußland	147 206 000	2 600 000	1,77	Odessa	150 000
Schweden	6 142 000	6 500	0,1	Stockholm	3 800
Schweiz	4 066 000	19 000	0,5	Zürich	6 200
Tschechoslov.	14 730 000	356 800	2,4	Prag	35 400
Ungarn	8 689 000	476 000	5,5	Budapest	232 000

ca (Kirchengesch.), wichtig auch als Quelle für j. Gesch. nach 70 n.; Onomastikon (Namensverzeichnis), Lexikon d. bibl. Ortschaften.

Eva (Chawwa, von Chajim = Leben), d. erste Frau, aus Adams Rippe erschaffen.

Evangelien ↗ Neues Testament.

Ewige Lampe ↗ Ner Tamid.

Ewiger Jude ↗ Ahasver.

Exegese d. B, nach vier Hauptmethoden: 1) d. einfache (Peschat; auch Perusch, „Auslegung"), die nur d. Wortsinn berücksichtigt (klass. Vertreter: Raschi); 2) d. symbolische (Remes, „Andeutung") bezw. allegorische (hellenist. Ursprungs; Philo); 3) d. homiletische (Derusch, „Auslegung", „Predigt"), bezeichnend f. T u. Midrasch; 4) d. mystische (Sod, „Geheimnis"), in d. Kabbala (Sohar) entwickelt. Sammelabk. d. 4 Methoden: PaRDeS.

Exil (↗ Galut): 1) assyrisches E. d. 10 Stämme Israels (seit 722 v.), die seither verschollen sind. 2) babylonisches E. („bab. Gefangenschaft") d. 2 Stämme Judas (586—538 bezw. 450 v.).

Exilarch (aram. Resch Galuta), Titel d. weltl. Führers d. babylon. J im 2.—9. Jhd. (unter Persern u. Kalifen) aus d. Hause Davids; autonome Amtsführung (Hofhaltung, Gerichtsbarkeit usw.).

Ex libris, künstlerisch ausgeführtes Besitzerzeichen in Büchern. Δ Dürer zeichnete 2 Holzschnitt-E. mit h. Aufschriften f. christl. Sammler. E. für Bücher jüdischer Sammler zuerst im 18. Jhd., meist von Δ Künstlern (Chodowiecki u. a.). Seit Ende 18. Jhd. viele j. Künstler auf diesem Gebiete tätig, so J. Schnapper, J. M. S. Lowe, B. H. ↗ Bendix; in neuester Zeit besonders ↗ Altman, ↗ Budko, ↗ Lilien, ↗ Steinhardt, ↗ Struck. Bedeutsame j. E.-Sammlung im Besitz von Seligmann in Amsterdam.

Exodus (Schemot), 2. Buch Mose,

Ex libris von J. M. S. Lowe, 1790

Auszug aus Ägypten, Sinaibund u. Stiftshütte, 11 Wochenabschnitte, 40 Kap.

Eybeschütz ↗ Eibenschütz.

Ezechiel (Jecheskel [auch Hesekiel umschrieben], „Gott ist mächtig"), d. dritte d. gr. Schriftpropheten, wirkte im babyl. Exil. Buch E., Strafrede u. Vision, 48 Kap., eine d. Quellen j. Mystik (Thronwagen-Vision) u. Eschatologie (Belebung d. Toten, neuer Tempel u. neues Jerusalem).

Ezekiel, j.-griech. Dichter (Tragiker), wohl in Alexandrien, 2. Jhd. v. Ⓦ Drama „Exagoge" (Auszug aus Ägypten), nur in Bruchstücken.

Ex libris von Nathan Altman, 1920

F

Fabel (Maschal): Pflanzen-F. in d. B (Ri. 9, 8—15), Tier-(Fuchs-)F. im T; im MA Übers. (Kalila u. Dimna) u. selbständige Bearbeitung (Berech-

Holzschnitt von Leo Michelson zu einer Fabel des Berechja ben Natronai

ja b. Natronai, Ibn Sahula) allgemein-orientalischer F.-Stoffe.

Fabian, Max, Berlin 3. 3. 1873—27. 3. 1926, Maler, Schüler von Arthur △ Kampf; Porträts u. Genrebilder.

Fahne j.: B (NU 2) erwähnt Stammeszeichen; ↗ Davidschild erst seit 15. Jhd. j. Symbol. Farben Weiß u. Blau nach ↗ Tallit (weißer Mantel m. blauen Streifen), auch symbolisch (priesterl. Glanz, Himmelsblau) zu deuten. Mod. F. von ↗ Herzl entworfen.

Faitlovitch, Jacques, geb. 1881 Lodz, Erforscher u. Förderer d. ↗ Falaschas.

Falaquera, Schemtow b. Josef, um 1225/95, Moralphilosoph, Dichter u. Übersetzer in Spanien u. Frankreich.

Falascha (= Ausgewanderte), **hamit.** Volk j. Religion im nordwestl. Abessinien zwischen Tanasee u. Semiengebirge, auf 50 000 Seelen geschätzt, meist Handwerker (Schmiede, Weber), sprechen eine kuschitische Sprache, benutzen das AT in der christl.-äthiop. Übersetzung; T u. gesamte nachbibl. Tradition sind ihnen unbekannt, ihr Kult besteht aus Opferdienst, Schächtriten u. Reinigungsvorschriften, sie feiern d. Sabbat, auch Pessach, aber kein nachexilisches Fest (Purim, Chanukka), ihre religiöse Lit. (in äthiop. Sprache) ist vom christl.-abessin. Schrifttum stark beeinflußt. Herkunft d. F. ist umstritten, erste sichere Erwähnung im 14. Jhd., nach langen blutigen Kämpfen von d. christl. Abessiniern im 17. Jhd. unterworfen (vgl. Tafel 27).

L: J. Faitlovitch, Quer durch Abessinien 1910; E. Cerulli u. U. Cassuto, Art. „Falascià" in Enciclopedia Italiana XIV, S. 733.

Falkenheim, Hugo, geb. 1856 Pr.-Eylau, Arzt, o. Prof. d. Kinderheilkunde Königsberg, Generaloberarzt a. D., Förderer dt.-j. Bestrebungen.

Falkensohn, Isaschar Bär (auch Dr. I. F. Behr), 1746—1817, poln. Arzt u. Dichter; schrieb dt.; seine „Ge-

Max Fabian: Selbstbildnis 1920

Henriette Herz (1764—1847)

Dorothea Schlegel (1763—1839)

Rahel Varnhagen (1771—1833)

Fanny Lewald (1811—1889)

Tafel 8

Berliner jüdische Familie der Biedermeierzeit
Gemälde von August Ferdinand △ Hopfgarten, um 1840

Tafel 9

dichte von einem pohlnischen J" von Goethe 1772 rezensiert.

Fall, Leo, 2. 2. 1873 Olmütz—Wien 16. 9. 1925, neben △ Lehar u. ↗ Straus führend unter d. neueren Operettenkomponisten. Ⓦ „Die Dollarprinzessin", „Der fidele Bauer".

Falsches Zeugnis, verbot. im 9. Gebot.

Familie gilt im Jt. als Grundpfeiler d. sittlichen Weltordnung. Das F.-Leben wurde stets als heilig angesehen; auf seiner Innigkeit beruhte zu nicht geringem Teil d. Anziehungskraft d. Jt. Neben d. Hochschätzung d. ↗ Frau steht d. Sorge für die geistige u. körperliche Erziehung d. Kinder, für deren Wohl d. Eltern verantwortlich sind. Die Autorität d. Eltern findet ihre Schranken in d. Geboten d. Religion u. Sittlichkeit. Von d. Kindern wird Gehorsam u. Dankbarkeit gefordert, aber ebenfalls nur in d. Grenzen d. sittlich Erlaubten, während Mangel an Ehrerbietung und Mißhandlung d. Eltern als todeswürdige Verbrechen gelten.

Familienblatt, Isr., von Max Lessmann 1898 in Hamburg gegr., erscheint wöchentl. als j. neutrales Unterhaltungsblatt; Sonderausgaben f. Berlin, Frankfurt/M. u. Hamburg. Auflg. 37 000 (Nov. 1935).

Familienforschung. Bis vor wenigen Jahrzehnten unbekannt. Obgleich d. Geschlechtsregister (Toledot) d. B sehr zahlreich (I. Chron. u. Esra), wurde F. fast nur von Rabbinerfam. aus Traditionsbewußtsein betrieben. Erst bei einsetzendem Verfall d. j. Familienlebens erwuchs moderne F. durch Studium der geschichtlichen, kulturellen, hygienischen u. eugenischen Bedeutung d. j. Familie. Grundlage hierfür ist d. Kenntnis d. genealogischen Zusammenhänge durch Anlage von Stammtafeln, Aufbewahrung, Registrierung u. Durchforschung aller Dokumente, Chroniken, Memoiren, Testamente usw. Der Förderung d. F. u. Sammlung allen familienkundlichen Materials dient d. Gesellschaft f. j. Familienforschung, Berlin W 9, Tirpitzufer 22, gegründet 1924 von Arthur Czellitzer. Großes Archiv. Ⓦ Vierteljährl. „Mitteilungen zur j. Familienforschung" mit Suchblatt zur gegenseitigen Unterstützung bei genealogischer Arbeit.

L: A. Czellitzer, Mein Stammbaum 1934.

Familiennamen, j. Erst seit Anfang d. 19. Jhd. feste F. Häufigster Name in Dt. Cohn (Kohn, Cohen, Kahn, Cahn), den jeder 30. dt. J trägt (= 30 pro Mille). Es folgen Levy (Levi, Lewy) = 23,2, Mayer (in verschiedener Schreibart) = 21, Stern, Wolf (Wolff, Wulf), Strauss = 11, Rosenthal = 10, Goldschmidt, Heymann = rund 8, Weil, Rothschild, Hirsch, Bär (Behr), Levin = rund 7, Salomon, Adler, Katz, Rosenberg, Marx, Simon, Kaufmann = rund 6. — Diese Reihenfolge d. 22 häufigsten Namen gilt nicht für Frankreich, Polen oder England, sondern nur für Dt. im Durchschnitt. Im Westen Tiernamen häufiger (alte Hausbezeichnungen); in Posen die Patronymika auf -sohn endend (häufigster Jakobsohn = 4,3) oder Ortsnamen wie Oppenheimer = 4,4, Schlesinger = 3,0, Friedländer = 2,9, Wertheimer = 2,6. Nach d. Bedeutung entstanden Namen aus Eigenschaften (Groß, Klein, Alt, Neu, Schwarz, Weiß etc.). Alle auch mit —mann verbunden. Tiernamen, die im Jakobssegen h. Namen entsprechen wie Juda = Löwe, Benjamin = Wolf, Naftali = Hirsch, Koseformen wie Koppel von Jakob, Seckel von Isaak, Mendel von Menachem; Phantasienamen, teils „schöne" wie Rosenblüth, Goldfarb, teils herabsetzende wie „Pulverbestandteil" (in Galizien aufgezwungen). Sehr viele Abkürzungen: Katz = Kohen-Zedek, Segall = Segan-Lewija, Bry = Ben Rabbi Israel, Bach = Bajit chadasch, Asch = Eisenstadt,

Presch = Fraustadt. Oft sind Ortsnamen kaum erkennbar, weil umgeformt, Trier in Treves, Trivas, Dreyfuß; Auerbach in Urbach, Orbach, Zons = Zuntz, Leobschütz = Lipschitz, Heilbronn = Heilborn, Halpern, russ. Galperin, Mainz = Menz, Mintz, Münz, Speyer = Spiro, Schapiro, Welsch d. h. aus Welschland = Wallach, Wallig, Bloch u. a. m. ⁄ Vornamen.

L: G. Keßler, D. F. d. J in Dt. 1935.

Fano, j.-italien. Familie (aus d. Stadt F.). – Menahem Asarja da F., 1548–1620. Kabbalist lurian. Richtung. Ⓦ Assara Maamarot (10 Abhandl.).

Farbstein, David Zwi, geb. 1868 Warschau, Rechtsanwalt u. soz. Politiker in Zürich. Wegbereiter d. Z.

Farchi, Estori, 13. u. 14. Jhd., d. erste j. Erforscher d. palästin. Topographie, frz. Exulant (1306), lebte in Bet Schean. Ⓦ Kaftor wa-Ferach (Knauf u. Blume), über palästin. Ortsbestimmung etc.

Faschismus hat die individuelle Rechtsstellung d. J nicht verändert. Durch Gesetz von 1930/31 wurden d. J als Religionsgesellschaft nach korporativen u. totalitären Tendenzen organisiert; Rechtszweck ist Fürsorge für religiöse u. kulturelle Belange d. italienischen Jt. Die Gemeindeorgane (Rat, Ausschuß, Vorsitzender) gehen aus Wahlen hervor. Die Vertretung d. j. Interessen gegenüber d. Staat hat als Zentral- u. Aufsichtsinstanz d. „Unione delle Communità israelitiche italiane", die ebenso wie d. j. Gem. selbst Körperschaft d. öffentlichen Rechts ist u. Steuern erheben kann.

Fasten (Zom, Taanit), zur Buße (Versöhnungstag) od. Trauer (9. Aw), am Sabbat untersagt. F. am 3. Tischri (Zom ⁄ Gedalja), am Vorabend von Purim u., für d. Erstgeborenen, am Vorabend von Pessach; F. am letzten Monatstage (kleiner Versöhnungstag). F.-Rolle (Megillat Taanit), aram. Schrift d. talmud. Zeit: Aufzählung aller F.-Tage d. Allgemeinheit. F. des Einzelnen: am Todestag d. Eltern (Jahrzeit).

Fauna ⁄ Flora u. Fauna.

Feder, Tobias Gutmann, um 1760–1817, Aufklärer in Galizien. Ⓦ grammat. Schriften, Satiren.

Feierberg, Mordechai Seew, 1874–1899, h. Dichter in Wolhynien, Aufklärer u. Zionist. Ⓦ Lean (Wohin?), autobiogr. Erzählung.

Feiertage ⁄ Feste.

Feige (Teenah), eine d. Hauptkulturen d. alten Pal.; d. friedliche Israelite saß geruhsam „unter seinem Weinstock u. F.-Baum". F.-Blätter bedeckten d. Blöße d. ersten Menschenpaares; F. nach einer j. Tradition d. verbotene Paradiesfrucht.

Feigenbaum, Arje, geb. 1885 Lemberg, Augenarzt in Jerusalem, begr. 1920 erste h. medizin. Zeitschrift in Pal. „ha-Refua" u. schrieb erstes mod. h. Lehrbuch „D. Auge".

Feiwel, Berthold, geb. 1875 Pohrlitz (Mähren), z. Politiker, leitete d. z. Zentralorgan „D. Welt", bek. als Verleger („Jüd. Verlag", Berlin) u. Übersetzer (d. Lyrik Morris ⁄ Rosenfelds), seit 1929 London.

Ferber, Edna, geb. 15. 8. 1887 Kalamazoo (Michigan), sehr erfolgreiche amerik. Schriftstellerin, behandelte in ihren Romanen auch j. Stoffe, so in „Fanny herself" 1917.

Ferrara, ca. 1200 J = 1%; früheste j. Ansässigkeit 11. Jhd., wirtschaftl. u. kulturelle Blüte im 14.–16. Jhd.

Ferrer ♁, Vicente, 1350–1419, span. Dominikanermönch, wohl j. Abkunft, bekehrte 20 000 J zum Christentum, 1455 heilig gesprochen.

Feste, neben Sabbat u. Neumondstag d. Höhepunkte d. relig. Jahres, gliedern sich in 4 Arten: 1) F r e u d i g e F.: Pessach (15.–22. Nissan), Schawuot (6. u. 7. Siwan), Sukkot (15.–21. Tischri). Jedes d. „drei Wallfahrtsf." hat neben d. urspr. auf d. paläst. Boden bezogenen landwirtschaftl. eine religiös-geschichtl. Bedeutung. So ist Pessach d. Frühlingsf., Schawuot d. Fest d. Ernte, Sukkot Erntedankf. Wesentlich für d. relig. Bewußtsein ist d. zweite Bedeutung. Sie zeigt in Anknüpfung an d. drei wichtigsten Stationen im Werden d. Jt. seinen zugleich ursprungsgebundenen Charakter. Pessach, das Fest der Befreiung aus ägypt. Knechtschaft, bezeichnet d. eigentl. Volkwerdung d. J; Schawuot, das F. d. sinaitischen Offenbarung, d. Berufung zum „heiligen Volk"; Sukkot, Laubhüttenf., erinnert an d. göttl. Schutz während d. Wüstenwanderung. Dazu kommt als besonderes Fest „Schemini Azeret", Schlußf. (22. Tischri), dessen 2. Tag (23. T.) wegen d. Beendigung u. des neuen Anfangs d. allsabbatl. Toravorlesungs-Zyklus „Simchat Tora", Torafreudenf. genannt wird. — 2) Ernste F.: Rosch ha-Schana, Neujahrsf. (1. u. 2. Tischri) u. Jom kippur, Versöhnungstag (10. Tischri) sind F., deren Sinn im Zeitlosen liegt. Die „Tage der Ehrfurcht" sollen d. Besinnung auf d. relig.-sittl. Verantwortung d. Menschen vor Gott geweiht sein. Durch „Umkehr, Gebet u. Werke d. Liebe" ist d. Menschen stets d. Möglichkeit gegeben. Die Tage von Rosch ha-Schana bis Jom kippur sind d. „10 Tage d. Umkehr". Durch ihren irrationalen u. numinosen Gehalt haben sie eine bes. Bedeutung im relig. Leben erlangt u. gelten im Volksbewußtsein als d. „Hohen Feiertage". — 3) Freudige Gedenktage: Chanukka, Weihef. (25. Kislew) u. Purim, Losf. (14. Adar) sind Halbfeiertage. Chanukka ist das Gedenken an d. Kulturkampf d. J 167—165 v. unter d. Führung d. Makkabäer gegen d. zersetzenden Hellenismus z. Zt. des Syrerkg.'s Antiochus Epiphanes. In Erinnerung an d. siegreichen Abschluß m. d. Wiedereinweihung d. Tempels wird während d. achttägigen Dauer d. Festes die Menora entzündet. Purim feiert d. Errettung d. J im Perserreich um 480 v. aus drohender Pogromgefahr z. Zt. d. Königs Ahasveros (Xerxes I.). — 4) Traurige Gedenktage: an verhängnisvolle Ereignisse d. j. Geschichte knüpfen an d. 10. Tewet, an dem d. Belagerung durch Nebukadnezar begann, d. 17. Tammus, an dem Jerusalem durch Babylonier u. Römer erobert wurde, d. 9. Aw, an dem d. 1. u. 2. Tempel 586 v. u. 70 n. zerstört u. der j. Staatsverband aufgelöst wurde. Die spätere Tradition verband noch andere traurige Wendungen d. j. Schicksals m. diesem Tag.

Fettmilch-Aufstand, Plünderung d. Frankfurter J-Viertels (1614) im Zuge d. Auseinandersetzung zwischen Zünften u. Stadtrat. Der Anführer Vinzenz F. wurde 1616 hingerichtet; d. vertriebenen J durch kaiserl. Beauftragte am 20. Adar zurückgeführt; seitdem Gedächtnistag d. Frankfurter J (Purim-Vinzenz, j.-dtsch. Vinzenz-Lied).

Feuchtwanger, Lion, geb. 7. 7. 1884 München, Schriftsteller. Ⓦ Romane: Jud Süß 1925, D. jüdische Krieg 1932.

Fez (Marokko), ca. 10 000 J = 12%, abgeschlossenes J-Viertel (Mellah); J in F. seit Gründung im 9. Jhd., j.-geistiges Zentrum 9.—15. Jhd.

Fichte △ Johann Gottlieb, 1762—1814, dt. Philosoph. Stellung zum Jt. uneinheitlich (1793 in „Beiträge zur Berichtigung d. Urteile d. Publikums über d. frz. Revolution"). Persönl. Beziehung zu Dorothea ↗ Schlegel. Hochschätzung S. ↗ Maimons. Als Rektor d. Berl. Univ.: Eintreten für einen unschuldig verfolgten j. Studenten (Brogi).

Film. Während d. j. Abstammung d. an d. Erfindung d. Kinematographie maßgebend beteiligten Brüder Lumière umstritten ist, haben an d. Erschließung d. Films J bes. Verdienste. Frühester weltbekannter F.-

Regisseure		
Behrendt, Hans	1889 Berlin	Die Hose
Bennoit-Levy, I.		La Maternelle
Berger, Ludwig	1892 Mainz	Der verlorene Schuh
Bernhard, Kurt		Der Tunnel
Charell, Erik		Der Kongreß tanzt
Chaplin, Charles	1889 London	Pilgrim, Goldrausch
Czinner, Paul		Nju, Fräulein Else
Dupont ♁ E. A.	1891 Zeitz	Variété, Atlantic
Eisenstein, S. M.	1898 Riga	Potemkin
Galeen, Henrik		Golem
Granowsky, Alexander	1890 Moskau	Lied des Lebens
Grune, Karl	1890 Wien	Die Straße
Korda, Alexander		Sechs Frauen u. ein König
Lang ♁ Fritz	1890 Wien	Müde Tod, Metropolis
Leni, Paul	1885—1919	Wachsfigurenkabinett
Lubitsch, Ernst	1892 Berlin	Ehe i. Kreis, Liebesparade
Mack, Max	1884 Halberst.	Lieblingsfrau
May, Joe	1880 Wien	Das indische Grabmal
Noa, Manfred	1893—1930	Nathan der Weise
Oswald, Richard	1880 Wien	Affäre Dreyfus
Pabst, G. W.		Freudlose Gasse
Pick, Lupu	1886—1931	Scherben, Napoleon
Sagan, Leontine		Mädchen in Uniform
Schönfelder, Erich	1885 Frankfurt	Feldherrnhügel
Stiller, Mauritz	1883—1928	Erotikon, Gösta Berling
Thiele, Wilhelm	1890 Wien	Drei von der Tankstelle
Viertel, Berthold	1884	Die Perücke
Zelnik, Friedrich	1885 Czernowitz	Mühle von Sanssouci
Autoren		
Bettauer, Hugo	1877—1925	Die freudlose Gasse
David, Gertrud	1878 Leipzig	Die Geächteten
Falk, Norbert	1873—1932	Dubarry, Anna Boleyn
Haas, Willy	1891 Prag	Freudlose Gasse
Kosterlitz, Hermann		Die letzte Kompagnie
Lantz, Adolf	1882 Wien	Katzensteg
Liebmann, Robert	1890 Berlin	Mann ohne Namen
Mayer, Carl	1894 Graz	Scherben, Letzte Mann
Reisch, Walter		Maskerade, Episode

Darsteller
Bernd Aldor
Gitta Alpar
Siegfried Arno
Harry Baur
Elisabeth /-Bergner
Felix Bressart
Charlie /-Chaplin
Jackie /-Coogan
Ernst /-Deutsch
Max Ehrlich
Jul. Falkenstein (1879/1933)
Franziska Gaal
Carl Goetz (1863—1932)
Fritz Grünbaum
Max ♁ Hansen
Al Jolson
Fritz /- Kortner
Max Linder (1883/1925)
Paul Morgan
Rudolf /- Schildkraut (1862/1930)
Josef Schmidt
Szöke Szakall
Richard Tauber
Rosa Valetti
Hermann Vallentin
Otto Wallburg

Musiker
Paul Abraham
Paul Dessau
Werner R. Heymann
Friedrich Hollaender
Mischa Spoliansky

Kameramänner
Curt Courant
Carl Freund

Filme m. j. Themen schon in d. Vorkriegsanfängen: „Der Shylock von Krakau" u. „Golem". Später: „Ritualmord" 1919, „Glaubensketten" „Der Golem" (2. Fassung), „Kaddisch", „Seine Söhne", „Das alte Gesetz" 1923, „Graf Cohn" 1924. Ton-F.: „Jazzsänger", „Affäre Dreyfus", „Zwei Welten", „David Golder", „Dreimal Hochzeit" 1930, „Petterson u. Bendel" 1933, „Haus Rothschild" 1934, „Jud Süß" 1934, Palästina-Kulturfilme.

Star: Max Linder (1883—1925). Auf d. Schriftsteller Leo Leipziger (Roland von Berlin) geht d. Gründung d. ersten Kinematographen in Berlin zurück (Gewerbeausstellung Mai 1896). Paul Davidson (1867—1927) schuf d. ersten dt. F.-Konzern, m. Hermann Fellner, Hans Lippmann, Erich Pommer (geb. 1889, Produktionsleiter d. Ufa 1922/33) gehört er zu d. Organisatoren d. amerikan. F.-

Industrie, an deren Aufbau Warner Bross, William Fox, Sam. Goldwyn, Carl Laemmle (geb. 1867), Marcus Loew (1872—1927), Louis B. Mayer, Josef Schenk, Adolf Zuckor (geb. 1873), J. Somlö beteiligt sind. Heinrich Brückmann verhalf durch Gründung d. Tonfilmsyndikats (Tobis) d. Ton-F. in Dt. zum Durchbruch, der 1928/29 von Amerika („Jazzsänger" [darin Kol Nidre] u.

„The singing fool", beide m. Al son) ausging. Unter Leitung von Emil Meyer stand d. Klangfilm GmbH.

Finanzwesen. Der Anteil der J am F. sei nach folgenden Kreditformen dargestellt: 1) Konsumkredit: Im MA (kanon. Zinsnahmeverbot f. Christen) gewährten J verzinslichen konsumtiven Kleinkredit auf Pfänder. In Abständen religiös begründete Vermögensbeschlagnahme, Schuldenstreichung u. Vertreibung. 2) Politischer Kredit: Mauren u. christl. Spanier hatten j. Finanzminister u. Steuerpächter. Seit Renaissance privilegierten mitteleurop. Landesfürsten reiche J (Hoffaktoren) als Münzpächter, Hof- u. Heereslieferanten u. Fabrikanten im Kampf gegen Zünfte, Gilden u. Stände (Merkantilismus) u. als Geldgeber f. Kriegszwecke. Aus ihnen gingen im 19. Jhd. Emissionsbanken hervor, die an d. Börsen in- u. ausländische Staatsobligationen u. Schatzwechsel placierten. Auf Grund dieser Erfahrungen wurden im 19./20. Jhd. J u. J-Stämmlinge Finanzminister, Agenten u. Berater von Regierung u. Staatsbanken in Dt., Frk., Italien, England, USA., ⁄ Bankwesen. 3) Wirtschaftskredit: Aus d. Warengeschäft lösten sich im 18./19. Jhd. Wechseldiskont, Edelmetallarbitrage u. langfristiger Industriekredit ab. Der kapitalist. Großbetrieb verlangte auch f. sich Emission von Aktien u. Obligationen, die an d. Börse, vielf. interterritorial, gehandelt wurden, wobei den J verwandtschaftl. Beziehungen u. Kenntnisse zugute kamen. 4) Öffentl. Planwirtschaft: Krieg, In- u. Deflation schwächten d. j. Finanzkapital durch Schuldenstreichung, Geldentwertung u. Transferschwierigkeiten. Billige Staatskredite, unter Ausschaltung j. Vermittler, werden von nichtj. Genossenschaften verteilt u. verwaltet. Auch j. gemeinnützige Kreditinstitute begannen in Mittel- u. Osteuropa mittels Jointgelder u. Gem.-Steuern zu arbeiten.

Finnland. 1700 J = 0,05%, davon 1100 in Helsingfors (Hptst.). Während schwed. u. russ. Herrschaft standen d. J unter Ausnahmegesetzen (z. B. Landesverweisung bei Eheschließung), die erst 1917 mit d. Selbständigkeit d. Landes fielen.

Finot, Jean (eigtl. Finkelstein), 1858 Warschau – Paris 1922, zunächst Rechtsanwalt Warschau, seit 1886 Paris, fruchtbarer philosophischer u. soziologischer Schriftsteller.

Finzi: 1) Giuseppe, Mantua 1815—1886, italien. Politiker, Mitkämpfer △ Garibaldis, Abgeordneter, Senator. 2) Mordechai, gest. 1475 Mantua, mathem. u. astronom. h. Autor.

Fiorentino, Salomone, 1743—1815, ital. Dichter, Hofpoet Großherzog Ferdinands III. von Toskana.

Fiorino, Jeremias David Alexander, 3.5.1797 Kassel—Dresden 22.6.1847, in Dt. wohl d. bedeutendste j. Miniaturmaler. Seine zahlr. Porträts äu-

J. D. A. Fiorino: Miniaturbildnis seines Vaters

J. D. A. Fiorino: Miniaturbildnis seiner Schwägerin

ßerst reizvoll in ihrer biedermeierlichen Zartheit.
L: Alexander Fiorino, D. Miniaturmaler J. D. A. F. 1926.

Fisch (Dag), zum Genuß erlaubt alle Arten mit Schuppen u. Flossen; Brauch, am Freitagabend F. zu essen.

Fischer: 1) Otokar, geb. 20. 5. 1883 Kolin, tschech. Dichter u. Literarhistoriker. Ⓦ Gedichte, Dramen, Übersetzungen (Goethe), Heine-Biographie (2 Bde., 1923/24). 2) Samuel, 24.12.1859 Liptó Szt. Miklós (Slowakei)—Berlin 15. 10. 1934, begr. 1886 in Berlin den (jahrzehntelang literarisch führenden) S. Fischer Verlag. Autoren: Ibsen, Shaw, Gerh. Hauptmann, Dehmel, Th. Mann; auch viele j. Autoren. Zeitschr. „D. Neue Rundschau" seit 1889.

Fischer-Graz, Wilhelm, 18. 4. 1846 Tschakathurn (Ungarn)—Graz 30. 5. 1932, Schriftsteller, 1901/19 Direktor d. Landesbibliothek Graz. Seine zahlreichen Romane u. Novellen Heimatkunst in bestem Sinne.

Fiscus Judaicus, j. Kopfsteuer, nach d. Zerstörung d. 2. Tempels (an Stelle d. freiwilligen j. Tempelabgabe) von d. Römern erhoben.

Fishberg, Maurice, 16. 8. 1872 Kamenez-Podolsk—New York 30. 8. 1934, Mediziner u. Anthropologe, Prof. an d. Universität New York, stellt eine j. Rasse im biologischen Sinne in Abrede. Ⓦ D. Rassenmerkmale d. J, 1913.

Flaccus △, römischer Statthalter in Ägypten um 35 n., unterdrückte d. alexandrinische Jt.; Schrift des ↗ Philo gegen F.

Flavius, Beiname d. ↗ Josephus, Günstlings (u. Freigelassenen) der flav. Kaiser.

Fleck, gelber, ↗ Kennzeichnung.

Fleckeles, Eleasar b. David, 1754—1826, Rabbiner in Prag.

Fleg (eigentl. Flegenheimer), Edmond, geb. 26. 11. 1874 Genf, frz. Schriftsteller bewußt j. Haltung. Ⓦ Anthologie juive (1923); z. Knabenroman „L'enfant prophète" (dt. 1927); Moïse, Lebensbeschr. (1928).

Fleisch und Milch (bezw. Produkte aus F. u. M.) bei d. Speisebereitung zu mischen, ist verboten (nach wörtl. Auffassung von E 23, 19; 34, 26; D 14, 21: „Du sollst d. Zicklein nicht kochen in seiner Mutter Milch"); ein Hauptpunkt im j. Speisegesetz, der auch eine Geschirr-Trennung („fleischig u. milchig") bedingt.

Flexner, Simon, geb. 25. 3. 1863 Louisville (USA.), Mediziner, Direktor d. Rockefeller-Instituts New York, förderte Bakteriologie, insbes. Behandlung epidemischer Krankheiten d. Gehirns u. Rückenmarks.

Flieger u. Luftschiffer, j. An d. Entwicklung d. Luftschiffahrt sind J hervorragend beteiligt. Als Flugzeugkonstrukteure vor 1914 Edmund Rumpler (geb. 1892, Wien, „Taube") u. Wiener („Albatross"), als Theoretiker Richard ↗ Mises (im Krieg Kampf-F.). Unter 500 dt. Vorkriegs-F. 10 J, darunter Abramowitsch (Sieger d. 1. Berl. Flugwoche), später tödlich verunglückt, wie auch Dunetz u. Neufeld; Bruno Jablonsky (geb. 1892 Berlinchen) erhält als jüngster F. im September 1910 sein internat. Pilotendiplom (Nr. 30); Ernst ↗ Lissauer, Willy Rosenstein (geb. 1893 Stuttgart, Sieger im Mecklenburger Rundflug 1913). Von Luftschiffern u. Luftschiffkonstrukteuren wurden bekannt: Karl ↗ Arnstein, Max Elias bei d. Zeppelinwerken, David ↗ Schwarz als Erfinder d. lenkbaren Luftschiffs. Von Freiballonfahrern seien genannt: H. R. Berliner (Berlin, Weltrekord f. Freiballons 1914), A. Berson (Höhenrekord: 10 700 m), Fränkel (als Teilnehmer an Andrées Polarfahrt verschollen) u. Paul Spiegel (Chemnitz). Am Weltkrieg nahmen auf dt. Seite unter ca. 10 000 F. 200 J bei d. Flugwaffe teil. 164 davon sind namentlich bekannt, 30 von ihnen sind gefallen, fast alle wurden m. d. Eisernen Kreuz I. Kl. ausgezeichnet, Wilhelm Frankl m. d. Pour le mérite (gefallen im Luftkampf 4. 6. 1917), m. d. Goldnen Militärverdienstkreuz Max Pappenheimer (aus Mergentheim, gefallen 13. 1. 1918). Erwähnt seien außerdem: Fritz Beckhardt (Wallertheim), Max Holzinger (geb. 1892 Fürth, gefallen 11. 9. 1917, Erkundungsflieger), Künstler (Mannheim, 8 Abschüsse), Fritz Rosin (Freiburg, gefallen 4. 6. 1917, Bombenwerfer), Willy Rosenstein (Stuttgart, 9 Abschüsse), Jacob Wolff (geb. 1868 Hamburg, Senior d. Feld-F., Kriegsfreiwilliger m. 48 Jahren auf eigner Maschine, flog m. Bruno △ Loerzer). Baltikum-F. war Alfred Grünfeld (geb. 1897 Niederstetten). Beobachter im Fesselballon waren u. a. Hermann Jonas (Aplerbeek), Martin Sultan u. Hermann Elias (Berlin), Max Elias (Hannover, Zeppelinführer). Leo ↗ Löwenstein war Erfinder d. Schallmeßverfahrens. In d. Nachkriegszeit zeichneten sich aus: Klemperer (Aachen), Robert ↗ Kronfeld, Jacob Ledermann (geb. Czempin/Posen), als Segel-F.; F. G. ♁ ↗ Hünefeld, Charles Leviné als Ozean-F.; d. Frauen Cohn-Ferrari u. Lena Bernstein (geb. Leipzig, in Paris 1933 tödlich verunglückt); d. Konstrukteure Katzenstein, Raab (Kassel).

L: F. A. Theilhaber, J. Flieger, 1924.

Fließ, Wilhelm, 1858 Arnswalde—Berlin 1928, Mediziner, bek. durch biologische Untersuchungen u. Abhandlungen über Lebensrhythmus. Ⓦ D. Ablauf d. Lebens, Vom Leben u. vom Tode, Das Jahr im Lebendigen.

Flora u. Fauna in Pal.: a) Pflanzen (insgesamt ca. 2000 Arten): Reiche Flora im Altertum; neuzeitl. Erforschung d. altj. F. (Löw, D. Flora d. J, 1924 ff.; Sammlung Reuweni, Univ. Jerusalem). Verfall durch jahrhundertelangen Raubbau; fast völlige Vernichtung d. Waldes. Heute allmähliche Aufforstung: Aleppo-Kiefer, Tabor-Eiche, Eukalyptus (auch zur Sumpf-Austrocknung). Wiesen- u. Steppenpflanzen (mediterrane Zone) nur in d. Regenzeit u. im Frühjahr. Kulturpflanzen: Getreide, Citrusfrüchte, Wein, Oliven etc. (↗ Palästina). — b) Tiere (insgesamt ca. 7000 Arten). Bibl. Hauptdaten: L 11 u. D 14 (reine u. unreine Tiere), Hi 39 u. a. Zusammenstellung d. talmudischen Daten (Haustiere, Hirten- u. Jagdleben) bei Krauss, Archäologie II. Auch heute ähnl. Bild: Kamel u. Esel als Last- u. Reittiere, Ziegen- u. Schafherden. Mod. Zuchtversuche: Kreuzung zw. damaszenischem u. holländischem Rind. Schäden durch Moskitos, Malariamücke, Wanderheuschrecke. Zoologen d. Univ. Jerusalem: I. Aharoni, F. Bodenheimer („Animal life in Pal.", 1935).

Florenz, ca. 3200 J = 1%; j. Gem. seit 15. Jhd., Blüte unter d. Medici (bis Mitte 16. Jhd.).

Fluch (Kelala), von magischer Kraft (Bileam-Sage); F.-Reihe (Tochecha,

„Zurechtweisung") im Pent. (D 28, 15 ff.; L 26, 14 ff.); 12 Flüche (↗ Dodekalog).

Fodor, Andor, geb. 1884 Budapest, o. Prof. in Halle, seit 1923 Leiter d. Chemischen Instituts Jerusalem, erfolgreiche Studien über d. Kolloidchemie d. Fermente.

Fostat ↗ Kairo.

Fould, Achille, 1800 Paris—Tarbes 1867, Finanzminister Napoleons III., begr. 1843 d. Bank von Algerien.

France, Anatole (♁ großmütterlicherseits), 1844—1924, d. große frz. Prosaiker, trat im ↗ Dreyfus-Prozeß energisch f. d. Angeklagten ein.

Franck, James, geb. 26. 8. 1882 Hamburg, hervorragender Physiker, 1920/33 o. Prof. Göttingen, 1926 m. G. ↗ Hertz Physik-Nobelpreis (experiment. Bestätigung der ♁ Bohrschen Atomtheorie). (Bildnis Tafel 22.)

Frank: 1) Adolf, 20. 1. 1834 Kloetze—Berlin 30. 5. 1916, stellte mit N. ↗ Caro zuerst Kalkstickstoff her, begr. dt. Kali-Industrie u. fördert durch seine Arbeiten Mosaik-, Karbid- u. Azetylenindustrie. 2) Bruno, geb. 13. 6. 1887 Stuttgart, Dramatiker u. Erzähler. Ⓦ Historische Romane (Trenck 1926), Novellen, bühnenwirksame Stücke. 3) Jakob Leibowicz ↗ Frankisten. 4) Ludwig, 23. 5. 1874 Nonnenweiher (Baden)—Luneville 3. 9. 1914, Rechtsanwalt in Mannheim, führender sozialdem. Reichtstagsabgeordneter seit 1906, bes. in d. Jugendbewegung tätig, glänzender Redner, als Kriegsfreiwilliger gefallen. L: G. Wachenheim, Auswahl d. Reden u. Aufsätze L. F.'s 1923. 5) Paul, geb. 1867 Stassfurth, Arzt, Organisator d. preußischen u. 1913/30 Leiter d. städt. Rettungswesens Berlin.

Frankel, Zacharias, 30. 9. 1801 Prag—Breslau 13. 2. 1875, j. Gelehrter, d. erste Direktor d. Jüd.-Theol. Seminars in Breslau (seit 1854), vorher Oberrabbiner in Dresden, u. Führer d. relig. Mittelpartei (positiv-historische, sog. „Breslauer Schule"); Begr. d. „Monatsschrift f. Gesch. u. Wiss. d. Jt." (Frankels Monatsschr., 1851 ff.). Ⓦ Darche ha-Mischna, Einl. in d. Mischna (Neudr. 1923).

Fraenkel, Albert, 10. 3. 1848 Frankfurt/O.—Berlin 6. 7. 1916, Internist, Prof. Berlin, entdeckt 1884 den Erreger d. Lungenentzündung (Pneumococcus).

Albert Fraenkel
Büste von Alexander Oppler

Fränkel, Bernhard, 7. 11. 1836 Elberfeld—Berlin 11. 11. 1911, einer d. Begr. d. modernen Laryngologie, Vorkämpfer d. Lungenheilstätten-Bewegung, Freund u. Mitarbeiter von Robert △ Koch.

Frankfurt a. M., 26 158 J = 4,7%. J seit 12. Jhd., 1233 erstmals erwähnt. Vernichtung d. Gem. 1349. Ghetto seit Mitte 15. Jhd. (christl. Beschreibungen von J. J. Schudt in „Jüd. Merckwürdigkeiten" 1714 u. von Goethe in „Dichtung u. Wahrheit"). Beschlagnahme d. h. Schrifttums durch Pfefferkorn um 1510; Fettmilch-Aufstand 1614; Brand d. J-Gasse 1711; Emanzipationskämp-

Frankfurt a. M., Synagoge um 1840

fe bis 1864. — R. Jesaja Horowitz 1604/14, h. Drucke seit 1677 (auch Homburg, Offenbach, Rödelheim). Nathan Adler 1741—1800, Philanthropin 1805, Rabbinerversammlung (Auseinandersetzung zwischen Abr. Geiger u. Zach. Frankel) 1845, Samson Raph. Hirsch 1851 Rabb. d. „Isr. Religionsgesellschaft"; Abraham Geiger Rabbiner 1863; Zeitschr. Israelit seit 1860, Jüd. Lehrhaus seit 1920. Berühmte J in F.: die ↗ Rothschilds (seit 1567); J. M. Jost, M. Oppenheim, L. Börne, L. Geiger, C. Weigert, P. Ehrlich.

L: J. Kracauer, Gesch. d. J in F. 1925/27.

Frankisten, antitalmud. sabbatianisch-christianisierende Sekte des Pseudomessias Jakob Frank (um 1726/91). Auftreten seit 1755 in Polen; orgiastische Exzesse u. rabbinischer Bann; von d. Kirche geförderte Disputation zwischen F. u. d. Rabbinen gibt Anlaß zur T-Verbrennung; Massenübertritt d. F. zum Katholizismus unter Führung Franks; dessen langjähriges Gefängnis u. letztes Wirken in Brünn u. Offenbach (Tod d. Tochter u. Nachfolgerin Eva Frank 1817).

Frankl, Ludwig August, Ritter von Hochwart, 3. 2. 1810 Chrast (Böhmen)—Wien 12. 3. 1894, Dichter, 1838 Generalsekretär d. Wiener Gem., 1876 geadelt. Von ihm 1848 d. erste zensurfreie Gedicht in Österr. „D. Universität". Ⓦ Balladen „Rachel"; Reiseschilderung „Nach Jerusalem" (gek. Neudr. 1935).

L: E. Wolbe, L. A. F., 1910.

Frankreich, 225 000 J = 0,55%. Erste J-Ansiedlung von d. Römern bis zur Austreibung 1394, berühmt durch zahlr. Gelehrtenschulen (Raschi in Troyes). Neuaufbau seit 15. Jhd. durch sef. „Neuchristen" im Südwesten u. aschk. Elsässer J. Die frz. Revolution emanzipierte 1791 formell d. 40 000 J. Napoleon berief 1806 d. „Große Sanhedrin", das sich auf ein nichts als konfessionelles

Frankfurt a. M., Judengasse um 1840

Jt. verpflichtete, u. organisierte 1808 zehn j. Konsistorien unter einem zentralen in Paris. — Ende 19. Jhd. ↗ Dreyfus-Affäre. Einwanderung aus Mittel- u. Osteuropa u. Nordafrika steigerte d. Zahl d. J auf 225 000, davon 135 000 in Paris. Größere Gem.: Straßburg, Metz, Nancy, Lyon, Marseille, Bordeaux, Le Havre, Calais. Haupterwerbszweige: Produkten-, Textil-, Exporthandel, Konfektion u. Finanz (Rothschilds). Lebhafter Anteil am künstlerischen u. geistigen (Bergson, Brunschvicg, Maurois, Fleg, Spire), sowie am politischen Leben (Léon ↗ Blum; Ach. ↗ Fould; Michel Goudchaux; Louis Léop. Klotz 1910/17 Finanz-, David Raynal 1881 Arbeits-, Gaston Raynald 1907 Ackerbauminister).

L: H. Groß, Gallia Judaica, 1907; R. Anchel, Napoléon et les Juifs, 1928; L. Reynaud, Les Français Israélites, 1911.

Franzos, Karl Emil, 25. 10. 1848 Czortkow (Galizien)—Berlin 28. 1. 1904, Schriftsteller, erster Herausg. d. Werke Georg △ Büchners, vertrat in seinen Romanen assimilat. Ideen (von ihm das bek. Wort: „Jedes Land hat die J, die es verdient"). Ⓦ Die Juden von Barnow 1877; D. Pojaz. 1905 (Roman eines Schauspielers aus d. Ghetto).

Frau. Nach d. Schöpfungsgeschichte ist die F. gleichwertige Gefährtin d. Mannes. Eine verständige F. wird als besondere Gnade Gottes empfunden u. hoch gepriesen (Spr. 31, 10 ff.). Sie ist in d. B dem Manne in den Vorschriften über Sabbat u. Festfeier u. in allen Bestimmungen über d. Verhalten d. Kinder gegen d. Eltern völlig gleichgestellt. Nach d. T macht erst d. F. den Mann zum vollkommenen Menschen. Die Tr. Ketubbot, Gittin u. Kidduschin behandeln ausführlich d. Rechtsstellung d. F. bei d. Eheschließung, in d. Ehe, als Witwe u. bei d. Ehescheidung, für die ihr gleiche Rechte wie d. Mann zustanden; niemals war d. F. in völlige Rechtlosigkeit verfallen.

Frauenbewegung. In d. allgem. F. haben seit Mitte d. 19. Jhd. Jüdinnen in allen Ländern mitgewirkt; in Dt. u. a. L. ↗ Morgenstern, J. ↗ Schwerin, J. ↗ Levy-Rathenau. Jüd. F. bildete sich erst Anfang d. 20. Jhd. zunächst in Amerika, seit 1893 d. „Council of Jewish Women", auf dessen Anregung im Jahre 1904 d. „J. Frauenbund v. Dt.". Von Bedeutung ferner „Union of Jewish Women" in England (1902); J. Frauenbünde in d. Schweiz, d. Ostländern, Holland (1930) u. in Pal. Beim ersten interterritorialen Zusammentreffen d. j. Frauenbünde auf Einladung d. amerikan. Council 1923 in Wien konnten als charakt. Züge j. F. erkannt werden: Sozial-Arbeit, bes. Frauen-, Jugend- u. Kinderschutz (in Amerika noch wesentl. Einwandererfürsorge), Bildungsbestrebungen u. berufl. Förderung von Mädchen u. Frauen (heute bes. in Dt. Forderung eines hauswirtschaftl. Lehrjahres); rechtliche Besserstellung d. j. Frau (Agunot); Frauenwahlrecht in d. j. Gem. (in Dt. 1931 in 34 Gem. 83 Frauen), pädagog. Bestrebungen (Mütterschulung, Kinderheime), Kampf gegen Unsittlichkeit (Mädchenhandel), geistig-relig. Vertiefung. Die erwähnten Verbände umschließen Frauenvereinigungen d. verschiedensten Richtungen d. Jt., auch d. Schwesternschaften d. Bne Briss. Weltanschaulich gebundene Frauenverbände sind vor allem ↗ „Wizo" u. ↗ „Hadassa".

Frauenbund, jüdischer, gegr. 1904 durch Bertha Pappenheim u. Sidonie Werner zu sozialer, j.-religiöser u. kultureller Arbeit. Umfaßt 450 Vereine, 12 Landes- u. Provinzialverbände, 40 Ortsgruppen mit etwa 50 000 Mitgl.; in einzelnen Großstädten (z. Z. Berlin, Düsseldorf,

Elberfeld, Frankfurt/M.) sind d. berufstätigen Mitgl. zu einer bes. Gruppe zusammengeschlossen. Heime in Neu-Isenburg b. Frankfurt/M. u. Wyk auf Föhr. Adoptions- u. Pflegestellen-Zentrale in Elberfeld. Ⓦ Blätter d. j. F. (monatl.).

Freie Vereinigung f. die Interessen d. orthodoxen Jt.'s e. V., gegr. 1885 von Samson Raphael Hirsch, vertritt u. fördert das (vom Sinai überlieferte) orthodoxe Jt.

Freilandbewegung, j., strebt an, konzentrierte Siedlungsmöglichkeiten f. J außerhalb Pal.'s zu finden. Erste Konferenz Juli 1935 in London. ↗ Territorialismus.

Freimann: 1) A r o n , geb. 5. 8. 1871 Filehne (Posen), Bibliograph, Bibliothekar an d. Frankfurter Stadtbibliothek. Ⓦ Thesaurus typographiae hebraicae saeculi XV (1924); Zeitschr. f. h. Bibliographie (1900—21). 2) I s r a e l Meir, 1830—1884, Vater von 1, Rabbiner in Filehne u. Ostrovo (Posen). 3) J a k o b , geb. 1. 10. 1866, langjähriger Oberrabbiner in Posen, seit 1928 in Berlin. Ⓦ Ausg. alter h. Literaturwerke.

Fremdes Eigentum zu begehren, untersagt d. 10. Gebot.

Fremdling, der sich ständig in Pal. aufhielt (Ger), stand unter d. Schutz d. j. Gesetze. Er hatte Anspruch auf Wohlfahrtspflege u. d. Vorteil d. Jubeljahres; Zinsnehmen war verboten, im Gegensatz zum Ausländer (Nochri), der sich nur vorübergehend im Lande aufhielt, was d. T aber verbot (↗ Zins); auch hatte er keinen Anteil am Jowel. Der F. hatte ferner Anspruch auf Sabbatruhe u. stand in d. Rechtspflege d. J vollkommen gleich. Es ist ausdrücklich geboten, ihn zu lieben. ↗ Mischehe.

Frensdorff, Salomon, 24. 2. 1803 Hamburg—Hannover 23. 3. 1880, j. Gelehrter (Massora-Forschung).

Freud, Sigmund, geb. 6. 5. 1856 Freiberg (Mähren), seit 1902 Prof. in Wien, erforschte Hysterie, Neurosen, krankhafte Bewußtseinszustände, Begr. d. „Psychoanalyse" (neue psycholog. Forschungs- u. Heilmethode). Ⓦ Vorlesungen zur Einführung in d. Psychoanalyse 1917, Gesammelte Schriften, 11 Bde., seit 1924.

Freudenthal: 1) B e r t h o l d , geb. 1872 Breslau, Jurist, seit 1914 o. Prof. d. Strafrechts Frankfurt/M., trat f. Errichtung d. Jugendgerichts (1908) u. Jugendgefängnisses (1912) in Dt. ein. 2) J a c o b , 1839 Bodenfelde—Schreiberhau 1907, Philologe u. Philosoph, o. Prof. Breslau, umfassende Arbeiten über Spinoza u. „Hellenistische Studien".

Freund: 1) I s m a r , geb. 11. 4. 1876 Breslau, Verwaltungsbeamter der j. Gem. Berlin, Mitbegr. d. Landesverbands Preuß. Gem., Historiker (Emanzipationsgesch.) 2) W i l h e l m Alexander, 26. 8. 1833 Krappitz—Berlin 17. 12. 1918, Gynäkologe, seit 1878 o. Prof. Straßburg.

Freundlich, Erwin, geb. 29. 5. 1885 Biebrich (Rhein), Astronom, 1920/33 Observator im astrophysikal. Observatorium Potsdam, Leiter d. Einstein-Instituts.

Fried, Alfred H., Wien 11. 11. 1864—5. 5. 1921, fördert d. Friedensbewegung durch Gründung d. dt. Friedensgesellschaft, Zeitschrift „Friedenswarte", „Handbuch d. Friedensbewegung" (1911/13), Friedensnobelpreis 1911. (Bildnis Tafel 22.)

Friedberg: 1) E m i l Albert, 22. 12. 1837 Konitz—Leipzig 8. 9. 1910, Prof. für Kirchen-, Staats- u. Handelsrecht Berlin, Halle, Freiburg, Leipzig, 1872 an d. Kulturkampfgesetzgebung beteiligt. Ⓦ Geschichte d. Zivilehe, d. Grenze zwischen Staat u. Kirche (3 Bde.), Zeitschrift für Kirchenrecht 1864/90. 2) H e i n r i c h von, 27. 1. 1813 Märkisch-Friedland—Berlin 2. 6. 1895, Bruder von 1, Jurist, Unterstaatssekretär, Kronsyndikus, Staatssekretär, 1879/89 preuß. Justizminister, an d. Ausarbeitung des Reichs- u. Militärstrafgesetzbuches beteiligt, 1888 geadelt, Mitgl. d. Herrenhauses.

Friedberger, Ernst, 17. 5. 1875 Gießen—Berlin 25. 1. 1932, Hygieniker, seit 1926 Direktor d. Dahlemer Instituts f. Hygiene u. Immunitätsforschung.

Friedell (eigtl. Friedmann), Egon, geb. 21. 1. 1878 Wien, vielseitiger Schriftsteller. Ⓦ Satiren; aber auch eine „Judastragödie", eine Kulturgeschichte d. Neuzeit u. eine Schrift über d. Jesusproblem.

Frieden. Das Jt. hat d. Gedanken an d. F. unauflösbar mit seiner messian. Hoffnung verbunden (Jes. 2, 4 u. Micha 4, 3: „Sie werden umschmieden ihre Schwerter zu Sicheln u. ihre Lanzen zu Rebmessern, nicht mehr wird ein Volk gegen d. andere sein Schwert erheben, sie werden nicht mehr lernen, Krieg zu führen"), u. hat sich von d. Kriegsgesinnung losgesagt (D 20, 10 f. u. 5 ff.; 24, 5; II. Chr. 28, 9 ff.). Ein Spruch d. T setzt den F. an Wert d. Weltschöpfung gleich. Hillel gebietet, „F. zu lieben u. ihm nachzujagen". D. Priestersegen schließt mit d. Bitte um F., jeder Gottesdienst mit d. Satz: „Der da F. stiftet in seinen Höhen, er stifte F. über uns."

Friedensbewegung. Anteil der J an ihr wird vielfach überschätzt. Anregend für moderne F. d. 20. Jhd. war Joh. ↗ Bloch, aus dessen Werk „D. zukünftige Krieg" (1899) Nikolaus II. von Rußland Gedanken in seinem Manifest (24. 8. 1898) zur Haager Friedenskonferenz verarbeitete. Friedensnobelpreis erhielten 1911 ↗ Asser u. ↗ Fried.

Friedensgruß, d. h. Grußformel: schlicht „Schalom" (Friede), bzw. „Schalom alechem" (Friede mit euch).

Friedhof ↗ Grab.

Friedländer: 1) David, 6. 12. 1750 Königsbg.—Berlin 25. 12. 1834, Wort-

David Friedländer

führer d. Emanzipation, Aufklärer im Geiste Mendelssohns u. Fürsprecher radikaler Reform, von Beruf Kaufmann (Seidenfabrikant). Ⓦ Sendschr. an Probst Teller 1799 (scharf umstritten), dt. Übs. d. Gebetbuchs 1786. 2) Julius, 25. 6. 1813—14. 4. 1884, Enkel von 1, Numismatiker, seit 1854 Direktor d. Münzkabinetts Berlin, Mitgl. d. Akad. d. Wissenschaften. 3) Max, 12. 10. 1852 Brieg—Berlin 2. 5. 1934, Musikhistoriker, Prof. a. d. Univ. Berlin, Volksliedforscher. Ⓦ D. dt. Lied im 18. Jhd., 1902. 4) Max J.,

Max J. Friedlaender

geb. 5. 6. 1867 Berlin, 1908/28 Direktor d. Kupferstichkabinetts, 1928/33 als Nachfolger Wilhelm von △ Bodes d. Kaiser-Friedrich-Museums Berlin, Kunsthistoriker von Weltruf; grundlegende Erforschung vor allem d. altniederländischen Malerei (bisher 11 Bde., 1924 ff.). Ⓦ ferner: Bücher über Altdorfer, Dürer, Brueghel. 5) S a l o m o, ↗ Mynona.

Friedländer-Fuld, Fritz von, 1858 Gleiwitz — Berlin 1917, förderte, vom Kohlenhandel ausgehend, d. oberschlesische Industrie (Einführung der Kokerei), auch chemische Industrie, 1906 geadelt.

Friedrich II. △, d. Gr., 1712/86, Kg. von Preußen. Strenges Generaljudenreglement 1750 m. Unterscheidung zw. Schutz- u. geduldeten J; indirekte Sonderbesteuerung (↗ Judenporzellan). Tätigkeit d. Münz-

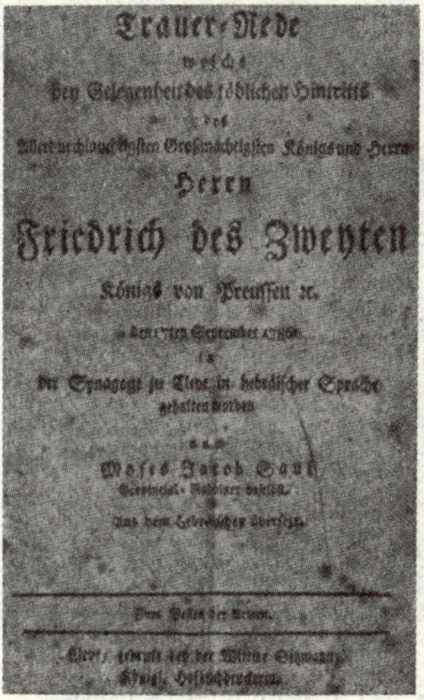
Trauer-Rede
bey Gelegenheit des tödlichen Hintritts
Herrn
Friedrich des Zweyten
Königs von Preussen rc.
der Synagoge zu Cleve in hebräischer Sprache
gehalten worden

Deutsche Ausgabe einer hebräischen Trauerrede auf Friedrich d. Großen

J Veitel Heine ↗ Ephraim u. Daniel ↗ Itzig.

Frisch, Efraim, geb. 1.3.1873 Stryj, Erzähler u. Essayist, 1914/25 Herausgeber d. Zeitschr. „Der Neue Merkur" in München. Ⓦ Das Verlöbnis, Erz. aus d. Ghetto (1902); Zenobi, Roman aus d. Vorkriegsösterreich (1927).

Frischmann, David, 1865 Zgierz (Polen)—Berlin 4. 8. 1922, neuh. Schriftsteller (Gedichte, Essays, Erzählungen) u. Kritiker, von Heine beeinflußt, fruchtbarer Übersetzer (↗ Eliot „Daniel Deronda", Shakespeare „Coriolan", Nietzsche „Zarathustra").

Fromer, Jakob, geb. 1865, wissenschaftl. Schriftsteller (T - Einleitung; Herausgabe d. Autobiographie S. Maimons).

Frontbund ↗ Reichsbund.

Frontkämpfer. Als F. gilt nach der ↗ Ariergesetzgebung, wer im Weltkrieg (in der Zeit vom 1. 8. 1914—31. 12. 1918) bei der fechtenden Truppe an einer Schlacht, einem Gefecht, einem Stellungskampf oder einer Belagerung teilgenommen, insbesondere wer das Abzeichen für Verwundete erhalten hat (3. DurchfVO. Nr. 3 zu § 3).

Frug, Simeon Samuel, 1860 Südrußl.—Odessa 22. 9. 1916, j.-russ. u. jidd. Dichter (Balladen, Elegien, Satiren, Ghetto- u. Zionslieder) u. Erzähler; manches aus seiner Dichtung wurde Volkslied. Ⓦ Gesamtausgaben (russ., 6 Bde., 1912; jidd. 3 Bde., 1910).

Fuchs: 1) E u g e n, 6. 2. 1856 Koschentin (Oberschl.)—Berlin 22. 12. 1923, Rechtsanwalt in Berlin, hervorrag. Jurist, bes. Sachenrecht, Mitbegr. u. Führer d. C.V., vertiefte als dessen Vorsitzender (1917/19) den Gedanken der Synthese von Deutschtum u. Judentum. 2) I m m a n u e l L a z a r u s, 1833 Moschin (Posen)—Berlin 1902, Mathematiker, Studien über Funktionentheorie, o. Prof. Greifswald, Göttingen, Berlin.

Abraham Furtado

Fulda (Hessen-Nassau), 1058 J = 3,8%; Blutbeschuldigung 1235.

Fulda, Ludwig, geb. 15. 7. 1862 Frankfurt/M., erfolgreicher Bühnenschriftsteller (etwa 50 Stücke) u. formgewandter Übersetzer (Molière; Rostands „Cyrano de Bergerac").

Funk, Salomo, 1867—1928, Rabbiner in Wien. Ⓦ populäre Einführungen in d. Talmud.

Fürst, Julius, 12. 5. 1805 Zerkow (Posen) —Leipzig 9. 2. 1873, j. Gelehrter, Verfasser geschichtl., lexikograph. u. bibliogr. Handbücher. Ⓦ Hebr. u. chaldäisches Handwörterbuch über d. AT (1857 ff.).

Fürstenberg, Carl, 28. 8. 1850 Danzig—Berlin 10.2.1933, Bankier in Berlin, 1871/81 bei S. Bleichröder, 1883/1930 Geschäftsinh. d. Berliner Handels-Gesellschaft.

Furtado, Abraham, 1756 London—Bordeaux 1817, französ. Politiker; entstammt portugies. Marranenfamilie, von Geburt J, setzt sich seit 1806 vor allem als Präs. d. von Napoleon einberufenen j. Notabelnversammlung f. j. Rechte ein; zeitweise Vizebürgermeister von Bordeaux.

Fürth (Bayern), 1990 J = 2,6%, seit 16. Jhd., Blüte im 19. Jhd. (führend im bayr. Emanzipationskampf); h. Drucke 1690/1868; Waisenhaus als erstes in Dt. 1763 gegr.

Fürth, Henriette (geb. Katzenstein), 15. 8. 1861 Gießen—Frankfurt/M. 1931, Vorkämpferin f. Mutterschutz.

Fußball ↗ Sport.

F. W. I. = Gesellschaft zur Förderung wirtschaftl. Interessen von in Dt. wohnhaften oder wohnhaft gewesenen J, Berlin-Charl. 2, Kantstr. 158, wirtschaftl. Beratungs- u. Treuhandstelle, bes. zur Verwaltung u. Verwertung d. Vermögens auswandernder J. Aufsichtsrat besteht aus führenden Persönlichkeiten d. großen j. Organisationen Dt.'s.

Die Synagoge in Fürth. Kupferstich. 1832

G

Gabbai (Einnehmer), Armenpfleger, Synagogenvorstand.

Gabirol, Salomo b. Juda ibn (Avicebron), Dichter u. Philosoph, um 1020/58 in Spanien, schrieb h. u. arab. Ⓦ KeterMalchut (Königskrone), philos. Lehrgedicht; Mibchar ha-Peninnim (Perlenlese; arab.), Sammlung ethischer Sprüche u. Beispiele; Tikkun Middot ha-Nefesch (Veredelung d. Eigenschaften d. Seele; arab.), Ethik; Mekor Chajim (Fons Vitae, nur lat. erhalten), philosoph. System (neuplatonisch); weltl. u. liturgische Gedichte.

Gabriel (Mann Gottes), Erzengel, Herr d. Feuers, Gottesbote, „angelus interpres" (Da. 8, 16), Geburtsverkünder (Jesus, Ismael b. Elisa), mit Michael Beschützer Israels.

Gad, Sohn Jakobs u. d. Silpa, Stamm Israels mit d. Sitz in Transjordanien vom Jabbok bis zum Genezarethsee.

Galiläa (h. Galil, „Umkreis"), hellenist. Name d. Nordprovinz Palästinas. Grenzen: O Jordan, N u. W Phönizien, S Rand d. Ebene Jesreel. J verblieben in G. länger als im sonstigen Pal. (Sepphoris, Tiberias), im späten MA zuerst hier wieder angesiedelt (Safed), in d. Gegenw. ein Hauptgebiet mod. j. Kolonisation (↗ Emek). Zahlreiche archäolog. Funde u. Synagogenruinen.

Galizien. 1772/1918 österreichisch, jetzt polnisch. Bedeutende j. Gem. in Krakau, Lemberg, Brody; ferner in Tarnopol, Zloczow, Przemysl u. a. m.; Zentrum d. Aufklärung u. Gelehrsamkeit im 18. u. 19. Jhd. (Rappoport, Krochmal, Schorr).

Galut (vulgär. Golus, „Verbannung", „Deportation"), Bz. d. ↗ Exils, d. ↗ Diaspora, d. Aufenthaltes d. J in d. Ländern außerhalb Pal.; d. Geschichte d. G. fällt mit d. j. Geschichte seit d. 2. Tempelzerstörung zusammen.

Gambetta ♁ Léon, 3.4.1838 Cahors—Paris 31. 12. 1882, entstammte Genueser j. Familie, organisierte 1870 nach frz. Niederlage als Minister d. Innern d. „Levée en masse", 1882 Ministerpräsident.

Gamliel (Gamaliel), Name mehrerer Patriarchen aus d. Hause Hillel. Gamliel II., Tannaite (1.—2. Jhd.), nach d. Zerstörung Jerusalems d. erste Patriarch (Nassi) u. Vorsitzender d. Synhedrions zu Jawne.

Gan, Garten, Gemüsegarten.

Gans: 1) David, 1541 Lippstadt (Westf.) — Prag 1613, Historiker, trieb als erster dt. J exakte Wissenschaften: Astronomie (Freund Keplers u. Tycho de Brahes) u. Mathematik. Ⓦ Zemach David (Sproß D.'s), j. Gesch. u. Weltgesch. bis 1592.

Eduard Gans

2) Eduard, Berlin 22.3.1798—5.5 1839, Jurist, Rechtsphilosoph, He-

gelianer, war in Wort u. Schrift für d. Jt. tätig, wurde aber erst nach Taufe (1825) o. Prof. Berlin.

Ganzfried, Salomo, Ungvár 1804–1886, Talmudist. Ⓦ Kizzur Schulchan Aruch, volkstüml. Kompendium d. Sch. Ar.

Gaon („Majestät", plur. Geonim), d. Oberhaupt d. Gelehrtenschulen (Akademien) u. geistiger Führer d. Jt. in d. nachtalmud. Zeit („gaonäische Zeit"), dem ↗ Exilarchen unterstellt, religionsgesetzl. richtunggebend f. d. ganze Diaspora. Erste Geonim zu Sura u. Pumbedita (Babylonien) um 590; Saadia (10. Jhd.), d. berühmteste G.; letzte Geonim Scherira u. Hai (11. Jhd.); späte Ausläufer in Bagdad (bis 13. Jhd.). G.-Titel in MA u. Neuzeit Ehrenname rabbin. Autoritäten („Gaon" Elia Wilna, 18. Jhd.).

Garizim (Gerisim), Berg bei Sichem, d. heilige Stätte d. Samaritaner bis zur Gegenwart; samarit. G.-Tempel 4.–2. Jhd. v.

Gaster, Moses, geb. 1856 Bukarest, j. Gelehrter, Folklorist, Oberrabbiner d. sef. Gemeinde London. Ⓦ Erstausgaben h. u. samaritan. Werke d. frühen MA.

Gastfreundschaft, heilige Pflicht; Bruch d. G. Blutschuld Sodoms (G 19) u. Gibeas (Ri. 19).

Gat, Fürstenstadt d. Philister.

Gaza, alte Hafenstadt, Hauptort d. Philister an d. Südgrenze Pal.'s; Sieg Seleukos über Demetrius 311 v., Beginn d. seleuz. Ära; in griech.-röm. Zeit selbständig; heute rein arab.

Gebet. Das j. G. ist aus dem prophetischen d. Bibel entstanden, dessen klassischer Ausdruck d. Psalmen sind. Seine Grundform ist d. Beracha (Lob- u. Dankgebet, Hymnus); selbst d. Bitt-G. geht vom Hymnus aus u. klingt in ihn aus. Die Beracha ist eine Schöpfung d. religiös. Individualismus, zeigt d. engste persönliche Beziehung zu Gott (Gelobt seist Du Ewiger), der aber universal ist (König d. Welt). Neben d. einfachen Form d. Beracha sind stets stilisierte, frei komponierte G. geschaffen worden, deren Form u. Inhalt je nach Zeit u. Art der Verfasser wechseln. Es gibt Pflicht-G. (↗ Gottesdienst), daneben aber haben Fromme stets freiwillige G. geschaffen oder verwendet. Der Fromme möchte d. ganzen Tag beten, aber d. Lebenspflichten zwingen zur Beschränkung; „Abend. Morgen, Mittag" sind schon für den Psalmisten d. gegebenen, durch d. Natur bestimmten G.-Zeiten. Daneben gibt es Gelegenheits-G. wie z. B. Tischgebete, G. bei Geburt, Beschneidung, Hochzeit, Krankheit, Tod, bei Reisen u. Gefahren usw. G. ist Gottesverehrung aus dem Herzen, aus reiner religiöser Gesinnung heraus. Es ist ein Gnadenmittel wie d. Opfer, steht aber höher als dieses. Gegen Lippendienst erheben schon d. Propheten schärfsten Protest, d. rabbin. Jt. fordert Anspannung d. Herzens (Kawwana), bes. d. Mystiker haben d. Bedeutung d. echten G. als Brücke zum Vater im Himmel gewertet. Der Fromme fühlt seine Unwürdigkeit, im G. vor Gott hinzutreten, hat aber d. Gewißheit, daß echtes G. erhört wird. Es gibt bestimmte G.-Sitten, wie d. Hände ausbreiten, in d. Kniee sinken, aufs Antlitz fallen, d. Körper schütteln usw., die entweder Ausdruck d. Ehrfurcht sind oder d. Andacht anregen. Das G. erfordert vielfach bes. Kleidung, ferner von d. Männern Bedeckung d. Hauptes, von der erst seit 100 Jahren bisweilen Abstand genommen wird, beim Morgen-G. Anlegen d. ↗ Tallit (G.-Mantel), den d. Vorbeter stets trägt, u. an Wochentagen auch der ↗ Tefillin (G.-Riemen).

Gebetbücher ↗ Gottesdienst, Machsor, Siddur.

Gebetmantel ↗ Tallit.

Gebetriemen ↗ Tefillin.

Gebhardt △ Carl, Frankfurt/M. 1881—1934, Spinozaforscher, Hrsg. d. Werke von Juda Abravanel (Leone Ebreo), Acosta, Spinoza.

Gebote, die auf d. Tora zurückgehen, werden 613 gezählt (Tarjag Mizwot), davon 248 G. im engeren Sinne („Du sollst!", Mizwot Asseh) u. 365 Verbote („Du sollst nicht!", Mizwot Lo taasseh); Aufzählungen u. Nachweise d. G. eine besondere rabbin. Lit.-Gattung (Sefer ha-Mizwot, Buch d. G.), grundlegend: Maimonides' Buch d. G. (arab.); verbreitet: „Sefer Mizwot gadol" (gr. Buch d. G) d. Mose aus Coucy.

Gebräuche ↗ Brauchtum.

Gedalja, Sohn Achikams, Statthalter Judas n. d. Zerst. Jerusalems 586 v.; seine Ermordung (Gedächtnisfasten, „Zom-G." am 3. Tischri) besiegelte erst d. Untergang d. ersten j. Reiches (Jr. 40—41).

Gefährdetenfürsorge als Fürsorge für die durch moralisch-geistige Veranlagung u. durch d. Milieu Geschädigten geschieht durch Fürsorgeerziehung (veranlaßt durch zuständige j. Provinzialverbände, Wohlfahrts- u. Jugendämter), Frauen- u. Mädchenschutz (Heime in Berlin u. Neu-Isenburg) u. Gefangenen- u. Straffälligenfürsorge (Beratung, seelsorgerische Hilfe, wirtschaftliche Betreuung vor u. nach d. Strafhaft). Sie ist bei d. Arbeitsgemeinschaft d. Zentralwohlfahrtsstelle zentralisiert (Gefährdetenfonds) u. wird örtlich durch j. Wohlfahrtsämter, Frauen- u. Wohlfahrtsvereine durchgeführt.

Gehasi, d. ungetreue Diener Elisas.

Geheimgesetze, j., Titel einer Schrift von H. △ Strack (1920), gegen d. Behauptung vom Bestehen angebl. j. G. — Innerhalb d. j. Lehre gibt es keine Schriften od. mündliche Überlieferungen, die nicht jedermann in d. Ursprache od. Übersetzung zugänglich wären.

Geheimlehre (Chochma nistara, „verborgene Wissenschaft"), eine Bz. d. ↗ Kabbala, in die nur d. Mystiker eindringen sollte.

Gehinnom (griech. Gehenna), Tal bei Jerusalem, berüchtigter Ort heidn. Götzendienstes, vom Propheten verflucht (Jr. 19); in d. j.-griech. Lit., NT u. T: Eingang zur Hölle, d. Hölle selbst.

Geiger: 1) A b r a h a m, 24. 5. 1810 Frankfurt/M.—Berlin 23. 10. 1874, Bahnbrecher d. j. Reformbewegung u. Mitbegr. d. Wissensch. d. Jt., Rabbiner in Wiesbaden, Breslau, Frankfurt/M. u. Berlin, geist. Urheber u. Dozent d. Lehranstalt (Hochsch.) f. d. Wissensch. d. Jt. Ⓦ Urschrift u. Übersetzungen d. B (1857); Das Jt. u. seine Geschichte (1864ff.); Nachgel. Schriften (ed. Ludw. G., 1875 ff.). Hrsg. d. „Wissensch. Zeitschr. f. j. Theologie" (1835 ff.) u. d. „Jüd. Zeitschr. f. Wissensch. u. Leben" (1862ff.). 2) L a z a r u s, Frankfurt/M. 1829—1870, Sprachphilosoph. Ⓦ D. Ursprung d. Sprache 1864. 3) L u d w i g, 5. 6. 1848 Breslau—Berlin 9. 2. 1919, Sohn von 1, Kultur- u. Literarhistoriker, 1880/1913 Herausg. d. Goethe-Jahrbuches. Ⓦ Zahlr. Arbeiten zur Gesch. d. J

Abraham Geiger. Büste von Max Levi

in Dt. 4) Moritz, geb. 26.6.1880 Frankfurt/M., Philosoph, 1923/33 o. Prof. Göttingen, Anhänger von Husserl, lieferte bedeutsame Beiträge zur Philosophie d. Mathematik, Ästhetik u. Psychologie.

Gelber Fleck ⁄ Kennzeichnung.

Geldern, Simon van, 1720 Düsseldorf—Forbach 1774, Reisender (Europa, N-Afrika, Pal.; h. Reisetagebuch), Großonkel Heines.

Gelehrtenschule (h. Jeschiwa, aram. Metiwta) im engeren Sinn ist d. Akademie d. talmud. u. gaonäischen Zeit in Pal. (Jawne, Lydda, Uscha, Tiberias) u. Babylonien (Nehardea, Sura, Pumbedita).

Gelobtes Land: Kanaan, dessen Besitz Gott d. Erzvätern verheißen, zugeschworen, gelobt hatte.

Gemara (das Erlernte, auch: d. Vollendete), d. Erläuterungen d. Mischna durch d. Amoräer: engere, eigentliche Bz. d. ⁄ Talmud.

Gematria (griech.), talmud.-kabbalist. Wortdeutung auf Grund d. Zahlenwertes d. Buchstaben; exeget. Methode hellenist. Herkunft. Beispiel: sullam (Leiter) im Zahlenwert (130) gleich Sinai, weist auf d. Zusammenhang zwischen Jakobs Traum von d. Himmelsleiter u. Mosis Offenbarung hin.

Gemeindeblätter ⁄ Presse.

Gemeindebund, dt.-isr. (D. J. G. B.), gegr. 1869 von M. Kohner in Leipzig zur Förderung gemeinsamer j. Verwaltungs-, Bildungs- u. Wohltätigkeitsangelegenheiten im dt. Reiche unter Ausschluß kultureller, politischer u. ritueller Fragen. 1882 Sitz nach Berlin verlegt, 1899 juristische Person durch königliche Verleihung, seit Gründung d. Landes- (Gemeinde-) Verbände soziale Tätigkeit (Träger d. öffentl. Fürsorgewesens), insbes. Verwaltung von Fürsorgeanstalten u. Stiftungen.

Gemeindepolitik, j., ist abhängig von 1) Gestaltung des Verhältnisses von Staat zur j. Gemeinde: entweder vollkommene Loslösung vom Staat wie z. Zt. in USA oder Beaufsichtigung insbesondere d. Finanzgebarung d. Gem. durch d. Staat. In Dt. herrscht z. Zt. das letztere System, ohne daß d. Staat die vor d. Umwälzung von 1933 den Gemeinden gewährten Unterstützungen aufrechterhalten hat. Die Gemeinden sind sich jetzt finanziell selbst überlassen, unterliegen aber sonst weitgehender Staatsaufsicht. 2) Zuständigkeit d. Gem. nach innen: Früherer Streit, ob reine Kultus- oder Kultur- und Volksgem. ist praktisch seit 1933 gegenstandslos. Heute hat für alle die jüdische Gemeinschaft betreffenden Anliegen d. Gem. zentrale Bedeutung, wobei sie in Einzelfragen, bes. in d. Wohlfahrtspflege, mit Organisationen u. Arbeitsgemeinschaften zusammenarbeitet. ⁄ Gemeindeverbände.

Gemeindesteuern. Jede Syn.-Gem. erhebt von d. in ihrem Bezirk woh-

Größte jüdische Gemeinden der Welt

Ort	Juden	%	Ort	Juden	%	Ort	Juden	%
New York	1 800 000	29,8	Paris	135 000	4,6	Baltimore	70 000	8,8
Warschau	340 000	32,5	Tel Awiw	130 000	100,0	Amsterdam	66 000	8,5
Chicago	325 000	10,5	Moskau	130 000	6,5	Los Angeles	65 000	11,3
Philadelphia	275 000	13,0	Buenos Aires	120 000	6,1	Newark	65 000	14,4
Budapest	230 000	22,0	Cleveland	100 000	10,7	Saloniki	60 000	25,0
Wien	202 000	10,8	Lemberg	100 000	30,0	Jerusalem	58 000	58,0
London	180 000	3,8	Boston	90 000	11,5	Wilna	56 000	43,2
Berlin	160 000	3,8	Leningrad	84 000	5,0	Minsk	55 000	44,0
Lodz	155 000	34,0	Dnjepropetrowsk	84 000	36,0	Pittsburgh	53 000	8,4
Odessa	150 000	36,5	Kischinew	80 000	68,4	Bukarest	50 000	5,7
Kiew	140 000	27,0	Detroit	75 000	5,0	Krakau	45 000	24,5

nenden J Steuern; in Süddt. erheben ferner d. Landesverbände für sich unmittelbar von d. Gemeindemitgliedern Landesumlagen. Fast durchweg werden diese Steuern als Zuschläge zur Reichseinkommensteuer erhoben. Daneben treten seit einigen Jahren, soweit staatl. zulässig, fast überall Zuschläge zur Reichsvermögenssteuer, vielfach auch Kopfsteuern für jedes einzelne Gem.-Mitglied (nicht möglich z. B. in Sachsen). Doch kommen auch Zuschläge zu d. meisten anderen Steuerarten vor. Die Gem. ziehen d. Steuern entweder selbst ein oder beauftragen mit d. Einziehung d. Finanzamt. D. Steuern können zwangsweise beigetrieben werden, nachdem sie staatl. genehmigt sind.

Gemeindeverbände. Die G., die teils dem 19. Jhd. entstammen (Baden 1809, Württemberg 1828), teils in d. Nachkriegszeit gegr. wurden (Preußen u. Bayern 1920), verdanken ihre Entstehung d. Streben d. Judenheit nach rechtlicher Zusammenfassung u. nach Ausgleich d. wirtschaftlichen Kräfte, wie d. Erkenntnis d. Staates von d. Notwendigkeit einer einheitlichen Ordnung d. j. Verhältnisse. G., bzw. ↗ Landesverbände (13) sind in d. Mehrzahl Körperschaften d. öffentl. Rechts u. haben teilweise wie Bayern, Württemberg, Baden Individualbesteuerungsrecht. Ihnen gehören Gem. aller relig. Richtungen an. In Preußen, Bayern, Hessen daneben Verbände gesetzestreuer Gem., die in einem Reichsbund vereinigt sind. Die Landesverbände haben sich 1928 zu einer Reichsarbeitsgemeinschaft zusammengeschlossen u. 1932 eine Reichsvertretung (nicht identisch m. d. ↗ Reichsvertretung d. dt. J) geschaffen, die sie 1933 ausbauten.

Gemeindeverfassung. Zwei Gruppen von Verfassungen: a) Jede einzelne Gem. gibt sich ihre Verfassung, nach deren Maßgabe sie ihre Angelegenheiten selbständig verwaltet; den Gem. ist es überlassen, sich zu Verbänden (Landesverbänden) zusammenzuschließen (Preußen, Bayern, Sachsen). b) vom Staat geschaffene Gesamtorganisation aller Gem. eines Landes, wobei d. Gem. dieser Gesamtorganisation zwingend eingegliedert u. ihrer Aufsicht unterworfen sind (Baden, Wttbg.). Im einzelnen G. sehr verschieden. Stets ein von d. Gem.-Mitgliedern unmittelbar gewähltes Organ. Dieses wählt meist (nicht überall) eine kleinere Körperschaft, welche d. Verwaltung führt (Vorstand). Wo zwei Organe, meist übereinstimmende Beschlüsse für wichtige Angelegenheiten erforderlich, vor allem für den Etat. D. Wahlrecht zur Gem.-Vertretung häufig Verhältniswahlrecht. Praktisch werden in größeren Gem. vielfach auch d. Vorstandssitze auf d. Parteien d. Gem.-Vertretung verhältnismäßig verteilt. Wahlrecht meist unabhängig von Staatsangehörigkeit. In einzelnen sächs. Gem. wählen d. ausländ. Gem.-Mitglieder ihre besonderen Repräsentanten. Frauen können meist wählen, vielfach auch in d. Gem.-Vertretung gewählt werden, seltener in d. Gem.-Vorstand. Satzungsmäßige Aufgabe d. Gem. ist in d. Regel bes. d. Sorge f. alle Fragen d. Kultus u. d. Relig.-Unterrichts, meist auch d. Wohlfahrtspflege, die aber manchmal bes. Vereinen überlassen ist.

Gemilut Chassadim (Vergeltung mit Guttaten, Liebesbeweis), tätige Hilfe, Wohltätigkeit.

Genesis (Bereschit), 1. Buch Mose, von d. Weltschöpfung bis Josefs Tod. 12 Wochenabschnitte, 50 Kap.

Genezareth ↗ Kinneret.

Genf, 3000 J = 1,7%, seit 1282 ansässig, seit 1428 im Ghetto, 1461—90 vertrieben, Neuansiedlung 1857. Sitz d. „Comité pour la Protection des Droits des Minorités Juifs".

Genisa (Aufbewahrungsort), Bz. d. Magazine f. unbrauchbar gewordene heil. Schriften, relig. Dokumente u. Kultgeräte in d. Synagogen. In d. G. von Fostat (Kairo) wurden ca. 100 000 Fragmente zur j. Lit. u. Geschichte insbes. d. gaonäischen Zeit gefunden (älteste Stücke: das h. Original d. Buches Sirach; d. Damaskus-Schrift). L: Genizah-Studies (Ginzberg, Davidson u. a.), 1928 ff.

Genossenschaften sind in Pal. bes. stark verbreitet. 1933 gab es 73 landwirtschaftl. G., 74 Kredit-G. (davon 42 ländliche), 60 industr. Produktiv-G., 91 Landkauf- u. Bau-G., 70 Kwuzot (Siedlungskollektive u. -gruppen), 46 verschiedene G. (darunter 20 Konsum-G.); insges. 414 G. — Die wichtigsten landw. G. sind: 1) Pardes (G. für Orangenabsatz), 2) d. Organisation d. Winzer, 3) Tenuwa (Absatz-G. d. Arbeiterschaft f. Molkereiprodukte, Eier, Geflügel, Gemüse usw.). Die Arbeiterschaft hat alle ihre hierfür in Betracht kommenden Institutionen auf genossenschaftl. Grundlage aufgebaut (u. a. d. Siedlungs-G. „Kewuza" u. „Moschaw-Owedim", d. Krankenkasse „Kuppat-Cholim", d. Einkaufs-G. „ha-Maschbir", d. Landbearbeitungs-G. „Jachin"). Der Genossenschaftsgedanke (Esra hadadit = gegenseitige Hilfe) bestimmt auch sehr d. Arbeiterideologie. J. G. in Dt. ↗ Jwria, ↗ Kreditverein.

Geographen, j. Im MA vereinzelt; in neuerer Zeit: David ↗ Gans (1541—1613), Tobia b. Mose ↗ Kohen (1653—1729), Simon van ↗ Geldern (1720—1774). In d. Gegenw. u. a. Otto Baschin (1865—1934), Emil ↗ Bessels, Alfred Philippson (geb. 1864), Alfred ♁ Rühl (1882—1935).

Geographische Literatur. a) nichtj. Beiträge zur Landeskunde Pal.'s im Altertum: d. Onomastikon (Verzeichnis bibl. Ortsnamen) d. Kirchenvaters Eusebius u. d. Mosaikkarte von Madaba (Transjord.) aus d. 6. Jhd.; in d. Neuzeit ein Zweig d. theol. u. orientalist. Wissenschaft (B-Atlas von Guthe, Benzingers Pal.-Baedeker, Dt. Palästina-Verein seit 1877, Palestine Exploration Fund seit 1865, Palestine Oriental Society seit 1921). — b) j. Beiträge: im Altertum Josephus (Schilderung d. Kriegsgebiets im röm.-j. Feldzug), im MA Reiseberichte d. Benjamin von Tu-

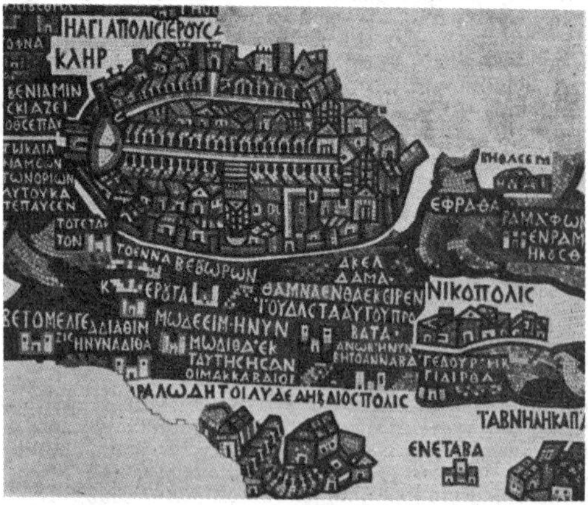

Älteste geographische Darstellung Palästinas
Ausschnitt aus der Mosaikkarte von Madaba (6. Jahrh. n.)

dela u. d. Petachja von Regensburg, Topographie Pal.'s von Estori Farchi; in d. Gegenw. Forschungen von J. Horowitz u. S. Klein zur bibl., von Obermeyer zur talmud. Geographie; Jüd. Gesellschaft zur Erforschung Pal. seit 1922; Ausgrabungen im Auftr. d. Hebr. Universität Jerusalem.

Geologen u. Paläontologen, j.: Emil Wilhelm Cohen (Greifswald; 1842—1905), Thomas Davidson (London; 1817/85), Tilly Edinger (Frankfurt/M.), Leo Paul Oppenheim (Berlin; 1863—1934), Wilhelm Salomon-Calvi (Angora; geb. 1868), Eduard ↗ Sueß.

Geonim ↗ Gaon.

Georgien, 40 000 J = 1,8%, wohl seit Zerstörung d. Reichs Juda. Im MA von d. Mohammedanern unterdrückt. Drei Arten: Georgische J im Bezirk Tiflis; ↗ Berg-J im Bezirk Daghestan; im 19. Jhd. aus O-Europa Eingewanderte.

Gerasa, Stadt in Transjordanien mit bedeutend. Resten römischer Bauten, in hellenist. u. röm. Zeit stark von J besiedelt (Mosaikfunde, Abb. 475).

Germania Judaica, Titel einer enzyklopäd. Geschichte d. etwa 200 j. Gem. in Dt. vor u. bis 1238 (Begr. Brann; hrsg. von d. Ges. zur Förderung d. Wissensch. d. Jt.; I 1917, II 1934).

Gerondi, sef. Familie aus Gerona (Katalonien). ↗ Mose b. Nachman G. (Nachmanides).

Gerschom (Gerson), d. älteste Sohn Mosis.

Gerschom b. Juda, um 960/1028 (1040?), einflußreichste Autorität seiner Zeit, Meor ha-Gola (Leuchte d. Exils) genannt, Leiter d. T-Schule Mainz, Urheber d. für d. abendländ. Jt. verbindlich gewordenen Verordnungen (Takkanot): Verbot d. Polygamie (die praktisch längst nicht mehr bestand), d. Ehescheidung ohne Zustimmung d. Gattin, d. Verletzung d. Briefgeheimnisses.

Gersonides ↗ Levi b. Gerschon.

Gesamtarchiv d. Juden in Dt., Berlin N 24, Oranienburger Str. 28, gegr. 1905 (Leiter: Dr. J. Jacobson), sammelt Urkunden u. Akten d. j. Gem., Verbände, Vereine u. Stiftungen in Dt., literarische Nachlässe u. Familienpapiere, alle für d. Geschichte d. dt. J bedeutsamen Dokumente u. Übersichten über d. judengeschichtlichen Inhalt anderer Archive in Dt. Ⓦ Mitteilungen d. Gesamtarchivs d. dt. Juden.

Geschichte der Juden: zwei Hauptperioden: I. absolute u. relative Souveränität im Orient (Pal. u. Babylonien), von d. Anfängen bis Ende d. 1. Jahrtausends n.; II. Zerstreuung im Abendland, vom ausgehenden Altertum bis zur Gegenwart. — I: a) Vor- u. Urgeschichte, Wanderungen d. Hebräer im 2. Jahrtausend v. (Babylonien, Syrien, Ägypten u. Palästina); b) älteste Gesch., Zeitalter d. ersten Tempels bis zu dessen Zerstörung: Besitzergreifung Kanaans; Priester, Richter, Könige; assyr. u. babyl. Exil; c) Zeitalter d. zweiten Tempels bis zur Zerstörung durch d. Römer: autonomes Hohepriestertum unter Persern u. Griechen, makkab. Erhebung gegen seleuzidischen Unterdrückungsversuch, Fürsten- u. Königtum d. Hasmonäer u. Herodianer; röm. Vasallenstaat u. Provinz, Aufstand gegen Rom; d) religiös-geistiger Weiterbestand unter Patriarchen u. Exilarchen in Pal. u. Babylonien (mündl. Lehre; Gaonat). II: a) Diaspora im röm.-heidn. u. röm.-christl. Weltreich verlegt ihr Schwergewicht allmählich nach Spanien, Frankreich, Deutschland; b) Rückschlag in Mitteleuropa durch d. Kreuzzüge, Wanderung aschkenasischer (dt.) Judenheit nach Osteuropa; c) Blüte d. sefardischen (span.) J, ihre Zerstreuung u. Niedergang nach d. Vertreibung von d. Pyrenäenhalbinsel;

d) Fortsetzung d. j. MA (Ghetto; Ausnahmegesetzgebung; mystisch-messian. Strömungen) bis an d. Schwelle d. neuesten Zeit; e) Aufklärung u. Emanzipation seit Ende 18. Jhd. — Quellen d. j. Gesch.: I a—b Bibel, dazu altoriental. Zeugnisse (babyl.-assyr. u. ägypt. Denkmäler, Inschriften, Tafeln) u. spärl. Ausgrabungen; I c Makkabäer-Bücher, Josephus' Altertümer u. Jüd. Krieg, dazu griech.-röm. Schrifttum, griech. Papyri, Münzen usw.; I d talmudisches Schrifttum u. Midr., dazu heidn. u. christl. Schriftst. u. d. Funde d. Genisa in Kairo. II: h. Chroniken (Abr. ibn Daud), Genealogien (Zacuto, Juchassin), Martyrologien (Verga, Schewet Jehuda), Memor- (Nürnberg) u. Protokollbücher (Pinkassim) d. Gemeinden, Reiseberichte (Benjamin von Tudela), rabbin. Briefe (Scherira, Maimonides) u. Responsen. — Moderne Gesamtdarstellungen (19. u. 20. Jhd.): Jost, Graetz, Dubnow.

Geschichtsschreibung (Gesch. der J), beginnt mit B u. Apokryphen, ihr erster gr. Autor ist Josephus; seit Ausgang d. Altertums sind Chroniken (j. u. Weltchronik), Traditionsgeschichten (Aufzählung d. Träger d. „mündlichen Lehre") u. Verfolgungsberichte ihre Hauptthemen u. -typen. Moderne j. G., aus d. „Wissenschaft d. Jt." hervorgegangen, weist in ihren Gesamtdarstellungen unterschiedliche Auffassung insbes. d. Diaspora-Geschichte auf: j. Geschichte als Geistesgeschichte (Jost), Geschichte eines Volksstammes (Graetz), Geschichte eines Volkes (Dubnow). Immer häufiger u. eingehender wird d. Sonderbehandlung d. einzelnen Perioden u. Stätten j. Geschichte: Biblische Zeit (J. △ Wellhausen, Eduard △ Meyer, Rudolf △ Kittel); hellenist. u. römische Zeit (E. △ Schürer, Jean Juster); arab.-j. Epoche (S. Schechter, J. Mann, L. Ginzberg); MA in Europa: Deutschland (M. Brann, I. Elbogen, J. Freimann, A. Kober, S. Salfeld, H. Tykocinski), Frankreich (H. Groß), Spanien (M. Kayserling, F. Baer), England (J. Jacobs, L. Wolf, A. M. Hyamson), Italien (Vogelstein-Rieger, U. Cassuto), Osteuropa (S. Dubnow, M. Balaban, I. Hessen, I. Schipper, M. Wischnitzer), Österreich u. Ungarn (D. Kaufmann, A. Büchler, L. Venetianer, L. Wachstein), Tschechoslowakei (Bondy-Dworsky, H. Gold); Kulturgeschichte (M. Güdemann, I. Abrahams, A. Berliner, L. Finkelstein); Sozial- u. Wirtschaftsgeschichte (G. Caro); Traditionsgeschichte (E. H. Weiß, W. Bacher); Literaturgeschichte (L. Zunz, M. Steinschneider, Winter-△Wünsche); Sekten (J. Fürst, A. Harkavy, S. Poznanski). Summarische Darstellungen: populär-wissenschaftl. (I. Elbogen, Margolis-Marx), zeitgenössisch-deutend (J. Prinz, J. Kastein).

Geschichtswissenschaftler ↗ Historiker.

Gesellschaft zur Förderung d. Wissenschaft des Jt., E. V., angeregt von Rabbiner Leopold Lucas (Glogau), gegr. 2. 11. 1902 von Martin Philippson, Sitz Berlin. Vors. seit 1934 Prof. Eugen Mittwoch; gibt „Grundriß der Gesamtwissenschaft des Jt." (bisher 9 Bde.) u. andere Schriften heraus. Ⓦ Monatsschrift f. Geschichte u. Wissenschaft des Jt. (seit 1903).

Gesellschaft(en) ↗ Organisationen.

Gesenius △ Wilh., 1786—1842, Hebraist, Verfasser d. verbreitetsten bibl.-h. „Handwörterbuchs" (17. Aufl. 1921) u. einer „Grammatik" (29. Aufl. 1918).

Geser, altisr. Stadt in Efraim, durch Ausgrabung vorisr. Schichten bis 2500 v. nachgewiesen.

Gesera (Verordnung), rabbin. Anordnung; auch ↗ Erlaß, J-Verfolgung.

Zeittafel zur jüdischen Geschichte

Politische Geschichte				Geistesgeschichte				Epochen	
Hauptdaten		Einschneidendes Geschehen		Hauptgestalten		Werke und Autoren			
3761	Ausgangspunkt d. Weltschöpfungsära					1150	Debora-Lied	2000—1600	Patriarchen
						700	Siloah-Inschrift	1200—1050	Richter
2000	Abraham							1050—586	Könige
1250	Mose					621	Auffindung der Tora	1000—450	Propheten
1000	David								
933	Reichsteilung	722	Assyr. Exil	725	Jesaja	500	Papyri von Elephantine	450—250	Soferim
538	Serubabel	586	Babyl. Exil	600	Jeremia				
458	Wiederaufbau Jerusalems			575	Ezechiel	450	Abschluß d. Gesetzes		
				450	Esra				
167	Erhebung d. Makkabäer; Juda	169	Antiochus Epiphanes	250	Simon d. Gerechte	300 v.	Septuaginta	300 v.-100 n.	Hellenismus
104	Königtum d. Hasmonäer	63 v.	Pompejus in Jerusalem	35 v.	Hillel				
37 v.	Herodes								
66 n.	Röm.-jüd. Krieg	38 n.	Flaccus (Alexandria)	70 n.	Jochanan b. Sakkai	35 n.	Philo	70—240	Tannaiten
132	Bar Kochba					90	Josephus		
		70	Zerstörung Jerusalems (Titus)	125	Akiba	125	Apokalyptik; NT		
321	Juden in Köln			200	Juda ha-Nassi			240—500	Amoräer
640	Bostanai	135	Fall Bettars	450	Aschi	200	Mischna	500—589	Saboräer
		691	Omar-Moschee	900	Saadia	400	Pal. Talmud	589—1040	Geonim
740	Übertritt d. Chasaren	1096	I. Kreuzzug	950	Chasdai ibn Schaprut	500	Bab. Talmud	900—1400	Religionsphilosophie
		1290	Vertreibung aus England			800	Massora		
1000	Verordnungen R. Gerschoms	1298	Rindfleisch	1000	Gerschom b. Juda	1050	Gabirol	1000—1450	1. Dezisoren
		1306	I. Vertreibung aus Frankreich					1200—1600	Kabbala
1525	Josel v. Rosheim			1050	Samuel Nagid	1075	Raschi		
		1336/37	Armleder	1200	Maimonides	1125	Juda Halevi	1500—1700	Messian. Bewegung.
1657	Wiederaufnahme in England	1348/49	Schwarzer Tod	1260	Nachmanides	1180	Mischne Tora		
		1394	II. Vertreibung aus Frankreich	1500	Is. Abravanel	1300	Sohar	seit 1740	Chassidism.
				1570	Is. Luria	1325	Tur	seit 1780	Aufklärung
1783	Stichjahr d. Emanzipation: Amerika	1492	Vertreibung aus Spanien	1650	Manasse b. Israel	1565	Schulchan Aruch	seit 1800	Reform
1869	Abschl. d. Emanz.: Norddt. Bund	1648/49	Chmjelnizki	1740	Israel Baal Schem	1670	Spinoza	seit 1823	Wissensch. d. Judent.
		1840	Damaskus-Affäre						
1917	Balfour-Deklaration	1919/20	Pogrom in d. Ukraine	1760	Elia Wilna			seit 1896	Nationalj. Strömung
1933	Reichsvertretung	1933	Boykott	1780	Mendelssohn	1783	Deutsche Bibel		

Gesetz (Tora, „Unterweisung"), 1) biblisch (pentateuchisch): die sog. „schriftliche Lehre" d. Jt., weltliche u. geistliche Satzung, am Sinai (Gesetzgebung) verkündet u. aufgeschrieben (↗ Dekalog; ↗ Bundesbuch); 2) nachbiblische (talmudisch-rabbinische): d. sog. „mündliche Lehre" (613 ↗ Gebote), gleichfalls auf Mose zurückgeführt oder auf Anordnung d. „Ältesten", „Propheten", „Weisen" u. „Schriftgelehrten" (Soferim).

Gesetze, noachidische ↗ Noachiden.

Gesetzesfreude ↗ Simchat Tora.

Gesundbeten ↗ Heilung durch Gebet.

Gesundheitsfürsorge. Ethisch begr. als Form d. Gemilut Chassadim; formal: zusätzliche Leistung zur öffentl. Fürsorge; durchgeführt durch Vereine, Gemeinden, Provinz-, Landes- u. Reichsverbände. Aufgaben: 1) ↗ Jugendwohlfahrt: Mütter- und Säuglingsheime, Waisenhäuser, Erziehungsheime, Kindergärten u. Horte, Pflegestellen, Schularzt, Schulzahnarzt, Schulpflegerin, Leibesübungen, sportärztl. Beratung, Berufsberatung, Erholungs- u. Kurverschickung (örtl. Tageserholungsstätten), Schul- u. Volksspeisung; 2) ↗ Altersversorgung: Pflegestellen Altersheime, Hospitäler, Siechenheime; 3) Krankenfürsorge: ärztliche Versorgung, Kranken- u. Lebensversicherung, Krankenbesuche, Polikliniken, Fürsorgestellen (Tuberkulose u. a.), Hauspflege, Hauskrankenpflege, Schwesternschaften, Kur- u. ↗ Erholungsfürsorge, Krankenhäuser, Heilanstalten f. Tuberkulöse, Geistesschwache u. Geisteskranke, Heime f. Blinde u. Taubstumme, Erholungsheime. Zusammenstellung aller Anstalten im „Führer durch d. j. Wohlfahrtspflege", herausg. von d. ↗ Zentralwohlfahrtsstelle. Die Bearbeitung dieses Gesamtgebietes erfolgt in verschied. Ausmaß in d. Gem. u. Landesteilen; meistens durch örtliche Wohlfahrtsämter, in Berlin durch ein eigenes Gesundheitsamt, f. d. Reich durch ein Referat f. Gesundheitsfürsorge bei d. Zentralwohlfahrtsstelle.

Get (Scheidebrief), d. Ehescheidungsurkunde, übertragen: d. Scheidung selbst. G.-Formel in aram. Sprache.

Geulah Company Ltd., 1902 in Rußland gegründete Gesellschaft zwecks Bodenankaufs in Pal. (Geullat ha-Arez, Auslösung d. Landes), von d. pal. Regierung anerkannt.

Gewerkschaften in Palästina. Die j. Hauptgewerkschaft ist d. ↗ „Histadrut ha-Owedim" (60 000 Mitgl.); ihre Organisationseinheit sind die örtl. Ausschüsse (Moazot ha-Poalim), die in allgem. Wahl von allen Arbeitern des betr. Ortes gewählt werden. Ein Teil d. relig. Arbeiter hat als bes. G. den „ha-Poel ha-Misrachi" gegr. Es bestehen auch einzelne j.-arab. G. (bei Eisenbahnarb., Hafenarb. u. a.); ihr Sammelname ist „Brit Poale Erez-Jisrael" = Bund palästinens. Arbeiter. Die G.-Bewegung kämpft u. a. um Ausbau d. sehr rückständigen sozialen Gesetzgebung.

Gewichte. Da bis zur Perserzeit kein geprägtes Geld vorhanden, wurde Gold u. Silber abgewogen. „Schekel", von „schekol" (= abwiegen) ableitbar. Hebräisch beschriftete G. mehrfach aufgefunden. Gewichtssystem in erster Linie babyl.-persisch beeinflußt.

Ghetto (ital.), Judenviertel, besonderer Stadtteil, in dem die j. Bevölkerung zuerst freiwillig, später gezwungen vom MA bis zur bürgerlichen Gleichberechtigung wohnen mußte. Im Altertum gab es schon Judenviertel in Alexandria u. Rom (Trastevere). In Dt. sind typische G. erst seit Ende des 13. Jhd. entstanden; sie besaßen eigene Ordnungen, die seit der Neuzeit gesetzlich geformt wurden. Große G. bestanden in Augsburg, Frankfurt, Köln, Nürnberg, Worms, Wien,

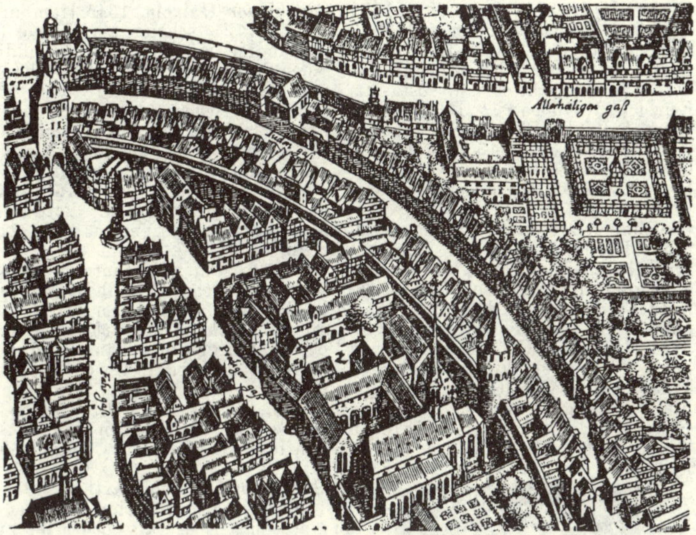

Ghetto: Ausschnitt aus Matthäus △ Merians Stadtplan von Frankfurt/M., 1628

Prag. G.-Novellen von L. Kompert, S. Kohn, Sch. Asch, J. L. Perez u. a.
L: Wirth, The Ghetto 1929.

Gibea (Hügel), Stadt in Benjamin; Erzählung vom Kebsweib zu G. (Ri. 19 ff.).

Gibeon, Levitenstadt in Benjamin. Sonne zu G. von Josua (10, 12) beschworen. Theophanie Salomos in G. (I. Kg. 3, 5 ff.).

Gideon, isr. Richter aus Manasse, besiegt mit 300 Auserwählten („G.-Schar") d. Midianiter, 12. Jhd. v. (Ri. 6—8).

Gikatila: 1) J o s e f, 1248—1305, span. Kabbalist, Buchstabenmystiker. Ⓦ Ginnat Egos (Nußgarten); Schaare Ora (Tore d. Lichts). 2) M o s e (um 1075, rationalist. Bibelexeget u. Grammatiker (arab.), h. u. arab. Dichter aus Cordova.

Gilbert, Jean (eigtl. Max Winterfeld), geb. 11. 2. 1879 Hamburg, Komponist populärer Operetten („Polnische Wirtschaft").

Gilboa, Berg in Isaschar, südöstl. Jesreels, Todesort Sauls.

Gilead, Gebirge östl. d. Jordans, bibl. Bz. des Gebiets zwischen d. Flüssen Jarmuk u. Jabbok.

Gilgal (Steinkreis?), Name mehrerer altisr. Orte u. Kultstätten; G. bei Jericho, G. bei Sichem.

Gimel (Kamel), 3. Buchst. d. h. Alphabets, Gaumenlaut (g), Zahlwert 3.

Ginzberg: 1) A s c h e r ↗ Achad Haam. 2) L o u i s, geb. 28. 11. 1873 Kowno, j. Gelehrter, Prof. am Jewish Theolog. Seminar New York. Ⓦ The Legends of the Jews.

Giskala (Gusch Chalaw), Festung in Obergaliläa, von Titus erobert.

Gittin (Scheidungsurkunden), Tr. (Naschim): Ehescheidung u. ↗ Get.

Glaser: 1) Curt, geb. 29.5.1879 Leipzig, Kunsthistoriker, 1926/33 Direktor d. Staatl. Kunstbibliothek Berlin. Ⓦ Bücher über Munch, Manet, Cézanne, altdt. u. ostasiat. Kunst. 2) Eduard, 15. 3. 1855 Deutsch-Rust (Böhmen) — München 7. 5. 1908, erkundete auf 4 wissenschaftl. Expeditionsreisen Südarabien, insbes. d. alten Reiche d. Sabäer, Minäer u. Katabaner.

Gleichnis (Maschal), Element d. bibl. Poesie (Js. 5: G. vom unfruchtbaren Weinberg), d. Schriftauslegung im Midrasch (verbreiteteste Form: sogen. „Königs"-G. mit einem Kg. als Helden), d. Lehre Jesu (Luk. 15: G. vom verlorenen Sohn), d. spät-j. Volksliteratur (↗ Fabel) u. Predigt (G. der „Maggidim" [Prediger] im Ost-Jt.).

Glicenstein, Henryk, geb. 1870 in Turek (Polen), Bildhauer u. Maler.

Henryk Glicenstein: Selbstbildnis

Ⓦ Symbol. Figuren: Messias, Morgenland u. a.

Glück: 1) Elisabeth, ↗ Paoli, Betty. 2) Gustav, geb 6. 4. 1871 Wien, Kunsthistoriker, Direktor d. Wiener Gemäldegalerie. Ⓦ Zahlr. Schriften, bes. zur niederländ. Malerei (Brueghel-Monographie 1932).

Glückl von Hameln, 1645 Hamburg —Metz 1724, schrieb als Witwe (8 unmündige Kinder) 1690 in jiddischer Sprache ein Memoirenbuch (dt. von Bertha Pappenheim 1910, Alfred A. Feilchenfeld 1923, E. Toeplitz 1929), das für d. Geschichte d. dt. J, bes. für Hamburg, Altona, Metz kulturhistorisch wichtig ist.

Gneist △ Rudolf von, 1816—1895, dt. Rechtsgelehrter u. Politiker, Mitbegründer d. Vereins zur Abwehr d. ↑.

Gnosis (griech.: Erkenntnis), philosoph.-mystische Glaubensrichtung im hellenist. Orient, im Jt. u. beginnenden Christent. wirksam u. von beiden Religionen bekämpft. Antij. Stellung d. christl. G. (Glorifizierung d. Schlange d. Paradieses, Kains, Korahs usw.), Übernahme j. Gottes- u. Engelnamen in d. G., Einflüsse d. G. auf j. Agada u. Mystik.

Gobineau △ Joseph Arthur, 1816—1882, frz. Schriftsteller, Begründer einer modernen Rassentheorie, auf der z. B. ↗ Chamberlain fußt. Ⓦ Über die Ungleichheit d. Rassen (1853/55).

L: F. Kahn, J als Rasse- u. Kulturvolk.

Godefroi, Michael Hendrik, 1813 Amsterdam—Würzburg 1882, bedeutender holl. Jurist, 1849 Abgeordneter, entwarf 1860 holländ. Prozeßordnung, 1860/62 Justizminister, trat für d. Emanzipation d. J durch außenpolit. Einwirkung Hollands auf d. Schweiz u. Rumänien ein.

Goedsche △ Hermann, 1848 als Urkundenfälscher verurteilt, schrieb später als John Retcliff Romane; u. a. 1868 „Biarritz". Dort ein Kapitel „Auf d. Prager J-Friedhof", das auch als Sonderdruck „Rabbinerreden" erschien. ↗ Protokolle d. Weisen von Zion.

Gog, König von Magog, eschatolog. Gestalt d. prophet. Vision (Ez. 38—39); sein Ende geht d. messianischen Reich voran.

Goi (Volk, plural. Gojim), in d. bibl. Sprache jedes Volk, auch d. jüd., bezeichnend; später haupts. Bz. d. fremden, nichtj. Volkes.

Goldenes Kalb, verfertigt u. angebetet in Abwesenheit Mosis, die schwerste Sünde d. Wüstengeneration; später führt Jerobeam wieder d. Stierdienst ein. „Tanz um das G." nach E 32, 6.

Goldfaden, Abraham, 1840–1908, jidd. Dramatiker, Pionier d. jidd. Theaters (in Rumänien, Polen, New York). Ⓦ „Histor. Operetten" (bibl. u. nachbibl. j. Motive).

Goldmann, Felix, 16. 4. 1882 London–Leipzig 7. 10. 1934, führender liberaler Rabbiner, 1907/17 Oppeln, seither Leipzig. Ⓦ D. Jude im dt. Kulturkreis 1930.

Goldmark, Karl, 18. 5. 1830 Keszthely (Ungarn)–Wien 2. 1. 1915, Komponist, bek. vor allem durch d. glutvoll-farbige Oper „D. Königin von Saba" (1875, m. synag. Melismen).
L: O. Keller, K. G. 1901.

Goldscheid, Rudolf, 1870–1932, Soziologe u. Philosoph, führt den Begriff d. „Menschenökonomie" ein, begr. 1909 d. dt. Gesellschaft für Soziologie.

Goldschmidt: 1) Adolph, geb. 15. 1. 1863 Hamburg, Kunsthistoriker, 1912/29 o. Prof. Berlin. Auf seinen Hauptgebieten (Buchmalerei u. mittelalterliche Plastik) Kenner von internat. Ruf. 2) Henriette (geb. Benas), 1825 Krotoschin–Leipzig 1920, Mitbegr. d. Allgem. dt. Frauenvereins (1864), Vorkämpferin f. Frauenstudium, Gründerin d. Vereins f. Familien- u. Volkserziehung (1871). 3) Jakob, geb. 31. 12. 1882 Eldagsen, Bankier, 1920/31 führend in d. Danatbank u. in d. dt. Wirtschaft durch Sanierung großer Unternehmungen (Stinneskonzern). 4) James, geb. 17. 12. 1874 Berlin, Jurist, Prof. f. Strafrecht u. Zivilproz., 1919/20 mit Entwurf d. Strafprozeßordnung im Reichsjustizministerium beauftragt. 5) Lazarus, geb. 17. 12. 1871 Plungiany (Litauen), j. Gelehrter, dt. Übersetzer d. babyl. T, lebt in Berlin. Ⓦ D. babyl. T (h. u. dt. 1893 ff., dt. Volksausg. 1929 ff.). 6) Levin, 30. 5. 1829 Danzig–Kassel 16. 7. 1897, Jurist, 1875/77 nationalliberaler Reichtagsabg., seit 1875 Berliner Honorarprof. f. Handelsrecht, dessen dogmatisch-historische Bearbeitung u. Zeitschrift er begründete. 7) Meir Aaron, 1819–1887, dänischer Schriftsteller, republikanischer Politiker. Ⓦ Autobiogr. Roman „Ein Jude" 1845; Jüdische Erzählungen 1902. 8) Richard, geb. 12. 4. 1878 Frankfurt/M., Zoologe, Direktor am Institut f. experimentelle Biologie d. Kaiser-Wilhelm-Gesellschaft Berlin-Dahlem, schuf eine physiologische Theorie d. Vererbung u. d. Geschlechtsbestimmung. Ⓦ Einführung in d. Vererbungswissenschaft 1911. 9) Rudolf, geb. 19. 3. 1876 Neubuckow (Mecklenburg), Physiker, telegraphierte als erster drahtlos von Europa (Hannover–Eilvese) nach Amerika (G.'sche Hochfrequenzmaschine). 10) Viktor Mo-

Adolph Goldschmidt
Radierung von Max Liebermann

ritz, geb. 27. 1. 1888 Zürich, Begr. d. mod. Geochemie, o. Prof. in Oslo.
Goldschmidt-Rothschild, j. Patrizierfamilie aus Frankfurt/M., begr. von Maximilian Benedikt G. (geb. 1843), Chef d. Frankfurter Bankhauses B. H. Goldschmidt, 1907 in d. preußischen Freiherrnstand erhoben. Sein Sohn Albert (geb. 1879) steht im dt. diplomatischen Dienst.
Goldsmid, engl. j. Familie: 1) Sir Isaak Lyon (1778—1859), großer Finanzmann, erster j. Baronet in England; 2) Sir Francis (1808—78), erster j. Advokat in England u. Vorkämpfer d. Emanzipation; 3) Albert Edward (1846—1904), Oberst d. engl. Armee, führender Z.
Goldstein: 1) Eugen, 1850 Gleiwitz—Berlin 1930, Physiker, Entdecker d. Kanalstrahlen (1886), führte d. Bz. Kathodenstrahlen ein. 2) Julius, 29. 10. 1873 Hamburg —Darmstadt 25. 6. 1929, a. o. Philosophieprof. an d. Techn. Hochschule Darmstadt, Begr. d. ⁄ „Morgen" (1925). Ⓦ Wandlungen in d. Philosophie d. Gegenwart 1911; Rasse und Politik 1924.
Goldziher, Ignaz, 22. 6. 1850 Stuhlweißenburg—Budapest 13. 11. 1921, bahnbrechender Islamist, o. Prof. Budapest. Ⓦ Muhammedan. Studien 1889/90; Mythos bei d. Hebräern 1876; Vorlesungen über d. Islam 1924.
Golem (formlose Masse), d. sprachlose künstliche Mensch, kraft d. Gottesnamens vom Kabbalisten erschaffen; Sage vom G. des Hohen Rabbi Löw (16.—17. Jhd.) in Prag. Roman von △ Meyrink, verfilmt.
Golgatha (aram.), „Schädelstätte", Ort bei Jerusalem, angebl. Grab Jesu.
Goliat, philist. Riese, vom Hirtenknaben David m. d. Schleuder erlegt (I. Sm. 17).
Gomorrha, mit ⁄ Sodom vernichtet.
Gompers, Samuel, 1850 London—Texas 1924, amerikan. Arbeiterführer, Zigarrenmacher, 1882 Gründer u. Vors. d. amerik. Gewerkschaftsbundes; bedeutendster amerikan. Vertreter d. konservativen, antisozialistischen Richtung im Gewerkschaftswesen, förderte Arbeitergesetze, bes. Achtstundentag.
Gomperz: 1) Heinrich, Sohn von 2, geb. 1873 Wien, seit 1924 o. Prof. Wien, wertvolle Beiträge zur Systematik u. Geschichte d. Philosophie. 2) Theodor, 1832 Brünn—Wien 1912, Philosoph u. klassischer Philologe, 1873/1901 Prof. Wien, seit 1901 Mitgl. d. österr. Herrenhauses, Gegner d. Z. in Schrift u. Wort. Ⓦ „Griechische Denker" (1893/1906).
Gordin, Jakob, 1853 Ukraine—New York 1909, jidd. Dramatiker. Ⓦ etwa 80 Dramen, meist Bearbeitungen.
Gordon: 1) Aaron David, 1856—1922, geistiger Führer d. Arbeiterschaft Pal.'s, begr. in seinen Schriften d. Ideologie d. Chaluzbewegung u. des Hapoel Hazair; fordert d. Erneuerung des einzelnen Menschen (Chiddusch ha-Adam) in d. Lebenshaltung u. sozialen Verbundenheit. 2) Juda Löb, 7. 12. 1830 Wilna—St. Petersburg 16. 9. 1892, klas-

Juda Löb Gordon

Goethe-Bildnis
d. jüdischen Stechers I. Schnapper, 1776

sischer neuh. Dichter (Idyllen, Balladen, Fabeln, nationale Gedichte), Sprachschöpfer; berühmt seine Balladen „ha-Ischa wi-Jeladeha" (D. Mutter m. ihren Söhnen), „Ben Schine Arajot" (Im Rachen d. Löwen), „Bi-Mezulot Jam" (In d. Meerestiefe), drei tragische Einzelschicksale aus d. seleuzidischen, römischen u. span. Verfolgungszeit.

3) Lord △ George, 1751/93, Sohn eines schottischen Herzogs, Parlamentsmitgl., betätigte sich als fanatischer Protestant (Vors. d. United Protestant League), trat aber später zum Jt. über u. kam wegen einer Schmähschrift auf d. britische Regierung ins Gefängnis, wo er starb.

Gorion ↗ bin Gorion.

Görlitz, 376 J = 0,4%, seit Gründung d. Stadt ansässig; 1170 J-Gasse, 1300 J-Schule u. J-Friedhof; Vermittler im Tuchhandel zum Orient.

Gosen (Goschen), ägypt. Grenzgebiet, Jakob als Wohnsitz zugewiesen.

Goethe △ Johann Wolfgang, 1749—1832. Viele Äußerungen G.'s über J stammen aus d. naiv übernommenen, noch fast mittelalterlichen Konvention seiner Jugend. Vertiefend wirkt seine ungewöhnlich innige Beziehung zum AT (berühmtestes Beispiel: Faustvorspiel im Himmel nach Buch Hiob) u. zu Spinoza. Der J-Emanzipation steht er skeptisch gegenüber, lehnt aber ebenso jeden dogmatischen Antisemitismus ab (Spott d. Esther-Parodie im „Jahrmarktsfest zu Plundersweilern"). Seine menschliche Unvoreingenommenheit zeigt er früh in tätiger Hilfe beim Frankfurter Ghettobrand u. später im Verkehr mit J wie Marianne Meyer, Rahel ↗ Varnhagen, Felix Mendelssohn-Bartholdy, Michael Beer, Moritz Oppenheim u. v. a.
L: J. Bab, G. u. d. Juden, 1926.

Goethescher Dekalog, Bz. f. E 34, 11—26, als Dekalog von G. erkannt („Zwo wichtige bibl. Fragen" 1773).

Gott, d. Weltschöpfer, d. Gott d. Väter (Abrahams, Isaaks, Jakobs), d. Befreier aus ägypt. Knechtschaft u. der auf d. Sinai sich Offenbarende; d. Name (JHWH, d. Tetragramm; mißverst. Umschr. Jehova) darf, in buchstäbl. Befolgung d. 3. Gebots, nicht ausgesprochen werden. dafür wird Adonai (Herr) gelesen; oft steht Elohim, seltener El u. Jah; urspr. Beinamen werden selbständig. G.-Namen (El Schaddai, d. Allmächtige; El Eljon, d. Erhabene; Adonai Zebaot, Gott d. Heerscharen). G.-Bezeichnungen d. nachbibl. Zeit: ha-Kadosch baruch hu (der Heilige, gelobt sei er) u. Ribbono schel Olam (Herr d. Welt), ferner Attribute (aram. Rachmana = d. Barmherzige) u. symbol.-abstrakte Namen (Schamajim = Himmel; Makom = Raum, Stätte; Schechina = das Verweilen), auch „der Name" (ha-Schem) schlechthin. Einzigkeit Gottes u. Verbot d. Mehrgötterei, d. ersten beiden Gebote d. Dekalogs, zugleich in d. Form direkter göttl. Rede; das „Höre Israel" (Schema Israel), d. bleibende Formel f. d. Bekenntnis zur Einzigkeit u. Ausschließlichkeit des j. Monotheismus. Die Erklärung d. Attribute Gottes (seiner 13 Eigenschaften [E 34, 6—7]), ein Hauptthema d. Religionsphilosophie; Umschreibung u. Umdeutung d. naiven bibl. Anthropomorphismen, ein Gegenstand d. ältesten Auslegung; Magie d. unverstellten göttl. Namens, ein Element d. Volksglaubens u. d. myst. Spekulation.

Gottesdienst der Synagoge ist d. älteste rein geistige G., der nicht an Tempel, Priester u. Opfer gebunden war, sondern nur an eine betende Gemeinde (Minjan). Daher konnte er (wie Jt., Chrt. u. Islam lehren) leicht über d. ganze Welt verbreitet werden. G. findet täglich statt u. ist eine d. wichtigsten Einrichtungen, auch d. Alltag zu weihen. G. besteht aus 1. Gebet, 2. Belehrung. 1) Das G e b e t hat zum Inhalt: Lob u. Dank, Bitte, Bekenntnis. Die Führung im G. hat ein Vorbeter (Chasan); das Amt ist jedem zugänglich, wurde aber mit d. Zunahme d. Gesanges ein Beruf. Es gibt jeden Tag drei G.: a) Maariw (= Abendg.), b) Schacharit (= Morgeng.), c) Mincha (= Nachmittagsg.); an Sabbaten, Fest- u. Neumondstagen tritt d) Mussaf (Zusatzg.) hinter b), am Versöhnungstag e) Neïla (= Schlußg.) hinter c) hinzu. Grundbestandteile d. G. sind Schema Israel (Bekenntnis) u. Tefilla (Bitte). a) u. b) enthalten beides, c), d), e) nur die Tefilla. Der Aufbau d. G. ist das ganze Jahr über d. gleiche, innerhalb seiner erhalten d. Grundgedanken d. Sabbate u. Feste ihren besonderen Ausdruck. Zu d. Grundelementen traten eine Menge Ps. u. andere Gebete, namentl. f. Sabbat u. Feste sind diese vermehrt. Dieser Stamm von Gebeten ist, bis auf unbedeutende Abweichungen, allen J der Welt gemeinsam. Etwa im 5. Jhd. n. entstanden d. ersten Gebetbücher, während man bis dahin Gebete nicht aufschrieb, sondern nur aus d. Gedächtnis sprach. Ihre Sprache war einfaches, bibl. H, in wenig Ausnahmen Aramäisch. Zu d. Stammgebeten traten seit 5. Jhd. religiöse Dichtungen, die man mit einem d. Griechischen entlehnten Namen Pijutim nennt. Ihre Zahl ist überaus groß, Inhalt u. Stil sehr verschiedenartig. Die Gemeinden wählten aus diesem Schatz relig. Dichtungen, die meist auch ihre eigenen relig. Melodien hatten, bald d. eine, bald d. andere; daraus entstanden d. Verschiedenheiten d. Gebetordnungen (Minhagim, Riten), von denen heute von Bedeutung sind: die d. Aschkenasim u. die d. Sefardim. Besonderen Einfluß auf d. Ausgestaltung d. G. nahmen zu allen Zeiten d. der Mystik ergebenen Frommen. Seit Beginn d. 19. Jhd. wurde um Reformen im G. gekämpft, hauptsächl. in Dt. u. USA. — Im G. haben sich alte symbolische Handlungen aus d. Kultus d. Tempels in Jerusalem erhalten, wie z. B. das Schofarblasen, d. Niederfallen, d. Prozession m. d. Lulaw. Einzelne Teile d. G. werden durch Kaddisch abgeschlossen, einen Höhepunkt bildet in b), c), d), e) die Keduscha. In d. Liturgie für d. Einzelnen, d. sonst mit der d. Gemeinde übereinstimmt, fallen letztere weg. 2) Die B e l e h r u n g kommt durch d. Vorlesung u. Erläuterung d. heil. Schriften zum Ausdruck, die ebenfalls von Chrt. u. Islam übernommen u. einer d. stärksten Antriebe zur Verbreitung von Unterricht u. Bildung in d. abendländ. Welt wurde. Im j. G. werden d. 5 Bücher Mosis im Laufe eines Jahres, von Herbst zu Herbst, der Reihe nach vorgelesen (Wochenabschnitte d. Tora); d. Vorlesung findet am Sabbat

Mainz, 1089 Krotoschin, 1702 1930 (Entwurf B. Elkan)
Jüdische Grabsteine aus drei Zeitaltern

hinter b) u. in c), außerdem am Montag u. Donnerstag in b) statt, d. Tag, an dem sie schließt, heißt Simchat Tora (Torafreude). Auch an allen Festen, Halbfesten u. Fasttagen finden Vorlesungen aus besonders für sie bestimmten Abschnitten d. Tora statt. An Sabbaten, Fest- u. Fasttagen werden außerdem Stücke aus d. Propheten (aber nicht in einem geschlossenen Zyklus) vorgelesen (Haftara). Die Vorlesung ist von Hymnen umrahmt, an sie schließt d. Erläuterung an, aus der d. Predigt hervorging. Einheben u. Ausheben d. Torarolle erfolgen in feierlicher Prozession.
L: J. Elbogen, Der j. G. 1931.

Gottlober, Abraham Bär, 1811 Wolhynien—Bialystok 1899, h. u. jidd. Dichter, Aufklärer u. j. Gelehrter.

Gottstein, Adolf, geb. 2. 11. 1857 Breslau, Hygieniker, Leiter d. preuß. Medizinalwesens 1918/33. Ⓦ Lehre von d. Epidemien 1920.

Götzendienst, verboten im 2. Gebot.

Grab. Seit ältest. Zeit bei d. J nur Erdbestattung üblich. Ursprüngl. unterirdisches Fam.-Begräbnis in Felshöhlen. Beerdigung in d. Erdoberfläche zuerst in Babylonien. Im frühen MA wurden vielfach, wohl auch in Dt. Katakomben errichtet. Später Gemeindefriedhöfe (Bet Olam = Haus d. Ewigkeit; d. Friedhöfe als unzerstörbar gedacht) allgemein gebräuchlich. In Dt. seit ca. 1000, in Worms, Mainz (jetzt Denkmalfriedhof mit zahlreichen alt. Grabsteinen), Speyer, Ulm usw. Gräber, in Reihen geordnet, durch steinerne, bisweilen auch hölzerne Denkmäler bezeichnet. In Dt. d. Stelenform bevorzugt, seltener Sarkophagform; bei Sefardim meist Grabplatten. Bis etwa 16. Jhd. nur ornamentale h. Inschrift verwandt, später Ornament, durch reichhaltige Symbolik unterstützt. Auf sef. Grabmälern oft figürliche Darstellungen.
L: G. Cohn, D. jüd. Friedhof, 1930.

Grabowsky, Adolf, geb. 31. 8. 1880 Berlin, polit. konserv. Schriftsteller. Geopolitiker, Mitbegr. d. „Ztschrft. f. Politik" u. von „Das neue Dt." Ⓦ Kulturkonservativismus; Grundriß d. Politik.

Gradenwitz, Otto, 1860 Breslau—Heidelberg 1935, Prof. f. röm. u. bürgerliches Recht Berlin, Königsberg, Straßburg, 1909/28 Heidelberg.

Grafemus, Luise (eigtl. Esther Manuel), geb. 1785 Hanau, 1813/14 Kriegsfreiwillige, zweimal verwundet (Jüterbog u. Metz), zum Wachtmeister befördert, Eisernes Kreuz.

Ihr Mann fiel in Frankreich am 30. 3. 1814; bei Kriegsende kehrt sie zu ihren beiden Kindern zurück.

Grammatik (Dikduk) des ↗ H, zuerst von j.-arab. Autoren d. MA behandelt (Saadia, Juda ibn Koreisch, Chajjudsch, ibn Dschanach), in h. Sprache klassisch dargestellt von Abr. Ibn Esra u. den Kimchiden (Josef, Mose, David K.); Elia Levita leitet über zu d. christl. Hebraisten (von Buxtorf bis Gesenius, Ewald, Ed. König usw.). Erste j. wissenschaftl. Darstellung: S. D. Luzzatto.

Granada (Span.) hatte J seit röm. Zeit. Blüte Anf. 11. Jhds. (Staatsminister ↗ Samuel ibn Nagrela).

Granowsky, Alexander, geb. 1890, Leiter d. Moskauer j.-akad. ↗ Theaters 1924/30. (↗ Film.)

Graphiker, j. Daß d. Holzschnitte d. ersten gedruckten Haggada-Ausgaben (16. Jhd.) von J herrühren, ist nicht überliefert, aber wohl anzunehmen; vielleicht sind Buchdrucker u. Holzschnittzeichner in manchen Fällen identisch. Die ersten j. Kupferstecher, von denen Werke bekannt sind, waren Salomon ↗ Italia (um 1640) u. Abraham ben Jakob, d. Illustrator d. ersten Kupferstich-Haggada (1695). Im 18. u. frühen 19. Jhd. mehren sich d. Namen j. Stecher: Isaak Schnapper, K. D. F. Bach (1756—1829), B. H. ↗ Bendix, J. M. S. Lowe (1756—1831) u. Louis Jacoby (1828—1918) in Dt., E. A. Ezekiel (1757—1806), Salomon Polack (1757—1839), S. ↗ Bennett in England, A. L. Zeelander (1789—1856) in Holland, A. S. Ehrenreich (1784—1842) in Ungarn, Samuele ↗ Jesi (1788—1853) in Italien, Gustave Lévy (1819—1894) in Frankreich, Joel Ballin (1822—1885) in Dänemark. Auch d. Techniken d. Radierung, d. Schabkunst (B. H. Bendix), d. Lithographie (Gebr. ↗ Henschel) werden gepflegt. — An d. gr. Aufschwung, den d. graphischen Künste im späten 19. Jhd. nahmen, sind J in hervorragendem Maße beteiligt: allen voran: M. ↗ Liebermann u. C. ↗ Pissarro, sodann Hermann ↗ Struck, der ein Buch über „D. Kunst d. Radierens" schrieb. Fast alle ↗ Maler des 19. u. 20. Jhd. sind auch als Graphiker tätig gewesen; besonders hervorzuheben sind als Radierer: Rudinoff, Oppler, Meidner, Wolfsfeld, Lederer u. Fingesten, als Lithographen: Alphonse Lévy u. Alfred Graetzer, später Genin u. Altman, als Holzschnittzeichner Lucien Pissarro. Illustrationen zu j. Büchern schufen Lilien, Michelson, Steinhardt, Budko, Uriel Birnbaum u. Rahel Szalit-Marcus.

Graphologen ↗ Charakterologie.

Graetz: 1) Heinrich, 31.10.1817 Xions—München 7. 9. 1891, j. Historiker, Dozent am Jüd.-Theol. Sem. u. Prof. an d. Univ. Breslau, verfaßte d. erste umfassende, klassisch gebliebene Gesamtdarstellung d. j. Geschichte: „Gesch. d. J. von d. ältesten Zeiten bis auf d. Gegenw." (11 Bde., 1853/75, mehrere Ausg. u. Übs.; gek. „Volkstüml. Gesch. d. J", 3 Bde., viele Aufl.). 2) Leo, geb. 26. 9. 1856 Breslau, Sohn von 1, bedeutender Physiker, seit 1908

Heinrich Graetz

o. Prof. München, Verfasser vieler verbreiteter Lehrbücher.

Grégoire △ Henri, frz. Abbé, 1750—1831, Vorkämpfer d. Emanzipat. Ⓦ Sur la régéneration physique, morale et politique des juifs 1787.

Gregorovius △ Ferdinand, 1821—1891, dt. Historiker. Ⓦ Wanderjahre in Italien, m. klass. Essay u. Gedicht über d. Ghetto zu Rom.

Griechenland, 100 000 J = 1,6%. Antike, kunstgeschichtl. teilweise bedeutsame Synagogen bildeten Stützpunkte frühchristl. Propaganda. Das heutige Jt. beruht auf Zustrom von Spaniolen seit 16. Jhd. nach ↗ Saloniki (70 000 J) u. Umgebung, während im Landesinnern kleine gräcisierte Gruppen versprengt leben. Gegenwärtig wirtschaftl. bedingte Auswanderung, bes. von Saloniker Hafenarbeitern nach Palästina.

Griechisch, im Zeitalter d. ↗ Hellenismus z. T. j. Umgangs- u. Literatursprache (Septuaginta, Philo, Josephus); ein byzantin. G. bis zur Gegenwart bei griech.-türk. J erhalten (Konstantinopel, Saloniki, Rhodos). Äußerungen d. klass. u. hellenist. griech. Autoren über J u. Jt. zuerst von Josephus (Gegen Apion) gesammelt; moderne Zusammenst. von Th. Reinach (1895).

Grillparzer △ Franz, 1791—1872, d. österreich. Dramatiker, behandelt in „D. Jüdin von Toledo“ d. Liebe Kg. Alfons' von Kastilien zu Rahel Fermosa. G. schrieb auch ein Fragment „Esther‘ (1863).

Gronemann, Sammy, geb. 21. 3. 1875 Strasburg (Westpr.), Schriftst., Anwalt, Z. Ⓦ Romane: Tohuwabohu 1920, Hawdoloh u. Zapfenstreich 1923.

Grönland, J nur vereinzelt. Isaak Isr. Hayes erforscht 1861 G., wobei sein j. Begleiter Aug. Sonntag stirbt.

Großmann, Stefan, Wien 18. 5. 1875—3. 1. 1935, Schriftsteller u. Journalist, begr. 1920 „D. Tagebuch“.

Grünbaum, Max, 12. 8. 1817 Seligenstadt—München 11. 12. 1898, j. Gelehrter (Sagenkunde, jidd. u. j.-span. Lit.).

Grünberg, Carl, geb. 10. 2. 1861 Focsani (Rum.), Nationalökonom, o. Prof. Wien u. Frankfurt/M., Studien zur Geschichte d. Sozialismus.

Grünewald, Isaak, geb. 2. 9. 1889 Stockholm, Maler, Schüler Henri △ Matisses in Paris, entwickelte sich,

Isaak Grünewald: Selbstbildnis, 1926

zumal als Bildnismaler, zu einem d. stärksten Gestalter d. mod. europ. Malerei (vgl. Tafel 18).
L: André Warmod, G. 1928.

Grunwald, Max, geb. 10. 10. 1871 Hindenburg (OS), j. Gelehrter (j. Volkskunde, Kultur- u. Kunstgesch.), bis 1930 Rabbiner Wien.

Grusch (arab. Girsch) bzw. Piaster, pal. Münze; 1 £ = 100 G., 1 G. = 10 Mil.

Guatemala, ca. 100 J = 0,005%.

Guayana, 1786 J = 0,67%. 1669 gründeten span. J d. „Joden Savanne“ (Judensteppe). 1710 zählte d. Kolonie 10 000 J, die im Kampf gegen die von ihnen hart bedrückten Eingeborenen unterlagen. Trümmer zweier Synagogen, d. Friedhofs- u. d. „Rebellenstraße“ sind Reste d. 1832 endgültig verlassenen Kolonie.

Friedrich Gundolf

Güdemann, Moritz, 19. 2. 1835 Hildesheim—Baden b. Wien 5. 8. 1918, j. Gelehrter, seit 1894 Oberrabbiner Wien. ⓦ Gesch. d. Erziehungswesens u. d. Kultur d. abendländ. J.
Guggenheimer, Emil, 1860 München —Berlin 1925, Industrieller, Vorstandsmitgl. d. Reichsverb. d. dt. Industrie, Reichskommissar f. d. Aufbauarbeiten in d. zerstörten Gebieten.
Gulkowitsch, Lazar, geb. 20. 12. 1899 Zirin (Polen), 1932 Prof. Leipzig, erhielt 1933 d. Ordinariat f. j. Wissenschaft in Tartu (Dorpat).
Gumpertz, Moses Salomon, Sohn d. Arztes Salomon G. (gest. 1729), Arzt, der erste in Deutschland promovierte J (Frankfurt/O. 1721).
Gumplowicz, Ludwig, 9. 3. 1838 Krakau—Graz 19. 8. 1909, Jurist u. bahnbrechender Soziologe, zunächst Advokat, 1882/1908 Prof. f. Staatsrecht u. Soziologie Graz, begr. eine neue soziologische Theorie in „Rassenkampf" 1883 u. „Grundriß d. Soziologie" 1885. L: G. Salomon, Ausgewählte Werke von L. G. 1928.
Gundolf (eigtl. Gundelfinger), Friedrich, 20. 6. 1880 Darmstadt—Heidelberg 12. 7. 1931, Literarhistoriker, seit 1920 o. Prof. Heidelberg. Seine Schriften von nachhaltigstem Einfluß auf d. geisteswissenschaftl. Haltung seiner Zeit. ⓦ Bücher über Caesar, Shakespeare (2 Bde., 1928), Goethe, Kleist, d. dt. Romantiker u. Stefan George; Shakespeare-Übersetzung (1908/14).
Günzburg: 1) Horace, 1833 Swenigorodka—St. Petersburg 1909, Bankier, suchte dank seiner Beziehungen zu Aristokratie u. Behörden erfolgreich d. Lage d. russ. J zu bessern. 1872 von Großhrzg. von Hessen geadelt. 2) Mordechai Aaron, 1795 Salanty (Litauen) — Wilna 5. 11. 1846, Aufklärer, Gelehrter u. Dichter, einer d. Schöpfer der mod. h. Erzählung.
Gurlitt △ Louis, 1812—1897, namhafter dt. Landschaftsmaler, 1847 in dritter Ehe vermählt mit Else Lewald (1823—1909, Schwester Fanny ↗ Lewalds). Aus dieser Ehe stammen Cornelius ♂ G. (geb. 1. 1. 1850), d. Altmeister d. dt. Kunstgeschichte, d. Kunsthändler Fritz ♂ G. (1854/93) u. d. Pädagoge u. Altphilologe Ludwig ♂ G. (1855—1931); Enkel G.'s sind d. Musikhistoriker Wilibald ♂ G. (geb. 1889), d. Komponist Manfred ♂ G. (geb. 1890) u. d. Kunsthistoriker Hildebrand ♂ G. (geb. 1895) L: Ludwig G., Louis G., 1912.
Guter Ort, Volksausdruck f. Friedhof.
Guttmann: 1) Jakob, 22. 4. 1845 Beuthen—Breslau 29. 9. 1919, j. Gelehrter (mittelalterl. j. Religionsphil.), Rabbiner in Breslau. 2) Julius, geb. 15. 4. 1880 Hildesheim, Sohn von 1, seit 1919 Prof. f. j. Religionsphil. an d. Lehranst. f. d. Wiss. d. Jt. Berlin, 1934 an d. Univ. Jerusalem berufen. 3) Michael, geb. 6. 2. 1872 Félegyháza (Ungarn), j. Gelehrter (T-Forschung), Prof. an d. Landesrabbinerschule Budapest. ⓦ D. Jt. u. seine Umwelt 1927.

H

Haas, Ludwig, 16. 4. 1875 Freiburg/Br.—Karlsruhe 2. 8. 1930, Rechtsanw. in Karlsruhe, demokratischer Reichstagsabgeordneter, Offizier im Weltkrieg, badischer Justizminister.

Habima-Figurinen von Erna Großmann

Habakuk, der achte d. 12 kl. Propheten, laut apokryph. Tradition Zeitgenosse Daniels. Buch H, 3 Kap.

Haber, Fritz, 9. 12. 1868 Breslau—Basel 29.1. 1934, Chemiker, 1911—33 Leiter d. Kaiser-Wilhelm-Instituts f. Physikalische Chemie Berlin-Dahlem (gestiftet von M. Koppel). H. lieferte auf allen Gebieten mod. Chemie grundlegende Arbeiten; bes. bedeutsam in d. Elektrochemie; Verfahren zur Ammoniakgewinnung aus Wasserstoff u. Stickstoff, das u. a. Dt.'s Munitionsherstellung im Kriege sicherstellte; H. leitete Gaskrieg u. Gasabwehr; Nobelpreis 1918.

Habima (= Tribüne), h. Theater, von Naum Zemach 1916 in Moskau gegr. Ihr eigenartiger Stil (malerischer Expressionismus) wurde von d. früh verstorbenen △ Stanislawski-Schüler Wachtangow in jahrelanger Probenarbeit geprägt. Aus d. Kollektiv-Ensemble ragten als Persönlichkeiten Ben-Chajim, Zwi Friedland, A. Meskim u. die Rowina hervor. Gastspiele führten d. Truppe durch Europa u. Amerika u. begründeten ihren Weltruf bes. durch Aufführungen von Anskis „Dybbuk" (in Bialiks Bearbeitung), Perez' „D. Nacht auf d. alten Markt" u. Gutzkows „Uriel Acosta". 1935 Grundsteinlegung zum H.-Theater in Tel Awiw.

Hachenburg, Max, geb. 1. 10. 1860 Mannheim, Rechtsanwalt, hervorragend im Handelsrecht, bis 1933 Mitherausgeb. d. Jur. Wochenschr. u. d. Dt. Jur. Zeitung, zeitweise Präsid. d. Bad. Landessynode. Ⓦ Lebenserinnerungen eines Rechtsanw.

Hachschara (Ertüchtigung), modern-h. Bz. f. landwirtschaftl. bezw. handwerkl. Ausbildung d. künftigen Pal.-Pioniers (Chaluz).

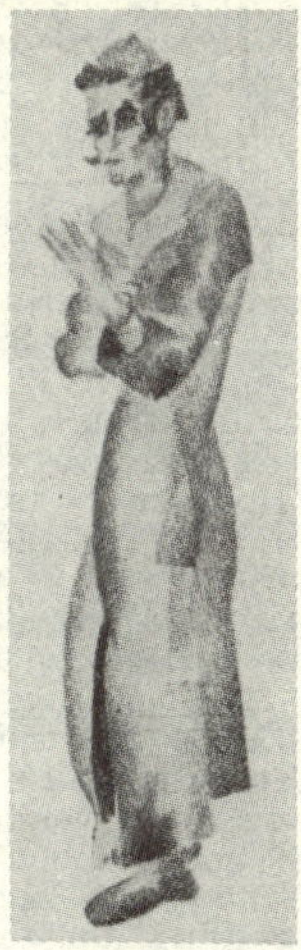

Hadar ha-Karmel („Herrlichkeit des K.", nach Js. 35, 2), mod. j. Wohnviertel in Haifa, über d. Altstadt gelegen.

Hadassa (Myrthe), Bestandteil d. Feststraußes am Laubhüttenfest. ⟋ Esther heißt urspr. Hadassa. Name einer amerikan. z. Frauenorgan, gegr. 1912 von H. ⟋ Szold insbes. zur Einrichtung d. Gesundheitsfürsorge in Pal. (H. Medical Organization).

Hadrian △ röm. Kaiser 117—138 n., verbot d. Beschneidung, rief d.

Bar Kochba-Aufstand hervor und wandelte nach dessen Niederschlagung (135 n.) Jerusalem in eine heidn. Stadt um (neuer Name: Aelia Capitolina).

Holzschnitt aus einem der ältesten Haggada-Drucke (nur fragmentarisch erhalten), um 1515

Haffkine, Waldemar Mordecai, 1860 Priluki (Ukr.)–Lausanne 1930, genialer Bakteriologe; führt als erster 1895/97 Schutzimpfung gegen Cholera u. Pest mit abgetöteten Kulturen ein; 1899/1905 Leiter des von ihm gegr. Pest-Laboratoriums (H.-Institut) in Bombay.

Haftara (Verabschiedung), Bz. d. Abschnitte aus d. prophet. Büchern, die als Abschluß d. sabbatlichen Tora-Vorlesung nach d. jeweiligen ↗ Wochenabschnitt verlesen werden.

Hagar, Magd d. Sara, Abrahams Nebenfrau, Mutter Ismaels, mit ihrem Sohn verstoßen.

Hagen, Louis (eigtl. Levy), Köln 1855–1932, kath., Bankier, an d. westdt. Montan-, Sprengstoff-Pulverindustrie führend beteiligt.

Haggada (= Agada), d. volkstümliche Pessach-Erzählung, die zu Beginn d. Familienfeier d. 1. (u. 2.) Pessach-Abends (Seder) vom Hausherrn vorgelesen wird; H. gibt d. Erklärung für Pessach u. d. dazugehörigen Bräuche, da schon d. B (E 12, 26; 13, 14) voraussetzt, daß d. Kinder danach fragen. — Von hoher kunstgeschichtl. Bedeutung H.-Handschriften (↗ Buchmalerei) u. Drukke, diese vielfach mit Holzschnitten (Prager H. 1526, Mantuaner H. 1560), später mit Stichen (Amsterdamer H. 1695) illustriert. Mod. H.-Bilder von Budko, Steinhardt u. a.

Haggai, d. zehnte d. 12 kl. Propheten, Heimkehrer aus d. babyl. Exil. Buch H, 3 Kap.

Hagiographen (griech. Heil. Schriften; h. Ketuwim = Schriften), dritte u. letzte Abteilung d. ↗ Bibel.

Hai (= Chija) b. Scherira, 939–1038, Gaon zu Pumbedita, Dezisor (halachische Einzelschriften, Responsen), schrieb haupts. arab.

Haifa (Chaifa), palästin. Hafenstadt, an d. Bucht von ↗ Akko am

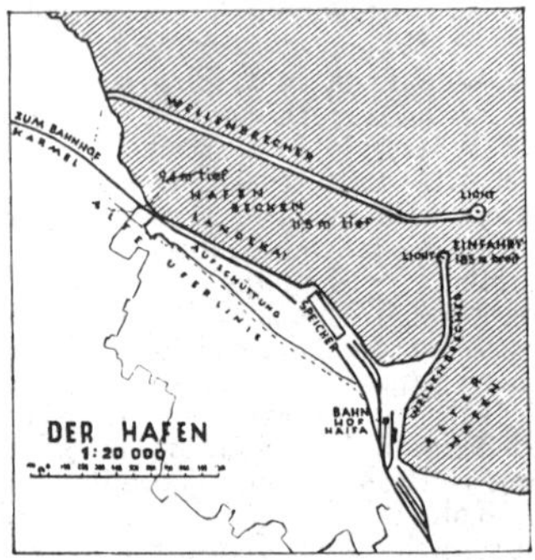

Plan des Hafens von Haifa

אור · לארבע עשר
בודקין את
החמץ · ולא
בודקין לאור החמה ולא לאור ה
הלבנה ולא לאור האבוקה · אלא
בנר של שעוה · ובודקין בחדרין
ובסדקין ובכל המקומות שדרכו
להשתמש בו שם · ולא יתחיל
שום מלאכה עד שיבדוק ואפילו
בתלמוד תורה · וקודם שיתחיל
לבדוק מברך

ברוך אתה יי אלהינו מלך
העולם אשר קד
קדשנו במצותיו וצונו על ביעור ח
חמץ ;

ולא ידבר בין הברכה לתחילת הבדיקה כללי · ואחר
הבדיקה ישמור החמץ בתיבה או יתלנו באויר מקום
שאין עכבר שולט בו שם ויבטלנו ויאמר

כל חמירא וחמיעא דאיכא
ברשותי די לא חמיתיה
ודי לא ביערתיה לבטל ולהוי פ.
כעפרא דארעא ;

Titelblatt der Prager Haggada von 1527

Fuße d. ↗ Karmel (zuerst im T erwähnt, im MA fast ohne J, neue j. Ansiedlung im 19. Jhd.), 38 000 J = 47,5% (Anfang 1935; seither Gesamtzahl u. d. Prozentsatz d. J noch gestiegen). Im Stadtrat 8 Araber (4 Moh., 4 Christ.) u. 4 J. Hafen, Okt. 1933 eröffnet, soll einer d. größten östl. Mittelmeerhäfen werden. H. ist Industriestadt, Endpunkt d. Pipe-Line u. d. geplanten Haifa-Bagdad-Bahn. Hier befindet sich das j. ↗ Technikum.

Haiti, 150 J unter 2 300 000 Einwohnern.

Hakafa (Umkreisung), synagogale Prozession (mit d. Feststrauß am Hoschana rabba, mit d. Torarolle am Simchat Tora).

Halacha (Wandel; von halach = gehen), d. normative Teil d. „mündl. Lehre" (im Ggs. zur ↗ Agada), Grundlage u. Ergebnis d. relig. Praxis, das Gesetz; Hauptbestandteil d. ↗ Talmud.

Halachot, d. einzelnen verbindl. Religionsgesetze, im T zerstreut, von d. ↗ Dezisoren behandelt, in d. ↗ Kodizes vereinigt. — H. gedolot (große H.), halach. Kodex d. 9. Jhd.

Halberstadt, 706 J = 1,4%. J seit 1261 nachweisbar, von Verfolgungen kaum berührt, im 19. Jhd. Zentrum d. Orthodoxie, Sitz d. Bundes gesetzestreuer j. Gemeinden.

Halberstädter Verband ↗ Reichsbund gesetzestreuer Gemeinden.

Halevi, Juda, ↗ Juda Halevi.

Halévy: 1) Jacques Fromental Elie, 27. 5. 1799 Paris—Nizza 17. 3. 1862, Komponist; unter seinen zahlr. Opern am erfolgreichsten „Die Jüdin" (1835) m. d. dankbaren Partien d. Recha u. d. Eleazar. H.'s Neffe Ludovic H. (1834—1908) war Librettist ↗ Offenbachs; H.'s Schwiegersohn war Georges ↗ Bizet. L: A. Pougin, H. 1865. 2) Joseph, 15. 12. 1827 Adrianopel—Paris 7. 2. 1917, Orientalist, Prof. in Paris, beschrieb d. ↗ Falascha, bereiste d. Jemen.

Halle a. S., 1086 J = 0,5%; seit 11. Jhd., neue Gem. seit 1688 (Gr. Kurfürst); h. Druckerei um 1700.

Hallel (Lob, Hymne), Psalmenreihe (Ps. 113—118), eingeschaltet in d. Festtagsgottesdienst.

Halleluja (Lobet Gott), im Psalter (als Anfangs- oder Schlußwort) häufige Wendung, wurde früh (ähnlich ↗ Amen) Refrain im Gottesdienst u. auch von d. christl. Liturgie übernommen.

Hallgarten, Charles, Frankfurt/M. 1838—1908, Philanthrop; organisierte Hilfsaktion f. russ. J u. wirkte in j. Wohlfahrtsvereinen.

Ham (Cham), Sohn Noahs, d. seinen Vater verunehrt (G 9). Nach d. bibl. Völkertafel (G 10) ist H. Stammvater d. Äthiopier, Ägypter, Libyer u. Kanaaniter; danach Hamitisch wissenschaftl. Bz. d. nordafrikan. Sprachen u. Stämme, d. weder zu d. Semiten, noch zu d. Negern rechnen.

Haman, d. Feind d. J in d. Esther-Geschichte, Günstling d. Xerxes, endet an seinem eigenen Galgen (seine 10 Söhne finden d. gleichen Tod); in j. Volksvorstellung d. Bösewicht

J. F. E. Halévy. Lithographie, 1843

Miniatur aus der Pessach-Haggada der Landesbibliothek in Darmstadt. Um 1420

Tafel 10

schlechthin. Purimbräuche mit H. verbunden: Verbrennung einer H.-Puppe; „H.-Taschen“ u. „H.-Ohren“, Teigwaren. (Abb. 184, Tafel 19.)

Hamburg, 16 885 J = 1,5%, viertgrößte j.Gem. in Dt. Erste Ansiedlung portug. J (Importeure, Handelsvermittler) vor 1577, Ansiedlung aschk. J seit 1627. Seit Mitte 17. Jhds. bis 1811 gemeinsames Rabbinat d. „Dreigemeinden“(Altona, H., Wandsbek). 1821 „Dt.-Isr. Gem.“, 1817 Gründung d. „Neuen isr. Tempelvereins“ (Reformbewegung). Seit 1864 innerhalb d. „Dt.-Isr. Gem.“ drei Kultusverbände: Dt. Isr. Synagogenverband, Tempelverband u. Neue Dammtorsynagoge. Isr. Töchterschule 1798 gegr., Talmud Tora 1804. Rabbiner u. Gelehrte: Jon. Eibenschütz u. Jakob Emden (18. Jhd.), Isaak Bernays, Isr. Kley (19. Jhd.). Berühmte J in u. aus H.: Salomon Heine, Samson R. Hirsch, Sam. Steinheim, Gabriel Rießer, Henry Jones, Max M. Warburg, Karl Melchior, Albert Ballin, Heinr. ☉ Hertz. Zeitungen: Hamb. Isr. Familienblatt; Laubhütte. (Vgl. Tafel 32, 33.)

Hamburger: 1) H a r t o g Jacob, 1859—1924, holl. Physiologe u. Chemiker, o. Prof. Groningen, führte d. physikalische Chemie in die Medizin ein. 2) J a c o b, 1826—1911, Landesrabbiner in Meckl.-Strelitz. Ⓦ Real-Enzyklopädie f. B u. T (1862 ff.), d. erste j.-enzykl. Werk in dt. Sprache.

Hamilton ☉ Alexander, 1757—1804, nordamerikan. Staatsmann.

Hammurabi (Chammurapi), König von Babylon um 2100 v., dessen Gesetzbuch (Kodex H.) sich mit d. bibl. Gesetzesreihe E 21 ff. (Bundesbuch) vielfach berührt.

L: D. H. Müller, D. Gesetze H.'s, 1903.

Handauflegung ↗ Semicha.

Handel, seit Jahrhunderten Haupterwerbsquelle d. J, weil Gesetzgebung bis zur Emanzipation d. Bindung an Boden u. Produktion verwehrte. An d. Ausbildung d. selbständigen Groß- u. Einzelhandels in Dt. haben J starken Anteil. Nach d. ↗ Wirtschaftsgliederung in Dt. waren 1925 mehr als 45% d. erwerbstätigen dt. J im H. tätig, mehr als d. Hälfte selbständig, darunter 40% in Einzel-H.; starker Anteil an Geschäften für Bekleidung, Hausrat, Wohnbedarf. Rund 48 000 selbständige Betriebe oder 6,5% sämtl. Einzelhandelsbetriebe werden von J betrieben. Starke Beteiligung an größeren Mittelstandsbetrieben gibt mehr als 400 000 Menschen Arbeit u. Brot. Am Ausbau des mod. Einzel-H. insbes. d. Großbetriebsformen (Warenhaus u. Filialbetriebe wie: Israel, Tietz, Wertheim, Schocken) haben J wesentlich mitgewirkt. Hauptgemeinschaft des dt. Einzelhandels (Spitzenvertretung) wurde 1919 von Heinrich Grünfeld gegr. Im Großhandel bes. Anteil am Landhandel (Getreide, Vieh, Futter- u. Düngemittel), Aufkaufhandel (Häute, Felle, Metalle, Altmaterialien), Verteilungsgroßhandel (bes. Textilwaren, Bekleidung, Pelze, Genußmittel). Durch Förderung mehrerer Industriezweige (↗ Industrie), Aufbau d. deutschen Versicherungswesens (Gerstenberg, Herzfelder, Berliner), Bemühungen um Konzentration von Warenmärkten (Leipziger Messe, zunächst für Rauch-, Borsten- u. Textilwaren) u. Ausbau d. Schiffahrtswesens (↗ Reeder) trugen dt. J zur Entwicklung u. Steigerung d. dt. Außenhandels bei.

Händewaschung (Netilat Jadajim), nach d. Überlieferung auf Salomo zurückgehende Pflicht: H. vor (mit Segenspruch) u. nach d. Mahlzeit; H. vor d. Morgengebet.

Handschriften (Kitwe Jad). D. ältesten H. d. B stammen aus Babylonien (etwa 9. Jhd.), Einzelblätter, Papyri, Genisa-Funde usw. reichen viel weiter zurück. Illustrierte B-H. etwa seit 10. Jhd. Die meisten noch erhaltenen h. H. italien. Ursprungs. Für d. synagogalen Gebrauch H. auch durch Druck nicht verdrängt; bleibender Beruf d. Toraschreibers (Sofer).

Handwerk: Jüdischer Barbier in Polen Aquatintablatt von △ Debucourt, 1817

Handwerk war schon in den Anfängen j. Geschichte sehr stark ausgebildet (bibl. Bz. d. Handwerkers: Choresch, talmudische: Umman). D. Gelehrten des T übten fast jeder ein H. aus: so war Josua ben Chananja ein Nadelmacher, Jochanan ha-Sandelar ein Schuhmacher, Juda ben Ilai ein Böttcher, Isaak Nappacha ein Schmied. In allen europ. Ländern fand tüchtige handwerkl. Leistung d. J hohe Anerkennung, insbes. in Osteuropa, Nordafrika u. den Mittelmeerländern mit Ausnahme von Frankreich u. Dt., wo J seit dem 12. Jhd. Ausübung des H. erschwert bezw. durch starke Zünfte unmöglich gemacht war. In Dt. erfolgte 1812 durch Emanzipationsges. handwerkl. Gleichstellung u. 1848 volle Gleichberechtigung; von da ab immer stärkere Beschäftigung der J im H. In Dt. gibt es ca. 40 000 j. Handwerker (früher bes. vertreten im Bekleidungsgewerbe, jetzt zunehmend stärker im Bauhandwerk); davon hoher Prozentsatz, oft 50%, selbständig, die ca. 90 000 Menschen Verdienstmöglichkeiten schaffen. Die j. Handwerker haben seither innerhalb d. J-heit zäh um ihre Anerkennung gerungen; seit 1933 werden ihre Bestrebungen für eine gesündere Berufs- u. Wirtschaftsstruktur der dt. J voll gewürdigt. ⁄ Berufsumschichtung.

Handwerkerverband ⁄ Zentralverband j. Handwerker.

Hanna (Channa, „die Liebliche"), d. Mutter Samuels. Dankgebet d. H. (I. Sm. 2).

Hannover (Stadt), 4839 J = 1,1%, urkundlich seit d. 13. Jhd. Im 16. Jhd. wiederholte Ausweisungsbefehle. Neuansiedlung zu Anfang 17. Jhd. Synagogen 1703, 1826 u. 1870.

Hannover, Emil, 1865—1923, dänischer Kunsthistoriker, Verfasser d. grundlegenden „Handbuchs d. Keramik" (1919).

Hanslick △ Eduard, 1825—1904, Musikschriftst., Gegner Richard △ Wagners („Beckmesser"), von diesem gelegentl. als J bezeichnet, stammt nach eigener Angabe („Aus meinem Leben" 1894) aus kath. Bauernfamilie.

Hantke, Arthur, geb. 1874 Berlin, z. Politiker, Rechtsanw. Berlin, seit 1905 leitend in versch. z. Organ. Dt.'s, ab 1926 Direktor d. Keren Hajessod in Jerusalem.

Hapoel Hazair („d. junge Arbeiter"), pal. Arbeiterpartei. ⁄ Arbeiterbewegung.

Har (h.), Berg.

Harden (eigtl. Witkowski), Maximilian, 20. 10. 1861 Berlin—Montana (Schweiz) 30. 10. 1927, krit. u. polit. Schriftsteller, Herausgeb. d. „Zukunft" (1892/1923), bek. durch den Eulenburg-Prozeß (1906). Ⓦ Essays: Köpfe (1910/24), Prozesse (1913), Krieg u. Friede (1918).

Hardenberg △ Karl August von, preuß. Staatskanzler, setzt d. Steinsche Reformationswerk fort, 11. 3.

Haifa: Gesamtansicht und Herzl-Straße

Tafel **11**

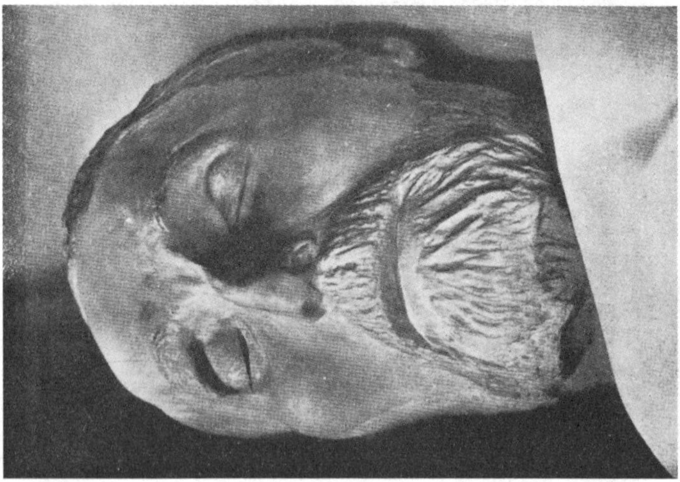

Totenmaske Heinrich Heines. 1856

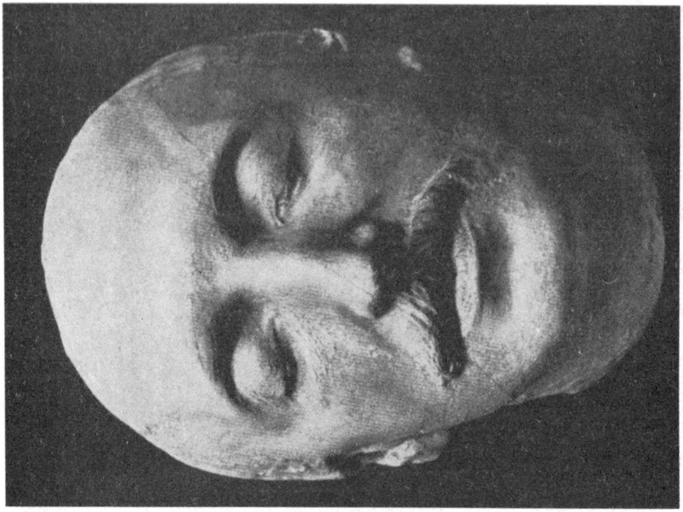

Totenmaske Ferdinand Lassalles. 1854

Tafel 12

1812 „Edikt betreff. d. bürgerlichen Verhältnisse der J" (bürg. Gleichst.). H.'s Leibarzt war D. F. ↗ Koreff.

Hardt, Ludwig, geb. 16. 1. 1886 Neustadt-Gödens (Ostfriesland), Vortragskünstler, bemerkenswert durch seine feinsinnig zusammengest. literarischen Programme (Heine u. viele andere j. Dichter).

Harkavy, Abraham, 1835—1919, j. Gelehrter (Forschungen über Gaonat, Karäer, Gesch. d. J in Rußl.) u. Orientalist, Bibliothekar d. Kaiserl. öffentl. Bibl. in St. Petersburg.

Hartmann: 1) △ Eduard von, 1842—1906, dt. Philosoph, suchte in d. Schrift „Das Jt. in Gegenwart u. Zukunft" (1885) d. J-Frage gerecht zu werden. 2) ♁ Ludo, Sohn von 3, 1865 Stuttgart—Wien 1924, Historiker u. Politiker, erstrebte 1918 als Gesandter in Berlin d. Anschluß Österreichs. Ⓦ Geschichte Italiens im MA. 3) Moritz, 1821—1872, österr. Schriftsteller u. Politiker, 1848 Mitgl. d. Dt. Nationalversammlung. Ⓦ Böhmische Elegien; Roman „D. Krieg um d. Wald".

Haskala (Erkenntnis), Bz. d. ↗ Aufklärung. Maskil (Denkender), Träger d. H., d. Gebildete, Intellektuelle.

Haskama (Zustimmung), Bz. d. gutachtlichen Äußerungen, die d. Verfasser rabbin. Werke bei zeitgenöss. Autoritäten einholten u. ihrem Buch vorandruckten: Approbation.
L: Löwenstein, Index Approbationum, 1923.

Haskara (Erinnern), d. synagogale Seelenfeier (Haskarat Neschamot) zum Gedächtnis d. Verstorbenen am Versöhnungstage und am Schlußtag d. drei Wallfahrtsfeste.

Hasmonäer oder Makkabäer, H. nach dem Urahn d. Familie (Asamonaios), M. nach d. Beinamen (Hammerschwinger?) des Juda Makkabi genannt, die erste j. Dynastie d. 2. Tempels (140—37 v.). Vorbereiter: Mattathias u. sein Sohn Juda; eigentl. Begründer: Simon; Königstitel seit Aristobul I.; letzter König: Antigonus.

Hatikwa (Die Hoffnung), Lied, verfaßt von N. H. Imber, j. Nationalhymne.

Hatvány, Ludwig Baron von, geb. 1880 Budapest, ungar. Aristokrat u. Schriftsteller, Sohn d. später geadelten Alexander Deutsch, lebte wegen akt. Teilnahme an d. Revolution 1918/27 in Emigration. Ⓦ Roman „Herren u. Menschen" (behandelt Assimilation).

Hauschner, Auguste, 1852—1924, Prager Schriftstellerin, in ihren Romanen (D. Familie Lowositz u. a.) meist d. Leben d. Prager J schildernd.
L: Briefe an A. H., 1929.

Hauswirtschaft: Verherrlichung d. Hausfrau in d. B (Spr. 31, 10 ff.); bes. Wertschätzung d. H. den J eigentümlich. Zur Ausbildung d. Mädchen in H. wurden j. Haushaltungsschulen geschaffen: Beuthen, Breslau, Chemnitz, Frankfurt/M., Hamburg, Isenburg (Taunus), Köln, Dürrenberg, Stuttgart, Wiesbaden, Wolfratshausen (bei München). Auch an moderner Rationalisierung d. Haushalts sind J beteiligt, so Erna Meyer durch die führende Zeitschrift „Neue Hauswirtschaft" (seit 1929) u. ihr Buch „D. neue Haushalt" (1926). In Pal. hat sich d. „Wizo" um d. hauswirtschaftl. Schulung bemüht, unterhält in Tel Awiw Haushaltungsschule (Domestic Training School), schafft Lehrfarmen u. läßt durch Wanderlehrerinnen od. Haushaltinstruktorinnen Frauen, besonders in den Siedlungen, unterweisen. Zur Ausbildung in ritueller Küche haben Misrachifrauen eigene Lehrküche errichtet.

Hawai-Inseln, 310 J = 0,1%.

Hawdala (Unterscheidung), d. Segensspruch am Ausgang d. Sabbats u. Festtags im Haus u. in d. Synagoge, wie auch d. ganze Abschluß-Zeremonie; zu dieser gehören: 1. Weinsegen (ähnlich d. Sabbat-Einweihung, ↗ Kiddusch); 2. Gewürzsegen (allegor. Deutung: d. Trauer über d. Ende d. Sabbat soll durch Wohlgerüche verscheucht werden), dazu spezifisches H.-Gerät: Bessamim (Gewürz)-Büchse in sehr mannigfaltigen Formen; 3. Lichtsegen.

Haycraft-Commission, unter Vorsitz von Sir Thomas H. 1921 eingesetzte Untersuchungskommission zur Feststellung d. j.-arab. Unruhen; Weißbuch hierüber d. engl. Parlament vorgelegt.

He, 5 Buchst. d. h. Alph., Laryngal (h), Zahlwert 5.

Hebe (Teruma), d. Abgaben f. d. Unterhalt d. Heiligtums u. d. Priester: insbes. d. Erstlingsfrüchte u. d. sog. zweite Zehent.

Hebel △ Joh. Peter, d. dt. Volksdichter, erzählt im „Schatzkästlein" (1811) eine Reihe scherz- u. ernsthafter J-Geschichten, gibt in d. „Bibl. Geschichten" (1824) die vielleicht schönste dt. Paraphrase des AT u. schildert in d. philosemit. Aufsatz „Die Juden" besonders d. süddt. J seiner Zeit.

Hebbel △ Friedrich, 1813—1863, d. große dt. Dramatiker, gestaltete in „Judith" (1840) u. „Herodes u. Mariamne" (1848) Stoffe aus d. j. Geschichte. J. Figuren auch in „Genoveva" u. in dem Lustspiel „D. Diamant".

Hebraisten, christliche, Theologen u. Orientalisten, besonders seit Humanismus u. Reformation wesentl. Förderer h. Studien: Reuchlin, Luther, Scaliger; d. Bibliographen Bartolocci u. Wolf, d. Sprachforscher Seb. Münster u. Buxtorf (d. Ältere u. Jüngere), d. Mischna-Übersetzer Surenhuysen u. Rabe. Seit 19. Jhd. grundlegende Beiträge auf allen Gebieten: bibl. Sprache u. Grammatik (Gesenius, Ewald, Olshausen, König), B-Wissenschaft u. B-Übersetzung (Graf u. Wellhausen, Gunkel u. Gressmann, Kautzsch), rabbinische Literatur (Franz Delitzsch, August Wünsche, Strack, Dalman), Massora (Kahle) u. v. a.

Hebräer (griech. Hebraioi; h. Iwrim), d. Söhne des ↗ Eber, Bz. Abrahams u. seiner Nachkommen; Herkunft u. ursprüngl. Geltungsbereich d. Namens unerklärt (↗ Chabiri).

Hebraica, bibliograph. Bz. f. alle Werke, die in h. Sprache abgefaßt sind.

Hebräisch (Iwrit, Leschon Ewer, „Sprache Ebers", auch Leschon hakodesch, „heil. Sprache"), d. Sprache d. B, von d. Hebräern vermutl. in Kanaan angenommen, dem Aramäischen am nächsten, dem Akkadischen (Assyr.-Babyl.) u. Arabischen nahe verwandt, zählt mit diesen zu d. semit. Sprachen. Reichtum

Hawdala

Formen der Bessamim-Büchse

HUNDERT WORTE HEBRÄISCH

Deutsche Bedeutung	*Umschrift*	hebr. Text
Gott	*elohim*	אֱלֹהִים
Mensch	*adam*	אָדָם
Mann	*isch*	אִישׁ
Weib	*ischa*	אִשָּׁה
Kopf	*rosch*	רֹאשׁ
Auge	*ájin*	עַיִן
Leib	*guf*	גּוּף
Herz	*lew*	לֵב
Blut	*dam*	דָּם
Geist	*ruach*	רוּחַ
Seele	*neschama*	נְשָׁמָה
Name	*schem*	שֵׁם
Sprache (Zunge)	*laschon*	לָשׁוֹן
Feuer	*esch*	אֵשׁ
Wasser	*májim*	מַיִם
Himmel	*schamájim*	שָׁמַיִם
Erde	*érez*	אֶרֶץ
Sonne	*schémesch*	שֶׁמֶשׁ
Tag	*jom*	יוֹם
Nacht	*lájla*	לַיְלָה
Leben	*chajim*	חַיִּים
Tod	*máwet*	מָוֶת
Zeit	*seman*	זְמָן
Ewigkeit (Welt)	*olam*	עוֹלָם
Freude	*simcha*	שִׂמְחָה
Gram	*jagon*	יָגוֹן
Vertrauen	*emuna*	אֱמוּנָה
Hoffnung	*tikwa*	תִּקְוָה
Liebe	*ahawa*	אַהֲבָה
Friede	*schalom*	שָׁלוֹם
Freiheit	*cherut*	חֵרוּת
Wahrheit	*emet*	אֱמֶת
Gerechtigkeit	*zedaka*	צְדָקָה

Deutsche Bedeutung	*Umschrift*	hebr. Text
Festland	*jabascha*	יַבָּשָׁה
Meer	*jam*	יָם
Dorf	*kafar*	כָּפָר
Stadt	*ir*	עִיר
Volk	*am*	עָם
Land	*medina*	מְדִינָה
Boden	*adama*	אֲדָמָה
Weg	*derech*	דֶּרֶךְ
Feld	*sade*	שָׂדֶה
Wald	*jaar*	יַעַר
Berg	*har*	הַר
Fluß	*nahar*	נָהָר
Haus	*bájit*	בַּיִת
Garten	*gan*	גַּן
Stein	*ewen*	אֶבֶן
Holz, Baum	*ez*	עֵץ
Frucht	*pri*	פְּרִי
Blume	*pérach*	פֶּרַח
Tier	*chaja*	חַיָּה
Vieh	*behema*	בְּהֵמָה
Fisch	*dag*	דָּג
Vogel	*of*	עוֹף
Brot	*léchem*	לֶחֶם
Salz	*mélach*	מֶלַח
Öl	*schémen*	שֶׁמֶן
Fleisch	*bassar*	בָּשָׂר
Milch	*chalaw*	חָלָב
Ei	*beza*	בֵּיצָה
Tisch	*schulchan*	שֻׁלְחָן
Bett	*mitta*	מִטָּה
Stuhl	*kisse*	כִּסֵּא
Schrank	*aron*	אָרוֹן
Buch	*séfer*	סֵפֶר
Geld	*késsef*	כֶּסֶף

ja	*ken*	כֵּן
nein	*lo*	לֹא
groß	*gadol*	גָּדוֹל
klein	*katan*	קָטָן
gut	*tow*	טוֹב
böse	*ra*	רַע
viel	*harbe*	הַרְבֵּה
wenig	*meat*	מְעַט
kalt	*kar*	קַר
warm	*cham*	חַם
leicht	*kal*	קַל
schwer	*kawed*	כָּבֵד
voll	*male*	מָלֵא
leer	*rek*	רֵיק
neu	*chadasch*	חָדָשׁ
alt	*jaschan*	יָשָׁן
weiß	*lawan*	לָבָן
schwarz	*schachor*	שָׁחוֹר

kommen	*bo*	בּוֹא
gehen	*halach*	הָלַךְ
geben	*natan*	נָתַן
nehmen	*lakach*	לָקַח
essen	*achal*	אָכַל
trinken	*schata*	שָׁתָה
schlafen	*jaschen*	יָשֵׁן
stehen	*amad*	עָמַד
tragen	*nassa*	נָשָׂא
arbeiten	*awad*	עָבַד
wirken	*paal*	פָּעַל
sprechen	*amar*	אָמַר
schreiben	*kataw*	כָּתַב
lesen	*kara*	קָרָא
lernen	*lamad*	לָמַד

Lesen der Texte nach ↗ Alphabet-Tafel und Liste der ↗ Vokalzeichen. Betonung meist auf der letzten Silbe, Ausnahmen durch Akzent bezeichnet.

an Kehllauten, charakteristische in d. heutigen ↗ Aussprache untergegangene emphatische Laute. Buchstaben- (genauer: Konsonanten-) ↗ Alphabet, Triliteralität (Dreibuchstabigkeit) der meisten Wurzeln (LMD-üben; LaMaD „lernen“, LimMaD- „lehren“, meLamMeD „Lehrer“, taLMiD „Schüler“, taLMuD „Lehre“); beim Nomen zwei Geschlechter (Mask. und Femin.; Neutrum u. Abstraktes meist durch Fem. ausgedrückt) u. drei Numeri (Sing., Plur., Dual), keinerlei Kasus-Endungen, aber Rückbildung d. Wortstammes zum Ausdruck d. Genetiv-Verhältnisses (sog. status constructus: Tora = die Tora, Torat Mosche = d. Tora des Mose); beim Verbum zwei Tempora (Perf. u. Imperf. [bezw. Futurum]; Präsens nur durch Verbindung d. Partizips mit Hilfszeitwort auszudrücken), ein einziger Modus (Indikativ), aber zahlreiche Genera (außer Aktiv u. Passiv meist noch ein Intensiv, Kausativ, Reflexiv u. a. m.); Artikel u. Präpositionen, einbuchstabig, werden als Präfixe dem zugehörigen Nomen vorangesetzt; Pronomina personalia u. possessiva treten als Suffixe an Nomen, Verbum u. Partikel. Unterscheidung zwischen Alt- u. Neu-H, bibl. u. nachbibl. H. Das klass. H d. B: schlicht-pathetisch in d. Erzählung (keine Nebensätze; Hauptsatz auf Hauptsatz folgend, durch „und“ verbunden); voll u. bilderreich in d. Dichtung (charakteristisch d. sog. „Parallelismus membrorum“ vgl. Moselied: „Meine Lehre triefe wie d. Regen, u. meine Rede fließe wie d. Tau“). Das klass. Neu-H d. Mischna: lapidare Kürze, ohne jedes Pathos (Im en ani li mi li = wenn nicht ich mir, wer mir; Hillels Ausspruch: „Wenn ich nicht für mich einstehe, wer steht dann für mich ein?"). Aus d. Neu-H, der Sprache d. haupts. theolog. u. gelehrten j. Lit. des MA, ist das neue H, die Literatursprache d. weltl. j. Schrifttums seit d. Aufklärungszeit u. d. moderne gesprochene H Palästinas hervorgegangen, die alle Stilgattungen verbinden und neue schaffen. L: D. J. Bornstein, Einf. in d. H d. Gegenwart, 1927.

Hebräische Wörter im dt. Sprachgebr. (durch B u. Kirche): Amen, Beelzebub, Cherub, Eden, Halleluja, Hosianna, Krethi u. Plethi, Leviten, Mammon, Manna, Menetekel, Messias, Philister, Satan, Schibbolet, Sela, Seraph, Sodom u. Gomorrha, Tohuwabohu, Zebaot; ferner d. Vornamen Jakob, Josef, Johannes, Matthias, Thomas; Eva, Ruth, Magdalena. ↗ Jargonausdrücke, Lehnwörter, Wendungen.

Hebrew Immigr. Aid Society ↗ Hias.

Hebron (Chewron), Stadt in Juda, Davids erste Residenz; d. Gruft d. Erzväter (Höhle Machpela) bei H. Heute fast rein arab.; vor Pogrom von 1929 ca. 500 J = 3%.

Hechaluz, unpolitische nationalj. Org. zur Vorbereitung u. berufl. Ausbildung (Hachschara) junger j. Menschen für ein Arbeiterleben in Pal. Der Weltverband des H., gegr. 1921, hat seine Zentrale in Warschau, er umfaßt ca. 100 000 Mitgl. Der dt. Landesverband, gegr. 1923, zählt ca. 14 000 Mitgl.

Hedin, Sven, ♂ in 4. Generation von einem in Schweden eingewanderten J (Abraham Brody alias Berlin), geb. 19. 2. 1865, berühmter schwed. Forschungsreisender, schrieb u. a. ein „Jerusalem"-Buch (dt. 1918).

Heerwesen, altj. In bibl. Zeit Entwicklung vom Stammesaufgebot im Kriege (Richterzeit) zu stehendem Heer (Königszeit), von primitiver Bewaffnung (Josuas steinerne Schwerter, Davids Schleuder, Unterlegenheit gegen philistäische Eisenwaffen) d. Fußvolks zu ausgerüsteter Truppe mit Reiterei u. Streitwagen (Ahabs Kriege mit Aram); nach Eroberung kanaanäischer Festungen (Jericho, Jerusalem) werden eigene (seit Salomo) gebaut. Älteste Schlachtschilderung: Deboralied; berühmte Kriegshelden: d. Richter Gideon, d. Feldherren Abner u. Joab. — Nach 400-jähr. Pause Neuaufbau d. j. H. durch Juda Makkabi; freiwillige Gefolgschaft im Unabhängigkeitskampf, Soldheere d. Hasmonäer u. Herodianer. Daneben J als Söldner u. Offiziere in fremden Heeren (Ptolemäer). Ausbildung nach griech.-röm. Muster; daher im j.-röm. Kriege dem Gegner fast ebenbürtig. — Kriegsgesetz d. Tora: D 20.

Hegel △ Georg Wilhelm Friedrich, 1770—1831, dt. Philosoph. Stellung zum Jt.: erst galt ihm Jt. nur als Religion d. Autorität u. äußeren Satzung, dagegen in Berliner „Vorlesungen über d. Philosophie d. Weltgeschichte" als höhere Geistesreligion im Gegensatz zu oriental. Naturreligion. Einwirkungen seiner Philosophie: 1) in seinem Schülerkreis: Eduard Gans, Moses Moser, Heinrich Heine („Verein f. Kultur u. Wissenschaft d. J"). 2) auf j. Religionsphilosophie: Nachman ↗ Krochmal, Samuel Hirsch. 3) auf sozialistische Theorie: Moses ↗ Heß, Ferdinand ↗ Lassalle, Karl ↗ Marx (Übernahme d. Dialektik); 4) auf nachfolgende Philosophen: Adolf ↗ Lasson (Hegel-Herausg.), Georg ↗ Simmel; in d. Gegenwart: Jonas Cohn, Arth. Liebert, Siegf. Marck, Rich. Kroner.

Hegesippus, christl.-lat. Bearbeitung d. „J. Krieges" von Josephus (4. Jhd.).

Heidelberg, 1102 J = 1,3%, J seit ca. 1300.

Heidenchristen ↗ Christentum.

Heidenhain, Rudolf, 1834—1897, Prof. d. Physiologie u. Histologie Breslau. Studien über mechanische

Leistung, Wärmeentwicklung bei d. musikal. Tätigkeit u. experimentelle Nachprüfung hypnotischer Phänomene.

Heidenheim, Wolf, 1757—1832, Hrsg. u. Drucker d. Machsor u. Siddur mit dt. Übs.; Pent.-Kommentator (Rödelheimer Drucke).

Heidentum, Kultform d. polytheistischen Urvölker Kanaans u. Nachbarvölker Israels (Astarte, Baal, Moloch; heilige Bäume; Gestirndienst; Menschenopfer), mit denen sich d. bibl. Jt. bis zur Rückkehr aus d. babyl. Exil auseinandersetzen muß; d. geläuterte Jt. d. zweiten j. Reiches nimmt d. Kampf gegen griech.-röm. H. aktiv auf u. treibt bis zur Entstehung d. Christentums erfolgreich Mission.

Heijermans, Herman, 3. 12. 1864 Rotterdam—Zandvoort 23. 11. 1924, Dramatiker u. Erzähler, Hauptvertreter d. Naturalismus in Holland, behandelte vielfach j. Stoffe, so in d. Drama „Ghetto" (1898), in d. Roman „Diamantstadt" u. mehreren Novellen.

Heilbronn, 790 J = 1,3%. Seit 1298 bezeugt. Familienname H. (auch Halpern, Heilpern, Heilprin usw.).

Heilkunde, j. (Refua = Heilung; Chochmat ha-Refua = Heilkunde), in d. B gelegentlich als profane Wissenschaft erwähnt (E 21, 19; II. Chr. 16, 12), dazu als Heilmittel Salbe (Balsam), Pflaster (Feige; II. Kg. 20, 7), Bad; ↗ Hygiene ist ein Bestandteil d. Gesetzes, d. Vorschriften über ↗ Rein und unrein wie d. ↗ Speisegesetze beleuchten auch d. Stand d. altj. H., in der d. Priester unterrichtet ist (Prüfung d. Aussatzes; L 14), aber d. eigentliche Arzt ist Gott (E 15, 26). — Im T findet sich, neben abergläubischen Vorstellungen, bereits eine ausgeprägte H., eingehende Kenntnis d. Körpers u. d. Organe, Bekanntschaft auch mit inneren Krankheiten, Bevorzugung d. Aderlasses, primitive Chirurgie. Im MA sind J Schüler, Studiengefährten u. Lehrer d. arab. Mediziner, Übersetzer d. Werke △ Hippokrates' u. △ Galenus' (diesen identifizierte man mit d. Patriarchen ↗ Gamliel), Leibärzte d. Kalifen; d. älteste H.-Buch (8. Jhd. oder früher) hat d. legendären Assaf zum Verfasser, d. berühmteste j. Autor auch unter d. Ärzten ist Maimonides. Die im islam. Kulturkreis begründete medizinische Kultur d. J hat sie bis in d. Neuzeit zu bevorzugten Trägern dieser Wissenschaft gemacht (↗ Leibärzte von Königen, Päpsten, Fürsten in ganz Europa) u. d. gr. Anteil d. J an d. modernen Medizin vorbereitet.

Bildnis eines jüdischen Arztes im 17. Jhd. Holzschnitt

L: J. Preuß, Bibl.-talmud. Medizin, 1923; H. Rosin, D. J in d. Medizin, 1926.

Heilung durch Gebet schuf Elia dem Kranken, Elisa dem toten Sohn seiner Wirtin (I. Kg. 17; II. Kg. 4); H. durch Tauchen im Jordan schrieb Elisa dem aussätzigen Naeman vor (II. Kg. 5). Wunderbare H. vom Schlangenbiß gewährte d. Anblick d. von Mose aufgerichteten ehernen Schlange (NU 21).

Heimann, Moritz, 19. 7. 1868 Werder (Mark)—Berlin 22. 9. 1925, Dichter u. Essayist, Entdecker u. Förderer zahlr. dt. Autoren, charaktervolle Persönlichkeit von eigener Prägung, Meister d. Aphorismus (Deutschtum u. Jt.: „Es ist nichts Unnatürliches darin, seine Bahn mit zwei Mittelpunkten zu laufen; einige Kometen tun es u. die Planeten

Moritz Heimann
Büste von Gertrud Heimann, 1918

alle.") Ⓦ Weib d. Akiba (Drama 1922); Prosaische Schriften (3 Bde. 1918); Wintergespinst (Novellen 1921).

Heimatvereine, Verband Jüdischer, gegr. 1935, umfaßt H. d. dt. Ostens (bes. Westpreußens, Posens, Oberschlesiens). Ⓦ Blätter d. Verbandes J. H.

Heine: 1) Heinrich, 13.12.1797 Düsseldorf—Paris 17.2.1856, j. Klassiker dt. Zunge; 1825 getauft, bewußte Rückwendung zum Jt. 1848, Übersiedlung nach Paris 1831, langes Krankenlager („Matratzengruft"). Lieder-, Balladen- u. Romanzendichter („Buch d. Lieder", „Romancero"), sehr vieles vertont (am populärsten: „Zwei Grenadiere" [mit 16 Jahren gedichtet], „Lorelei"), charakteristische Mischung von Empfindsamkeit u. Sarkasmus; Versepiker („Deutschland, ein Wintermärchen", „Atta Troll"), Erzähler (humorist. „Harzreise"), Essayist („Zur Gesch. d. Relig. u. Philosophie in Dt."), politischer u. literar. Journalist, an d. Grenze zwischen Romantik u. „Jungem Dt.". Stellung zum Jt. teils ironisch, teils sentimental; literar. Zeugnisse: „Hebr. Melodien" im Romancero, Novellenfragment „D. Rabbi von Bacharach", d. Kampfschrift „H. Heine gegen Ludw. Börne". (Vgl. Tafel 12.) L: Karpeles, H. u. d. Jt., 1868; M. J. Wolff, H. H. 1922; Bieber, H. H.'s Confessio Judaica, 1925; M. Brod, H. H., 1934. 2) Thomas Theodor, geb. 28. 2. 1867 Leipzig, Maler u. Graphiker, bekannt bes. als scharf-satirischer Karikaturist (1896—1933 meist für den „Simplizissimus" tätig).

Heinemann, Isaak, geb. 5. 6. 1876 Frankfurt/M., klass. Philologe u. j. Gelehrter (Hellenismus, insbes. Philo), Prof. Breslau (Jüd.-Theol. Seminar), Herausgeber d. „Monatsschrift f. d. Gesch. u. Wissensch. d. Jt.".

Heirat ↗ Ehe.

Hellenismus, Bz. der durch d. Griechentum, daneben durch oriental. Einflüsse bestimmten Mischkultur, die etwa seit Alexander d. Gr. d. Mittelmeerländer ergriff, sich bis zum Sieg d. Christentums behauptete u. auf d. Volkskulturen nivellierend, oft zerstörend, vielfach (zumal künstlerisch) bereichernd gewirkt hat. Im pal. Jt. überwogen anfangs d. zerstörenden Wirkungen.

Heinrich Heine
Nach einer Zeichnung von 1840

Seit d. Makkabäerzeit dringen trotz der rel.-nat. Erstarkung griech. Namen u. zahlr. Lehnwörter ins pal. u. babyl. Jt. ein, mit ihnen Rechtsbegriffe (Testament, Hypothek), Sagen (Prokrustes, Alexander), Vorstellungen von Urzeit, Über- u. Unterwelt, Sätze d. populärphilosoph., exeg. Methoden (Gematria, Notarikon). Noch stärker mag d. H. außerhalb d. geschlossenen Siedlungen gewirkt haben. Zumal im Westen (↗ Katakomben) hat d. Kenntnis des H u. Aram. gewiß abgenommen. Zwar hielt man im allg. Feste, Speisegesetz, Beschneidung u. warb auch Proselyten für sie. Aber z. T. durch deren Einfluß drangen abergläubische u. relig.-synkretistische Vorstellungen ein. Bes. stark wirkte der H. auf das alexandr. Jt. infolge d. Werbekraft d. dortigen Bildungseinrichtungen u. d. anscheinend günstigeren Wirtschaftslage. Teilw. entsteht Dekadenz, Beschränkung d. Synagogenbesuchs auf Versöhnungstag, Abfall. Auch d. sehr achtbare Leistung der ersten griech. B-Übs. ist durch Unkenntnis d. H veranlaßt. Aber es entsteht auch ein selbstsicheres, werbefreudiges „hellenist. Jt.". Es wendet griech. Lit.-Formen (Drama, Epos, Rhetorik, Geschichtsschreibung) auf d. j. Gesch. an und sucht eine Synthese zwischen B u. griech. Weltanschauung, indem es Erzählungen u. Gebote allegorisiert (Beschneidung = Einschränkung d. Trieblebens) u. d. eth. Monotheismus d. B wissenschaftl. unterbaut u. formuliert (Philo).

Heller, Jomtow Lipmann, 1579 Wallerstein (Bayern)—Krakau 1654, Talmudist, Rabbiner in Wien, Prag, Krakau. Ⓦ Tossefot Jomtow, Mischna-Kommentar, mit d. Text d. Mi.-Ausg. zusammengedruckt.

Helphand, Alexander (Pseud. Parvus), 1867—1924, volkswirtschaftl. Schriftsteller und sozialdemokrat. Politiker, Gegner d. Bolschewismus.

Helsingfors. ca. 110 J = 1,1%, aus Litauen u. Polen eingewandert, 1918 Gemeindestatut.

Helsingforser Programm, beschlossen auf d. 1906 abgehaltenen 3. allruss. Z.-Tagung, wichtig für d. Geschichte d. Z.

Henle: 1) Elkan, 1761—1833, Vorkämpfer für d. Emanzipation d. bayer. J. 2) Fr. G. Jacob, 20. 7. 1809 Fürth—Göttingen 13. 5. 1885, Pathologe, einer der Begr. der auf d. Zellenlehre aufgebauten mod. wissenschaftl. Anatomie, Lehrer Robert △ Kochs. Seine Ehe mit Elise △ Egloff in Berthold Auerbachs „D. Frau Professorin", Gottfried △ Kellers „Sinngedicht" u. Charlotte △ Birch-Pfeiffers „Dorf u. Stadt" behandelt. 3) Siegmund von, 1821—1901, bayerischer Politiker, Anwalt d. bayerischen Königshauses, 1882 geadelt.

Henoch (Chanoch), einer d. Urväter zwischen Adam u. Noah, seines göttl. Wandels wegen von Gott entrückt (G 5), eine d. Hauptgestalten d. nachbibl. j. Mystik. Buch H., pseudepigr. Apokalypse, vollst. in äthiop. Übs. erhalten, 93 Kap.

Henschel, Gebrüder (Friedrich, August, Wilhelm u. Moritz), geb. 1781—1785 in Breslau, gest. 1837, 1828, 1865 u. 1862, als Graphiker u. Miniaturmaler gemeinsam seit etwa 1806 in Berlin, später wieder in Breslau tätig. Ihre Lithographien gehören zu den frühesten Erzeugnissen dieser Technik. Ⓦ Porträts, Theaterskizzen u. a. (Abb. 689).
L: S. Kirschstein, J. Graphiker, 1918.

Hep! Hep! (eine Erklärung von vielen: Abk. f. Hierosolyma est perdita = Jerusalem ist verloren), ↗ Schmähruf gegen J zu Beginn d. 19. Jhd.

Herder △ Johann Gottfried von, 1744—1803, der große Anreger d. dt. Klassik, hat auch als erster dem Gefühl für d. ästhetischen Werte d.

B Bahn gebrochen: „D. älteste Urkunde d. Menschengeschlechts“ (1774); Vom Geist d. ebr. Poesie (1782/83).

Hermann: 1) Georg (eigtl. Borchardt), geb. 7.10.1871 Berlin, Schriftsteller. Ⓦ „Jettchen Gebert“ 1906, Roman, Schilderung des Berliner Jt. d. Biedermeierzeit; Fortsetzung: „Henriette Jacoby“ 1908; ferner zahlr. Berliner j. Gesellschaftsromane aus d. jüngsten Vergangenheit. 2) Ludimar, 1838 Berlin–Königsberg 1914, Physiologe, o. Prof. Königsberg. Ⓦ Grundlagen d. Physiologie d. Menschen (14 Auflg.).

Hermeneutik, Schriftauslegung u. Erschließung d. Halacha aus d. Tora-Text nach festen Normen (Middot), z. B. Gesera schawa (Analogieschluß), Kal we-Chomer (Leicht u. schwer, „a minore ad maius“).

Hermon (Chermon), Gebirge im NO Pal.'s, Teil d. Libanon; schneebedeckt.

Herodes, j. König 37–4 v., Usurpator mit röm. Hilfe, Halbj. (Idumäer), d. prachtliebende (Tempelbau Jerusalem) u. tyrannische (Hinrichtung d. Mariamne) letzte selbständige Vertreter j. Königtums.

Herodianer, d. Dynastie d. Herodes: seine Söhne Archelaus u. Antipas, sein Enkel u. Urenkel Agrippa I. u. II.

Herrera, Abraham Cohen, um 1570 bis 1639, Religionsphilosoph, Marrane, wurde in Amsterdam J. Ⓦ Puerto del Cielo (in lat. Übs. von Christen viel gelesen), neuplaton. Exposition d. lurian. Kabbala.

Herrnfeld, Anton (1866–1929) u. Donath (1868–1916), gründeten 1896 in Berlin das „Gebrüder H.-Theater“ (vorher in Budapest) als Spezialitätenbühne für j. Jargonpossen; die H. waren ihre eigenen Autoren u. Hauptdarsteller. Größter Erfolg: D. Klabriaspartie. D. H.-Theater bestand bis 1918.

Hertz: 1) Friedrich, geb. 1878 Wien, Anthropologe, bis 1933 o. Prof. Halle. Ⓦ Kultur u. Rasse 1924 (Widerlegung ↗ Chamberlains). 2) Gustav ♁ geb. 21.7.1887 Hamburg, Physiker, seit 1928 o. Prof. an d. Technischen Hochschule Berlin, hat gemeinsam mit J. Franck d. Anregungs- u. Ionisierungsspannung verdünnter Gase untersucht u. d. ♁ Bohrschen Atomtheorien experimentell bestätigt. Nobelpreis 1926. 3) Heinrich ♁ 22.2.1857 Hamburg–Bonn 1. 1. 1894, genialer Physiker, seit 1885 o. Prof. Karlsruhe, 1889 Bonn, erzeugte 1886 d. ersten elektrischen Wellen u. legte so d. Grundlage für d. drahtlose Telegraphie, Telephonie u. den Rundfunk; vervollständigte elektromagnetische Lichttheorie u. andere Lehren d. Mechanik. 4) Henrik (eigtl. Heymann), Kopenhagen 27. 8. 1797 –25. 2. 1870, dänischer Dramatiker u. Lyriker. Seine romant. Dramen „Svend Dyrings Haus“ u. „König Renés Tochter“ früher auch in Dt. oft gegeben. 5) Joseph Herm., geb. 1872 Rebrits (Rumänien), seit 1913 Chief-Rabbi von England.

Hertzka, Theodor, 1845 Pest–Wiesbaden 1924, Nationalökonom u. Bodenreformer, Freihändler, entwarf in „Freiland“ (1890) soziale Zukunftsbilder, die auch Herzl beeinflußten.

Herz: 1) Henriette, Berlin 5. 9. 1764–22. 10. 1847, geb. de Lemos (Bildnis Tafel 8), heiratete 1779 Marcus Herz. Ihr Salon Ende d. 18. Jhd. Sammelpunkt d. literar. u. künstlerischen Berlin (Schleiermacher, Fr. Schlegel, W. von Humboldt, Schadow, Fichte, Börne u.v.a.). Ⓦ Briefe, Erinnerungen. 2) Jakob, 1816–1871, Arzt, seit 1869 o. Prof. d. Universität u. Ehrenbürger d. Stadt Erlangen, die ihm ein Denkmal setzte (Abb. 291). 3) Marcus, Berlin 17. 1. 1747 – 19. 1. 1803, Arzt, Philosoph, Anhänger Kants u. dessen Opponent bei seiner Dissertation, Freund M. Mendelssohns, verheiratet

Denkmal des Arztes Jakob Herz in Erlangen

mit 1, Titularprofessor. 4) Wilhelm, Berlin 1823—1914, Industrieller (Öl), erster Präsident d. Berliner Handelskammer, Exzellenz.

Herzl, Theodor, 2. 5. 1860 Budapest —Edlach 3. 7. 1904, Begr. d. ⁄ Zionismus, Journalist (Feuilleton) u. Schriftsteller (Lustspiele) in Wien, 1891/95 Pariser Berichterstatter d. „Neuen Freien Presse". Unter Eindruck d. ersten Dreyfusprozesses verfaßt er die Schrift „Der Judenstaat", die Anstoß zur Entstehung d. polit. Zionismus gibt. Mit d. I. Basler Kongreß (1897) gründet H. die Zionistische Weltorganisation, deren Präs. er bis zu seinem Tode bleibt (Abb. 826). Ⓦ Zion. Schriften (5 Bde.); Tagebücher, ⁄ Altneuland. L: A. Friedemann, Das Leben Th. H.'s, 1919. A. Bein, Th. H. Biogr. 1935.

Hesekiel ⁄ Ezechiel.

Hesped (Betrauern), Gedächtnisrede, d. Nekrolog f. d. Gelehrten; Gattung d. rabbin. Lit. (Bibliogr. von A. Jellinek).

Heß, Moses, 1812 Bonn—Paris 1875, Vater d. modernen Sozialismus auf stark ethischer Grundlage, deshalb auch „Kommunistenrabbi" genannt, entwirft in „Rom u. Jerusalem" (1862) national-j. Gedanken u. wird Vorläufer des Z. L: Th. Zlocisti, M.H.1921; Lukacs, M.H.1926.

Hessen, 17 888 J = 1,3%, Alte j. Ansiedlungen in ⁄ Mainz, ⁄ Worms, außerdem Hauptgem. in ⁄ Darmstadt, Gießen, Offenbach.

Hetiter (h. Chet, Chittim), Kulturvolk in Vorderasien, erlag d. Assyrern; H. sind in d. bibl. Darstellung auch eines d. Urvölker Kanaans. Ihre Sprache ist nichtsemitisch.

Hexateuch (Sechsbuch), wissensch. Bz. d. ersten sechs Bibelbücher, also des Pentateuch u. d. Buches Josua.

Heymann, Walther, geb. 19. 5. 1882 Königsberg, gefallen bei Soissons 19. 1. 1915, erweckte durch seine Gedichte „Springbrunnen" u. d. „Nehrungsbilder" (1909) große Hoffnungen. Feldpostbriefe 1915.

Heyse ♁ Paul, 15. 3. 1830 Berlin—München 2. 4. 1914 (Mutter geb. Saaling), berühmter Novellist u. Lyriker, Nobelpreisträger 1910.

Hias = Hebrew Sheltering and Immigrant Aid Society of America, j. Einwanderungshilfsorganisation Amerikas, gegr. 1888 New York, zunächst nur f. j. Einwanderer aus Osteuropa, hat in Verbindung mit ⁄

Hicem Hilfstätigkeit auch auf andere Einwanderungsländer ausgedehnt.

Hicem, Emigrationsvereinigung d. beiden Gesellschaften ↗ Hias und ↗ Ica, gegr. 1927. Sitz: Paris 8, 35 Rue de la Bienfaisance. Zweck: planmäßige Regelung d. Auswanderung von J, wirtschaftliche Betreuung d. j. Einwanderer in d. Bestimmungsländern.

High Commissioner von Pal., abgek. H. C., ist d. oberste Beamte d. engl. Regierung, der nach d. Pal.-Mandat d. Staatsgewalt ausübt. H. C. waren Sir Herbert Samuel 1920/25, Lord △ Plumer bis 1928, Sir John △ Chanceler bis 1930; seitdem Sir Arthur △ Wauchope.

Hildesheimer: 1) Esriel, 20. 5. 1820 Halberstadt—Berlin 12.7.1899, Führer d. Orthodoxie, Begr. d. orthodoxen Rabbiner-Seminars Berlin (1873), Rabbiner u. j. Gelehrter. 2) Meier, Sohn von 1, 1864—1934, Prediger d. „Adass Jisroel" in Berlin.

Hilfe u. Aufbau ↗ Zentralausschuß.

Hilfskomitees, j., zur Betreuung j. Flüchtlinge wirken in: 1) England: Jewish Refugees Committee (Woburn House, Upper Woburn Place London W C 1); Academic Assistance Council Royal Society (Burlington House London W 1). 2) Holland: Comité voor joodsche Vluchtelingen (s' Gravenhekje 7 Amsterdam). 3) Österreich: Österr. Hilfskomitee (Seitenstettengasse 2 Wien 1). 4) Schweiz: Schw. Isr. Gemeindebund, Zentralkomitee für Flüchtlingshilfe (Nüschelerstr. 36 Zürich). 5) U. S. A.: National Coordinating Committee for Aid to Emigrants coming from Germany, 245 Fifth Avenue, New York.

Hilfsverein d. Juden in Dt., gegr. 1901 in Berlin, Wohlfahrtsorgan., früher umfassende Hilfsleistungen für notleidende J in Rußland u. Galizien, Gründung von Kindergärten in Pal., jetzt Zentralbüro f. j. Auswanderungsangelegenheiten. Ⓦ Korrespondenzblatt über Auswanderungs- u. Siedlungswesen.

Hillel aus Babylon, einer d. Begründer d. „mündl. Lehre", größte Autorität d. Gesetzes in d. Zeit vor d. Tempelzerstörung, Nassi (Patriarch) um 30 v.—10 n. in Jerusalem u. Ahnherr d. Patriarchendynastie; Vorbild d. Sanftmut u. Gelassenheit (im Gegens. zu seinem jähzornigen Gefährten u. Antipoden ↗ Schammai). Grundlagen d. Schriftauslegung (H.'s 7 hermeneutische Normen) u. d. Halacha (ausgebaut von d. Schule H.'s), ethische Lehre (Primat d. Nächstenliebe, sog. „goldene Regel").

Hillel II., Patriarch in Pal., schuf 344 n. den konstanten j. Kalender.

Hiller, Ferdinand, 1811 Frankfurt/M.—Köln 1885, Komponist (Mendelssohn-Epigone), Pianist u. Musikschriftsteller, seit 1850 Direktor d. Kölner Konservatoriums, seines Einflusses wegen von △ Wagner gelegentlich als „rheinischer Musikpapst" bezeichnet.

Himmelfahrt d. Propheten Elia (II Kg. 2) wurde literar. Vorbild j. u. christl. Legenden; ein anderes Motiv ist d. Entrückung d. Gerechten in d. Himmel (Henoch, G 5). Nachbibl. j. Mystik kennt sieben Himmel; Sagen von d. Himmelswanderungen d. Mose u. d. Ismael b. Elisa.

Hiob (Ijow), d. leidende Gerechte, vom Satan verleumdet, von Gott gestraft, von d. Freunden gescholten, besteht d. göttl. Prüfung. Buch H. (3. d. Hagiogr.), H.-Legende, Dichtung in Dialogform, 42 Kap., laut agad. Tradition von Mose verfaßt.

Hirsch (Zwi), reines Tier, Sinnbild d. Stammes Naftali, häufiger Vor- u. Nachname.

Hirsch: 1) August, 1817—1894, Medizinhistoriker Berlin. bearbeitete Geschichte u. Geographie d. Seuchen nach d. Forschungsergebnissen mehrerer eigener Expeditionen. Ⓦ

Gesch. d. medizinischen Wissenschaften in Dt. 2) M a x, 1832 Halberstadt—Homburg v. d. H. 1905, Gründer d. lib. Gewerkvereine (Hirsch-Δ Duncker). 3) M o r i t z, Baron (Frei-

Samson Raphael Hirsch
Lithographie von Hermann Struck

herr von Gereuth), 1831—1896, Bankier (Bischoffsheim u. Goldschmidt, Brüssel), finanzierte Bahnbau in Türkei, Rußland, Österreich, erwarb gr. Vermögen, das er zusammen mit seiner Frau Clara (1833—99) f. j.-charitative u. kolonisatorische Zwecke (bes. f. ↗ Alliance u. ↗ Ica) verwandte. 4) S a m s o n R a p h a e l, 20. 6. 1808 Hamburg—Frankfurt/M. 31.12.1888, Begr. u. geistiger Führer d. Neu-Orthodoxie, Rabbiner d. „Isr. Religionsgesellschaft" in Frankfurt/M. Ⓦ 19 Briefe über Jt. (1836, unt. d. Pseud. Ben Usiel); Choreb od. Versuche über Jissroels Pflichten in d. Zerstreuung (1837); Übs. d. Pentateuch, d. Ps. u. d. Gebete; Zeitschr. Jeschurun (1854 ff.). 5) S a m u e l, 1815 Trier—Chicago 1889, Rabbiner Dessau, Luxemburg, Philadelphia; Religionsphilosoph (Hegelianer). Ⓦ Religionsphilosophie d. J 1842.

Hirschberg, Julius, 18. 9. 1843 Potsdam—Berlin 17. 2. 1925, Prof. d. Augenheilkunde Berlin, schrieb zahlr. augenärztliche u. medizingeschichtliche Werke.

Hirschfeld: 1) H a r t w i g, 18. 12. 1854 Thorn—London 10. 1. 1934, Hebraist u. Semitist, Prof. London. 2) H e r m a n n, 31. 7. 1825 Neustettin —Kolberg 17. 6. 1885, Gründer des Solbads Kolberg (städt. Denkmal 1886/1933). 3) G e o r g, geb. 11. 2. 1873 Berlin, Schriftsteller, d. jüngste Vertreter des Naturalismus d. 90er Jahre; bevorzugte in seinen Dramen u. Romanen Stoffe aus d. j. Gesellschaft. Ⓦ D. Mütter (1896), Agnes Jordan (1898). 4) M a g n u s, 14. 5. 1868 Kolberg—Nizza 19. 5. 1935, Sexualforscher.

Hirszenberg, Samuel, 22. 2. 1865 Lodz—Jerusalem 15. 9. 1908, Maler, seit 1907 Lehrer an d. Bezalelschule; seine Bilder entstammen meist j. Stoffkreisen, in genrehafter od. pathetischer Formung. Sein Hauptwerk „Golus" im J. Museum Berlin.

Samuel Hirszenberg
Selbstbildnis, 1902

Hiskia (Chiskijahu, „Gott ist Stärke"), Kg. von Juda um 700 v., Erneuerer d. Kultus, entgeht durch ein Wunder d. Vernichtung durch Assyrien. Auseinandersetzung Jesaja-H.

Histadrut ha-Owedim, allgem. Organisation d. j. Arbeiter in Pal., wurde 1920 mit 4433 Mitgl. gegr., umfaßt heute ca. 60 000 Mitgl. Sie ist zugleich Gewerkschaft u. (unter d. jurist. Namen „Chewrat Owedim" = Arbeiterges.) Eigentümerin d. Arbeitersiedlungen u. -institutionen.

Historiker, j. Alte Geschichte: Hermann Dessau (1856—1931), Ludwig Friedländer (1824—1909), Otto Hirschfeld (1843—1922), Eugen Täubler (geb. 1879); Mittlere Geschichte: Ernst Bernheim (geb. 1850), Willy Cohn (geb. 1888), Ludo Hartmann (1865—1924), Richard Koebner (geb. 1885), Wilhelm Levison (geb. 1876), Richard Sternfeld (1858—1926); Neuere Geschichte: Max Büdinger (1828—1902), Heinrich Friedjung (1851—1920), Gustav Mayer (geb. 1871), Martin Philippson (1846—1916), Richard Salomon (geb. 1884), Alfred Stern (geb. 1846), Selma Täubler-Stern (geb. 1890); Urkundenforschung: Harry Bresslau (1848 bis 1926), Philipp Jaffé (1819—1870), Viktor Loewe (1871—1933), Samuel Steinherz (geb. 1859); Landes- bezw. Stadtgeschichte: Jacob Caro (1836—1904), Robert Davidsohn (geb. 1853), Siegfried Hirsch (1816—1860), Theodor Hirsch (1806—1881), Alfred Francis Pribram (geb. 1859), Felix Salomon (1866—1928), Henry Simonsfeld (1852—1930), Michael Strich (geb. 1881), Adolf Warschauer (1855—1931); Rechtsgeschichte: Max Conrat (1848—1911), Guido Kisch (geb. 1889), Ernst Landsberg (1860—1928), Edgar Loening (1843—1919), Felix Liebermann (1851—1925).

Hitachdut („Vereinigung"), j. Arbeiterpartei. ↗ Arbeiterbewegung.

Hitachdut Olej Germania, gegr. 1933 Tel-Awiw, Organ. zur Beratung dt. Einwanderer in Pal.

Hitzig, Georg Heinrich Friedrich, Berlin 8.4.1811—11.10.1880, Sohn d. Kriminalisten Julius Eduard H., Architekt, schuf in Berlin d. Börse (1859/64), d. Reichsbank (1869/77) u. d. Neubau d. Techn. Hochschule (1877/81). H. war Pour le mérite-Ritter, Präs. d. Akademie d. Künste.

Hochzeit ↗ Ehe.

Hoffa, Albert, 31.5.1859 Richmond (Afrika) — Köln/Rh. 31. 12. 1907, Orthopäde, o. Prof. in Würzburg u. Berlin, Begr. d. modernen Orthopädie (Spezialgebiet: Behandlung d. angeborenen Hüftverrenkung).

Hoffmann, David, 1843 Verbo (Tschechoslow.) — Berlin 1921, seit 1899 Rektor d. Rabbinerseminars Berlin, B- u. T-Forscher, Gegner d. B-Kritik. Ⓦ Übs. u. Komm. zu L u. D (1905f., 1913ff.); D. Sch. Ar. (1885).

Hofjuden, j. Finanzleute an d. Fürstenhöfen d. 17. u. 18. Jhd. in Dt. u. Österreich. Durchaus abhängig vom Willen d. Herrscher hatten sie d. unpopulären Aufgaben d. Münz- u. Geldbelieferung f. d. Fürsten, d. Verproviantierung d. Armee u. zeitweise wirtschaftl. Sonderaufträge. Seit etwa 1735 werden d. hervorragenden H. Hoffaktoren genannt, allerdings nur dann, wenn sie tatsächlich als Finanzberater (Beamte), als Münz- u. Heereslieferanten großen Stils tätig sind. Durch d. Schwergewicht ihrer Stellung waren H. häufig Führer j. Gem.; bekannt wurden: Josef Süß Oppenheimer in Stuttgart, Samuel Oppenheimer, Samson Wertheimer in Wien; Jost Liebmann u. Marcus Magnus in Berlin; Elias Gomperz in Kleve, Berend Lehmann in Dresden.

Hofmannsthal ⚲ Hugo von, 1.2.1874 Wien—Rodaun 27. 5. 1929, bedeutender neuromantischer Dichter, entstammte einer 1835 geadelten Bankiersfamilie; schon in 2. Generation Christ. Ⓦ Gedichte, Versdramen, Essays; d. Texte zu den meisten Opern von Richard △ Strauß.

Hohelied (Schir ha-Schirim, „Lied d. Lieder"), d. erste d. „fünf Rollen" in d. Hagiographen d. B; Sammlung alth. Liebespoesie, Salomo zugeschrieben, nach traditioneller Auslegung Allegorie d. Verhältnisses zwischen Gott u. d. Gem. Israel; 8 Kap. — Verlesung zu Pessach.

Hohepriester (Kohen gadol), d. höchste erbliche Priesterwürde; nach d. Tradition sind Aaron u. sein Sohn Eleasar d. ersten H. In d. theokrat. Periode Israels, als pers. u. hellenist. Provinz, standen H. an d. Spitze d. Staates; d. Hasmonäer verbanden H.-tum u. Kg.-tum in Personalunion, d. Amt erlosch mit d. Tempelzerstörung. Prachtgewand d H. (Leibrock mit Brustschild, E 28 u. 39); Reinigungszeremonie u. Betreten d. Allerheiligsten am Versöhnungstage (L 16).

Holdheim, Samuel, 1806 Kempen—Berlin 1860, Pionier d. radikalen Reform, erster Rabbiner d. j. Reformgem. Berlin. Ⓦ D. Autonomie d. Rabbinen (1843).

Holitscher, Arthur, geb. 22. 8. 1869 Budapest, Schriftsteller. Ⓦ Drama „D. Golem" 1909; Reise durch d. j. Palästina 1922.

Holland ↗ Niederlande.

Hollaender, Künstlerfam. in Berlin: 1) Felix, 1. 11. 1867 Leobschütz—Berlin 30. 5. 1931, Romanschriftsteller, Dramaturg u. Kritiker. Ⓦ Jesus u. Judas 1891, D. Weg des Thomas Truck 1902. 2) Friedrich, geb. 1896, Sohn von 4, bek. Revue- u. Tonfilmkomponist. 3) Gustav, 1855—1915, Bruder von 1, Violinist, Direktor d. Sternschen Konservatoriums in Berlin. 4) Viktor, geb. 1866, Bruder von 1 u. 3, Singspielkomponist, Dirigent am Berliner Metropoltheater.

Holländer, Ludwig, geb. 5. 8. 1877 Berlin, Rechtsanw., seit 1900 führend im C. V., dessen Syndikus u. späterer Direktor (1908/33); schrieb zahlreiche Beiträge zur Soziologie d. dt. J; 1. Vors. d. ↗ K. C. seit 1896.

Hölle (bibl. ↗ Gehinnom, Tofet; auch: Scheol, „Unterwelt"); Peinigung u. Verbrennung d. Frevler in d. H.

Höllriegel, Arnold ↗ Bermann.

Holofernes, assyr. Feldherr, Gestalt d. ↗ Judith-Sage.

Homberg, Herz, Prag 1749—1841, Aufklärer, Träger d. j. Schulreform in Galizien unter Joseph II.; ↗ Biurist.

Homiletik ↗ Predigt.

Honduras, ca. 100 J = 0,01%.

Hoogstraten △ Jakob van, 1460—1527, Dominikaner, päpstl. Inquisitor, unterlag als ✝ Eiferer gegen Reuchlin im päpstlichen Schiedsgericht.

Horajot (Lehren), Tr. (Nesikin), irrtüml. Entscheidungen u. ihre Sühne.

Höre Israel ↗ Schema Israel.

Horeb (Chorew) = ↗ Sinai.

Hornthal, Franz Ludwig von, Bamberg 1760—1833, Jurist, 1815 geadelt, 1818 Bürgermeister von Bamberg, Mitgl. d. bayr. Ständekammer.

Horodezky, Samuel Abba, geb. 27. 8. 1871 Malin (Ukraine), h. Schriftsteller u. j. Gelehrter (Mystik, Chassidismus), lebt in Berlin. Ⓦ Relig. Strömungen im Jt. (1920).

Horovitz (auch ↗ Hurwitz u. ä.), j. Fam. aus Böhmen (Horovice): 1) Jesaja b. Abraham, 1565 Prag—Jerusalem 1630, Talmudist u. Kabbalist, Oberrabb. in Prag. Ⓦ Schene Luchot ha-Berit (Die zwei Bundestafeln, abgek. ScheLaH), volkstüml. Kompendium von Gesetz u. Ethik. 2) Josef, 26. 7. 1874 Lauenburg—Frankfurt/M. 6. 2. 1931, Arabist (islam. Lit. u. Kultur; Verhältnis zum Jt.), Prof. Frankfurt/M. 3) Marcus, 8. 3. 1844 Ladany (Ung.)—Frankfurt/M. 27. 3. 1910, Vater von 2, Gelehrter, Führer d. gesetzestr. Richtung, Rabbiner in Frankfurt/M.

Horra (arab.), mod. j. Volkstanz (Reigen) in Palästina.

Horwitz, Maximilian, Berlin 26. 11. 1855—13. 10. 1917, Rechtsanw., Vors. d. C. V. (1893—1917).

Hoschana rabba, d. 7. Tag d. Laubhüttenfestes, Halbfeiertag; siebenmalige Prozession (Hakafa) mit d. Feststrauß in d. Synagoge. Poesie mit Refrain Hoschana (Hoschia na, „hilf uns doch", in griech. Umschrift Hosianna).

Hosea: 1) d. erste d. 12 kl. Propheten, um 750 im isr. Nordreich. Buch H., haupts. Strafpredigt, 14 Kap. 2) d. letzte Kg. Israels, bis 722 v.

Hosianna ↗ Hoschana.

Hostienschändung, angebl., im MA häufig gegen d. J erhobener Vorwurf, Anlaß schwerer Verfolgungen (↗ Rindfleisch); rote Pilzbildung auf Hostien wurde für Blut gehalten u. als Folge j. Mißbrauchs am Geweihten erklärt.

Hubermann, Bronislaw, geb. 19. 12. 1882 Czenstochau, weltberühmter Violinvirtuose, Schüler ↗ Joachims.

Hulda (Chulda, „Wiesel"), Prophetin in Juda unter Kg. Josia.

Hule (Chula): 1) H.-See (Jam Chula), auch Merom- od. Semachonitis-See genannt, den d. Jordan zuerst durchfließt. 2) H.-Tal, von Hermon bis zum H.-See, vom Jordan durchflossen, bisher versumpft; Erschließung hat begonnen.

Huna (Chona), babyl. Amoräer im 3. Jhd., Halachist.

Hünefeld ♁ Ernst Günther, Frh. von, 1. 5. 1892 Königsberg—Berlin 5. 2. 1929 (Mutter geb. Lachmann), erste Atlantiküberquerung in Ost-West-Richtung am 12. 4. 1928 mit △ Köhl u. △ Fitzmaurice.

Hurst, Fanny, geb. 19. 10. 1889 Hamilton (Ohio), amerik. Schriftstellerin. Ⓦ Romane: Humoresque (Schicksal einer j. Mutter) u. a.

Hurwicz, Saul Israel, 1860 Uwarowitschi (Weißrußl.) — Berlin 9. 8. 1922, h. Schriftsteller, wissenschaftl. Kritiker d. Überlieferung. Ⓦ Meajin ulean (Woher u. Wohin), Essays; he-Atid (Zukunft), Sammelbücher.

Hurwitz, Adolf, 26. 3. 1859 Hildesheim—Zürich 21. 11. 1919, Mathematiker, o. Prof. Königsberg, seit 1892 Zürich. Grundlegende Arbeiten zur Funktionen- u. Zahlentheorie.

Husserl ♁ Edmund, geb. 8. 4. 1859 Proßnitz (Mähren), Philosoph, o. Prof. Göttingen, Freiburg, Begr. d. phänomenologischen Philosophie.

Hygiene. Sorge um d. körperl. Gesundheit d. Volkes u. d. Einzelnen, spielt im Jt. seit ältester Zeit bis heute eine große Rolle. Für die Gesetze d. Jt. in erster Reihe relig. Motive maßgebend, aber auch ihre hygien. Wirkungen sind von Bedeutung. Vorschr. über erlaubte u. verbotene Speisen (↗ Speisegesetze), über kult. Waschungen u. Reinheitsgesetze (Händewaschen vor d. Morgengebet, vor jeder Mahlzeit, Vollbäder nach jeder ehelichen Beiwohnung u. rit. Verunreinigung [↗ Mikwe]), über Sexualleben mit d. Forderung geschlechtl. Reinheit bis zur Ehe, dem Verbot bestimmter Verwandtenehen u. der Enthaltsamkeitsvorschrift während d. Ehe, über d. Sabbatruhe mit ihrem Arbeitsverbot (↗ Sabbat), über Beerdigungswesen (↗ Bestattung) u. Ä. waren auch von vorbeugender Kraft. Sterblichkeitsziffern d. J daher geringer. Gesetze über Kommunal-H., Wasserversorgung, bes. f. d. alte Jerusalem, Schächtvorschr. (↗ Schechita) mit Entziehung d. Blutes u. Fleischbeschau, sowie ↗ Beschneidung (Berit Mila) mit ihrer krankheitsverhütenden Wirkung u. bes. über Medizinal-H. (Ärzte u. Medikamente hoch geschätzt, Kurpfuscherei verboten, strenge Bekämpfung d. Aussatzes) von bes. Verständnis f. d. Gefahr d. Infektion u. Wert d. Desinfektion. Diätetik, Erhaltung d. Gesundheit, einfache Kost u. Mäßigkeit gefordert.

Hyksos, unbek. (hetit.?) Volk, beherrschte Ägypten im 17.—16. Jhd. v.; j.-hellenist. Tradition setzte die H. d. Israeliten gleich.

Hyrkanos, griech. Name zweier Hasmonäer. 1) Jochanan H., Nachfolger Simons, 135—104 v., unterwarf Idumäer u. Samaritaner. 2) H. II., 63—40 v., Hohepriester, von seinem Bruder Aristobul II. entthront, von Antigonus verstümmelt, von Herodes getötet (30 v.).

I

Ibn, arab. = Ben (Sohn).
Ibn Abitur, Josef, einer d. ersten j. Dichter in Spanien, um 1000.
Ibn Esra: 1) Abraham, um 1092–1167, klass. Bibelexeget (sein Pent.-Komm. allen rabbin. Bibeln beigedr.) in Spanien u. Italien, Grammatiker, Philosoph, Astrolog, liturg. u. weltl. Dichter. 2) Mose, um 1060/1139, Dichter in Granada, schrieb h. u. arab. Ⓦ weltl. u. liturg. h. Gedichte (Ausg. von Bialik-Rawnitzki 1928f., H. Brody 1935), Poetik.
Ica ↗ Jewish Colonization Association.
Idelsohn, Abraham Zwi, geb. 14. 7. 1882 Filzburg (Kurland), Musikforscher, 1906/21 in Jerusalem, wo er 1919 eine j. Musikschule gründete, seit 1924 Prof. am Hebrew Union College in Cincinnati. Ⓦ Zahlr. Werke über h. Musik: H.-orientalischer Melodienschatz; Geschichte d. j. Musik, 2 Bde., 1924/28.
Idumäa, südlichster Teil von Pal. ↗ Edom.
Ijjar, 8. Monat d. j. Kalenders (April–Mai), 29 Tage. 18. I.: Lag ba-Omer.
Imber, Naftali Herz, 1856 Zloczow–New York 1909, h. Dichter, Verfasser d. ↗ Hatikwa.
Immanuel (Gott mit uns; griech. Emanuel), symbol. Name d. messian. Knaben, dessen Geburt Jesaja (7–8) verkündet.
Immanuel b. Salomo (it. Manoello) aus Rom, Dichter um 1300. Ⓦ Machbarot (Makamen), Gedichte u. gereimte Erzählungen.
Indien, 21 000 J unter 353 Mill. Einw. Drei Gruppen: 1) ca. 1000 schwarze J; Kaufleute in Cochin kamen wohl aus Babylonien um 400 n. 2) ca. 5000 weiße J; kamen um 1100 mit d. span. Handel nach Cochin. 3) ca. 15 000 ↗ Beni Israel in Bombay; Flüchtlinge vor d. span. Inquisition um 1500, Handwerker u. Soldaten. – 1560/62 erbitterter Kampf d. ind. J gegen d. ✡ Heimatregierung, endet mit Vernichtung. Seit 1662 unter holländ. u. engl. Regime unbehelligt.
Industrie. Das Wirken der J in d. I. läuft parallel mit d. Entwicklung d. Gleichberechtigung. Im 18. Jhd. gab es J nur in einigen ausnahmsweise konzessionierten Manufakturen wie in d. Textil-I., im Buchdruck. Bes. Bedeutung erlangten in der dt. I.: Arnheim (Stahl), Hermann Aron (Norawerke), Moritz Becker (Bernstein), Julius Berger (Bahnbau), Emil Berliner (Telefon), Nikodem Caro (Stickstoff), Leopold Cassella (Chemie), Cassirer (Kabel), Felix Deutsch (Elektro), Martin Eichelgrün (Feldbahnen), Arthur Eichengrün (Cellon), Fritz Frank (Kautschuk), Fränkel (Leinen), David Friedländer (Hütten), Fritz von Friedländer-Fuld (Hütten), Leo L. Gans (Farben), F. V. Grünfeld (Leinen), H. Gumpel (Kali), Wilhelm ↗ Herz (Gummi), Aron Hirsch (Metall), Maximilian Kempner (Kali), Arthur Koppel (Maschinen), Ludwig Loewe (Maschinen), Sigismund Loewe (Radio), Simon Loewy (Hütten), Oskar Oliven (Maschinen u. Elektro), Benno Orenstein (Maschinen), Moritz ♁ v. d. Porten (Aluminium), Emil u. Walther Rathenau (Elektro), Leonor Reichenheim (Leinen), Philipp ♁ Rosenthal (Porzellan), Paul ♁ Silverberg (Braunkohle), Walter Sobernheim (Brauerei), Henry Strousberg (Bahnbau), Arthur u. Karl von ♁ Weinberg (Chemie). Außerhalb Dt.'s: England: Hurst (Elektro), Spencer (Kunstseide); Frankreich: ↗ Citroën (Auto), E. u.

Gasse an der Klagemauer

Goldenes Tor

Zitadelle und Davidsturm

Jerusalem

Tafel 13

Aschkenasische Synagoge

Nationalbibliothek

Tafel 14

Jerusalem

בעזר אלהי קדם שוכן
מעונה: אחל לפרש
תפלות כל השנה:

Hebräische Inkunabel: Anfangsblatt des Buches Abudarham, gedruckt 1489
von Elieser Toledano in Lissabon

H. Deutsch de la Meurthe (Petroleum); Indien: David Sassoon (Baumwolle); Österreich: Leopold Pollak-Parnegg (Baumwolle), Joachim Popper (Fischbein); Südafrika: I. Lewis (Diamanten); U.S.A.: Daniel Guggenheim (Kupfer), Leonhard Lewisohn (Kupfer), Isaac L. Rice (Elektro), Julius ↗Rosenwald (Tuch).

Inkunabeln („Wiegendrucke" vor 1500). Bekannt sind bis jetzt etwa 170 h.I., fast alle aus Italien, Spanien, Portugal (Abb.305/06). Drucker: Garton, Conat, Soncino, Gunzenhauser, Elieser Toledano u.a. Erste datierte h.I.: Raschis Pentateuch-Kommentar, Reggio di Calabria 1475. Erste h. Drucke im dt. Sprachgebiet von Gerson b. Salomo Kohen in Prag seit 1512, also keine Inkunabeln.

L: A. Freimann, Thesaurus Typographiae Hebraicae, 7 Bde., 1924/25.

Inquisition, Untersuchung d. Ketzerei, richtete sich nicht allein gegen d. J, sondern war Werkzeug d. Religionspolitik d. MA, um d. Rückkehr d. Täuflinge zum ursprünglichen Glauben zu unterbinden. Unter d. span. u. später d. portug. I. hatten d. J bes. zu leiden. 1480 eingeführt, ihre ersten Opfer waren sechs j. Männer u. Frauen aus Sevilla. Am 30.3.1492 erfolgte unter d. Großinquisitor Thomas ↗Torquemada d. Edikt, wonach d. span. J innerhalb 4 Monaten d. Taufe od. d. Auswanderung zu wählen hatten. Um 1500 greift d. I. nach Amerika über, wohin zahlr. span. J geflohen waren, 1536 wird sie in Portugal, 1586 in d. Niederlanden wirksam; in Dt. keine I. 1808 hebt Napoleon d. I. auf, jedoch erfolgt noch 1826 eine letzte Hinrichtung.

Institut zur Förderung d. isr. Literatur, erste dt.-j. Buchgemeinschaft. 1855/73, Sitz in Leipzig.

Institutum Judaicum ↗Judenmission.

Interpretation ↗ Exegese.

Inzest (Arajot), im bibl. Gesetz (L 18; D 27) verboten. Nach d. Agada Fortpflanzung d. ersten Menschen durch I. (Ehe Kains u. Abels mit ihren Zwillingsschwestern); Abraham auch nach bibl. Aussage mit Halbschwester (G 20, 12) Sara verheiratet. Spuren altj. I. auch in d. Erzählung von Amnon u. Tamar (II. Sm. 13, 13). Mystische Umdeutung von L 20, 17 m. Beziehung auf Ps. 89, 3.

I.O.B.B. ↗ U.O.B.B.

Irak, 90 000 J = 3,1%, d. alte ↗ Babylonien (m. ununterbrochener j. Siedlung seit 586 v.), Hauptgem.: Bagdad (50 000 J = 20%), Basra, Mossul, Mehrheit d. J arabisierte Händler u. Handwerker, kleine einflußreiche Oberschicht von Bankiers u. Großkaufleuten. Alliance-Schulnetz. I. nach Kriegsende engl. Mandat Kateg. A., seit 1932 unabhängig u. Völkerbundsmitgl. Erster König Faisal erkannte 1919 gegenüber Weizmann vertraglich Balfour-Deklaration an, förderte später aber panarabische Bestrebungen. Regelmäßige Autobusverbindung mit Pal., Eisenbahnbau Haifa—Bagdad bevorstehend. Mossulöl wird durch Röhrenleitung auch nach Haifa gepumpt (↗ Pipe-Line).

Iran ↗ Persien.

Irbid (Arbela), Ortschaft in Galiläa; Ruinen einer Synagoge aus 1. Jhd. n. (Tafel 33).

Irland, 5250 J = 0,17% hpts. in Dublin (3500) u. Belfast (1200). Josce von Gloucester finanzierte 1170 d. Engländers Rich. Strongberg Eroberungszug nach Irland. Mit ihm kamen d. ersten J nach I. u. siedelten in Dublin, wo sie im übrigen d. Schicksal d. J ↗ Englands teilten. 1904 starke ✡ Strömung, Boykott in Limerik.

Isaacs: 1) Henry Aaron, Sir, London 1830—1909, Lordmayor von London (1889). 2) Isaak, Sir, geb. 1855 Melbourne, engl. Jurist u. Staatsmann in Australien, seit 1882 parlamentarisch tätig, 1905/06 Kron-

Isaaks Opferung. Relief auf einer silbernen Erstgeborenenschüssel, um 1830

anwalt d. austral. Staatenbundes, seit 3. 12. 1930 Generalgouverneur von Australien. 3) Rufus Daniel ↗ Reading.

Isaak (Jizchak; „er wird lachen"), d. zweite Erzvater, Sohn Abrahams u. d. Sara, Gatte d. Rebekka, Vater d. Esau u. Jakob, von d. Opferung (Akeda) verschont, im Alter erblindet.

Isaak der Blinde (Saggi Nahor, euphemist. „d. Hellsichtige"), Sohn d. Abraham b. David aus Posquières, um 1200 in d. Provence, einer d. Begr. d. Kabbala.

Isaak b. Meïr aus Düren (14. Jhd.), Dezisor. Ⓦ Schaare Dura, Kodex.

Isaak b. Mose, um 1180 Böhmen—Wien um 1260, Dezisor. Ⓦ Or sarua (d. aufgehende Licht), halach. Kompendium, zugl. Quelle f. d. damalige Gesch. d. J in Dt., Böhmen, Frankreich.

Isaak b. Scheschet, 1326 Barcelona—Algier 1408, autoritativer Dezisor.

Isaschar, Sohn Jakobs u. d. Lea, isr. Stamm im Gebiet d. Ebene Jesreel.

Ischtar, babylon. Göttin d. Liebe u. Fruchtbarkeit, entspricht d. syrisch-phönizisch-kanaanäischen Astarte (Aschtoret), deren Kult in Israel seit d. Richterzeit bestand u. endgültig von Josia beseitigt wurde. Name I. in h. Esther vermutet.

Isebel, tyrische Prinzessin, Gemahlin d. Königs Ahab, den sie zur Einführ. d. Baal-Dienstes bestimmte, u. Verfolgerin der Propheten, von Jehu getötet.

Isenstein, Kurt Harald, geb. 13. 8. 1898 Hannover, Bildhauer, trat als Porträtplastiker (Büsten von Hindenburg, Arno Holz, Ernst Cassirer, Albert Einstein u. a.) hervor (Abb. 122).

Isidor (griech.-ägypt. „Geschenk d. Isis"): 1) △ Gymnasiarch (Gymnasiumsvorstand) zu Alexandrien, Urheber d. dortigen ✡-Unruhen 38 n., von Caligula hingerichtet. 2) von J als Profanname für Isaak (↗ Vornamen) angenommen; im 19. Jhd. häufig.

Iskariot (Ischariot), Beiname d. ↗ Judas; wahrscheinl. = Isch Keriot, Mann (Einwohner) aus Keriot in Galiläa.

Islam (= „Ergebung" in d. Willen Gottes) ist die auf d. Gründer Muhammed zurückgehende Bezeichnung für die in d. ersten Hälfte d. 7. Jhd. in Arabien gestiftete Religion, wobei Muhammed an die d. anderen Völkern, besonders durch Mose u. Jesus mitgeteilte Offenbarung anknüpfte. Die Beziehungen zwischen Islam u. Jt. sind vielfältig. Da Muhammed seine Offenbarungen aus demselben „himmlischen Buche" empfing, aus dem d. Urschriften des Jt. u. Christentums geflossen sind, sind Auseinandersetzungen mit J u. Jt. im Koran sehr häufig. Dazu kam, daß Muhammed j. Brauchtum d. verschiedenen j. Stämme in Medina kennenlernte. Islamische Grundlehren u. Vorschriften wie d. Einheitsbekenntnis, d. Fasten, das urspr. entsprechend d. Versöhnungstage am 10. Tage d. 1. Monats gehalten u. erst später für d. Ramadan verordnet wurde, d. Gebetrichtung, die zuerst nach Jerusalem ging u. erst später nach Mekka verlegt wurde, d. Ruhetag, der im Islam d. Freitag ist, sind j. Ursprungs; ebenso d. Bilderverbot u. ein Teil d. Speisegesetze u. d. Ritus. In besonders reichem Maße wurden der j. Volksliteratur, hpts. d. Agada Erzählungen über Gestalten d. bibl. Geschichte sowie fromme Sprüche entlehnt. Dazu kommt, daß Jt. u. Islam als Gemeinschaften, deren Leben von einem religiös. Kanon aus normiert wird, ohnehin in vieler Hinsicht eine parallele Entwicklung durchgemacht haben. — Von entscheidendem Einfluß auf d. geist. Struktur d. mittelalterl. Jt. wurde die d. J durch d. Islam vermittelte Kenntnis d. profanen Wissenschaften. Eine unübersehbare Fülle selbständiger naturwissenschaftl. Werke u. Übersetzungen ist Zeuge dieses Einflusses. Die h. Sprachwissenschaft wurde durch d. Theorien d. arab. Grammatiker grundlegend angeregt. Die j. Religionsphilosophie d.MA schließt sich in ihrem Aufbau, ihrer Methodologie u. ihrer Terminologie an d. Werke d. islam. Dogmatiker u. Philosophen an. — Der Koran billigt den J u. d. Christen, deren Religion ebenso wie d. Islam auf einem geoffenbarten Buche beruht, nach Zahlung d. Kopfsteuer einen gewissen Schutz zu; daher ist d. Einstellung d. islam. Herrscher d. Jt. gegenüber meistens eine grundsätzlich tolerante gewesen. Im islam. Spanien konnte es sich bis zum 13. Jhd. wirtschaftlich u. kulturell weit entfalten, u. d. Türkei nahm d. J nach d. Vertreibung aus Spanien freundlich auf. Daneben hat es allerdings auch nicht an einengenden u. entehrenden Bestimmungen gefehlt.

Island, keine J ansässig; erster Einwanderer 1935.

Ismael (Jischmael, „Höregott"), Sohn Abrahams u. d. Hagar, Ahnherr d. arab. Stämme (Ismaeliter), zentrale Figur d. islam. B-Sage.

Ismael b. Elisa, Hohepriester im 1. u. 2. Jhd.; Tannaite, einer d. zehn Märtyrer; Gestalt d. altj. Mystik (Himmelswanderung I.'s).

Israel (Jisrael, „Gottesstreiter"; poet. Nebenform: Jeschurun), Ehrenname Jakobs nach seinem Kampf mit d. Engel, Hauptname des j. Volkes („Kinder I.", Bene Jisrael), seit d. Reichsteilung nach Salomos Tod Bz. d. Nordreichs (Zehnstämmereich), dessen Geschichte 722 v. endet; zugl. Bz. d. Landes Kanaan (Erez I.).

Israel b. Elieser ↗ Baal Schem.

Israel, James Adolf, Berlin 2. 2. 1848 — 20. 2. 1926, berühmter Chirurg von internat. Ruf, bes. in d. Nierenchirurgie u. -diagnostik. Ⓦ Chirurgische Klinik d. Nierenkrankheiten 1901.

Israeli, Isaak, um 850/950 in Ägypten u. Tunis, d. erste j. Philosoph im MA (Neuplatoniker), Leibarzt fatimid. Kalifen, schrieb arab.

Israeliten (Bene Israel, „Kinder Israel"), histor. Name d. isr. Volkes, im engeren Sinne d. Angehörigen d. Nordreichs (Reich Israel); im neuzeitlichen Sprachgebrauch hpts. religiös verstanden (= Bekenner d. isr. Glaubens).

Israelitische Christen, Vereinigung getaufter J in Rußland 1817/33. Aufgabe: wirtschaftl. Förderung d. Mitgl.; Ziel: Judenmission; Privilegien befreiten d. I. vom Militärdienst, ihre Nachkommen von d. Grundsteuer, gestatteten ihre Aufnahme in d. Handwerkergilde usw.

Israëls, Jozef, 27. 1. 1824 Groningen —Haag 12. 8. 1911, Maler u. Graphiker, unbestrittener Führer d. holländ. Kunst im 19. Jhd., realistischer Schilderer d. Bauern- u. Fischerlebens, Meister d. Helldunkelmalerei. Von seinen Bildern sind „D. Thoraschreiber", „Ein Sohn d. alten Volkes", „Jüdische

Hochzeit" u. a. dem j. Themenkreis entnommen. Hauptwerke in Amsterdam u. im Haag (Tafel 15, 17). L: M. Liebermann, J. I. 1911.

Jozef Israëls: Alter jüdischer Gelehrter (Radierung)

Israel-Stele ↗ Ägypten (Abb. 12).

Issachar ↗ Isaschar.

Isserlein, Israel ben Petachja, um 1390 Regensburg—Wiener Neustadt 1460, Dezisor, d. anerkannte Autorität seines Zeitalters, bes. in Österreich.

Isserles, Mose, um 1525/1572, starb in Krakau, autoritativer Dezisor. Ⓦ Mappa (Tafeltuch), Glossen zum Sch. Ar., der erst durch I. zum verbindl. Gesetzbuch d. Judenheit wurde.

Istanbul ↗ Konstantinopel.

Italia, Salomon, Kupferstecher lombard. Herkunft, seit etwa 1640 in Amsterdam, gest. um 1700, d. erste j. Stecher, von dem Arbeiten (2 Porträts, 2 illustr. Megillot) bekannt sind (Abb. 448).

Italien, 50000 J = 0,12%. Seit vorchristl. Zeit j. Siedlungen. Ununterbrochene j. wissensch. Tradition von d. Stauferzeit bis jetzt. In d. Renaissance bedeutende h. Druckereien. 1899 Gründung d. Rabbinerseminars Florenz. Hauptgem.: Rom (13000), Genua (8000), Mailand (7000), Turin (4000), Florenz (3200), Livorno (2500), Venedig (2200), Neapel (980). J. Gem. durch Mussolinis isr. Gemeindegesetz von 1930 öffentl. rechtl. Körperschaften, zusammengefaßt mit denen d. ital. Kolonien in d. Union d. isr. Gem., die auch Verbindung bes. m. solchen ausländischen Gem. zu unterhalten hat, die in geschichtl. Beziehungen zu Italien u. d. ital. Jt. stehen. J. Minister in I.: Guido ↗ Jung 1932, Luigi Luzzatti 1891, Daniele ↗ Manin 1848, Giuseppe ↗ Ottolenghi 1902, Carlo ♁ Schanzer 1922 (Äußeres), Sidney ↗ Sonnino 1914, L. Wollenberg 1901 (Finanzen).

Itamar, jüngster Sohn Aarons.

Ito ↗ Jewish Territorial Organisation.

Itzig (volkstüml. Form f. Isaak): 1) j. Familie Berlins z. Zt. d. Aufklärung: D a n i e l I. (1723/99), Münz-J Preußens im 7jährigen Krieg, Hofbankier Friedrich Wilhelms II.; sein Sohn Isaak Daniel I. gründet mit David ↗ Friedlaender d. j. Freischule in Berlin; d. Architekt ↗ Hitzig entstammt ebenfalls d. Familie. — 2) im ↑ Jargon herabsetzende Typenbezeichnung d. Juden.

Iwria-Banken. Erste Volksbank Iwria ist in Berlin 1928 gegr. worden; weitere Gründungen in Chemnitz, Breslau, Leipzig, Stettin, Saarbrücken. Rechtsform d. Banken ist d. eingetrag. Genossenschaft m. b. H.; ihre Aufgabe ist Pflege d. j. mittelständischen Kreditgeschäftes.

Iwrim ↗ Hebräer.

Iwrit ↗ Hebräisch.

J

Jabbok, östl. Nebenfluß d. Jordans, entspringt in Gilead.
Jabotinsky, Wladimir, geb. 1880 Odessa, russ. z. Politiker, kämpfte als Führer d. j. Freiwilligen ⁄ Legion im Weltkrieg an d. Palästinafront, begr. 1923 revisionist. Gruppe auf d. Gedanken d. Wehrhaftigkeit u. militär. Organisation; Führer d. Union d. Zionisten-Revisionisten, lebt in Paris.
Jachja, Gedalja ibn, 1515—1587, Chronist in Italien. Ⓦ Schalschelet ha-Kabbala (Kette d. Tradition), Chronik von Adam bis zum 16. Jhd. n.
Jacob: 1) Benno, geb. 8. 9. 1862 Breslau, B-Forscher (Gegner d. radikalen Kritik) u. apologet. Schriftst., 1906/29 Rabbiner in Dortmund. Ⓦ Das 1. Buch d. Tora, 1934. 2) Heinrich Eduard, geb. 7. 10. 1889 Berlin, Schriftsteller. Ⓦ Zahlr. Romane u. Novellen; j. Hauptfigur in d. Drama „Beaumarchais u. Sonnenfels" (1919).
Jacobi: 1) Carl Gustav (eigtl. Jacques Simon), 10. 12. 1804 Potsdam—Berlin 18. 2. 1851, nach △ Gauß d. hervorragendste Mathematiker seiner Zeit, 1829/42 o. Prof. Königsberg, Ritter d. Ordens Pour le mérite.
L: Königsberger, C. G. J. Leipzig 1904.
2) Moritz Hermann von, 21.9.1801 Potsdam—St. Petersburg 10. 3. 1874, Bruder von 1, Ingenieur u. Physiker, Erfinder d. Galvanoplastik.
Jacobowski, Ludwig, 21. 1. 1868 Strelno—Berlin 2. 12. 1900, Schriftsteller. Ⓦ Roman „Werther d. Jude" (1892).
Jacobs: 1) Joseph, 29. 8. 1854 Sydney—Yonkers (USA.) 30. 1. 1916, j. Gelehrter (Gesch. d. J in England), Herausgeber d. „Jewish Encyclopedia". 2) Monty, geb. 5. 1. 1875 Stettin, Schriftsteller u. Literarhistoriker, 1910/34 Kritiker d. „Vossischen Ztg.".
Jacobsohn, Siegfried, Berlin 28. 1. 1881—3. 12. 1926, Theaterkritiker, Begr. u. Herausgb. d. „Schaubühne" (später „Weltbühne", 1905/33).
Jacobson: 1) Israel, 17. 10. 1768 Halberstadt—Berlin 13.9.1828, Philanthrop, bemühte sich um Bildung (1801 Jacobsonschule in Seesen) u. Gleichberechtigung d. dt. J, reformierte j. Gottesdienst. 2) Viktor, 1869 Simferopol (Krim)—Bern 24. 8. 1934, z. Politiker, seit 1925 Vertreter d. z. Exekutive in Paris u. beim Völkerbund.
Jacoby, Johann, 1805—1877, Arzt, Königsberg, freiheitl. Politiker, Vor-

Johann Jacoby

kämpfer d. j. Emanzipation. Ⓦ Vier Fragen, beantwortet von einem Ostpreußen 1841; Ges. Schriften u. Reden 1877.
Jad ha-Chasaka ⁄ Mose b. Maimon.
Jadajim (Hände), Tr. (Teharot),

über eine rituelle Unreinheit, die auf d. Hände begrenzt ist.

Jadassohn: 1) Josef, geb. 1863 Liegnitz, Dermatologe, o. Prof. Breslau. Ⓦ Handbuch für Hautkrankheiten. 2) Salomon, 13. 8. 1831 Breslau—Leipzig 1. 2. 1902, einflußreicher Musiktheoretiker u. -pädagoge, auch produktiver Komponist.

Jadlowker, Hermann, geb. 5. 7. 1878 Riga, Operntenor, bis 1919 an d. Berliner Staatsoper, später Kantor in Riga.

Jael, Keniterin, gibt Sissera d. Tod; im Deboralied verherrlicht.

Jafet, d. dritte Sohn Noahs, als Stammvater d. indogermanischen Völker gedacht.

Jaffa (Jaffo, griech.: Joppe), palästin. Hafenstadt; 15 000 J = 21,4% (Mitte 1935). In vorisr. Zeit genannt, als Hafenplatz unter Salomo benutzt, von d. Römern zerstört u. wieder aufgebaut, im MA spärlich besiedelt; neue j. Gem. etwa seit 18. Jhd. J. ist Hafen für ↗ Jerusalem u. d. südl. Pal. Seine wirtschaftl. Grundlage ist haupts. d.

Die Altstadt von Jaffa

Export von Orangen, Import europ. Industrieartikel. Nach den Unruhen 1929 sind viele J nach ↗ Tel Awiw übersiedelt.

Jaffe, Mordechai, um 1530 Prag—Posen 1612, Dezisor. Ⓦ Lewuschim (Gewänder), Kompendium d. Gesetzes, in der Anordnung des Sch. Ar.

Jahr ↗ Chronologie; Kalender.

Jahrzeit (mittelhochdt. = Jahrestag), Bz. d. jährlichen Gedenktage an d. Tod der Eltern oder nächsten Verwandten; Brauch, an J. ein Licht zu brennen (J.-Leuchter) u. zu fasten.

Jahwe, das grammatisch korrekte Lautbild d. unausgesprochenen Gottesnamens JHWH, dessen Konsonanten im B-Text d. Vokalzeichen von ↗ Adonai erhalten, woher d. unzutreffende Lesung Jehova entstand.

„Jaknehas". Holzschnitt aus der Prager Haggada von 1527

Jaknehas, Abkürzung von fünf h. Segenssprüchen aus d. Einweihungsliturgie (Kiddusch) eines mit Sabbatausgang beginnenden Festtages, volksetymologisch „Jagt den Has" (daher so häufig Hasenjagdszenen in Haggada-Handschriften und -Drucken).

Jakob (Jaakow; bibl. Etymologie: Fersenhalter; mundartl. Jankew, jüd.-dt. Nebenform Koppel; verwandte aram. Namen: Akiba, Ukba). d. jüngere Sohn Isaaks, dritter Erzvater, Gemahl Leas u. Rahels, Ahnherr d. 12 Stämme Israels, selber Israel genannt; Gewinn der Erstgeburt Esaus durch Kauf u. List (G 25 u. 27), Traum von d. Himmelsleiter (G 28), Kampf mit d. Engel (G 32). J.-Segen (G 49), Sprüche u. Weissagungen über d. Stämme.

Jakob b. Ascher, um 1269 Dt.—Spanien 1343, Dezisor, Sohn d. ↗ Ascher b. Jechiel, wirkte in Toledo. Ⓦ Turim (Reihen von Edelsteinen), ha-

lachischer Kodex in 4 Teilen (Arbaa Turim), Grundlage d. vierteiligen Sch. Ar.
Jakob Josef ⁄ Chassidismus.
Jakob b. Meïr, meist Rabbenu Tam (= d. Vollkommene) genannt, um 1100 Rameru (Seine)—Troyes 1171, d. größte Autorität der frz. u. dt. J seiner Zeit, d. eigentl. Begründer d. ⁄ Tossafot (zusätzl. Erklärungen zum T); grundlegende Verordnungen (Takkanot), abweichende Anordnung d. ⁄ Tefillin-Textes.
Jalkut (Sammelwerk, Anthologie; wörtl. Behälter), eine Gattung d. rabbinischen Lit., haupts. Auswahl u. Zusammenstellungen aus d. Midrasch. J. Schimeoni, klass. Anthologie, begleitet d. gesamte B u. enthält zahlr. wertv. Midr.-Fragmente.
Jamaica, 1250 J = 0,1%.
Jannai (Jonathan), Alexander, König von Judaea 103—76 v., Hasmonäer, erzielte d. größte Ausdehnung d. Reiches in d. vorherodian. Zeit.
Jannai, einer d. ältesten liturgischen Dichter (7. Jhd. oder früher), dessen Dichtungen z. T. in d. Genisa von Kairo wieder aufgefunden wurden. Ⓦ Machsor J., ed. Davidson 1919.
Japan, ca. 1000 J unter 66½ Mill. Einw.; kamen als Flüchtlinge aus Rußland, sind Handwerker in Yokohama u. Kobe. In Nagasaki wurde d. Gem. 1924 aufgelöst. — Sagenhaft ist d. Ursprung d. Chada auf Korea, deren Mythen u. Gebräuche auf einen Zusammenhang mit d. verlorenen 10 Stämmen deuten sollen.
Jargon (frz., Kauderwelsch), vulgäre Bz. f. ⁄ Jiddisch.
Jargonausdrücke, Wörter meist h. Herkunft in j.-dt. Abschleifung, selten in ursprüngl. Sinne, häufiger mit gewandelter Bedeutung gebraucht, z. T. Bestandteil d. dt. Vulgärsprache. Beisp. aus dem relig. Vokabular: Schabbes (Sabbat), Jonteff (Jomtow, Feiertag), Koscher (Kascher); aus d. häuslichen: Kalle (Kalla, Braut), Mischpoche (Mischpacha, Familie), Ponem (Panim, Antlitz); aus d. kaufmännischen: Masematten (Massa u-Matan, Handel), Mezie (Mezia, Fund), Reiwach (Rewach, Profit), Tachless (Tachlit, Zweck, ernste Absicht); Adverbien: daffke (aram. dafke, nun gerade!), osser (assur, verboten); abschätzige Bezeichnungen u. Begriffe: Dalles (Dalut, Armut), Meschugge (Meschuga, Verwirrter), Pleite (Peleta, wörtl. Entrinnen), Schaute (Schote, Narr) u. Schtuss (Schetut, Narrheit), schofel (schafel, niedrig), Zores (Zarot, Unglücksfälle); Schimpfwörter: Ganeff (Ganaw, Dieb), Klafte (aram. Kalbeta, Hündin), Tineff (tinnef, besudeln); stärkere Abschleifungen: Kaff (kefar, Dorf) u. Kaffer, Moos (Maot, Geld), Mies (Maos, Verachtetes) u. Miesmacher, Schmus (Schemuot, wörtl. Nachrichten), Zoff (Sof, Ende); mit dt. Endungen: acheln (achal, essen), benschen (lat. benedicere, segnen), schäkern (von Scheker, wörtl. Lüge); aus d. Gaunersprache: ausbaldowern = auskundschaften (Baal Dawar, wörtl. Herr des Wortes), Kassiber = geschmuggelte Nachricht (von kataw, schreiben), Schmiere stehen = Wache halten (Schemira, Wacht), Schtieke = still! (Schetika, Schweigen); undeutlicher Herkunft: Schlemihl (abgeleitet von Schlimm-Masal, schlimmes Geschick), Schmonzes (viell. von Schmus) u. Nebbich (vielleicht abergläubisch-abwehrender Ausruf: „Nicht bei Euch!").
Jarkon, Fluß in Pal., entspringt bei Ras el Ain (d. Quellwasser wird von dort nach Jerusalem geleitet) u. mündet oberhalb Tel Awiws, dessen N-Grenze J. ist.
Jarmuk, gr. östl. Nebenfluß d. Jordans, mündet unterhalb d. Genezaret-Sees; N-Grenze zwischen Transjordanien u. Syrien.
Jastrow, Ignaz, Nationalökonom, geb. 13. 9. 1856 Nakel (Posen), 1885 habilitiert, seit 1919 o. Prof. Ber-

lin, behandelte Probleme d. Sozial-, Handelspolitik, Staatsverwaltung.
L: Taeuber, J. 1929.

Jawne, pal. Küstenstadt zwischen Jaffa u. Asdod; d. Lehrhaus zu J., von Jochanan b. Sakkai begründet, erste Pflanzstätte d. talmud. Jt. nach d. 2. Zerstörung Jerusalems.

J. C. A. ⁄ Jewish Colonization Association.

J. C. B. ⁄ Korrespondenz-Büros.

J. C. T. ⁄ Jewish Colonial Trust.

Jecheskel ⁄ Ezechiel.

Jechiel (lebe Gott), bibl. Eigenname.

Jedidja (Geliebter Gottes), Beiname Salomos.

Jeftah (Jiftach, er öffnet), einer d. Richter Israels, aus Gilead, Besieger d. Ammoniter; bibl. J.-Sage: J. erfüllt ein voreiliges Gelübde u. opfert seine Tochter (Ri. 11).

Jehoasch (eigtl. Salomo Blumengarten), 1871 Wirballen—New York 1927, jidd. Dichter (lyrische Gedichte, Epos), Übs. d. B ins Jiddische.

Jehova ⁄ Jahwe.

Jehu, Kg. von Israel im 9. Jhd. v., Begr. einer Dynastie von 5 Königen, von Elisa gesalbt, rottete d. Geschlecht Ahabs aus.

Jehuda ⁄ Juda.

Jeiteles, Baruch (Benedikt), Prag 1762—1813, neuh. Schriftsteller (Aufklärer) u. Arzt.

Jellinek: 1) Adolf, 1820—1893, Oberrabbiner in Wien, berühmter Kanzelredner, Begr. d. Lehrhauses „Bet ha-Midrasch" in Wien. Ⓦ Bet ha-Midrasch, Erstausgabe handschriftl. Midraschim u. Legenden. 2) ♂ Camilla (Mutter ♂, Vater get. J), geb. 24. 9. 1860 Wien, Vorkämpferin f. rechtl. Besserstellung d. Frau. 3) Georg, Sohn von 1, 16.6. 1851 Leipzig—Heidelberg 12.1.1911, Prof. d. Staatsrechts Basel u. Heidelberg, get. Ⓦ Allgem. Staatslehre 1900, System d. subjekt. öffentl. Rechte, d. Erklärung d. Menschen- u. Bürgerrechte 1895. 4) Hermann, 1822—1848, österr. Schriftsteller, Bruder von 1, wegen revolut. Umtriebe in Wien verhaftet u. kriegsgerichtl. erschossen.

Jemen (SW-Arabien), j. Bevölkerung 50—60 000, bes. im Hochland (in Sanaa etwa 2500), Kaufleute, Handwerker (Silberschmiede!) u. Bauern, seit einigen Jahrzehnten starke Auswanderung nach Pal.; Jt. im J. bereits vorislamisch: j. Inschriften in himjar. Sprache, Sage vom j. König Dhu Nuwas, unter mohammedan. Herrschaft infolge Bedrückung durch d. relig. islamische Gesetz in d. kulturellen Entwicklung sehr behindert, 1172 Trostschreiben des Maimonides an d. J von J. (Iggeret Teman). Midr. ha-Gadol im J. verfaßt, Kabbalistik (R. Salim Scharabi), h.-arab. Poesie (R. Salim Schebezi). L: F. Goitein, Juden J.'s 1934.

Jeremia (Jirmejahu), zweiter d. gr. Propheten, wirkte hpts. unter d. drei letzten Kg. Judas, war Zeuge d. von ihm vorausverkündeten Tempelzerstörung u. starb vermutl. in Ägypten. Buch J., rhythmische Mahnrede u. Weissagung, dazwischen geschichtl. Berichte über d. Untergang Judas, 52 Kap. ⁄ Klagelieder (Echa) nach altj. Tradition von J. verfaßt. Sein Jünger ⁄ Baruch Held apokryph. Schriften.

Jeremiaden, volkstüml. für Klagen, benannt nach den sog. ⁄ Klageliedern Jeremias.

Jericho (Mondstadt?), Festung in d. Jordanniederung, östl. Jerusalems: prähistorische Siedlung, durch Ausgrabungen erwiesen. J. wurde von Josua zerstört (Fall d. Mauern durch d. Schall d. Posaunen), unter Ahab wiederhergestellt und ist heute ein Dorf.

Jerobeam: 1) erster Kg. u. Begr. d. Reiches Israel um 930 v., Widersacher Salomos, Urheber d. Reichsspaltung. 2) Kg. von Israel um 750 v., Urenkel Jehus, gewann d. von Aram eroberten Gebiete zurück.

Gesamtansicht der

Jerusalem (h. Jeruschalajim, hetit. Name?), erste Erwähnung 14. Jhd. v. (Uruschalim); seit David (11.–10. Jhd.) j. Besitz, Hauptstadt mit Königsburg Zion u. Zentralheiligtum (salomon. Tempel); 586 v. zerstört, Neuaufbau seit 537 v., zweite Zerstörung 70 n. Aufenthaltsverbot f. J unter Hadrian (J. wird zur Heidenstadt Aelia Capitolina), wenig gemildert seit Erhebung zur hl. Stadt d. Christentums u. d. Islams. Allmähliches Wachsen d. Gem. (meist Sefardim) seit d. Türkenherrschaft (16. Jhd.), Bildung d. neuen aschk. Gem. im 18. Jhd. – Das heutige J. (durch seine hohe Lage [800 m ü. M.] im Gebirge Juda verkehrsgeographisch sehr benachteiligt) zerfällt in mannigfache Teile: d. Altstadt (in ihr d. ↗ Klagemauer), mit einer 12 m hohen Mauer umgeben; außerhalb d. Mauern viele neue j. Vorstädte (u. a. Talpijot, Bet ha-Kerem, Rechawija). 66 000 J = 57,4%. D. Stadtrat (j. Vize-Bürgerm.) setzt sich seit 1934 aus 6 J u. 6 Arabern zusammen. Regierungshauptstadt u. Residenz d. engl. Oberkommissars, Sitz d. Zentralen d. ↗ Jewish Agency, d. ↗ Keren Hajessod u. d. ↗ Keren Kajemet. In J. h. ↗ Univ., h. Nationalbibliothek (278 000 Bücher) u. d. j. Kunstgewerbeschule ↗ Bezalel; kulturelles u. bes. relig. Zentrum, auch d. wirtschaftl. Leben davon bestimmt; Hauptziel d. Touristenverkehrs; Konsumentenstadt. Dem heute noch herrschenden Wassermangel will d. Regierung durch Wasserwerke abhelfen. (Vgl. Tafel 13, 14)

Treppenstraße in Jerusalem

Jerusalem, Wilhelm, 1854–1923, Philosoph u. Soziologe, Prof. an d. Univ. u. Isr.-Theolog. Lehranstalt in Wien, religionsphilosophisch Hermann Cohen verwandt. Ⓦ Einleitung in d. Soziologie; Einleitung in d. Philosophie.

Stadt Jerusalem

Jerusalem-Organisation, 1918 in Jerusalem von A. I. ↗ Kook gegr., erstrebt stärkere Betonung d. urspr. Quellen d. Jt. u. Vereinheitlichung relig. Einrichtungen in Pal.

Jesaja (Jeschajahu ben Amoz), Haupt d. isr. Propheten, wirkte in Juda im 8. Jhd., hpts. unter Kg. Hiskia. — Buch J., erstes d. drei gr. Schriftprophetenbücher d. B, 66 Kap., stärkste Ausdrucksform d. bibl. Pathos, von denen d. B-Wissenschaft (↗ Bibel) Kap. 40 ff. einem anderen Propheten (Deuterojesaja) zuschreibt.

Jeschiwa (Sitz), talmudische Hochschule, Bz. d. Akademien im Altertum wie d. rabbinischen Lehrhäuser in MA u. Neuzeit; J. verhält sich zum ↗ Cheder wie höhere Lehranstalt u. Universität zur Elementarschule u. dient d. Gelehrten- u. Rabbinerausbildung. Berühmte Autoritäten begründeten J., gr. Gemeinden unterhielten eine J. Bedeutende J. in d. Neuzeit: J. in Woloshin (Litauen, 19. Jhd.), J. des Mose Sofer in Preßburg; seit 1921 ist Jerusalem Sitz einer „zentralen Jeschiwa" (J. merkasit olamit). — Rosch Jeschiwa (Haupt d. J.) = Rektor; Bachur (Jüngling) = Student der J.

Jeschurun ↗ Israel.

Jesi, Samuele, 4. 9. 1788 Correggio—Florenz 17. 1. 1853, italien. Graphiker, Ehrenmitglied d. Florentiner Akademie.

Jesreel (Jisreel, Gott sät) bezw. Emek J., die gr. Ebene im S Galiläas, heute ↗ Emek genannt.

Jessel, George, Sir, London 1824—1883, Jurist, Reichsarchivar, Richter am obersten Gerichtshof.

Jessner, Leopold, geb. 3. 3. 1878 Königsberg, 1919/30 Intendant d. Staatl. Schauspielhauses Berlin, als Regisseur Begr. einer neuartigen, d. Stilstufe d. Expressionismus entsprechenden Bühnenkunst (Richard III., Marquis von Keith).

Jesus (h. Jehoschua, „Gotthilf"), Stifter d. ↗ Christentums u. Heiland (Messias, Christus) d. Christenheit, dessen Leben u. Lehre d. vier Evangelien d. NT darstellen; seine Herkunft wird von David abgeleitet. Erziehung u. Auftreten, Wirksamkeit u. Predigt aus d. Judentum entwickelt, das er „nicht auflösen, sondern erfüllen" wollte.

Jetro (Jitro), Schwiegervater Mosis, Priester in Midian, berät Mose während d. Wüstenwanderung.

Jettel, Eugen, 20. 3. 1845 Johnsdorf (Mähren)—Lussingrande b. Fiume 27. 8. 1901, impressionist. Landschaftsmaler in Paris u. Wien.

Jewamot (Schwägerinnen; viell. Jawmut, Schwagerschaft), Tr. (Naschim), behandelt die Leviratsehe.

Jewish Agency for Palestine, die durch Art. 4 d. Palästinamandats d. Völkerbundes in Großbritannien vorgesehene u. als öffentl. Körperschaft anerkannte Vertretung d. J, die in wirtschaftl., sozialen u. anderen, d. Interessen d. j. Bevölkerung betreffenden Fragen die Pal.-Regierung beraten u. mit ihr zusammen arbeiten soll. Bis 1929 erfüllte d. Zionist. Org. d. Funktion der J. Auf d. Züricher Kongreß Erweiterung durch nichtz. Freunde d. Pal.-Aufbaus, u. a. Frankel, Marshall, O. Wassermann.

Jewish Colonial Trust Ltd., j. zion. Kolonialbank, 1899 auf Veranlassung Herzls geschaffen mit d. Sitz in London, arbeitet praktisch seit 1902, Tochterinstitut ⱶ Anglo-Palestine Company.

Jewish Colonization Association = Ica, gr. Auswanderer- u. Fürsorge-Gesellschaft, gegr. 1891 von Baron M. von ⱶ Hirsch in Form einer Aktiengesellschaft nach engl. Recht. Verwaltungsrat aus Vertretern d. Aktionäre (j. Organisationen in Dt., England, Belgien u. Frankreich), Hauptsitz London, Verwaltung Paris, 29 Rue de la Bienfaisance. Ica hat Ackerbaukolonien in Argentinien, U. S. A., Kanada, Brasilien, Rußland, Bessarabien, Polen geschaffen; verwaltete 1900/24 die von Baron E. ⱶ Rothschild gegründeten pal. Kolonien.

Jewish Historical Society, Gesellschaft zur Förderung d. j. Geschichtswissenschaft, besteht in Amerika (1892 von C. ⱶ Adler gegr., Sitz New York) u. in England seit 1893 (Sitz London); ihr Mittelpunkt ist d. Frederic D. Mocatta-Bibliothek.

Jewish Lad's Brigade, j. Jugendorganisation m. militärischer Erziehung, 1895 in London begr., hat „Provinzregimenter" in Großbritannien, Kanada, Südafrika.

Jewish Territorial Organisation, abgek. I. T. O., 1905 nach dem 7. Z.-Kongreß unter Führung Israel ⱶ Zangwills gegr. u. von ihm selbst 1918 aufgelöste Organisation mit d. Zweck, neben u. außer d. nationalj. Bestrebung nach Schaffung eines j. Nationalheims in Pal. eine territoriale Kolonisationspolitik zu treiben (Territorialismus), d. h. ein „Territorium auf autonomer Basis für diejenigen J zu finden, die in d. Ländern, in denen sie jetzt leben, nicht bleiben können oder wollen".

Jezer ha-Ra = ⱶ Böser Trieb.

Jezira (Schöpfung), älteste kabbalist. Schrift (Sefer J.), vielleicht aus talmud. Zeit: mystische Deutung d. Buchstaben als wirkender Kräfte d. Kosmogonie. Übers. v. L. Goldschmidt 1894.

Jiddisch (Jüdisch-Deutsch; altjidd. Bz.: Teitsch), Volkssprache d. j. Massen Osteuropas u. Amerikas. J., im MA bei d. dt. J entstanden u. auf deren gr. Wanderung nach Polen u. Böhmen verpflanzt, wurde hier zur Profansprache d. aschken. J entwickelt, die d. Eigenart d. Idioms trotz anderssprachigen Bezirken bis zur Gegenwart bewahren konnten; in Dt. selbst ist J. seit Aufklärung und Emanzipation verschwunden. J. ist Mischsprache: Hauptbestandteil ist d. dt. Element (z. T. noch mittelhochdt. Vokabeln u. Formeln), etwa ein Viertel stammt aus d. H (u. Aram.), knapp ein Zehntel ist aus d. Slawischen (in neuerer Zt. einiges auch aus d. Englischen) eingedrungen. Geschrieben wird J. mit h. Buchstaben; für d. hier nicht verwandten Vokalzeichen treten h. Halbkonsonanten ein (Alef für a u. o, Ajin für e); im h. Wortschatz d. J. bleibt d. urspr. Orthographie. Betonung, auch h. Wörter, folgt dem Dt.; ebenso meist d. Flexion: h. Verba erhalten durchweg dt. Endung (passkenen, von passak

= Gesetzentscheidungen treffen), h. Nomina erhalten jedoch fast stets h. Pluralendung, d. gelegentl. sogar dt. Wörtern angehängt wird (Narronim = Narren). Syntaktisches Hauptmerkmal ist d. unmittelbare Nachsetzung d. Prädikats hinter d. Subjekt auch im Nebensatz. Charakteristisch u. einzigartig ist d. organische Verbindung heterogener Sprachbestandteile im J. Wortbeispiel: Mamme-Loschen (Muttersprache, volkstüml. Bz. d. J.; aus Mamme = Mutter u. h. Laschon = Zunge, Sprache). Satzbeispiele: 1) Übers. von Spr. 31, 10 (Mitte 18. Jhd.): „Ein bieder frau, wer kann sie gefinnen (finden), kloimar (h.: das heißt) nit itlicher (jeglicher) is das soiche (h.: verdienend).“ 2) Volkserzählung (20. Jhd.): „Zu jener zait, wenn (als) der Bes ha-Mikdasch (h.: Tempel) is noch gestannen (gestanden hat), un di Jiden senen (sind) taki (slaw.: wirklich) noch gewen (gewesen) an (eine) emesse (h.: wahrhaftige) Meluche (h.: Königsherrschaft), un Goles (h.: Exil) is gornit gewen wi heint (heute) ...“ Von d. Gesamtzahl d. J spricht d. reichliche Hälfte J. Der Erforschung des J. u. der ↗ Jiddischen Literatur dient d. Jidd. Wissenschaftl. Institut in Wilna (begr. 1925).

L: S. Birnbaum, Grammatik d. J, 1919; M. Mieses, D. jidd. Sprache, 1924.

Jiddische Literatur, seit 13. Jhd. bezeugt (1. Druck 1534), bestand — der rabbin. Lit. parallel — bis 19. Jhd. fast ausschließlich aus relig. Schrifttum (B, Gebete, Erbauungsbücher in Übers.); mit d. Aufklärung (die freilich d. Jiddische z. T. überhaupt verpönte) beginnt d. weltliche jidd. Lit. 1) Altjidd. Lit.: Baba-Buch, Ritterroman in Versen, bearbeitet vom h. Grammatiker Elia Levita (Anf. 16. Jhd.); Maasse-Buch, Märchen u. Geschichten (anonym, vor 1602); volkstüml. midraschische Paraphrasen d. Pent. von Isaak b. Simson aus Prag (Teitsch-Chumesch, 1590) u. Jakob Aschkenasi aus Janow (Zenne-Renne [Zeena u-reena, „sie gehen aus u. schauen“], vor 1620); B-Übersetzungen von Jekutiel Blitz (Amsterdam 1676 ff.) u. Joel Witzenhausen (Amsterdam 1678 ff.). 2) Zeitalter d. Aufklärung: Salomo Ettinger, 1803—1856, Komödien u. Gedichte; Isr. Axenfeld, 1787—1866, Romane u. Dramen; Abr. B. Gottlober, 1811—1899, Dichtungen u. Satiren; Wolf Ehrenkranz, 1820—1883, Volkslieder u. -szenen; Abr. Goldfaden, 1840—1908, Begr. d. jidd. Theaters. 3) Als eigentl. Vater u. klass. Vertreter d. neujidd. Lit. gilt d. Erzähler Mendele Mocher Sefarim, 1835—1917; d. realistisch-humorist. Note brachte Schalom Alechem, 1859—1916, zur Vollendung; westeurop. Motive führte J. L. Perez, 1851—1915, ein. 4) An d. Schwelle d. Gegenwart stehen d. Dramatiker Jak. Gordin, 1853—1909, d. Erzähler Mordechai Spektor, 1858—1925, d. Lyriker S. S. Frug, 1860—1916, d. soziale Dichter Morris Rosenfeld, 1862—1923, d. Mysteriendichter S. An-ski, 1863—1920, u. d. B-Übersetzer Jehoasch, 1871—1927. 5) Aus d. zeitgenöss. Lit. sind zu nennen: Schalom Asch, geb. 1880 (Roman u. Drama); David Bergelson, geb. 1885 (soz. Roman); Josef Opatoschu, geb. 1887 (epische Schilderung); David Pinski, geb. 1873 (Erzählung u. Drama); Abraham Reisen, geb. 1876 (volkstüml. Kurzgeschichten); H. Leiwik, geb. 1888 (Golem-Drama). In neuester Zt. reiche wissenschaftl. Lit.; Erforschung d. altjidd. Lit.; Sammlungen jidd. Volkslieder (Ginzburg-Marek, Priluzki, I. L. Kahan) u. Sprichwörter (Ignatz Bernstein).

L: S. Reisen, Lex. d. jidd. Lit. (jidd.); M. Grünbaum, Jüd.-dt. Chrestomathie, 1862; M. Pines, Gesch. d. jidd. Lit., 1912.

Jischuw (besetztes, bewohntes Land), Bz. der j. Gesamt-Siedlung bzw. der j. Gesamteinwohnerschaft in Pal.
Jitro ↗ Jetro.
J. N. F. ↗ Keren Kajemeth.
Joab (Gott ist Vater), Davids Oberfeldherr, Sieger in vielen Schlachten, heldisch u. gewalttätig, unter Salomo getötet.
Joachim, dt. Vorname, aus h. Jojakim (Gott richtet auf).
Joachim, Joseph, 28. 6. 1831 Kittsee b. Preßburg—Berlin 15. 8. 1907, berühmter Geiger (Solo u. Quartett). 1868 Direkt. d. Hochschule f. Musik Berlin, vierfach. Dr. h. c., Pour le mérite-Ritter (Friedensklasse) komp. u. a. „Hebr. Melodien“.
L: H. Moser, J. J. 2 Bde. 1908/10.
Joas (Joasch), Kg. von Juda im 9./8. Jhd., entrann als Kind d. Mordschwert d. Atalja u. bestieg mit 7 Jahren d. Thron.
Jobel (Jowel) ↗ Jubeljahr.
Jochanan (Gott ist gnädig; gräzisiert: Johannes), Sohn d. Nappacha, Amoräer im 3. Jhd., wirkte in Galiläa. schuf d. Grundlage f. pal. T.
Jochanan aus Giskala (Galiläa), einer d. j. Führer im röm.-j. Kriege, Gegner d. Josephus, Oberhaupt d. Zeloten, Rivale d. Bar Giora, endete in einem röm. Kerker.
Jochanan b. Sakkai, führender Tannaite im 1. Jhd., Begr. d. Lehrhauses in Jawne, bewahrte d. geistige Jt. nach d. Fall d. Tempels vor d. Untergang. J.-Sage: als tot ausgegeben, läßt er sich aus d. belagerten Jerusalem tragen u. erwirkt bei d. röm. Feldherrn d. Erlaubnis zur Aufrechterhaltung d. Akademie.
Jochebed (Gott Ehre), Mutter Mosis u. Aarons.
Jod (Hand; griech. Jota), 10. Buchst. d. h. Alphabets, Konsonant (j) u. Vokal (i); Zahlwert 10.
Joden Savanne ↗ Guayana.
Joel, zweiter d. 12 kl. Propheten, unbestimmter Zeit. Buch J., apokalypt. Charakters, 4 Kap.
Joel: 1) C a r l, 27. 3. 1864 Hirschberg—Wallenstadt 22. 7. 1934, Philosoph, o. Prof. Basel, führte positiven Kampf gegen mechanistisches Weltbild. Ⓦ Geschichte d. antiken Philosophie; Kant als Vollender d. Humanismus. 2) M a n u e l, 1826—1890, j. Gelehrter (Religionsphilosophie u. -geschichte), Dozent am Jüd.-theol. Seminar u. Rabbiner in Breslau. Ⓦ Isr. Gebetbuch 1872, mit dt. Übers.
Joffe: 1) A d o l f, 1883—1928, russischer kommunistischer Politiker, russ. Friedensdelegierter in Brest-Litowsk, Botschafter d. Sowjet-Union in Dt. 2) E l i e s e r, geb. 1882 Janauzi (Bessarabien), z. Schriftstel-

Joseph Joachim als Quartettspieler
Radierung von Ferdinand △ Schmutzer, 1905

ler u. Agronom, der seit 1911 in Pal. einen neuen Typ Arbeitersiedlung (Nahalal) schuf. 3) Hillel, geb. 1864 in d. Ukraine, Arzt, seit 1891 in Pal., praktischer Hygieniker, Bekämpfung d. Malaria.

Johann von Capua, Apostat im 13. Jhd. Ⓦ lat. Übs. d. Fabelbuches „Kalila u. Dimna".

Johannes (Jochanan, „Gottlieb") d. Täufer, j. Bußprediger, Vorläufer Jesu, auf Befehl Antipas' getötet.

Johannesburg, 26 000 J = 7,2%, Hauptgem. in ↗ Südafrika; seit Ende 19. Jhd.

Joint Distribution Committee, American, kurz Joint genannt, abgek. I. D. C., unmittelbar nach dem Kriege gegr. als zentrale Sammel- u. Hilfsorganisation d. amerikanischen Judenheit für d. ausländischen Glaubensbrüder. Seine Tätigkeit erstreckte sich fast über alle Länder Europas u. d. nahen Orients. Er hat sich auf d. verschiedensten Gebieten d. unmittelbaren sozialen Hilfe u. d. konstruktiven wirtschaftlichen Aufbaus betätigt. Besonderes Augenmerk hat er d. Jugendhilfe, d. medizin. Hilfe, d. Flüchtlingsfürsorge zugewandt. In Rußland führte d. Joint (Agro-Joint) d. großzügige Ansiedlungswerk in d. Krim durch, in beinahe allen Ländern Europas zusammen mit der ↗ ICA d. genossenschaftliche Darlehnsbewegung (American Joint Reconstruction Foundation). Er hat in den Jahren 1914/30 ca. 86 Millionen Dollars in Amerika aufgebracht u. für soziale Hilfszwecke verausgabt.

Jojachin (auch: Jechonja; „Gott gründet"), vorletzter Kg. Judas, von Nebukadnezar deportiert, im Exil begnadigt.

Joly △ Maurice, Advokat aus franz.-kath. Beamtenfamilie, veröffentlicht 1865 anonym, 1868 m. Namen eine Satire auf Napoleon III. „Zwiegespräch in d. Hölle zwischen Macchiavelli u. Montesquieu". D. Behauptung, Joly sei J u. heiße Moses Joel, ist unzutreffend. ↗ Protokolle.

Joma (aram. Tag), Tr. (Moed), handelt vom Versöhnungstag.

Jom Kippur (Jom ha-Kippurim, „Tag d. Sühne, d. Sühnungen"), Versöhnungstag am 10.Tischri, ernster Fest-, strenger Fast- u. Bußetag (ununterbrochenes Verharren im Gebet), d. heiligste d. Jahres, letzter d. 10 Bußetage (Besiegelung d. göttl. Urteils am J.). Gebete: Widdui („Sündenbekenntnis" [↗Aschamnu]) in allen Gottesdiensten, ↗ Kol Nidre am Abendgottesdienst d. Rüsttages, Awoda („Dienst", Darstellung d. alten Tempeldienstes im Mussaf); zusätzlicher Schlußgottesdienst ↗ Neïla mit Blasen d. Schofar. Bräuche: ↗ Kappara. — Sogen. „Kleiner J." (Jom Kippur Katan), Bz. d. Rüsttages zum ↗ Neumondstag.

Jom Tow (guter Tag), Feiertag (vulgär: Jonteff); auch h. Vorname.

Jona
Miniatur aus der ersten Nürnberger Haggada

Jona (Taube), fünfter d. kl. Propheten, Bußprediger zu Ninive, vom Walfisch verschlungen u. wieder ausgespien. Buch J., 4 Kap.

Jonathan (Gott gibt), Sohn Sauls u. Davids Waffenbruder, fällt in d. Schlacht auf Gilboa. Klagelied Davids über J. (II. Sam. 1).

Jonathan b. Usiel, Tannaite im 1. Jhd., traditioneller Verfasser d. aram. B-Übersetzung (↗ Targum).

Jonge, Moritz (Christoph) de, 1864 Köln—Berlin 1920, Redakteur d. „Kreuzzeitung", getauft, spätere Rückwendung zum Jt.

Jordanquelle im Gebirge Hermon

Jordan, Hauptstrom in Pal., entspringt im Hermon, durchfließt d. Genezareth-See u. mündet im Toten Meer; J. teilt Pal. in Cis- u. Transjordanien. Bibl. J.-Sage: wunderbare Überschreitung d. J. durch Josua (Jos. 3); Heilung d. aussätzigen Aramäers Naeman durch Tauchbad im J. (II. Kg. 5).

Jore Dea (lehrt Erkenntnis), 2. Teil d. Sch. Ar., Ritualgesetze.

Josafat (Jehoschafat; Gott richtet): 1) Kg. von Juda um 850 v., Urenkel Salomos, mit Israel verbündet. 2) Tal J., allegorische Stätte d. göttl. Gerichts (Joel 4).

Josef (er vermehrt), Sohn Jakobs u. Rahels, Liebling d. Vaters, von seinen Brüdern nach Ägypten verkauft, Deuter d. Träume Pharaos, gelangt wunderbarerweise zur Macht: d. bibl. J.-Roman (G 37—47), Bestandteil d. Weltliteratur, von allen bibl. Stoffen am häufigsten nachgestaltet. J.-Stämme: ↗ Efraim u. ↗ Manasse.

Josef ha-Kohen, 16. Jhd. Italien, Chronist. Ⓦ Emek ha-Bacha (Tränental), j. Martyrien von 70 n. bis 1575.

Josef Nassi, Don, um 1515/1579, portug. Marrane, kehrte in Konstantinopel zum Jt. zurück; Finanzmann in türk. Diensten, 1566 zum Herzog von Naxos ernannt.

Josel von Rosheim, 1480 Mittelbergheim—Rosheim 1554, „Befelchhaber gemeiner unserer Judenschaft im heil. Reich" erster dt. J, der für d. Rechte d. unterdrückten J in Tat, Wort u. Schrift erfolgreich eintrat u. innere Reformen anstrebte.
L: L. Feilchenfeld, J. v. R., 1898.

Joselewicz ↗ Berek J.

Josephson, Ernst, Stockholm 16.4. 1851—22.11.1906, schwed. Maler, bedeut. impressionist. Porträtist, als Landschaftsmaler Neuromantiker („D. Nöck", ein Hauptwerk d. gesamten schwed. Malerei). Ⓦ meist in Stockholm u. Göteborg.

Josephus, Flavius (Josef b. Mattitjahu), geb. 37 n., im Jahre 105 noch am Leben, Geschichtsschreiber, Feldherr u. Verteidiger Galiläas im j.-röm. Kriege (66 n.), ergab sich den Römern u. lebte nach d. Zerstörung Jerusalems in Rom. Seine Schriften (griech.) eine d. Hauptquellen f. d. Kenntnis d. nachbibl. j. Geschichte. Ⓦ Altertümer (von d. Weltschöpfung bis zu d. Herodianern); Jüd. Krieg (von d. Makkabäern bis zum Untergang Judäas); Gegen Apion (Apologie d. Jt., Abwehr d. Angriffe d. alten ✝). Kritische Textausgabe von Niese (1887 ff.); dt. von Paret, Clementz u. a.
L: Laqueur, D. j. Hist. F. J. 1920; Thackeray, J., 1929; E. bin Gorion, Leben J.'s, 1934.

Josef und seine Brüder
Miniatur aus der Haggada von Sarajevo

Ernst Josephson: Damenbildnis. 1883

Josia (Joschija), Kg. von Juda im 7. Jhd., Erneuerer d. Kultus (relig. Reform 622 v.), fiel im Kampf gegen Pharao Necho bei Megiddo.

Josippon, h. Volksbuch d. MA, Nacherzählung d. „Jüd. Kriegs" d. Josephus; Verfasser unbekannt.

Josse, Kurzform f. Josef, Name zahlr. T-Lehrer.

Josse b. Josse, liturg. Dichter, d. älteste m. Namen bekannte; Lebenszeit verschieden angesetzt (5.-7.Jhd.).

Jost, Isaak Markus, 22.2.1793 Bernburg—Frankfurt/M. 20. 11. 1860, j. Historiker, Lehrer am Philanthropin in Frankfurt/M. Ⓦ Geschichte d. Israeliten 1820 ff., d. erste Versuch einer Gesamtdarstellung.

Josua (Jehoschua, Gotthilf), Sohn d. Nun aus d. Stamme Efraim, Nachfolger Mosis, Eroberer Kanaans u. Erneuerer d. Bundes; mit J. beginnt d. j. Geschichte auf d. Boden Pal.'s. Buch J., Fortsetzung d. Pent., von d. Überschreitung d. Jordans bis zur Volksversammlung in Sichem. 24 Kap.

Josua b. Chananja, Tannaite im 1. u. 2. Jhd., Schüler Jochanan b. Sakkais, Autorität, von Beruf Nadler.
Josua b. Levi, Amoräer im 3. Jhd., lehrte zu Lydda. J.-Legenden: J. raubt dem Todesengel durch List d. Schwert u. gelangt lebend ins Paradies; J. begleitet d. Propheten Elia u. erfährt, daß scheinbar ungerechtem Schicksal höhere Gerechtigkeit zugrunde liegt.
Jotam: 1) Gideons jüngster Sohn, erzählt d. Gleichnis vom Dornstrauch u. d. edlen Bäumen, um d. Brudermörder Abimelech bloßzustellen (Ri. 9). 2) Kg. von Juda, Großvater d. Hiskia.
Jotapata, Festung in Galiläa, nördl. Sepphoris, im röm.-j. Kriege von Josephus bis zum Äußersten verteidigt, von Vespasian erobert.
Journalisten (u. Redakteure), j., haben das moderne großstädtische Zeitungswesen im 19. u. 20. Jhd. entscheidend gefördert, während ihr Einfluß auf d. sog. Provinzpresse bei weitem geringer blieb. Geschichtlich bedeutsam sind Namen wie ↗ Börne (als Redakteur d. „Wage" u. d. „Zeitschwingen") u. ↗ Heine, wie ↗ Marx (als Begr. d. „Rheinischen Ztg." u. d. „Vorwärts" in Paris [m. Heine]) u. ↗ Lassalle. Aber auch ↗ Saphir (als Begr. zahlr. Zeitschr.), ↗ Stettenheim („Wippchen"), ↗ Kalisch (mit Rudolf Löwenstein [1819/1911] Begr. d. „Kladderadatsch"), Alexander Moszkowski (1851/1934) „Lustige Blätter", ↗ Spitzer („Neue Freie Presse") sind noch heute weitbekannt. — Für die folgende Aufzählung aus d. Fülle deutschj. J. im 19. u. 20. Jhd. gelten d. folgenden Abkürzungen: Chf. (Chefredakteur), B. T. (Berliner Tageblatt), F. Z. (Frankfurter Zeitung), N. F. P. (Neue Freie Presse Wien), V. Z. (Vossische Zeitung). Handel: Daniel Bernstein am „Berliner Börsen-Courier"; Otto Bernstein „Bankarchiv"; Bruno Buchwald (geb. 1877) begr. „Buchwalds Börsenberichte"; Ludwig Cohnstaedt (1843—1934) „F. Z."; Hans Hirschstein „Hamburger Fremdenblatt"; Ernst Kahn (geb. 1884) „F. Z."; Richard Lewinsohn (Pseud. Morus, geb. 1894) „V. Z."; Arthur Feiler (geb. 1879) „F. Z."; Fritz Naphtali (geb. 1888) „F. Z."; Felix Pinner (geb. 1880) „B. T."; Justus Schloß begr. d. „Dt. Getreidezeitung" 1927; Leopold Schwarzschild (geb. 1891) begr. „D. Magazin d. Wirtschaft"; Gustav Stolper (geb. 1888) begr. d. „Dt. Volkswirt"; Louis Stern (geb. 1853) „F. Z."; Joachim Stern gab d. „Metallbörse" heraus. Kunst ↗ Kunsthistoriker. Literatur ↗ Literarhistoriker. Musik ↗ Musikschriftsteller. Politik: Viktor Adler (1852/1918) begr. in Wien d. „Arbeiterzeitung", an ihr auch Friedrich Austerlitz (geb. 1862); Eduard Bacher (1846/1908) u. Moritz Benedikt (1849/1920) „N. F. P."; Georg Bernhard (geb. 1875) Chf. d. „V. Z." 1913/30; Aron Bernstein (Pseud. Rebenstein, 1812/84) „Berliner Volkszeitung"; Arthur Bernstein (geb. 1862) schrieb in d. „Berliner Morgenpost" am 30. 7. 1914 jenen (nach d. Krieg veröffentlichten) prophetischen Artikel „D. letzte Warnung", ein historisches Dokument; Eduard Bernstein (1850/1932), Mitbegründer des „Sozialdemokrat" in Zürich 1881/90; Sigmund Blau (geb. 1876) „Prager Tagblatt"; Joseph Bloch (geb. 1871), Begr. der „Sozialistischen Monatshefte"; Paul N. Cossmann (geb. 1869) „Sdd. Monatsh."; Georg Davidsohn (1835/97) begr. 1868 d. „Berliner Börsen-Courier"; Friedrich Dernburg (1833/1910) seit 1875 Chf. d. „Berliner Nationalztg."; Julius Elbau (geb. 1881), Chf. d. „V. Z." 1930/32; Emil Faktor (geb. 1876), Chf. d. „Berliner Börsen-Couriers" 1916/33; Ernst Feder (geb. 1881) „B. T."; Max Friedländer (1829/72)

gründet 1864 d. „N. F. P.“; Marcel Ritter von Frydmann (1847/1906), Chf. d. „Wiener Fremdenblatts“; Adolf Gelber (1856/1923) „Neues Wiener Tageblatt“; Paul Goldmann (1865—1935) „N. F. P.“; Salli Goldschmidt (geb. 1869) „F. Z.“; Fritz Goetz (geb. 1876) „V. Z.“; Adolf Grabowsky (geb. 1880) gründet 1907 d. „Zeitschr. f. Politik“; Stefan Großmann („Tagebuch“); Bernhard Guttmann (geb. 1869) „F. Z.“; Victor Hahn (geb. 1869), Herausg. d. „Acht-Uhr-Abendblatt“ Berlin; Maximilian Harden (1861/1927) gründet 1893 „D. Zukunft“; Moritz Hartmann (1821/72) „N. F. P.“; Theodor Hertzka (1845/1927) gründet 1880 d. „Wiener Allgemeine Ztg.“; Moses Heß (1812/75), Mitbegr. d. „Rheinischen Ztg.“ 1841; Siegfried Jacobsohn (1881/1927) gründet 1905 d. „Schaubühne“; Moritz Jonge (1864/1920) „Kreuzzeitung“; Isidor Kastan (1840/1931) „B.T.“; Gustaf Kauder, Chf. d. „Tempo“; Rudolf Keller (geb. 1875) „Prager Tagblatt“; Max Albert Klausner (geb. 1848) „Berliner Börsen-Courier“; Ignaz Kuranda (1812/84), Chf. d. „Ostdt. Morgenpost“ Wien 1848/66; Isid. Landau (geb. 1851) „Berl. Börs.-Courier“; Leo Leipziger (1861/1927) gründet d. „Roland von Berlin“; Isidor Levy (1824/1929) „V. Z.“; Arthur Levysohn (1841/1908) gab als Pariser Korrespondent d. „Kölnischen Ztg.“ 1870/71 d. Organ d. dt. Hauptquartiers heraus; August Lewald (1792/1871) gründet in Stuttgart d. Zeitschr. „Europa“; Jakob Lippowitz, (geb. 1865), Herausg. d. „Neuen Wiener Journal“ bis 1934; Rudolf Mosse (1843/1920) gründet d. „B. T.“, später d. „Berliner Volkszeitung“ u. d. „Acht-Uhr-Abendblatt“; Paul Nathan (1857/1927), Herausg. d. „Nation“ m. Theodor Δ Barth; Bernhard Oppenheim (1819/80) gründet 1862 d. „Jahrbücher f. Politik“; Max Reiner, Parlamentsberichterstatter d. „V. Z.“ bis 1933; Julius Rodenberg (1831/1914), Herausg. d. „Dt. Rundschau“ seit 1874; Wilh. Singer (1847/1917), Chf. d. „Neuen Wiener Tagblatts“; Konrad Sittenfeld (Pseud. C. Alberti, 1862/1925) „Berliner Morgenpost“; Leopold Sonnemann (1831/1909) gründet 1856 d. „F. Z.“; Friedrich Stampfer (geb. 1875), Chf. d. „Vorwärts“ in Berlin 1916/33; Edgar Stern-Rubarth, Chf. d. „WTB“; Moritz Szeps (1883/1903) gründet d. „Neue Wiener Tagblatt“; Heinrich Teweles (1856/1927), Chf. d. „Prager Tageblatt“; Leop. Ullstein u. seine Söhne Franz, Hans (1858/1935), Hermann, Louis (1863/1933) u. Rudolf gründen „Berl. Morgenpost“, „B. Z. am Mittag“, „Tempo“ u. viele Zeitschr.; Ernst Wallenberg, Chf. d. „B. Z.“; Richard Wengraf (geb. 1875) „Westermanns Monatshefte“; Paul Wertheimer (geb. 1874) „N. F. P.“; Ludwig Winder (geb. 1889), Chf. d. „Bohemia“ in Prag; Theodor Wolff (geb. 1868), Chf. d. „B. T.“ 1907/33. Reise: Richard Arnold Bermann (Pseud. Höllriegel, geb. 1883); Richard Katz (geb. 1888); Egon Erwin Kisch (geb. 1885); C. Z. Klötzel (geb. 1891); Leo Matthias (geb. 1883). Frauen: hpts. an Bilderzeitschr., f. Mode- u. Frauenfragen (Marg. Edelheim „V. Z.“, Antonina Vallentin, Edith Wolff „B. B. C.“ u. a.). Gerichtsberichterstatter: Erich Eyck, Moritz Goldstein (Pseud. Inquit) u. Paul Schlesinger (Pseud. Sling, 1878/1928) alle an d. „V. Z.“. Redakteure u. J. d. dt.-j. Presse: Markus Brann (1849/1920), Herausg. d. „Monatsschrift f. Gesch. u. Wissensch. d. Jt.“; Nehemia Brüll (1843/1891) begr. d. „Jahrb. f. j. Gesch. u. Lit.“ 1874/90; Martin Buber gründete d. „Juden“ neu (1916/24); Zacharias Frankel (1801/75) gründet 1851 d. „Monatsschr. f.

Gesch. u. Wissensch. d. Jt."; Ismar Elbogen (geb. 1874), Aron Freimann u. Max Freudenthal geben seit 1929 d. „Zeitschr. f. d. Gesch. d. J. in Dt." heraus; Abraham Geiger (1810/1874) gibt 1862/75 d. „Jüd. Zeitschr. f. Wissensch. u. Leben" heraus, sein Sohn Ludwig (1848/1920) gründet d. „Zeitschr. f. d. Gesch. d. J in Dt."; Julius Goldstein (1873/1929) gründet 1924 d. „Morgen"; Heinrich Graetz (1817/1891) „Monatsschrift f. d. Gesch. u. Wissensch. d. Jt."; Isaak Heinemann „Monatsschrift f. d. Gesch. u. Wissensch. d. Jt."; Samson Raphael Hirsch (1808/88) begr. 1854 „Jeschurun"; Gustav Karpeles (1848/1909) „Allgem. Ztg. f. d. Jt." seit 1890; Albert Katz (1858/1923) gab 1898/1922 d. „Jhrb. f. j. Gesch. u. Lit." heraus; Marcus Lehmann (1831/1890) begr. 1860 d. „Israelit"; Alphonse Lévy (1838/1917) ist 1895 erster Redakteur von „Im Deutschen Reich"; Ludwig Philippson (1811/1889), Begr. d. „Allg. Ztg. d. Jt." 1837/1922; Gabriel Riesser (1806/1863) gründet den „Juden" (1832/1836); Robert Stricker gründet d. erste j. Tageszeitung in dt. Sprache, d. „Wiener Morgenzeitung" (1919/33), Leo Winz d. Zeitschrift „Ost u. West" (1901/22). ↗ Presse.

Jozer (Schöpfer), erster Segenspruch vor d. Höre Israel im Morgengottesdienst; Gattung liturg. Dichtungen f. d. Morgengebet.

J. T. A. ↗ Korrespondenzbüros.

Jubeljahr (h. Jowel, Ton d. Widderhorns), Freijahr, alle 50 Jahre wiederkehrend; im J. sollte, nach pent. Gesetz (L 25), d. ursprüngl. Verteilung d. Bodens jeweils wiederhergestellt u. j. Sklaven, d. nicht schon im ↗ Sabbatjahr freigeworden waren, endgültig frei werden.

Jubiläen, Buch d., pseudepigraph. Schrift (griech.), Wiedererzählung d. bibl. Urgeschichte (G 1—E 12), bei einer Einteilung d. Stoffes in Jubeljahre, 50 Kap.

Jud Süß. Kupferstich, 1738

Jud Süß-Oppenheimer, Joseph, 12. 2. 1692 Heidelberg—Stuttgart 5. 2. 1738, ↗ Hoffaktor Herzog Alexanders von Württemberg, Finanzmann, Schöngeist. Nach Alexanders Tod wegen Betruges u. Münzvergehens angeklagt u. ohne Schuldbeweis wegen anderer Delikte zum Tod verurteilt u. gehenkt. △ Hauff in einer Novelle 1838, Feuchtwanger in einem Roman 1922, Paul Kornfeld 1930 u. Eugen △ Ortner 1933 in Dramen behandeln dichterisch J.'s zwiespältige Erscheinung.

L: W. Elwenspoek, J. 1926; S. Stern, J.

Juda (Jehuda, Gelobter), vierter Sohn Jakobs u. Leas, Held d. Tamar-Erzählung (G 38); sein Wappentier ist d. Löwe, d. Messias geht aus J. hervor. Stamm J., führender Stamm, Kern d. davidischen u. d. Südreichs, dessen Name seit Esra d. ganze Volk bezeichnet; engeres Stammgebiet im

W von d. Philisterstädten, im O vom Toten Meer begrenzt, Hauptstadt Hebron. J. u. Benjamin bilden (mit Jerusalem als Hauptstadt) d. Reich Juda, das unter d. davidischen Kg. 930—586 v. besteht. Die Landschaft J. heißt z. Zt. d. zweiten Tempels Judäa u. umfaßt außer J. d. ehemaligen Stammgebiete Efraim, Benjamin u. Simeon, d. philistäische u. edomitische Gebiet.

Juda b. Ezechiel, Amoräer im 3. Jhd., Begr. d. Gelehrtenschule zu Pumbedita (Babylonien).

Juda der Fromme (he-Chassid; J. ben Samuel), gest. 1217, Rabbiner u. Leiter d. T-Hochschule zu Regensburg, Begr. einer mystischen Richtung (sogen. „dt. Kabbala"). Ⓦ Sefer Chassidim (Buch d. Frommen), volkstüml. moralethisches Werk.

Juda Halevi, um 1080/1145, Dichter u. Religionsphilosoph, klass. Vertreter d. h. Poesie im MA, lebte in Cordova u. starb auf d. Wege nach Palästina (d. Sage zufolge d. Märtyrertod). Seine berühmteste Dichtung ist d. „Zionide", eine Elegie in Ghaselen (aufgenommen in d. Liturgie d. 9. Aw), sein philosoph. Werk d. Buch „Kusari" (arab. geschr., h. Übers. von Juda ibn Tibbon), eine Darstellung d. Jt. in Form von Dialogen zwischen einem j. Gelehrten u. einem Kg. d. Chasaren. Ausgabe d. Gedichte von H. Brody, 1901 ff.; dt. Übersetzung ausgew. Hymnen von F. Rosenzweig, 1926; dt. Übersetzung d. „Kusari" von D. Cassel, 1909. — Romanze Heines in d. Hebr. Melodien.

Juda Makkabi (Hammerschwinger?), gest. 161 v., Held d. nach ihm benannten makkabäischen Erhebung gegen seleuzid. Unterdrückung (167 v.), weihte d. geschändete Heiligtum neu ein (Chanukka) u. verteidigte bis zum Tode d. Unabhängigkeit, die seine Brüder Jonathan u. Simon, d. ersten ↗ Hasmonäer, befestigten.

Juda ha-Nassi (d. Fürst), um 135—200, Patriarch in Galiläa, Nachkomme Hillels, d. Redaktor d. Mischna; d. „mündl. Lehre" gewann durch J. feste Form. J. schließt d. Zeitalter d. Tannaiten ab. Seine Ehrentitel: Rabbi (d. Lehrer schlechthin) u. ha-Kadosch (d. Heilige).

Judäa ↗ Juda.

Judaica, bibliotheks- u. museumsmäßige Bz. für alle von J herrührende oder auf J oder Jt. sich beziehende Druck- u. Kunstwerke, auch alte ↗ Ritualien u. sonstige Objekte sammlerischer Tätigkeit.

Judas, d. sagenhafte Verräter Jesu; d. Motive vom J.-Kuß (vgl. II. Sm. 20, 9) u. J.-Lohn (vgl. G 37, 28; Sech. 11, 12) entstammen d. AT.

Judasbaum, Zierbaum aus Japan, N.-Amerika. An einem J. soll sich Judas Ischariot erhängt haben.

Jude (h. Jehudi), Bz. eines Angehörigen zunächst d. Stammes Juda, schließlich (nach Rückkehr aus d. babyl. Exil) des j. Volkes.

Juden... Das Wort J. findet sich in Zusammensetzungen dt. Wörter als volkstüml. Bz. f. Pflanzen, Mineralien u. dergl., so Pflanzennamen: Judenapfel f. Etrog, Judenbart f ein aus China u. Japan stammendes Steinbrechgewächs m. rötlich behaarten Blättern, Judendorn f. Stechpalme, Judenhut f. Springkraut, Judenkirsche f. Korallenkirsche (Gartenzierpflanze mit aufgeblasenem rotem Kelch), Judenknochen (am Ellenbogen), Judennuß f. Erdnuß, Judenohr f. eine Pilzart, Judenpappel f. Goldnessel (jap. Zierstrauch), Judenrute f. Besenginster, Judenschwamm f. Hexenpilz; ferner Judenfisch f. Hammerhai, Judenfolie f. Stanniol (Zinnfolie), Judengold f. Goldbronze, Judenpech f. Asphalt.

Judenämter (Toleranzämter) regelten Abgaben, Aufenthalt, Überwachung d. J; in Wien 1780/97, in Schlesien 1713/1812.

Judenbischof, behördliche Bz. f. d. Vorsteher j. Gemeinden im MA, erstmals 1090 im Privileg Heinrichs IV. f. d. Wormser J.

Judenbuch, enthielt Eintragungen d. j. Grund- u. Hausbesitzes; J. von Köln 1236—1347, von Erfurt 1357—1407; wichtige j. Geschichtsquellen.

Judenbuche, Erzählung von Annette von △ Droste-Hülshoff (1842), spielt im Westfalen d. 18. Jhd. u. schildert d. Sühne f. den an einem J begangenen Mord.

Judenchristen ↗ Christentum.

Judendeutsch, volkstüml. Bz. f. ↗ Jiddisch.

Judeneid ↗ Eid more judaico.

Judenfleck ↗ Kennzeichnung.

Judengasse = ↗ Ghetto.

Judengesetzgebung. Altertum: J Staatsbürger d. Römischen Reiches, aber durch Ausnahmegesetzgebung beschränkt. Mittelalter: Katholisches Kirchenrecht d. J feindlich. Tendenz d. weltlichen Staatshoheit dadurch entscheidend beeinflußt. Fortgesetzte Versuche, d. rechtliche Stellung d. J neu zu fundieren: J als Landfremde, d. Rechtsschutzes durch ↗ Privilegien bedürftig. Rechtsentwicklung: allmähliche Verschlechterung d. Rechtsstellung, bes. seit Ende d. Stauferzeit. Ausnahmegesetzgebung: gegen Tributverpflichtung werden d. J reichsunmittelbar (d. Kaiser direkt unterstellt; ↗ Kammerknechtschaft). Judenordnungen: spezielle sonderrechtliche Regelungen in d. einzelnen Territorien. Neuzeit: Allmähliche Auflockerung d. mittelalterlichen J-Gesetzgebung: im Zeitalter d. Aufklärung Erwägung d. Nützlichkeit d. J f. Staat u. Wirtschaftsleben. Wichtige Staatsakte d. J-Gesetzgebung: 1750 Preußisches Generaljudenreglement (Friedrich d. Gr.): Ordnung d. sozialen u. gemeindeinstitutionellen Verhältnisse. 1812 Emanzipationsedikt in Preußen: staatsbürgerliche Gleichstellung der J. 1833 „Verordnung wegen d. Judenwesens im Großherzogtum Posen“: Scheidung in naturalisierte (Edikt von 1812 angewendet) u. nichtnaturalisierte J (Schutzjuden). 1847 „Gesetz über d. Verhältnisse d. J“: Unterbindung d. „Ausübung einer richterlichen, polizeilichen oder Exekutiv-Gewalt“. 1850 Preußische Verfassung: Ausübung d. staatsbürgerlichen Rechte f. unabhängig vom relig. Bekenntnis erklärt. 1876 Gesetz über d. Austritt aus d. j. Gem. (Rechte relig. Minderheiten gewahrt; Mitwirkung Eduard Laskers). 1906 Volksschulunterhaltungsgesetz: Beisteuer d. Synagogengem. zum Religionsunterricht. 1933 ↗ Arier- u. J.-Gesetzgebung.

Judenhut ↗ Kennzeichnung.

Judenmission will d. J zum Christentum bekehren. Von d. evang. u. d. kath. Kirche systematisch betrieben. Ausbildung d. Judenmissionare erfolgte an (den Univ. angegliederten) Seminaren (Institutum judaicum). So in Halle (1694/1760), Leipzig (1813/90), Berlin (1883—1927). Seitdem tritt d. Missionscharakter d. Institute zugunsten wissensch. Forschung zurück.

Judenporzellan war das zwangsweise von d. J Preußens, bes. Berlins, anzukaufende Porzellan. Friedrich d. Gr. ordnete 1769 zur Hebung d. Berliner Porzellan-Manufaktur an, daß J vor Erlaubnis d. Heirat, Niederlassung usw. Porzellan kaufen mußten (so auch Moses Mendelssohn); 1787 gegen Zahlung einer Ablösungssumme von 40 000 Talern abgeschafft, da die Zwangskäufe der J wider Erwarten keine Hebung d. Absatzes brachten.

Judenschule, volkstüml., auf Luther zurückgehende Bz. f. Synagoge.

Judentum. Es hat kein Dogma, das durch eine j. Obrigkeit bestimmt wird. Aber d. Bewußtsein d. Gem. hält bestimmte Grundlehren fest, von denen bald die eine, bald die andere, um sich vom Zeitdenken abzuheben, stärker betont wird. Als solche gelten: Gottes Einheit u. Einzigkeit; d. Mensch steht Gott ohne Mittler gegenüber; d. Welt ist Gottes Schöpfung; ihr Sinn ist d. Verwirklichung d. Guten; Gott hat seinen Willen offenbart, er ist d. Gesetzgeber u. Fordernde, d. Maßstab d. Sittlichen. D. Mensch ist selbständige sittliche Persönlichkeit; Ziel d. Menschheit ist d. messianische Gottesreich d. Friedens, d. Liebe u. d. Gerechtigkeit; Gott hat Israel zur Verkündigung seiner Botschaft berufen; alle Seelen haben gleichen Wert, wes Volkes u. welcher Abstammung ihre Träger sein mögen; d. irdischen Leben folgt ein Reich d. Ewigkeit, über dem Geheimnis waltet. Alle diese Lehren setzen sich in bestimmten Glaubensinhalten fort. Die Einheit Gottes ist zugleich Ausdruck dessen, daß Gott Vater aller Menschen ist, Inbegriff d. Guten, dem man nur dienen kann durch Liebe und Gerechtigkeit. So ist d. Nächstenliebe, wie sie in L 19, 18 begründet ist, in dem Glauben an d. einen Gott notwendig eingeschlossen. Einheit bedeutet zugleich reine Geistigkeit u. schließt jede bildliche Darstellung u. jede selbständige Vergottung einer Naturkraft aus. Einheit geht über in Heiligkeit, mit der zugleich d. sittliche Vollkommenheit u. d. gänzliche Anderssein Gottes gegenüber allem Menschlichen umschrieben ist. Dieses Anderssein, d. Spannung d. Entferntseins u. doch dem Menschen Naheseins, d. Heiligseins u. doch auch mit d. Sündigen Vereintseins ist d. große Mysterium des Jüdisch-Religiösen. Gottes Einheit hat als ihr entsprechendes Korrelat die Einheit d. Menschheit als Forderung. D. Selbständigkeit d. sittlichen Persönlichkeit bedeutet d. Eigenkraft des Menschen zum Guten, d. h. die Ablehnung d. Erbsünde, damit d. Lehre, daß Sünde u. Versagen nicht notwendig in d. Natur des Menschen begründet sind, daß Gebot und Forderung Gottes u. nicht nur übernatürliche Gnadenergießung dem Menschen einen Weg zu ihm bahnen. Damit ist zugleich d. Welt als d. Feld begriffen, auf dem d. Mensch seine sittliche Kraft zu bewähren hat, u. der Bau d. Gottesreiches ist auch in d. Hand des Menschen gelegt. So wird Erlösung als Hinleitung zum messianischen Reich zu einem sozialen Wert u. der Sphäre des Individuellen entrückt. Charakteristisch für das Jt. ist, daß nicht ein Glauben — das fälschlich mit „glauben" übersetzte Wort heemin (G 15, 6) bedeutet „vertrauen" — Mittelpunkt d. Frömmigkeit ist, sondern d. Tun. D. Form seiner Frömmigkeit ist d. Gehorsam gegenüber d. göttlichen Gebot. Gnade Gottes u. gehorsame selbstgewollte Tat verweben sich im Geheimnis zur Einheit. Ziel ist d. Heiligung d. gesamten Lebens, d. Aufhebung d. vermeintlichen Unterschiedes von Weltlichem u. Religiösem, d. Einheit aller Lebensbezirke, ein einheitliches Lebensgefühl, das alle Betätigung regiert, und in dem jene oben genannten Lehren mit d. Bewußtsein der aus d. Berufung fließenden Verantwortung sich unauflöslich verbinden. Quelle d. Jt. ist d. B, bes. d. 5 Bücher der Tora. Zu ihr tritt d. T, welcher d. Verhandlungen um d. Anwendung d. B auf d. tägliche Leben enthält u. um 500 n. abgeschlossen war. Es besteht über d. Verpflichtungscharakter d. T u. der an ihn sich anschließenden Gesetzbücher keine Einheitlichkeit. Und wenn auch d. Wesen der Offenbarung in Geheimnis getaucht ist, so sind doch alle Richtungen einig in d. Bekenntnis, daß Jt. auf göttliche Offenbarung zurückgeht. D. einzelnen geschichtlichen Elemente d. Jt. sind nicht gleich, es gibt d.

prophetische Jt. u. d. rabbinische. Sie sind im Geschichtsverlauf zur Einheit verschmolzen. Ein rationalistischer u. ein mystischer Zug ringen um d. Vorherrschaft, lösen einander ab u. verschmelzen immer wieder miteinander. Recht u. Umfang eines nationalen Charakters d. Jt. u. eines nationalen Einschlags in seine Formenwelt sind umstritten (↗ Nationalismus).

Judenviertel ↗ Ghetto.

Jüdin, Die, Oper von ↗ Halévy (Uraufführung Paris 23. 2. 1835).

Judith (Jehudit, Judäerin), Witwe zu Betylua in Juda, rettet diese von d. „Assyrern" belagerte Festung, indem sie d. feindl. Feldherrn Holofernes betört u. enthauptet. Buch J., apokryph. Schrift (griech., wohl urspr. h.), J.-Sage, 16 Kap. — J.-Dramen von △ Hebbel, Georg △ Kaiser u. a.

Jugend-Alijah, Bestrebungen zur Überführung j. Jugendlicher nach Pal. ↗ Kinder-Alijah.

Jugendbewegung, j., der dt. J. nachgebildet; hier wie dort Auflehnung gegen jugendfremde Bevormundung durch Staat u. Gesellschaft. Sinngebung d. Bewegung in d. Meißener Formel (1913): „Aus eigener Bestimmung vor eigener Verantwortung, in innerer Wahrhaftigkeit ihr Leben zu gestalten." Völkische Tendenzen d. „Wandervogel" führten zur Bildung j. Jugendbünde. „Blau-Weiß" (gegr. 1912), zion., daher nicht im urspr. Sinne „jugendbewegt", d. h. zwecksetzungsfeindlich. Ebenso d. j.-relig. Jugendbünde: J.-liberale Jugendbünde („ILI", gegr. 1910), zusammengeschlossen zur Arbeitsgemeinschaft („Arge") 1917 u. d. „Agudas Jisroel-Jugendorganisation" (gegr. 1913). Zwecksetzungsfeindlich im Sinne d. Meißener Verpflichtung waren d. „Kameraden" (gegr. 1916). Bündische Erziehung in d. Formen d. allgemeinen Jugendbewegung: Fahrt, Spiel u. Tanz, Heimabende, Führerkurse, Bundestage. Mehr jugendpflegerischen Charakter hat d. „Verband d. j. Jugendvereine Dt.'s" (früher „neutraler Verband", gegr. 1907). Aufschwung nach d. Kriege. Vermehrung durch Spaltungen u. Neugründungen. „Esra" (1918) gesetzestreu. 1920 Gründung d. dt. Landesverbandes des „Hechaluz" („d. Pionier"), Berufsumschichtungsorg. d. chaluzischen z. Jugend. Abspaltungen vom „Verband": Jung-j. Wanderbund (JJWB) 1925 u. „Jüdischer Pfadfinderbund Dt.'s" (JPD) 1933. Abspaltung von d. „Kameraden": Jüngeren-Bund „Ring" (1926), „Schwarzer Haufen" (1927 durch Ausschl.), „Werkleute"(1929) u. teilweise „Schwarzes Fähnlein" (1933/34). „Blau-Weiß" u. „Ring j. Pfadfinder" schließen sich 1926 zu „Kadimah" (z. Pfadfinderbund) zusammen. Kadimah u. JJWB bilden seit 1932 d. Habonim („Bauleute"). In d. letzten Jahren, bes. seit 1933 Strukturwandel in d. dt., wie in der j. J.: statt Flucht vor d. Wirklichkeit ins „Jugendland", Hinwendung zur zweckbewußten Lebensgestaltung. Der „neue Mensch" d. Bundes soll auch d. Alltag meistern. Reale Ansatzpunkte: Berufsumschichtung, Sport, Auswanderung. Seit 1924 Zusammenschluß d. j. Jugendbünde im „Reichsausschuß der j. Jugendverbände" e. V. (seit 2. Nov. 1933 von d. Reichsjugendführung als „alleinige verantwortl. Zentralorg. d. j. Jugend" anerkannt).

Jugendbünde, j. nach dem Stand vom Febr. 1935 (Geschichte ↗ Jugendbewegung) unter j. weltanschaulichen Gesichtspunkten gruppiert: 1) N a t i o n a l j: a) gesellschaftserneuernde chaluzische J.: Habonim, Hechaluz, Haschomer hazair („Junge Wächter", gegr. 1931); Werkleute. b) religiös chaluzische J: Brit-Chaluzim datiim („Bund religiöser Pioniere", gegr. 1928), Brit Hanoar schel Zeire Misrachi („Jugendbund d. Misrachi", gegr. 1928; Ziel: gesetzestreuer Aufbau Pal.'s). 2) Pfadfinderbünde: J. Pfadfinderbund Dt.'s (JPD), Haschomer-Hazair, Makkabi-Hazair. 3) Nachwuchsorganisationen: Junggruppen d. Berliner z. Vereinigung (BZV) u. Nationale Jugend „Herzlia" (gegr. 1933, früher Brit Trumpeldor; revisionistisch). 4) Deutschjüdisch: Zusammenschluß d. dt.-j. Bünde: J. liberale Jugendbünde (ILI), dt.-j. Jugendgemeinschaft (DJJG), Jugend- u. Kinderscharen, Ring (1933) zum „Bund Dt.-J. Jugend" (abgek. „Bund" Lehnitz 1933); 1934 schloß sich auch ein Teil d. „Schwarzen Fähnlein" (Blaue Schar) dem „Bund" an; Schwarzes Fähnlein (1933/34); Jugendgemeinschaft d. Reformgemeinde. 5) Verband d. j. Jugendvereine Dt.'s, gesamtj.; 6) Agudas Jisroel Jugendorg., Esra nichtz., gesetzestreu.

Jugendwohlfahrt, j., tritt ergänzend zur öffentlichen durch Reichsjugendwohlfahrtsgesetz bestimmten J. beim Versagen des Erziehungsberechtigten ein. Sorge für Waisen (Esrat Jetomim) religiöse Pflicht. Gründung d. 1. Waisenhauses in Fürth im 18. Jhd. Planmäßiger Ausbau durch J. erst nach Kriegsausbruch, um Massennot zu bekämpfen. Gründung von j. Jugendämtern, Jugendpflegeausschüssen, Säuglings- u. Kleinkinderfürsorgestellen, Kinderpolikliniken, Adoptions- u. Pflegestellenvermittlung. Schulfürsorge. Es bestehen 67 Tagesheime (Kindergärten u. Horte), 26 Jugendpflegeeinrichtungen (Jugendheime, Klubs) u. 55 Erziehungsheime.

Jugoslawien, 77 000 J = 0,55% in 110 Gemeinden, 3/4 Aschkenasim, 1/4 Sefardim. In Dalmatien sind J in Spalato (Split) u. Ragusa (Dubrovnik) vom Altertum bis jetzt nachzuweisen; in Slowenien in Marburg (Maribor) u. Laibach (Ljubljana) seit d. 12. Jhd.; in Serbien entstanden im MA aus spanischen Flüchtlingen in Belgrad (Beograd), Monastir u. Serajevo sefard. Gemeinden; in Kroatien war d. J der Aufenthalt bis um 1750 verboten. 1777 entsteht in Warasdin (Varazdin) d. erste Gem.; jetzt Hauptgem. Zagreb. D. Verb. d. j. Gem. in J. umfaßt gemäß d. Geschichte u. polit. Struktur d. Landes J verschiedenster Herkunft.

Jung, Guido, geb. 1876 Palermo, 1919 Finanzexperte d. italien. Friedensdelegation, 1924 faschistischer Abgeordneter, Juli 1932 bis Januar 1935 Finanzminister.

Jung-Stilling △ Heinrich, 1740—1817, Schriftsteller u. Augenarzt, Freund Goethes, schildert in seiner „Lebensbeschreibung" seine Staroperationen im Frankfurter Ghetto.

Juristen, j. Aus d. Reihe bedeutender J. im dt. Sprachgebiet seien nach Rechtsmaterien folgende angeführt: Arbeitsrecht: Georg Baum (1874—1933), Heinrich Hoeniger (geb. 1879), Walter Kaskel (1882—1928), Philipp Lotmar (1850—1922), Wilhelm Silberschmidt (geb. 1862), Hugo Sinzheimer (geb. 1875). Bürgerliches Recht: Heinrich ↗ Dernburg ♁ (1829—1907), Franz Haymann (geb. 1874), Ernst Landsberg (1860—1927), Leo Lilienthal (1857—1927), Hugo Neumann (1859—1915), Otto Opet (geb. 1866), Martin ↗ Wolff (geb. 1872). Deutsches, german. Recht, Rechtsgeschichte: Ferdinand Frensdorff (1833—1931), Eugen Rosenstock-Hüssy (geb. 1888), Eduard Wilda (eigtl. Seligmann; 1800—1856). ↗ Historiker (Rechtsgeschichte). Grundbuchrecht: Hugo Arnheim (geb. 1862), Eugen ↗ Fuchs (1856—1923), Herm. Oberneck (1854—1930; auch Notariatsr.). Handels- u. Wirtschaftsrecht: Wilh. Bernstein (Berlin, Wechselrecht), Felix Bondi (1860—1934), James Breit (geb.

1872), Ernst Bruck (geb. 1876, Versicherungsrecht), Rudolf Callmann (Köln; Kartellrecht), Georg Cohn (1845—1918), Georg Eger (Eisenbahnrecht), Viktor Ehrenberg (1851—1929, Versicherungsrecht), Paul Eltzbacher (geb. 1868), Julius Flechtheim (geb. 1876), Lewin ↗ Goldschmidt (1829—1897, einer d. Schöpfer d. H.), Max ↗ Hachenburg (geb. 1860), Karl Heinsheimer (1869—1929), Hermann u. Rudolf Isay (Berlin, Berg- u. Patentr.), Paul Kent (gew. Rechtsschutz), Hermann ↗ Makower (1830—1897), Albert Mosse (1846—1925), Arthur ↗ Nußbaum (geb. 1877), Albert Pinner (1857—1933), Jakob Riesser (1853—1932), August Saenger (geb. 1884), Arnold ↗ Seligsohn (geb. 1854, Patentr.), Hermann Veit ↗ Simon (1856—1914), Hermann ↗ Staub (1856—1904), Josef, Martin u. Moritz Stranz (Wechselr.), Martin Wassermann (geb. 1871, Warenzeichenr.), Heinrich Wimpfheimer (geb. 1877). Kirchenrecht: Emil A. ↗ Friedberg (1837—1910). Rechtsphilosophie: Ernst Fuchs (1859—1929; Begr. d. Freirechtsschule, Vorkämpfer f. „wahres Volksrecht"), Eduard ↗ Gans (1798—1839), Hermann U. Kantorowicz (geb. 1877), Friedrich J. ↗ Stahl (1802—1855). Römisches Recht: Otto ↗ Gradenwitz (1860—1935), Otto Lenel (1849—1935), Ernst Levy (geb. 1881), Fritz Pringsheim (geb. 1882). Seerecht: Max Pappenheim (1860—1934), Ferdinand Perels (1836—1903), Georg Schaps, Julius Sebba (geb. 1882). Staats- und Verwaltungsrecht: Hermann Heller (1891—1933), Georg ↗ Jellinek (1851—1911), Walter Jellinek (geb. 1885), Erich Kaufmann (geb. 1880), Hans ↗ Kelsen (geb. 1881), Paul ↗ Laband (1838—1918), Edgar ↗ Löning (1843—1919), Hugo ↗ Preuß (1860—1925), Eduard Rosenthal (1853—1926), Heinrich ↗ Rosin (1855—1927), Fritz Stier-Somlo (1873—1932). Strafrecht- u. Strafprozeß: Max ↗ Alsberg (1877—1933), Berthold ↗ Freudenthal (geb. 1872), Friedrich Kitzinger (geb. 1872), Moritz Liepmann (1869—1928), Richard ↗ Löning (1848—1917). Verwaltungsjuristen: Hermann Badt (geb. 1887), Jakob Friedr. Behrendt (1833—1907; erster j. Reichsgerichtsr.), Bernhard ↗ Dernburg ♁ (geb. 1865), Heinrich von ↗ Friedberg (1813—1895), Ernst Isay (geb. 1880, internat. Finanzr.), Otto M. Köbner (geb. 1869; Kolonialr.), P. Köhne (1856—1917, erster Jugendrichter), Viktor Ring (1857—1934, Vizepräs. d. Kammergerichts), Eugen ↗ Schiffer (geb. 1860), Eduard von ↗ Simson (1810—1899, 1. Reichsgerichtspräs.). Völkerrecht u. internat. Privatrecht: Albrecht Mendelssohn-Bartholdy (geb. 1874), Karl Löwenstein (geb. 1892), Karl Neumeyer (geb. 1869), Karl Strupp (geb. 1886). Zivilprozeßrecht: James ↗ Goldschmidt (geb. 1874), Richard Kann (geb. 1874), Mayer Levy (1833—1896), Leo Rosenberg (geb. 1879), Friedrich Stein (eigtl. Goldstein, 1859—1923), Jakob Weißmann (1854—1913). Im deutschsprach. Ausland wurden berühmt: Georg Cohn (1845—1918 Zürich), Josua Glaser (1831—1885, österr. Justizmin.), Josef ↗ Unger (1828—1913 Österr.). Weitere bedeutende J, die wissenschaftliche Leistung u. Anwaltschaft vereinten, ↗ Rechtsanwälte.

Juschkewitsch, Semjon, 1868 Odessa—Paris 1927, russ.-j. Schriftsteller, schilderte in Novellen (Ghetto, Parias) u. Dramen (Sonkin u. d. Haupttreffer) d. Leben d. russ. J.

Justinian △, 527—565, Kaiser d. oström. Reichs, Urheber einschränkender J-Gesetzgebung. Unter ihm Aufstände d. ↗ Samaritaner.

Justus von Tiberias, persönl. u. literarischer Gegner d. ↗ Josephus; seine Werke sind verloren gegangen.

K

Kabak, Aaron Abraham, geb. 1880 Smorgon (Polen), h. Erzähler, lebt in Pal. Ⓦ Salomo Molcho, histor. Roman, 1928/29.

Kabbala („Empfangen" = Überlieferung), engere Bz. d. j. Mystik; d. Name K. (seit 13. Jhd.) soll besagen, daß sie ebenso wie d. Gesetz Teil d. Tradition u. göttl. Ursprungs sei. Neben d. Exegese des Midrasch u. die Religionsphilosophie tritt K. als dritte — im Sinne ihrer Träger als einzige u. tiefste — Deutung d. B u. Umschreibung d. Inhalte j. Theologie überhaupt. Wo die B ausgesprochen mystisch ist (Ezechiels Vision vom göttl. Thronwagen [Maasse Merkawa]), od. d. mystischen Betrachtung natürlichen Raum gewährt (Weltschöpfung [Maasse Bereschit]), setzt K. an, um darüber hinaus (mit Hilfe d. Buchstabendeutung u. Zahlenmystik) in jedem Satz u. Zeichen d. B einen verborgenen Sinn aufzuspüren. Hauptthema bleibt jedoch, was v o r d. Schöpfung war u. was ü b e r d. sichtbaren Himmel ist. Zum Bestand d. kabbalist. Anschauung gehört d. Lehre von vier Welten (1. Azilut [Emanation], 2. Brija [Wesenhaftigkeit], 3. Jezira [Formung], 4. Assija [tätige Kraft]), von denen d. vierte (d. irdische) d. niedrigste ist, u. von 10 Sphären (↗ Sefirot), die von d. Göttlichen durchlaufen werden; eine ausgedehnte Angelologie u. Dämonologie; d. dualistische Vorstellung von der mit d. guten rivalisierenden bösen Macht (d. sogen. „anderen Seite" [Sitra achra]) u., auf d. Menschen bezogen, d. Lehre von d. Wiederverkörperung d. Seele (Gilgul). Wesen d. K. ist d. Geheimnis; nur in reifem Alter darf man sich mit ihr befassen. Ziele d. K.: mystisches Einssein mit Gott, geistige Erkenntnis d. letzten Verborgenheiten, irdischer Messianismus. Neben d. theoretischen K. (ijjunit) entsteht d. „praktische K." (maassit): Geisterbeschwörung u. -austreibung, Magie d. unverstellten Gottesnamens, Alchimie, Amulettwesen, Zauber. — Kabbalistische Lit. beginnt mit d. Buch Jezira (Babylonien, vor 6. Jhd. n.); d. erste Kabbalist ist Isaak d. Blinde (Provence, 12. Jhd.), sogen. „dt. Kabbala" (K. aschkenasit) datiert seit Juda Chassid (Regensburg, um 1200), d. spanische hat ihre Blüte unter Nachmanides (Gerona, um 1250); Kanon d. K. wird d. ↗ Sohar (Spanien, Ende 13. Jhd.). Im 16. Jhd. ist Safed in Galiläa Zen-

Kabbalistisches Beschwörungsblatt (Handschrift)

trum d. K., Wirkungsort d. Mose ↗ Cordovero u. seines Antipoden Isaak ↗ Luria; d. Lehre d. letzteren ist dem relig. Kompendium d. Jesaja ↗ Horowitz (Polen, Anf. 17. Jhd.) zugrundegelegt. Die pseudomessian. Bewegung Sabbatai Zwis (17. Jhd.) wurzelt in mißverstandener K. u. diskreditiert ihre Lehre; eine Erneuerung u. Verwandlung erfährt sie im ↗ Chassidismus (18. Jhd.), dessen Lit. d. kabbalist. ablöst.

L: A. Franck, Die K., 1918; D. Joel, Die Religionsphilosophie d. Sohar, 1922; G. Scholem, Bibliographia Kabbalistica, 1926.

Kaddisch (aram. „Heiliger"), altes aram. Gebet (1./2. Jhd. n.): Verkündg. d. Heiligkeit Gottes u. d. Erlösungshoffnung. 1) Gebet im tägl. Gottesdienst, vornehml. als Schlußstück; 2) Waisengebet d. Söhne bei d. Beerdigung d. Eltern, d. ganze Trauerjahr hindurch u. am ↗ Jahrzeit-Tage.

Kadesch bezw. K. Barnea, Station d. Wüstenwanderung im S von Juda.

Kadimah („nach Osten"), Name für 1) die erste j. nationale, seit Herzl z. Studentenverbindung, gegr. 1882 in Wien, 2) Dt. Jugend-Organisation, Bund j. Pfadfinder.

Kaf (Handteller), 11. Buchst. d. h. Alphabets, Gaumenlaut harter (k) u. weicher (ch) Aussprache; Zahlwert 20. Besondere Form d. Zeichens als Finalbuchstabe.

Kafka, Franz, 3. 7. 1883 Prag—Kierling b. Wien 3. 6. 1924, Prosadichter, dessen Werke zu d. eigenartigsten Dokumenten d. neueren dt. Literatur gehören. Zu Lebzeiten K.'s erschienen nur einige Novellen; d. gleichnishaften Romane „D. Prozeß", „D. Schloß", „Amerika" gab Max ↗ Brod 1925/27 heraus.

Kaftan ↗ Kleidung.

Kahal (Versammlg.), Bz. d. j. Gem. u. Gem.-Versammlg.; ebenso Kehilla.

Kahal, das Buch vom, erschien zuerst m. Unterstützung d. russ. Regierung von Jakob ↗ Brafman herausgeg. 1869 in Wilna. Es enthält angebliche Verfügungen d. Gem. (= Kahal) Minsk aus d. 18. Jhd., die ähnlich d. ↗ „Protokollen" Weltherrschaftspläne d. Jt. enthüllen sollen.

Kahan: 1) Jakob, geb. 28. 6. 1881 Sluzk (Weißrußland), h. Dichter, seit 1935 Herausgeber d. Vierteljahresschrift „Ha-Tekufa", Tel-Awiw. Ⓦ Gedichte; Übertragungen d. Tasso u. d. Iphigenie. 2) Israel Meir, 1833—1933, führender orthodoxer Rabbiner, Leiter d. T-Schule zu Radun (Polen). Ⓦ Chofez Chajim (ethische Schrift).

Kahana, Abraham, geb. 1874 Skomorochy (Wolhynien), j. Gelehrter, lebt in Tel Awiw. Ⓦ Perusch maddai, wissensch. Komm. zur B 1903 ff.

Kahn: 1) Bernhard, geb. 1876 Oscarshamn (Schweden), führender Z., 1904/21 Generalsekretär d. Hilfsvereins d. dt. J, seit 1924 Direktor d. europ. Abtlg. d. ↗ Joint. 2) Otto Hermann, 21. 2. 1867 Mannheim—New York 10. 3. 1934, seit 1893 New York, einflußreicher Bankier u. Wirtschaftsführer, Mäzen für Kunst u. Wissenschaft. 3) Zadoc, 18. 2. 1839 Mommenheim (Elsaß)—Paris 8.12.1905, Großrabbiner (grand rabbin) von Frankreich (seit 1889), Eh-

Franz Kafka

renpräs. d. Alliance, Offizier d. Ehrenlegion.

Kain (Kajin), ältester Sohn Adams, d. erste Ackerbauer, tötet seinen jüngeren Bruder Abel u. trägt ein Mal an d. Stirn (Kainszeichen). Nachbibl. Sage: ↗ Lamech tötet K.

Kairo, ca. 30 000 J = 3,5%. Aus d. Vorstadt Fostat, wo J seit Gründung (7.–8. Jhd.) ansässig waren, stammen d. Lit.-Schätze d. ↗ Genisa.

Kairuan, Stadt in Tunis, im 9.–11. Jhd. ein Zentrum j.T-Gelehrsamkeit.

Kaiser u. Könige, dt., u. Jt.: Die J als Landfremde (gewertet als Sachobjekte) gehören zu den Regalien (Einnahmequellen d. Krone). Der Kaiser (König) gewährt ihnen gegen hohes Entgelt Schutzrechte (Privilegien). I. Verhältnismäßig günstige Lage während d. Salier- u. Stauferzeit: Heinrich IV. (1056–1106; Schutzbriefe f. J; Aufnahme in allgem. Landfrieden 1103). Konrad III. (1138–1152; schützt die J bei Kreuzzugsverfolgung 1146). Friedrich I. Barbarossa (1152–1190; den J wohlwollend). Friedrich II. (1215–1250; wendet sich gegen Blutbeschuldigung). II. Außerordentliche Verschlechterung d. Lage im späten MA: Herrscher, die die J zu hohen Vermögensabgaben zwingen: Rudolf von Habsburg (1273–1291), Ludwig der Bayer (1314–1347; 1342 J-Steuer [Kopfsteuer]), Karl IV. (1347–1378; 1349 bei Verfolgung nach „schwarzem Tod" J recht- u. schutzlos). Anhaltende Verschlechterung unter: Wenzel (1378–1400; 1385 u. 1390 J-Schuldentilgungen), Sigismund (1410–1437; Erhebung des „dritten Pfennigs", Kosten d. Hussitenkriege auferlegt). III. Allmähliche Besserung d. Lage in d. Neuzeit: Karl V. (1519–1556; gewährt den J obrigkeitlichen Schutz: 1544 Speyerer Privileg). Ferdinand I. (1556–1564) u. Rudolf II. (1576–1612) bestätigen das Privileg von 1514. Ferdinand II. (1619–1637; den J wohlgesinnt). Maria Theresia von Österreich (1740–1780; aus Glaubenseifer gegen die J). Joseph II. von Österreich (1780–1790): Toleranzedikt 1782.

Kaleb u. Josua waren d. einzigen Überlebenden d. Generation d. Auszugs aus Ägypten, die d. Boden Kanaans betreten durften (NU 13).

Kalender (h. Luach, „Tafel"). Konstanter j. K. seit 344 n. (K.-Reform

KALENDERTAFEL DES REGELMÄSSIGEN JAHRES

Tischri (Sept.—Okt.), 30 Tage
- 1. Neujahrstag I (Rosch ha-Schana)
- 2. Neujahrstag II
- 3. Fasten Gedalja
- 10. Versöhnungstag (Jom Kippur)
- 15. Laubhüttenfest I (Sukkot)
- 16. Laubhüttenfest II
- 21. Palmfest (Hoschana rabba)
- 22. Laubhüttenfest VIII (Schemini Azeret)
- 23. Gesetzesfreude (Simchat Tora)

Marcheschwan (Okt.—Nov.), 29 Tage

Kislew (Nov.—Dez.), 30 Tage
- 25. Chanukka I

Tewet (Dez.—Jan.), 29 Tage
- 3. Chanukka VIII
- 10. Fasttag (Assara be-Tewet)

Schewat (Jan.-Febr.), 30 Tage
- 15. Festtag (Chamischa Assar bi-Schewat)

Adar (Febr.—März), 29 Tage
- 13. Fasten Esther
- 14. Purim
- 15. Schuschan Purim

Nissan (März—April), 30 Tage
- 15. Pessach I
- 16. Pessach II
- 21. Pessach VII
- 22. Pessach VIII

Ijjar (April—Mai), 29 Tage
- 18. Lag ba-Omer (33. Tag d. Omerzählung)

Siwan (Mai—Juni), 30 Tage
- 6. Wochenfest I (Schawuot)
- 7. Wochenfest II

Tammus (Juni—Juli), 29 Tage
- 17. Fasttag (Schiwa-Assar be-Tammus)

Aw (Juli—August), 30 Tage
- 9. Trauer- u. Fasttag (Tischa be-Aw)
- 15. Festtag (Chamischa Assar be-Aw)

Elul (August—Sept.), 29 Tage

d. Patriarchen Hillel II.), heutige Form seit 13. Jhd. — Beginn d. Jahres im Herbst (in bibl. Zeit im Frühjahr); d. regelmäßige Jahr hat 354 Tage (d. Zahl 365 kommt in anderen Zusammenhängen vor: 365 Verbote); 12 Monate (im Schaltjahr 13) mit je 29—30 Tagen; 50½ Wochen zu 7 Tagen (Spuren älterer Einteilung — Systeme von je 10 Tagen — in d. B [Versöhnungstag 10. Tischri]).
L: E.Mahler, Handbuch d.j.Chronologie, 1916.

Kalinindorf, j. Siedlung auf d. ⁄ Krim.

Kalir, Eleasar, wohl um 750 in Pal., liturgischer Dichter, d. berühmteste unter d. Altmeistern d. synagogalen Poesie.

Kalisch, David, 23. 2. 1820 Breslau —Berlin 21. 8. 1872, Schriftsteller, Begr. d. „Kladderadatsch" (1848), Autor zahlr. Berliner Possen (100 000 Taler), die jahrzehntelang d. Repertoire beherrschten. J. Hauptfigur in „Einer von unsere Leut".

Kalischer: 1) Salomon, 1843 Thorn—Marienbad 1925, Prof. d. Physik an d. Techn. Hochschule Berlin, 1912/24 Präsident d. Deutsch-Israelit. Gemeindebundes. 2) Zwi Hirsch, Großvater von 1, 1795 Lissa (Posen)—Thorn 1874, Talmudist, Vorläufer d. Pal.-Bewegung u. des religiösen Z.

Kalla (Braut), kleiner Tr., handelt über Neuvermählte u. d. Ehe überhaupt.

Kalman ⁄ Kalonymos.

Kálmán, Emerich, geb. 24. 10. 1882 Siópk (Ungarn), Operettenkomponist. Ⓦ D. Csárdásfürstin 1916.

Kalonymos: 1) j.-ital. Gelehrtenfamilie (Kalonymiden), deren Mitglieder d. T-Studium nach Dt. übertragen haben sollen (sagenhafte Beziehung d. Kalonymiden zu Kaiser Otto II. oder gar zu Karl d. Gr.); K. b. Mose aus Lucca u. sein Sohn Meschullam b. K., Talmudisten u. liturgische Dichter in Mainz, 10./11. Jhd. 2) Kalonymos b. K., Provence 13./14. Jhd., Übersetzer arab. Werke ins H. — Vor- u. Familienname Kalman, Kurzform von K.

Kamenew (eigtl. Rosenfeld), Leo, geb. 1883 Moskau, sowjetrussischer Politiker, Mitarbeiter Lenins, 1917 Führer d. russ. Friedensdelegation, 1927/29 u. wieder seit 1935 aus d. Partei ausgestoßen (Opposition gegen Stalin).

Kamez, Vokalzeichen a (langes a; bei geschlossener, unbetonter Silbe auch ein kurzes o): wagerechter Strich, in d. Mitte senkrechter Strich bezw. Punkt angesetzt, unter dem Buchst.

Kaminer, Isaak, 1834 Lewkow (Wolhynien)—Bern 1901, h. Dichter. Ⓦ Satirische Gedichte, Elegien.

Kaminka, Armand (Aaron), geb. 1866 Berditschew, Rabbiner, j. Gelehrter u. neuh. Dichter, lebt in Wien.

Kammerknechtschaft (servi camerae = die dem Fiskus Unterstellten), staatsrechtl. Stellung d. J im römisch-dt. Reich seit dem MA: d. J-schaft d. Reiches untersteht dem Staate unmittelbar mit Rechten (Schutz) u. Pflichten (Schutzgeld).

Kanaan (Kenaan), bibl. Bz. d. Landes Israel u. seiner Urbevölkerung, bereits in vorisr. Zeit (Amarna-Briefe) als Bz. Nordpalästinas nachgewiesen. Enge ethnische u. sprachl. Verwandtschaft zwischen Israel u. K. (trotz bibl. Auffassung d. Kanaaniter als Abkömmlinge Hams); H als „Sprache K.'s" bezeichnet (Jes. 19, 18).

Kanada, 175 000 J = 1,8%. Mit d. engl. Armee kamen Mitte d. 18. Jhd. j. Offiziere nach K. 1760 entsteht d. sef. Ansiedlung in Montreal (heute 45 000 J); 1832 Emanzipation; die einwandernden dt. u. poln. J gründen d. Gem. in Toronto (heute 40 000 J) u. Winnipeg (heute 18 000 J). ⁄ Ica u. Baron-

Hirsch-↗Stiftung errichten 1882 Landarbeitersiedlungen.

Kandt, Richard, 17. 12. 1867 Posen—Nürnberg 29. 4. 1918, Arzt u. Afrikaforscher (1897/1907). Ⓦ Caput Nili 1904.

Kann, Jacobus H., geb. 1872 im Haag, z. Politiker, Bankier, zeitweise Direktor d. j. Kolonialbank, 1924/27 holländ. Konsul in Pal.

Kanonisch (Kanon, griech.: Norm), als gültig u. verbindl. anerkannt: B (im Ggs. zu d. ↗ Apokryphen u. ↗ Pseudepigraphen); Mischna (im Ggs. zur Tossefta), babylonischer T (im Ggs. zum palästinensischen).

Kant △ Immanuel, 1724—1804, dt. Philosoph. Einwirkung auf d. j. Mitwelt: in seinem Schülerkreise Marcus ↗Herz, Lazarus ↗Bendavid, Salomon ↗ Maimon; persönl. Beziehung zu Moses ↗ Mendelssohn. Allgem. Einwirkung: die Maxime d. sittlichen Verantwortung d. einzelnen gegenüber d. Gemeinschaft (sittliches Leitmotiv d. Judenemanzipation). Einwirkung auf d. j. Nachwelt: 1) auf Moritz ↗ Lazarus „Ethik d. Judentums" (allgem.-gültiges sittliches Ideal, Idee d. Heiligen Leitgedanke d. sittl. Bewußtseins); 2) auf Hermann ↗ Cohen (j. Monotheismus, Ethos d. Propheten als Grundlagen der Ethik d. reinen Willens u. der Religion d. Vernunft).

Kantor (Chasan, eigtl. „Aufseher"), moderne Bz. d. Vorsängers u. Vorbeters in d. Synagoge, dem d. Gemeinde im Beten folgt; d. Beruf hat sich aus d. ursprüngl. unbeamteten Vorsprecher d. Liturgie entwickelt.

Kantor, Juda Löb, 1849 Wilna—Riga 1915, h. Schriftsteller, Aufklärer, Begr. d. ersten h. Tageszeitung (ha-Jom, „d. Tag", 1886/88 St. Petersburg).

Kantoren u. Chordirigenten. Zu unterscheiden ist d. Typ d. Kantors, der durch seinen Gesang (Stimmmittel, Kunst. Phantasie) hervorragt, wie Osias Abrass (um 1820/84), Jossele Rosenblatt (gest. 1933), Sawel Kwartin (geb. 1874), Mordechaj Herschmann, Pintschik (Amerika) u. Gerson Ssirota (Warschau), oder der auf synagogalem Gebiete schöpferische Vorbeter, wie S. ↗ Sulzer, S. ↗ Naumbourg, M. ↗ Deutsch, A. ↗ Baer, H. Weintraub, u. a. Einen wissenschaftl. hervorragenden Kantorentyp verkörpern etwa ↗ Birnbaum oder ↗ Idelsohn. Natürlich sind d. Typen oft voneinander nicht zu trennen. Genannt seien noch folgende bedeut. Kantoren aus Rußland: Pinchas Minkowsky (1859—1925), ferner Seidel Rowner (lebt als Nestor aller K. in Amerika), Elieser Gerowitsch (1884—1913), Baruch Leib Rosowsky (1841—1919) u. als Vertreter eines eigentüml. weltlichen Stils Zalel Odesser (2. Hälfte 19. Jhd.). Auch unter d. Chordirigenten läßt sich d. schöpferische u. d. virtuose Typ unterscheiden, auf d. einen Seite etwa Louis Lewandowski (1823/94) in Berlin, Samuel David (1836/95) in Paris, David Nowakowski (1848—

Aaron Beer, der erste Berliner Kantor
Schabkunstblatt von B. H. Bendix, 1808

1921) in Odessa u. als Vertreter des 2. Typs z. B. Low (Tel Awiw) u. Alexander Weinbaum (Berlin). Als historisch wichtige K. seien noch genannt: Aaron Beer (1738—1821) in Berlin, Maier Kohn (1802/75) u. Max Löwenstamm (1814/81) in München, Isaak Heymann (1834—1906) in Amsterdam, Heinrich Berggrün (1838/89) in Hannover, Josef Goldstein (1837/99) u. Josef Singer (1841—1911) in Wien, Moritz Rosenhaupt (1841—1900) in Nürnberg, Moritz Wallerstein (1847—1906) in Prag, Jacob Bachmann (1846—1905) in Budapest, Moritz Henle (1850—1925) in Hamburg, Jakob Tennenbaum (1854—1921) in Stuttgart. Unter den Lebenden sind Aron Friedmann (Berlin), Emanuel Kirschner (München), Leo Kornitzer (Hamburg), Leo Gollanin (Berlin), Josef Heller (Brünn), Heinrich Fabisch (Göttingen), Hermann Zivi (Elberfeld), J. B. Levy (Frankfurt /M.) hervorzuheben, als neue Chordirigenten schließlich noch Albert Kellermann (1863—1927), Arno ↗ Nadel u. Janot Roskin in Berlin.

Kantorenverband, Allgemeiner dt., abgek. ADKV, gegr. 1905 als Standesverein d. Kantoren in Dt. Ⓦ D. j. Kantor (Zweimonatsschrift).

Kapernaum (Kefar Nachum, „Dorf Nahums"), Ort am Genezareth-See, heute Tel Chum, Fundstätte einer Synagoge aus frühchristl. Zeit.

Kaplansky, Salomon, geb. 1884 Bialystok (Polen), z. Politiker, Sozialist, Führer d. Poale-Zion-Bewegung, für die er 1904/12 in Wien, 1912/19 in Pal., 1920/24 in London wirkte. Seit Ende 1924 in Pal. in d. z. Exekutive.

Kaposi (eigtl. Cohn), Moritz, 1837—1902, Dermatologe, Schüler u. Nachf. △ Hebras in Wien, Prof., bahnbrech. Arbeiten zur Dermatologie.

Kappara (Sühne), Plur. Kapparot (vulg. Kappores), Bz. eines stellvertretenden Sühnopfers am Tag vor d. Jom Kippur: ein lebendes Huhn, das man sich dreimal ums Haupt schwingt, übernimmt gleichsam d. menschliche Schuld; anschließend wird d. Tier geschlachtet.

Kapstadt, 12 000 J = 4,5%; Gem. seit 1841.

Kara, Josef b. Simeon, Troyes um 1060/1130, B-Exeget, Vertreter d. wörtl. Erklärungsmethode (Peschat).

Karäer (Karaiten; h. Bene Mikra = Söhne [d. i. Anhänger] d. Schrift), j. Sekte, deren Bekenner nur die B anerkennen, aber d. T ablehnen; K. sind im gew. Sinne als Fortsetzer d. Sadduzäer anzusehen. Die Sekte entstand im 8. Jhd. in Vorderasien, griff zeitweise nach Ägypten u. Spanien über, hatte später in Byzanz ihr Zentrum u. wanderte von dort nach d. Krim (u. nach Polen u. Litauen), woselbst d. K. ihr — von d. zarist. russ. Regierung durch Privilegien gestütztes — Sonderdasein bis zur Gegenwart (ca. 12 000 Seelen) bewahrt haben

Ruine der Synagoge in Kapernaum. 3./4. Jhd. n.

(Hauptwohnsitz Eupatoria [tatarisch Göslöw] in d. Krim). Die K. haben ein vom T unabhängiges Religionsgesetz entwickelt, das zum Teil strenger als das j. ist (Ausdehnung d. Inzest-Verbote auf rabbinisch erlaubte Verwandtschaftsgrade; Verbot d. Weiterbrennens von Feuer u. Licht am Sabbat in buchstäbl. Erfüllung von E 35, 3), im Grunde aber dem rabbinischen nicht entgegengesetzt ist, sondern nur von ihm abweicht. Die Lit. d. K. ist wie d. klassische rabbinische zum Teil auch in arab. Sprache geschrieben u. weist Beiträge zu allen Zweigen d. j. Schrifttums (mit Ausnahme d. Mystik) auf. Ein besonderes Schrifttum bildet d. Polemik zwischen K. u. Rabbaniten, deren hauptsächl. Vertreter auf rabbin. Seite Saadia ist. Urheber einer Sekte, aus der die K. hervorgingen, war ↗ Anan; Begr. d. K. im engeren Sinn Benjamin Nahawendi (Persien, 9. Jhd.). Das Schrifttum der K. beginnt Karkassani (Babylonien, 10. Jhd.), durch dessen Werk Lehre u. Schrift seiner Vorgänger zum Teil erhalten blieben; Gesetz u. Religionsphilosophie wurden ausgebaut von Josef al-Bassir u. Jeschua b. Juda (Palästina, 11. Jhd.). Die klass. kar. Autoren in h. Sprache sind: Juda Hadassi (Byzanz, 12. Jhd. Ⓦ Eschkol ha-Kofer [Traube Zyperns], Kompendium d. kar. Theologie); Aaron b. Josef (Byzanz um 1250—1320. Ⓦ Sefer ha-Mibchar [Buch d. Auserlesenheit], Pent.-Kommentar); Aaron b. Elia aus Nikomedien (auch „Aaron d. Zweite" genannt, um 1300/69. Ⓦ Ez Chajim [Baum d. Lebens], Religionsphilosophie; Gan Eden [Paradies], Buch d. Gebote u. Verbote, Keter Tora [Krone d. Tora], Pent.-Kommentar); Elia Baschjazi (15. Jhd. Ⓦ Aderet Elijahu [Mantel Elias], Kodex d. kar. Gesetzes, fortgeführt von Kaleb Afendopulo, 15/16. Jhd.). D. bedeutendste Autor d. litauischen K. war Isaak Troki (1533/94. Ⓦ Chisuk Emuna [Stärkung d. Glaubens], polemische Schrift gegen d. Christentum). Wissenschaftlicher Erforschung d. K., insbesondere d. altj. Denkmäler in d. Krim, widmete sich Abr. Firkowitsch (1785—1875), der im Interesse d. zu erringenden Gleichberechtigung d. K. einige Fälschungen beging. — Jüd. K.-Forsch.: S. Pinsker, A. Neubauer, A. Harkavy, S. Poznanski, I. Markon.

Karikaturen von Juden. Früheste Beispiele im MA: „Judensau"-Reliefs an Kirchen (Magdeburg, Wittenberg); dasselbe Thema in Holzschnitten u. Stichen vom 15. Jhd. bis etwa 1800. Karikierende Darstellungen der J als Wucherer u. Betrüger seit 15. Jhd., bis zur Gegenwart unzählige Male variiert. Die persönl. Karikatur (im Gegensatz zur bisherigen typischen) beginnt im 17. Jhd. mit Darstellungen des ↗ Sabbatai Zwi; im 18. Jhd. boten dann Erscheinungen wie Jud Süß u. V. H. Ephraim, im 19. erfolgreiche Finanzleute (Rothschild), Politiker (Disraeli), Künstler (Meyerbeer, Offenbach), Journalisten (Saphir) Anlaß zu K. (Abb. 371, 568, 648); d. Beginn d. eigentl. ✡ K. bezeichnen d. Stiche von J. M. Voltz zu Sessas Posse „Unser Verkehr" (1819), die besonders in Bilderbögen reichste Nachfolge fanden. Mit fortschreitender Emanzipation, seit etwa 1850, Witzblatt-K., teils gelegentlich, teils systematisch; älteste ✡ Witzblätter: „Kikeriki" (1862 ff.) in Wien, „Puck" in Leipzig. Im Ausland „La libre parole" (Paris 1893 ff.), „Pluvium" (St. Petersburg 1906 ff.). Seit 1918 in vielen Ländern auch ✡ Plakat-K. Bei d. △ Großmeistern der künstlerischen Karikatur: Hogarth, Cruikshank, Doyle, Daumier, Doré, Toulouse-Lautrec finden sich kaum aggressiv ✡ K. Auf der Gegenseite sind Row-

Karikaturen auf Benjamin Disraeli
Zusammengestellt aus den Jahrgängen 1844/82 des Londoner „Punch“

Blick auf den Karmel

landson, Busch, Oberländer, Forain, Steinlen u. Caran d'Ache zu nennen.
L: E. Fuchs, Die J in der Karikatur, 1921.

Karlsruhe. 3119 J = 2%. Seit Gründung (Anf. 18. Jhd.) J in K.; h. Buchdruck im 18. u. 19. Jhd.

Karmel (Park), Berg u. Vorgebirge an d. W-Küste von Pal.; Stätte d. Gottesurteils Elias (I. Kg. 18); höchste Erhebung 551 m. Haifa, am Fuß des K., dehnt sich allmählich auf den K. hinauf aus: neue Wohnviertel: ↗ Hadar ha-K., Achusa.

Karo, Josef, 1488 Toledo—Safed 1575, Dezisor, bek. als Verf. d. ↗ Schulchan aruch; diesem Werk voran ging sein Ⓦ Bet Jossef (Haus Josefs), ein ausführl. Kodex d. Halacha.

Karpeles, Gustav, 11. 11. 1848 Eiwanowitz (Mähren)—Nauheim 21. 7. 1909, Literarhistoriker, schrieb mehrere Bücher über ↗ Heine u. eine „Geschichte d. j. Literatur" (1885).

Kartell-Convent d. Verbindungen dt. Studenten j. Glaubens (K. C.), gegr. 1896. Organisation deutsch-jüdisch. Akademiker. Erziehung d. Mitglieder zu selbstbewußten Juden. 20 Landesverbände, 25 Altherrenverbände. Ⓦ K. C.-Blätter bis 1933.

Kartell j. Verbindungen (K. J. V.), gegr. 1906. Org. nationaljüdischer Akademiker, Altherrenbünde in Berlin u. im Reich. Ⓦ „D. jüdische Wille". Gleichnamiger selbständiger Verband in Palästina.

Kars (eigtl. Karpeles), Georg, geb. 2. 5. 1882 Kralupy b. Prag, Maler u. Graphiker, seit 1908 in Paris. Konstruktivist.

Kaschrut ↗ Koscher.

Kassel, 2301 J = 1,3%; j. Ansiedlung seit 13. Jhd.

Katakomben, nach Vorbild d. alt. pal. Höhlengräber unterirdisch in

Jüdische Katakombe in Rom

Nach einer Zeichnung

Felsen gebaute j. Grabstätten. In Italien, Nordafrika u. auf Inseln d. Mittelmeers ca. 20 entdeckt, für Trier u. Heilbronn anzunehmen. Vom 1.–9. Jhd. benutzte Grabsteine geben wertvolle Einblicke in d. Leben d. ältesten Diasporagemeinden; einzelne Grabkammern zeigen hohe künstlerische Gestaltung.

L: Beyer-Lietzmann, Die K. Torlonia 1930.

Katz, Familienname, entstanden aus d. Abkürzung KaZ f. Kohen Zedek (gerechter Priester).

Katzenellenbogen, aschk. Familie, benannt nach einem Ort K. in Hessen-Nassau. Meïr b. Isaak K., um 1482 Katzenellenbogen–Padua 1565, autoritativer Rabbiner u. Halachist.

Kaufmann: 1) David, 6. 6. 1852 Kojetein (Mähren)–Karlsbad 6. 7. 1899, j. Gelehrter, Prof. an d. Landesrabbinerschule Budapest, seit 1892 Mitherausgeber d. Breslauer „Monatsschrift". Ⓦ Gesch. d. Attributenlehre in d. j. Religionsphilosophie. 2) Hugo, 29. 6. 1868 Schotten (Hessen)–München 14. 5. 1919, Bildhauer, hauptsächl. Denkmalsplastiker. Ⓦ in München (Figur auf d. Ludwigsbrücke u. a.), Frankfurt/M. (Einheitsdenkmal) u. Homburg (Samariterbrunnen). 3) Oskar, geb. 2. 2. 1873 Neu St. Anna (Siebenbürgen), Architekt, schuf seit 1907 in Berlin zahlreiche Theaterbauten (Volksbühne, Komödie, Inneres d. Krolloper) in geschmackvoll d. jeweiligen Bestimmung angepaßten Formen.

Kaukasusjuden, ca. 40 000, sagenhafter Herkunft. Seit d. 9. Jhd. nachweisbar. Im MA von d. Mohammedanern unterdrückt. Heute noch drei Gruppen: 1) Georgische J (Landwirte hpts. in u. um Tiflis), 2) /- Bergjuden (Gerber, Seidenzüchter, Landwirte im Gebirge um Baku), 3) europäische Einwanderer aus Rußland Ende d. 19. Jhd.

Kayser, Rudolf, geb. 28. 11. 1889 Parchim, Schriftsteller, 1922/33 Herausg. d. „Neuen Rundschau". Ⓦ Legende „Moses Tod" 1921; Spinoza 1934.

Kayserling, Moritz (Meir), 1829 Hannover—Budapest 1905, Rabbiner in Pest (seit 1870), j. Gelehrter (Gesch. u. Lit.-Gesch.).

Kazenelson, Juda Löb (Pseud. Buki b. Jogli), 1847 Tschernigow—St. Petersburg 1917, h. u. russ. Schriftsteller, Mitherausgeber d. „Jewrejskaja Enziklopedija". Ⓦ T u. Medizin (h., 1928).

K. C. ↗ Kartell-Convent.

Keduscha (Heiligung); Gebetstück, so benannt nach dem darin eingeschlossenen „Dreimal Heilig" (Trishagion) von Jes. 6, 3; K. wird bei d. Wiederholung d. Achtzehngebets durch d. Vorbeter in d. dritten Segenspruch eingeschaltet.

Kefar (Kfar), h. = Dorf; Bestandteil alter (K. Nachum = Kapernaum) u. neuer (K. Gileadi) pal. Ortsnamen.

Kehilla ↗ Kahal.

Kelim (Geräte), Tr. (Teharot), über rituelle Unreinheit d. Gegenstände d. tägl. Gebrauchs.

Kellner, Leon, 1859 Tarnow (Galizien)—Wien 1928, Anglist, o. Prof. Czernowitz, langj. engl. Sekretär d. österr. Bundespräs., engster Mitarbeiter Herzls u. dessen Biograph. Ⓦ Shakespeare-Wörterbuch.

Kelsen, Hans, geb. 1881 Prag, Rechtslehrer (Staatsrecht), o. Prof. Genf. Ⓦ Hauptproblem d. Staatsrechtslehre; Soziologischer u. juristischer Staatsbegriff.

Kempner: 1) Friederike, 1836—1904, kam durch ihre ernst gemeinten, aber komisch wirkenden Gedichte (1873, oft neu aufgelegt) zu unfreiwilliger Berühmtheit. Bemerkenswert ihre Bestrebungen auf sozialem Gebiet u. gegen ✝. 2) Maximilian, 1854—1927, Berlin, Großindustrieller (Kali), Leiter d. Reichskalirats.

Kenesset Jisrael (Sammlung Israels), d. rechtliche Vereinigung d. J Palästinas.

Keniter (von Kain?), arab. Stamm in S.-Pal., ging in Juda auf.

Kennzeichnung des J an d. ↗ Kleidung, im späten MA fast überall staatlicher Zwang, hielt sich in Deutschland bis ins 18. Jhd.; d. Gesetz wurde zuerst bei d. Mohammedanern geübt u. auch auf Christen ausgedehnt. Hauptformen der j. K.: Gelber Fleck od. Ringzeichen (kreisförmiges K. an d. Oberkleidung), spitzer Judenhut. (Vgl. Abb. 384, 386, Tafel 7.)

Keren Hajessod („Grundfonds"), abgek. K. H., englisch: Erez Israel Foundation Fund; dt.: Palästina-Grundfonds, Juli 1920 als Gesellschaft d. engl. Rechts mit beschränkt. Haftung gegr., Sitz seit 1926 Jerusalem. K. ist d. zentrale Finanzfonds für d. Aufbauwerk in Pal., reiner Spendenfonds, bes. f. d. Kolonisation, während für Ankäufe von Grund u. Boden der ↗ Keren Kajemeth zuständig ist. Zionisten sind durch Kongreßbeschluß zur Beisteuer zum K. in Form einer Selbstbesteuerung nach Art des ↗ Zehent verpflichtet.

Keren Hajischuw, Finanzinstrument d. Agudas Jisroel für alle Maßnahmen, die sie durchführt: Beihilfe f. intensives Torastudium, Absolvierung eines Jeschiwa-Jahres, entsprechende Ausbildung für Pal., Organisation u. Förderung d. agudistischen Arbeiterorganisation Poale Agudas Jisroel, Ankauf von Siedlungsgelände in Pal. u. dgl.

Keren Hatorah, gegr. 1923 von d. Kenessio Gedaulo d. ↗ Agudas Jisroel, fördert Torastudium u. orthodoxe relig. Erziehung. Landesbüros in ca. 60 Staaten, in Dt. Hamburg, Barthstr. 21 a.

Keren Kajemeth Lejisrael („Dauernder Fonds für Israel"), abgek. K. K. L., englisch: Jewish National Fund (abgek. J.N.F.), dt.: J. Nationalfonds, gegr. 1901 von Herm. Schapira auf d. 5. Z.-Kongreß in Basel, erstrebt durch Verwendung freiwilliger Volksspenden d. Boden Palästinas in

j. Gemeinbesitz zu überführen u. d. Ansiedlung mittelloser j. selbstarbeitender Elemente zu ermöglichen. Der angekaufte Boden wird in Erbpacht oder Erbbaurecht vergeben. Sitz der Verwaltung in Jerusalem, 52 Landesbüros.

Keretot (Ausrottungen), Tr. (Kodaschim), behandelt d. göttl. Strafe des Karet (Ausrottung), die auf vorsätzliche Verletzung d. religiösen u. ethischen Grundgebote steht (Sabbatentweihung, Unzucht u. a.).

Kerowa (aram. Karowa = Vorbeter), Sammel-Bz. d. poetischen Einschaltungen in d. Tefilla, Hauptbestandteil d. liturgischen Dichtung.

Kerr (eigtl. Kempner), Alfred, geb. 25. 12. 1867 Breslau, Theaterkritiker (1919/33 am Berliner Tagebl.), Vorkämpfer Gerhart △ Hauptmanns, schrieb auch Gedichte u. Reiseschilderungen.

Ketubba. Mantua, 1785

Ketubba (das Geschriebene), Eheurkunde; K. enthält d. Verpflichtung d. Ehemanns u. die Mitgift — für Todes- u. Scheidungsfall — u. wird

Kidduschbecher. Silber, graviert

von Zeugen u. vom Bräutigam unterschrieben; Formel in aram. Sprache. Auf Pergament geschrieben, ist d. K. oft reich dekoriert; d. schönsten Exemplare oberitalien. Herkunft (16./18. Jhd.), selten mit Bildnissen d. Brautleute.

Ketubbot (Eheurkunden), Tr. (Naschim), handelt über d. Ketubba.

Ketura, Abrahams zweite Frau, Mutter Midians.

Ketuwim ↗ Hagiographen.

Kewuza („Gruppe") ist die auf völlig kollektivistischen Grundlagen aufgebaute ↗ landwirtschaftliche Siedlungsform d. pal. Arbeiter (gemeinsames Eigentum, gem. Kasse, gem. Kindererziehung). Erste K. wurde 1909 in Degania gegründet.

Kfar ↗ Kefar.

Kibbuz: 1) Vokalzeichen u (kurzes u): drei Punkte (schräg untereinander) unter dem Buchst. 2) ↗ Landwirtschaftl. Siedlungsformen.

Kiddusch (Heiligung), Einweihung d. Sabbats (bezw. Festtags), Gebet d. Hausherrn am Freitag (bezw. Rüsttag) Abend, verbunden mit einem Segen über einen Becher Wein (K.-Becher); in d. Synagoge steht K. am Schluß d. Abendgottesdienstes.

Kidduschin (wörtl. „Heiligungen", Verlöbnis), Tr. (Naschim), behandelt d. Antrauung u. andere Ehe-Fragen.
Kidron, Tal östl. Jerusalems; d. Bach K. fließt hindurch u. mündet ins tote Meer.
Kiew (Ukraine), ca. 140 000 J = 27%. J in K. seit 10. Jhd.
Kilajim (Heterogenes), unerlaubte Vermischung versch. Arten einer Gattung, bes. Pflanzen u. Tiere; Tr. (Seraim).
Kimchi, j. Gelehrtenfamilie aus S-Frankreich u. Spanien: 1) David b. Josef, Narbonne um 1160/1235, klass. Sprachforscher u. B-Erklärer. Ⓦ Michlol (Vollendung), h. Grammatik u. Wurzelwörterbuch; Kommentar zu d. Propheten u. einigen anderen B-Büchern. 2) Josef b. Isaak, Vater von 1 u. 3, gest. 1170 Narbonne. Ⓦ Sefer Sikkaron (Gedenkbuch), d. erste h. Grammatik in h. Sprache. 3) Mose b. Josef, gest. um 1190 Narbonne. Ⓦ Mahalach Schewile ha-Daat (Wegweiser d. Wissens), kurze h. Sprachlehre.
Kina, Klagelied ↗ Elegie.
Kinderhilfe ↗ Jugendwohlfahrt.
Kinder- u. Jugend-Alijah, Arbeitsgemeinschaft, gegr. Juli 1933 in Dt., Sitz Berlin-Charl. 2, Kantstr. 158, umfaßt d. drei Berliner Vereine: Kinderheim Ahawah, j. Waisen- u. Jugendhilfe, überparteiliche Organisation zur Überführung j. Jugendlicher nach Palästina.
Kinneret (Becken), auch Tiberias- od. Genezaretsee (Jam Kinneret, Jam Twerja), d. gr. See an d. Grenze Galiläas, den d. Jordan durchfließt, 204 m unter d. Meeresspiegel; auch Bz. d. fruchtbaren Tals zw. Hule- u. K.-See.
Kinnim (Nester), Tr. (Kodaschim), über das Opfern von Tauben (L 12, 8 u. ö.).
Kirjat Sefer: 1) bibliograph. h. Vierteljahresschrift, von d. h. Nationalbibliothek herausgegeben, verzeichnet seit 1924 alle Hebraica u. Judaica. 2) h. landwirtschaftl. Schule in Pal., begr. von Isr. Belkind.
Kirschstein, Salli, 26. 7. 1869 Kolmar (Posen)–Berlin 11. 1. 1935, in Dt. einer der ersten Sammler j. Kunstwerke u. Ritualien. Ⓦ J. Graphiker, 1918.
Kisch, böhmisch-j. Familie aus Chiesch (bei Eger). 1) Guido, geb. 22. 1. 1889 Prag, Rechtshistoriker, o. Prof. Halle seit 1922. Ⓦ auch zur Gesch. d. J in Deutschland. 2) Hermann M., geb. 1850 London, hoher indischer Beamter, Direktor d. Postwesens in Indien.
Kischinew, 80 000 J = 68,4%, bekannt durch Pogrome am 6. 4. 1903 (45 Tote, hunderte Verletzte, 700 Häuser, 600 Läden zerstört) u. im Okt. 1905.
Kischon ↗ Kison.
Kislew, 3. Monat d. j. Kalenders (Nov.–Dez.), 30 od. 29 Tage. 25. K.: 1. Tag Chanukka.

Moïse Kisling
Gemälde von André △ Derain, 1920

Kisling, Moïse, geb. 22.1.1891 Krakau, Maler, seit 1910 in Paris. Anfangs Kubist, später eindringlicher

Die Klagemauer in Jerusalem

Realist, bes. als Bildnismaler bedeutend. L: C. Einstein, M. K. 1922.

Kison (Kischon), Fluß nördl. d. Karmel (alte Grenze zwischen Sebulon u. Naftali), mündet östlich von Haifa ins Meer.

K. K. L., Abk. f. ↗ Keren Kajemeth Lejisrael.

Klaczko, Julian, 1825 Wilna—Wien 1908, polnischer Nationalist, getauft. Verf. polit. u. literarhistor. Schriften.

Klagelied ↗ Elegie.

Klagelieder (Echa), dritte d. „fünf Rollen" in d. Hagiographen d. B: Elegien über d. Zerstörung Jerusalems, von d. Tradition dem Propheten Jeremia zugeschrieben, 5 Kap.; Vortrag d. K. im Gemeindegebet am 9. Aw.

Klagemauer, letzter Überrest d. Tempels in Jerusalem, ein Teil d. ehemaligen Umfassung d. Tempelberges, h. Kotel maarawi (Westwand) genannt; Gebets- u. Klagestätte.

Klal Jisrael, d. Allgemeinheit, Gesamtheit Israels.

Klatzkin, Jakob, geb. 1882 Kartuskaja Beresa (Polen), h. philosophischer Schriftsteller u. nationalj. Publizist, Verleger, Begr. d. „Encyclopaedia Judaica" (1927 ff.), u. ihrer h. Parallelausgabe.

Klaus (Klause), kleinere Lehr- u. Betstätte.

Klausner, Josef, geb. 1874 Olkeniki, seit 1926 Prof. f. neuh. Lit. in Jerus. Ⓦ Jesus von Nazareth; Gesch. d. neuh. Lit. (beide auch dt.).

Kleidung (u. K.-Vorschriften), j., scheint sich in bibl. u. talmud. Zeit von der nichtj. K. nicht unterschieden zu haben bis auf d. bibl. vor-

Kleidung: Darstellung eines Juden in einem Holzschnitt des 16. Jhd.

geschriebenen Schaufäden (↗ Zizit, NU 15, 38) u. d. Verbot, Wolle m. Leinen gemischt zu tragen (↗ Schaatnes, L 19, 19); ↗ Kennzeichnung j. K. im Mittelalter zuerst in d. mohammed. Gesetzgebung (8. Jhd.), später durch Papst Innozenz III. (1215): Judenhut, „Spitzhütlein" in versch. Farben (darunter immer ein Samtkäppchen, im Osten noch heute unter der Pelzmütze oder an Feiertagen unterm „Streimel"), gelber Fleck od. Ring u. ä. Bis ins 18. Jhd. Mantel mit Käppchen, Gigel, Kogel, Kappe gen., auch Mitron für d. Bräutigam, weißer Kittel, Sargenes f. d. Braut, bei d. Sederabenden u. für d. Toten. Unterschied zwischen Fest- u. Werktags - K. Wolle bezw. Leinen u. Seide; im Abendland meistens schwarz, im Orient bunt; in Polen noch heute langer Rock, Kaftan, Kunbas, mit Gürtel, an Festen seidener Chalat (= Talar). Bes. Vorschriften fordern seit ältester Zeit Zurückhaltung in K. u. Schmuck, Luxus verpönt, Verbot von Männer-K. f. die Frau u. umgekehrt. Bei Trauer Zerreißen d. K. an d. Brust. Seit d. 18. Jhd. Besonderheit d. K. nur noch im Osten.

Klein, Samuel, geb. 7.11. 1888 Szilas Balhás (Ung.), Archäologe, Pal. - Geograph, Prof. Jerusalem.

Kleine Propheten ↗ Propheten.

Klemperer: 1) G e o r g , geb. 10. 5. 1864 Landsberg (Warthe), bed. Mediziner, 1919/33 Direktor der 4. mediz. Univ.-Klinik Berlin, grundlegende Beiträge zu Stoffwechsel- u. Ernährungskrankheiten. 2) O t t o , geb. 14. 5. 1885 Breslau, Dirigent, 1927/33 an d. Staatsoper Berlin, Vorkämpfer mod. Musik.

Kluger, Salomo, 1783—1869, orthodoxer T-Gelehrter in Brody.

Koblenz, 669 J = 1%. Erstmals 1100 erwähnt. J-Tor 1281, J-Friedhof 1303, J-Spital 1356. 1847 Synagogengem., 1848 Synagoge.

Kleidung: Christliche Darstellung disputierender Juden. Holzschnitt aus dem „Seelenwurzgarten" (Ulm, 1483)

Köbner, Heinrich, 1838 Breslau–Berlin 1904, Prof. u. Inhaber d. ersten Lehrstuhls f. Dermatologie in Breslau, grundlegende Werke über Hautkrankheiten.
Kodaschim (Heiligkeiten), 5. Ordnung d. Mischna: Opfer.
Kodizes d. j. Gesetzes wurden seit Abschluß d. T von d. ↗ Dezisoren immer wieder neu zusammengestellt. Sie folgen ursprüngl. d. pentateuchischen (Scheeltot, von ↗ Achai) od. talmudischen (↗ Halachot gedolot) Anordnung (↗ Alfassi stellt d. Halacha d. T in einem gr. Kompendium zusammen); eine völlig selbständige Anordnung treffen ↗ Maimonides (Mischne Tora) u. ↗ Jakob b. Ascher (Tur), dem Josef ↗ Karo (Schulchan aruch) folgt.
Kof, 19. Buchst. d. h. Alphabets, emphatischer K-Laut (q); Zahlwert 100.
Kogan, Moissej, geb. 24. 12. 1879 Orgjejew (Bessarabien), Bildhauer, seit 1910 in Paris. Ⓦ meist Akte, im Stile des von △ Maillol angeregten Neoarchaismus.
Kohelet (griech. Ecclesiastes, dt. „Prediger"), vierte d. „fünf Rollen" in d. hagiogr. Büchern d. B, enthält Betrachtungen über d. Unbeständigkeit alles Irdischen (12 Kap.). Vorlesung von K. am Laubhüttenfest. K. (der Versammelnde?) ist Eigen- oder Beiname d. kgl. Verfassers (nach d. Tradition: Salomo).
Kohen (Plur. Kohanim), Priester, Aaronide.
Kohen, Tobia b. Mose (Moschides), 1653 Metz–Jerusalem 1729, Arzt, Grammatiker, Talmudist u. Philosoph. Ⓦ Maasse Tobija, Enzyklopädie d. exakten Wissensch., in thematischer Anordnung.
Kohler: 1) △ Josef, 1849–1919, bed. Rechtshistoriker in Berlin, wirkte f. d. Einbeziehung d. j. Rechts in d. vergleichende Rechtswissenschaft. 2) Kaufmann, 10. 5. 1843 Fürth–New York 28. 1. 1926, führender Reformrabbiner, Rektor d. „Hebr. Union College" in Cincinnati. Ⓦ Grundriß einer systemat. Theologie d. Jt., 1910.
Kohn: 1) Salomon, Prag 1825–1904, Schriftsteller, bek. durch seine Prager Ghettogeschichten (mehrere Sammlungen seit 1883). 2) Theodor, 1845–1915, Sohn getaufter Juden, Fürsterzbischof Olmütz (Mähren), wegen seiner Strenge mißliebig, stiftete sein Vermögen d. Brünner Universität.
Kohut: 1) Adolf, 1848–1917, Journalist u. Polyhistor. Ⓦ Gesch. d. dt. J, 1898/99. 2) Alexander, 22. 4. 1842 Felegyhaza (Ungarn)–New York 25. 5. 1894, Rabbiner u. j. Gelehrter, Dozent am „Jewish Theol. Seminary". Ⓦ Aruch haschalem, krit. Neuausgabe u. Erweiterung d. klass. T-Lexikons

Moissej Kogan: Weiblicher Torso
Sandsteinplastik

„Aruch" von Nathan b. Jechiel. 3) Rebekka, geb. 1864 Kaschau (Ungarn), begr. soziale Einrichtungen f. j. Mädchen in Amerika, seit 1929 Präs. d. „Weltbundes j. Frauen".

Koidanower, Zwi Hirsch, gest. 1712, Rabbiner in Frankfurt/M. Ⓦ Kaw ha-Jaschar, Sittenbuch (h. u. jidd.).

Koigen, David, 1879 Waschnaki (Ukr.)—Berlin 1933, Soziologe, Herausg. d. Zeitschr. „Ethos", originell in seiner Kulturphilosophie, die im Jt. d. Vollendung d. Religionsentwicklung sieht. Ⓦ D. moralische Gott 1922; D. Haus Israel 1934.

Kolel ↗ Chalukka.

Kol Nidre („alle Gelübde"), aram. Gebet (ursprüngl. eine Formel d. Widerrufs freiwillig übernommener, d. eigene Person betreffender Gelöbnisse), leitet d. Gottesdienst am Abend d. Versöhnungstages ein (im reformierten Ritus nicht mehr enthalten). Volkstümliche synagogale Melodie (↗Bruch). L: J. S. Bloch, K. 1911.

Köln, 14 816 J = 2%, größte j. Gem. im Rheinland, älteste j. Niederlassung in Dt., urkundlich durch Erlasse Kaiser Konstantins 321 u. 331 n. erwiesen; im MA Aufwärtsentwicklung d. Gem. Reste eines Friedhofs aus d. MA 1922 aufgefunden. 1349 schwere Ausschreitungen, 1425 Vertreibung d. J in die Umgebung; 1798 Neuansiedlung, 1801 Neubildung d. Gem. unter Bankier Salom. Oppenheim; Großgem. m. 2 Haupt- u. 4 Vorstadtsynagogen, Schulen, Lehrerseminar, bedeutende soziale Einrichtungen. Auch Separatgemeinde.

Kolonien, landw. in Pal., ↗ Palästina, Spalte 539/40.

Kolumbien, 5000 J = 0,15%, meist Ostj., im 19. Jhd. eingewandert. Marranen d. 16. Jhd. fielen fast restlos d. Inquisition zum Opfer.

Kolumbus. An Amerikas Entdeckung war Jehuda Cresques als Verfertiger nautischer Instrumente, Kartograph u. Leiter d. nautischen Akademie Palma beteiligt; Diego de Deza, Abrah. Zacuto, Isaak Abravanel förderten K.'s Pläne; Luis de Santangel, Juan Cabrero, Gabr. Sanchez, Alonso Caballeria finanzierten d. Unternehmen. Unter K.'s 90 Begleitern d. J Luis de Torres, der als erster d. neue Land betrat, d. Schiffsärzte Bemal u. Marco u. a. Am 2. 8. 1492 mußten d. J Spanien verlassen, am 3. 8. 1492 beginnt K. seine Fahrt. K.'s j. Abstammung, zuletzt von Blasco △ Ibanez behauptet, ist nicht nachgewiesen.

Kommentare, h.: 1) zur B bezw. Tora: klassische im MA von Abraham ↗ Ibn Esra, ↗ Raschi, ↗ Samuel b. Meir, David ↗ Kimchi, ↗ Mose b. Nachman (mystischer K.) u. Isaak ↗ Abravanel; in d. Neuzeit von ↗ Mendelssohn (Biur); 2) zur Mischna: Obadja ↗ Bertinoro u. Jomtow Lipmann ↗ Heller; 3) zum babyl. T ↗ Raschi u. d. halachische Ergänzung der ↗ Tossafot.

Kommunismus, in moderner Grundlegung auf ↗ Marx zurückgehend, wurde von △ Lenin entscheidend geformt. Eine j. komm. Organis. in Rußland (Jewsekzia) sollte d. komm. Ideen unter d. J propagieren, stieß aber wegen ihrer rücksichtslosen Bekämpfung d. j. Religion u. d. Z. auf stärkste Ablehnung unter den J. Da d. komm. Partei d. relig. Jt. ablehnt, haben d. J, die sich als Einzelne in komm. Parteien betätigten, ihre Bez. zum Jt. abgebrochen.

Kompert, Leopold, 1822—1886, Schriftsteller u. Journalist in Wien, einer d. ersten dt. Verfasser von Ghetto-Novellen (1848).

Komponisten, j. Ein vereinzelter Vorläufer war um 1600 Salomone ↗ Rossi. Erst mit ↗ Meyerbeer (1791—1864) beginnt d. ununterbrochene Reihe, die sich bis in die Gegenwart fortsetzt. In Dt. bezeichnet dann sogleich (nach d. weniger bekannten K. B. ↗ Wessely) Felix ↗ Mendelssohn (1809/47) einen Gipfelpunkt j. Musikschaffens, in Frankreich ist ↗ Halévy (1799—1862) neben Meyerbeer einer der Führer d. „Großen Oper". Es folgt eine Reihe j. ↗ Musiker, deren Hauptverdienst auf reproduktivem Gebiet liegt; als Komponisten sind unter ihnen ↗ Moscheles (1794—1870), Henri Herz (1803/88), Stephen Heller u. Charles Alkan (beide 1813/88) hervorzuheben, Pianisten, deren Kompositionen das Niveau der bloßen Virtuosenmusik überragen. D. nächste Generation bringt in Dt. beachtliche Epigonen hervor: Ferdinand Hiller (1811/85), Eduard Lassen (1830—1904), Karl ↗ Goldmark (1830—1915, Salomon ↗ Jadassohn (1831—1902), Friedrich Gernsheim (1839—1916), Ignaz ↗ Brüll (1846—1907), Adalbert von Goldschmidt (1848—1906), Moritz ↗ Moszkowski (1854—1925) u. Arnold ♁ Mendelssohn (geb. 1855). Eine überragende Persönlichkeit ist erst wieder Gustav ↗ Mahler (1860—1911); er führt, zeitlich u. musikalisch, bis an die Schwelle der Gegenwart. Es folgen als Spätromantiker d. Lyriker Emil Sulzbach (geb. 1855), Robert Kahn (1865), James Simon (1880), Max Kowalski (1882), Adolf Schreiber (1883—1920), Walter Hirschberg (1889), Erich Walter Sternberg (1899) u. Opernkomponisten wie Leo ↗ Blech (1871), James Rothstein (1871), Bernh. ↗ Sekles (1872—1934), Max ↗ Ettinger (1874), Edgar Istel (1880), Ignaz Waghalter (1882), Hans Gál (1890), Berthold Goldschmidt, Edvard Moritz (1891), Heinrich Bienstock (1894—1918) u. E. W. ↗ Korngold (1897). An der Spitze der modernen Musik steht Arnold ↗ Schönberg; nach ihm sind von jüngeren dt. K. etwa zu nennen: Arthur ↗ Schnabel (1882), Karl Horwitz (1884—1925), Egon ↗ Wellesz (1885), Ernst ↗ Toch (1887), Egon Lustgarten (1887), Hugo Kauder (1888), Erwin ↗ Schulhoff (1894), Paul Dessau (1894), Wilhelm Grosz (1894), Karol ↗ Rathaus (1895), Hanns Eisler (1898) u. Kurt ↗ Weill (1900). — In Frankreich sind in neuerer Zeit Camille ↗ Erlanger (1863—1919), Paul ↗ Dukas (1865) u. Darius ↗ Milhaud (1892) d. wichtigsten j. K., in Italien Federigo Consolo (1841—1906), Alberto Franchetti (1860) u. Mario Castelnuovo-Tedesco (1895). In England traten John Barnett (1802/90) u. sein Neffe John Francis B. (1837—1916), ferner Julius Benedict (1804/85), Michele Costa (1808/84), Frederic Hymen Cowen (1852) u. Isidore de Lara (1858) als angesehene Opern-K. hervor. In USA. lieferten Rubin Goldmark (1872), Louis T. Grünberg (1883), Frederic Jacobi (1891), Leo Ornstein (1895), George Gershwin (1898), Aaron Copland (1900) u. George ↗ Antheil (1901) wichtige Beiträge zur modernen Musik. In Holland vertritt Edouard de Hartog (1829—1909) d. Jt. in der Romantik, Sem Dresden (1881) in der Moderne. Skandinavisch-j. K. sind Siegfried Saloman (1816—1899), Jacob Josephson (1818—1880), Leopold Rosenfeld (1850—1909), Victor Emanuel Bendix (1851—1926) u. d. beiden Henriques, Robert (1858—1914) u. Fini Waldemar (1867). In Polen sind Gregor Fitelberg (1879) u. Juliusz Wolfsohn (1880) zu nennen, in Ungarn (nach Goldmark) Erwin Lendvai (1882, seit langem in Dt. tätig), in der Tschechoslowakei Jaromir ↗ Weinberger (1896), in Jugoslavien Sigismund Hirschler (1894). In Rußland ist Anton ↗ Rubinstein (1829/94) d. Altmeister, während in der Gegenwart Alexander Krein (1883), Michael Gnjessin (1883), Lazar Saminsky (1883), Joseph Achron (1886), Samuel Feinberg (1890), Joseph Schillinger (1895), Alexander ↗ Weprik (1899) u. Nikolai Lopatnikoff (1903) eine wichtige Rolle spielen. Einige dieser jüngeren Russen sind es auch, die bereits bemerkenswerte Beiträge zu einer j.-nationalen Musik geliefert haben, ebenso wie in Westeuropa (neben vielen anderen) der Wiener Heinrich ↗ Schalit (1886) u. vor allem der Schweizer Ernest ↗ Bloch (1880), denen sich die bereits in Pal. wirkenden Musiker Joël Engel (1868—1927), Gabriel Grad (1890) u. Mordechai Sandberg (1897) anschließen. — J. Operetten-K. ↗ Operette.

Konfirmation ↗ Bar Mizwa.

Konfiskation (Einziehung, auch Vernichtung) j. u. h. Druckwerke von seiten d. Behörden, erstmals 533 durch Justinian; im MA meist auf Veranlassung von Apostaten (Nikol. Donin 1240 in Paris, Pablo Christiani 1263 in Spanien, Pfefferkorn 1509 in Dt.), durch d. Inquisition 1550 in Italien; 1836 in Galizien.

Kongresse, j., Bestrebungen zur Schaffung einer Spitzenstelle zur Regelung j. Angelegenheiten in d. ganzen Welt wie Veranstaltung eines Weltkongresses sind bisher nicht verwirklicht worden, zumal sie von J u. j. Org. der meisten Länder abgelehnt werden. Rumpfkongresse haben 1933 u. 1934 in Genf stattgefunden.

Könige (Melachim), Bücher der, im Mittelteil (Propheten) d. B, behandeln d. Geschichte d. isr. u. j. ↗ Königtums von Salomo an; zwei Bücher (22 u. 25 Kap.), Fortsetzung d. Bücher Samuel (K. daher in Septuaginta als 3.—4. Buch K. gezählt), Paralleldarstellung (aber nur d. Könige Judas behandelnd) in II. Chronik.

Königinnen. Regierende K. im ersten j. Reich ↗ Atalja, im zweiten Alexandra ↗ Salome; Prototyp d. bösen K. ↗ Isebel, d. edlen u. unschuldigen ↗ Mariamne. Besuch d. K. von ↗ Saba bei Salomo; in griech.-röm. Zeit Übertritt d. K. Helena von ↗ Adiabene zum Jt.

Königsberg, 3170 J = 1%, zwei um 1540 zugelassene Ärzte sind d. ersten bekannten J. 1680 entsteht eine Betschule, 1756 d. erste d. fünf Synagogen. ↗ Kants aufklärerischer Einfluß fand u. a. 1784/88 in d. h. Ztschr. „Meassef" (Sammler) seinen Niederschlag.

Königsberger, Leo, 1837 Posen—Heidelberg 1922, Mathematiker, Prof. in Greifswald, Dresden, Wien, Heidelberg. Ⓦ über Funktionentheorie, Differentialgleichungen, Mechanik, Helmholtz. L: L. K., Mein Leben 1921.

Königswarter, Familie aus d. tschech. Ort Königswart stammend. — 1)

Königsberg: Friedhofsgebäude von Erich Mendelsohn, 1927

Heinrich, koburg-gothaisch. Diplomat in Paris, 1870 als Conte de Romano geadelt. 2) James, Freiherr von, 1807—1871, Direktor d. österr. Nationalbank Wien. 3) Moritz, Baron von, 1837—1893, Wiener Bankier, Mitgl. d. Herrenhauses, großer j. Philanthrop.

Königtum. 1) Könige über Gesamtisrael (um 1030—930 v.): ↗ Saul, ↗ David, ↗ Salomo. 2) Könige über Israel (Nordreich, 930—722 v.): a) ↗ Jerobeam, Nadab; b) Baesa, Ela; c) Simri; d) ↗ Omri, ↗ Ahab, Ahasja, Joram; e) ↗ Jehu, Joahas, Joas, ↗ Jerobeam II., Sacharja; f) Schallum; g) Menahem, Pekachja; h) Pekach; i) ↗Hosea. 3) Könige über Juda (Haus Davids, 930—586 v.): ↗ Rehabeam, Abia, Assa, ↗ Josafat, Joram, Ahasja, ↗ Atalja, ↗ Joas, Amazja, ↗ Asarja, ↗ Jotam, Ahas, ↗ Hiskia, ↗ Manasse, Amon, ↗ Josia, Joahas, Jojakim, ↗ Jojachin, ↗ Zedekia. 4) ↗ Hasmonäer (104-37 v.): ↗ Aristobul I., Alexander ↗ Jannai, Alexandra ↗ Salome, ↗ Aristobul II., ↗ Hyrkan II., ↗ Antigonus. 5) Herodianer (37 v. — 70 n.): a) ↗ Herodes; b) ↗ Agrippa I., ↗ Agrippa II.

Konitz-Affäre: unaufgeklärter Mord an dem 19jährigen Winter (11. 3. 1900) in Konitz (Westpr.) veranlaßte Mordanklage u. Ritualmordbeschuldigung. Verfahren gegen d. Beschuldigten (Levy, Vater u. Sohn) wurde eingestellt, Hauptbelastungszeuge Masloff wegen Meineids zu Zuchthaus verurteilt. Nach d. Gutachten d. preuß. Medizinalkollegiums (Δ Virchow, Δ Bergmann u. a.) wurde Winter durch Erwürgen getötet, seine Leiche nachher zerstückelt.

Konkordanz (Aufzählung sämtlicher Stellen, an denen ein Stichwort vorkommt). Die beste K. zur B verfaßte Mandelkern (Hechal ha-Kodesch, Veteris Testamenti Concordantiae 1896, neue Ausg. 1925), eine K. zur Mischna Kassovsky 1927.

Konservativismus ist d. Anhänglichkeit an d. überlieferte Jt. u. d. Aufrechterhaltung seiner Satzungen u. Gebräuche in Familie u. Gem. Der K. (als der ursprüngliche Lehrinhalt des Jt.) umfaßt alle J d. Welt, soweit sie nicht d. liberalen Richtung angehören. Den Höhepunkt des K. bildet d. ↗ Orthodoxie.

Konstantinopel, ca. 45 000 meist sefardische J = 7%; J in K. seit 4./5. Jhd. ↗ Byzanz, Türkei. 1908 Emanzipation. Bei Kriegsende Zustrom aus Rußland; 90 000 J 1920. Unter Kemal Pascha Zurückdrängung im Verwaltungsweg (zuletzt Juli 1934), wachsender Verfall d. Gem.

Konstanz, 443 J = 1,3%, seit 1240; 1349 u. 1448 vertrieben, 1847 neu zugelassen. Drama von Wilh. von Δ Scholz „Der J von Konstanz" (1905).

Konteres (aus lat.: commentarius), Liste, Aufzählung; Bz. exegetischer Schriften, bes. von Raschis T-Kommentar.

Konvertiten, zum anderen Glauben Übergetretene (↗ Apostaten), entstanden im Jt. durch Zwangstaufen (↗ Marranen) im MA, durch freiwilligen Übertritt in der Emanzipationszeit, durch ↗ Judenmission, durch Mischehen, auch aus relig. Überzeugung. Wiedererwachen d. j. Selbstbewußtseins im 20. Jhd. hat Zahl d. K. stark vermindert.

Konzile, Versammlungen führender Vertreter d. kath. Kirche, nahmen auch zu den J Stellung. Nicäa (325) gegen Verkehr zw. Christen u. J; Lateran-K. Rom 1179 gegen Haltung christl. Leibeigener durch J, aber f. Schutz d. J vor Zwangstaufe u. Gottesdienststörung; 4. Lateran-K. 1215: strenge Bestimmungen gegen J; Baseler K. 1431 befaßte sich mit d. Frage d. Bekehrung; fünftes Lateran-K. 1512/17, m. Streit Reuchlin—Pfefferkorn u. Tridentiner-K. 1545/63 mit dem T.

Kook (Kuk), Abraham Isaak, 1865 Griva (Kurland)—Jerusalem 1. 9. 1935, seit 1919 Oberrabbiner d.

aschk. Gem. Jerusalem, begr. dort 1922 d. zentrale Welt-Jeschiwa.

Kooperative ↗ Genossenschaften.

Kopenhagen ↗ Dänemark.

Kopfbedeckung im alten Israel f. Männer kein relig. Erfordernis, nur bei bes. Anlaß üblich; bei Frauen d. hauptverhüllende Schleier (als Zeichen d. Dirne Entblößung d. Hauptthaares). In talmud. u. nachtalmud. Zeit bei Männern nur zu traurigen u. feierl. Anlässen, bei Frauen immer. Später f. Männer beim Beten u. Lernen allgemein; Ausnahme in reformierten Gemeinden. Orthodoxe Frauen tragen heute Perücken (Scheitel).

Kopfsteuern ↗ Steuern.

Korah (Korach), Levit, empört sich gegen Mose u. wird mit seiner Schar von d. Erde verschlungen (NU 16).

Korea ↗ Japan.

David Ferdinand Koreff

Koreff, David Ferdinand, 1. 2. 1783 Breslau—Paris 15. 5. 1851, Arzt u. Schriftsteller, Leibarzt △ Hardenbergs, 1816/22 Prof. an d. Berliner Univ., 1818 Ministerialrat; Freund E. Th. A. Hoffmanns; getauft. Ⓦ Lyrische Gedichte 1815.

L: F. von Oppeln-Bronikowski, D. F. K. 1928.

Korfu, ca. 1000 J = 0,9%; seit 12. Jhd.

Korn, Arthur, geb. 1870 Breslau, Elektrophysiker, seit 1914 o. Hon. Prof. Techn. Hochschule Charlottenburg, führend auf d. Gebiete d. Bildtelegraphie (1904 erste Bildübertragung, 1923 Übertragung Rom — Bar Harbour USA). Sein System seit 1928 von d. preuß. Polizei benutzt.

Kornfeld, Paul, geb. 11. 12. 1889 Prag, Dramatiker, begann als Expressionist („D. Verführung", „Himmel u. Hölle"); größere Erfolge errangen seine Charakterkomödien („Palme", „Kilian").

Korngold, Erich Wolfgang, geb. 29. 5. 1897 Brünn, frühreifer Komponist („D. Schneemann", schon 1908 an zahlreichen Bühnen!), seit 1927 Prof. in Wien. Oper „D. tote Stadt" 1920.

Körperbeschädigte ↗ Selbsthilfegemeinschaft.

Korrespondenz-, Nachrichten-, Telegraphenbüros. Dr. Singer gibt 1830 in Straßburg d. erste hektographierte K. heraus. Ihm folgt 1832 Börnstein in Paris, aus dessen Unternehmen d. „Agence Havas" hervorgeht. In Dt. ist B. ↗ Wolff 1849 Gründer d. WTB, in England P. J. ↗ Reuter d. „R.'schen T.". Bestrebungen, vom Staat unabhängige K. zu schaffen u. bestimmte Tendenzen d. Presse zuzuleiten, führen 1862 u. a. zur Gründung von „Louis Hirschs T." in Berlin, d. späteren T(el.)-U(nion). Die gleichen Motive führen im 20. Jhd. auch zum Entstehen d. z. Neuen j. Korrespondenz (N. J. K., Berlin 1907/15), d. J. Arbeiter-Korrespondenz (J. A. K., Stockholm 1915/19), d. C. V. - Pressedienstes (C. P. D., Berlin 1930/33) u. a. Heute von bes. Bedeutung: 1) Jüdische Telegraphen Agentur (J. T. A., hervorgegangen aus d. Jewish Correspondence-Büro [Haag 1917/19], seit 1919, mit Zweigstellen in Berlin

[Wilmd., Konstanzer Str. 53], Jerusalem, London, New York, Paris, Prag, Warschau, täglich in d. Landessprache erscheinend). 2) Jüdische Presszentrale, Zürich seit 1918. 3) Palästina-Correspondenz in Jerusalem seit 1925.

Kortner, Fritz, geb. 12. 5. 1892 Wien, Schauspieler, 1919/33 meist in Berlin, wohl d. hervorragendste j. Darsteller seiner Generation. Größte Erfolge in Shakespeare- u. Wedekind-Rollen; j. Rollen: Shylock, Herodes (Hebbel), Professor Bernhardi (Schnitzler).

Fritz Kortner
Zeichnung von Emil Orlik

Kosakenaufstand ↗ Chmjelnizki.

Koscher (Kascher, „recht", „tauglich"), Adjektiv: der Ritualvorschrift genügend, zum Genuß erlaubt. Kaschrut, Substantiv: das K.-Wesen.

Kowno (Kaunas; Hauptstadt von ↗ Litauen), ca. 40 000 J = 41%; J in K. seit 15. u. 16. Jhd.

Krakau, ca. 45 000 J = 25%; J in K. spätestens seit 14. Jhd., eine d. ältesten j. Gem. Polens (älteste Synagoge); 1494 vertrieben, verbleiben d. J bis zur Emanzipation 1867 im benachbarten Kazimierz. Drei berühmte Synagogen: Alt-Schul (14. Jhd.), ReMo-Schul (16. Jhd.), Hohe-Schul (17. Jhd.), seit 1595 Gem.-Statut.

Krankenpflegerinnen, dt. Verband j., abg. DVJK., gegr. 1906 als Zusammenschluß j. Schwesternvereine zur Vertretung gemeinsamer Interessen.

Krankenfürsorge ↗ Gesundheitsfürsorge.

Kranz, Jakob, um 1740/1804, volkstüml. h. Prediger u. Gleichnisredner, wirkte u. a. in Dubno (Wolhynien).

Kraus, Karl, geb. 28. 4. 1874 Gitschin, Schriftsteller in Wien, Herausg. d. Zeitschr. „D. Fackel" (seit 1899), schrieb, neben seiner ausgedehnten polemischen Tätigkeit, Aufsätze zur Sprachlehre, auch Gedichte u. Dramen („D. letzten Tage d. Menschheit") u. Bearbeitungen Offenbachscher Operetten. Stellung zum Jt. eher negativ als indifferent.
L: B. Viertel, K. K. 1921.

Krauss, Samuel, geb. 18. 2. 1866 Ukk (Ungarn), j. Gelehrter (talmud. Lexikographie, Realien, Kulturgesch.), Prof. an d. Isr.-Theolog. Lehranst. Wien. Ⓦ Talmudische Archäologie 1910 ff.

Krayn, Hugo, Berlin 5. 2. 1885—25. 1. 1919, Maler u. Graphiker, Schüler von Emil ↗ Orlik. Seine Bilder behandeln vielfach soziale Themen (Fresko im Hirsch-Kupferwerk).

Hugo Krayn: Selbstbildnis, 1918

Camille Pissarro (Radierung)

Max Liebermann (Radierung)

Jozef Israëls

Lesser Ury

Selbstbildnisse der vier großen jüdischen Maler

Tafel 15

Marc Chagall (1909)

Amedeo Modigliani (1917)

Frauenbildnisse moderner jüdischer Maler

Kredithilfe ↗ Darlehenskassen, Iwria-Banken, Kreditverein.

Kreditverein f. Handel u. Gewerbe, eingetr. Genossenschaft m. b. H., Berlin, gegr. 1928 von Wilhelm Kleemann, Wilhelm Marcus u. a. als dt.-j. Kredithilfe.

Kreisler, Fritz, geb. 2. 2. 1875 Wien, hervorrag. Violinvirtuose, Interpret klass. Musik. Soziale Verdienste bes. in d. dt. Inflationszeit.

Kremser, Simon, Breslau 1775–1851, Kriegskommissarius im Dienste △ Blüchers, 1806 Retter d. Kriegskasse (dafür Pour-le-mérite), erhielt 1825 in Berlin d. Konzession zum Betrieb d. nach ihm benannten Ausflugswagen.

Kreta (alt-h.: Kaftor), ca. 600 J unter 386 000 Einw.; Spuren kretischer Kultur u. Wirkung im alten Pal. (↗ Krethi u. Plethi); J auf K. seit 2. Jhd. v.

Krethi u. Plethi (Kreter u. Philister?), Davids Leibwache, aus ausländischen Söldnern bestehend.

Kreuzzüge begannen mit J-Verfolgungen in d. Auszugsländern; d. schwerste traf d. rheinischen Gemeinden (Worms, Mainz u. a.) im ersten Kreuzzug (1096).

Kriegsopferversorgung, j. Seit d. Neuordnung d. Kriegsopferverbände 1933 ist j. K. beim ↗ Reichsbund j. Frontsoldaten zusammengefaßt. Bes. Kriegsopferabteilungen sind bei d. Bundesleitung, d. Landesverbänden u. d. Ortsgruppen eingerichtet. Bei d. Neuregelung d. Kriegsopferrechts durch Ges. vom 3. Juli 1934 sind durch Erlaß d. Reichsarbeitsministers vom 27. Aug. 1934 (Reichsversorg. Bl. Nr. 8 vom 5. 9. 1934) auch Mitglieder des Reichsbundes j. Frontsoldaten als Bevollmächtigte u. Beistände von Antragstellern nichtar. Abstammung im Sinne d. Berufsbeamtenges. zugelassen.

Kriegsstatistik. Vollständige statistische Erfassung d. j. Feldzugsteilnehmer im ↗ Weltkriege wurde vom

Kriegsgefallenen-Denkmal in Köln

Ausschuß f. Kriegsstatistik, in dem d. j. Organisationen vertreten waren, 1917/21 vorgenommen u. nach mehrfacher Prüfung veröffentlicht: „Die dt. J als Soldaten im Kriege 1914/18“ von Segall u. Silbergleit (Philo-Verlag, Berlin 1922). Hiernach waren ca. 100 000 dt. J im Felde, davon ca. 80 000 an d. Front, ca. 12000 gefallen; 35 000 haben Kriegsauszeichnungen, 23 000 wurden befördert, darunter ca. 2000 zu Offizieren. Die vom Reichsbund j. Frontsoldaten 1928/32 durchgeführte namentliche Erhebung über die j. Gefallenen erschien als Buch „Die j. Gefallenen des dt. Heeres, der dt. Marine u. der dt. Schutztruppen“, ein Gedenkbuch, herausgeg. vom Reichsbund j. Frontsoldaten 1932. Die darin angegebenen 10 275 Namen mit genauen Personalien beruhen auf namentlichem Vergleich mit den Verlustmeldungen u. Karteien d. Zentralnachweiseamts f. Kriegerverluste u. Kriegergräber in Spandau u. seinen Zweigstellen. Von den 2000 j. Offizieren sind danach gefallen: 322, also 16,1%. Von den Offizieren d. gleichen Kategorie in d. dt. Wehrmacht fielen 14,74%. Eine frühere Zählung d. j. Angehörigen d. Wehrmacht mit Stichtag vom 1. Nov. 1916, durch Verfüg. d. preuß. Kriegsmin. durchgeführt, ergab, daß 3411 J gefallen waren: d. gesamte j. Kriegsverlust ergäbe also etwa d. doppelte Zahl. Dieses Material wurde amtlich nicht veröffentlicht; d. Gesamtziffern wurden in einer Schrift: Otto △ Arnim, „Die Juden im Heer" (Dt. Volksverlag München 1919) verwertet. D. angeführte Gedenkbuch des RJF (1928/32) enthält allein 5731 Namen mit allen Personalien von j. Gefallenen nur bis 1. Nov. 1916. Tatsächliche Zahl ist jedenfalls noch höher.

Krim. 40 000 J = 5,6%. Seit d. Antike sind J auf d. Halbinsel bekannt; griech. Inschriften von 81 n. nennen bereits J. Seit spätem MA Zentrum d. ↗ Karäer; neben diesen d. rabbanitischen sogen. Krimjuden (Krimtschaken) mit j.-tatarischer Mischsprache u. bes. Brauchtum. Seit 1924 j. Siedlung unter Förderung d. Sowjets, sog. Krimprojekt. Ursprünglicher Plan einer autonomen j. Sowjetrepublik scheiterte an Bodenmangel u. Widerstand d. Eingesessenen. Immerhin entstand z. B. Kalinindorf mit ca. 15 000 J = 85%. Neben d. amerikan. Joint setzte sich in Europa vor allem Paul ↗ Nathan f. d. Projekt ein, das von z. Seite bekämpft wurde.

Kriminalität der J in West- u. Mitteleuropa weicht nur scheinbar von der ihrer Umgebung ab (Überwiegen verstandesmäßiger über Roheits- u. Gewalttätigkeitsdelikte), während ein Vergleich mit d. K. derjenigen Schichten, die d. hauptsächlichen berufl. u. sozialen Schichtung d. J entspricht (Selbständige in Handel u. Industrie) annähernde Gleichheit ergibt. Charakterist. Beispiel: Amsterdam mit zahlr. j. Diamantschleifern, wo d. Körperverletzungsziffer bei J u. Nichtj. kaum differiert. In Dt. 1900/17 K.-Statistik nach Bekenntnissen; jährl. wegen Wuchers verurteilt 3—4 J gegenüber 20—30 Nichtj.; Beschränkung d. Vergleichs auf d. betr. Stände hebt auch hier den prozentualen Unterschied auf.

Krochmal, Nachman, 17. 2. 1785 Brody—Tarnopol 31. 7. 1840, Führer d. galizischen Aufklärung, j. Gelehrter, Religions- u. Geschichtsphilosoph. Ⓦ More Newuche haSeman (Führer d. Verirrten dieser Zeit), Hauptwerk (krit. Ausgabe von S. Rawidowicz 1924).

Kronfeld, Robert, Segelflieger, geb. 1903 Wien, Inhaber zahlreicher Rekorde u. Preise (1929 Adlerschild d. Dt. Reichs), überquert als Erster 22. 6. 1931 Ärmelkanal im motorlosen Flug.

Krotoschin, ca. 40 J = 0,3% (1845 noch 2300), seit 1423 nachzuweisen. Berühmter Druckort (1866 pal. T-Ausgabe).

Kuba, 7800 J = 0,2%, seit 1881 in drei Gemeinden d. Hauptstadt Havanna.

Kuh: 1) Emil, 1828—1876, Schriftsteller, Freund u. erster Biograph △ Hebbels u. d. erste Herausg. von dessen Werken (1865/68). 2) Moses Ephraim, 1731—1790, Dichter u. Kaufmann (Held des so betitelten Romanes von ↗ Auerbach), Freund △ Lessings u. Moses Mendelssohns. Ⓦ Hinterlassene Gedichte 1792.

L: M. Kayserling, D. Dichter M. K., 1864. H. Rhotert, E. M. K., 1927.

Kultgeräte ↗ Ritualien.

Kultstätten, altisr., vor u. neben dem Zentralheiligtum in Jerusalem: Sichem, Silo u. Bethel im isr.-efraimitischen Gebiet, Dan im Norden; zahlr. heilige Bäume u. Brunnen, Altäre (bes. auf „Höhen") u. Steine.

L: von Gall, Altisraelitische K., 1928.

Kulturbund, Jüdischer, e. V., gegr. Juni 1933 als K. dt. J, bezweckt d. kulturellen Kräfte d. dt. Jt. zu sammeln u. dadurch Arbeit zugunsten j. Künstler zu schaffen; führt eigenes ständiges Theater (Schauspiel u. Oper) in Berlin, veranstaltet Konzerte u. Vorträge; überparteilich. Im Anschluß an Berlin wurden Kulturbünde gegr., die im ↗ Reichsverband d. J. Kulturbünde zusammengeschlossen sind.

Kultur-Liga, Name f. d. Vereinigungen zur Pflege jidd. Literatur u. Kunst, wie sie in Rußland, Rumänien, Litauen, Polen u. in anderen Ländern bestehen.

Kundschafter (Meraglim), 1) von Mose nach Kanaan entsandt, widerrieten (unter falschen Angaben) d. Zug ins Land, wofür sie u. d. ganze Generation der Wüstentod traf (NU 13—14); 2) von Josua nach Jericho entsandt (Jos. 2).

Kunst, j. Ihre Geschichte, entsprechend d. politischen, uneinheitlich u. nicht als Gesamtablauf darstellbar. Es führt keine Brücke von d. geringen Resten d. Altertums zum MA u. von dort zur Neuzeit. Allenfalls lassen sich auf Teilgebieten u. zeitl. Teilstrecken kontinuierliche Entwicklungen nachweisen; aber auch dort ist spezif. j. Charakter mehr vom Inhaltlichen her (Synagogenbau, Kultgerät) als stilistisch zu fassen. So kann man von „j. K." in dem Sinne wie von dt. K. oder von griech. K. nicht sprechen. Über d. Entwicklung in d. Einzelgebieten der j. K. ↗ d. Artikel: Archäologie, Architekten, Architektur, Bildhauer, Buchmalerei, Graphiker, Kunsthandwerk, Maler, Miniaturmaler, Mosaiken, Synagoge, Wandmalerei. L: ↗ Kunsthistoriker (Sp. 408).

Kunsthandwerk, j. A l t e r t u m (vgl. Tafel 2): Bodenfunde in Pal. lassen auf ein dort schon in kanaanit. Zeit blühendes K. (bes. Töpferei) schließen. Im 1. Jahrtausend v. herrschen in d. Keramik d. Einflüsse d. benachbarten Kulturen (Ägypten, Phönizien); zahlr. Gefäße auch Importware aus Zypern u. a. Ländern; Figurenkrüge aus Bet Schemesch philistäischen Ursprungs. J. Erzeugern läßt sich kaum ein Stück d. Frühzeit mit Sicherheit zuschreiben (das gilt auch f. d. ältesten bek. Siegel mit h. Inschrift aus d. Zeit Jerobeams II. u. Usias). Festeren Boden gewinnt d. Forschung erst in hellenist. Zeit; d. Entwicklung d. Öllampe in Form u. Dekor ist über mehrere Jahrhunderte hinweg zu verfolgen. D. Keramik herrscht weiterhin; daneben Glasgefäße (syrischer Einfluß), seltener Stein- (Knochenkisten, sog. Ossuarien) u. Metallfunde. D. röm. Technik d. „Goldzwischengläser" auch von J geübt (Funde in den j. Katakomben Roms). M i t t e l a l t e r u. folgende Zeit: Von den Zunftgesetzen im freien Wettbewerb stark behindert, mußte sich d. j. K. auf d. Herstellung von Ritualien beschränken. (Doch brachte es gelegentlich ein get. J wie Ercole de'Fideli, Goldschmied am Hofe von Ferrara um 1500, zu hohem Ansehen.) Zu den ältesten erhaltenen Zeugnissen j.-europäischen K.'s gehören hervorrag. Schreinerarbeiten (Aron ha-kodesch, Omed) des frühen 16. Jhd. aus italien. Synagogen (Musée Cluny, Paris). Alter Tradition gemäß bleibt bis ins 19. Jhd. d. Gold- u. Silberschmiedekunst das bevorzugte K. (Hauptzentrum Italien, später Polen). Objekte in erster Linie d. Menora, sodann Toraschmuck, Bessamimbüchse, Etrogdose u. v. a. Kultgeräte. Aber auch Textilkunst (Parochet, Torawimpel, vgl. Abb. 601, Tafel 25), Keramik (Purimteller, Sederschüsseln), Arbeiten in unedlen Metallen, Holz, Elfenbein u. anderem Material. Zahlr. Beispiele all dieser Techniken in den j. Museen u. Sammlungen. G e g e n w a r t : Wiederbelebung des j. K. (Kultgerät in modernen Formen) vielfach versucht (Entwürfe von Benno Elkan u. Arnold Zadikow, Silberarbeiten von Friedrich Adler, Emmy Roth, Bernhard Friedlaender, Leo Horovitz u. v. a.). Als mod. j. Textilkünstler seien Mely Joseph, Ida Dehmel u. Benjamin Feiwelsohn, als Schöpfer mod. Arbeiten in Bergkristall Artur Loewenthal (Wien) genannt.

Kunsthistoriker, j., sind in d. letzten 50 Jahren in großer Anzahl hervorgetreten. Internationale Berühmtheit erlangten Max Lehrs (geb. 1855) mit grundlegenden Forschungen zur Geschichte des Kupferstichs, Marc ↗ Rosenberg, Adolph ↗ Goldschmidt u. Max J. ↗ Friedlaender. Zur älteren Generation zählen Julius ↗ Friedlaender (1813/84), Friedrich Lippmann (1838—1908) u. Julius Lessing (1843—1908), alle drei in Berlin in leitender Stellung (Münzkabinett, Kupferstichkabinett, Kunstgewerbemuseum) tätig, sodann der Rembrandtforscher Carl Neumann (1860—1934), sowie Paul Kristeller (1863—1931), alte Graphik), Richard ♁ Stettiner (1865 — 1927, Hamburg), Emil ↗ Hannover (1865—1923) u. Aby ↗ Warburg (1866—1929). Unter d. Lebenden nennen wir (mit Angabe d. jetzigen od. früheren Tätigkeitsortes bezw. d. Hauptgebietes): Gustav ↗ Glück (Wien) u. Jakob Rosenberg (Berlin) als Kenner d. niederländischen, Georg Gronau (Kassel), Oskar Fischel (Berlin), Max Kirschstein (Siena) u. Emil Schaeffer als Kenner d. italienischen Malerei, ferner Georg Swarzenski (Frankfurt/M.), Werner Weisbach (Berlin), Julius Baum (Ulm), Erwin Panofsky (New York), August L. Mayer (München), Paul Frankl (Halle), Walter Friedlaender (Freiburg), Leo Grünstein (Wien), Hermann Gundersheimer (Frankfurt/M.), die ebenfalls wichtige Beiträge zur älteren europäischen Kunst lieferten. Kunstgewerbeforscher: Max Frankenburger (München), Ernst Scheyer (Breslau), Rudolf Berliner (München), Elisabeth Moses (Köln). Architektur-Ästhetik: Walter Curt Behrendt, Paul Zucker. Asiatische Kunst: Lucian ↗ Schermann (München), Ernst Cohn-Wiener, William ↗ Cohn, Alfred Salmony. Kunst d. 19. u. 20. Jhd.: Curt ↗ Glaser, Walter Cohen (Düsseldorf), Max Deri, Paul Westheim, Carl Einstein, sowie, in erster Linie journalistisch tätig: Julius ↗ Elias, Oskar ↗ Bie, Fritz ↗ Stahl, Adolph Donath, Max ↗ Osborn, Lothar Brieger. Bücner zur j. Kunst schrieben Ernst ↗ Cohn-Wiener, Rudolf Hallo (Kassel; 1897—1933), Karl ↗ Schwarz, Franz Landsberger, Rahel Wischnitzer-Bernstein.

Künstlerhilfe, j., gegr. 1933. Zentrale: Berlin-Charl. 2, Kantstr. 158. Abteilungen für: darstellende Künstler u. Musiker (Zentrale); bildende Künstler (Berlin N, Oranienburger Str. 31, Jüd. Museum); Schriftsteller (Oranienburger Str. 29).

Kuppa (Korb), Spendenbehälter f. Arme, Kasse. Kuppat Cholim, Krankenkasse.

Kuranda, Ignaz, 1. 5. 1812 Prag —Wien 3. 4. 1884, Publizist u. Politiker, 1848 Führer d. großdt. Partei in d. Dt. Nationalversammlung. Ⓦ Ostdt. Post (Wien 1848/60).

Kurdische J ↗ Persien.

Kusari (Chasari) ↗ Juda Halevi.

Kusch (Äthiopien, Mohrenland), ↗ Abessinien.

Kutäer ↗ Samaritaner.

Küttner ♁ Hermann, 1870—1932, (Mutter geb. Gerson), Chirurg, o. Prof. Breslau, Marinegeneralarzt, Militärarzt im Buren-, griech.-türkischen u. Weltkrieg; viele Arbeiten über Kriegschirurgie.

Kyrenaika, Küstenlandschaft westl. von Ägypten; gr. Aufstand d. J unter Trajan (115—117 n.) blutig unterdrückt.

L

Laban (Weißer), Schwiegervater Jakobs.

Laband, Paul, 1838 Breslau—Straßburg 1918, Jurist, Prof. f. Rechtsgeschichte u. Staatsrecht Straßburg, führender Staatsrechtslehrer im kaiserl. Deutschland.

Lachisch, altj. Stadt westl. von Hebron, 1891 ausgegraben; 1935 Auffindung alth. Briefe vom 6. Jhd. v.

Lade ↗ Bundeslade; Toraschrein.

Ladino ↗ Spaniolisch.

Lagarde △ Paul de, 1827–1891, Orientalist, forderte als konservat. Politiker u. Vorläufer d. völkisch. Gedankens Loslösung d. Christentums vom AT u. Austreibung d. J. Heftige Polemik m. Leop. ↗ Zunz.

Lag ba-Omer (33. Tag im ↗ Omer), Halbfeiertag, 18. Ijjar.

Lamech (Lemech), Urvater (G 4), Nachkomme Kains, Vater d. ersten Zeltbewohners u. Viehzüchters (Jawal), d. ersten Musikanten (Juwal) u. d. ersten Schmiedes (Tuwal-Kain).

Lamed (Ochsenstecken), 12. Buchstabe d. h. Alphabets, Zungenlaut (l); Zahlwert 30.

Lampronti, Isaak, Ferrara 1679–1756, Rabbiner. Ⓦ Pachad Jizchak (Ehrfurcht Isaaks), Enzyklopädie d. T.

Landau (Pfalz), 596 J = 4%; j. Gem. zuerst 1291 nachgewiesen.

Landau: 1) Alfred, 1850 Brody—Wien 1935, jidd. Sprachforscher. Ⓦ Bibliographie des Jüdisch-Deutschen, 1897; J. Privatbriefe aus d. 16. Jhd., 1911. 2) Edmund, geb. 14. 2. 1877 Berlin, Mathematiker, 1909/34 o. Prof. Göttingen, Mitgl. d. Organisationskomitees d. Universität Jerusalem, führender Forscher (Zahlen- u. Funktionentheorie). 3) Eugen, 17. 3. 1852 Breslau—Berlin 18. 2. 1935, Bankier, Leiter u. Begr. zahlr. Bank- u. Industrieunternehmungen, Philanthrop. 4) Ezechiel b. Juda, 1713 Opatow—Prag 1793 (Bildnis Tafel 26), Rabbiner u. Dezisor, Bekämpfer d. Sabbatianismus (Eibenschütz) wie d. Aufklärung (Mendelssohns dt. Pentateuch). Ⓦ Noda bi-Jehuda (bekannt in Juda), Resp. 5) Leopold, Vater von 2, Warschau 1848–1921, Frauenarzt, a. o. Prof. Berlin, führte d. vaginale Uterusoperation in Dt. ein.

Landesverbände j. Gemeinden in Dt.: 1) Preußischer Landesverband j. Gemeinden, Berlin-Charl. 2, Kantstr. 158, umfaßt ca. 700 Gem. m. ca. 80 Gem.-Rabbinern u. 12 Bezirksrabbinaten; ihm unterstehen 9 Provinzialverbände. Er führt d. Geschäfte d. Arbeitsgemeinschaft d. j. Landesverbände Dt.'s, soweit sie nicht d. Reichsvertretung d. dt. J übertragen sind.
2) Verband bayerischer isr. Gemeinden, München, Herzog-Max-Str. 7, umfaßt 264 Gem. (davon 67 in d. Pfalz) mit 19 Rabbinaten (davon 4 in d. Pfalz).
3) Oberrat d. isr. Religionsgemeinschaft Württembergs, Stuttgart, Königstr. 82, umfaßt 45 Gem. m. 8 Bezirksrabbinaten u. 1 Stadtrabbinat.
4) Oberrat d. Israeliten Badens, Karlsruhe, Kriegsstr. 154, umfaßt 124 Gem. m. 9 Rabbinaten.
5) Sächsischer Isr. Gemeindeverband, Dresden A 1, Zeughausstr. 3, umfaßt 8 Gem. m. 3 Rabbinaten.
6) Thüringischer Landesverband Isr. Gemeinden, Meiningen, Helenenstraße 15, umfaßt 17 Gem. m. 2 Rabbinaten.
7) Landesverband d. isr. Religionsgem. Hessens, Mainz, Hindenburgstr. 50, umfaßt 137 Gem. m. 7 Rabbinaten.

8) Landesverband Anhaltischer Isr. Kultusgemeinden, Dessau, Antoinettenstr. 11/14, umfaßt 12 Gem. m. 2 Rabbinaten.
9) Isr. Landesgemeinde Mecklenburgs, Rostock, Schillerplatz 10, umfaßt 17 Gem. m. 1 Rabbinat.
10) Jüd. Landesgemeinderat d. Landesteile Oldenburg u. Birkenfeld, Oldenburg, Moltkestr. 6, umfaßt 15 Gem. m. 2 Rabbinaten.
11) Landesverband d. Lippischen Synagogengemeinden Detmold, umfaßt 13 Gem.
12) Vorstand d. Deutsch-Isr. Gem. Hamburg, Rothenbaumchaussee 38.
13) Vorstand d. Isr. Gem., Bremen, Gartenstr. 6; Vorstand d. Isr. Gem., Lübeck, St. Annenstr. 11.
Außerdem sind drei gesetzestreue Landesverbände des Reichsbundes gesetzestreuer Gem. Dt.'s in Preußen, Bayern u. Hessen tätig. Organisation d. L. z. Zt. im Umbau.

Landes- u. Provinzialverbände für j. Wohlfahrtspflege nach d. Bezirken, f. welche sie errichtet sind:
Baden, Karlsruhe, Kronenstr. 15;
Bayern, Münch., Herzog-Max-Str. 5;
Bayern-Pfalz, Ludwigshafen, Kaiser-Wilhelm-Str. 9;
Brandenburg, Berlin-Charl. 2, Kantstr. 158;
Grenzmark—Posen—Westpreußen, Schneidemühl, Wilhelmsplatz 4;
Hannover-Braunschweig, Hannover Lange Laube 46;
Hessen I, Mainz, Hindenburgstr. 50;
Hessen II (Oberhessen), Gießen, Bahnhofstr. 46;
Hessen-Nassau I (außer Rabbinatsbez. Kassel), Frankfurt/M., Quinckestr. 24;
Hessen-Nassau II, Kassel, Giesbergstr. 5;
Niederschles., Bresl., Wallstr. 7/9;
Oberschlesien, Beuthen OS., Klukowitzer Str. 17;
Ostpreußen I (f. Reg.-Bezirk Königsberg), Königsb., Lindenstr. 15;
Ostpreußen II (f. Reg.-Bezirk Allenstein, Gumbinnen, Marienwerder), Allenstein, Kaiserstr. 9;
Pommern, Stettin, Rosengarten 9;
Posen—Westpreuß. ↗ unter Grenzm.;
Rheinprovinz (einschl. Birkenfeld), Köln, Rubensstr. 33;
Sachsen, Dresden, Zeughausstr. 3;
Sachsen-Anhalt, Magdeburg, Große Schulstr. 2c;
Schleswig - Holstein, Hamburg 13, Rothenbaum-Chaussee 38;
Südsachsen-Thüringen, Erfurt, Kartäuserring 14;
Westfalen (einschl. Lippe-Detmold), Bielefeld, Goldbach 44;
Württemb., Stuttg., Hospitalstr. 36.

Landhilfe. Zu der mit Erlaß vom 3. 3. 1933 eingeführten L. (zur Unterstützung landwirtschaftlicher Betriebe durch Gestellung jugendlicher Helfer aus den Städten) sind Nichtarier nach Erlaß vom 28. 5. 1934 nicht zugelassen.

Landpfleger (Prokuratoren), römische, verwalteten seit Herodes' Tode (4 n.) Judaea, später ganz Pal., u. trieben durch ihre Grausamkeit (Pilatus 26—36 u. Gessius Florus 64—66) die J zum Aufstand, nach dessen Niederwerfung (70 n.) d. Land römischen Statthaltern (Legaten) unterstellt wurde.

Landsberger, Richard, geb. 23.12.1864 Darmstadt, Begr. d. Kieferorthopädie (Einfluß d. Zähne auf Schädelbildung u. Organismus), 1926 Dr. h. c. d. Univ. Berlin.

Landshuth, Elieser, 1817 Lissa—Berlin 1887, j. Gelehrter (Liturgie). Ⓦ Ammude ha-Awoda (Grundlagen d. Gottesdienstes).

Landsteiner, Karl, geb. 14. 6. 1868 Wien, Bakteriologe u. Serologe, Mitglied d. Rockefeller Institute for Medical Research; Nobelpreis für Entdeckung d. menschl. Blutgruppen 1930.

Landwirtschaft. Im alten Pal. d. wichtigste Erwerbszweig. Erfreute sich hoher Wertschätzung als ethische Grundlage d. Lehre. Ackerbau war verhältnismäßig entwickelt, Felder wurden in regelmäßiger Fruchtfolge bestellt. Viehzucht wurde teils in beduinischer Form (Rechabiten), meist aber seßhaft in Verbindung mit Ackerbau betrieben. Im Galut, speziell in West- u. Mitteleuropa, verlor d. L. immer mehr ihre fundamentale Bedeutung f. d. J. In Dt. 1925 nur 1,5% aller j. Berufstätigen in d. L. Bestrebungen, J durch Rückführung in d. L. zu produktivieren, zunächst in d. Ländern spezifischer Judennot Rußland u. Rumänien (Maskilim, Anfang 19. Jhd.). Erste größere J-Siedlung unter Alexander I. Unterstützung d. Kolonien durch I. C. A. Nach d. bolschew. Revolution verstärkte j. Siedlungstätigkeit mit Hilfe von Agrojoint u. I. C. A. (Ukraine, Krim, Birobidschan). Meist auf kollektiver Basis. Großzügige landw. Emigrantensiedlungen d. I. C. A. auch in Übersee, etwa seit 1900. Argentinien (1926: 31 135 Seelen), Brasilien (1433 S.). In U.S.A. u. Kanada rund 100 000 J in d. L. Günstige Entwicklung bis zur internationalen Wirtschaftskrise. In Pal. landw. Siedlungen seit 80er Jahren. L. ist in d. z. Ideologie d. Fundament j. Erneuerung (Chaluziut). Nach d. Kriege Kolonisierung auf breiter Basis durch z. Exekutive, P. I. C. A. Gegenwärtig leben in allen Ländern d. Welt rund 600 000 J ausschließlich von d. Landwirtschaft.

Landwirtschaftliche Siedlungsformen in Pal., in historischer Entwicklung: 1) Moschawa, Dorf von selbständigen Bauern- od. Pflanzerwirtschaften auf eigenem od. ↗ Pica-Boden m. fremden Lohnarbeitern (↗ Petach Tikwa, ↗ Rischon le-Zion, Benjamina u. a.), vertreten durch d. „Hitachdut ha-Ikkarim“ (Pflanzerverband); 2) Kwuzah, kleinere genossenschaftl. Farmen, überwiegend auf K. K. L.-Boden, zusammengefaßt im Chewer ha-Kwuzot (Verband der Kwuzot) (↗ Degania, Merchawia u. a.); 3) Kibbuz, genossenschaftl. Großbetrieb auf K.K.L.-Boden, zusammengefaßt im „Kibbuz ha-Meuchad“ (Vereinigter Kibbuz), der d. Politik der ↗ Histadrut ha-Owedim trägt (En Charod, Tel Jossef u. a.) u. im „Kibbuz Arzi“ (Landeskibbuz), der d. Jugendbewegung „Haschomer Ḥazair“ nahesteht (Mischmar ha-Emek u. a.); 4) Moschaw Owedim, Dorf von Familienwirtschaften ohne Lohnarbeiter, auf K. K. L.-Boden m. genossenschaftl. Einrichtungen f. Gemeinschaftsbedürfnisse (↗ Nahalal u. a.).

Langer: 1) František, geb. 3. 3. 1888 Prag, erfolgreicher tschechischer Schriftsteller. Einige seiner Dramen auch in Dt. oft gegeben („Peripherie“ u. a.). 2) Siegfried, geb. 1857 Schönwald (Mähren), Forschungsreisender, auf einer Expedition nach d. Jemen 1882 ermordet.

Lara, David Kohen de, portug. Herkunft, gest. 1674 Hamburg, rabbinischer Autor. Ⓦ Keter Kehuna (Krone d. Priestertums), Lexikon zum T u. d. rabbin. Lit. (unvollendet).

L'Arronge, Adolf, 8. 3. 1838 Hamburg—Kreuzlingen b. Konstanz 25. 5. 1908, erfolgreicher Bühnenautor („Mein Leopold“, „Doktor Klaus“), begr. 1883 u. leitete bis 1894 d. „Deutsche Theater“ in Berlin.

Lasker: 1) Eduard, 1829 Jarotschin—New York 1884, Rechtsanw. u. Politiker, Mitbegr. der nationallib. Partei, an d. Reichsgesetzgebung hervorragend beteiligt (Strafrechtsreform, Kreisordnung), trat als preuß. Abgeordneter energisch f. d. Gleichberechtigung d. J ein. 2) Emanuel, geb. 24. 12. 1868 Berlinchen, Schachweltmeister (1894/1921), auch Mathematiker u. philosoph. Schriftsteller.

Lasker-Schüler, Else, geb. 11. 2. 1876 Elberfeld, Dichterin; in ihren eigenwilligen Gedichten (Hebr. Balladen 1913) u. Novellen betont j. Einstellung; als Dramatikerin (D. Wupper 1909) Vorläuferin d. Expressionismus.

Ferdinand Lassalle

Lassalle, Ferdinand, 13. 4. 1825 Breslau—Genf 31. 8. 1864, dt. Politiker, begr. 1863 d. nationalgerichteten „Allgem. dt. Arbeiterver." u. trat damit in Ggs. zu d. internat. orient. Politik von Marx u. △ Engels; Beziehungen zu △ Bismarck, von dem er d. allgem. Wahlrecht zu erwirken hoffte. Ⓦ System d. erworbenen Rechte. (Vgl. Tafel 12.)

L: H. Oncken, F. L. 1923.

Lassar, Oskar, 1849 Hamburg—Berlin 1907, Prof. Berlin, führender Dermatologe.

Lassar-Cohn (eigtl. Lassar Cohn), 6. 9. 1858 Hamburg—Königsberg 9. 10. 1922, Chemiker, Prof. Königsberg (1902/09), großes Lehrtalent.

Lasson, Adolf (eigtl. Ahron Lazarussohn), 1832 Altstrelitz—Berlin 1917, Philosoph, o. Hon. Prof. Berlin, Hegelianer. Sein Sohn Georg ö prot. Pfarrer in Berlin.

Latif, Isaak ibn, um 1220 Toledo—Jerusalem um 1290, mystischer Theologe, auf d. Grenze zw. Religionsphilosophie u. Kabbala. Ⓦ Schaar ha-Schamajim (Himmelstor).

Laubhüttenfest ↗ Sukkot.

Lazarus: 1) E m m a, New York 22. 7. 1849—19. 4. 1887, amerikan. Dichterin. Ⓦ Songs of a semite 1882; zahlr. Schriften gegen ✡. 2) M o r i t z, 15. 9. 1824 Filehne—Meran 13. 4. 1903, Philosoph u. Psychologe, Prof. Berlin, mit ↗ Steinthal Begr. d. wissenschaftl. Völkerpsychologie u. Leiter d. gleichnamigen Zeitschrift 1859/90. Ⓦ D. Ethik d. Jt. 3) N a h i d a Ruth △ 1849 Berlin—Meran 1927, Gattin u. Mitarbeiterin von 2, dessen Memoiren sie herausgab, trat zum Jt. über u. schrieb selbst über j. Fragen.

L: Karpeles, Aufsätze von M. L. über J u. Jt. 1910; M. L. Lebenserinnerungen 1906.

Lea (Wildkuh?), Tochter Labans, ältere Gattin Jakobs, Mutter d. Stämme Ruben, Simeon, Levi, Juda, Sebulun, Isaschar u. der Dina.

League of British Jews, 1917 von Lionel N. de Rothschild gegr., verfolgt in England etwa d. gleichen Ziele wie d. ↗ C. V. in Dt.

Lebensalter d. Mannes, laut Spr. d. Väter 5, 21 in folgender Einteilung: mit 5 Jahren Beginn d. B-Unterrichts, mit 10 Mischna-Studium, 13 Gebotpflichtigkeit, 15 T-Studium, 18 Ehe, 20 Beruf, 30 Vollkraft, 40 Einsicht, 50 Rat, 60 Alter, 70 Greisenalter, 80 hohes Alter, 90 gebeugtes Alter, 100 zum Tode bereit.

L: L. Löw, D. L., 1875.

Lebensohn: 1) A b r a h a m Dow, Wilna 1794—1878, neuh. Dichter, nach dem Ort seiner Lehrjahre, Michaliszki, abgek. ADaM genannt; 2) M i c h a Josef, Wilna 1828—1852, sein frühvollendeter Sohn (abgek. MIChaL = M. I. Kohen L.), bedeutender neuh. Dichter, bearbeitete △ Schillers Nachdichtung d. „Äneïde" u. gestaltete selbständig bibl. Stoffe. Ⓦ „Kol Schire Adam u-Michal", sämtl. Gedichte von A. u. M. L., 1895.

Lecha Dodi („Geh aus, mein Freund" — der Braut [dem Sabbat] entgegen), liturg. Gedicht zur Begrüßung d. Sabbat, verfaßt von Salomo ↗ Alkabez.

Lederer, Emil, geb. 22. 7. 1882 Pilsen, Nationalökonom, o. Prof. Heidelberg u. Berlin, jetzt New York, erforschte soziale Frage u. Schichtung im Kapitalismus.

Legende (Agada, Maasse), a) biblische: Rahmenerzählung d. Hiobbuches, Tobia (apokryph.); b) talmudische: Exempla d. Tannaiten u. Amoräer. Hauptthemen: Glaubenstreue, Schriftbeflissenheit, Keuschheit (Sammlung u. Übersetzung: M. J. bin Gorion, Born Judas, Nr. 53—144); c) nachtalmudische: Messias- u. Märtyrer-L.; d) kabbalistische u. chassidische (u. a. M. Buber, L. d. Baal-Schem). — Anteil d. J an d. christl. L. d. MA (Alfonsi, Disciplina clericalis).

L: J. Bergmann, D. Legenden d. J, 1919.

Legion, j. Der bes. von W. ↗ Jabotinsky propagierte Gedanke, eine j. Freiwilligenschar im Weltkrieg der Befreiung Pal.'s von den Türken dienstbar zu machen, führte nach vorübergehender Bildung d. z. Mule Korps (einer Tragtier-Abteilung), zur Aufstellung einer j. Legion, die im Sept. 1918 als Kampftruppe u. nach dem Kriege als Besatzungsarmee d. Engländer verwendet wurde. Sie wurde 1920 aufgelöst, wird aber programmatisch als „j. Einheit" innerhalb d. britischen Truppen von d. Z.-Revisionisten gefordert.

L: Jabotinsky, Vom Nil zum Jordan.

Lehmann: 1) Herbert H., geb. 1878 New York, amerik. Staatsmann, seit 1933 Gouverneur von New York. 2) Joseph, 27. 9. 1872 Warburg/Westf.—Berlin 8. 6. 1933, Rabbiner, langjähr. Prediger der Berliner Reformgemeinde. 3) Marcus, 29. 12. 1831 Verden—Mainz 14. 4. 1890, orthodoxer Rabbiner, Begr. d. Zeitschrift „D. Israelit" (Mainz, 1860). Ⓦ Romane u. Erzählungen aus d. j. Geschichte.

Lehnwörter, h. bezw. semitische im Deutschen. 1) Vokabeln (h. u. aram.): Abt (aram.: Abba, „Vater"), Ebenholz (h. Eben, „Stein" [vielleicht aber ägypt.]), Fratze (Parzuf, „Angesicht"), Greif (Cherub), Jubel (Jowel, „Posaunenton" [d. Jubeljahrs!]), Lazarett (von Lazarus = h. Eleasar), Natron (h. Netter, „Laugensalz"), Samariter (Samaritaner, nach Matth. 22), Samstag (Sabbattag); gemeinsemitisch: Balsam (h. Bassam), Kamel (h. Gamal), Kanone (h. Kane, „Rohr"), matt (im Schachspiel, h. met = tot), Rasse (h. Rosch, „Kopf"), Sack (h. Sak), Ziffer (h. sipper, „zählen"). 2) Namen: Hans (Johannes, h. Jochanan), Joachim (Jojakim), Michel (Michael); Anna (Hanna, h. Channa), Grete (Margarete, aram. Margnita = Perle), Liese (Elisabeth, h. Elischewa), Maria (Maria, h. Mirjam).

Lehranstalten ↗ Rabbinerseminare.

Lehrerbildung, j.: bis zur Reform d. allgemeinen L. auf j. Seminaren, später (bis 1933) in die allgemeine Lehrerausbildung eingeordnet mit Ausnahme von Bayern; seit 1934 Ausbildung j. Lehrer durch Lehrerbildungsanstalt Berlin (liberal) u. Würzburg (orthodox).

Lehranstalt f. d. Wissensch. d. Jt. Berlin, Artilleriestr. 14, wiss. Hochschule, Rabbiner- u. Lehrerseminar, gegr. 1872. Bibliothek: 50 000 Bde.

Lehrervereine: 1) Bund gesetzestreuer j. Lehrer Dt.'s (Chisuk Emunoh), gegr. 1905, toratreu, Frankfurt/M., Sandweg 3, gibt „Erziehung u. Lehre" als Beilage zum „Israelit" heraus. 2) Reichsverband d. j. Lehrervereine, gegr. 1895, zur Wahrung u. Förderung d. rechtl., sozialen u. wirtschaftl. Interessen d. j. Lehrer, Pflege d. pädagog. Aufgaben d. j. Schule; angeschlossen 7 Landes- u. Provinzialvereine. Berlin C 25, Kaiserstr. 29.

Lehrhaus, d. altj. ↗ Gelehrtenschule, d. ↗ Bet ha-Midrasch alter u. neuer Zeit; mod. Bz. j. Volkshochschulen in Dt. (Frankfurt, Berlin usw.).

Lehrlingsfürsorge, j. Bestrebungen zur Betreuung j. Lehrlinge u. Förderung ihrer Ausbildung begannen in Dt. um 1890: Gründung von Lehrlingsheimen in Berlin-Pankow, Düsseldorf, München u.a.

Leibärzte, j., finden sich schon um 800 in Arabien; Kalifen u. Sultane, Kaiser u. Könige, Päpste u. Fürsten ziehen sie an ihre Höfe. D. Namen von weit über 100 L. sind allein aus d. MA überliefert, unter ihnen: Chasdai ibn Schaprut (Kalif Hakim II. im 10. Jhd.), R. Nathanael (Sultan Saladin, 12. Jhd.), Isaak Benveniste (Papst Honorius III. im 13. Jhd.), d. Arztgeschlecht d. Hamon (d. Sultane Suleiman, Selim II., Mohammed II. u. IV. im 15. Jhd.), Salomo Aschkenasi (Kg. Sigismund August von Polen), J. S. Delmedigo (Fürst Radziwill), Nostradamus (Katharina von Medici, 16. Jhd.), Rodrigo Lopez (Kgn. Elisabeth von England, 16. Jhd.), Amatus Lusitanus (Papst Julius III., 16. Jhd.), Charas Moise (Ludwig XIV., 17. Jhd.), Wolff (Kgn. Victoria von England, 19. Jhd.), Felix Semon (Eduard VII.). In Deutschland: Zedekias (Kaiser Karl im 9. Jhd.), Baruch u. Michel (Kaiser Friedrich III. im 15. Jhd.), Jakob Loans (Kaiser Maximilian I. im 16. Jhd.), D. F. Koreff (Frh. von Hardenberg), Richard Bier (Abdul Hamid), S. von Basch (Kaiser Maximilian von Mexiko im 19. Jhd.). ↗ Heilkde, ↗ Mediziner.

Leibzoll, eine vom 12. Jhd. bis zur Emanzipation (in Russisch-Polen bis 1850) von J beim Überschreiten d. Zoll-(Stadt-)Grenze erhobene Steuer.

Leipzig, 11 564 J = 1,6%, großenteils östl. Herkunft. J in L. vermutlich seit Ende 12. Jhd. Besucher d. Messe seit 1490 (Meßlisten 1668–1774 wichtige j. Geschichtsquelle).
L: M. Freudenthal, L.'er Meßgäste, 1928.

Leiser, Lesser, Lassar, Lazarus usw., Familiennamen, abgeleitet von h. ↗ Elieser.

Lemberg, ca. 100 000 J = 30%, drittgrößte j. Gemeinde Polens. J in L. seit 14. Jhd.; Synagoge von 1582 noch erhalten; Zentrum d. T-Studiums im 16. u. 17. Jhd.

Lengyel, Melchior, geb. 12. 1. 1880 Hireshat Pusta, ungar. Schriftsteller. Bekanntestes Drama: Taifun 1909.

Leningrad (St. Petersburg, Petrograd), 84 500 J = 5%. Einzelne J seit 1700, bek. J-Friedhof 1802, Bethaus 1830; bis zur Mitte d. 19. Jhd. ständiger Wechsel von Ausweisung u. Wiederzulassung; 1863 d. „Gesellsch. zur Verbreitung d. Bildung unter d. J Rußlands" u. damit d. Gem. begr. 1867 Schule, 1870 Gem.-Verwaltung, 1893 Synagoge. Bis

Leipzig: Alte Synagoge, erbaut von Otto Simonson
Holzstich um 1840

J. J. Leons Rekonstruktion der Stiftshütte und des Tempels. Kupferstich

1914 reges j. Leben, das unter d. Sowjetreg. immer mehr zurückgeht.

Leo ↗ Löwe.

Leon, Jakob Juda, genannt Templo, 1603 Hamburg—Amsterdam 1675, j. Gelehrter, bek. durch eine Rekonstruktion d. salomonischen Tempels (daher sein Beiname).

Leone Ebreo ↗ Abravanel.

Lepra ↗ Aussatz.

Leroy-Beaulieu △ Anatole, 1842—1912, frz. Orientalist u. Historiker, trat für d. Gleichberechtigung d. russ. J ein u. bekämpfte den ✝, den er als atheistischen, revolutionären Sozialismus deutete. Ⓦ L'Antisémitisme 1897.

Lesser, Edmund, 1852 Neiße—Berlin 1918, Hautarzt, a. o. Prof. Berlin. Ⓦ d. sehr verbreitete „Lehrbuch d. Haut- u. Geschlechtskrankheiten" (14. Aufl. 1927).

Lessing: 1) △ G o t t h o l d E p h r a i m (1729—1781), d. Vollender u. Überwinder d. dt. Aufklärung, bekämpft d. Vorurteil gegen d. J schon früh in dem Lustspiel „Die Juden" (1749) u. vollendet sein Werk in dem hohen Lied d. Toleranz, d. Religiosität jenseits des Dogmas „Nathan d. Weise" (1779). Die sehr lebendigen j. Züge d. Hauptgestalt dürfte L. seine Freundschaft mit Moses Mendelssohn geliefert haben, entscheidende innere Anregung aber seine Entdeckung Spinozas. 2) T h e o d o r, 1872 Hannover—Marienbad 1933, Arzt, Geisteswissensch., umstrittener Dozent an d. Techn. Hochschule Hannover, origineller Denker als Kultur- („Europa u. Asien") u. Geschichtsphilosoph („Geschichte als Sinngebung des Sinnlosen").

L: Aug. Messer, Der Fall Lessing, 1926.

Lessmann: 1) D a n i e l, geb. 18. 1. 1794 Soldin (Neumark), starb durch Selbstmord 1. 9. 1831 bei Wittenberg, Dichter u. Arzt, nahm als Freiwilliger am Kriege 1813/15

Daniel Lessmann

teil. Ⓦ Gedichte, Novellen; Roman „Luise von Halling"; „Wanderbuch eines Schwermütigen". 2) M a x, 1859 Riga—Mentone 1926, Begr. d. „Hamburger Israel. Familienblatts" (1898).

Letteris, Meir, 1804 Zolkiew—Wien 1871, neuh. Dichter u. Übersetzer. Ⓦ Ben Abuja, Nachdichtung d. Goetheschen Faust.

Lettland (Latvija, entstand 1918 aus Teilen der russ. Gouv. Lettland, Livland, Kurland), 93 479 J = 4,8%. Unter d. dt. Ordensrittern bis 1600 Aufenthaltsverbot; unter d. Polen kommen um 1650 d. ersten J als

Hausierer ins Land; unter d. Schweden entsteht 1666 d. J-Herberge in Riga; d. Russen gewähren Niederlassung (1710/1917). Seit 1918 nationale Minderheit, im Landtag vertreten. 175 Schulen. Größere Gem.: Riga, Mitau, Dünaburg, Libau.

Leuchter (Menora) des altj. Zentralheiligtums (d. Stiftshütte hatte einen goldenen L., d. salomonische Tempel 10) war siebenarmig; d. Mittelschaft u. je 3 Arme zu seinen beiden Seiten trugen d. Lämpchen (Öl). Seit d. zweiten Tempel ist d. L. achtarmig (Chanukka-L., mit je 4 Seitenarmen u. einem besonderen 9. Licht zum Anzünden). Daneben sind Stand- u. Hängeleuchter, Lampenträger u. Kerzenhalter, ein- u. mehrarmig, in zahlreichen Formen u. aus verschiedenen Materialien, f. Kultus und Ritus (Sabbatlichter, Hawdala-Kerze, Ewig-Licht-Ampel, Jahrzeitlicht usw.) wie auch zum bloßen Schmuck in Synagoge u. Haus in Gebrauch. (Vgl. auch Abb. 471.)

Leven, Narcisse, 1833—1915, frz. Rechtsanwalt u. Philanthrop, Stadtrat u. Vizepräs. d. Pariser Gemeindeparlaments, Mitbegr. d. Alliance Isr., 1. Präs. d. Ica.

Levertin, Oscar, 17. 7. 1862 Gryt bei Norrköping—Stockholm 22. 9. 1906, führender schwed. Dichter u. Literarhistoriker. In seinen Gedichten vielfach j. Motive. Ⓦ Novellen „Aus dem Tagebuch eines Herzens" (dt. 1905).

Levi, dritter Sohn Jakobs u. Leas, Ahnherr Mosis u. Aarons, der Priester u. der Leviten, ohne Stammgebiet.

Levi b. Gerschon (abgek. RaLBaG; Gersonides, Leo Hebraeus) aus Bagnols (Provence), um 1288/1344, Religionsphilosoph (Aristoteliker), B-Exeget (rationalist. Richtung), Mathematiker (Trigonometrie d. Ebene) u. Astronom (Erfinder d. „Jakobstabes" u. d. Camera obscura). Ⓦ Milchamot Adonai (Kämpfe Gottes), philosoph. Hauptwerk (dt. Übers. von B. Kellermann, 1914 ff.).

Levi Isaak aus Berditschew, 1740—1809, chassidischer Zaddik.

Levi: 1) H e r m a n n, 7. 11. 1839 Gießen—München 13. 5. 1900, dort seit 1872 Hofkapellmeister, erster Dirigent des „Parsifal" in Bayreuth (1882). 2) I s r a e l, geb. 7. 7. 1856 Paris, j. Gelehrter, langjähriger Oberrabbiner von Frankreich.

Levi-Bianchini, Angelo, 1877—1920, z. Politiker, ital. Marineoffizier u. Dozent an d. Marine-Akademie Livorno, Herausg. d. Organs d. ital. Admiralität; 1918 Palästinareise. Aug. 1920 in Damaskus von Beduinen getötet.

Levi-Cività, Tullio, geb. 1873 Padua, ital. Physiker u. Mathematiker, seit 1918 o. Prof. Rom.

Menora aus vergoldetem Holz (Italien 17. Jhd.)

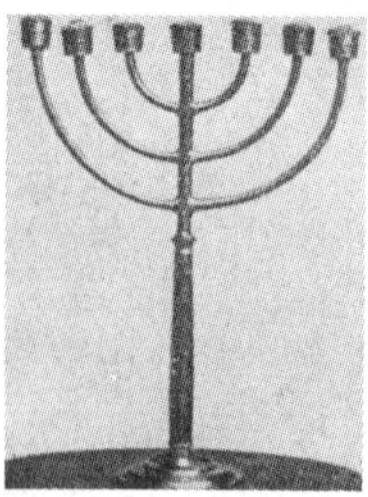

Sabbatleuchter. Bronze (Italien, um 1600)

Synagogen - Wandleuchter (Polen, 18. Jhd.)

Leviathan (Liwjatan), Meeresungeheuer aus d. biblisch. Mythos (Hi. 41, 25 u. ö.); in d. nachbibl. Sage König aller Meerbewohner. Fleisch d. geschlachteten L. dient d. Gerechten im Paradies zur Speise.

Levin: 1) Julius, 21.1.1862 Elbing—Brüssel 29.1.1935, Dichter, Arzt, Kunst- u. Musikhistoriker, Geigenbauer. Ⓦ D. Lächeln d. Herrn von Golubice-Golubicki, Roman (1915). 2) Mendel, 1749 Satanow (Podolien)—Tarnopol 1826, h. u. jidd. Schriftsteller u. Übersetzer, Aufklärer, Freund Mendelssohns. 3) Rahel, ↗ Varnhagen von Ense. 4) Schemarja, 1867 Swislotsch (Weißrußland)—Haifa 9.6.1935, z. Politiker. Ⓦ Erinnerungen (jidd.; dt. Ausg. 1932/33).

Levinsohn, Isaak Bär (abgek. RIBaL), Kremenez 1788—1860, h. Schriftsteller, Pionier d. Aufklärung. Ⓦ Tendenzschriften im Sinne d. Haskala; Apologien (u. a. Efes Dammim, gegen d. Blutbeschuldigung).

Leviratsehe (Jibbum), gesetzl. vorgeschriebene Ehe einer kinderlosen Witwe mit d. Bruder d. verstorbenen Mannes (D 25), Thema d. bibl. Tamar- (G 38) u. Ruth-Geschichte; L. konnte durch ↗ Chaliza abgelöst werden, welche Zeremonie später d. L. gänzlich ersetzt hat (Abb. 121).

Levita, Elia, 1469 Neustadt (bei Nürnberg)—Venedig 1549, bahnbrechender h. Grammatiker, von gr. Einfluß auf d. christl. Hebraistik, u. j.-deutscher Volksschriftsteller. Ⓦ Sefer ha-Bachur, Grammatik.

Leviten, Angehörige d. Stammes Levi, Diensttuende im Heiligtum, den Priestern (Kohanim) unterstellt. Redensart „L. lesen" (= Strafpredigt halten) bezieht sich auf christl. Lesung d. Buches Leviticus u. wird verschieden erklärt.

Leviticus (Wajikra), 3. Buch Mose, Priestergesetze, Kultus- u. Opferbestimmungen, 10 Wochenabschnitte, 27 Kap.

Levy: 1) Jakob, 1819 Dobrzyca (Posen)—Breslau 1892, j. Gelehrter (Prof.), berühmt durch sein Neuhebr. u. chaldäisches Wörterbuch über d. Talmudim u. Midraschim (4 Bde. 1876 ff., Neuausgabe 1924). 2) Rudolf, geb. 15.7.1875 Stettin, Maler, 1903/14 in Paris, Nachimpressionist in der Richtung Henri △ Matisses. Ⓦ Landschaften, Stillleben, auch Porträts, in zahlreichen dt. Museen (Tafel 18).

Levy-Bruhl, Lucien, geb. 10.4.1857 Paris, frz. Philosoph u. Soziologe, seit 1899 Prof. an d. Sorbonne u. Dozent am j.-theolog. Seminar, baute d. System von ↗ Durkheim aus. Ⓦ D. Seele der Primitiven.

Levy-Dorn, Max, Berlin 1863—1929 (starb an Röntgenkrebs), bahnbrechender Forscher auf d. Gebiet der Röntgenologie, zu deren Pionieren er gehört.

Levy-Rathenau, Josefine, Berlin 1877—1921, Vorkämpferin für d. weibliche Berufsberatung, während d. Krieges Organisatorin d. „nationalen Frauendienstes".

Lewald, Fanny, 24.3.1811 Königsberg—Dresden 5.8.1889, Schriftstellerin, Gattin d. Schriftst. Adolf △ Stahr; Vorkämpferin der Frauenemanzipation, verherrlichte in dem Roman „Prinz Louis Ferdinand" (1849) Rahel ↗ Varnhagen. — Ein Neffe L.'s ist d. Staatssekretär u. Olympiakommissar Theodor ♁ L. (geb. 18.8.1860 Berlin).

Lewin: 1) Juda Löb (JehaLeL), 1845 Minsk—Kiew 1925, neuh. Dichter mit sozialist. Note. 2) Louis, 9.11.1850 Tuchel (Westpr.)—Berlin 1.12.1929, Pharmakologe u. Toxikologe, Prof. a. d. Techn. Hochsch. Berlin. Zahlr. wichtige Ⓦ zur Giftkunde.

Lewy, Israel, 1841 Hohensalza—Breslau 1917, T-Forscher, Dozent an der Berliner Lehranstalt u. am Breslauer Seminar.

Libanon (Lewanon, „der Weiße"), Gebirge im N Pal.'s, Grenze zwischen Pal. u. Syrien; berühmt d. Zedern u. Zypressen d. L.; höchster Punkt über 3000 m.

Liberales Judentum od. fortschrittliches Jt., fußt einerseits auf d. Lehre von d. formalen sowie inhaltl. Entwicklungsfähigkeit u. -notwendigkeit d. Religion, andererseits auf d. Überzeugung, daß in d. Offenbarung nicht ein einmaliges übernatürliches Ereignis, sondern ein durch Generationen andauernder Geschichtsvorgang, ein menschliches Erleben u. Geschehen in allmählicher Entwicklung zu sehen ist. Dementsprechend sind nicht nur d. Ausdrucksformen d. Religion, sondern auch ihr Wesen u. Inhalt wandelbar, u. manches davon ist durch d. Entwicklung von Geist u. Wirtschaft weitergebildet, ja überholt. Das L. fordert d. Erhaltung d. relig. Form; es wertet aber nur d. Religionsübung als Ausdruck echter Frömmigkeit, die nach d. Lehre d. Propheten relig. Gesinnung u. sittliche Tat umfaßt. D. Problematik d. lib. Jt. besteht heute darin, daß d. Prinzip d. Entwicklung u. d. individuellen Religiosität d. Vorhandensein einer autoritären relig. Instanz notwendig macht, die d. Umfang dessen, was „geglaubt" u. „getan" werden soll, feststellt. Versagt eine solche Gemeinschaftsbindung, so führt Individualismus leicht zu völliger Negierung d. Gemeinschaft u. zu Indifferentismus. Daher wird in neuester Zeit d. Gem. als relig. Gemeinschaft u. als Quelle u. Maßstab dieser Bindung u. Verantwortung stark in d. Vordergrund gerückt. ↗ auch Reformjudentum.

Libermann, Aaron Sam., um 1845/80, jidd. u. h. Schriftsteller, Sozialist (Begr. j. Arbeitervereine in Wilna, Wien, London), wanderte nach Amerika aus, endete durch Selbstmord.

Lichtheim, Ludwig, 1845—1912, Internist, o. Prof. Königsberg 1888—1912, einer d. Begr. d. modernen inneren Medizin.

Lichtsteuer ↗ Steuern.

Lidzbarski, Mark, 1868—1928, Semitist, o. Prof. in Greifswald u. Göttingen. Ⓦ Handbuch d. nordsemit. Epigraphik (1898); Ephemeris, Zeitschr. f. semit. Epigr. (von L. allein geschr., 1900/15).

Lieban, Julius, geb. 19. 2. 1857 Lundenburg (Mähren), Opernsänger (Berlin), klassischer „Mime" u. „David".

Lieben, Robert von, Wien 5. 9. 1878—20. 2. 1913, Physiker, erfand 1910 d. Dreielektronenröhre, die in d. Verbesserung von Lee de △ Forest d. moderne Radiotechnik u. d. Tonfilm erst möglich machte.

Liebermann, Max, Berlin 20.7.1847—8. 2. 1935, Maler u. Graphiker, in Paris, Holland, München ausgebildet, seit 1884 in Berlin. Begann unter d. Einfluß ↗ Israels' u. a. als Realist, entwickelte sich zum führenden Meister d. dt. Impressionismus. Begründer d. Berliner Sezession, 1920/33 Präsident d. Preuß.

Max Liebermann:
Bildnis eines Rabbiners. Um 1879

Max Liebermann: Die Familie des Künstlers. 1925

Ak. d. Künste, Pour-le-mérite-Ritter, Ehrenbürger von Berlin; 1927 verlieh ihm Reichspräsident von △ Hindenburg den Adlerschild des Dt. Reiches. L. war bewußter J u. seiner ganzen Kunstanschauung nach ein typisch j. Künstler (u. zwar spezifisch norddt. Prägung), wenn auch j. Motive in seinen Bildern nur selten (u. nie um ihrer selbst willen) behandelt sind (vgl. auch Abb. 107, 137, 246, Tafel 15, 17).

L: Zahlreiche Monographien, umfassendste von E. Hancke (2. Aufl. 1923).

Liebreich, Matthias Eugen Oscar, 14. 2. 1839 Königsberg—Berlin 2. 7. 1908, Pharmakologe, o. Prof. Berlin, entdeckte d. schlafbringende Wirkung d. Chloralhydrats; Einführung d. Lanolin.

Liechtenstein, 35 J = 0,35%.

Lied (Schir), in d. B Siegeslieder (Schilflied, Deboralied), Naturpoesie (Brunnenlied; NU 21, 17), weltliches (Hohelied) u. geistliches (Psalmen) L., Elegie (Klagelieder); im MA Klage- (f. 9. Aw) u. Befreiungslieder (f. Purim), auch Volkslieder („Chad Gadja" u. Zahlenlied „Echad mi jodea" in d. Pessach-Haggada); ostj. Volkslied (jidd., viele Wiegen-L.), Kunst-L. in d. mod. Poesie (Bialik).

Lilien, Ephraim Moses, 23. 5. 1874 Drohobycz (Galizien) — Badenweiler Juli 1925, Graphiker. Seine Radierungen u. Zeichnungen, sämtlich dem j. Themenkreis entnommen, vertreten in der j. Kunst die Stilstufe des „Jugendstils". Ⓦ Illustrationen zu „Juda" von Börries von △ Münchhausen u. zu den „Liedern des Ghetto" von M. Rosenfeld. (Abb. 744.)

Lilienblum, Mose Löb, 1843 Keidany (Litauen)—Odessa 12. 2. 1910, h. Schriftsteller, Pionier d. Reform u. d. palästinophilen Bewegung. Ⓦ Ges. Werke (h.), 4 Bde., 1910 ff.; Autobiographie (Chattat Neurim, Jugendsünde; Derech Teschuwa, Umkehr).

Lilienthal, Max, 1815—1882, Pädagoge, Leiter d. j. Schule in Riga, fand als Reorganisator d. russ. j Schulwesens Opposition wegen seiner liberalen Auffassung u. ging als Rabbiner nach Cincinnati; rege journalist. Tätigkeit.

Lilit (die Nächtliche), weibl. Dämon (Js. 34, 14), Adams erste Frau (Midrasch).

Linderer, Robert, 25. 11. 1824 Erfurt—Berlin 16. 12. 1886, Schriftsteller, Verfasser d. dt. Flaggenliedes „Stolz weht die Flagge schwarzweiß-rot" (ursprünglich in einem 1883 aufgeführten Marine-Singspiel; Musik von E. F. R. △ Thiele).

Lipchitz, Jacques, geb. 22. 8. 1891 Druskeniki (Polen), Bildhauer, seit 1909 in Paris, extremer Kubist.

Lipiner, Siegfried, 24. 10. 1856 Jaroslau—Wien 30. 12. 1911, Dichter, Freund von Gustav ↗ Mahler. Ⓦ Versepen; Drama „Adam".

Lipmann, Jomtow, aus Mühlhausen, 14./15. Jhd., dt. Rabbiner. Ⓦ Sefer ha-Nizachon (Buch d. Disputation), berühmte apologet.-polemische Schrift.

Lippmann: 1) Edmund von, geb. 9. 1. 1857 Wien, Chemiker, 1916 /33 Honorarprof. Halle f. Geschichte der Chemie, Leiter von Zuckerraffinerien. Ⓦ Entstehung u. Ausbreitung d. Alchemie. 2) Gabriel, 16.8.1845 Hollerich (Luxemburg)—Paris 12. 7. 1921, Physiker, Prof. an der Sorbonne, schuf ein Verfahren zur Farbenphotographie, Nobelpreis 1908.

Lipschütz, Familienname, wohl von Leobschütz (Schlesien); seit 16. Jhd.

Lissabon, ca. 1000 J = 0,3%. Marranen finden in L. Zuflucht u. verhelfen d. Gem. im 15. Jhd. zu kurzer Blüte (Familie ↗ Abravanel), die unter span. Herrschaft im 16. Jhd. erlischt. Neue Gem. Anfang d. 19. Jhd.

Lissauer, Ernst, geb. 10. 12. 1882 Berlin, Lyriker u. Dramatiker, wurde 1915 durch seinen „Haßgesang gegen England" bekannt. Ⓦ Dramen „D. Weib d. Jephta" 1928, „Luther u. Thomas Münzer" 1929.

Litauen, 176 000 J = 7,3%, Hauptorte: Kowno, Poniewesch, Schaulen. Von 100 Erwerbstätigen 6 Landwirte, 21 Gewerbetreibende, 33 in Handel u. Verkehr, 40 in anderen Berufen, bilden ethnographisch, sprachlich u. geistig eigene Gruppe als „Litwaks". Berühmte T-Jeschiwot, Pflanzstätten d. „Mitnaggedim", Gegner d. gefühlsbetonten poln. Chassidim. Nach d. Kriege zeitw. Ministerium f. j. Angelegenheiten.

Literarhistoriker, j. Einer d. ersten J, d. in dt. Sprache sich mit dt. Literatur kritisch-wissenschaftlich auseinandersetzten, war Gottschalk Eduard Guhrauer (1803/54), der besonders als Leibniz-Forscher gr. Verdienste hat. Julius Leopold Klein (1808/76) veröffentlichte 1865/76 eine 13bändige „Geschichte d. Dramas", Wilhelm ↗ Creizenach 30 Jahre später eine „Geschichte d. neueren Dramas". Sein Vater, Theodor ↗ Creizenach (1818/77) führt als Ältester die Reihe d. j. Goethe-Forscher; ihm folgen u. a. Michael ↗ Bernays, Albert ↗ Bielschowsky, Max Morris (1859—1918), Rich. M. ↗ Meyer, Julius ↗ Wahle, Ludwig ↗ Geiger, Otto ↗ Pniower, Georg ↗ Witkowski u. Walter Berendson. Emil ↗ Kuh u. Gustav ↗ Karpeles sind d. ältesten, Paul Bornstein u. Hugo Bieber jüngere Biographen Hebbels bzw. Heines. Reich u. vielseitig ist d. literarhistorische Produktion von Männern wie Robert ↗ Saitschick (Prof. in Zürich u. Köln), Jonas Fränkel (Bern), Friedrich ↗ Gundolf (Heidelberg) u. Fritz ↗ Strich (Bern). Sondergebiete betreuten d. Theaterhistoriker Max ♁ Herrmann (geb. 1865), d. Lexikograph D. ↗ Sanders, d. Sprachreiniger Eduard ↗ Engel, sowie Anton Bettelheim (1851—1930), d. langjährige Herausg. d. „Biogr. Jahrbuchs", u. Michael Holzmann (1860—1930), d. Mitverfasser d. „Dt. Anonymen-Lexikon". Kritiker wie Ernst Heilborn (geb. 1867), Joseph Ettlinger (1869—1912), Willi Handl (1872—1920), Julius ↗ Bab, Arthur ↗ Eloesser, Monty ↗ Jacobs, Alfred ↗ Kerr, Willy Haas lieferten wichtige Beiträge

Rudolf Levy

Jules Pascin

Max Band

Isaak Grünewald

Kinderbilder moderner jüdischer Maler

Aus einer Megilla des 14. Jahrhdts.: Tod der Söhne Hamans

Tafel 19

bes. zur Literaturgeschichte d. 20. Jhd. D. Romanistik vertreten d. Boccaccio-Forscher Markus Landau (1837—1918) u., unter d. Jüngeren, bes. Victor Klemperer (geb. 1881; frz. Lit.) u. Leonard Olschki (geb. 1885; ital. Literatur), d. Anglistik Max Josef Wolff (geb. 1868). — Ausländer: d. Ungar Georg von Lukácz (geb. 1885), d. Pole Mieczyslaw Grydzewski, d. Russe Semjon ↗ Wengeroff u. d. Tscheche Ottokar ↗ Fischer, d. Italiener Alessandro d'↗Ancona, d. Schweden J. H. E. Schück (geb. 1855), O. ↗ Levertin, K. J. ↗ Warburg u. Martin Lamm (geb. 1880), d. Däne Georg ↗ Brandes, schließl. d. Engländer Isaak ↗ Disraeli, Sir Sidney Lee (1859—1926) u. Sir Israel Gollancz (1864—1930). ↗ Sprachforscher.

Literatur (Safrut, Sifrut), religiöses Schrifttum d. J, umfaßt einen Zeitraum von 3 Jahrtausenden, der sich etwa gleichmäßig auf 3 Hauptepochen u. -typen verteilt: I. biblische L. (↗ Bibel; ↗ Apokryphen), ca. 1000—100 v.; II. talmudisch-midraschische L. (↗ Mischna, ↗ Talmud, ↗ Targum, ↗ Midrasch), bis ca. 800 n.; III. rabbinische L., bis ca. 1800. I ist in klassischem H abgefaßt, in II sind H u. Aramäisch gemischt; bei III nimmt in d. 1. Hälfte (bis ins 13. Jhd.) d. Arabische d. Vorzug ein, um später wieder dem H zu weichen. Die zwischen I u. II stehende j.-griech. L. (↗ Hellenismus) fällt nicht nur sprachlich aus dem Rahmen einer fortlaufenden j. L.-Geschichte; aber d. Schrifttum j. Sekten (h. u. arab. Werke d. ↗ Karäer u. ↗ Samaritaner) ist in III einzubeziehen. — I u. II stellen d. anonyme L. dar u. tragen d. Charakter von Sammelwerken: B vereinigt alle L.-Gattungen, T ist eine alle Zweige d. Wissenschaft berücksichtigende Enzyklopädie. Nach Richtungen geteilt, zerfällt III in ein Schrifttum d. reinen Gesetzes (↗ Kodizes, ↗ Responsen, Bücher d. ↗ Gebote u. Verbote), d. Exegese (↗ Kommentare, ↗ Grammatik u. Sprachwissenschaft), d. Philosophie (↗ Religionsphilosophie) u. d. Mystik (↗ Kabbala); dem theolog. Schrifttum, innerhalb dessen Liturgie (↗ Gottesdienst), Moralethik (↗ Mussar) u. Homiletik (↗ Predigt) Sondergruppen bilden, läßt sich ein weltliches (↗ Astronomie, ↗ Geographie, ↗ Geschichte, ↗ Heilkunde usw.) gegenüberstellen. Die ↗ Poesie steht für sich u. reicht zugleich in alle Gattungen hinein (gottesdienstl. Gedichte u. Hymnen, histor. Klagelieder, grammat. Lehrgedichte usw.). Als Gemeinsames d. nachbibl. j. L. ist festzuhalten, daß sie sich immer wieder an d. B. orientiert: auch d. T ist im Grunde B-Erklärung, auch d. exakte Wissenschaft dient d. Theologie. Der Ruhm d. Klassiker d. j. L. ist z. T. darin begründet, daß sie Standardwerke auf allen Hauptgebieten geliefert haben (so Saadia zu Beginn, Maimonides in der Blütezeit d. III. Periode). Die ↗ Aufklärung, in deren Gefolge eine weltliche L. (↗ Neuhebräische L., ↗ Jiddische L.) entstanden ist, bezeichnet d. Grenze d. rabbin. L., die sich freilich im h. Schrifttum der ↗ Chassidim u. ↗ Mitnaggedim bis heute fortsetzt.
L: Steinschneider, J. L.; Winter-Wünsche, J. L.; Karpeles, Gesch. d. j. L.

Liturgie ↗ Gottesdienst.

Litwinow, Maksim M. (eigtl. Meier Henoch Wallach, auch Finkelstein), geb. 1876 Bialystok, sowjet-russ. Staatsmann, 1930 Volkskommissar d. Äußern, 1934 Völkerbundsdelegierter.

Livorno, 2500 J = 1,8%. Um 1600 blühende sef. Gem. Gem.-Verfassung (5 Massari u. 50 Räte) 1637; um 1700 ca. 8000 J; h. Drucke.

Loeb, Jacques, 7.4.1859 Mayen (Eifel)—Hamilton (Bermudas) 11. 2. 1924, dt.-amerikan. Biologe, zuletzt Prof. am Rockefeller Institute, begr. d. Tropismenlehre, entdeckte d. künstliche Entwicklung von Seeigeleiern ohne Befruchtung.

Lodz, 156 000 J = 25,7%, zweitgrößte j. Gem. Polens; J seit 1785, am Aufbau d. Textilindustrie hervorragend beteiligt.

Logen ↗ Bne Briss.

Löhr △ Max, 1864—1930, evang. Theologe, entkräftete wiederholt in d. Öffentlichkeit Ritualmordbeschuldigungen gegen d. Judentum.

Lombroso, Cesare, 1836 Verona—Turin 1909, berühmter ital. Kriminalanthropologe, o. Prof. Turin, Vertreter d. Lehre vom geborenen Verbrecher. Ⓦ Genie u. Irrsinn 1864.

London. 180 000 J = 3,8%. Von d. mittelalterl. Siedlung frz. Herkunft nach Vertreibung 1290 noch Ortsnamen erhalten (Old Jewry). Marranische Großkaufleute u. Ärzte bekannten sich im 17. Jhd. offen zum Jt. Zuwanderung: 18. Jhd. holländ. Sefardim, 19. Jhd. zunächst west- u. süddt., später osteurop. J. — Heutige Wohnviertel Whitechapel (Ostj.) u. Nordwesten. Älteste Synagogen in d. City: Bevis Marks u. Duke Street. J wiederholt Lord Mayors u. Unterhausvertreter d. City. — Sitz d. zentralen engl. Synag.-Vereinigungen, polit. Vertretungen u. Wohlfahrtsorganis. (Woburn House). Jews' College. Presse: Jewish Chronicle u. (jidd.) Jewish Times.

Loening (eigtl. Löwenthal): 1) E d g a r, 1843 Paris—Halle 1919, Prof. für Staats- u. Völkerrecht Dorpat, Rostock, Halle, Mitgl. d. preuß. Herrenhauses, Mitherausgeber d. „Handwörterbuchs d. Staatswissenschaften" 2) R i c h a r d, 1848 Frankfurt/M.—Jena 1913, Bruder von 1, Prof. für Straf- u. Prozeßrecht Jena.

Lopez, engl. j. Familie sef. Abkunft: 1) M a n a s s e M a s s e y, 1775—1831, Parlamentsmitgl., Baronet. 2) S i r M a s s e y, 1818—1908, Zivillord d. Admiralität im Kabinett Disraeli. 3) Sir H e n r y C h a r l e s (Baron Ludlow) 1828—1899, Anwalt, Lord Justice d. Appelationsgerichtshofes.

Loria (↗ Luria): 1) A c h i l l e, geb. 1857 Mantua, ital. Nationalökonom u. Soziologe, Prof. Padua, Turin, Sozialist, Studien zur Gesamtwirtschaftswissenschaft (z. T. dt. übersetzt). 2) G i n o, geb. 1862 Mantua, ital. Mathematiker, seit 1886 o. Prof. Turin, Genua, Studien zur höheren Geometrie u. ihrer Geschichte.

Lorm, Hieronymus (eigtl. Heinrich Landesmann), 9.8.1821 Nikolsburg—Brünn 3. 12. 1902, Lyriker u. Erzähler, seit früher Jugend taub u. fast blind. Ⓦ Novellen „Am Kamin"; Gedichte „Nachsommer".

Losfest ↗ Purim.

Lot, Neffe Abrahams, entgeht d. Vernichtung seines Wohnorts Sodom; sein Weib wird zur Salzsäule. Zwei Töchter L.'s verführen d. Vater u. werden Stammütter von Ammon u. Moab.

Lothringen, J erstmals 888 erwähnt, bis Ende 11. Jhd. eines d. Zentren j. Lebens (Gerschom b. Juda aus Metz). Unter d. Kreuzzügen leiden d. J schwer u. werden erst 1422 (in Metz) wieder erwähnt. Größere Gem. m. Rabbinaten: Metz (Sitz d. Konsistoriums), Saargemünd, Saarburg, Diedenhofen. ↗ Frankreich.

Löw, d. Hohe Rabbi (Juda Löwe b. Bezalel), um 1525—1609, Rabbiner in Prag, nach d. Sage Verfertiger des ↗ Golem. Ⓦ T-Erklärungen.
L: N. Grün, D. hohe Rabbi L., 1885.

Löw: 1) I m m a n u e l, geb 20. 1. 1854 Szegedin, Rabbiner u. j. Gelehrter, einer d. Führer d. ungar. Jt. Ⓦ D. Flora d. J, Standardwerk (1924/34). 2) L e o p o l d, 1811 Czernahora (Mähren)—Szegedin 1875, Rabbiner, Pionier d. Reform u. d. Emanzipation in Ungarn. Ⓦ Ben Chananja, wissenschaftl. h. Zeitschr.

Löwe (Arje), Tier d. Stammes Juda; daher d. Namen Löw, Löb, Leo.

Löwe, Heinrich, geb. 11. 7. 1869 Wanzleben, j. Gelehrter (Volkskunde), Z., bis 1933 an d. Universitätsbibliothek Berlin (Prof.), jetzt Leiter d. Stadtbibliothek Tel Awiw.

Loewe, Ludwig, 1837—1886, Industrieller u. freisinniger Politiker in Berlin; Leiter von Gesellschaften f. Waffenfabrikation, Werkzeugmaschinen, Elektrizitätserzeugung.

Loewenberg: 1) Jakob, 9. 3. 1856 Niederntudorf (Westfalen) — Hamburg 9. 2. 1929, Lyriker u. Erzähler, Herausg. d. bek. Anthologie „Vom goldenen Überfluß" (1902). 2) Julius, 1800 Strelno—Berlin 1893, Geograph, Freund u. Biograph A. v. △ Humboldts.

Löwenfeld, Raphael, 11. 2. 1854 Posen—Berlin 28. 12. 1910, Begr. d. Berliner Schillertheaters (1894) u. einer d. ersten dt. Übersetzer Tolstojs (8 Bde., 1891/93). Seine Schrift „Schutz-J od. Staatsbürger" (1893) gab d. Anstoß zur Gründung d. C. V.

Löwenherz, Leopold, 31. 7. 1847 Czarnikow — Berlin 30. 10. 1892, seit 1882 1. Dir. an d. techn. Abt. d. unter seiner Mitarbeit von △ Helmholtz gegr. phys.-techn. Reichsanstalt. 1892 Schöpfer des L.-Gewindes.

Loewenstein: 1) Alfred, Brüssel 1875—1928, Bankier, schuf in Belgien einen gr. Kunstseiden- u. Elektrizitätstrust, endete durch Sturz aus einem Flugzeug in d. Ärmelkanal. 2) Leo, geb. 8. 2. 1879 in Aachen, Chemiker u. Physiker, Erfinder d. Schallmessung u. ihr erster Organisator an d. Front, Gründer u. Leiter d. ↗ R. J. F.

Loewysohn, Salomo, Moor (Ungarn) 1789—1821, Dichter d. Aufklärungszeit. Ⓦ Gedichte; eine Poetik.

Luach ↗ Kalender.

Lubarsch, Otto, Berlin 4.1.1860—1.4. 1933, Pathologe, o. Prof. Berlin; wichtige Stud. üb. Geschwulstlehre, Stoffwechselpathologie, Immunität. (L. war get. u. betonte antij. Haltung).

Lübeck, 497 J = 0,4%; seit 1658 J in L. u. 1709 in Moisling bezeugt.

Lublin, 37 000 J = 33%, seit Ende 15. Jhd. eines d. Hauptzentren d. j. Lebens in O-Europa. Im 16. Jhd. berühmte Maharschal-Schul (Synagoge) u. T-Akademie (S. ↗ Luria). L: Balaban, D. J-Stadt von L., 1919.

Lublinski, Samuel, 18. 2. 1868 Johannisburg (Ostpr.)—Weimar 25. 12. 1910, Religionswissenschaftler („D. urchristl. Erdkreis u. sein Mythos"). Kulturphilosoph („Allhumanität") u. klassizistischer Dramatiker.

Lucca, Pauline, Wien 25. 4. 1841—28. 2. 1908, weltberühmte Sängerin,

Pauline Lucca
Lithographie v. Joseph △ Kriehuber

1861/71 Star d. Berliner Oper (Carmen, Afrikanerin), 1874/89 in Wien.

Ludd ↗ Lydda.

Ludwig: 1) Emil, geb. 25. 1. 1881 Breslau, Schriftsteller, Sohn d. Augenarztes Hermann ↗ Cohn, bek. durch seine 1920/30 veröffentlichten, in d. Form neuartigen Biographien (Goethe, Napoleon, Bismarck u. a.). 2) △ Otto, 1813—1865, dt. Dichter. Drama: „D. Makkabäer" 1855.

Lul (Hühnersteige), Bz. f. Hühnerzucht als Zweig d. Landwirtschaft in Palästina.

Lulaw (frischer Zweig), Palmzweig, Bestandteil d. Feststraußes am Laubhüttenfest, auch Bz. dieses Feststraußes.

Luncz, Abraham Mose, 1854 Kowno —Jerusalem 1918, Pal.-Forscher. Ⓦ Jeruschalajim, Jahrbücher; Luach Erez Jisrael, Kalender.

Lunel (Südfrankreich), vielleicht von J im 1. Jhd. n. gegründet, im 11.—13. Jhd. Zentrum d. südfranzös. T-Gelehrsamkeit.

Lunel, Armand, geb. 9. 6. 1892 Aix-en-Prov., frz. Schriftsteller. Ⓦ Roman „Niccolo Peccavi ou l'affaire Dreyfus à Carpentras" (dt. 1929).

Luria (nach ↗ Loria in Norditalien), Rabbiner- u. Gelehrtenfam. — 1) Isaak b. Salomo (ha-Elohi [d. göttliche] Rabbi Isaak, abgek. ARI genannt), 1534 Jerusalem—Safed 1572, Mystiker, gab d. Kabbala ihre letzte, rezipierte Form (Meditation, Askese; Streben nach d. „Welt d. Vollendung" [Olam ha-Tikkun], messian. Hoffnung), u. legendäre Gestalt; Aufzeichnung seiner Lehre durch d. Schüler Chajim ↗ Vital. 2) Salomo (MahaRSchaL), um 1510 —73, autoritativer Dezisor, wirkte in Lublin. Ⓦ Jam schel Schelomo (Meer Salomos), Novellen zum T.

Luschan △ Felix von, 11. 8. 1854 Wien—Berlin 7. 2. 1924, o. Prof. Berlin seit 1909, gr. Forschungsreisen, berühmter Anthropologe, bestritt d. Einheit arischer Rasse. Ⓦ Völker, Rassen, Sprachen 1922.

Lusitanus (aus Portugal): 1) Amatus (Chabib), 1511—1568, Mediziner, Arzt d. Papstes Julius III.; Marrane, kehrte 1558 in Saloniki zum Jt. zurück. Ⓦ Sieben Centurien (lat.), Beschreibung von je 100 Krankheitsfällen. 2) Zacutus (Abraham Sachut), 1576—1642, Mediziner, als Marrane viele Jahre Arzt in Lissabon, kehrte 1626 in Amsterdam zum Jt. zurück. Ⓦ Gesch. d. Medizin (lat.).

Luther △ Martin, 1483—1546, Schöpfer d. klassischen dt. B-Übersetzung (zugleich erste dt. Übers. aus h. Original), durch deren Vermittlung altj. Stil, Geist u. Vorstellungswelt Wesensbestandteile d. dt. Volks- u. Schriftsprache geworden sind. Seine Stellung zum zeitgenöss. Jt., mit Verteidigung („Daß Jesus Christus ein geborener J sey" 1523) beginnend u. mit Anklage („Von den Jüden u. ihren Lügen" 1542) endend (diese Entwicklung wird mit d. Scheitern seiner J-Mission erklärt), ist demgegenüber nur von zeitl. Bedeutung.

L: R. Lewin, L.'s Stellung zu d. J, 1911.

Luxemburg, 2000 J = 0,6%, seit 13. Jhd. durch Austreibungen unterbrochene j. Siedlung in d. Hauptstadt u. 20 kleineren Ortschaften; ein staatl. besoldeter Rabbiner.

Luzzatti, Luigi, 1841—1927, ital. Staatsmann, Dozent f. Nationalökonomie, 1895 Prof. in Rom, seit 1891 wiederholt Minister (Schatz-, Landwirtschafts-, Finanzminister).

Luzzatto, j.-ital. Familie (aus d. Lausitz eingewandert). — 1) Mose Chajim, 1707 Padua—Akko 1746, h. Dichter (Vorläufer d. neuh. Lit.), moralethischer Schriftsteller u. Kabbalist (des Sabbatianismus verdächtigt u. in Bann gelegt), führte ein Wanderleben. Ⓦ la-Jescharim Tehilla (den Rechtschaffenen die Huld), allegor. Drama; Messillat Jescharim (Bahn der Redlichen), eth. Schrift (dt. von J. Wohlgemuth 1925). 2) Samuel David, 22. 8. 1800 Triest—Padua 30. 9. 1865, j. Gelehrter, einer d. Begr. d. Wissenschaft d. Jt., B-Exeget (hebr.) u. -Übersetzer (it.), Sprachforscher, auch h. Dichter. Ⓦ h. Autobiographie.

Lydda (Ludd), Stadt südöstl. von Jaffa, bedeutend zur Zt. d. 2. Tempels u. d. T-Entstehung in Palästina. Eisenbahnknotenpunkt; Flughafen.

M

Maariw, Abendgottesdienst, d. letzte d. drei tägl. Gebete.

Maasse-Buch (Geschichtenbuch), altjidd. Volksbuch (↗ Jiddische Literatur). Engl. Übs., M. Gaster, Philadelphia 1934; dt. Auswahl, L. Strauß, Berlin 1935.
L: J. Meitlis, Das M., 1933.

Maasser (Zehent), zwei Tr. (Seraim).

Eduard Magnus
Gemälde von C. L. △ Becker, um 1849

Macaulay △ Thomas Babington (1800–1859), d. engl. Historiker, wurde durch seine Schrift „Über die polit. Rechtlosigkeit der J" (1831) einer d. Pioniere d. J-Emanzipation, insbes. in England.

Machosa, Stadt in Babylonien, am Tigris, im 4. Jhd. Sitz einer T-Gelehrtenschule.

Machpela („die zwiefache"), Höhle bei Hebron, Erbbegräbnis d. Erzväter.

Machschirin (geeignet [unrein zu machen]) bzw. Maschkin (Flüssigkeiten). Tr. (Teharot).

Machsor (Kreislauf [d. Jahres]), ursprüngl. ein Kompendium d. Liturgie u. d. Ritus (bekannt M.-Vitry, von Simcha b. Samuel aus Vitry, 11. u. 12. Jhd.), engere Bz. d. Festtag-Gebetbuchs zum Unterschied vom Alltags-Gebetbuch (Siddur).

Mädchenschutz ↗ Gefährdetenfürsorge.

Magdalena, Beiname d. von Jesus geheilten Maria aus Magdala (Galiläa); h. Migdal = Turm.

Magdeburg, 1973 J = 0,6%; älteste j. Siedlung in Mittel- u. Ostdeutschland, seit 965 bezeugt.

Magen David ↗ Davidschild.

Maggid (Verkünder), Prediger, relig. Volksredner im östl. Jt.

Magnus: 1) Eduard, Berlin 7. 1. 1799 – 8. 8. 1872, Maler, seit 1844 Prof. an d. Berliner Akademie, hervorrag. Vertreter d. Bildniskunst d. Biedermeier. Ⓦ Porträts von Thorwaldsen, F. Mendelssohn, Menzel, Rauch u. v. a. 2) Heinrich Gustav, Berlin 1802–1870, Bruder von 1, Physiker, seit 1845 o. Prof. Berlin, Entdecker d. Magnuseffektes; Arbeiten zur Ballistik. 3) Julius, geb. 1867 Berlin, Jurist, Herausg. d. „Jurist. Wochenschrift" Berlin 1925/33; zweifacher Dr. h. c. 4) Rudolf, 1873 Braunschweig–Pontresina 1927, Physiologe u. Pharmakologe, o. Prof. in Utrecht, arbeitete über Physiologie d. Körperstellung.

Magog ↗ Gog.

Mahler, Gustav, 7. 7. 1860 Kalischt (Böhmen)–Wien 18. 5. 1911, Komponist u. Dirigent, 1897/1907 Leiter d. Wiener Oper. Als Komponist d. letzte in d. Reihe d. großen dt. Symphoniker, trotz mannigfacher romant. Formdurchbrechungen; im Zwiespalt zwischen Naivität u. Bewußtheit, Ekstatik u. Melancholie, Prototyp d. j. Musikers. Ⓦ Am be-

Gustav Mahler

zeichnendsten „D. Lied von d. Erde" (1911); 10 Symphonien, 42 Lieder.
L: R. Specht, G. M. 1913. P. Bekker, G. M.'s Sinfonien 1921.

Mähren, J seit 10.–11. Jhd. bezeugt; älteste Gem. vermutl. Iglau, Brünn u. Olmütz.
L: Gold, J u. J-Gemeinden M.s, 1929.

Maimon, Salomon, 1754 Nieswiesh (Litauen)–Niedersiegersdorf(Schles.) 1800, dt. Philosoph, einer d. ersten Anhänger Kants, von gr. Einfluß auf Fichte, nannte sich nach Maimonides, wandte sich vom traditionellen Jt. ab. Ⓦ Lebensgeschichte (1792), kulturhistor. u. persönliches Dokument (herausg. von Karl Philipp Δ Moritz; Volksausgabe 1935).

Maimonides ↗ Mose ben Maimon.

Mainz, 2609 J = 1,8%, alte j. Gem., seit 900 bezeugt (Grabsteine vom 11. Jhd., Abb. 253). Berühmte T-Schule (↗ Gerschom b. Juda, um 1000). Märtyrertod d. Gem. im 1. Kreuzzug 1096. Nach wiederholten Vertreibungen Neugründung d. Gem. 1583, Museum j. Altertümer, Denkmalfriedhof.

Makkabäer ↗ Hasmonäer.

Makkabäer, Bücher der, zwei apokryph. Schriften: 1) Geschichtswerk, von Alexander d. Gr. bis zum Tode d. Hasmonäers Simon, 16 Kap. – 2) Histor. Sagenbuch, vom Auftreten Antiochus' IV. bis zu Juda Makkabis Sieg über Nikanor, 15 Kap. Von geringerer Bedeutung d. 3. u. 4. Buch d. M.

Makkabi ↗ Sportverbände.

Makkabia, Sporttreffen d. Makkabi World Union nach Art d. Olympiade, erstmals 1932 anläßlich d. 1800. Wiederkehr d. Bar Kochba-Erhebung eingeführt, wird alle drei Jahre in Pal. ausgetragen (1935 in Tel-Awiw).

Makower: 1) Felix, 1863–1933, Vors. d. Verb. d. dt. J. 2) Hermann, 1830–1897, j. Gem.-Politiker.

Malbim (Abkürzg. von Meir Löb b. Jechiel Michel), 1809–1879, Rabbiner in ostj. u. ostdt. Gemeinden. Ⓦ ha-Tora weha-Mizwa (Lehre u. Gebot), Kommentar zum Pentateuch.

Maleachi, 12. in d. Reihe d. kl. Propheten; d. Name (mein Bote, auch: mein Engel) ist nicht unbedingt Eigenname. Buch M., letztes Prophetenbuch, 3 Kap.

Maler, j. In d. Entwicklung der j. Malerei sind folgende Epochen zu unterscheiden: 1) im Altertum ↗ Wandmalerei in Synagogen u. Katakomben. 2) im MA ↗ Buchmalerei (Miniaturen in Haggada-Handschriften, Megillot usw.). 3) im 17./18. Jhd. ↗ Wandmalerei bes. in poln. u. fränk. Synagogen. 4) im 17./18. Jhd. ↗ Miniaturmalerei (bes. Bildnisminiaturen) als Vorstufe der 5) eigentlichen Malerei, der sich J erst nach d. Emanzipation zuwenden (was auf diesem Gebiete an Künstlernamen vor 1800 überliefert ist, bleibt gestaltlos, da keine Werke bekannt sind). – Dt.: Anton Raphael ↗ Mengs (1728/79) ist der j. Kunst nur sehr bedingt zuzurechnen, Philipp ↗ Veit (1793–1877), erst nach dem Tode seines Großvaters,

Jozef Israëls: Jüdische Hochzeit. 1903

Max Liebermann: Judengasse in Amsterdam. 1909

Tafel 17

aber immerhin noch als J geb., war (ebenso wie sein Bruder Johannes) am Jt. uninteressiert. Erster bewußt j. M. in Dt. Moritz ↗ Oppenheim (1799—1882); j.-bibl. Themen bei Eduard ↗ Bendemann (1811/89). D. Jahre zwischen 1800 u. 1830 bringen eine Reihe tüchtiger Landschafts-, Bildnis-, Genre- u. Historien-M. hervor, darunter so gr. Talente wie d. Porträtisten Eduard ↗ Magnus, Wilhelm Heinrich Schlesinger (1814/93) u. Ferdinand Heilbuth (1826/89) oder d. Landschafter Julius Jacob (1811/82), die aber sämtlich ohne Beziehung zum Jt. blieben. Diese findet sich bei einer Anzahl von Künstlern d. folgenden Generation in wenig erfreulicher Weise, nämlich als j. Genre- oder B-Malerei in der Art Oppenheims u. Bendemanns, aber bewußter u. weniger geschmackvoll; so bei Leopold Horowitz (1839—1917), Nathanael Sichel (1843—1907), dessen süßliche Bibelfiguren eine Zeitlang berühmt waren, Isidor Kaufmann (1853—1921), Moritz Gottlieb (1856/79) u. a. Bildertitel wie „Eine schwierige Talmudstelle“, „Shylock u. Jessika“ deuten bereits die Art dieser Malerei an. Eine Sonderstellung nehmen in Wien der Freskenmaler Karl Karger (1848—1913) u. d. Bildnismaler David Kohn (1861—1922) ein. — Bahnbrechend sodann Max ↗ Liebermann (1847—1935), d. größte j. M. überhaupt, wenn auch kein M. des Jt., als der in Dt. schon eher Lesser ↗ Ury mit den B-Bildern seiner Spätzeit gelten könnte. Weniger M. als Graphiker ist Hermann ↗ Struck. Impressionisten nach Liebermann: George Mosson (1851 — 1933), Eugen ↗ Jettel, Benno ↗ Becker, Hans Borchardt (1865—1917), Ernst ↗ Oppler, Julie Wolfthorn (geb. 1868), Adolf Eduard Herstein (geb. 1869), Emil ↗ Orlik, Max ↗ Fabian, Jakob ↗ Nußbaum, Eugen ↗ Spiro, Joseph Oppenheimer (geb. 1876). Mit Rudolf ↗ Levy u. Arthur ↗ Segal (beide geb. 1875) beginnt d. Generation d. Nachimpressionisten u. Expressionisten, die eine Fülle von Talenten wie die frühverstorbenen Eugen von Kahler (1882—1911) u. Hugo ↗ Krayn, Maler wie Ludwig ↗ Meidner, Max ↗ Oppenheimer, Walther Bondy, Charlotte ↗ Berend, Hans Gerson, Friedrich Feigl, Artur Kaufmann, Viktor ↗ Tischler, Erich Brill, Gert Wollheim, Martin Bloch hervorbrachte. — In Holland gipfelt d. Genremalerei kleinerer Talente wie Ezechiel Davidson, Maurits Calisch, David Bles, Elchanan Verweer in d. realistischen Kunst Jozef ↗ Israels'. Einen Epigonen fand er in Eduard Frankfort, dem Impressionismus gehört sein Sohn Isaak Israels an. In Dänemark heißen d. Genremaler Ernst Meyer, David Monnies u. Albert Gottschalck, während d. Jt. in Schweden, wo Jeskel Saloman jene Vorstufe vertrat, mit Ernst ↗ Josephson u. Isaak ↗ Grünewald gewichtige Beiträge zur europ. Malerei lieferte. In England sind Salomon Abraham Hart (1806/81), Solomon J. Solomon (1860—1927) u. William ↗ Rothenstein, in USA. Henry Mosler, Toby Rosenthal, Louis Loeb u. Hugo Ballin d. bekanntesten Namen. In Italien ist Giuseppe Coën (1811/56) ein Nachfahr der Venezianer Schule des 18. Jhd., während Amedeo ↗ Modigliani mehr der frz. als der ital. Kunstgeschichte angehört. D. j. Malerei in Ungarn beginnt mit Moritz Adler (1826—1902) u. findet ihre stärksten Vertreter in der Bildniskunst Philipp Lászlos (geb. 1869) u. im Realismus Adolf Fenyes' (geb. 1867). Genremaler sind Lajos Bruck, Gyula u. Arpad Basch, Adolf Hirschl, Alfred Lakos; unter den Jüngeren treten Bela Czobel u. Josef Bató hervor. Frankreich besitzt in Auguste Hadamard, J. E. E. Brandon u. Henri Léopold Lévy Vertreter der j. Genre- u. Historienmalerei, in Camille ⁄ Pissarro einen Meister d. Impressionismus, in Jules Lunteschutz (1822/93) u. Jules Adler weitere j. M. von Ruf, gewinnt jedoch seine eigentliche Bedeutung für d. j. Kunst als Sammelpunkt d. fast sämtlich aus d. Osten stammenden jüngeren Talente, die j. Volkstradition mit europ. mod. Formgefühl verbinden u. erkennen lassen, wie eine national-j. M. der Zukunft wohl aussehen könnte. D. älteren ostj. Maler sind entweder d. russischen u. polnischen Kunst assimiliert wie Alexander Lesser (1814/84) in Warschau oder im j. oder nichtj. Genre befangen wie d. Russen Isaak Askenasi, M. L. Maimon, Jurij Paen oder d. Pole Leopold Pilichowski. Andere nehmen an d. westeurop. Kunstentwicklung teil wie d. Landschafter Isaak Levitan (1860—1900), d. Bildnismaler Leonid ⁄ Pasternak u. Leopold Gottlieb. Samuel ⁄ Hirszenberg, Jehudo Epstein (geb. 1870) u. E. M. ⁄ Lilien stehen an d. Grenze, wo sich echt j. Empfinden von d. theatralischen Pose abspaltet. Und wenn auch nach 1900 noch Ostj. wie ⁄ Bakst, Robert Genin, Eugen Zak u. ⁄ Pascin in d. frz. Malerei aufgehen, so bricht doch j. Art in zahlreichen Künstlern stark hervor. Allen voran ist Marc ⁄ Chagall zu nennen, nächst ihm ⁄ Kisling, Maurice Minkowsky, Issachar ⁄ Ryback, Mané Katz, ⁄ Altman, Jankel ⁄ Adler, Max ⁄ Band. D. Graphiker ⁄ Steinhardt u. ⁄ Budko vervollständigen diese Reihe, wogegen M. wie Georg Kars, Siegmund Menkes, Lazar Segal, C. Soutine u. a. wieder mehr westlich orientiert sind.

Mammon (Vermögen, Geld), nachbibl. h. Vokabel (ohne verächtlichen Nebensinn), im NT (Bergpredigt u. Gleichnis vom ungerechten Haushalter) als Bz. irdisch-niedriger Gesinnung im Ggs. zu göttl. Streben.

Mamser (h. [Mischling]), Bastard.

Manasse (Menasche), 1) ältester Sohn Josefs; isr. Stamm mit zwei Gebieten: a) im N Transjordaniens; b) im N Samariens. 2) Kg. von Juda, Sohn Hiskias, im 7. Jhd. v.; Gebet M.'s, apokryph. Zusatz d. griech. B.

Manasse ben Israel
Kupferstich von Salomon Italia, 1642

Manasse b. Israel, 1604 Lissabon—Middelburg (Holland) 1657, Rabbiner, theologisch-mystischer Schriftst. u. Drucker in Amsterdam, erwirkte bei Cromwell d. Wiederaufnahme d. J in England. M. schrieb in span., portug., engl., lat. u. h. Sprache, von △ Rembrandt porträtiert. Ⓦ Vindiciae Judaeorum (engl.), Verteidigung d. Jt. (dt. Übers. von Mendelssohn, „Rettung d. J").

Mandelkern, Salomon, 1846—1902, j. Gelehrter u. h. Dichter, Herausgeber einer B-Konkordanz.

Mandschukuo, 18 000 J = 0,05%, haupts. russ. J, bes. in Charbin.

Abraham Mapu

Mane, Mordechai Zwi, 1859–1886, neuh. Lyriker in Litauen.

Manin ♁ Daniele, 13. 5. 1804 Venedig–Paris 22. 9. 1857, Advokat, freiheitl. italien. Politiker, 1848 Ministerpräsident d. provisorischen Regierung Venedigs, 1849 Diktator, lebte nach seinem Sturz als Flüchtling in Paris; 1868 in Venedig beigesetzt. L: R. Barbiera, D. M. 1931.

Mankiewitz, Paul, 1858 Mühlhausen (Thür.)–Gut Selchow (Mark) 1924, Börsenfachmann u. Bankier, zuletzt Seniordirektor d. Dt. Bank.

Mann: 1) J a k o b, geb. 1888 Przemysl, Dozent am Hebr. Union College Cincinnati. Ⓦ The Jews in Egypt and in Palestine under the Fatimid Caliphs (1920/22). 2) △ T h o m a s, geb. 6. 6. 1875, dt. Erzähler, Schwiegersohn von Alfred ↗ Pringsheim, hier zu nennen als Verf. d. biblischen Romantrilogie „Joseph u. seine Brüder" (bisher 2 Bde., 1933/34).

Manna (Man; volksetymologisch: Was [ist das?]), himmlisches Honigbrot, Speise d. Israeliten während d. Wüstenwanderung (E 16).

Mannheim. 6402 J = 2,3%; Gem. um 1655 gegr. Alter j. Friedhof, j. Lehrhaus, h. Schule.

Mannheimer, Isaak Noah, 1793 Kopenhagen–Wien 1865, Rabbiner, Vertreter d. gemäßigten Reform u. Vorkämpfer d. Emanzipation in Österreich.

Mantua, 600 J = 1,5%, erstmals 1145 erwähnt, im 16. Jhd. bedeut. Gemeinde.

Mapu, Abraham, 10. 1. 1808 Slabodka (Litauen)–Königsberg 9. 10. 1867, klass. neuh. Dichter. Ⓦ Ahawat Zijon (Zionsliebe) u. Aschmat Schomron (Samariens Schuld), zwei bibl.-historische Romane; ha-Ajit ha-zawua (d. gefärbte Raubvogel [= Heuchler]), satir. Gegenwartsroman.

Mar (aram. „Herr"), Titel von Autoritäten; heute Höflichkeitsanrede.

Marannen ↗ Marranen.

Märchen (Sippur Maasse), a) zahlr. bibl. M.-Motive: Josefs Träume, Simsons Haar, Jona u. d. Walfisch; b) nachbibl. Wundergeschichten, Hauptfigur: Elia (vgl. Born Judas, Nr. 145–167).

Marcheschwan ↗ Cheschwan.

Marcus: 1) A h r o n, 13. 1. 1843 Hamburg–Frankfurt/M. 5. 3. 1916, j. Gelehrter konserv. Richtung. Ⓦ D. Chassidismus (unter d. Pseud. „Verus"); Barsilai, Sprache als Schrift d. Psyche. 2) E r n s t, 3. 9. 1856 Kamen–Essen 31. 10. 1928, Erkenntn.-theoretik. u. Wiedererwecker d. Kantischen Philosophie in selbständiger Weiterführung. Ⓦ D. Erkenntnisproblem, 1905; Kants Weltgebäude, 1920. 3) S i e g f r i e d, 1831 Malchin (Mecklbg.)–Wien 1897,

Siegfried Marcus

Erfinder d. Benzinautos (1864), d. Thermossäule, d. Telegraphenrelais, d. elektr. Zündung f. Unterwasserminen usw. Inhaber d. gr. goldnen Medaille d. Akad. d. Wissenschaften in Wien.

Marées ♁ Hans von, 1837—1887, d. große dt. Maler, Sohn eines Vaters aus altem Adelsgeschlecht u. einer j. Mutter (Friederike Sußmann aus Halberstadt).

Margoliot, j. Familie; d. Name stammt vom h. margalit bezw. aram. margenita = Perle (hiervon auch, über d. griech. NT, d. Vorname Margarete). Abwandlungen: Margolis, Margulies, Margolin usw.).

Maria (h. Mirjam), Mutter Jesu.

Maria Hebraea j. Alchimistin in Memphis (1. Jhd. n.), Erfinderin eines Schmelzofens, d. „balneum Mariae" (Wasserbad) u. vielleicht d. Salzsäure.

Mariamne (Mirjam), hasmonäische Prinzessin, Gemahlin Herodes', der sie hinrichten ließ (29 v.).

Markon, Isaak, geb. 27. 1. 1875 Rybinsk (Rußland), j. Gelehrter (Karäerforschung), ehem. Prof. St. Petersburg, jetzt Direktor d. Gemeindebibliothek Hamburg.

Marlowe △ Christopher, 1564—1593, engl. Dramatiker. Bek. Drama „The Jew of Malta" (um 1589).

Marmorek, Alexander, 1865 Mielnice (Galizien)—Paris 1923, Bakteriologe, „Chef des travaux" im Institut Pasteur, entdeckte d. Streptokokkenserum (Scharlachbekämpfung), Z.

Marmorstein, Abraham, geb. 1882, j. Gelehrt., Prof. Jews' College, London.

Marokko (Mauretanien), ca. 150 000 J = 2,5%, meist in Fez (8000), Tanger (15 000), Marrakesch (15 000), Tetuan (6500), Casablanca (17 000), Mogador (12 000). Leidvolle Geschichte seit d. Zerstörung d. Tempels; im 9. u. 11. Jhd. kurze Blüte. Im 15. Jhd. marranische Einwanderung mit schweren Unruhen. Dank Eintreten Montefiores seit 1880 langsame Besserung u. Befriedung unter frz. Herrschaft (Marschall △ Lyautey). Berber-J im Atlasgebirge (Fez m. Ghetto „Mellah"), arab. J in d. Küstenstädten. Marranen u. die im 20. Jhd. Zugewanderten bilden d. geistige Oberschicht d. Jt.

Maror (Bitterkraut [Meerrettich]), beim ↗ Seder zu Pessach Symbol d. bitteren Frondienstes in Ägypten.

Marranen (span. = Schweine, h. Anussim = Gezwungene), im 16. Jhd. eingeführte Bz. f. zwangsgetaufte J. — Um d. Einheit von Staat u. Kirche zu erzwingen, begann d. kath. Kirche Spaniens 1391 (Ferrand Martinez) ihren Kampf (Tod od. Taufe) gegen J (u. Mauren). Die Bekehrten (Conversos, Neuchristen) fanden Eingang u. Einfluß in Staat u. Gesellschaft. Sie waren Anhänger, aber nur zum Teil auch Bekenner d. neuen Glaubens. Gegen d. Ketzer wütete d. ↗ Inquisition, die schließlich in Spanien 1492, in Portugal 1497 zur Austreibung d. J schritt. Mit ihnen u. später (im 16. Jhd.) entfliehen auch zahlreiche M. d. unerträglichen Zwang. So entstehen u. a. die Gem. in Amsterdam, Hamburg, London, S-Afrika, Mittel- u. Südamerika. In Spanien assimilierten sich d. M., in Portugal haben sich Reste mit eigenem Ritus bis heute erhalten.

Mar Samuel ↗ Samuel.

Marshall, Louis, 1856—1929, hochangesehner Jurist in New York, Führer d. amerikan. Jt., Präs. zahlr. Organisationen; obwohl Reformjude, förderte er Orthodoxie u. Zionismus.

Mar Sutra, Exilarch; Aufstand gegen d. Perser (um 500 n.).

Martha (aram. „Herrin"), Frauengestalt im NT (Luk. 10).

Märtyrer (Kedoschim, „Heilige"): 1) Blutzeugen d. makkabäischen Erhebung (Martyrien d. greisen Eleasar u. einer Mutter mit 7 Söhnen); 2) M. unter Hadrian (10 Märtyrer

Roms [Assara Haruge Malchut], unter ihnen Akiba); 3) Opfer d. J-Verfolgungen im MA (sagenhafter M. Amnon aus Mainz), in Klageliedern u. d. Martyrologien d. Memorbücher (Worms, Nürnberg) genannt.

Marx, Karl, 5. 5. 1818 Trier—London 14. 3. 1883, Sohn d. getauften Advokaten Heinrich M. 1842 Redakteur d. radikalen Rheinischen Zeitung, später in Paris („Dt.-frz. Jahrbücher"), seit 1849 London. Hauptbegr. d. histor. Materialismus u. wissenschaftl. Sozialismus („Marxismus"). Ⓦ Kommunistisches Manifest 1848; D. Kapital 1867. M. sah im Jt. einen durch d. kapitalist. System bedingten rein ökonomisch. Faktor („Zur Judenfr." 1843).

Masada, Festung am Westufer d. Toten Meeres, leistete im j.-röm. Kriege am längsten Widerstand.

Masaryk △ Thomas, geb. 1850, Professor d. Philosophie in Prag, Verfechter d. tschech. Selbständigkeit, seit 1918 Präsident d. tschechoslowakischen Republik. Trat als entschiedener Gegner d. ↑ im Polnaer Prozeß mündl. u. schriftl. gegen Ritualmordglauben auf.

Maschal (h.), Gleichnis, ↗ Fabel, Parabel.

Maschiach ↗ Messias.

Maskil ↗ Haskala.

Massary, Fritzi, geb. 21. 3. 1882 Wien, gefeierte Operettensängerin, 1904/33 in Berlin, seit 1918 verheiratet mit Max ↗ Pallenberg, galt unumstritten als hervorragendste Vertreterin ihres Faches.

Massora (Überlieferung), Bz. d. traditionellen Gestalt d. B-Textes (massoretischer Text), die von palästin. u. babylon. Gelehrten (Massoreten) im 7.—10. Jhd. (Hauptvertreter: Ben Ascher u. Ben Naftali, Tiberias 10. Jhd.) durch Vokalisation (↗ Punktation), Akzentuation, Einteilung in Verse u. Abschnitte festgelegt ist.

Matate (Besen), Name d. satirischen Theaters in Tel Awiw.

Matatron (Metatron; lat. metator?), Engelsfürst, himmlischer Schreiber, mit Michael alternierend, mit dem in d. Himmel gefahrenen Henoch identisch, Gestalt der j. Mystik.

Mathematiker, j.: Felix Bernstein (Göttingen; geb. 1878), Serge Bernstein (Charkow; 1882), Harald ♁ Bohr (Kopenhagen; 1887), Karl Wilhelm Borchard (Berlin; 1817/80), Georg Cantor (Halle; 1845—1918), Moritz Cantor (Heidelberg; 1829—1920), Richard Courant (Göttingen; 1888), Luigi Cremona (Rom; 1830—1903), Max Dehn (Frankfurt; 1878), Ferdinand Eisenstein (Berlin; 1823/52), Leopold Féjer (Budapest; 1880), Adolf Fraenkel (Jerusalem; 1891), Immanuel Lazarus Fuchs (Berlin; 1833—1902), Siegmund Gundelfinger (Darmstadt; 1846—1910), Jacques Hadamard (Paris; 1865), Adolf Hurwitz (Zürich; 1859—1920), Carl Gustav Jacobi (Königsberg; 1804/51), Leo Königsberger (Heidelberg; 1837—1922), Leopold Kronecker (Berlin; 1823/91), Edmund Landau (Göttingen; 1877), Tullio Levi-Cività (Rom; 1873), Leon Lichtenstein (Leipzig; 1878—1933), Gino Loria (Genua; 1862), Hermann Minkowski (Göttingen; 1864—1909), Richard von Mises (Istanbul; 1883), Johann von Neumann (Princeton; 1903), Emmy Noether (Bryn Mawr; 1882), Fritz Noether (Breslau; 1884), Max Noether (Erlangen; 1844—1921), Moritz Pasch (Gießen; 1843), Georg Pólya (Zürich; 1887), Alfred Pringsheim (München; 1855), Louis Saalschütz (Königsberg; 1835—1905), Hermann Schapira (Heidelberg; 1840/98), Ludwig Schlesinger (Gießen; 1864—1933), Arthur Moritz Schoenflies (Frankfurt; 1853—1928), Issai Schur (Berlin; 1875), Corrado Segrè (Turin; 1863), Max Simon (Straßburg; 1844—1918), Chajim Selig Slonimski (Warschau; 1810—1904), Ernst Steinitz (Kiel; 1871—1928), Moritz

Abraham Stern (Göttingen; 1807/94), James Joseph Sylvester (Oxford; 1814/97), Gabriel Szegö (Königsberg; 1895), Otto Toeplitz (Bonn; 1881), Vito Volterra (Rom; 1860), Hermann Weyl (Princeton; 1885).

Mattathias (h. Mattitjahu, „Gabe Gottes"), Priester, Urheber d. makkabäischen Erhebung, Stammvater d. Hasmonäer.

Matthias = Mattathias.

Maurois, André (eigtl. Emile Herzog), geb. 26. 7. 1885 Elbeuf (Normandie), frz. Schriftsteller, berühmt durch seinen Shelley-Roman u. Bücher über Disraeli u. Byron.

Mauthner, Fritz, 22. 11. 1849 Horitz (Böhmen)—Meersburg 29.6.1923, Schriftsteller u. Philosoph, versuchte d. Erkenntnislehre sprachkritisch zu unterbauen. Ⓦ Nach berühmten Mustern (Parodiensammlung) 1879; Beiträge zu einer Kritik d. Sprache 1901/02; D. Atheismus u. seine Gesch. im Abendlande 1920.
L: W. Eisen, F. M.'s Kritik d. Sprache, 1929.

Maybaum, Sigmund, 1844 Miskolc—Berlin 1919, Berl. Rabbiner seit 1881, erfolgreicher Kanzelredner u. Dozent an der Lehranstalt. Ⓦ Jüd. Homiletik 1890.

Mayer: 1) David, 25. 7. 1854 Mühlheim/Baden—Karlsruhe 23. 6. 1931, Geh. Oberregierungsrat, 1871 als erster J im Badischen Ministerium, langjähr. Präsident des Oberrats der bad. Israeliten. 2) Gustav, 4. 10. 1871 Prenzlau, Geschichtsforscher (Geschichte d. Parteien), 1920 a. o. Prof. Univ. Frankfurt/M. 3) Maxim (Max) Samuel von, 1791 Freudenthal—Tübingen 1862. Advokat, akad. Rechtsgelehrter, nach Taufe 1839 ord. Prof., 1850 Rektor Univ. Tübingen.

Mazza (Plural. Mazzot; vulg. Mazze, Mazzes), ungesäuertes Brot, für d. Pessach-Tage vorgeschrieben (Brot d. Trübsal, D 16, 3); Zeichen d. Erinnerung an d. Auszug aus Ägypten, der in solcher Hast erfolgte, daß man d. Brot nur in M.-Form backen konnte.

Mazzewa (Standbild), steinerne Säule, i. d. altisr. Religion Denkmal u. Altar; geläufige h. Bz. d. Grabsteins.

Mechilta (aram. „Maß", „Norm"), halachischer ↗ Midrasch zu Exodus.

Medaillen, j., entweder auf j. Persönlichkeiten oder Ereignisse bezüglich oder von j. Medailleuren gefertigt. Aus d. 16. u. 17. Jhd. einige wenige Beispiele bekannt, so eine italien. M. um 1500 mit h. Umschrift u. einem (verschieden gedeuteten) Bildniskopf, die d. Namen Benjamin b. Elijahu Beer trägt. Gelegentl. h. Inschriften auf dt. Renaissance-M. (z. B. Amtsrichter Jobst △ Muffel 1531, Hebraist Konrad △ Kircher, Augsburg 1605). Seit d. 18. Jhd. sind viele j. Medailleure mit Namen u. Werken bekannt, so J. Abraham in Berlin u. sein berühmterer Sohn ↗ Abramson (von dem u. a. M. auf Moses Mendelssohn u. Marcus Herz herrühren), ferner Jacob, Leop. u. Charles Wiener in Belgien u. Frankreich, A. G. Griliches in Rußland u. E. A. Soldi (1846—1906) in Paris. Im 19. Jhd. zahlreiche j. M. zu allen möglichen feierlichen Anlässen, Jubiläen usw. In neuerer Zeit M. u. Plaketten von mehreren j. Bildhauern, z. B. von Boris Schatz (Abb. 30), von Benno Elkan, Arnold Zadikow u. a.

Medien, altes Reich in Iran, später mit Persien vereint; J in M. seit assyr. u. babylon. Exil.

Medizin, j., ↗ Heilkunde.

Mediziner, j. An dem großen Aufschwung, den d. Wissenschaft der Medizin seit Mitte d. 19. Jhd. genommen hat, sind zahlreiche J beteiligt. Die folgende Aufzählung nach Einzeldisziplinen berücksichtigt in erster Linie Angehörige d. dt. Kulturkreises. Angegeben ist außer Fach, Name u. Lebensdaten d. jetzige bzw. letzte Wirkensort.

Anatomie

Gustav Born	Breslau	1851—1900
Martin ♁ Heidenhain	Tübingen	1864
Fr. G. Jacob Henle	Göttingen	1809—1885
Alfred Kohn	Prag	1867
Heinrich Poll	Hamburg	1877
Benedikt Stilling	Kassel	1810—1879
Julius Tandler	Wien	1869
Franz Weidenreich	Peiping	1873
Richard Weißenberg	Berlin	1882
Emil Zuckerkandl	Wien	1849—1910

Augenheilkunde

Georg Abelsdorff	Berlin	1869—1933
Theodor ♁ Axenfeld	Freiburg	1867—1930
Alfred Bielschowsky	Breslau	1871
Hermann Cohn	Breslau	1838—1906
Gustav Erlanger	Berlin	1886
Oscar Fehr	Berlin	1871
Arje Feigenbaum	Jerusalem	1885
Julius Hirschberg	Berlin	1843—1925
Ludwig Laqueur	Straßburg	1839—1909
Georg Levinsohn	Berlin	1867—1935
Hugo Magnus	Breslau	1842—1907
Max Meyerhof	Kairo	1874

Bakteriologie

Hans Aronson	Berlin	1865—1919
Alexander Besredka	Paris	1870
Ludwig Brieger	Berlin	1849—1919
Paul Ehrlich	Frankfurt	1854—1915
Arthur Felix	London	1887
Simon Flexner	New York	1863
Karl Fraenkel	Halle	1861—1915
Ulrich Friedemann	Berlin	1877
Joseph Goldberger	Washingt.	1874—1929
Waldem. M. Haffkine	Bombay	1860—1934
Ernst Löwenstein	Wien	1878
Alexander Marmorek	Paris	1865—1923
Ilja ♁ Metschnikoff	Paris	1845—1916
Julius Morgenroth	Berlin	1871—1925
Max Neisser	Frankfurt	1869
Hugo Carl Plaut	Hamburg	1858—1928
Ernst Pribram	Chicago	1879
Lydia Rabinowitsch	Berlin	1871—1935
Hans Sachs	Heidelbg.	1877
Georg Sobernheim	Bern	1865
Aug. v. Wassermann	Berlin	1866—1925
Anton Weichselbaum	Wien	1845—1920
Edmund Weil	Prag	1880—1922
Fernand Widal	Paris	1862—1929
Alfred Wolff-Eisner	Berlin	1877

Blutgruppenforschung

Ludwik Hirszfeld	Warschau	
Karl Landsteiner	New York	1868
Fritz Schiff	Berlin	1889

Chirurgie

Moritz Borchardt	Berlin	1868
Arthur Israel	Hamburg	1883
James Israel	Berlin	1848—1926
Ferdinand Karewski	Berlin	1858—1923
Moritz Katzenstein	Berlin	1872—1932
Hermann ♁ Küttner	Breslau	1870—1932
Richard Mühsam	Berlin	1872
Rudolf Nissen	Istanbul	1895
Paul Rosenstein	Berlin	1875
Isidor Zabludowski	Berlin	1851—1906

Dermatologie

Alfred Blaschko	Berlin	1858—1922
Bruno Bloch	Zürich	1878—1933
Iwan Bloch	Berlin	1872—1922
Franz Blumenthal	Ann Arbor	1878
Abraham Buschke	Berlin	1868
Julius Caspary	Königsbg.	1836—1911
Ernst Delbanco	Hamburg	1869—1935
Julius Heller	Berlin	1864—1931
Karl Herxheimer	Frankfurt	1861
Josef Jadassohn	Breslau	1863
Max Jessner	Breslau	1887
Max Joseph	Berlin	1860—1932
Moritz Kaposi	Wien	1837—1902
Heinrich Köbner	Breslau	1838—1904
Oskar Lassar	Berlin	1849—1907
Edmund Lesser	Berlin	1852—1918
Casimiro Manassei	Rom	1824—1893
Isidor Neumann	Wien	1832—1906
Albert Neisser	Breslau	1855—1916
Philipp Josef Pick	Prag	1834—1910
Felix Pinkus	Berlin	1868
Paul Gerson Unna	Hamburg	1850—1929
Hermann v. Zeissl	Wien	1817—1884
Maximilian v. Zeissl	Wien	1853—1925

Gerichtliche Medizin

Leo Blumenstock	Krakau	1838—1897
Johann Ludw. Casper	Berlin	1796—1864
Arthur S. Leppmann	Berlin	1854—1921
Friedrich Leppmann	Berlin	1872
Fritz Straßmann	Berlin	1858

Geschichte der Medizin

Erich Ebstein	Leipzig	1880—1931
August Hirsch	Berlin	1817—1894
Georg Honigmann	Gießen	1863
Abrah. Hartog Israels	Amsterd.	1822—1883
Richard Koch	Frankfurt	1882
Max Neuburger	Wien	1868
Julius Leopold Pagel	Berlin	1851—1912
Julius Preuß	Berlin	1861—1913
Isr. M. Rabbinowicz	Paris	1818—1894
Franz R. Seligmann	Wien	1808—1892

Gynäkologie

Karl Abel	Berlin	1863
Selmar Aschheim	Berlin	1878
Bernhard Aschner	Wien	1883
Ludwig Fraenkel	Breslau	1870
Richard Freund	Berlin	1878
Wilhelm Alex. Freund	Straßburg	1833—1917

Josef Halban	Wien	1870
Walther Hannes	Breslau	1878—1935
Fritz Heimann	Breslau	1882
Max Hirsch	Berlin	1877
Samuel Kristeller	Berlin	1820—1900
Leopold Landau	Berlin	1848—1920
Theodor Landau	Berlin	1861—1932
Max Saenger	Prag	1853—1903
Felix Skutsch	Leipzig	1861
Paul Straßmann	Berlin	1866
Adolf Theilhaber	München	1854
Ernst Wertheim	Wien	1864—1920
Bernhard Zondek	Jerusalem	1891

Hygiene

Abraham Adolf Baer	Berlin	1834—1908
Ernst Friedberger	Berlin	1875—1932
Adolf Gottstein	Berlin	1857
Martin Hahn	Berlin	1865—1934
Bruno Heymann	Berlin	1871
Wilhelm Loewenthal	Lausanne	1850—1894
Salomon Neumann	Berlin	1819—1908
Carl Prausnitz	Breslau	1876
Bernhard Proskauer	Berlin	1851—1915

Innere Medizin

Albert Albu	Berlin	1867—1921
Selly Askanazy	Königsbg.	1866
Heinr. v. Bamberger	Wien	1822—1888
Ismar Boas	Berlin	1858
Arnold ♁ Cahn	Straßburg	1858—1925
Wilhelm Ebstein	Göttingen	1836—1912
Rudolf Ehrmann	Berlin	1879
Max Einhorn	New York	1861
Erich Frank	Istanbul	1884
Albert Fraenkel	Berlin	1848—1916
Alfred Goldscheider	Berlin	1858—1935
David Gruby	Paris	1814—1898
Hans Hirschfeld	Berlin	1873
Simon Isaac	Frankfurt	1881
Felix Klemperer	Berlin	1866—1932
Georg Klemperer	Berlin	1865
Leopold Kuttner	Berlin	1866—1931
August Laqueur	Berlin	1875
Hermann Lebert	Breslau	1813—1878
O.M.L.Leichtenstern	Köln	1845—1900
Ludwig Lichtheim	Königsbg.	1845—1912
Leopold Lichtwitz	New York	1876
Moritz Litten	Berlin	1845—1907
Beniamino Luzzatto	Padua	1850—1893
E. Magnus-Alsleben	Ankara	1879
Adolf Magnus-Levy	Berlin	1865
Erich Meyer	Göttingen	1874—1927
Oskar Minkowski	Breslau	1858—1931
Leopold Oser	Wien	1839—1910
Eugen Aron Rehfisch	Berlin	1862
Ernst v. ♁ Romberg	München	1865—1933
Ottomar Rosenbach	Breslau	1851—1907
Theodor Rosenheim	Berlin	1860
Samuel S. Rosenstein	Leiden	1832—1906
Heinrich Rosin	Berlin	1863—1934
Hermann Schlesinger	Wien	1866—1934
Hermann Senator	Berlin	1834—1911
Max Skaller	Berlin	1871
Richard Stern	Breslau	1865—1911
Barend Jozef Stokvis	Amsterd.	1834—1902
Isidor Straus	Paris	1845—1896
Hermann Strauß	Berlin	1868
Siegfr.♁ Thannhauser	Boston	1885
Ludwig Traube	Berlin	1816—1876
Louis Waldenburg	Berlin	1837—1881
Wilhelm Winternitz	Wien	1835—1917
Max Wolff	Berlin	1844—1923
Jules Worms	Paris	1830—1898
Hermann Zondek	Jerusalem	1887
Samuel G. Zondek	Jerusalem	1894

Kinderheilkunde

Hans Aron	Breslau	1881
Adolf Baginsky	Berlin	1843—1918
Bernhard Bendix	Berlin	1863
Charles Cohen	Brüssel	
Hugo Falkenheim	Königsbg.	1856
Heinrich Finkelstein	Berlin	1865
Ed. Heinr. ♁ Henoch	Berlin	1820—1910
Max Kassowitz	Wien	1842—1913
Leopold Langstein	Berlin	1876—1933
Ludwig F. Meyer	Berlin	1879
Hugo Neumann	Berlin	1858—1912
Arthur Schloßmann	Düsseldorf	1867—1932

Krebsforschung

Ferd. Blumenthal	Belgrad	1870
Wilhelm Caspari	Frankfurt	1872
Edwin Goldmann	Freiburg	1862—1913
Ludw. Halberstaedter	Jerusalem	1876

Laryngologie, Ohrenheilk.

Benno Baginsky	Berlin	1848—1919
Robert Bárány	Upsala	1876
Emil Bloch	Freiburg	1847—1920
Theod. Simon Flatau	Berlin	1860
Wilhelm Fließ	Berlin	1858—1928
Bernhard Fränkel	Berlin	1836—1911
Jakob Gottstein	Breslau	1832—1895
Markus Hajek	Wien	
J. Herzfeld	Berlin	1863
Abraham Kuhn	Straßburg	1838—1900
Paul Manasse	Würzburg	1866—1927
Salomon Moos	Heidelbg.	1830—1895
Adam Politzer	Wien	1835—1920
Erich Ruttin	Istanbul	1880
Felix Semon	London	1849—1921

Neurologie, Psychiatrie

Alfred Adler	NewYork	1870
Gustav Aschaffenburg	Köln	1866
Benjamin Ball	Paris	1834—1893
Moritz Benedikt	Wien	1835—1920
Max Bielschowsky	Berlin	1869

Richard Cassirer	Berlin	1868—1925
Ludwig Edinger	Frankfurt	1855—1918
Sigmund Freud	Wien	1856
Kurt Goldstein	New York	1878
Franz Kramer	Berlin	1878
Arthur Kronfeld	Berlin	1886
Hugo Liepmann	Berlin	1863—1925
Otto Löwenstein	Bonn	1889
Emanuel Mendel	Berlin	1839—1907
Albert Moll	Berlin	1862
Hermann Oppenheim	Berlin	1858—1919
Arnold Pick	Prag	1851—1924
Ernst Julius Remak	Berlin	1849—1911
Robert Remak	Berlin	1815—1865
Moritz H. Romberg	Berlin	1795—1873
Bernard Sachs	New York	1858
Arthur Simons	Berlin	1879
K. Fr. O. Westphal	Berlin	1833—1890

Orthopädie

Hans v. ♁ Baeyer	Basel	1875
Albert Hoffa	Berlin	1859—1907
Georg Joachimsthal	Berlin	1863—1914
Julius Wolff	Berlin	1836—1902

Pathologie

Max Askanazy	Genf	1865
Samuel v. Basch	Wien	1837—1905
Carl Benda	Berlin	1857—1932
Julius Cohnheim	Leipzig	1839—1884
Pio Foà	Turin	1848—1923
Eugen Fraenkel	Hamburg	1853—1925
Karl F. Friedlaender	Berlin	1847—1883
Gustav Gaertner	Wien	1855—1921
Gottlieb Gluge	Brüssel	1812—1898
Gotthold Herxheimer	Wiesbdn.	1872
Stefan Jellinek	Wien	1871
Max H. Kuczynski	Berlin	1890
Otto Lubarsch	Berlin	1860—1933
Ludwig Pick	Berlin	1868
Alfred Pribram	Prag	1841—1912
Simon Samuel	Königsbg.	1833—1899
Philipp Schwartz	Istanbul	1894
Karl Weigert	Frankfurt	1845—1904

Pharmakologie

Arthur Bornstein	Hamburg	1881—1932
Rudolf Cohn	Jerusalem	1862
Alexander Ellinger	Frankfurt	1870—1923
Philipp Ellinger	Düsseldorf	1887
Wilhelm Filehne	Breslau	1844—1927
Max Jaffe	Königsbg.	1841—1911
Ernst Laqueur	Amsterd.	1880
Louis Lewin	Berlin	1850—1929
M. E. O. Liebreich	Berlin	1839—1908
Werner Lipschitz	Istanbul	1892
Siegfried Loewe	Heidelbg.	1884
Ernst Peter Pick	Wien	1872
Emil Starkenstein	Prag	1881

Physiologie

Isaak Abelin	Bern	1883
Leon Asher	Bern	1865
Leopold Auerbach	Breslau	1828—1897
Julius Bernstein	Halle	1839—1917
Edwin Cohn	New York	
Gustav Embden	Frankfurt	1874—1933
E. Fleischl v. Marxow	Wien	1846—1891
Carlo Foà	Mailand	1880
Casimir Funk	Warschau	
Paul Guttmann	Berlin	1834—1893
Hartog J. Hamburger	Groningen	1859—1924
Rudolf Heidenhain	Breslau	1834—1897
Ludimar Hermann	Königsbg.	1838—1914
Rudolf ♁ Höber	Philad.	1873
Otto Kestner	Hamburg	1873
Hugo Kronecker	Bern	1839—1914
Jacques Loeb	New York	1859—1924
Leo Loeb	St. Louis	1869
J. S. London	Leningrad	
Adolf Loewy	Davos	1862
Rudolf Magnus	Utrecht	1873—1927
Sigmund Mayer	Prag	1842—1910
Otto Meyerhof	Heidelbg.	1884
Leonor Michaelis	New York	1875
Hermann Munk	Berlin	1839—1912
Immanuel Munk	Berlin	1852—1903
Peter Rona	Berlin	1871
Isidor Rosenthal	Erlangen	1836—1915
Moritz Schiff	Genf	1823—1896
Karl Spiro	Basel	1867—1932
Lina Solom. Stern	Moskau	
Salomon Stricker	Wien	1834—1898
Gabriel Gust. Valentin	Bern	1810—1883
Otto Heinr. ♁ Warburg	Berlin	1883
Hans Winterstein	Istanbul	1879
Nathan Zuntz	Berlin	1847—1920

Röntgenologie

Gustav Bucky	New York	1880
Max Cohn	Chicago	
Max Levy-Dorn	Berlin	1863—1929
Franz Nagelschmidt	London	

Urologie

Leopold Casper	Berlin	1859
Eugen Joseph	Berlin	1879—1934
Karl Posner	Berlin	1854—1928
Wilhelm Zuelzer	Berlin	1834—1893

Zahnheilkunde

Walther Bruck	Breslau	1872
Konrad Cohn	Berlin	1866
Ludw. H. Holländer	Halle	1833—1897
Alfred Kantorowicz	Istanbul	1880
Richard Landsberger	Berlin	1864
Hans Moral	Rostock	1885—1933
Albin Oppenheim	Wien	1875
Hans Sachs	Berlin	1881

Illustrierte Megilla des 18. Jahrhunderts

Meer (Jam), Erschaffung am 3. Schöpfungstage. Mittelländ. M. ist d. alten J d. M. schlechthin, Bz. d. Himmelsrichtung W. Entstehung d. Toten, Spaltung d. Roten M. Bestandteile d. Väter- u. Auszugssage.

Mefiboset (Mefiboschet), lahmer Sohn Jonathans, dem David d. Gnadenbrot gibt. Nachbibl. M.-Sage: M. ist Davids Lehrer in d. Weisheit.

Megiddo, Festung im W d. Ebene Jesreel; ↗ Josia fiel bei M.

Megilla (Rolle), auf Pergament geschrieben, auf- u. zusammenrollbares Buch. 1) spezielle Bz. d. Buches Esther; M. Esther häufig in künstlerischer Form: Stab Holz oder Elfenbein, Hülse in Silber, Treib- oder Filigranarbeit; d. Rolle selbst illustriert, in Miniaturmalerei (Tafel 19, Abb. 463) oder mit Kupferstichen (Abb. 184). Text stets geschrieben, nicht gedruckt. Illustrierung d. Esther-Rolle beginnt später als die d. ↗ Haggada; vor 15. Jhd. nur wenige Exemplare bekannt. Blütezeit 16.–18. Jhd. (Italien, Frankreich, Holland, Dt.). 2) Tr. (Moed), über d. Vorlesung d. M. Esther zu Purim.

Megillot (chamesch M., „fünf ↗ Rollen"), Bz. d. mittleren 5 Bücher d. Hagiographen.

Meidner, Ludwig, geb. 18. 4. 1884 Bernstadt (Schlesien), Maler u. Graphiker (Abb. 65), trat auch schriftstellerisch hervor (Gedichte „Septemberschrei" 1920).

Meïla (Vergreifen [am Geheiligten]), Tr. (Kodaschim).

Meïr (Erleuchtender), führender Tannaite im 2. Jhd., Schüler Akibas u. Achers, mit seiner Gemahlin Beruria Held von Legenden, „Wundertäter" genannt. Vom Namen M. j. Name Meier abzuleiten.

Meïr b. Baruch, um 1220/1293, d. angesehenste dt. Rabbiner im MA, wirkte in Rothenburg o. T.; unschuldig eingekerkert, starb er im Gefängnis zu Ensisheim (Elsaß).

Moses Mendelssohn. Gipsbüste von Pieter Anton △ Tassaert, 1785
Berlin, Jüdisches Museum

Tafel 20

Tafel 21

Philipp Veit (Selbstbildnis um 1815) und Felix Mendelssohn-Bartholdy (um 1820 von Karl △ Begas gemalt), die Enkelsöhne Moses Mendelssohns

Meisel (auch Meisl), j. Familie vermutl. aus Krakau, häufig in Böhmen, Rußland, Ungarn, u. a. Mordechai ben Samuel 1528–1601, Förderer u. Vorsteher d. Prager Gem.
Meißner, Alfred, geb. 1871 Jungbunzlau (Böhmen), einer d. Führer d. tschechischen Sozialdemokratie, 1929 Justizminister.
Meitner, Lise, geb. 1878 Wien, Physikerin, Mitgl. d. Kaiser-Wilhelm-Instituts f. Chemie, Studien über Radioaktivität, entdeckte mit Otto △ Hahn 1918 d. Protaktinium.
Melachim ↗ Könige.
Melammed (d. Unterweisende), Lehrer.
Melchett, Lord (früher Sir Alfred Mond), 1868 Famworth (England)–London 1930, Industrieller (u. a. Imperial Chemical Industries Ltd.), liberaler, seit 1926 konserv. Parlamentarier, 1921 Wohlfahrtsminister, Förderer d. Pal.-Aufbaus.
Melchior, Carl, Hamburg 13. 10. 1871–29. 12. 1933, Bankier (im Hause M. M. Warburg u. Co.), wirtschaftspolit. Vertreter Dt.'s bei wichtigen Verhandlungen (Spa 1918, Versailles 1919) u. auf d. entscheidenden Reparationskonferenzen mit d. Ziel d. Befreiung Dt.'s von d. Reparationslast, bis 1933 Vizepräs. d. B.J.Z., Mitbegr. d. ↗ Zentralaussch.
Melchisedek (Malkizedek), Priester u. Kg. zu Salem, segnete d. Patriarchen Abraham (G 14).
Mem (Wasser), 13. Buchst. d. h. Alphabets, Lippenlaut (m); Zahlwert 40. Besondere Form d. Zeichens . als Finalbuchstabe.
Memelland, 2400 J = 2%.
Memoiren (Sichronot) u. Autobiographien: 1) persönliche Dokumente (Lebensbeschreibungen d. Josephus, Uriel Acosta, Salomon Maimon); 2) kulturgeschichtl. bedeutend (Erinnerungen d. Glückel von Hameln u. d. Ber aus Bolechow; Pauline Wengeroff, Therese Schlesinger-Devrient); 3) zeitgeschichtlich (Jakob Emden, M. L. Lilienblum).
Memorbuch, j.-dt. Bz. d. Gedenkbücher (Martyrologien u. andere wichtige Eintragungen) d. j. Gemeinden im MA. Martyrologium d. Nürnberger M., Hrsg. Salfeld, 1898.
Menachot (Speiseopfer), Tr. (Kodaschim).
Menahem (Menachem, „Tröster"): 1) einer d. letzten Kg. Israels (um 740 v.); 2) einer d. Namen d. Messias.
Menahem b. Saruk, um 975 Cordova, Grammatiker. Ⓦ Machberet (Werk), d. erste h. Wurzelwörterbuch.
Menasche ↗ Manasse.
Mendel, j.-dt. Nebenform zu Menahem.
Mendel, Henriette, 1833–1891, Schauspielerin, als Baronin von Wallersee geadelt, 1859 vermählt m. Herzog △ Ludwig Wilhelm von Bayern.

Mendele Mocher Sefarim

Mendele Mocher Sefarim (M. der Wanderbuchhändler; eigtl. Schalom Jakob Abramowicz), 20. 12. 1835 Kopyl (Weißrußland)–Odessa 8. 12. 1917, klassischer jidd. u. h. Erzähler, Schilderer d. Ghettos, „Sejde" (= Großvater, Ahn) d. jidd. Lit. genannt. Ⓦ Die Klatsche (Schindmähre), allegor. Erzählung; Fischke d. Krummer (d. lahme F.).
Mendelsohn, Erich, geb. 21. 3. 1887 Allenstein, Baumeister, seit 1914 in Berlin, seit 1933 in London tätig, gilt als einer d. Führer d. modernen

Erich Mendelsohn: Entwurf einer Synagoge, 1934

Architektur. Ⓦ Einsteinturm, Potsdam, 1920; zahlr. Geschäfts- u. Warenhäuser; Loge zu den 3 Erzvätern, Tilsit; j. Friedhof, Königsberg; Entwürfe für Haifa u. Tel-Awiw. (Vgl. Tafel 3; Abb. 393, 467, 757). L: E. M.'s Gesamtschaffen, 1930.

Mendelssohn: 1) Dorothea ↗ Schlegel. 2) Franz ♁ von, Berlin 29 7. 1865—18. 6. 1935, Bankier, 1914/33 Präs. d. Berliner Handelskammer. 3) Moses, 6. 9. 1729 Dessau—

Aus der Tora-Übersetzung Moses Mendelssohns

Ihr müßt heilig sein; denn Ich, der Ewige euer Gott, bin heilig.

Ein jeder habe Ehrfurcht gegen Vater und Mutter und beobachte meine Ruhetage; Ich, der Ewige euer Gott!

Haltet euch nicht zu den Götzen und macht euch keine Abgötter aus Erz; Ich der Ewige euer Gott!

Wenn ihr euer Feld erntet, sollst du das Ende deines Feldes nicht vollends abernten, auch, was einzeln von der Ernte abfällt, nicht auflesen. In deinem Weinberge sollst du keine Nachlese halten und die einzelnen Trauben deines Weinbergs nicht auflesen: dem Armen und dem Fremden sollst du sie lassen; Ich, der Ewige euer Gott!

Ihr sollt nicht stehlen, auch einer dem andern nicht ableugnen, und nicht lügen. Ihr sollt bei meinem Namen nicht falsch schwören und dadurch den Namen deines Gottes entheiligen; Ich, der Ewige!

Du sollst deinem Nächsten nichts vorenthalten, nichts rauben; du sollst den Lohn des Tagelöhners nicht über Nacht bei dir bleiben lassen, bis morgen. Du sollst keinem Tauben fluchen, keinem Blinden Anstoß in den Weg legen, sondern dich vor deinem Gotte fürchten; Ich, der Ewige!

Geh nicht als Anbringer unter deinem Volke herum, steh nicht zurück bei der Gefahr deines Nächsten; Ich, der Ewige!

Hasse deinen Bruder nicht im Herzen! Du kannst deinem Nächsten Verweise geben, trage ihm aber das Vergehen nicht nach. Du sollst dich nicht rächen, auch nicht Zorn halten gegen die Kinder deines Volkes; liebe deinen Nächsten, wie du dich selbst liebst; Ich der Ewige!

Vor einem grauen Haupte sollst du aufstehen, das Ansehen eines Alten verehren und dadurch Ehrfurcht bezeugen vor deinem Gotte; Ich, der Ewige!

Wenn ein Fremder sich in eurem Lande aufhält, so müßt ihr ihn nicht drücken. Der Fremdling, welcher sich bei euch aufhält, soll euch so gut als Einheimischer sein; du sollst ihn lieben, wie du dich selbst liebest; denn ihr seid auch Fremdlinge gewesen im Lande Mizrajim; Ich, der Ewige euer Gott!

Ihr sollt kein Unrecht tun im Gerichte, im Maß der Flächen, im Gewicht und im Maß des Haufens. Richtige Waage, richtiges Gewicht, richtiges Scheffelmaß und richtiges Kannenmaß müßt ihr haben; Ich, der Ewige euer Gott, der ich dich aus dem Lande Mizrajim geführt habe!

Leviticus 19 (Auswahl)

Berlin 4. 1. 1786, berühmt als Aufklärungsphilosoph, Ästhetiker, Literaturkritiker. Freund △ Lessings, Wegbahner d. Emanzipation u. Reformbewegung durch seine Persönlichkeit (Vereinigung von allg. Kultur u. Jt.), sein Wirken u. seine j. Schriften. Ⓦ Phädon (1767), das phil. Modebuch d. Zeit; Schreiben an Lavater (1770), Verteidigung d. Jt.; dt. B-Übersetzung (1780 ff., mit h. Kommentar „Biur"), führt dt. Sprache bei den J ein; „Jerusalem" (1783), Theorie des Jt.; „Morgenstunden" (1785), Religionsphilosophie. — M.-Anekdoten von △ Hebel, Auerbach u. △ Raabe. (Vgl. Tafel 20.)
L: M. M., zum 200. Todestag, 1929; S. Hensel, D. Familie M.

Mendelssohn(-Bartholdy), Felix, 3. 2. 1809 Hamburg—Leipzig 4. 11. 1847, Enkel Moses M.'s, früh getauft. Seit 1835 Dirigent d. Leipziger Gewandhauses, Gründer d. dort. Konservatoriums (1843), zeitweilig Generalmusikdir. Berlin. Durch Aufführung d. Matthäus-Passion (1829) Wiederentdecker Bachs. Als Komp. neben △ Schumann Hauptvertreter d. dt. Romantik. Ⓦ sehr zahlreich, darunter d. Oratorien „Paulus" u. „Elias", viele Lieder u. Klavierstücke („Lieder ohne Worte"), d. „Sommernachtstraum"-Musik. (Vgl. Tafel 21.) L: W. A. Lampadius, F. M. B. 1886. W. Dahms, M. 1919.

Mendès, Catulle, 22. 5. 1841 Bordeaux—Paris 7. 2. 1909, frz. Schriftsteller, Vorkämpfer Richard △ Wagners in Frankreich. Ⓦ Romane, Gedichte, Dramen, Libretti.

Mendoza, Daniel, London 1763—1836, j.-engl. Boxer, Weltmeister 1792/95, führte Boxhandschuhe u.-Regeln ein.

Mene tekel (aram. „gezählt" u. „gewogen"), wunderbare Schrift an d. Wand, Unglücksverkündung für Belsazar, von Daniel gedeutet (Da. 5).

Mengs: 1) I s m a e l, 1688—1764, Miniaturmaler, protestant. getauft,

Anton Raphael Mengs: Bildnis seines Vaters Ismael. Pastell, 1744

Vater u. Lehrer des 2) A n t o n R a p h a e l (Mutter △ ?), 1728—1779, der Katholik wurde u. als sächsischer u. spanischer Hofmaler u. Direktor der Akademie in Rom europäische Berühmtheit erlangte. Galt seinen Zeitgenossen als größter Maler d. Epoche u. Wiederbeleber d. klassischen Kunst.

Menora (Leuchter): 1) d. 7-armige Leuchter im Heiligtum, eines d. Symbole d. Jt.; 2) d. 8-armige Leuchter für Chanukka (Stand- u. Wandleuchter, in edlen u. anderen Metallen; ein 9. Arm dient als Scham-

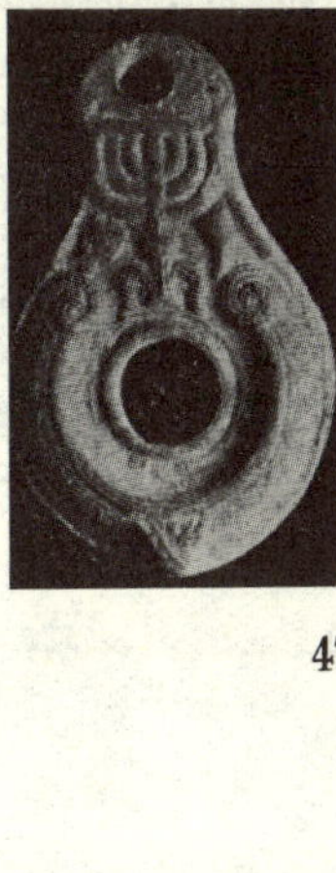

Menora auf einer palästinensischen Tonlampe. 6. Jhd. n.

masch = Bedienungslicht zum Anzünden). (Vgl.. auch Abb. 423, 489.)

Silberne Menora, um 1800

Mensa academica judaica, E.V. gegr. 1919, in Berlin u. a. Städten als j. Studentenspeiseanstalt, später auch f. Nichtakademiker.

Menuhin, Yehudi, geb. 22. 1. 1917 New York, Violinvirtuose, konzertierte seit frühester Kindheit mit größtem Erfolge (in Dt. zuerst 1929).

Merkas (h.), Zentrum, Zentrale.

Merom ↗ Hule.

Meron ↗ Miron.

Merubba ↗ Quadratschrift.

Merzbacher, Gottfried, 9. 12. 1843 Baiersdorf—München 14. 4. 1926, Forschungsreisender, 1891/1908 in Persien, Arabien, Indien, im Kaukasus u. Tienschan, erfolgreicher Alpinist; Bogdo-Ola-Kette d. Tienschan (3300 m) heißt „M.-Gebirge".

Mesa (Mescha), Kg. von Moab um 850 v. (II. Kg. 3); M.-Stein, Säule mit moabit. Inschrift (in alth. Buchst.), Denkmal seines Sieges über Israel.

Meschek (Besitz), Wirtschaft.

Meschummad (Vertilgter?), Apostat.

Mesopotamien, h. Aram-Naharajim = ↗ Aram d. zwei Ströme (Tigris u. Eufrat).

Messel, Alfred, 22. 7. 1853 Darmstadt—Berlin 24. 3. 1909, Baumeister, Vorläufer der mod. Zweckarchitektur. Bahnbrechend sein Warenhausbau Wertheim, Berlin (1904) u. sein Museumsbau in Darmstadt (1905). L: W. C. Behrendt, M. 1911.

Messianische Bewegungen zeigen sich im Jt. seit d. Altertum; d. Glaube an d. Erscheinen d. Messias

Stele des Königs Mesa von Moab

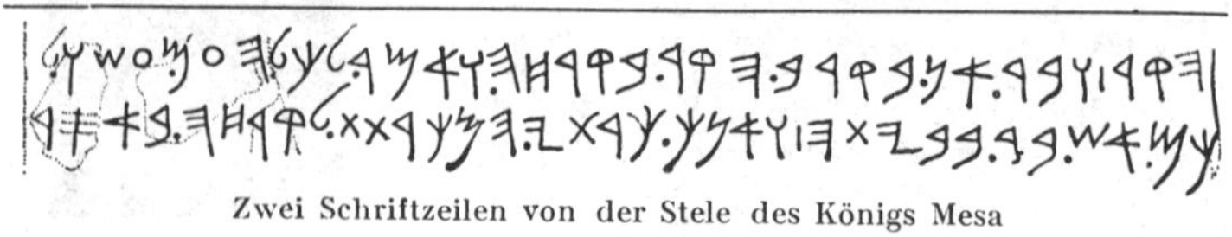

Zwei Schriftzeilen von der Stele des Königs Mesa

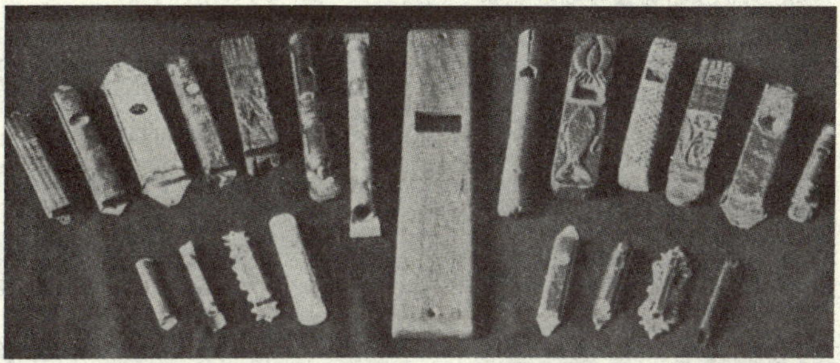

Mesusot in verschiedenen Formen

ist ihre Voraussetzung, zeitliche Not ihre unmittelbare Ursache, mit d. religiösen sind in erster Reihe nationale Hoffnungen verbunden. D. reinen Typus d. nationalen Messias verkörpert ↗ Bar Kochba (2. Jhd.). David ↗ Alroy (12. Jhd.) u. David ↗ Rubeni (16. Jhd.) handelten aus persönlichem Ehrgeiz. ↗ Sabbatai Zwi (17. Jhd.) u. Jakob ↗ Frank (18. Jhd.) sind ausgesprochene Pseudomessiasse.

Messianismus, Hoffnung auf d. baldige Erscheinen d. ↗ Messias.

Messias (Maschiach, „Gesalbter"; griech. Christos), Heiland u. Erlöser, von d. j. Eschatologie am Ende d. Tage erwartet als idealer Friedensfürst u. König im erneuerten Jerusalem; M. ist aus Davids (Judas) Stamm.

Mesusa (Türpfosten), Bz. d. Inschrift am rechten Türpfosten (D 6, 4—9; 11, 13—21); auf Pergament geschrieben, in einer Metall- oder Holzhülse. M.-Gebot aus wörtl. Auffassung von D 6, 9 hergeleitet.

Metatron ↗ Matatron.

Methusalem (Metuschelach), Großvater Noahs, erreichte das höchste Alter (969 Jahre).

Metschnikoff ♁ Ilja, 15. 5. 1845 Iwanowa—Paris 15. 7. 1916, russ. Bakteriologe, Prof. am Institut Pasteur, arbeitete über Toxine u. Antitoxine, entdeckte d. Eigenschaft d. weißen Blutkörperchen, eingedrungene Bakterien zu vernichten (Phagozytose), Nobelpreisträger 1908.

Metulla, nördlichste j. Kolonie im pal. Mandatsgebiet, gegr. 1896.

Meturgeman (Dolmetscher), in talmud. Zeit Übersetzer d. Textes d. synagogalen Toravorlesung in d. Volkssprache (aram.) u. Sprecher (Interpret) d. Meisters d. Gelehrtenschule.

Metz, ca. 2000 J = 3,2%, urkundlich seit 8. Jhd. Um 1570 Neugründung d. Gem. Jetzt Sitz eines Konsistoriums, Synagoge, Altersheim, Krankenhaus.

Mexiko, ca. 16 000 J = 0,1%; haupts. in d. gleichnamigen Hauptstadt, hier 1,2%.

Meyer: 1) Richard Moritz, Berlin 5. 7. 1860—8. 10. 1914, Germanist u. Literarhistoriker, seit 1903 o. Prof. Berlin. Ⓦ Goethe 1895. D. dt. Literatur d. 19. Jhd. 1900. 2) Viktor, 8. 9. 1848 Berlin—Heidelberg 8. 8. 1897, Chemiker, seit 1889 o. Prof. Heidelberg, bedeut. Forschungen zur organischen u. physikal. Chemie; fand Methode d. Dampfdichtebestimmung.

Giacomo Meyerbeer

Meyerbeer, Giacomo, (eigtl. Jakob Beer), 5. 9. 1791 Berlin–Paris 2. 5. 1864, Opernkomponist, 1826/42 Paris, dann Berlin. Von Wagner, den er anfangs beeinflußte, heftig bekämpft. Welterfolge seit „Robert d. Teufel" (1831) u. „Hugenotten" (1836). Ⓦ ferner „D. Prophet", „D. Afrikanerin", Struensee-Ouvertüre, Fackeltänze. L: J. Kapp, M. 1920.

Meyerhof, Otto, geb. 12. 4. 1884 Hannover, Physiologe, seit 1929 Direktor d. Instituts f. Physiologie im Kaiser-Wilhelm-Institut f. medizin. Forschung in Heidelberg, erforschte d. chemischen Vorgänge u. Energieumwandlung bei d. Muskelarbeit, hierfür Nobelpreis 1922 (mit △ Hill).

Micha, 6. d. 12 kl. Propheten, wirkte in Juda zu Jesajas Zeit. Buch M., Unheils- u. Heilsweissagung, 7 Kap.

Michael (Wer ist wie Gott), Erzengel, Schutzpatron Israels.

Michal, Tochter Sauls, Gemahlin Davids.

Michelson: 1) Albert Abraham, 19. 12. 1852 Strelno (Posen)–Pasadena (Kaliforn.) 9. 5. 1931, Physiker, 1889/1929 Prof. an mehreren amerikan. Univ., zuletzt Chicago. Der „M.-Versuch" gibt Anstoß zur Aufstellung d. Relativitätstheorie. Durch d. von ihm gebauten Interferometer wies er d. Nichtexistenz d. Äthers nach. Die zur Zt. genaueste Messung d. Lichtgeschwindigkeit rührt von ihm her (1926); Nobelpreis 1907. 2) Leo, geb. 12.5. 1887 Riga, Maler u. Graphiker, seit 1911 in Berlin, Freund u. Schüler Lovis △ Corinths. Ⓦ Holzschnitte zu den Fabeln des ↗ Berechja ben Natronai, 1921 (Abb. 191).

Middot (Maße), Tr. (Kodaschim), behandelt Maße u. Einrichtung d. Tempels zu Jerusalem u. seiner Geräte.

Midjan, arab. Volk d. bibl. Zeit, aus einer Nebenverbindung Abrahams abgeleitet. Jetro Priester in M.; Sieg Gideons über M.

Midrasch (Forschung, Schriftauslegung; Plur. Midraschim), Bz. d. gottesdienstl. Vortrags im Anschluß an d. Toravorlesung d. alten Synagoge u. der aus diesem erwachsenen Lit., die zus. m. dem T d. Schrifttum d. Tannaiten u. Amoräer bildet. M. ist in d. Hauptsache ↗ Agada. Man unterscheidet: 1) sog. „halachische" (= tannait.) Midraschim (↗ Mechilta, ↗ Sifra, ↗ Sifre). 2) agad. Midr., M. im engeren Sinn: a) M. rabba (gr. M.), zu Pent. (Hauptwerk: Bereschit rabba, zu G) u. Megillot; b) M. sutta (kl. M.), zu Megillot; c) M. Tanchuma, zum Pent.; d) ↗ Pessikta (zur Haftara); e) Einzel-Midr. zu Propheten u. Hagiogr. (u. a. M. Tehillim, zu Ps.); f) M.-Anthologien (M. ha-gadol, d. gr. M., zum Pent.; ↗ Jalkut Schimeoni, zur B). Krit. M.-Ausgg.: S. Buber, I. Theodor, C. Albeck; Sammlung kl. außerkanonischer Midr.: A. Jellinek, J. Eisenstein. — Textprobe ↗ Sp. 741.

L: Zunz, D. gottesdienstl. Vorträge d. J 1832; Strack, Einl. in T u. M.

Miflaga (Abteilung), Partei.

Migasch, Josef ibn, 1077–1141, T-Erklärer, als Nachfolger Alfassis Haupt d. Gelehrtenschule zu Lucena (Spanien).

Mikwaot (Tauchbäder), Tr. (Teharot), über Bad u. ↗ Mikwe.

Mikwe in Speyer, um 1200

Mikwe (Sammlung d. Wassers), Tauchbad (Ritualbad), seit d. ältesten Zeit bis heute in jeder j. Gem. Relig. Kultbäder, bes. f. Frauen nach Geburt od. Menstruation vorgeschrieben (L 15, 5; NU 19, 19; D 23, 12); d. M. darf nur „lebendes" (= quellendes = Fluß-) od. in Gruben gesammeltes Regen-Wasser enthalten u. muß mindestens 3 Kubik-Ellen (= 800 Liter) umfassen. M. dient auch zum Eintauchen neuer Gefäße vor d. Gebrauch. Aus d. MA sind in Dt. noch M. in Andernach, Friedberg, Speyer u. Worms erhalten.

Mil, pal. Kupfermünze; 1 £ = 1000 Mil.

Mila ↗ Beschneidung.

Milhaud, Darius, geb. 4. 9. 1892 Aix, Komponist, Hauptvertreter mod. frz. Musik. Ⓦ Ballette; Oper „Columbus" (Berlin 1930); auch j. u. h. Lieder.

Militärdienst d. J in bibl. Zeit u. im Altertum ↗ Heerwesen. Militärische Leistungen von J im MA wiederholt bezeugt, Material hierüber jedoch nicht gesammelt. Mit Beginn d. 19. Jhd. u. m. Fortschreiten d. Emanzipation aktive Teilnahme d. J am M. ihrer Heimatländer. In Deutschland nahmen 1812/13 an d. Befreiungskriegen 800 J (561 freiwillig) = 15,5% d. wehrfähigen J teil, darunter eine Frau, Luise ↗ Grafemus; Tobias Eltzbacher u. Philipp ↗ Veit standen in Lützows Freikorps; unter 21 Offizieren Meno ↗ Burg u. Simon ↗ Kremser (Pour le mérite), Leutnant Meyer Hilsbach (Breslau), 20 gefallen, 16 E.K. Hardenberg △ 1815, Th. von △ Hippel (Verfasser d. Aufrufs „An mein Volk") 1842, △ York u. eine Denkschrift d. preuß. Ministers d. Innern bezeugen 1847 d. soldatische Tüchtigkeit d. J. 1864 waren 195, 1866 bereits 1025 (darunter Oberleutnant Karl Henle), 1870/71 fast 4500 J Feldzugsteilnehmer. Beim Boxeraufstand in China kämpften unter d. dt. Truppen 35 J, im Herero-Feldzug 20 J, unter Lettow-Vorbeck im Weltkrieg in Dt.-Ostafrika 16 J (7 gefallen, 6 verwundet). 1914/18 waren 96 000 dt. J bei allen Waffengattungen eingezogen. Unter 10 000 j. Freiwilligen als jüngste Martin Starke (geb. 12. 12. 1899 Hamburg, zweimal verwundet), Josef Steinhardt (geb. 10. 7. 1899 Mannheim, E.K., gefallen als Unteroffizier 1917) u. Richard Ring (geb. 12. 2. 1899 Beuthen, E.K., zweimal verwundet). ↗ Auszeichnungen, ↗ Flieger, ↗ Kriegsstatistik, ↗ Oberschlesien. H. St. △ Chamberlain schrieb 1915: „Wie weggefegt sind sie von d. gewaltigen Erhebung; als ‚Juden' nicht mehr auffindbar, denn sie tun ihre Pflicht als Deutsche vor d. Feind od. daheim". Seit 1812 nahmen d. dt. J am M. teil, wenn ihnen auch d. Aufstieg in höhere Chargen m. wenigen Ausnahmen (W. v. ↗ Mossner, Generalarzt von ♁ Ilberg im Gardekorps) bis zum Weltkrieg verschlossen blieb. Durch d. Ariergesetzgebung schieden 1934 aus d. Heer 34 Mann u. 5 Offiziere, aus d. Marine 9 Mann u. 2 Offiziere (insgesamt also 50) aus d. dt. M. aus; d. Wehrgesetz vom 21. 5. 1935 schließt J vom aktiven Wehrdienst (nicht von d. Wehrpflicht) aus (↗ Ariergesetzgebung). Aus Belgien sei der Name des Generals Bernheim, aus China der d. Generals Moshe Cohen (aus London), aus Dänemark der d. Generals Christian Julius de ♁ Meza (1863 Höchstkommandierender) f. d. Neuzeit genannt. England: Hauptmann Joshua Montefiore (1762–1843) war d. erste j.-engl. Offizier. △ Wellington bezeugt 1833 die Teilnahme von 15 j. Offizieren an d. Schlacht bei Waterloo. Oberst Albert Edward Goldsmid (1846–1904) war Generalstabschef im Burenkrieg. Am Weltkrieg nahmen ca. 60 000 engl. J (darunter 18 Stabsoffiziere) teil; 2325 fielen, 6500 wurden verwundet, 1000 ausgezeichnet (davon 6 m. d. höchsten Orden, d. Victoria Cross). Genannt seien u. a. d. Generäle Cohn, Sir John ↗ Monash (Kommandeur d. australischen Truppen), Sir Matthew Nathan (Verteidiger Londons) u. Seligmann. Frankreich: 1808 standen ca. 1000 J im frz. M. (darunter Oberst M. Cerfberr 1846). Um 1900 bereits etwa 150 Stabsoffiziere (darunter d. Generäle Alexandre, Grumbach, Heymann, Camille Lévi, Valabrègue u. 14 Obersten), 200 Offiziere (unter ihnen Hauptmann Alfred ↗ Dreyfus). 1935 u. a. d. Generäle Bloch, Boris u. Naquet-Laroque. In Italien meldeten sich 1848 (sofort nach d. Gleichstellung) 235 J freiwillig zum Heer. Unter Garibaldi kämpften 8 J (darunter ↗ Finzi, Guastalla) f. d. Einigung Italiens. Giuseppe ↗ Ottolenghi war Kriegsminister. Zahlreiche J nehmen auch heute hohe Stellen im ital. Heer ein u. unterliegen d. aktiven Heeresdienst (Abessinien 1935). In Österreich wird Freiherr von ♁ Hennigstein 1866 Generalstabschef d. Feldzeugmeisters von △ Benedek. 1894 werden insgesamt 2179 u. 1911 allein 90 höhere Offiziere genannt. Unter ihnen d. Offiziersfamilie von Eiss (zwei Mitglieder im Weltkrieg gefallen, eines schwer verwundet, Generalmajor Alexander Ritter von Eiss 1840–1915); d. Feldmarschalleutnants Edler von Hecht u. Adolf Kornhaber; d. Generäle Julius Bauer von Krupjecz, von Österreicher, Eduard von Schweizer, Martin Höld von Siegard; Konteradmiral Ludwig Tobias; Generalmajor Josef Pewny (1860–1926) Armeesanitätschef im Weltkrieg. In Polen zeichnete sich bei d. Verteidigung Warschaus gegen d. Russen 1794 d. j. Legion unter ↗ Joselewicz aus, ebenso in ↗ Pilsudskis Legionen, aus denen u. a. d. Generäle Bernhard Mond u. Rase hervorgingen. In d. Türkei waren Murad Pascha im 19. Jhd., Liman von ♁ Sanders im Weltkrieg Marschälle. Im Unabhängigkeitskrieg d. Vereinigten Staaten (1773/83) kämpften ca. 7800 J; im Bürkrieg (1861/65) zeichneten sich General Frederic Salomon u. Admiral Uria Phillipps Levi (1796–1862) aus; gegen Spanien (1898) stritten 400 j. Freiwillige (darunter General Salomon, Major Weinstock). Aus neuerer Zeit liegen Angaben nur über d. Kriegsmarine vor: Konteradmirale Louis M. Josephtal, Adolf Marx, Joseph Strauss u. E. D. Taussig. Im Weltkrieg dienten 250 000 amerik. J, davon in d. Flotte 13 500 (darunter 433 Offiziere). ↗ Weltkrieg.

Mincha (Speiseopfer [am Nachmittag dargebracht]), Nachmittagsgottesdienst, zweites d. drei tägl. Gebete.

Minderheitenrecht: Neugeschaffene Nachkriegsstaaten, teilw. auch Mittelmächte müssen in Friedens- u. bes. Staatsverträgen m. d. Entente ihren Minderheiten Schutz d. Rasse, Relig. od. Sprache garantieren. Garant d. Schutzes ist d. Völkerbund: Petitionsmöglichkeit beim Völkerbundsrat. Grundsätzlich keine Minderrechte. Garantie f. volle bürgerl. Gleichberechtigung, Erhaltung nationaler Eigentümlichkeiten, freie Religionsübung. Juden als nationale Minderheit erklärt in Lettland, Litauen, Polen, Tschechoslowakei u. Türkei. Dt.-poln. Oberschl.-Abkommen (15. 5. 1922), einzige völkerrechtl. Minderheitenschutzverpflichtung d. Dt. Reiches (Ablauf 1937) erfaßt poln. u. j. Minderheiten; für letztere durch Bernheim-Petition (1933) klargestellt. ↗ Ariergesetzgebg. findet daher in Oberschl. keine Anwendung.

Minhag (Führung, Sitte), 1) religiöser Brauch (↗ Brauchtum); 2) gottesdienstl. Ritus (↗ Gottesdienst).

Miniaturmaler, j. Unter d. Begriff d. Miniaturmalerei versteht man 1) d. Illustration („Illumination“) mittelalterl. Handschriften vor Erfindung d. graphischen Verfahren (↗ Buchmalerei), 2) d. Technik u. Gattung selbständiger Kleinbilder (bes. Porträts), d. etwa von 1500—1850 blühte. Auf diesem Gebiet (das keine kostspielige Ausbildung od. Studienreisen erforderte, sondern nach relativ leicht erreichbaren Vorlagen mit natürlichem Talent autodidaktisch erlernbar war) taten sich J bezeichnenderweise schon vor d. Emanzipation hervor; so besonders im 17. Jhd. d. Brüder ↗ Cooper in England u. Schweden (Abb. 140), im 18. d. Familie ↗ Pinhas in Ansbach u. Kassel, im 19. J. D. A. ↗ Fiorino in Kassel u. Dresden (Abb. 202, 203). Weitere bedeut. j. M. sind Ismael ↗ Mengs (Abb. 469), sodann Marquard Treu (eigtl. Joel Nathan, 1712/96) in Bamberg, Raphael Bachi (1717/67) in Paris, Lippmann Fraenckel (1772—1857) in Kopenhagen.

Minjan (Zahl), Mindestzahl von 10 (männlichen) Betern, die für d. Gemeindegottesdienst vorgeschrieb. ist.

Minkowski: 1) Hermann, 1864 Alexotas (Litauen)—Göttingen 1909, Mathematiker, o. Prof. Göttingen. Grundlegende Studien über d. Zahlentheorie, legte d. mathemat. Grundlagen d. Relativitätstheorie neben △ Lorentz u. Einstein. 2) Oskar, Bruder von 1, 1858 Kowno—Wiesbaden 1931, Mediziner, o. Prof. Breslau, entdeckte Zusammenhang zwischen Bauchspeicheldrüse u. Zuckerstoffwechsel u. ermöglichte dadurch d. Entdeckung d. Insulins.

Minsk (Weißrußland), ca. 55 000 J = 44%; J in M. seit 15. Jhd.

Mirabeau △ Honoré, 1749/91, d. frz. Politiker, wirkte in Schrift (1787) u. Wort (1791) f. d. J-Emanzipation.

Mirjam, Schwester Mosis u. Aarons.

Miron (Meron), Ort nordwestl. von Safed; Synagogenruine (Abb. 734); Heiligengrab u. Tempel d. Simeon b. Jochai, alljährl. Prozession u. Fest am ↗ Lag ba-Omer.

Mischehe ist nach dem talmudischen Recht erlaubt, wenn d. andere Eheteil zum Jt. übertritt. Im frühen MA fanden M. zwischen J u. Christen statt, wurden jedoch später von d. Kirche verboten. Dieses Verbot wurde in Dt. erst im 19. Jhd. aufgehoben (aber ↗ Arier- u. J-Gesetzgebung). Zahl d. M. zwischen J u. Nicht-J in Dt. (19./20. Jhd.) auf 720 000 geschätzt.

Mischle ↗ Sprüche.

Mischling ↗ Ariergesetzgebung.

Mischna (Wiederholung, Lehre), Kern d. „mündlichen Lehre“ d. Jt., kanonische Sammlung d. Gesetzes-Schrifttums d. Tannaiten, im 2. Jhd. n. von Juda ha-Nassi redigiert: Gesetz u. Religionsgesetz, in sachlicher Anordnung (6 Hauptteile, 63 Traktate), h. geschrieben. M. wird von d. ↗ Gemara kommentiert u. bildet mit dieser zusammen d. ↗ Talmud.

Mischne Tora ↗ Mose b. Maimon.

Mises, Richard, Edler von, geb. 1883 Wien, Mathematiker (neue Grundlagen d. Wahrscheinlichkeitsrechnung), Kriegsflieger, bis 1933 o. Prof. Berlin, jetzt Istanbul.

Misrach (Sonnenaufgang, übertr. = Ostseite), Himmelsrichtung, zu der man sich beim Gebet hinwendet. Um diese im Hause anzuzeigen, wird ein Pergament mit Ps. od. Abbildungen an d. Wand gehängt.

Misrachi, Elia, 1455—1526, Talmudist u. Mathematiker, Oberrabbiner in Konstantinoepl. Ⓦ Misrachi, Superkomm. zu Raschis Pent.-Komm.

Misrachi-Organisation, Vereinigung von Zionisten, welche d. Verwirklichung des Basler Programms auf d. Grundlage u. dem Sinn d. traditionellen j. Gesetze erstrebt, 1902 von russ. Z. in Wilna begr., hat nach Schaffung von Stützpunkten f. Osteuropa (in Lida), Westeuropa (in Frankfurt/M.), Amerika (in New-York) 1922 eine Gesamtorganisation mit dem Sitz Jerusalem geschaffen. M. hat in Pal. gr. relig. Erziehungs- u. Kulturarbeit innerhalb d. Arbeiterschaft u. d. Siedlungen geleistet; ↗ Pal. (kulturelles Leben) hat eigene Arbeitergewerkschaft u. Siedlungen. In Dt. besteht unabhängige Landesorganisation (Zeitschrift „Zion" monatlich). Ⓦ ha-Tor (in h. Sprache; erscheint in Jerusalem). Zeitschriften in versch. Ländern.

Mißbrauch d. Gottesnamens, verboten im 3. Gebot.

Mitnaggedim (Gegner), chassid. Bz. für d. orthodoxen Gegner d. ↗ Chassidismus.

Mittelamerika (einschl. Antillen), ca. 13 000 J = 0,05%. M. wurde im MA Zufluchtstätte d. aus Spanien (↗ Kolumbus), später auch aus ↗

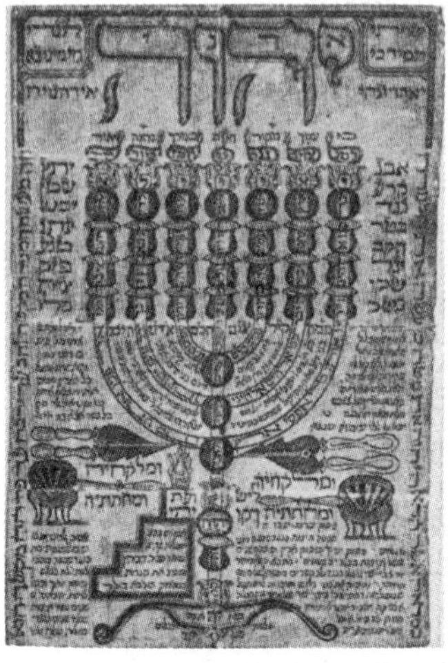

Misrach. Federzeichnung auf Pergament, um 1800

Brasilien vertriebenen J. Auf d. Inseln (Bahama, Barbados, ↗ Dominika, ↗ Haiti, ↗ Jamaica, ↗ Kuba, ↗ Portorico) entstanden blühende j. Gem. m. Schulen, Synagogen, Friedhöfen (verfallene Reste noch erhalten) u. lebhaftem Handel, die heute bedeutungslos od. völlig verschwunden sind. Von d. Antillen kamen J zum Festland, wo in ↗ Costa Rica, ↗ Guatemala, ↗ Honduras, ↗ Nicaragua, ↗ Panama u. ↗ Salvador j. Familien, meist sefard.-kreolischen Ursprungs zu finden sind. Im 19. Jhd. Zuzug ostj. Elemente, seit 1933 vereinzelt aus Dt.

Mittelstand, j., wirtschaftl.-soziales Rückgrat d. dt. Jt., konzentriert sich 1933 im gewerbl. M.; Selbsthilfemaßnahmen: ↗ Darlehnskassen, ↗ Kredithilfe. Zusammenschluß im ↗ Reichsverband des j. M. zur Herstellung starker zielbewußter Solidarität u. wirksamer Interessenvertretung inner- u. außerhalb d. Jt.

Mittwoch, Eugen, geb. 4. 12. 1876 Schrimm, Arabist, o. Prof. Berlin, 1928/33 Direktor d. Seminars f. orientalische Sprachen.

Mizpa (Warte), Ort nördl. Jerusalems; Residenz Gedaljas. Ausgrabungsstätte.

Mizrajim ↗ Ägypten.

Mizwa (Gebot). ↗ Gebote.

Moab, im S Transjordaniens: 1) Landschaft, Hochebene, letzte Lagerstätte Israels nach d. Wüstenwanderung; 2) Volk, stamm- u. sprachverwandter (↗ Mesa), meist feindlicher Nachbar Israels, dessen Spur sich nach d. 8. Jhd. v. verliert.

Moaus Zur (Maos Zur, Schutzwehr u. Fels), Chanukka-Lied, nach d. Lichtanzünden gesungen.

Modena, Leo (Juda Arje) da, 1571—1648, Rabbiner, Gelehrter u. Dichter, ein Vorläufer d. Wissenschaft d. Jt., wirkte in Venedig, schrieb h. u. ital.

L: A. Geiger, L. da M., 1856.

Modigliani, Amedeo, 12. 7. 1884 Livorno—Paris 25. 1. 1920, Maler, seit 1906 in Paris, sehr eigenwilliger u. konsequenter Vertreter des Expressionismus. Ⓦ hauptsächl. Bildnisse (Abb. 66, Tafel 16) u. Akte.

L: André Salmon, M. 1926.

Moed (Festtag), 2. Ordnung d. Mischna (Sabbat u. Feste).

Moed Katan (Halbfeiertag), Tr. (Moed), über d. Zwischenfeiertage von Pessach u. Sukkot.

Moeza (Beratung), Tagung.

Mohel, Vollzieher d. ↗ Beschneidung.

Molcho, Salomo, um 1500/1532, kabbalistisch-messianischer Schwärmer, Marrane aus Lissabon, bekannte sich unter d. Eindruck d. messian. Bewegung David ↗ Rubenis zum Jt., verkündete d. Untergang Roms u. wurde auf Veranlassung Karls V. zu Mantua vor ein Inquisitionsgericht gestellt u. verbrannt.

Mölln, Jakob b. Mose ha-Levi (Maharil), um 1355 Mainz—Worms 1427, Dezisor, bedeutend durch seine Sammlung j. Brauchtums in Dt.

Molnár, Franz, geb. 12. 1. 1878 Budapest, ungar. Dramatiker, dessen geistreiche Komödien (D. Teufel, Spiel im Schloß u. v. a.) Welterfolge errangen; dichterisch wertvoller d. Tragikomödie „Liliom" (1912).

Moloch (König), heidn. Gottheit (Kindesbrandopfer), deren Kultstätte von Josia zerstört wurde.

Mombert, Alfred, geb. 6. 2. 1872 Karlsruhe, Dichter, Freund (u. von diesem selbst als solcher anerkannter Nachfolger) Richard △ Dehmels u. Moeller van den △ Brucks; seine hymnisch-mystischen Dichtungen gehören zu den wichtigsten Zeugnissen der neueren dt. Lyrik. Ⓦ D. Sonnegeist 1905; D. Held d. Erde 1919; Atair 1925.

Mommsen △ Theodor, 1807—1903, dt. Geschichtsforscher. Kapitel „Judaea" in Röm. Geschichte, Bd. V; zum Tageskampf (gegen △ Treitschke): „Auch ein Wort über unser Jt." (1880).

Monash, John, Sir, Melbourne 1865—1931, Generalleutnant, Führer d. austral. Armeekorps im Weltkrieg.

Monat ↗ Kalender; ↗ Neumond.

Monatsschrift f. Geschichte u. Wissenschaft d. Jt., 1851 von Zacharias Frankel gegr., gegenwärtiger Herausgeber Prof. I. Heinemann.

Mond (Jareach; poetisch: Lewana, „die Weiße") bestimmt d. j. Kalender: M.-Monate, Feier d. Neumondstages; besonderer M.-Segen (Birkat Lewana, Abb. 507), Beginn d. Frühjahrs- u. Herbstfestes (Pessach, Sukkot) bei Vollmond. Nachbibl. M.-Sage: M., anfangs so groß wie d. Sonne, will noch größer werden u. wird verkleinert.

Mond, Ludwig, 1839 Kassel—London 1909, engl. Chemiker u. Industrieller (Sodafabriken).

Montagu, Edwin Samuel, 6. 2. 1879 Clifton—London 15. 11. 1924, engl. Staatsmann, liberaler Politiker, Privatsekr. △ Asquiths, 1910/14 Unterstaatssekretär, 1917/22 Staatssekretär für Indien, Mitverfasser d. ind. Verfassungsgesetzes; Gegner des Z.

Montaigne ♁ Michel de, 1533—1592, d. gr. frz. Moralphilosoph, Autor d. berühmten „Essais"; seine Mutter, Anthoinette Louppes de Villeneuve, entstammte einer aus Villanova bei Toledo ausgewanderten Marranenfamilie.
L: W. Weigand, M. 1910.

Montefiore, Ort in Italien, dem d. bek. j. Familie M. entstammt. — 1) Claude Goldsmid, geb. 6. 6. 1858 London, Theologe, Führer d. engl. Reformj., seit 1926 Präs. d.

Moses Montefiore. Radierung, 1879

Weltverbandes f. d. liberale Jt. Tätiger Mitarbeiter an j. philanthr. Bestrebungen. 2) Sir Moses, 1784 Livorno—Ramsgate 1885, Philanthrop, 1837 Sheriff d. Londoner City, 1835/74 Präs. d. engl. Board of Deputies, 1846 Baronetswürde (erbl. Rittertum), zahlr. Hilfsaktionen f. unterdrückte J (Damaskus 1845, Rußland, Marokko 1864, Rumänien), unterstützte Pal.-Kolonisation.

Montpellier, im 11./13. Jhd. bed. j. Gem.

Monumenta Hebraica, großes Quellenwerk j. Wissenschaft 1906 ff.

Mord u. Totschlag, verboten im 6. Gebot.

Mordechai (von babyl. Marduk), Verwandter u. Vormund d. Esther, trug über Haman d. Sieg davon.

Mordechai b. Hillel, autoritativer Dezisor, fiel 1298 als Opfer d. Rindfleisch-Verfolgung in Nürnberg.

More, Lehrer. Morenu, unser Lehrer: Gelehrtentitel.

More Newuchim ↗ Mose b. Maimon.

Morgen, Der, von Julius ↗ Goldstein 1925 gegr. dt.-j. Zweimonatsschrift, seit 1933 Monatsschrift d. dt. J (Berlin W 15, Pariser Str. 44).

Morgengebet ↗ Schacharit.

Morgenland (Erez Kedem, „Ostland", „Orient"), bibl. Bz. für Länder südöstl. (G 25, 6) u. nordöstl. (G 29, 1) von Palästina.

Morgenstern-Bauer, Lina, 25. 11. 1830 Breslau—Berlin 16. 12. 1909, Gründerin d. ersten Fröbel-Kindergärten u. Kindergärtnerinnenseminare. Mitbegründerin der dt. Hausfrauenbewegung.

Morgenstern, Julian, geb. 1881 St. Francisville, j. Gelehrter (B-Forschung), Rektor d. Hebr. Union Coll. in Cincinnati.

Morgenthau: 1) Henry, geb. 26. 4. 1856 Mannheim, nordamerikanisch. Staatsmann u. Diplomat, 1919 Mitgl. d. Friedensdeleg. in Versailles. 2) Henry, geb. 1891 New York, Sohn von 1, Herausg. d. „American Agriculturist", seit 1933 Staatssekretär im Kabinett Roosevelt.

Moria, Berg, Stätte d. ↗ Akeda, Tempelberg zu Jerusalem.

Mormonen, christl. Sekte in Nordamerika, seit 19. Jhd., berufen sich auf B u. Überlieferungen versprengter isr. Stämme.

Mosaiken, j., sind, sämtlich aus spätantiker Zeit stammend, in Naaran u. Bet Alfa (Galiläa), Gerasa (Transjordanien), sowie auf Malta, in Hammam-Lif (Tunis) u. Elche (Südspanien) aufgedeckt worden. Sie enthalten vielfach j. Symbole, auch Inschriften, Ornamente, Figürliches, u. zeigen d. j. Kunstübung in enger Verknüpfung mit heidnischen u. frühchristl. Vorstellungskreisen. L: E. Cohn-Wiener, D. j. Kunst.

Fußbodenmosaik der Synagoge in Hammam-Lif (Tunis)

Moschaw, Moschawa ↗ Landwirtschaftliche Siedlungsformen.

Moschaw-Owedim (Arbeitersiedlung), genossensch. u. örtl. Zusammenfassung landwirtschaftl. Einzelbetr. in Pal. D. ersten M. wurden 1920 in Nahalal u. Kefar Jecheskel gegr.; ca. 6000 Mitgl.

Moscheles, Ignaz, 30. 5. 1794 Prag —Leipzig 10. 3. 1870, Klaviervirtuose u. -pädagoge, Komponist. Mit Ludwig van △ Beethoven befreundet.

Menora auf einem Mosaikfragment aus Gerasa

Mose (Mosche [volkstüml.: M. Rabbenu = unser Meister M.], griech. Mo[y]ses; Name ägypt. Ursprungs) aus dem Stamme Levi, Stifter d. israel. („mosaischen") Religion (Sinai-Offenbarung), Führer d. Volkes aus ägypt. Knechtschaft durch Meer u. Wüste bis zur Mitte Transjordaniens, traditioneller Verfasser d. Pent. (Torat Mosche = Lehre M.'s, Tora). Geburtsgeschichte (E 2), Theophanie im Dornbusch (E 3), Erz. von den Strahlenhörnern M.'s (E 34); M.-Lied u. -Segen (D 32—33). Nachbibl. M.-Sage: Himmelfahrt und -wanderung, Abfassung d. Hiobbuches durch M., Tod durch Gottes Kuß.

Mose b. Jakob aus Coucy, um 1250, Talmudist, bekannt durch sein Ⓦ Sefer Mizwot gadol (SeMaG; gr. Buch d. Gebote [u. Verbote]).

Mose b. Maimon (RaMBaM; Maimonides), 30. 3. 1135 Cordova— Fostat 13. 12. 1204 (Grab in Tiberias), be-

deutendster j. Philosoph d. MA, Gesetzeslehrer (Kodifikator) u. Arzt (Leibarzt d. Sultans in Ägypten), schrieb arab. u. hebr. Seine Ansichten wurden stark bekämpft (Antimaimunisten). Ⓦ More Newuchim („Führer d. Verirrten", arab.), sein philosoph. Hauptwerk, gibt, überzeugt von d. Identität von Religion u. Philosophie, eine Darstellung d. Jt. mit d. Formen d. Aristotelismus; MischneTora (Wiederholung d. Gesetzes, auch „Jad ha-Chasaka", starke Hand, h.), Neuordnung u. -fassung d. gesetzl. Stoffes nach sachl. Prinzipien; ferner: Mischna-Kommentar (arab.); Sefer ha-Mizwot (Buch d. Gebote u. Verbote, arab.).
L: M. b. M. (Sammelwerk), 1908/14; A. Heschel, Maimonides, 1935.

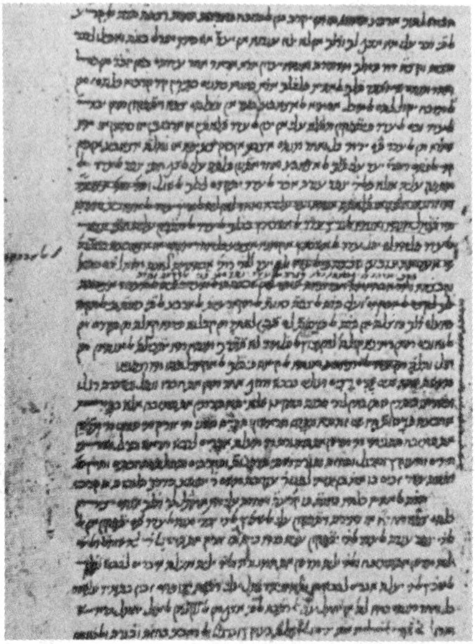

Blatt a. d. Mischna-Kommentar des Mose b. Maimon
Vielleicht eigenhändige Niederschrift d. Verfassers

Mose b. Nachman (RaMBaN; Nachmanides), um 1195 Gerona—Akko 1270, Gesetzesautorität, B-Erklärer (mystischer Kommentar zum Pent.) u. Kabbalist, Gegner d. Maimonides. ↗ Disputation.

Mose b. Schemtow aus Leon (Span.), um 1250/1305, Kabbalist, gilt der Wissenschaft als Verfasser bezw. Redaktor d. Buches ↗ Sohar. L: G. Scholem, D. Geheimnisse d. Schöpfung, 1935.

Mosenthal, Salomon Hermann von, 14. 1. 1821 Kassel—Wien 17. 2. 1877, Schriftsteller, 1871 geadelt. Seine Dramen („Deborah" u. a.) einst sehr erfolgreich. Von M. Texte zu zahlreichen berühmten ↗ Opern.

Moskau, ca. 130 000 J = 6,5%; seit 15. Jhd. leben J in M. unter ständigem Wechsel von Zulassung u. Ausweisung. 1917 fielen d. polit.

Salomon Hermann von Mosenthal

Beschränkungen, an deren Stelle um so strengere relig. unter d. Sowjets.
Mosse, Rudolf, 1843 Grätz (Posen) —Schenkendorf 1920, begr. d. nach ihm benannten Verlag (1867/1933): Berliner Tageblatt, Berliner Volkszeitung. Buchverlag. Philanthrop (R. M.-Stiftung,Berlin)u.Kunstsammler. L: R. Hamburger, R. M. 1928.
Mossner, Walter von, 19. 4. 1846 Berlin—Heidelberg 20. 4. 1932, General d. Kavallerie, 1892 Flügeladjutant △ Wilhelms II., Mitgl. d. 1. Kammer, 1903 Gouverneur von Straßburg.
Moszkowski: 1) Alexander, 15. 1. 1851 Pilitza (Polen)—Berlin 22. 9. 1934,vielseitig.populärwissenschaftl. Schriftsteller. 2) Max, geb. 12. 8. 1873 Breslau, Biologe u. Forschungsreisender (Sumatra u. Neuguinea). 3) Moritz, 23. 8. 1854 Breslau—Paris 26. 9. 1925, Pianist u. Komponist, Bruder von 1. Ⓦ Spanische Tänze; Oper „Boabdil" 1892.
Motzkin, Leo, 1867 Kiew—Paris 1933, z. Führer, Vors. d. ↗ Comité des délégations juives, Vorkämpfer d. mod. Minderheitenrechts.
Müller: 1) David Heinrich von, 1846 Buczacz (Gal.)—Wien 1912, Orientalist (u. a. Studien zur bibl. Metrik), Prof. an d. Univ. u. Isr.-Theol. Lehranst. Wien. 2) Joel, 1827—1895, Rabbiner, Dozent der Lehranst. Berlin. Ⓦ Einzelausgaben gaonäischer Responsen.
Müller-Cohen, Anita, geb. 1890 Wien, organisierte soziale Fürsorge in Wien (Wöchnerinnen-, Kinder-, Mittelstands-, Gefährdetenhilfe) u. errichtete „Soziale Hilfsgemeinschaft A. M."; jetzt in Luxemburg.
München, 9005 J = 1,2%. Die Gemeinde des MA 1285 zerstört, nach Ansiedlung im 18. Jhd. erfolgte 1815 Neugründung. 1 Hauptsynagoge, 1 orthodoxe, 1 ostj. Synagoge. Volksschule, Kranken- u. Schwesternheim, Kinder- u. Lehrlingsheim.
Mündliche Lehre (Tora schebeal-Pe), im Ggs. zur schriftl. Lehre (Tora schebi-Chtaw), Bz. d. von Mund zu Mund überlieferten nachbibl. Gesetzes, das nach jahrhundertelangem Schreibeverbot zuerst in d. ↗ Mischna niedergeschrieben u. im ↗ Talmud verankert wurde.
Munk: 1) Esra, geb. 1867 Altona, führender orth. Rabbiner, seit 1900 an d. Adass Jisroel Berlin. 2) Hermann, 1839—1912, Begr. u. Erforscher d. Gehirnphysiologie, Prof. Berlin. 3) Immanuel, 1852—1903, Bruder von 2, Physiologe (Ernährung u. Stoffwechsel, Nierenfunktion), Prof. Berlin. 4) Salomon, 1803 Groß-Glogau—Paris 1867, Arabist u. Hebraist; 1865 Prof. Paris.
Münz, Mose b. Isaak, 15. Jhd., Dezisor, Rabb. Mainz, Bamberg, Posen.

Judaea-capta-Münze

Münzen. Seit Perserzeit geprägtes Geld (Dareiken). Später attisches Münzsystem vorherrschend. Autonome j. Prägungen erst seit Hasmonäerzeit m. h. u. später auch griech. Inschriften. Ungeklärt, ob silberne Schekelmünzen dieser Zeit od. der des Aufstands gegen Titus zugehörig. Sicher stammen aus dieser Zeit h. Kupfermünzen m. Krug u. Weinblatt. Während M. des Herodes, Archelaus, Antipas u. der Prokuratoren nur figürliche Embleme (Waffen, Früchte etc.) aufweisen, erscheinen auf M. Agrippas u. Agrippas II. Porträts röm. Kaiser.

Letzte j. Münzprägung im Aufstand d. Bar Kochba, Tempelgeräte, Musikinstrumente etc. darstellend. Zur h. Numismatik gehören auch d. römischen sog. Judaea-capta-M. (seit 70 n. unter d. flavischen Kaisern geprägt) m. symbolischer Darstellung des besiegten Judäa (Abb. 494).

Münzjuden (Münzpächter). Als bes. Kenner d. Metallmarktes wurden J im MA mehr od. minder freiwillig von d. Fürsten zum Ankauf u. Prägen d. Münzmetalls herangezogen; manche Münzen d. MA tragen daher h. Prägestempel. ↗ Hofjuden.

Museen ↗ Sammlungen.

Musiker, j. Nicht nur als produktive (↗ Komponisten), sondern fast in höherem Maße noch als ausübende M. sind J seit einem Jhd. in den Vordergrund des europ. Musiklebens getreten. Neben d. ↗ Dirigenten u. ↗ Sängern seien hier einige Instrumentalisten genannt. Pianisten: Ignaz ↗ Moscheles (1794—1870), Fanny Hensel (1805—47), Henri Herz (1803/88), Stephen Heller (1813/88), Alexander Dreyschock (1818/69), Heinrich Ehrlich (1822/99), Moritz Strakosch (1825/87), Julius Schulhoff (1825/98), Anton ↗ Rubinstein (1829/94), Julius Epstein (1832—1926), Nikolai Rubinstein (1835/81), Joseph Wieniawski (1837—1912), Karl Tausig (1841/71), Alfred Grünfeld (1852—1924), Raffael Joseffy (1853—1915), Karl Heymann (1854—1906), Moritz ↗ Moszkowski (1854—1924), Robert Fischhof (1856—1918), Heinrich Ordenstein (1856—1921), Felix Dreyschock (1860—1906), Fanny Bloomfield (1863—1927) u. Clothilde Kleeberg (1866—1909). Unter den Lebenden: Arthur Friedheim, Moriz ↗ Rosenthal, Georg Liebling, David Schor, Moritz Mayer-Mahr, Leopold Godowsky, Ilona Eibenschütz, Carl Friedberg, Joseph Lhévinne, Alexander Goldenweiser, Ossip Gabrilowitsch, Gottfried Galston, James Simon, Mark Günzburg, Mark Hambourg, Arthur ↗ Schnabel, Ignaz Friedman, Joseph Schwarz, Georg Bertram, Leonid Kreutzer, Bruno Eisner, Leo Sirota, Paul Aron, Lonny Epstein, Paul Weingarten, Julius Isserlis, Wladimir Horowitz, Iso Elinson, Jascha Spiwakowsky, Ellen Epstein, Rudolf Serkin, Franz Osborn. — Geiger: Ferdinand ↗ David (1810—1873), Heinrich Wilhelm Ernst (1814/65), Max Hauser (1822/87), Eduard Remenyi (1830/98), Edmund Singer (1830—1912), Eduard Rappoldi (1831—1903), Joseph ↗ Joachim (1831—1907), Ferdinand Laub (1832/75), Alfred Jaëll (1832/82), Adolf Pollitzer (1832—1900), Henri ↗ Wieniawski (1835/80), Jakob M. Grün (1837—1916), David Rubin (1837—1922), Simon Jacobsohn (1839—1902), Isidor Lotto (1840—1930), Leopold Auer (1845—1930), Adolf Brodsky (1851—1929), Gustav Holländer (1855—1915), Alexander Schmuller (1880—1933), Joseph Wolfsthal (1900/31). Lebende: Sam Franco, Tivadar Nachéz, Willy Heß, Arnold Rosé, Issay Barmas, Carl Flesch, Fritz ↗ Kreisler, Robert Pollak, Bronislaw ↗ Hubermann, Joseph Achron, Efrem Zimbalist, Licco Amar, Andreas Weißgerber, Mischa ↗ Elman, Simon Goldberg, Frieda Mosheim, Stefan Frenkel, Jascha Heifetz, Nathan Milstein, Boris Schwarz u. endlich Yehudi ↗ Menuhin. Cellisten: Bernhard Coßmann (1822—1910), Karl Dawidow (1838/99), David Popper (1843—1913), Heinrich Grünfeld (1855—1931) u. d. Jüngeren Nikolai Graudan, Afrem Kinkulkin, Joachim Stutschewsky, Emanuel Feuermann u. Francesco von Mendelssohn. Genannt seien schließlich d. Cembalistinnen Wanda Landowska (geb. 1877) u. Alice Ehlers (geb. 1890), d. Kontrabassist (u. namhafte Dirigent) Serge Kussewitzky (geb. 1874),

Albert A. Michelson
(Physik 1907)

Paul Ehrlich
(Medizin 1908)

Alfred H. Fried
(Friedenspreis 1911)

Robert Bárány
(Medizin 1914)

Richard Willstätter
(Chemie 1915)

Fritz Haber
(Chemie 1918)

Albert Einstein
(Physik 1921)

James Franck
(Physik 1926)

Otto H. Warburg
(Medizin 1931)

Jüdische Nobelpreisträger
(Vgl. die Tabelle Sp. 511/12)

Tafel 22

Siedlung in der Ebene Jesreel

Jordan-Landschaft in Galiläa

Hügel-Landschaft bei Safed

Bergwüste am Toten Meer

Palästina, Landschaft

d. Xylophonvirtuose Joseph Gusikow (1800—1837), d. Hornist Eduard Konstantin Lewy (1796—1846), d. Flötist Alfred Lichtenstein (geb. 1901) u. d. Harfenvirtuosen Elias Parish-Alvars (1808/49) u. Alfred Kastner (geb. 1870) als Meister ungebräuchlicherer Instrumente.

Musikschriftsteller, j. Theoretiker der älteren Zeit sind Adolf Bernhard Marx (1795—1866), Siegfried Dehn (1799—1858) u. Salomon Jadassohn (1831—1902). Ein begeisterter Vorkämpfer Richard △ Wagners war Heinrich Porges (1837—1900); d. berühmte Bachforscher Philipp ⁄ Spitta stammte großmütterlicherseits von J ab. Führende Musikwissenschaftler der nächsten Generation sind dann Max ⁄ Friedlaender (1852—1934) u. Hugo Goldschmidt (1859—1920), die beide grundlegende Arbeiten zur Geschichte der Vokalmusik lieferten, d. Ästhetiker Robert Hirschfeld (1858—1914), besonders aber Guido ⁄ Adler (geb. 1855), der Führer der „Wiener Schule", aus der u. a. Egon ⁄ Wellesz hervorging. Unter d. Jüngeren verbindet Alfred ⁄ Einstein wissenschaftliche mit kritisch-journalist. Fähigkeiten; genannt seien ferner als Forscher auf d. Gebiet d. Instrumentenkunde Curt Sachs, d. oriental. Musik Robert Lachmann, als Theoretiker Heinrich Schenker u. Rudolf Cahn-Speyer, als Ästhetiker Paul Moos, O. ⁄ Bie, Adolf Weißmann, Paul Stefan, Paul ♁ Bekker, als Historiker u. Biographen Leop. Hirschberg (1867—1929), Moritz Bauer (1875—1932), Gustav Ernest, Ernst Decsey, Richard Specht, Hugo Leichtentritt, Ludwig Landshoff, Werner Wolffheim, Edgar Istel u. Kathi G. Meyer, als Kritiker Julius Korngold u. Ludwig Karpath. Auf musikpädagogischem Gebiet liegt das Hauptverdienst von Julius Stern (1820/83), Siegmund Lebert (1822/84), Emil Breslaur (1836/99) u. Leo Kestenberg, sowie des Franzosen André Gédalge (1856—1926). In Holland war Jacques Hartog (1837—1917) ein angesehener M., in England trat schon frühzeitig Isaac Nathan (1791—1864) als Historiker u. Komponist hervor. Erforscher der j. Musik sind (abgesehen von den Theoretikern der ⁄ Synagogalmusik) Julius Engel (1868—1927) u. A. ⁄ Idelsohn.

Mussaf (Zusatzopfer), Zusatzgebet an Sabbat- u. Festtagen, schließt an d. Morgengebet an.

Mussar (Ethik, Moral), Bz. einer rabbin. Lit.-Gattung erbaulich-erziehlicher, seelenbildnerischer Schriften (Sifre Mussar, M.-Bücher). Beispiel: Sefer Chassidim (Buch d. Frommen) d. ⁄ Juda Chassid.

Mynona (Pseud. f. Salomon Friedlaender), geb. 4. 5. 1871 Gollantsch (Posen), Philosoph u. Schriftsteller. Ⓦ Schöpferische Indifferenz 1918.

Myrte (Hadassa), Bestandteil d. Feststraußes am Laubhüttenfest.

Mystik ⁄ Apokalyptik, Chassidismus, Eschatologie, Kabbala.

Mythos ⁄ Sage u. Mythos.

N

Nabatäer, arab. Reich zur Zeit d. 2. Tempels im Gebiet von Edom, Moab, Ammon, Aram-Damaskus; Kriege d. Hasmonäer u. Herodianer mit den N.

Nablus ↗ Sichem.

Nabot, Bauer zu Jesreel, den Ahab steinigen ließ, um seinen Weinberg zu besitzen (I. Kg. 21).

Nachman (Tröster), zwei babylon. Amoräer: 1) N. b. Isaak, gest. um 356 n.; 2) N. b. Jakob, gest. um 320 n.

Nachman aus Brazlaw (Podolien), 1771 Medshibosh—Umanj 1810, chassid. Rabbi, Urenkel d. Baal Schem.

Nachmanides ↗ Mose b. Nachman.

Nachod, Jacob, 1814—1882, Bankier, gr. Philanthrop in Leipzig, Begr. zahlreicher j. u. interkonfessioneller Stiftungen.

Nachrichten-Agenturen ↗ Korrespondenzbüros.

Nachum ↗ Nahum.

Nadel, Arno, geb. 5. 10. 1878 Wilna, Dichter (Gedichtfolge: Der Ton; Dramen), Graphiker, Musiker (Bearbeiter j. Synagogal- u. Volksmusik), Chordirigent d. j. Gem. Berlin.

Nadschara (Nagara), Israel, 1555 Safed—Gaza 1628, liturgischer u. weltlicher Dichter, Rabbiner u. lurianischer Kabbalist.

Naëmi (Noomi, „die Liebliche"), Schwiegermutter d. Ruth.

Naftali, Sohn Jakobs u. Bilhas, isr. Stamm im N Galiläas.

Nagid (Fürst), Titel d. Oberhauptes d. J in Ägypten (seit 11. Jhd.), Nordafrika u. Spanien.

Nahalal, im Emek Jesreel 1923 auf K. K. L.-Boden unter Führung von Elieser Joffe begründeter ↗ Moschaw Owedim; angelegt nach Grundriß von Richard Kauffmann mit den genossensch. Bauten im Zentrum, den Wohngebäuden im mittleren, den Wirtschaftsgebäuden im äußeRing (Abb. 537/38). Sitz einer ↗ Wizo-Frauenschule.

Nahum (Nachum, Tröster), 7. der 12 kl. Propheten. Buch N., Weissagung gegen Assyrien, 3 Kap.

Naiditsch, Isaak, geb. 1863 Pinsk, Pionier d. Z. in Rußland, Gründer h. Sprachvereine.

Namen d. J ↗ Familiennamen, ↗ Vornamen.

Namensgesetzgebung. Gesetzlicher Zwang für J zur Annahme bürgerl. Namen in Rußland 1804, Frankreich 1808, Preußen 1812, Polen 1821, Posen 1833. Verschiedene Einschränkungen, z. B. in Preußen keine christlichen Vornamen; Genehmigung d. Namens in freies Ermessen d. Behörde gestellt. 1848 u. 1850 (Verfassung) Einschränkungen aufgehoben. In Polen hat d. Behörde den Säumigen selbst Namen beigelegt. — Nach Runderlaß d. preuß. Innenministers vom 25. Juni 1934 ist d. Änderung nichtarischer Namen grundsätzlich nur gestattet, insoweit d. bisherigen Namen anstößig sind, aber auch hier nur in andere nichtarische Namen.

Napoleon I. △, 1769—1821, veranlaßt j. Notabelnvers. u. „Großes Sanhedrin" (1806/07), über d. Einglied. d. J in den Staat zu beraten, geht über d. Vorschläge hinweg u. schränkt im Dekret vom 17. 3. 1808 (sog. „décret infâme") Gleichberechtigung stark ein.

L: R. Anchel, N. et les Juifs 1928.

Narbonne, eines d. Zentren j. T-Gelehrsamkeit im MA, hatte J seit 5. Jhd.

Naschim (Frauen), 3. Ordnung d. Mischna: rit. Frauengesetze, Eherecht.

Nasir (Geweihter): 1) Nasiräer, der ein freiwilliges Gelübde abgelegt hat, auf eine gewisse Zeit sich des Weines zu enthalten u. sein Haupthaar lang wachsen zu lassen (NU 6). 2) Tr. (Naschim), handelt vom N. u. N.-Gelübde.

Nasiräer ↗ Nasir.

Nassi (Fürst), in d. B: Oberhaupt d. Stammes, im T: Oberhaupt d. Synhedrions, Patriarch (auch: Exilarch).

Nathan (er hat gegeben), Prophet unter David, weist d. Kg. wegen d. Sünde an Uria zurecht (II. Sm. 12).

Nathan b. Jechiel, gest. 1106 Rom, Lexikograph, talmud. Autorität. Ⓦ Aruch (gerüstet), d. erste Spezialwörterbuch zum T (↗ Kohut).

Nathan: 1) Ernesto, 1845 London—Rom 1921, 1907 Bürgermeister von Rom (40 Jahre nach Beseitigung d. röm. Ghettos), Mitgl. d. ital. Senates. Von △ Mazzini beeinflußt, Herausg. seiner Schriften. 2) Paul, Berlin 1857—1927, liberaler Politiker, arbeitete zus. mit L. ↗ Bamberger u. Th. △ Barth, Mitherausg. d. „Nation", organisiert im Hilfsverein Hilfswerk f. d. russ. J.

Nathan d. Weise, ↗ Lessings Dramat. Gedicht (1779), m. j. Leitmotiv (↗ Ringparabel) u. j. Hauptgestalt (Vorbild: Moses ↗ Mendelssohn). Berühmte j. Darsteller des N.: Barnay, Sonnenthal, Pohl.

L: Monogr. von D. F. Strauß (1864) u. Kuno Fischer (1867); Bibliogr. von F. Naumann (1867) u. H. Stumcke (1904).

Nathansen, Henri, geb. 17. 7. 1868 Hjörring, dän. Schriftsteller; seine Dramen „Hinter Mauern", „D. Affaire" u. a. behandeln j. Probleme.

Nationalismus, j. Inbegriff aller Strömungen, die d. J als nat. Gemeinschaft betrachten; infolge d. Vielfalt d. Begriffes „Nation" u. d. besonderen Eigenart d. j. Gemeinschaft ist die Frage, ob d. J eigene Nationalität besitzen, seit d. 19. Jhd. heftig umstritten. Die Vertreter der Emanzipation verneinen die Frage, während die verschiedenen z. Richtungen sie im allgemeinen bejahen. Kriterien hierfür sind teils objektiv, teils subjektiv, wie Sprache u. Lebensform (Klatzkin), Erbe (Buber) u. Geschichte (Herzl) einerseits, Geist (Lazarus) u. Kulturgesinnung (Achad Haam) andererseits. Ebenso ist N. sehr verschiedenartig nach Inhalt (politischer allgem. Z., machtpolit. Revisionismus, Poale-Z., Kultur- u. Diaspora-Nationalismus, Jiddischismus) u. Ziel (territoriale Lösung in Pal., nationale Minderheit, kultur. Autonomie, Verstärkung d. geistigen Zusammenhalts).

Nationalökonomen ↗ Volkswirtschaftler.

Nationalsozialismus, d. Bewegung u. Anschauung, die d. nationalsozial. dt. Arbeiterpartei (gegr. 1919) vertritt. Führung durch Adolf △ Hitler (Reichskanzler seit 30.1.1933, Führer u. Reichskanzler seit 3. 8. 1934). N. f. d. Politik d. dt. Reiches bestimmend. In Punkt 4 der 25 Programmpunkte vom 25. 2. 1920 heißt es: „Volksgenosse kann nur sein, ohne Rücksicht auf Konfession, wer deutschen Blutes ist. Kein J kann daher Volksgenosse sein." D. Staats- u. Wirtschaftsprogramm (Feder'sche Formulierung aus „Der deutsche Staat") enthält als staatspolitischen Grundsatz (unter b) d. rassenpolitische Forderung: „d. Ausscheidung d. J u. aller Nichtdeutschen aus allen verantwortlichen Stellen d. öffentlichen Lebens." In der Erläuterung d. Grundgedanken d. Programms durch Gottfried △ Feder, den vom Führer Adolf Hitler autorisierten Kommentator d. Parteiprogramms, heißt es: „Antisemitismus ist gewissermaßen d. gefühlsmäßige Unterbau unserer Bewegung".

Naumann, Max, geb. 1875, Rechtsanwalt u. Notar Berlin, führte d. ↗ „Verband Nationaldeutscher Juden" seit seiner Gründung (1920).

Naumbourg, Salomon, 15.3.1817 Donaulohe–Paris 1. 5. 1880, Kantor in Paris. Ⓦ Semirot Israel (synagogales Gesangswerk m. Beiträgen von Meyerbeer u. Halévy 1847).

Nazareth, Stadt in Galiläa, zuerst im NT genannt; Mittelpunkt d. Chaussee Haifa–Tiberias.

Neander, Johann August W. (eigtl. David Mendel), 17. 1. 1789 Göttingen–Berlin 14. 7. 1850, get., Prof. d. evang. Theologie in Berlin. Ⓦ Allg. Gesch. d. christl. Rel. u. Kirche (9 Bde., 1826ff.); Leben Jesu 1837.

Neapel, 1000 J = 0,1%, erstmals 536 n. erwähnt, blühende Gem. im MA (h. Drucke, Isaak ⸗ Abravanel); unter span. Herrschaft 1540 vertrieben; um 1800 Wiederansiedlung, 1861 Gleichberechtigung, im 20. Jhd. starker Zuzug von Levantinern.

Nebo, Berg in Moab, Todesort Mosis. – Gedicht von △ Freiligrath.

Nebukadnezar II., Kg. von Babylon, Zerstörer Jerusalems (586 v.), Gestalt altj. Sagen (Da. 1–4).

Nedarim (Gelübde), Tr. (Naschim).

Negaim (Plagen), Tr. (Teharot), handelt vom Aussatz.

Negerjuden, Bz. f. verschiedene Typen negrider J (Abessinien, Madagaskar, Mischlinge in Mittelamerika), vor allem aber für d. Mitte d. 19. Jhd. in New York zum Jt. übergetr. Neger (vgl. Tafel 27).

Negew (Südland), Bz. Südjudäas.

Nehardaa, Stadt am Euphrat, Sitz einer d. gr. babyl. Gelehrtenschulen d. talmud. Zeit.

Nehemia (Nechemja, „Gott Tröster"), Statthalter in Juda um 445 v., Günstling Artaxerxes', gemeinsam mit ⸗ Esra Träger d. Restauration. Buch N. (2. Buch Esra), im Ichton geschrieben, 13 Kap.

Neïla (Abschluß), Schlußgottesdienst am Jom Kippur.

Neisser: 1) Albert, 1855 Schweidnitz–Breslau 1916, Dermatologe, o. Prof. Breslau, entdeckte 1879 den Gonokokkus (Erreger d. Trippers). Studien über Lepra u. Syphilis. 2) Max, geb. 1869 Breslau, Bakteriologe, 1914/33 o. Prof. Frankfurt/M. förderte Immunitätsforschung.

Nelson, Leonard, 11. 7. 1882 Berlin–Göttingen 29. 10. 1927, Philosoph, seit 1919 a. o. Prof. Göttingen, erneuerte d. Fries'sche Philosophie. Ⓦ Ethischer Realismus 1921.

Neologie ⸗ Reform.

Ner Tamid (ewige Lampe), schon im Stiftzelt angeordnetes „immerwährendes Licht", jetzt in jeder Synagoge vor d. Toravorhang, zumeist an Ketten hängendes Gefäß, oft künstlerisch gestaltet.

Neschef (Abend), Abendveranstaltung.

Nesikin (Beschädigungen), 4. Ordnung d. Mischna: Zivil- u. Strafrecht.

Netter, Charles, 1826 Straßburg–Mikwe Israel (Pal.) 1882, Philanthrop, Mitgründ. d. Alliance Isr., Förderer d. Hilfswerk für d. in Rußland verfolgten J.

Nehemia. Holzschnitt aus einer Josephus-Ausgabe (Venedig 1608)

Neubauer, Adolf, 1831 Nagybanya (Ung.)—Wien 1907, j. Gelehrter, Bibliothekar u. Lektor in Oxford. Ⓦ Mediaeval Jewish Chronicles, Edition; Catalogue of the Hebr. Mss. in the Bodleian Library.

Neuberg, Carl, geb. 20. 7. 1877 Hannover, Biochemiker, o. Hon. Prof. u. Direktor d. Kaiser-Wilhelm-Instituts f. Biochemie Berlin, bearbeitete Chemie d. Zuckerarten, Eiweißstoffwechsel, Gärungschemie; im Weltkrieg verdient durch Herstellung d. Perkaglyzerins.

Neues Testament (so bezeichnet m. Hinsicht auf d. AT): I. vier Evangelien (Leben u. Lehre Jesu); d. Wort Evangelium (frohe Botschaft, h. Bessora) urspr. j. Begriff. II. Apostelgeschichte (Petrus u. Paulus) m. Zeugnissen über j. Diaspora-Gem. III. 21 Episteln (Lehrschreiben an Gem.), darunter d. Hebräerbrief. IV. Apokalypse Johannis (vermutl. j. Schrift). Der Wortlaut d. AT wird im N. oft zitiert, d. Stil vielfach übernommen, d. Motive zum Teil neu abgewandelt; den Evangelien liegt stellenweise aram. Urtext zugrunde. H. Übersetzung von Franz △ Delitzsch (Berit chadascha).

Neuhebräisch, Bz. d. nachbibl. ↗ Hebräisch, stilist. in späten B-Büchern (Kohelet) vorbereitet, klass. Ausdruck in ↗ Mischna (2. Jhd. n.); geläufig als Bz. d. mod. H, das als Sprache eines weltl. Schrifttums (↗ Neuhebr. Lit.) seit Ende 18., als gespr. Sprache seit Ende 19. Jhds. wieder gebraucht wird. N. im ständigen Fluß, mod. Begriffe u. Fremdwörter unter Abwandlung alter Wurzeln gebildet: Rachewet, Eisenbahn (bibl. merkawa, Wagen); zalem, fotografieren (zelem, Ebenbild). Zentrum d. Sprachpflege: Waad ha-Laschon (Sprachausschuß) in Palästina.

Neuhebräische Literatur, Bz. d. weltlichen h. Schrifttums vom Ausgang d. 18. Jhds. bis zur Gegenwart. Ursprung u. Ursache: d. Aufklärungsströmung, Kampf mit d. Tradition, Bestrebungen zu einer Reform d. Jt. Unmittelbarer Anlaß: Mendelssohns B-Werk, das d. Rückkehr zur B förderte. Entwickl.: aus einem teilweise unbeholf. u. tendenziös. Schrifttum zu einer europ. Lit. Charakteristikum: Gebrauch einer heiligen Sprache f. Dinge d. Alltags, einer Schriftsprache, der damals eine gesprochene nicht gegenüberstand (d. Volksmasse sprach Jiddisch, d. nationalj. Bewegung mit ihrer Wiederbelebung des gesprochenen H entwickelte sich viel später), auch für schöngeistige u. unterhaltende Lit.; Verhältnis zu anderen Literaturen: von dt. Klassik (Schiller) ausgehend, später an d. russische angelehnt. Anfänge in Dt., Verlagerung d. Schwergewichts über Galizien u. Italien in d. russ. Randgebiete (Litauen, Weißrußl., Polen, Ukraine), im 20. Jhd. Abzweig. in Amerika u. neue Konzentr. in Pal. Vier Perioden: I. Wegbereiter. d. sog. „Sammler" (Meassefim, um d. Zeitschr. „Meassef", Königsberg seit 1784, gruppiert); eine erzieherische Lit., deren Vertreter zugleich Pädagogen, Grammatiker, Exegeten u. Dichter sind (Mendelssohns Mitarbeiter Isaak Euchel, Isaak ↗ Satanow, d. Epiker ↗ Wessely, d. Idylliker Schalom ↗ Cohen). II. Aufklärer (Maskilim), hpts. im Osten: Begr. d. neuh. Prosa (d. Satiriker ↗ Erter, d. Übs. u. Bearbeiter M. A. ↗ Günzburg), d. Romans (Abraham ↗ Mapu, nach ihm ↗ Smolenskin u. ↗ Braudes), d. Lyrik (Vater u. Sohn ↗ Lebensohn); literar. Kämpf. (I. B. ↗ Levinsohn) u. Vertret. d. Wissensch. d. Jt. (S. J. ↗ Rapoport, S. D. ↗ Luzzatto, Nachman ↗ Krochmal). III. Klassiker: Poesie (von J. L. ↗ Gordon bis Ch. N. ↗ Bialik), didaktische Prosa (M. L. ↗ Lilienblum, ↗ Achad Haam), Erzählung, Skizze u. Kritik (↗ Mendele [d. gr. jidd. Autor],

Neumond: Birkat Lewana. Holzschnitt aus einem Minhagim-Buch von 1735

David ⁄ Frischmann, M. J. Berdyczewski [⁄ bin Gorion]). IV. Jüngste Vergangenheit u. Gegenwart. Zu nennen sind die Erzähler S. J. Agnon, J. Ch. Brenner, A. Feuerstein, A. N. Gnessin, Ch. Hasas, A. Kabak, G. Schofmann; d. Dichter U. Z. Grünberg, J. Kahan, D. Schimonowitz, A. Schlonski, S. Schneur, S. Tschernichowski; die Essayisten A. Drujanow, J. Fichmann, J. Klatzkin, J. Klausner, F. Lachower, N. Sokolow, E. Steinmann, Z. Woyslawski. Heutige N.L. zeigt nationale wie soziale Tendenzen, aber auch l'art pour l'art; d. Hauptwerke d. Weltliteratur werden ins H übersetzt; eine gr. allgemein-wissenschaftl. Lit. entsteht, Zeitungen, Zeitschriften usw.

L: J. Klausner, Gesch. d. neu-h. Lit., 1921.

Neujahrsfest ⁄ Rosch ha-Schana.

Neumann: 1) Alfred, geb. 15. 10. 1895 Lautenburg (Westpr.), Schriftsteller. Ⓦ Roman „Der Teufel"; Novellen „D. Patriot" u. „König Haber", letztere mit j. Hauptfigur (einem zweiten „Jud Süß"; dramatisiert als „Haus Danieli"). 2) Robert, geb. 22. 5. 1897 Wien, Schriftsteller, bek. durch geistreiche Literaturparodien u. Romane (Sintflut).

Neumark, David, 1866–1924, j. Gelehrter (Religionsphilosoph), Prof. am Hebr. Union College in Cincinnati. Ⓦ Gesch. d. j. Philos. d. MA.

Neumond (Rosch Chodesch), ursprüngl. ein Ruhetag wie d. Sabbat, später Halbfeiertag. Mussaf-Gebet wie an Sabbat- u. Festtag. Übliches Fasten am Rüsttag zum N. (Jom Kippur Katan, „kleiner Versöhnungstag"). Mondsegen (Birkat Lewana) zw. N. u. Vollmond.

Neuseeland, 2591 J = 0,19%.

Newela ⁄ Aas.

New York, 1,8 Mill. J = 25,6% (= ca. 40% d. amerikanischen J), größte j. Gem. d. Welt, gegr. 1654 durch sefard. Flüchtlinge aus Südamerika. Erste Hälfte d. 19. Jhd. Einwanderung von „German Jews", die später als soziale Oberschicht d. Majorität der seit 1881 eingewanderten Ostjuden führen. Starker Bevölkerungsanteil d. J in d. Stadtteilen Brooklyn (797 000), Bronx (420 000) u. Manhattan (456 000). Bedeutender Anteil an Textilhandel, Konfektion, Grundstücks- u. Produktenhandel, Privatbankwesen. Stark vertreten in zahlr. Trade Unions. Sitz d. Jewish Theol. Seminary. 4 jidd. Tageszeitungen neben vielen engl., h. u. jidd. Zeitschriften; jidd. Theater. Gouverneur z. Zt. H. H. ⁄ Lehmann.

Nicaragua, ca. 50 J unter 818 000 Einwohnern.

Nichtarier, Personen, die nicht ⁄ arischer Abstammung sind u. von d. ⁄ Ariergesetzgebung betroffen werden.

Nichtarierverband ⁄ Reichsverband.

Nidda (die Menstruierende), Tr. (Naschim), behandelt d. Reinigungsvorschriften f. d. Frau.

Niederlande, 156 817 J = 1,9%, von jeher überwiegend in Amsterdam (66 000), dann Rotterdam (14 000), Haag (12 000). Nach Vertreibung der um 1322 zuerst eingewanderten J in d. zweiten Hälfte d. 14. Jhd. stärkere Zuwanderung, u. zwar d. Sefardim aus Spanien u. Portugal, später d. Aschkenasim aus Dt. u.

Polen; während d. Blüte d. sef. Gem. im 17. u. 18. Jhd. meistens straffes Glaubensregiment (Verhängung d. Bannes gegen Uriel Acosta u. Baruch Spinoza), um d. Mitte d. 18. Jhd. Verfall, dagegen Aufschwung d. aschkenas. Gem.; 1808 Emanzipation vollendet. Im letzten Viertel d. 19. Jhd. starke Zuwanderung von J aus Osteuropa (1882: 82 000, 1899: 104 000). In d. Gegenwart haben J großen Anteil am Wirtschaftsleben der N. Jüd. ⁄- Proletariat bes. in d. Diamantenindustrie. Vertretung d. Jt. der N. ist die seit 1870 bestehende „Zentralkommission f. d. allgem. Angelegenheiten d. niederländisch-isr. Kirchengenossenschaft"; an d. Spitze d. Gemeinden jeder Provinz steht Oberrabbiner. Außerhalb dieser Organisation stehen d. alten sef. Gem.; Orthodoxie überwiegt. Reges j. Leben; berühmte j. Bibliotheca Rosenthaliana (d. Amsterdamer Universität eingegliedert).

Nicto, David, 1654 Venedig—London 1728, Prediger, Gelehrter u. Arzt, Rabbiner d. sef. Gem. in London.

Nietzsche △ Friedrich, 1844—1900, dt. Philosoph. In seinem Freundeskreis d. Philos. Paul Mongré u. Paul Rée; Wegbereiter seiner Philosophie: Georg ⁄- Brandes (1888 Vorlesungen an d. Kopenhagner Universität). Persönl. Stellung: aus antichristl. Gesinnung Ablehnung d. Ethik des antiken Jt. („Sklavenaufstand in d. Moral"); sonst Hochschätzung d. J (bes. 8. Hauptstück von „Menschliches, Allzumenschliches").

Niggun (Saitenspiel, Gesang), synagogale Melodie, Weise u. Vortragsweise.

·**Nikolaus** △ (?) von Damaskus, geb. um 64 v., Vertrauter d. Herodes; sein griech. Geschichtswerk (größtenteils verloren) ist von Josephus benutzt.

Nikolsburg (Mähren), 570 J = 7%; j. Gem. seit 15. Jhd., Blüte d. T-Studiums im 17.—19. Jhd.

Nil (h. Jeor), einer d. vier Paradiesesströme; Aussetzung Mosis im N.

Nimrod, sagenhafter Begr. von Babel, d. erste Jäger (G 10, 10), Figur d. nachbibl. j. Abrahamlegende.

Ninive, Hauptstadt Assyriens. Bußpredigt d. Jona in N.

Nir (Furche). 1924 gründete d. landwirtschaftl. Arbeiterschaft Pal.'s d. Jewish Agricultural Cooperative Labour Association Ltd. „Nir" als Zusammenfassung d. landw. Arbeitersiedlungen u. als Kolonisationsgesellschaft d. Histadrut, die nach folgenden Grundsätzen arbeitet: Nationalisierung d. Bodens, Obereigentum über d. Inventar, genossenschaftlicher Ein- u. Verkauf, nur Eigenarbeit d. Genossen. N. nimmt gemeinsam mit K. K. L. langfristige, verzinsl. u. tilgbare Anleihen zur Finanzierung ihres Kolonisationswerkes auf, u. a. auch in Dt.

Nissan, 7. Monat d. j. Kalenders (März—April), 30 Tage. 14.—21. N.: Pessach.

Nissim (Wunder) b. Jakob, gest. um 1040, Talmudist u. Volkserzähler, wirkte in Kairuan, schrieb arab. u. h. Ⓦ Sefer ha-Maassijot (Buch d. Geschichten), Legenden.

Noachiden, Noahs Söhne: Sem, Ham, Jafet u. deren Nachkommen, d. ist: d. ganze Menschheit. Gesetze d. N.: elementare ethische Grundregeln, die dem j. Gesetz vorangehen u. allen Menschen gemeinsam sein sollten (laut j. Tradition 6—7 Gebote, darunter 3 Hauptverbote: Götzendienst, Unzucht, Blutvergießen).

Noah (Noach, „Trost"), Gerechter d. Urzeit, aus d. Sintflut errettet, begründet d. Menschheit aufs neue. Bau d. ⁄- Arche, Ölzweig d. Taube, Bund d. Regenbogens, Pflanzung d. Weinstocks (G 5, 28—9, 29).

Nob, heilige Stätte nördl. von Jerusalem; Saul tötet die Priester zu N. (I. Sm. 21—22).

Nobel, Nehemia Anton, 1871 Totu (Ungarn)–Frankfurt/M. 1922, konservativer Rabbiner, berühmter Kanzelredner, j. Gelehrter.

Nordau, Max Simon (Vatersname: Südfeld), 29. 7. 1849 Budapest–Paris 22. 1. 1923; Arzt u. Schriftsteller; Verfasser von kulturhistor. Abhandlungen (Konventionelle Lügen d. Kulturmenschheit 1883), Romanen u. Dramen (Dr. Kohn 1898). Führender Z., vertrat m. Herzl d. Idee d. politischen Z.

Norwegen, ca. 1500 J = 0,05%. Henrik A. △ Wergeland u. S. A. W. △ Sorensen erkämpfen 1851 d. Gleichberechtigung d. J. Gem. in Oslo (852 J), Drontheim (280 J) u. Bergen; j. Jugendverein, z. Verein, Chewra Kadischa; Zeitschriften: „Israeliten“ u. „Hatikvoh“. Die j. Institutionen leben von freiwilligen Beiträgen.

Nostradamus (Michel d. Notredame) 1503 St. Remy–Salon 1566, Arzt u. Astrolog, getauft. Ⓦ Centuries (1558), Weissagungen (im Faust I 1: „von Nostradamus' eigner Hand“ zitiert).

Notabelnversammlung, j., 1806 von Napoleon einberufen; traf d. vom Kaiser erwarteten Beschlüsse, die 1807 d. ↗ Sanhedrin sanktionierte.

Notarikon (griech.), Bz. f. ↗ Abkürzungen; ursprüngl. hermeneutische Regel: Deutung eines Wortes als Abkürzung eines Satzes.

Novellen (Chidduschim) ↗ Chiddusch.

Numeri (Bemidbar), 4. Buch Mose, von d. Zählungen in d. Wüste bis

Nobelpreisträger

14 Juden und 6 Halbjuden (unter insgesamt 170 = 12%) erhielten bis 1933 den Nobelpreis; 15 von ihnen gehören dem deutschen Kulturkreis an. (Bildnisse Tafel 22; ↗ Einzelstichworte)

Baeyer ♁ Adolf von	31. 10. 1835 bis 20. 8. 1917	Deutschland	Chemie	1905
Michelson, Albert A.	19. 12. 1852 bis 9. 5. 1931	Amerika	Physik	1907
Ehrlich, Paul	14. 3. 1854 bis 20. 8. 1915	Deutschland	Medizin	1908
Lippmann, Gabriel	16. 8. 1845 bis 12. 7. 1921	Frankreich	Physik	1908
Metschnikoff ♁ Jlja	15. 5. 1845 bis 15. 7. 1916	Rußland	Medizin	1908
Heyse ♁ Paul	15. 3. 1830 bis 2. 4. 1914	Deutschland	Literatur	1910
Wallach, Otto	27. 3. 1847 bis 26. 2. 1931	Deutschland	Chemie	1910
Asser, Tobias M. K.	28. 4. 1838 bis 29. 7. 1913	Holland	Frieden	1911
Fried, Alfred H.	11. 11. 1864 bis 5. 5. 1921	Österreich	Frieden	1911
Bárány, Robert	22. 4. 1876	Österreich	Medizin	1914
Willstätter, Richard	13. 8. 1872	Deutschland	Chemie	1915
Haber, Fritz	9. 12. 1868 bis 29. 1. 1934	Deutschland	Chemie	1918
Einstein, Albert	14. 3. 1879	Deutschland	Physik	1921
Bohr ♁ Niels	7. 10. 1885	Dänemark	Physik	1922
Meyerhof, Otto	12. 4. 1884	Deutschland	Medizin	1922
Franck, James	26. 8. 1882	Deutschland	Physik	1926
Hertz ♁ Gustav	21. 7. 1887	Deutschland	Physik	1926
Bergson, Henri	18. 10. 1859	Frankreich	Literatur	1928
Landsteiner, Karl	14. 6. 1868	Österreich	Medizin	1930
Warburg ♁ Otto H.	8. 10. 1883	Deutschland	Medizin	1931

zur Eroberung d. Ostjordanlandes, 10 Wochenabschnitte, 36Kap.

Numerus clausus, Festsetzung einer Höchstziffer f. Zulassung einer bestimmten Kategorie von Personen zu Studium, Beruf od. Amt. Praktisch für J in Ungarn 1920 verwirklicht unter späterer (1928/29) weitgehender Milderung (nicht mehr entscheidend Abstammung, sondern Beruf d. Eltern). ↗ Ariergesetzgbg. in Deutschland führt im Gesetz gegen Überfüllung dt. Schulen u. Hochschulen vom 25. 4. 33 N. für Nichtarier ein, deren Zahl ihren Bevölkerungsanteil nicht übersteigen darf. Reichsinnenminister setzt Anteilzahl einheitlich für Reichsgebiet fest; gegenwärtig 1,5% für Schulen, Universitäten und Fachschulen.

Nürnberger Synagoge und Judentrachten
Kupferstich, 1755

Jakob Nußbaum: Selbstbildnis, 1927

Nun (Fisch), 14. Buchst. d. h. Alph., Nasallaut (n), Zahlwert 50. Besondere Form d. Zeichens als Finalbuchstabe.

Nürnberg, 7502 J = 1,8%, seit Mitte des 13. Jhd. nachweisbar; Vernichtung 1298 (Rindfleisch) u. 1349 (Schwarzer Tod); Vertreibung 1499. Berühmte T-Hochschule, Hauptsynagoge 1874 erbaut, außerdem Synagoge d. Adass Jisroel.

Nußbaum: 1) Arthur, geb. 31. 1. 1877 Berlin, 1914/33 Prof. f. Handelsrecht an d. Univ. Berlin, Begr. d. Rechtstatsachenforschung. Zahlr. Schriften über Geldprobleme. 2) Jakob, geb. 8. 1. 1873 Rhina (Hessen-Nassau), Maler u. Graphiker, Impressionist, lebt in Tiberias; mehrere seiner Bilder in Frankfurter Museen.

Nussach (Lesart, Variante), Ritus u. Sangesweise, die in d. einzelnen Ländern u. Gemeinden differieren.

O

Obadja (Knecht Gottes), Prophet; Buch O., 4. d. 12 kl. Propheten. 1 Kap., kleinstes Buch d. Bibel.

Oberschlesien (Preußen), 9228 J = 0,62%. Durch dt.-polnisches Abkommen 15. 5. 1922 als religiöse Minderheit (↗ Minderheitenrecht) geschützt. In Abstimmungskämpfen 1919—22 trat j. Bevölkerung einmütig für d. Deutschtum ein, bes. Oberrabb. Dr. Kopfstein (Beuthen), Rabb. Dr. D. Braunschweiger (Oppeln). Zahlreiche J beteiligten sich am Selbstschutz für O., u. a. Alfred Badrian (Fahnenträger d. Kompagnie Schlageter), Rechtsanw. Max Böhm (Preiskretscham), Alfred Cohn (während d. zweiten Polenaufstandes an einem Kriegsleiden gest.), Herbert Cohn (bei d. Erstürmung des Annaberges 31. 5. 1921 gefallen), d. 15jährige Rudolf Haase (Rybnik; von poln. Insurgenten erschossen), Ralph Lewin (Offizier-Stellv., an einem schweren Lungenschuß gest.), Alwin Lippmann, Oberlt. d. R. (Freikorpsführer).

Oberwesel (Rheinland), 49 J = 1,4%; seit 10. Jhd.

Ochs, Siegfried, 19. 4. 1858 Frankfurt/M.—Berlin 6. 2. 1929, Begr. u. Leiter d. Berliner Philharmonischen Chors (1882/1920), mit dem er d. ersten ungekürzten Aufführungen von △ Bachs Matthäuspassion veranstaltete. L: Autobiogr. „Gesehenes, Geschehenes", 1923.

Odessa (Ukraine), ca. 150 000 J = 36,5%; jüngere j. Ansiedlung (18. Jhd.), Zentrum d. Aufklärung u. d. palästinophilen Bewegung in Rußland (19. Jhd.).

Odessaer Komitee, abgek. O. C., leitende Organisation der Chibbat Zion 1890—1917, bedeutsam für die Geschichte u. Besiedlung Palästinas.

Ödipus-Legende (Sohn tötet d. Vater u. heiratet d. Mutter), in d. nachbiblischen j. Sage auf Josua übertragen.

Offenbach/Main, 1435 J = 1,8%; seit 14. Jhd. bezeugt, Zufluchtsort Frankfurter J. Druckort h. Bücher Anfang 18. Jhd. Jakob ↗ Frank residiert u. stirbt zu O. (1791).

Offenbach, Jacques, 20. 6. 1819 Köln —Paris 4. 10. 1880, Operettenkomponist, Kantorensohn, seit 1833 in Paris, eröffnete 1855 d. Bouffes-Parisiens. Welterfolge seit 1858 (Orpheus in d. Unterwelt). Seine

Karikatur von Honoré △ Daumier zu Offenbachs „Orpheus in der Unterwelt"

Operetten u. Parodien durch sprühende Rhythmik u. unerschöpfliche Melodik Meisterwerke d. Gattung. In völlig neuem Licht zeigt O. seine nachgelassene Oper „Hoffmanns Erzählungen" (1881). Ⓦ ferner: D. schöne Helena, Perichole, Banditen.

Offenbarung auf dem Sinai. Holzschnitt aus einem Minhagim-Buch von 1735

Offenbarung (Hofaa, Hitgalut), Gottes O. auf d. Sinai, übernatürliche Stiftung u. übernatürlicher Ursprung der j. Lehre, der O.-Religion.

Ofir, Name eines Goldlandes (Südarabien, Indien?); Salomo u. d. phönizische Kg. Hiram entsenden Schiffe nach O.

Og, Kg. von Baschan (Transjordanien), sagenhafter Riese, von Mose überwunden (NU 21).

Ohalot (Zelte), Tr. (Teharot), über d. Verunreinigung durch Berührung eines Leichnams.

Ohel (Zelt), h. Theater d. Arbeiter in Palästina.

Ölberg (Har ha-Setim), im O Jerusalems.

Olive (Sajit), eines d. Hauptprodukte d. alten Pal. „Von d. Größe einer O.", talmud. Bz. d. Mindestmaßes (z. B. für d. Genuß verbotener Speisen).

Ollendorff, Paula, geb. 18. 5. 1860 Breslau, Förderin d. allg. u. j. Frauenbewegung, Stadtverordnete Breslau, im Weltverband d. Vereinigung f. liberales Jt. tätig.

Olmütz (Mähren), ca. 3000 J = 5%; J in O. spätestens seit 13. Jhd.

Omed (Amud, „Säule"), Lesepult d. Vorbeters in d. Synagoge.

Omer (Garbe [Feldfruchtopfer]), Bz. d. 50 Tage zwischen Pessach u. Schawuot, d. Tage d. O.-Zählung (Sefirat ha-O.), die mit d. Darbringung d. Erstlingsgarbe begann; O.-Tage gelten als Trauerzeit (keine Hochzeit, kein Haarscheren) außer d. 33. Tag (↗ Lag ba-Omer).

Omri, Kg. von Israel (9. Jhd. v.), Erbauer Samarias, Vater Ahabs.

Omriden, Dynastie Omris.

Onan, 2. Gatte Tamars (G 38, 8ff.; hiernach [in anderem Sinn] d. Ausdruck Onanie).

Oneg Schabbat („Sabbatfreude"), von Bialik in Pal. eingeführte geistige u. künstlerische Feierstunden zur Gestaltung d. Sabbattages mit eigenen Baulichkeiten in Tel-Awiw.

Onias (Choni), Name einiger Hohepriester im 4.—2. Jhd. v.; O. IV. flüchtete vor d. Religionsverfolgung Antiochus' IV. nach Ägypten u. begr. zu Heliopolis ein j. Heiligtum (O.-Tempel, 160 v.), das bis Ende d. j.-röm. Krieges (73 n.) bestand.

Onkelos (Akylas), Proselyt zur Zt. d. 2. Tempels (nach einer Sage Neffe d. Titus), angeblich Verf. d. wörtlichen aram. Pent.-Übers. (↗ Targum).

Opatoschu (eigtl. Opatowski), Josef, geb. 1. 1. 1887 Mlawa (Polen), jidd. Erzähler. Ⓦ Romantrilogie „In d. poln. Wäldern", Darstellung d. j.-poln. Lebens im 19. Jhd. (dt. Übers. „D. letzte Waldjude" u. a.).

Oper. J. O.-Komponisten: ↗ Meyerbeer, ↗ Halévy, ↗ Offenbach („Hoffmanns Erzählungen"), ↗ Rubinstein, ↗ Goldmark, ↗ Brüll, ↗ Blech, ↗ Korngold, ↗ Ettinger, ↗ Milhaud, ↗ Weinberger, ↗ Weill. Weniger bekannt ist d. Anteil, den J an den Textbüchern vieler bek. O. haben. Verwiesen sei zunächst auf ↗ Daponte (Hochzeit d. Figaro, Don Giovanni, Cosi fan tutte), ferner auf ↗ Mosenthal (D. lustigen Weiber v. Windsor, D. goldene Kreuz, D. Königin v. Saba, Rubinsteins „Makkabäer", △ Kretschmers „Folkunger") u. ↗ Hofmannsthal (Elektra, Rosenkavalier, Ariadne,

Frau ohne Schatten, Ägypt. Helena). Weitere Beispiele: „D. Postillon v. Lonjumeau" (Mitverf. des Textes Léon Lévi Brunswick, 1805/59); „Si j'étais roi" (Librettist Adolphe-Philippe d'Ennery, 1811/99) „Carmen (Mitverf. Ludovic Halévy); Wagners „Fliegendem Holländer" liegt d. Erzählung d. Fabel in Heines „Memoiren d. Herrn von Schnabelewopski" zugrunde; Verdis „Macht des Schicksals" u. „Simone Boccanegra" verdanken ihren verspäteten Siegeslauf an dt. Bühnen d. Neuübersetzung von Franz ↗ Werfel; d. gleiche gilt für „Jenufa" u. „Schwanda, d. Dudelsackpfeifer" (übersetzt von Max ↗ Brod). D. Libretti v. Puccinis „Madame Butterfly" u. „D. Mädchen aus dem goldenen Westen" sind nach Bühnenstücken v. David ↗ Belasco bearbeitet. Humperdincks „Königskinder" sind nach einem Märchenspiel v. Ernst ↗ Rosmer komponiert, Richard Strauss legte d. „Salome" den unveränderten Text Oscar Wildes in d. Übersetzung v. Hedwig Lachmann unter u. schrieb „D. schweigsame Frau" nach d. Text von Stefan Zweig. Von Rudolf Lothar schließlich stammt d. Textbuch zu „Tiefland" u. zahlr. weiteren Opern d'Alberts u. a. mod. Komponisten.

Operette. Am Beginn ihrer Entwicklung steht d. J Jaques Offenbach, der gleichsam als Erfinder der ganzen Gattung angesehen werden darf („Orpheus in der Unterwelt" 1858). Nach ihm treten erst um die Jahrhundertwende J auf diesem Gebiet führend hervor: in Wien Edmund Eysler („Bruder Straubinger" 1901), Georg Jarno („Die Förster-Christel" 1907), Oscar Straus („Ein Walzertraum" 1907), Leo Fall („D. Dollarprinzessin" 1907), in Berlin Bogumil Zepler, Victor Hollaender, Jean Gilbert („Puppchen" 1912), Leo Ascher („D. Soldat d. Marie" 1916), Leon Jessel („Schwarzwaldmädel" 1917), in Budapest Emerich Kâlmân („D. Csardasfürstin" 1916). Unter d. j. O.- u. Revuekomponisten d. Nachkriegszeit sind Rudolf Nelson, Hugo Hirsch, Paul Abraham, Mischa Spoliansky u. Friedrich Hollaender d. bekanntesten. Von j. O.-Sängern u. -Sängerinnen seien nur Fritzi Massary, Rosy Barsóny, Maria Elsner, Eduard Lichtenstein, Max Hansen sowie (urspr. von d. Oper herkommend) Richard Tauber u. Gitta Alpar genannt.

Opfer (Korban, „Darbringung"), Hauptbestandteil d. altisr. Gottesdienstes (vgl. L 1—7) bis zur Zerstörung d. 2. Tempels. Ablehnung des heidnischen Menschen-O. (L 18, 21; Jr. 7, 31). O.-Gabe: a) tierische (Sewach = Schlacht-O., daher Misbeach = Schlachtungsstätte, Altar); b) pflanzliche (Mincha = Speise-, Nessech = Trank-O.). Arten: allgemeines tägl. immerwährendes (Tamid), sabbatl. u. festtägl. O. (nach besonderem Ritual), f. d. Einzelnen Sünd- (Chattat), Schuld- (Ascham), Dank- (Toda) O. Ältester u. häufigster Typ: Brand-O. (Ola, Ganzverbrennung); gewisse O.-Gaben fielen d. Priestern zu, vom Dank-O. hielt auch d. Geber eine O.-Mahlzeit. Prophetische Stimmen gegen Äußerlichkeit d. O.-Dienstes (Hos. 6, 6); nach d. Tempelfall Ersatz d. O. durch d. ↗ Gebet. Noch heute O.-Darbringung d. ↗ Falascha u. ↗ Samaritaner.

Oppeln - Bronikowski △ Friedrich von, geb. 1873 Kassel, Schriftsteller, u. a. Biograph D. F. ↗ Koreffs u. Verfasser von „Antisemitismus?" 1921, „Gerechtigkeit auch in d. J-Frage" 1933.

Oppenheim: 1) David b. Abraham, 1664 Worms—Prag 1736, Landesrabbiner von Böhmen. Bibliothek O.'s in d. Bodleiana (Oxford). 2) Moritz Daniel, 8. 1. 1800 Hanau—Frankfurt/M. 26. 2. 1882, der erste bewußt j. Maler in Dt.

Wertvoller als seine bekannten Grisaillebilder „aus d. j. Familienleben" sind seine charakteristischen Porträts (Riesser, Zunz, Heine, Börne; Goethe; Abb. 618, 832).

Moritz Oppenheim: Mädchenbildnis, 1846

Oppenheimer: 1) Franz, geb. 30. 3. 1864 Berlin, Arzt, 1919/29 o. Prof. d. Nationalökonomie u. Soziologie Frankfurt/M., entwarf ein System d. liberalen Sozialismus im „System d. Soziologie" (4 Bde.), verwirklichte siedlungsgenossenschaftl. Ansichten. (Abb. 788.) L: Erlebtes, Erstrebtes, Erreichtes (Selbstbiogr.) 1931; Böckenhoff, D. Wirtschaftsbegriff F. O.'s (1930). 2) Joseph ↗ Jud Süß. 3) Max (gen. Mopp), geb. 1. 7. 1885 Wien, Maler u. Graphiker, dem Expressionismus nahestehend, trat bes. als Bildnismaler (u. a. Altenberg, Schönberg, Schnitzler) hervor.

Oppert, Julius, 9.7.1825 Hamburg—Paris 21. 8. 1905, Semitist, einer d. Begr. d. Assyriologie, Prof. Paris.

Oppler, Ernst, 19.9.1867 Hannover—Berlin 1. 3. 1929, Maler u. Radierer, Impressionist unter Max Liebermanns Einfluß. Seine Bilder (Interieurs, Stilleben, Landschaften) in vielen dt. Museen.

Orach Chajim (Pfad d. Lebens), 1. Teil d. Sch. Ar.: Gottesdienst.

Orangenbau. Hauptanbaugebiet in Pal. Küstenebene Gaza-Benjamina. Als Marke Jaffa-Orange eingeführt. Anbaufläche 1934: 250 000 Dunam, davon 140 000 in j. Besitz. O. meist als Monokultur in Plantagen, neuerdings auch in kleinen Flächen innerhalb d. gemischten Wirtschaft. Gesamtanlagekosten bis zur Selbsterhaltung d. Pflanzung (nach 7—8 Jahren) 100 £ P pro Dunam. Bisher außerordentlich rentabel. Fast d. ganze Ernte wird exportiert (1934: 5 129 422 Kisten). Ernten dürften, da ein großer Teil d. Anlagen noch nicht trägt, sich in den nächsten Jahren verdreifachen.

Orchestervereinigung, j. (Dirigent Leo Kopf), Berlin, Fritschestr. 40, gegr. 1924 zur Pflege d. j. Musik.

Ordal (Gottesurteil, Unschuldsprobe). Im Pent. besondere O.-Zeremonie (Fluchwasser, Aschentrank) bei einer d. Ehebruchs verdächtigen Frau (NU 5).

Ernst Oppler: Selbstbildnis (Radierung)

Organisationen j. Grundlage aller j. Org. ist d. Gemeinde; aus dem gemeindlichen Zusammenleben entwickelten sich andere O., in Dt., vor allem im 17. Jhd. mit zunehmender sozialer Tätigkeit der Gem. die ↗ Chewra Kaddischa (zuerst in Halberstadt 1631), im 18. Jhd. Synagogenvereine u. relig. Gesinnungsgruppen. Nach Emanzipation lebhafte Zunahme von O. mit wissenschaftl., kulturellen u. wirtschaftl. Zwecken; bedeutsam 1812 „Gesellschaft zur Verbreitung d. Handwerke u. des Ackerbaus unter den J", 1819 „Kulturverein" (gegr. von Eduard Gans u. Leopold Zunz) als Wegbereiter d. Wissenschaft des Jt. 1860 begann Bildung großer j. Hilfsorganisationen, vor allem d. ↗ Alliance, der im 20. Jhd. weitere dt. u. auswärtige ↗ Wohlfahrtsverbände folgten. Durch Gesinnungsverbände wie C. V. (1893), Z. Vereinigung (1897), ↗ Jugend- u. ↗ **Studentenverbände**, verschied. ↗ Berufs- u. Wirtschafts-O., ferner durch Zusammenschluß religiöser Gruppen entfaltete sich besonders nach d. Weltkrieg reges Leben in d. j. O. In der jüngsten Gegenwart wird stärkere Zusammenfassung gleichgerichteter O. angestrebt. Die angefügte Adressentafel gibt die Anschriften der wichtigsten O., soweit sie nicht beim jeweiligen Stichwort angeführt sind.

Organisationen: Adressentafel

↗ Achduth, Vereinig. gesetzestreuer J, Mannheim F 1, III.
↗ Agudas Jisrael Landesorg. in Dt., Berlin N. 24, Artilleriestr. 31
Allgem. Dt. ↗ Kantorenverband, Hamburg 37, Isestr. 47
Allgem. ↗ Rabbinerverband, Berlin-Schöneberg, Am Park 15
↗ Alliance Israélite Universelle, Paris 9, Rue de la Bruyère 45
American Jewish Comittee, New York, 171 Madison Avenue
American Jewish Congress, New York, 122 East 42end Street
American ↗ Joint Distribution Comittee, Berlin-Charl., Knesebeckstr. 8/9
Arbeitsgem. f. ↗ Kinder- u. Jugend-Alijah, Berlin-Charl., Kantstr. 158
↗ Blinde, j. (Selbsthilfegruppe), Berlin-Charl. 4, Dahlmannstr. 5
Bund gesetzestreuer j. ↗ Lehrer Dt.'s, Frankfurt/M., Sandweg 3
Bund j. Akademiker, Berlin NW 21, Bundesratufer 6 (↗ Studentenv.)
↗ Bund d. j. Kranken- u. Pflege-Anstalten Dt., Berlin-Charl. 2, Kantstr. 158
↗ Centralverein d. J in Dt., Berlin W 15, Emser Str. 42
Dt. Israelit. ↗ Gemeindebund, Berlin W 35, Steglitzer Str. 9
Dt. Makkabi-Kreis e. V. (↗ Sportvereine), Berlin W 15, Meinekestr. 10
Dt. Verband j. Krankenpflegerinnen, Berlin-Charl. 2, Kantstr. 158
Esra, Verein zur Förderung j. Ansiedlung in Pal., Berlin-Halensee, Westfälische Str. 59
Ezra-Sub-Comision Para Ayuda, Barcelona, Calle Provenza 250
↗ Freie Vereinigung f. d. Interessen d. orthod. Judentums e. V., Frankfurt/M., Rechneigrabenstr. 10
↗ Gesamtarchiv d. J in Dt., Berlin N 24, Oranienburger Str. 29
Geschäftsstelle zum Studium u. zur Förderung j. Überseesiedlung, Berlin NW 87, Cuxhavener Str. 18
Gesellschaft f. j. ↗ Familienforschung, Berlin W 9, Tirpitzufer 22
Gesellschaft f. j. Volkskunde, Wandsbek, Schloßstr. 2 d

Gesellschaft z. Förderung wirtschafl. Interessen d. in Dt. wohnenden oder wohnhaft gewesenen Juden m. b. H. (↗ F. W. I.), Berlin-Charl., Kantstr. 158

↗ Gesellschaft z. Förderung d. Wissenschaft d. Judentums e. V., Berlin-Schöneberg, Belziger Str. 46

Großloge f. Dt. VIII U. O. B. B., Berlin W 62, Kleiststr. 12 (↗ Bne Briss)

Hauptstelle f. j. ↗ Wanderfürsorge, Berlin-Charl., Kantstr. 158

↗ Hechaluz, Dt. Landesverband, Berlin W 15, Meinekestr. 10

↗ Hicem, Auswanderervereinigung, Paris 8, Rue de la Bienfaisance 35

↗ Hilfsverein der Juden in Dt., Berlin W 35, Steglitzer Str. 9.

Israelit. Taubstummenanstalt f. Dt. f. Taubstumme u. Sprachgestörte, Berlin-Weißensee, Parkstr. 22

Israelit. ↗ Union, Berlin N 24, Oranienburger Str. 40

↗ Jewish Agency for Palestine, Abt. Dt., Berlin W 15, Meinekestr. 10

Jewish Board of Deputies, London WC 1, Woburn House, Upper Woburn Street

Jewish Immigration Questions Committee, 110 Flinders Street, Melbourne

Jewish National and University Library, Jerusalem, P. O. B. 1047

Jüdische Blindenanstalt f. Dt. e. V., Beth Iwrim, Berlin-Steglitz, Wrangelstr. 6/7

Jüdische ↗ Buchvereinigung (JBV.), Berlin W 15, Pariser Str. 7

Jüdische Jugendhilfe e. V., Berlin-Charl. 2, Bleibtreustr. 50

Jüdische Waisenhilfe e. V., Berlin W 8, Französische Str. 32

Jüdischer ↗ Frauenbund e. V., Berlin-Charl., Kantstr. 158

Jüdischer ↗ Kulturbund, Berlin S 14, Kommandantenstr. 57

Jüdisches Lehrhaus, Berlin W 50, Marburger Str. 5

Jugendorganisationen ↗ Jugendbünde (außerhalb dieser Adressentafel!)

↗ Kartell-Convent d. Verbindungen dt. Studenten j. Glaubens, Berlin W 15, Emser Str. 42

↗ Kartell j. Verbindungen e.V., Berlin-Charl., Bleibtreustr. 50

↗ Keren Hajessod, Berlin W 15, Meinekestr. 10

↗ Keren Kajemeth Lejisrael, Berlin W 15, Meinekestr. 10

Körperbehinderte, j., Selbsthilfegruppe, Berlin NW 87, Tile-Wardenberg-Str. 10

Kreditverein f. Handel u. Gewerbe, e. Genoss. m. b. H., Berlin N 24, Oranienburger Str. 3

↗ Landes- u. Provinzialverbände j. Gemeinden in Dt. (außerhalb dieser Adressentafel!)

Mittelstelle f. j. ↗ Erwachsenenbildung, Frankfurt/M., Unterlindau 23

↗ „Ort", Gesellschaft z. Förderung d. Handwerks, d. Industrie u. Landwirtschaft unter d. Juden, Abtg. Dt., e. V., Berlin W 57, Bülowstr. 90

↗ „Ose", Gesellschaft f. Gesundheitsschutz d. Juden e. V., Berlin-Charl. 2, Joachimsthaler Str. 5

↗ Palästinamt d. Jewish Agency, Berlin W 15, Meinekestr. 10

Palästina Treuhand-Stelle zur Beratung dt. Juden G. m. b. H., Berlin SW 68, Friedrichstr. 218

Palästinazentrale d. ↗ Agudas Jisroel, Frankfurt/M., Schwanenstr. 12

Provinzialverbände für j. Wohlfahrtspflege ↗ Landes- u. Provinzialverbände (außerhalb dieser Adressentafel!)

↗ Reichsausschuß d. j. Jugendverbände, Berlin-Charl., Kantstr. 158
Reichsausschuß d. j. ↗ Sportverbände, Berlin W 15, Meinekestr. 10
↗ Reichsbund gesetzestreuer j. Gem. Dt.'s, Halberstadt, Rosenwinkel 18
↗ Reichsbund j. Frontsoldaten e.V., Berlin W 15, Kurfürstendamm 200
↗ Reichsverband d. j. Kulturbünde in Dt., Berlin S 14, Kommandantenstr. 57
Reichsverband d. j. ↗ Lehrervereine, Berlin C 25, Kaiserstr. 29/30
↗ Reichsverband d. j. Mittelstandes, Berlin W 50, Nachodstr. 8
↗ Reichsvertretung d. J in Dt., Berlin-Charl. 2, Kantstr. 158
Reichsverband j. Schwerhöriger e. V. (↗ Risch), Berlin-Charl., Sybelstr. 23
Schomre Schabbos, Weltverband f. Sabbathschutz, Amsterdam, Minervalaan 24.
Schwesternverband d. Bne-Briss-Logen, Frankfurt/M., Hamannstr. 2
↗ Selbsthilfegemeinschaft d. j. Körperbeschädigten, Berlin-Charl. 2, Kantstr. 158
Soncino-Gesellschaft d. Freunde d. j. Buches (↗ Bibliophilie), Berlin W 50, Nürnberger Platz 3
Sportbund d. Reichsbundes j. Frontsoldaten e. V., Berlin W 15, Kurfürstendamm 200 (↗ Sportverbände)
↗ Staatszionistische Organisation (Vereinigte Revisionisten Dt.), Berlin N 24, Oranienburger Str. 12
Unabhängige ↗ Misrachi-Landesorganisation Dt., Berlin N 54, Neue Schönhauser Str. 9
↗ Union österreichischer Juden, Wien IX, Berggasse 4
Verband j. Frauen f. Palästina-Arbeit (↗ Wizo), Berlin W 15, Meinekestr. 10
Verband j. Heimatvereine, Berlin-Charl. 4, Wilmersdorfer Str. 95
↗ Verband j. Ingenieure u. Chemiker in Dt., Berlin SW 19, Lindenstr. 48/50
Verband orthodoxer ↗ Rabbiner Dt.'s, Darmstadt, Schulstr. 10
Verband polnischer Juden, Berlin N 54, Linienstr. 69
Verband russ. Juden in Dt. e. V., Berlin W 35, Steglitzer Str. 9
Verein j. Hotelbesitzer u. Restaurateure e. V. (Gustav Blum), Oberhof i. Th.
Verein zur Förderung d. Interessen d. israelit. ↗ Taubstummen Dt. e.V., Berlin NO 55, Pilckemstr. 1
Verein zur Förderung ↗ ritueller Speisehäuser e. V., Hamburg 1, Gr. Bäckerstr. 6
Vereinigte Zentrale f. j. ↗ Arbeitsnachweise, Berlin-Charl. 2, Kantstr. 158
Vereinigung f. d. religiös-liberale Judentum e. V., Berlin-Charl., Bleibtreustr. 45
Vereinigung d. liberalen ↗ Rabbiner Dt.'s, Frankfurt/M., Böhmerstr. 9
Vereinigung traditionell-gesetzestreuer ↗ Rabbiner Dt.'s, Altona-Elbe, Palmaille 57
Volksbank ↗ Iwria e. G. m. b. H., Berlin C 25, Dircksenstr. 26/27
↗ World Union for Progressive Judaism, Tottenham Court Road, London WC 1
↗ Zentralverband j. Handwerker Dt. e.V., Berlin W 50, Nachodstr. 8
Zentralverband ostj. Organisationen, Berlin N 54, Linienstr. 69
Zentralstelle f. j. ↗ Darlehenskassen e.V., Berlin-Charl., Kantstr. 158
↗ Zentralstelle f. j. Wirtschaftshilfe, Berl.-Charl., Kantstr. 158
↗ Zentralwohlfahrtsstelle d. dt. Juden, Berlin-Charl., Kantstr. 158
↗ Zionistische Vereinigung f. Dt., Berlin W 15, Meinekestr. 10

Zeltlager (Giwat Brenner)

Barackendorf (Mischmar ha-Emek)

Planmäßige Siedlung (En Charod)

Palästina, Siedlung

Tafel 24

Parochet. Brokatstickerei, Frankfurt a. M., um 1760
Hamburg, Sammlung Leo I. Lessmann

Tafel 25

Orgel, von allen synagogalen Reformen d. 19. Jhd. am heftigsten umstritten. Erste O.-Synagoge in Dt.: Seesen, 1810.

Orientalisten, j. Besonders groß ist d. j. Anteil auf d. Gebiet d. Semitistik u. Islamkunde, wo sich zugleich vielfache Berührungspunkte mit d. ⁄ Wissenschaft d. Jt. ergeben. Von berühmten j. Semitologen u. Islamisten sind zu nennen (Reihenfolge nach d. Alter): Gustav Weil (1808—89), Ferdinand Wüstenfeld (1808—99), Abraham Geiger (1810—74), Joseph Derenbourg (1811 bis 95), Moritz Abr. Levy (1817—72), Daniel Chwolson (1820—1911), Julius Oppert (1825—1905), Joseph Halévy (1827—1917), Alfred Freiherr von ♁ Kremer (1828—89), Graziadio Isaia Ascoli (1829—1907), Abraham E. Harkavy (1835—1919), Hartwig Derenbourg (1844—1908), Josef von Karabacek (1845—1918), Sam. Landauer (1846), Wilhelm Freiherr von Landau (1848—1908), Ignaz Goldziher (1850—1921), Jakob Barth (1851—1914), George Margoliouth (1853), Hartwig Hirschfeld (1854—1934), Immanuel Löw (1854), Eduard Glaser (1855—1908), Sigmund Fraenkel (1855—1909), David Samuel Margoliouth (1858), Max Freiherr von ♁ Oppenheim (1860), Morris Jastrow (1861—1921), Heinrich ♁ Zimmern (1862—1931), Richard Gottheil (1862), Julius Lippert (1866—1909), Mark Lidzbarski (1868—1928), Moritz Sobernheim (1872—1933), Josef Horovitz (1874—1931), Eugen Mittwoch (1876), Gotthold Weil (1882), Marcel Cohen (1884), Giorgio Levi della Vida (1886), Benno Landsberger (1890), Julius Lewy (1895), E. Lévi-Provençal (Algier). — Indologen u. Iranisten: Friedrich August ♁ Rosen (1805—37), Theodor Benfey (1809—81), Georg ♁ Rosen (1820—1891), Friedr. v. Spiegel (1820—1905), Theodor Goldstücker (1821—72), Theodor Aufrecht (1822—1907), Salomon Lefmann (1831—1912), Gustav S. Oppert (1836—1908), Siegfried Goldschmidt (1844—84), James Darmesteter (1849—94), Maurice Bloomfield (1855—1928), Friedr. ♁ Rosen (1856—1935), Sir Marc Aurel Stein (1862), Sylvain Lévi (1863—1935), Moritz Winternitz (1863), Isidor Scheftelowitz (1875—1934), Jules Bloch (1880). — Ägyptologen: Georg Ebers (1837—88), Adolf ♁ Erman (1854), Georg Steindorff (1861), Ludw. Borchardt (1863), Wilh. Spiegelberg (1870—1930), Walter Wreszinski (1880—1935). — Turkologen: Armin Vambéry (eigtl. Bamberger, 1832—1913), Ignaz Kunos (1862). Sinologen: Karl Friedr. Neumann (1793—1870); Berthold Laufer (1874—1934).

Origenes △, 185—254, berühmter Kirchenvater (nach fragl. Überlieferung ♁ [j. Mutter]). Ⓦ „Hexapla" (die sechsfache), B-Ausgabe mit Urtext, griech. Umschrift d. Textes u. 4 Übers. (Fragmente erhalten).

Orla (Vorhaut), dreijährige Schonzeit f. Baumfrüchte (L 19, 23—25), Tr. (Seraim).

Orlik, Emil, 21. 7. 1870 Prag—Berlin 28. 9. 1932, Maler, Graphiker u. Kunstgewerbler, seit 1905 Prof. an den Berliner Staatsschulen. Besonders umfangreich sein graphisches Werk, das Bildnisse, Illustrationen, Reiseskizzen usw. umfaßt (Abb. 124, 216, 399, 661).

Orska, Maria (eigtl. Rahel Blindermann), 16. 3. 1893 Nikolajew (Südrußland)—Wien 15. 5. 1930, Schauspielerin, seit 1915 in Berlin; bes. Strindberg- u. Wedekind-Rollen.

Ort (Abk. f. Obschtschestwo rasprostranenija truda), Gesellschaft zur Förderung d. Handwerks, d. Industrie u. d. Landwirtschaft unter d. J, gegr. 1880 in Rußland, besteht seit 1920 als „Ort"-Verband mit Landesorg. in Polen, Rußland, Rumänien, Litauen, Lettland, Dt., England, Frankreich, USA. u. Kanada. Arbeitsgebiete: fachl. Ausbildung, Versorgung j. Handwerker m. Maschinen, Werkzeugen u. Rohstoffen, Betreuung landw. Siedlungen usw.

Orthodoxie. Die j. strenggläubige Richtung sieht im Jt. d. Einheit von schriftlicher u. mündlicher Lehre, von toratreuer Betätigung u. Lebensanschauung, deren Geschlossenheit unbedingte Befolgung d. bibl. u. rabbinischen Vorschriften heischt. Bestimmungen d. ↗ Schulchan Aruch, sowie d. Entscheidungen der späteren, maßgebenden ↗ Dezisoren werden als für d. gesamte j. Lebenshaltung bindend anerkannt. Bloße „Orthopraxie" (strenge Beobachtung d. relig. Vorschriften bei theoretischer Anfechtung durch B- u. T-Kritik) wird abgelehnt, Göttlichkeit d. Tora u. Gültigkeit d. rabbin. Vorschriften sind für d. O. unbestritten. Die Separat-O. beschränkt sich auf d. allerengsten Kreis d. Strenggläubigen; die Gemeinde-O. sucht innerhalb der auch d. Liberalen umfassenden Gesamtgem. ihre relig. Interessen zu wahren. Von einer Bezeichnung d. ↗ Agudas Jisroel als „Weltorganisation d. O." wurde mit Rücksicht auf d. poln.-russ. Sprachgebrauch (wo O. die byzantinische Kirche bedeutet) abgesehen, u. da auch d. Bz. „gesetzestreu" d. j.-religiösen Begriff nicht vollkommen deckt, entschloß man sich, f. d. Wort O. „Toratreue" zu setzen (Kattowitz 1912, Gründung d. Agudas Jisroel).

Osborn, Max, geb. 10. 2. 1870 Köln, vielseitiger Kunstschriftsteller u. Journalist, bis 1933 Kunstreferent der „Vossischen Zeitung".

Oschaja, Amoräer (Palästina) im 3. Jhd., Schüler d. Chija b. Abba, gilt als Redaktor d. Tossefta.

Osc, Anfangsbuchstaben d. Organisatia Sanitaria Eugenica, Gesellschaften f. Gesundheitsschutz d. J in d. osteurop. Staaten, gegr. 1912 in St. Petersburg zur Bekämpfung der durch wirtschaftl. u. polit. Verhältnisse hervorgerufenen körperlichen Degeneration d. J, Zentralsitz 1922/33 in Berlin, jetzt Paris 17 (Union des Sociétés Ose), Rue Roussel 4. Filialen in Amerika, Danzig, Dt., Frankreich, England, Polen (↗ Toz).

Oseret (Helferin), Haushaltgehilfin.

Oslo, ca. 850 J = 0,3%; d. ersten J (Sefardim) in O. seit 17. Jhd.

Osnabrück, 405 J = 0,43%; Mitte 13. Jhd. d. ersten J in O.

Österreich, 191 500 J (davon 4/5 in Wien) = 2,8%, süddt., böhmischer, ungar. u. galiz. Herkunft, nachdem mittelalterliche Siedlung im 14.—15. Jhd. (Hostienschändungsprozeß von Enns 1420) vernichtet wurde. Hauptgem. (neben Wien) in d. Hauptstädten d. Bundesländer; im ganzen 34 Gem., seit 1935 zu einem Gesamtverband vereinigt. Auf Betätigungsradius d. J als Kaufleute u. Akademiker wirkt die Zerschlagung der österr. Vorkriegsgrenzen besonders einengend.

Österreich. Isr. Union ↗ Union.

Ostjuden, Bz. d. J in d. osteurop. Ländern (Rußland, Polen, Litauen, Rumänien usw.); überwiegend im 14. u. 15. Jhd. infolge J-Verfolgungen aus Dt. aus- u. im Osten eingewandert, bewahrten bis zur Gegenwart dt. Idiom (Jiddisch) u. eigene Tracht. Religiös konservativ (rabbinisches Jt.), zum Teil mystischer Hang (Chassidismus), starke Verbundenheit m. Pal. Seit Mitte 19. Jhd. Wanderbewegung, vor allem nach Amerika. In d. Einwanderungsländern, vor allem in Westeuropa, vielfach Absonderung d. eingesessenen J von d. O., die ihre kulturelle Eigenart aufrecht erhielten (eigene Bethäuser u. Vereine).

Otniel aus Juda, d. erste Richter.

Ottolenghi, Giuseppe, 1838—1904, ital. General, in mehreren Kriegen ausgezeichn., 1902/03 Kriegsminister.

Ozar (Schatz), häufig als Titel h. Sammelwerke.

P

Paare (Sugot), Bz. einer Reihe von Schriftgelehrten im Zeitalter d. 2. Tempels, unmittelbare Vorläufer d. Mischna-Lehrer (Tannaiten). Fünf P., jeweils d. zwei bedeutendsten Gelehrten d. Generation, von denen d. eine Vorsitzender, d. andere stellv. Oberhaupt d. Synhedrions ist; d. erste Paar (Anfang 2. Jhd. v.) bilden Josse b. Joeser u. Josse b. Jochanan, d. letzte ↗ Hillel u. ↗ Schammai, von denen d. Tradition auf ↗ Jochanan b. Sakkai übergeht.

Pädagogen, j. Um Grundlegung u. prakt. Reformen d. j. ↗ Erziehungswesens machten sich verdient: Hermann Bärwald (1828—1907), Ephraim Cohn-Reiss (geb. 1863), Joseph Gutmann (geb. 1865), Michael Holzmann (1841—1929), Aron Horwitz (1812—1881), Moritz Löwi (geb. 1891), David Rosin (1823—1894), Israel Rubin (geb. 1890), Meyer Spanier (geb. 1864), Moritz Spanier (geb. 1853), Bezalel Stern (1798—1853).

Padua, ca. 1000 J = 0,15%, seit d. 14. Jhd. Im 16. Jhd. bestanden eine ital., eine dt. u. eine span. Gem. (architekton. hervorrag. Synagogen). Unter Napoleon war I. R. Finzi aus P. Vizepräsident d. ↗ Sanhedrins.

Pagel, Julius Leopold, 1851 Pollnow—Berlin 1912, Medizinhistoriker, Prof. Berlin. Ⓦ Biograph. Lexikon hervorragender Ärzte d. 19. Jhd.

Paitan (= griech.: Poietes), Bz. d. liturgischen Dichters. ↗ Pijut.

Paläographie. Erforschung d. alth. Schrift auf Grund von Inschriften, Siegeln, Münzen u. ä.; d. ältesten h. Schriftdenkmäler sind: Inschrift am Siloah-Tunnel (Abb. 691) u. Bauernkalender von Geser; dazu kommt d. sprachverwandte Aufschrift d. Mesa-Steins (Abb. 471/72).
L: C. Bernheimer, Paleografia ebraica, 1924.

Palästina, in d. B nach d. Ureinwohnern „Land Kanaan" (Erez K.), als Besitz d. isr. Stämme „Land Israel" (Erez I.) genannt, in hellenist.-röm. Zeit nach d. Hauptlandschaft Judäa, erst im 2. Jhd. P. (griech., nach d. [ausgestorbenen] Philistern).
1) G e s c h i c h t e d. J in P., an d. Tradition d. Erzväter anknüpfend, beginnt mit d. Einwanderung unter Josua (13. Jhd. v.). Ägypten u. Mesopotamien, zwischen denen P. eingezwängt ist, bestimmen d. Schicksal d. j. Staates: Pharaonen u. assyr.-babyl. Herrscher während d. ersten, Ptolemäer u. Seleuziden während d. zweiten Tempels. Zeitweilige Vereinigung d. vorderen Orients in einer Hand führt d. erste Mal zur Freiheit f. d. J (Perserherrschaft), d. zweite Mal zum endgültigen Verlust d. Selbständigkeit (Römerherrschaft). Im ausgehenden Altertum u. beginnenden MA Dezimierung d. J u. schwerste Verfolgung d. verbliebenen Restes (röm.-byzantinische Zeit, von d. Unterdrückung d. Bar Kochba-Aufstandes 135 n. bis zur arab. Eroberung P.'s 636). Verhältnismäßige Besserung unter islam. Herrschaft (Unterbrechungen: Kreuzzüge, Mongoleneinfall), seit Übergang an d. Türken (1517) Stillstand bis zum Weltkrieg. Jeschiwot von Chalukka-J in den vier heiligen Städten: Jerusalem (Klagemauer), Hebron (Patriarchengräber, Höhle Machpela), Tiberias (aufgebaut durch Josef Nassi), Safed (Hauptort d. Kabbalismus; Josef Karo, Isaak Luria). Seit 1879 fortlaufende Einwanderung (↗ Alija).
2) L a n d e s n a t u r u. K l i m a. D. Mandatsland Pal. hat eine Gesamtfläche von 26 330 qkm mit drei nordsüdlich verlaufenden Zonen:

a) Küstenebene, an die sich bei Haifa westöstl. d. Emek (Ebene) Jesreel anschließt, b) Bergland u. c) Jordansenke. D. Küstenebene mit d. natürl. Hafenbucht bei Haifa hat großen durch d. j. Pflanzenkolonien rationell ausgenutzten Wasserreichtum. Anbau von Weizen, Gerste, Sesam, Orangen, Wein, Melonen, Bananen, Gemüse u. Datteln. D. Emek Jesreel hat fruchtbaren schweren

Wasserturm
in einer palästinensischen Siedlung

Tonboden; früher versumpft, 1920 vom ⁄- K.K.L. erworben, durch j. Arbeit entwickelt; Hauptprodukte Weizen, Gerste u. Sesam, Tafelobst u. im östl. Teil Südfrüchte; Geflügel- u. Viehzucht, Milchwirtschaft. Das von d. Türken entwaldete, vielfach terrassierte Bergland (Kalkstein) zerfällt von Norden nach Süden in Galiläa (hier d. höchste Punkt d. Landes, d. Berg Dschermak mit 1200 m), Samaria u. Judäa; im Norden Getreide- u. Tabakbau, nach Süden Terrassenkulturen (Oliven, Feigen, Mandeln) u. Schaf- u. Ziegenweide. D. Jordansenke im Norden versumpft (Hule-Tal), in d. Nähe d. Tiberiassees sehr fruchtbar (Orangen, Grapefruits, Bananen, Arzneipflanzen, Tomaten, Gemüse); oft jährlich dreimalige Ernte, Versendung von Frühgemüse; Wasserkraft d. Jordan wird durch d. Ruthenberg-Elektrizitätswerk südl. d. Tiberiassees ausgenutzt; Oase Jericho. Jordan mündet in d. Tote Meer 392 m unter Meeresspiegel, tiefste Stelle d. Erdoberfläche; Mineralschätze durch Palestine Potash Ltd. ausgebeutet. Klima mediterran, mit kontinentalem (Bergland) u. subtropischem Einschlag (Jordansenke). D. landwirtschaftl. Boden zeigt folgende Beschaffenheit: 1. Rote Sandböden d. Küstenebene (Citruskultur), 2. Schwere alluviale Lehme d. Ebenen (Getreide, Rüben usw.), 3. Roterde d. Gebirges (Getreide, Fruchtbäume, Terrassenkultur), 4. Lößböden b. Beerseba (Gerste), 5. Dünensande, 6. Salzböden (unfruchtbar). Böden, abgesehen vom roten Sandboden d. Küste, kalkreich. Infolge unkontrollierter Bewässerung oft schwere Schädigungen durch Versalzung. Regenzeit: Oktober—April. Gefürchtet ist der Wüstenwind (Chamssin).

3) B e v ö l k e r u n g. ⁄- Übersicht S. 541/42. Nach Schätzung von Mitte 1935 gesamtj. Bevölkerung 335 000 J = 26%. Wohnsitz: Städte 535 000 Seelen (42,8%); Land 715 000 (57,2%). — Verhältnis von Stadt zu Land bei d. j. Bevölkerung = 77:23. — Einwanderung (außer Touristen) 1934: 44 143, erstes Halbjahr 1935: 33 970 J. Aus Transjordanien (Hauran) wandern viele Araber in Pal. ein. Außer J u. Arabern kleine Gruppen von Engländern, Templern, Tscherkessen, Maghrebinern, Drusen, Metawilis u. Bahaiten (bes. relig. Sekten). Regierung setzt jedes Halbjahr nach Anhören d. Vorschläge d. Jewish Agency d. Zertifikatsquote (Zahl d. Einwanderungserlaubnisse f. j. Arbeiter) fest. Kapitalisten mit mindestens 1000 Pfund Sterling, Handwerker mit 250 Pfund Sterling u. a. Gruppen können außerhalb dieser Quote einwandern.

4) P o l i t i s c h e r S t a t u s u. V e r w a l t u n g. Pal. ist Mandatsland d.

Kategorie A. Engl. Militärverwaltung 1920 durch Zivilbehörde abgelöst. Mandat wurde 1922 vom Völkerbund England zur Verwaltung übertragen. ⁄- Balfour-Deklaration u. Zusammenarbeit mit Jewish Agency im Mandat verankert. Verfassung von 1922 bekleidet d. britischen ⁄- High Commissioner (Oberkommissar) mit d. vollen Regierungsgewalt. Engl. Verwaltung besteht ferner aus Erstem Sekretär fat Haniwcharim", die aus ihrer Mitte d. Exekutivorgan, den „Waad leumi" (Nationalrat), wählt. Die Selbstverwaltung auf Grund d. Municipal Corporations Ordinance 1934 f. 23 Städte, auch rein j. wie Tel Awiw u. Petach Tikwa. Haupteinnahmeposten d. Mandatsfinanzen Zölle (über 40% d. Budgets); daneben bes. wichtig Steuern vom Bodenertrag, Grundbesitz u. Vieh, sowie auf Salz, Zündhölzer, alkohol.

Anlage einer palästinensischen Siedlung (Nahalal)

(Chief Secretary), juristischem Berater (Attorney General), Schatzmeister (Treasurer); sie sind auch Mitglieder des aus den 14 höchsten Beamten zusammengesetzten Rates (Advisory Council). Für d. einzelnen Arbeitsgebiete bestehen bes. Departements. Drei Verwaltungsdistrikte: Nord, Süd u. Jerusalem. Regierung plant seit langem einen mit beschränkten Rechten ausgestatteten „Gesetzgebenden Rat" (Legislative Council) unter Mitwirkung von Bevölkerungsvertretern. Nationales Selbstverwaltungsorgan d. Araber d. „Mohammedanische Rat"; d. rechtl. in der „Kenesset Jisrael" vereinigten pal. J wählen d. „Asse- Getränke. Angesammelte Einnahmeüberschüsse bis August 1935 = LP. 5 739 489; etwa 45% aus j. Quellen, 1927 hat d. pal. Regierung eine vom Londoner Schatzamt garantierte Anleihe von LP. 4 500 000 aufgenommen; Sommer 1934 Garantie einer zweiten Anleihe von LP. 2500000 vom brit. Parlament genehmigt. Rechtswesen: türkisches Gesetz gilt fort; subsidiär wird engl. Recht angewandt. Instanzenweg: Ortsgerichte (Magistrate Courts); Distriktgerichte (District Courts); Oberster Gerichtshof (Supreme Court). Für Familien- u. Erbstreitigkeiten bes. relig. Gerichtshöfe (getrennt f. Mohammedaner, J, Christen), f. Be-

Palästina: Statistik und Kolonien

Grösse: 26 330 qkm. **Währung:** 1 pal. £ (£P.) = 1 engl. £ = 100 Piaster = 1000 Mils. **Maße und Gewichte:** Offiziell eingeführt metrisches Maßsystem (Meter, Kilogramm, Liter). Flächenmaße: 1 Dunam = 1000 qm = 0,23 acre; 1 Pic = 0,58 qm. Neben dem Kilogramm als Gewicht gebräuchlich 1 Rottel = 2 Okka = 2,564 kg. 1 Kantar = 100 Rottel.

Bevölkerung 1931 (letzte Volkszählung)

	Seelen	%	Dez. 1934 (Schätzg.) Seelen
Mohamm.	759 712	73,34	843 000
Juden	174 610	16,86	300 000
Christen	91 398	8.82	96 400
Sonstige	10 101	0,98	10 600
	1 035 821	100%	1 250 000

Wachstum der jüd. Bevölkerung

Jahr	
1868	12 000
1900	50 000
1924	120 000
1931	175 000
1935 (Mitte)	335 000

Städte (Zahlen für 1932; o Schätzung von Anfang 1935)

	Gesamtz.	davon J	= %
Akko	6 420	78	1,2
Bethlehem	6 658	2	—
Ramle	7 312	35	0,5
Nazareth	7 424	53	0,7
Ludd	8 103	11	0,1
o Tiberias	8 601	5 381	60
o Safed	9 441	2 547	27
Nablus	5 946	16	0,1
Hebron	16 577	430	2,6
Gaza	17 480	54	0,3
o Jaffa	70 000	15 000	21,4
o Haifa	80 000	38 000	47,5
o Tel Awiw	115 000	114 000	99,1
o Jerusalem	115 000	66 000	57,4

Ein- und Ausfuhr 1933 in £P.

	Einfuhr	Ausfuhr
Nahrungsmittel, Getränke und Tabak	2 425 817	2 246 039
Rohmaterialien und Rohprodukte	836 485	31 915
Halb- und Fertigfabrikate	5 743 394	306 092
Gemischte und nicht klassifiz. Waren	2 117 793	7 571
	11 123 489	2 591 617

Die wichtigsten landwirtschaftlichen Kolonien in territorialer Gliederung

Obergaliläa:
Metulla, Kfar Gileadi, Tel Chaj (m. Grab Trumpeldors), Jessod Hamaala, Ajelet Haschachar, Mischmar Hajarden, Rosch Pina (Tabak)

Untergaliläa:
Migdal, Kineret, Dagania A u. B, Bet Sera, Menachemia, Sedschera, Poria, Chittin, Kfar Tabor

Emek Jesreel:
En Charod, Bet Alfa, Chefziba, Tel Josef, Giwea, Kfar Jecheskeel, Misra, Merchawia, Balfouria, Nahalal (Frauenfarmschule), Ramat David (zu Ehren D. Lloyd George), Ginegar, Mischmar Haemek

Haifa Bay
Jagur, Kirjat Chajim (zur Erinnerung an Ch. Arlosoroff)

Schomron
Atlit, Schefeja, Sichron Jaakow (zur Erinnerung a. Baron Rothschild, Weinbau), Benjamina, Pardes Channa, Giwat Adda, Kerkur, Gan Schemuel, Chedera

Scharon-Ebene
Nathania (zur Erinnerung an Nathan Straus), Kalmania, Tel Mond (Besitz von Lord Melchett), Kfar Saba, Magdiel, Ramatajim, Raanana, Petach Tikwa (Orangen), Bne Berak, Ramat Gan

Schefela-Ebene
Mikwe Israel (Ldw. Schule), Ben Schemen (Kinderdorf), Neß Ziona, Rischon Lezion (Wein), Rechowot (Orangen), Giwat Brenner

Gebirge Juda:
Hartuw, Atarot, Kirjat Anawim, Ramat Rachel, Moza

duinen bes. Stammesgerichte (Tribal Courts).
5) Wirtschaft u. Verkehr. Früher reines Agrarland. 1220 qkm j. Boden, davon 350 KKL, 120 Pica, 750 Privaten gehörig. Große extensiv bearbeitete Flächen in d. Händen arab. Großgrundbesitzer, die d. Boden an Fellachen verpachten. Hauptprodukte d. arab. Landwirtschaft: Weizen, Gerste, Durrha,

Hausbau in Palästina

Wassermelonen, Olivenöl, Tabak. J förderten d. intensiven Pflanzungsbau u. d. Gemischtwirtschaft (Feldbau u. Viehzucht). Landwirtschaftl. Jahresproduktion 1933: 6 Mill. LP. Aufforstungsarbeit durch Regierungsdepartement u. KKL. (Baumspenden), hpts.: Ölbaum, Eukalyptus, Feigen, Steinobstbäume, Palmen, Pinus usw. Jewish Agency hat eine landwirtschaftl. Versuchsstation in Rechowot. Ferner gibt es zwei (j. u. arab.) von Cadoorie gestiftete landw. Schulen. Fischerei: Wert 1933 LP. 52 763 gegenüber LP. 80 000 Import im ersten Halbjahr 1935. Die moderne Industrie von J, zu 90% nach d. Kriege, geschaffen. Hauptzweige: d. Baustoffabrikation, d. Lebensmittelindustrie, d. Textilindustrie u. d. Elektrizitätswerke d. Palestine Electric Corporation. Öl-Raffinerien in Haifa geplant. Laut Statistik vom August 1934 gibt es 3388 j. Unternehmungen (970 industrielle, 2418 gewerbl.) mit 19595 Arbeitern, LP. 5 371 000 investiertem Kapital u. LP. 5 352 000 vorläufiger Jahresproduktion. Pal. hat als Durchgangsland nicht unbedeutende Zwischenhandelsmöglichkeiten. Rühriger Außenhandel (regelmäßige Levante-Messen in Tel-Awiw); Binnenhandel (meist in arab. Händen) noch oft in altertüml. Formen (Märkte u. Basare). In Jerusalem gemeinsame j.-arab. Handelskammer, in Jaffa u. Haifa je eine j. u. arabische. Hauptimportländer: Großbritannien, Deutschland, Amerika, Italien, neuerdings Japan; Hauptexportländer: Großbritannien, Deutschland, Syrien, Ägypten; Hauptexportprodukte: Südfrüchte, Seifen, Textilien, Zement. Besonderes Transferabkommen mit Dt. unter Einschaltung d. Haawara (Treuhandstelle f. Transfer j. Auswandererkapitals). Verhältnis d. Imports zum Export etwa 4,7:1. Passivsaldo (1934: 11,5 Mill. L.) durch Kapitalimport, Stiftungen u. Touristik gedeckt. Grundsätzlich erhebt Pal. einen Wertzoll von 12%. Zollfreiheit insbes. f. Kohle u. Brennstoff, Textilrohstoffe u. Bedürfnisse d. landw. Produktion. Zollunion zwischen Pal. u. Syrien, sowie Transjordanien. D. übrige Außenhandel vollzieht sich auf Grund der im Mandat vorgeschriebenen open door-Politik f. alle Völkerbundsstaaten. Zahlungsmittelumlauf Okt. 1935 LP. 7 545 134. Viele

Handels- u. Hypothekenbanken (↗ Banken). Entwickelte j. ↗ Genossenschaften. D. Arbeitgeberverbände sind: d. Verband j. Industrieller, d. Pflanzerverband u., in ihm bes. organis. zusammengefaßt, d. „Nationalen Landwirte", die nur j. Arbeiter einstellen. Arbeiterverbände ↗ Arbeiterbewegung, Gewerkschaften. Die sozialpolit. Gesetzgebung ist noch immer in d. Anfängen; in d. j. Wirtschaft gilt der 8-Stunden-Tag. Verkehr: a) 1934 legten 3454 Segelschiffe u. 3349 Dampfer von Übersee an. Herbst 1933 wurde d. Haifaer Hafen eröffnet; j. Schiffahrt: 6 Schiffe mit 15 500 t. b) Stützpunkt d. Luftlinie Europa—Indien—Australien (Flughafen in Ludd). c) Haifa Endstation f. d. Mossulpetroleumleitung u. d. projektierte Haifa—Bagdad-Bahn. Zunehmender Touristenverkehr; Entwicklung d. Hotel- u. Bäderwesens (Ausbau d. Tiberiasquellen). Gute Autostraßen, u. a. Jaffa—Jerusalem—Jericho—Amman, Jerusalem—Nablus—Afule—Nazaret, Haifa—Nazaret—Tiberias—Safed. Pal. Staatseisenbahnnetz 529 km mit Anschluß n. Ägypt., Transjordanien u. Syrien. Knotenpunkt d. beiden großen Linien (Jaffa-Jerusalem u. Kantara—Haifa) Ludd. 6) Kulturelles Leben: D. allgem. Schulpflicht praktisch noch nicht durchgeführt, jedoch d. Schulbesuch jüd. Schüler relativ viel größer als der arab. Kinder. Nach Nationalität bezw. Religion getrennte Schulen. D. j. Volksschulen unt. Oberaufsicht d. Regierung, getragen von d. Kenesset Jisrael, teilen sich in: 1) Allgem. Schulen, 2) Misrachi-Schulen, 3) Schulen d. Arbeiterorganisation, 4) hebr. Mittelschulen, 5) Lehrerseminare. Außerdem Netz von Kindergärten, Privat- u. Missionsschulen, Talmud-Tora-Anstalten. ↗ Technikum in Haifa. Hebr. ↗ Universität in Jerusalem (Liste d. Prof. u. Lektoren Sp. 775/76); National-Bibliothek mit 340 000 Bänden (Hauptsprache dt.), Aufschwung im Verlags- u. Pressewesen; d. beiden wichtigsten h. Tageszeitungen sind: d. progressiv-bürgl. „Haarez" (D. Land) u. d. Blatt d. Arbeiterorganisation „Dawar" (D. Wort). Lebhaftes international u. j. geistiges u. künstlerisches Leben in Jerusalem. Kulturelle Einordnung schwieriger in Tel Awiw; doch bedeutsame Anfänge. Wandertheatergruppen ↗ Habima u. ↗ Ohel; Kabaret ↗ Matate; Oper u. Orchester; ↗ Oneg Schabbat.

L: A. Bonne, P., 1933; H. Herrmann, P.-Kunde, 1934; Vilnay-Bonne, Reiseführer, 1935.

„Litfaßsäule" in Palästina

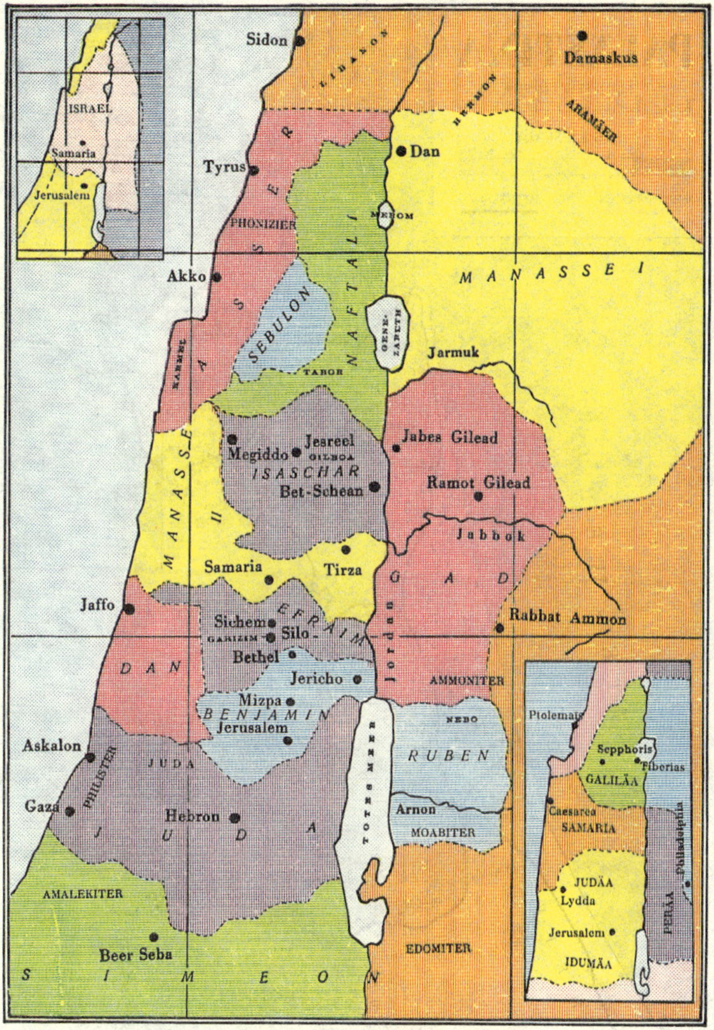

Das alte Palästina mit den Idealgrenzen der zwölf Stämme
Links oben: Königreiche Israel und Juda
Rechts unten: Palästina in griechisch-römischer Zeit

PALÄSTINA
MASS-STAB 1:1400 000
0 5 10 20 30 40 km
HÖHEN-SKALA
METER 0 150 600 METER
HAUPTSTRASSEN
EISENBAHNEN
MITTELMEER
nach Beirut
Tyrus (Zor)
SYRIEN
Metulla
Kfar Gileadi
Dan
Tel Chaj
HERMON
Sümpfe
Hule
See
nach Damaskus
Jessod ha-Maala
Ajelet ha-Schachar
Mischmar ha-Jarden
Rosch Pina
Safed
Karn
Akko
GALILÄA
Haifa Bay
Haifa
Kirjat Chajim
Migdal
Kinneret
-208
Kfar Chittin
Tiberias
Sera
KARMEL
Jagur
Kfar Chassidim
Nazareth
Nahalal
Ramat David
Kfar Tabor
Atlit
Jarmuk
Tel-Or
Mischmar ha-Emek
Misra
Afule
Balfouria
Merchavia
JESREEL
Pipe-Line
Schefeja
Sichron Jakob
Kfar Jecheskeel
En Charod
Tel Josef
Benjamina
Giwat Adda
Bet Alfa
Bet Schean
Pardes Channa
Kischon
En Gannim
Gan Schemuel
Chedera
SCHARON
Nathania
SAMARIA
GILEAD
TRANSJORDANIEN
Jordan
Tulkarm
Tel Mond
Nablus
Gan Chajim
Jabbok
Kfar Saba
Ramatajim
Magdiel
Jarkon
Tel-Awiw
Bne Berak
Petach Tikwa
Ramat Gan
Jaffa
JUDA
nach Ammon
Mikwe Israel
Atarot
Rischon le Zion
Ben Schemen
Neß Zion
Ludd
Ramle
Ramallah
Rechowot
Kiriat Anawim
Jericho
Giwat Brenner
Moza
Newe Jakob
Potasch Co.
Hartuw
Kallia
JERUSALEM
Beer Tuwja
Bethlehem
WÜSTE JUDA
SCHEFELA
Askalon
NEGEW
Totes Meer
Hebron
Gaza
Arnon
nach Port Said
nach Beerscheba
nach Masada
36°
30'
32°
33°

Palästina-Amt d. Jewish Agency in Dt.: Berlin (Zweigstellen in 22, Vertrauensstellen in ca. 350 Städten). Zuständig f. Vorbereitung u. techn. Durchführung d. Auswanderung u. Verteilung d. Zertifikate.

Palästina-Mandat. Völkerrechtl. Vereinbarung gemäß Art. 22, 4 d. Völkerbundsaktes, durch welche d. werdende Staat Pal. vom Völkerbund dem Mandatar England mit d. Verpflichtung zur Verwaltung übergeben wurde, d. Errichtung d. j.-nationalen Heimstätte im Sinne d. Balfour-Deklaration, d. Wahrung d. bürgerl. u. relig. Rechte aller Einwohner ohne Unterschied d. Rasse u. Religion, sowie d. Entwicklung von Selbstverwaltungsinstitutionen zu sichern. Mandatar besitzt alle Vollmachten d. Gesetzgebung u. Verwaltung; doch ist Pal. nicht britisches Territorium, sondern Land mit eigener Behörde u. eigener Staatsangehörigkeit. Mandatar ist dem Völkerbund f. Erfüllung sämtlicher Mandatsvorschriften verantwortlich u. muß d. permanenten Mandatskommission d. Völkerbunds regelmäßig Bericht erstatten. Mandatskommission berichtet darüber an d. Völkerbundsrat, der hierüber Empfehlungen an d. Mandatar äußern kann. Sämtliche Völkerbundsmitglieder genießen wirtschaftl. Gleichberechtigung (open door-Prinzip; Art. 18 d. Pal. M.); Pal. genießt auch seinerseits keine Vorzugsbehandlung im Britischen Imperium. Pal.-Mandat gehört mit Syrien u. Irak zur Mandatskategorie A, das sind d. weitest zivilisierten. Irak-Mandat bereits 1932 beendet; in Syrien Beendigung bevorstehend.

L: E. Marcus, Pal. ein werdender Staat, 1929.

Palästina Treuhand-Stelle zur Beratung dt. Juden G. m. b. H. (abgek. Paltreu), gleichzeitig mit d. Trust and Transfer Office Haawara Ltd., Tel Awiw, Herbst 1933 errichtet als Einzahlungsstelle f. d. Sonderkonto d. Transfer- (sog. Hoofien-) Abkommens zwecks Ermöglichung d. Überführung von Kapitalien j. Auswanderer nach Pal.

Palestine Economic Corporation (P. E. C.), gegr. 1924 Amerika. Beschaffung von Kapital zur Förderung produktiver Anlagen in Pal.

Palestine Electric Corp. ↗ Ruthenberg.

Palestine Jewish Colonization Association (abgek. Pica), gegr. 1924 zur administrativen Fortführung des von Baron Edmund von ↗ Rothschild geschaffenen Siedlungswerkes.

Palestine Land Development Co. (abgek. P.L.D.C.), Ltd., gegr. 1908 als z. Landerwerbs- u. Verteilungsges. in Pal., hat z. Verwaltungsrat.

Palestine Maritime Lloyd Ltd. Haifa, erste j. Schiffahrtslinie, deren Dampfer zwischen Konstanza, Istanbul, Rhodos, Haifa, Jaffa u. Port Said verkehren.

Palestine Shipping Co. ↗ Reeder.

Palgrave, Sir Francis (eigtl. Cohen), London 1788—1861, engl. Geschichtsforscher.

Max Pallenberg

Pallenberg, Max, 18. 12. 1877 Wien —Karlsbad 26. 6. 1934, Schauspieler, 1914/33 in Berlin, hervorragend in tragikomischen Charakterrollen (Molière) u. als zündender Improvisator in Schwänken wie „Familie Schimek" (von Kadelburg).

Pallière △ Aimé, geb. 1875, christl. Schriftsteller von j. Gesinnung, erstrebt eine Revision d. histor. Konflikts zwischen Jt. u. Christentum. Ⓦ Le sanctuaire inconnu (dt. „D. unbek. Heiligtum"), Autobiographie.

Palmfest ↗ Hoschana rabba.

Palmzweig ↗ Lulaw.

Panama (einschl. Kanalzone), ca. 800 J = 0,15%.

Paoli, Betty, (eigtl. Barbara Elisabeth Glück), Wien 30. 12. 1814–5. 7. 1894, Dichterin aus d. Kreis um △ Grillparzer. Sammlungen ihrer meist auf einen elegischen Grundton gestimmten Lyrik erschienen 1841, 1845 („Romancero"), 1850, 1870.

Pappenheim, Bertha, geb. 1859 Wien, förderte soziale u. pädag. Bestrebungen d. Frauenbewegung, bes. Mädchenschutz u. Bekämpfung d. Mädchenhandels, Schöpferin d. j. Frauenbundes (1904).

Päpste haben einerseits d. J vor abergläubischen Vorwürfen in Schutz genommen (Bulle Innozenz' IV. gegen d. Blutbeschuldigung 1247, mehrfach bestätigt [zuletzt während d. Beilis-Prozesses 1913]; Erklärung Clemens' VI. über d. Unschuld d. J am ↗ Schwarzen Tod, 1348), andererseits d. relig. Gegensatz fast durchweg aufs Schärfste betont, Ausnahmebestimmungen im MA hervorgerufen od. gutgeheißen (Gelber Fleck, Ghetto) u. d. j. Glauben verfolgt (Zwangspredigten u. -bekehrungen, T-Disputationen u. -Verbrennungen, Inquisition). ↗ Konzile. – Mittelalterl. j. Sage vom j. Papst Elchanan bzw. Andreas; histor. Grundlage: ↗ Anaklet II.

L: M. Stern, Stellung d. P. zu d. J, 1893/95.

Para (Kuh), Tr. (Teharot), handelt von d. Sühne durch d. Asche einer roten Kuh (NU 19).

Paradies. Miniatur in einer Tora-Handschrift des 13. Jahrhunderts

Paradies (Gan Eden, „Wonnegarten"), erster Aufenthalt d. ersten Menschenpaares, darin d. Baum d. Lebens (Ez ha-Chajim) u. d. Baum d. Erkenntnis d. Guten u. Bösen (Ez ha-Daat Tow wa-Ra; G 2–3); Ort d. Seligen, Wohnsitz d. Gerechten, die hier in Öl baden u. d. Fleisch d. Leviathan u. d. Wildochsen verzehren (unabhängig davon d. immaterielle Vorstellung von den im Himmel schwebenden körperlosen Seelen).

Paraguay, ca. 400 J = 0,04%; aschk. u. sef. J, die meist aus Argentinien in d. Hauptstadt Asuncion als Kaufleute einwanderten.

Parascha (Abschnitt), Bz. d. ↗ Wochenabschnitts.

Pardes (Garten [= Paradies]), mod. Bz. einer Orangenpflanzung in Pal.

Paris, 135 000 J = 4,65%. Seit d. 6. Jhd. in eigenem Viertel nachgewiesen. Talmudisten im 12. Jhd. bekannt als „Weise von P." 1394 endgültig vertrieben. Seit d. frz. Revolution Wiederansiedlung südfrz. Sefardim, elsäss. Aschkenasim, später mittel- und osteurop. J als

Bankiers, Kommissionäre, Konfektionäre, Schneider, Feinmechaniker. Massenviertel im Norden u. Osten. Geistige Oberschicht von Ärzten, Advokaten, Professoren u. Künstlern. Sitz d. frz. Oberrabbinats, Rabbinerseminars, Société des Etudes Juives; Alliance Isr.; Ica; Hicem; Ose u. a.

Parnas (Pfleger, Ernährer), Gem.-Vorsteher, Mitgl. d. Gem.-Vorstands.

Parochet, d. Vorhang vor d. Toraschrein in Samt, Seide oder Leinen, oft reich verziert (Tafel 25).

Parsismus (Lichtreligion Zoroasters im alten Persien) hat während d. Aufenthalts d. J in Babylonien, besonders in talmud. Zeit, d. eschatolog. Vorstellungen, Engel- u. Dämonenlehre (Satan) d. J mehrfach beeinflußt.

Parther ↗ Persien.

Pascin (eigtl. Pincas), Jules, 31. 3. 1885 Vidin (Bulgarien)—Paris 5. 6. 1930, Maler u. Zeichner. Seine zartdekadenten Gemälde u. Aquarelle in zahlr. Museen. P. illustrierte Heines

Jules Pascin

Bildniskopf von Benno Elkan

„Memoiren d. Herrn von Schnabelewopski" (1910). (Vgl. Tafel 18.)

Passah ↗ Pessach.

Passuk (Abschnitt), einzelner B-Satz.

Passul (beschädigt, unbrauchbar), Bz. eines f. d. rituellen Gebrauch untauglich gewordenen Gegenstandes.

Leonid Pasternak (rechts) und Hermann Struck. Doppelbildnis von Josef Oppenheimer, 1929

Pasternak: 1) Boris, geb. 10. 2. 1890 Moskau, Sohn von 2, russ. Dichter. Seine Lyrik erschien seit 1914 in zahlr. Sammlungen. 2) Leonid, geb. 4. 4. 1862 Odessa, Maler u. Graphiker, 1894/1921 Prof. an d. Moskauer Kunstschule, Freund Leo △ Tolstojs, den er vielfach malte. Ⓦ Zahlreiche Bildnisse (Abb. 828), darunter Porträt Adolf △ Harnack (Berlin, Harnackhaus), Porträt Albert Einstein (Jerusalem, Univers.).

Patach, Vokalzeichen a (kurzes a): waagerechter Strich unter d. Buchstaben.

Patriarch: 1) Ur- u. ↗ Erzvater (Aw). 2) „Fürst" (↗ Nassi), Oberhaupt d. J vom Ausgang d. röm.-j. Krieges bis zum 5. Jhd., residierte in Jerusalem, Jawne u. Tiberias; Hauptvertreter: ↗Gamliel II. (1. Jhd.); ↗ Hillel II. (4. Jhd.).

Patriotismus, Vaterlandsgefühl, natürliche Verbundenheit von Mensch u. Heimat, vermehrt durch Empfindung politisch-geschichtl. Zugehörigkeit und Schicksalsgemeinschaft. Bei J Hinzutreten relig. Vorschriften f. Staatstreue (Staatsgesetz ist Gesetz wie von Gott [Nedarim 28 b; Berachot 58 a]), Anhänglichkeit zur Heimat („Betet f. das Wohl Eurer Stadt" [Jr. 29, 7]). P. d. J schon vor Gleichberechtigung, obwohl aus Schicksalsgemeinschaft ausgeschaltet (Einzelbeispiele: Verteidigung von Speyer u. Prag auch durch J); seit Emanzipation in allen Staaten als natürliche Haltung, im Frieden (Förderung d. Wohlfahrt durch ↗ Stiftungen) u. vor allem im Kriege erweisbar: Blutzeugen 1813/15, 1864, 1866, 1870/71, in Schutzgebietskämpfen, insbes. Weltkrieg (↗ Kriegsstatistik, ↗ Militärdienst). In d. Nachkriegszeit positive Haltung bei Abstimmungskämpfen in Ost- u. Westpr. u. ↗ Oberschlesien. Mehrzahl d. dt. J auch nach 1933 an Land u. Kultur gefühlsgebunden.

Paulus (vor seiner Bekehrung Saulus), Heidenapostel, d. j.-hellenist. Diaspora entstammend, Begr. d. christl. Theologie (Paulinismus). ↗ Christentum.

Paulus de Santa Maria (eigtl. Salomo ha-Levi), 1352—1435, Apostat (aus Burgos), hoher kirchlicher Würdenträger, während d. Unmündigkeit Juans II. von Kastilien einer d. Regenten, an d. ✝-Gesetzgebung beteiligt.

Pe (Mund), 17. Buchst. d. h. Alph., Lippenlaut harter (p) u. weicher (ph, f) Aussprache; Zahlwert 80. Besondere Form d. Zeichens als Finalbuchstabe.

Pea (Ecke), Ackerwinkel f. Arme (L 19, 9); Tr. (Seraim).

Pekiin, Ort in Obergaliläa, Wohnsitz d. „j. Fellachen".

Peninna (Perle), d. ungeliebte von d. zwei Frauen Elkanas (I. Sm. 1).

Peninni ↗ Bedersi.

Pentateuch (Fünfbuch), griech. Bz. d. fünf Bücher Mose, d. Tora; hebr. Chamischa Chumsche Tora (d. fünf Fünftel d. Tora), abgek. Chumesch.

Peot (wörtl. Ecken, übertr. Schläfenlocken; vulg. Peies), altj. Brauch, d. Schläfenhaare nur wenig oder gar nicht abzuschneiden (auf Grund von L 19, 27; ↗ Bart).

Peräa (griech.: „d. jenseitige Land"). hellenist. Name f. ↗ Transjordanien.

Perek (Abgeteiltes), Abschnitt, Kapitel; volkstüml. Bz. d. ↗ Sprüche d. Väter.

Perez (Riß), Sohn d. Juda, Ahn Davids.

Perez, Isaak L., 18. 5. 1852 Zamosc—Warschau 3. 4. 1915, volkstüml. jidd. Dichter, Romantiker („Neochassidismus"), ursprüngl. Aufklärer u. Milieuschilderer (teilw. auch in h. Sprache). Ⓦ Erzählungen, Legenden, Szenen, Mysterien, Essays.

Perl, Josef, Tarnopol 1774—1839, Pionier d. galiz. Aufklärung, Reform u. Schulreform, h. Schriftsteller (Satiriker).

Perles: 1) F e l i x, 1874 München —Königsberg 1933, j. Gelehrter (B-Forschung), Rabbiner u. Prof. Königsberg. 2) J o s e p h, Vater von 1, 26. 10. 1835 Baja (Ungarn)—München 4. 3. 1894, j. Gelehrter (Sprach- u. Altertumskunde), Rabbiner in München.

Persien (Iran), ca. 60 000 J = 0,65%. Achämeniden (seit 5. Jhd. v.) herrschen über Babylonien u. Pal. (relig. Autonomie f. Juda durch Cyrus, Darius, Artaxerxes). Arsaciden (Parther, seit 3. Jhd. v.) geben, besonders nach röm.-j. Krieg, d. babylon. Diaspora Möglichkeit freier Entfaltung, die (mit Rückschlägen) unter Sassaniden (seit 3. Jhd. n.; Entstehung d. T) u. Kalifen (seit 8. Jhd.; Exilarchat) bis 11. Jhd. dauert. Entscheidender Niedergang seit Pseudomessias ↗ Alroy u. Mongoleneinfall (1223); Ausnahmegesetzgebung bis zur Revolution 1920. Sefardischer Ritus; besondere j.-pers. Mischsprache (auch bei d. kaukasischen u. mittelasiat. J): Pent.-

Übersetzung d. Jakob b. Josef Tawus (Konstantinopel 1546), umfangreiche relig. Lit. Die kurdischen J differieren sprachlich (neuaram. Dialekt) u. anthropologisch von d. persischen.

Peru, ca. 1000 J = 0,2% d. weißen Bevölkerung; Einwanderung von Aschkenasim (Elsaß) u. Sefardim seit Ende 19. Jhd. Hauptgem. Lima (meist Sefardim).

Perücke ↗ Scheitel.

Perusch (Auslegung, Kommentar), geläufige h. Bz. d. Exegese.

Peruschim (Abgesonderte; vielleicht aber auch: B-Erklärer), Bz. d. ↗ Pharisäer.

Perutz, Leo, geb. 2. 11. 1886 Prag, Schriftsteller, schrieb phantasievolle Romane u. Novellen („D. Marques de Bolibar“ u. a.).

Peschat (Einfaches), wörtliche B-Erklärung. ↗ Exegese.

Peschitta („die einfache“), Titel d. syr. B-Übersetzung, deren Herkunft (ob christl. oder j.) noch umstritten ist.

Pessach (Vorüberschreiten, Verschonung; griech. Pascha, bei Luther Passah), eines d. 3 Hauptfeste, am 14.—21. Nissan, zur Erinnerung an d. Auszug aus Ägypten (P. genannt, weil bei d. Tötung d. ägypt. Erstgeburt d. Engel an d. Häusern d. Israeliten vorüberschritt). Fasten d. Erstgeborenen am Tage vor P.; ↗ Seder-Feier (mit Verlesung d. P.-↗ Haggada) am 1. u. 2. Abend; ausschließl. Genuß ungesäuerten Brotes (↗ Mazza) an allen 8 Tagen. Megillot-Lesung: Hohelied.

Pessachim, Tr. (Moed), handelt vom Pessach.

Pessak, religionsgesetzliche Entscheidung. ↗ Dezisoren.

Pessikta (Abschnitt), Homilien zu d. Propheten-Vorlesung (Haftara), eine Form d. agadischen Lit., z. T. älter als d. Midrasch. 1) P. des Rabbi Kahana; 2) P. rabbati (gr. P.).

Petach Tikwa („Tor d. Hoffnung“), pal. Landstadt mit Munizipalrecht, nach mißglücktem Versuch (1879) seit 1882 besiedelt; 12 000 Einw.; Orangenbau mit arab. u. j. Lohnarbeitern.

Petachja b. Jakob aus Regensburg, Reisender. Aufzeichnungen über seine Orientreise (vor 1187) Grundlage d. Reisebeschreibung „Sibuw (Umkreisung) R. Petachja“.

Peticha (Öffnen): 1) Bz. d. Prologe im Schrifttum d. Midrasch (Prooemien) u. d. Eröffnungen zu den liturg. Dichtungen. 2) Öffnen d. Toraschreins vor d. Toravorlesung.

Petljura △ Semjon, Hetman d. Ukraine, veranstaltete während d. Bürgerkriege 1918/20 d. größten Pogrom d. modernen j. Geschichte (etwa 30 000 Tote in 372 Orten), von d. Sohn eines Opfers, dem Uhrmacher Schwarzbard, 1926 in Paris erschossen.

Petrus (Simon Kefa), d. Hauptapostel Jesu, Führer d. christl. Urgemeinde.

Pessach-Mahl. Christliche Darstellung von Dirk △ Bouts, um 1465

Petschek, Ignaz, 1857 Kolin—Außig 1934. Neben seiner Lehrfirma Ed. J. Weinmann größter tschech. Braunkohlenhändler u. -grubenbesitzer; beeinflußte auch d. mitteldt. Braunkohlenwirtschaft.

Pfefferkorn, Johann Joseph, 1469—1524, Apostat aus Mähren. Kaiser Maximilians Edikt von 1509 ermächtigte ihn zur Konfiskation aller h. Schriften, bes. d. T; Johann ↗ Reuchlin trat ihm 1510 entgegen.
L: L. Geiger, J. Pf. 1871.

Pflanzen ↗ Flora.

Pharao (ägypt.), Eigenname u. Herrschaftsbz. d. ägypt. Könige in d. B.

Pharisäer (Peruschim, „Abgesonderte"), die Schriftgelehrten d. Zeit d. 2. Tempels, erste Pfleger u. Ausgestalter d. Gesetzes, Vorläufer d. Mischna- u. T-Lehrer. P. lehrten d. körperliche Auferstehung u. dehnten d. Begriff d. Offenbarung auch auf d. sog. mündliche Lehre aus; dies die Hauptpunkte ihrer weltanschaulichen Differenz mit d. Sadduzäern. Zu diesen, als den Aristokraten, standen d. P. auch in polit. Gegensatz; zugleich grenzten sie sich, als d. Träger d. Schrifterforschung, vom ungebildeten einfachen Volke (Am ha-Arez) ab. Als Partei haben die P. nur gelegentlich d. Macht ausgeübt, als geistig-religiöse Richtung aber die Erhaltung d. Jt. ermöglicht.
L: L. Baeck, D. Ph., 1934.

Philadelphia, 275 000 J = 13%, seit 1719; sefardischen J folgten seit 1800 aschk., seit 1900 poln. J. Sitz zahlr. j. Organ. Dropsie College.

Philanthropin. Die bevorzugte Errichtung von Erziehungsanstalten als „Stätte d. Menschenfreundlichkeit" zu Ende d. 18. Jhd. in Dt. veranlaßte 1804 auch Siegmund Geisenheimer (im Hause M. A. Rothschild) in Frankfurt/M. ein solches Institut f. Unterkunft u. Erziehung j. Waisenknaben ins Leben zu rufen. P. wurde allmählich zur j. Volks-

Ein mitleydliche claeg vber al
le claeg an vnsern allergnedichsten Kayser/vñ
gantze duitsche Nation durch Johannes Pfefferkorn
gegen den vngetruwen Johan Reuchlin vnnd wydder
seynen falschen raytschlack vurmals vur die trewlosßen
Juden/vnd wydder mich geubt/vnd vn
chrystlichen vßgegossen.

Do leyt der hasze.

Johannes Pfefferkorn — Johannes Reuchlyn.

O layd vnnd layd über alle layd
Die sach hab ich gantz verloren.
Den sack hon ich zů eynem kleyd
Das bewyst Johannes Pfefferkorn.

Titelblatt einer Streitschrift von Joh. Pfefferkorn

schule, später zum Reformrealgymn. einschl. Mädchenlyzeum ausgebaut.

Philatelie, j. D. j. Briefmarkenkunde befaßt sich 1) m. d. Geschichte d. türk., dt., frz., ital., österr., russ. u. engl. Postanstalten in Pal., deren Marken, Stempel usw. 2) m. d. Darstellung j. Motive (J aus Biro-Bidschan, Rußland 1933; Rahels Grab, Pal. 1927; Magen David, Trinidad 1896), j. Persönlichkeiten (Zamenhof 1927, Ussischkin 1934 Rußland; Karl Marx 1919 Ungarn; Fürstin von ♁ Liechtenstein 1929) u. h. Schrift (Pal. seit 1920; Stadtpost von Luboml, Privat-B. [über 1000] j. Verbände, Stempel z. u. anderer j. Kongresse) auf B. 3) m. d. von j. Künstlern entworfenen Marken (engl. Jubiläumsmarken 1935). — In Pal. ist d. P. bes. stark verbreitet. L: Paul P. Lindenberg, D. Postwesen Pal.'s vor d. brit. Besetzung. 1926.

Philippi: 1) Felix, Berlin 5.8.1851 —24.11.1921, Dramatiker u. Erzähler. Ⓦ Bühnenwirksame Stücke („Wohltäter d. Menschheit"), Unterhaltungsromane. 2) Friedrich Ad., 15.10.1809 Berlin—Rostock 29. 8.1882, Prof. d. protest. Theologie.

Philippinen, 500 J = 4% d. weißen Bevölkerung, meist in d. Hauptst. Manila.

Philipps: 1) Benjamin Samuel, Sir, 1811—1889, Vorkämpfer d. j. Emanzipation in Engl., Lordmayor von London, geadelt. 2) George Faudel, Sir, 1840—1922, Sohn von 1, gleichfalls Lordmayor von London. 3) Henry Mayer, 1811—1884, amerik. Jurist u. Politiker, 1856 Kongreßmitglied.

Philippson: 1) Alfred, geb. 1864 Bonn, Sohn von 2, Geograph, o. Prof. Bern, Halle, Bonn; Ⓦ zur Geographie Griechenlands, Kleinasiens, d. Rheins. 2) Ludwig, 22. 12. 1811 Dessau—Bonn 29. 12. 1889, Rabbiner in Magdeburg, Vertreter d. gemäßigten Reform, Kanzelredner, Begr. d. „Allgem. Ztg. d. Jt." (1837). Ⓦ dt. B-Übersetzung („Israelitische Bibel", 1841/54). 3) Martin, 27. 6. 1846 Magdeburg —Berlin 2. 8. 1916, Sohn von 2, Historiker (preuß. u. dt. Gesch.), Prof. in Bonn u. Brüssel. Ⓦ Neueste Gesch. d. j. Volkes (1907/11).

Philister (Pelischtim), Nachbarvolk Israels, wohl nichtsemit. Herkunft, mit 5 Fürstenstädten an u. nahe d. S-Küste Pal.'s; P.-Kriege unter Simson, Samuel, Saul, David. Nach den P. ist Pal. genannt.

Philo von Alexandria, geb. um 20 v. (40 n. Führer einer j.-alexandrin. Gesandtschaft bei Caligula), Theologe u. Philosoph, klassischer Vertreter d. j. Hellenismus, Meister d. allegor. Schriftauslegung, vereinigt Sprach- u. Gedankengut d. griech. Philosophie (Plato) mit j. Offenbarungsglauben; im j. Bereich für lange Zeit singulär, wirkt er sichtbar zunächst auf d. christl. Kirchenväter. Erhaltene Ⓦ etwa 70 Schriften (griech.), Erklärungen zum Pent. (insbes. zu G), Monographien über d. Urväter, Darstellung d. mosaischen Gesetzgebung u. a. (Dt. Übers., L. Cohn u. I. Heinemann, 1909 ff.).
L: Heinemann, P.'s griech. u. j. Bildung 1931.

Philologen ↗ Sprachforscher.

Philosemitismus, wörtl. „Liebe zu d. Semiten", Gegensatz zum Antisemitismus. Ph. verneint Bedeutung einer der Umwelt nachteiligen j. Sonderart f. Staat u. Gesellschaft, daher Forderung d. Gleichberechtigung. Philosem. Tendenzen im Zeitalter d. Humanismus, bes. vertreten durch Luther (in seiner Frühzeit), Reuchlin, Lessing u. Herder. In Dt. „Verein zur Abwehr d. Antisemitismus" (1890/1933). In England äußert sich Ph. in judenfreundlicher Pal.-Politik (Balfour, Lloyd George, Salisbury).

Philosophen, j. d. neueren Zeit.
A. Philosophische Schulen:
Hans Kelsen (geb. 1881, Staats-

I. Spinozistische Richtung: Léon Brunschvicg (geb. 1869, intellektualistische Moral), Constantin Brunner (geb. 1862, „D. Lehre von den Geistigen u. vom Volke").
II. Kantische Richtung: a) Schüler Kants: Lazarus Bendavid (1754—1832), Marcus Herz (1747—1803), Salomon Maimon (1754—1800), b) Neukantianismus: 1) Begr. Otto Liebmann (1840—1912), 2) Neukantianische Schulen: Marburger Schule: Hermann Cohen (1842—1918), Ernst Cassirer (geb. 1874), Benzion Kellermann (1869—1923); Südwestdt. Schule: Emil Lask (1875—1915); Phänomenologische Schule: Moritz Geiger (geb. 1880, Ästhetik), Edmund ♁ Husserl (geb. 1859, Begr., „Logische Untersuchungen"), Max ♁ Scheler (1874—1928, Ethik), Adolf Reinach (1883—1916, Rechtsphilosophie); c) Einzelgänger: Salomo Friedlaender-Mynona (geb. 1871), Ernst Marcus (1856—1928), Kurt Sternberg (geb. 1885).
III. Fries'sche Richtung: Leonard Nelson (1882—1927, polit. Ethik).
IV. Hegelsche Richtung: Samuel Alexander (geb. 1859), Jonas Cohn (geb. 1869, Pädagogik), Adolf Lasson (1832—1917, Hegel-Philologie); zwischen Kant u. Hegel: Richard Kroner (geb. 1884), Arthur Liebert (geb. 1878, Dialektik), Siegfried Marck (geb. 1889).
V. Nietzscheaner: Max ♁ Brahn (geb. 1873), Aron Gurewitsch (1876—1902), Paul Mongré (geb. 1868), Paul Rée (1849—1901, Moralanalyse), Raoul Richter (geb. 1871).
B. Philosophische Einzeldisziplinen: 1) Logik: Gregor Itelson (1852—1926), Emile Meyerson (1859—1934); 2) Ästhetik: Bernhard Alexander (geb. 1850, Philosophie d. Kunst), Max Dessoir (1867, Kunstwissensch.), Emil Utitz (geb. 1883, Charakterologie); 3) Psychologie: Alfred Adler (geb. 1870, Individualpsych.), Siegfried Bernfeld (geb. 1892, psych. Pädagogik), Charlotte Bühler (geb. 1893, Kinderpsych.), Rudolf Eisler (1873—1926, mechanist. Psych.), Sigmund Freud (geb. 1856, Psychoanalyse), Adhémar Gelb (geb. 1887), Rich. Hellm. Goldschmidt (geb. 1883), Richard Hönigswald (1875, Denkps.), Wilh. Jerusalem (1854—1923, pädagog. Psych.), David Katz (geb. 1884, Kinderpsych.), Kurt Koffka (geb. 1886, exp. Psych.), Kurt Lewin (geb. 1890), Otto Lipmann (1880—1933, angew. Psych.), Hugo Münsterberg (1863—1916, pädagog. Psych.), Wilhelm ♁ Peters (geb. 1880, desgl.), Otto Selz (geb. 1881, Denkpsych.), William Stern (geb. 1871, Kinderpsych.), Richard Wahle (geb. 1857, mechanist. Psych.), Max Wertheimer (geb. 1880, Gestalttheorie), Otto Weininger (1880—1903, Sexualpsych.); 4) Völkerpsychologie: Elias Hurwicz (geb. 1884), Moritz Lazarus (1824—1903), Lucien Lévy-Bruhl (geb. 1857), Heymann Steinthal (1823—1899); 5) Soziologie: Max Adler (geb. 1873), Emile Durkheim (1858—1917), Julius Goldstein (1873—1929, Soz. d. Technik), David Koigen (1879—1933), Karl Mannheim (1893), Ludwig Stein (1859—1930), René Worms (1869—1926); 6) Kulturphilosophie: Georg ♁ Simmel (1858—1926); 7) Philosophie des Lebens (Vitalismus): Henri Bergson (geb. 1859), Jakob Klatzkin (geb. 1882), Emanuel Lasker (geb. 1868, Schachmeister; Lehre von d. Unbegreifbarkeit d. Welt), Georg Misch (geb. 1878, Schüler △ Diltheys), Leon Roth (geb. 1896); 8) Sprachphilosophie: Lazarus Geiger (1829—1870, Ursprung d. Sprache), Fritz Mauthner (1849—1923, Kritik d. Sprache); im Gefolge Mauthners: Benedikt Lachmann (geb. 1878), Gustav Landauer (1870—1919), Alexander Moszkowski (1851—1934); 9) Rechtsphilosophie: Eduard Gans (1798—1839, Schüler Hegels), Hans Kelsen (geb. 1881, Staats-

Salomo Ayllion (London)

Löw Mayer Berlin (Kassel)

Jechiel Michel (Potsdam)

Ezechiel Landau (Prag)

Rabbinerbildnisse des 18. Jahrhunderts

Tafel 26

Aschkenasischer Jude

Sefardischer Jude

Samaritaner

Kaukasischer Bergjude

Jude aus Buchara

Jemenitischer Jude

Falascha

Negerjude (New York)

Chinesischer Jude

Rasse

recht), Friedrich Julius Stahl (1802—1861, Lehre vom christl. Staate). 10) Neuere Religionsphilosophie: Martin Buber (geb. 1878), Salomon Formstecher (1808—1889), Adolphe Franck (1809—1893), David Rosin (1823—1894), Leo Schestow (geb. 1866), Oskar Goldberg (geb. 1885, Kritik d. Mythologie), Erich Unger (geb. 1887). 11) Geschichte d. Philosophie: Antike: Theodor Gomperz (1832—1912), Heinrich Gomperz (geb.1873), Paul ♁ Hensel (1860—1933), Karl Joël (1864—1934), Gustav Kafka (geb. 1883); Judentum im allgem.: Julius Guttmann (geb. 1880); Mittelalter: Moritz Eisler (1823—1902), David Neumark (1866—1924); Religionsphilosophie: Manuel Joel (1826—1896), Salomon Munk (1803—1867); Neuere Philosophie: Fabius Mieses (1824—1898); Romantik: David Baumgardt (geb. 1890); Lebensgeschichte Spinozas: Jakob Freudenthal (1838—1907). 12) Philosophische Zeitkritik: Ernst Bloch (geb. 1885), Kurt Hiller (geb. 1885), Theodor Lessing (1872—1933), Joseph Popper-Lynkeus (1838—1921), Walther Rathenau (1867—1922), Felix Weltsch (geb. 1884).

Philosophie, j., ↗ Religionsph.

Phöbus (mundartl. Feiwusch, danach: Feiwel), als j. Vorname neben gleichbedeutendem h. Uri (Licht) u. aram.Scheraga (Lampe) gebraucht.

Phönizier, Nachbarvolk Israels an d. N-Küste von Pal., in d. B nach ihren Hauptstädten Tyrus (Kg. Hiram, Bundesgenosse Salomos) u. Sidon genannt. Hamitische (od. semitische) Rasse; semit. Sprache (kanaanäisch, dem H nahe verwandt; auch Sprache der aus den P. hervorgegangenen Punier [Karthager] in Afrika); Überlieferung d. semit. Alphabets an d. Griechen durch d. Ph.

Physiker, j.: Georg von ↗ Arco, Hermann ↗ Aron, Leon ↗ Arons, Felix ↗ Auerbach, Arnold ↗ Berliner, Arthur Joseph Stanislaus Berson (Metereologe, Berlin; geb. 1859; ↗ Flieger), Eugène Bloch (Paris), Niels ↗ Bohr, Max ↗ Born, Emil Cohn (Straßburg; geb. 1854), Siegfried Czapski (Jena; 1861—1907), L. Polak Daniels (Groningen), Paul Ehrenfest (Leiden), Albert ↗ Einstein, Clarence Feldmann (Delft), James ↗ Franck, Richard ♁ Gans (Königsberg; geb. 1880), Rudolf ↗ Goldschmidt, Eugen ↗ Goldstein, Gustav ↗ Hertz, Salomon ↗ Kalischer, Theodor von Kármán (Pasadena; geb. 1881), Arthur ↗ Korn, Max Lewy (Berlin; einer d. Begr. d. Drehstromtechnik), Robert von ↗ Lieben, Gabriel ↗ Lippmann, Leo ↗ Loewenstein, Heinrich Gustav ↗ Magnus, Lise Meitner (Berlin; geb. 1878), Albert Abraham ↗ Michelson, Aldo ↗ Pontremoli, Ernst ↗ Pringsheim, Peter Pringsheim (Brüssel), Hans Reichenbach (Istanbul; geb. 1891), P. Th. ↗ Rieß, R. ↗ Rüdenberg.

Pic (Elle), pal. Längenmaß.

Pick: 1) Behrend, geb. 21. 12. 1861, Numismatiker, o. Hon. Prof. Jena, seit 1899 Direktor d. Münzkabinetts Gotha. 2) Ludwig, geb. 1868 Landsberg (Warthe), Pathologe, o. Hon. Prof. Berlin, richtete d. vorbildl. patholog. Museum d. Landauschen Frauenklinik u. d. Krankenhauses Friedrichshain ein.

Pidjon ha-Ben (Lösung d. Sohnes), Auslösung d. ↗ Erstgeborenen; bei d. Zeremonie (30 Tage nach d. Geburt) wird d. Knabe auf eine Schüssel gelegt (vgl. Abb. 309).

Pijut (griech.), Bz. d. synagogalen ↗ Poesie. ↗ Gottesdienst.

Pilpul (von Pilpel = Pfeffer), scharfsinnige Disputation, Methode d. talmud.-rabbin. Dialektik.

Pilsudski △ Józef, 1867—1935, d. Schöpfer d. neuen polnischen Staates, zählte schon in seinen Kampfjahren („Schützenvereine") und im Weltkrieg („Legionen") J als Mannschaf-

Camille Pissarro: Marktszene. 1885

ten u. Offiziere (d. jetzige General Bernhard Mond) zu seinen Mitarbeitern. Unter P.'s Herrschaft 1926 Aufhebung d. Sonderbestimmungen gegen d. J aus zaristischer Zeit, 1927 /28 Schaffung d. j. Gemeinderechts. In P.'s Schriften wiederholt Hinweise auf d. poln. Freiheitskämpfer ↗ Joselewicz.

Pinehas (Pinchas, ägypt.), Enkel Aarons, Priester, Eiferer für d. Stammesreinheit Israels (NU 25).

Pinehas b. Jair, Tannaite im 2. Jhd.; Legende vom frommen Esel P.s.

Pinhas, Künstlerfamilie: 1) Juda, 1727—1793, Miniaturmaler, seit 1753 Hofmaler d. Markgrafen Karl Wilhelm Friedrich von Ansbach. 2) Salomon, 1759—1837, Sohn von 1, Miniaturmaler u. Radierer, seit 1788 Hofminiaturmaler in Kassel; seine Bildnisse in mehreren Museen.

Pinkas (griech. [Pinax]), Notiz- bezw. Schuldbuch, Bz. d. Protokollbücher j. Gemeinden u. Körperschaften. Berühmte Pinkassim: P. d. Landjudenschaft Kleve (1690—1807; hrsg. von F. Baer, 1922), P. d. litauischen Synode (1623/1761; hrsg. von S. Dubnow, 1924).

Pinkus, Namensform, aus ↗ Pinehas.

Pinsk (Polen), ca. 17 500 J = 75%; J in P. seit 16. Jhd.

Pinsker: 1) Juda Löb, 1821 Tomaschow (Polen)—Odessa 1891, Vorläufer d. Z. Ⓦ Autoemanzipation („ein Mahnruf an seine Stammesgenossen von einem russ. J" 1882). 2) Simcha, 1801 Tarnopol—Odessa 1864, Vater von 1, j. Gelehrter, Pionier d. Karäer-Forschung.

Pinski, David, geb. 5. 4. 1872 Mohilew, jidd. Erzähler u. Dramatiker („Eisik Scheftel", Arbeiterdrama) sozialer Note, lebt in New York.

Pipe-Line führt Mossul-Öl in Röhren über 1600 km von Kirkuk nach Haifa bzw. Tripolis. Eröffnet 22.1.35.

Pirke Awot ↗ Sprüche d. Väter.

Pissarro, Camille, 10. 7. 1830 St. Thomas (Antillen)—Paris 12. 11. 1903, Maler u. Graphiker, aus marran. Familie, einer d. Vorkämpfer u. Meister d. frz. Impressionismus:

Camille Pissarro: Dorfstraße, 1870

seine Bilder u. Radierungen (meist Landschaften, oft mit figürlicher Staffage) weisen keinerlei Beziehung zum Jt. auf, zeigen aber zum ersten Male einen j. Künstler als anerkannten Führer in d. Geschichte d. europäischen Kunst. (Vgl. Tafel 15.)
L: Monographien von Lecomte, Delteil u. a.

Plagen (Makkot), zehn ägyptische (E 7—12): Blut (Dam) im Nil, Frösche (Zefardea), Stechmücken (Kinnim), Bremsen (Arow), Pest (Dewer) am Vieh, Geschwüre (Schechin) am Menschen, Hagel (Barad), Heuschrecken (Arbe), Finsternis (Choschech), Tod d. Erstgeburt (Makkat Bechorot) von Mensch u. Vieh; Sammelabkürzung: DeZaCh ADaSch BeAChaB.

Plato △ (im H Apalton genannt), 428—348 v., d. griech. Philosoph, hat von d. j. Denkern nur Philo direkt beeinflußt. Neuplatoniker in d. j. Religionsphilosophie d. MA: Israeli, Gabirol u. a.

Pniower, Otto, 23. 5. 1859 Gleiwitz—Berlin 17. 3. 1932, Literarhistoriker (bes. Goetheforscher), 1911/24 Direktor d. Märk. Museums in Berlin. Ⓦ Goethes Faust, 1899.

Poale Zion („Arbeiter Zions"), j. Arbeiterpartei innerhalb der z. Bewegung, entstand Anfang d. 20. Jhd. in Rußland. ↗ Arbeiterbewegung.

Poël (Wirkender), Arbeiter (Mehrzahl Poalim, weibl. Poëlet).

Poesie (Schira). Als älteste h. Dichtung in nachbibl. Zeit wird vielfach d Buch Sirach angesehen (2. Jhd. n.). Mischna, Talmud u. Midrasch enthalten nur spärliche Reste h. Sprüche, Gelegenheitsgedichte u. poet. Gebete. P. des MA ist aus d. Liturgie hervorgegangen: d. religiöse P. („Pijut") entsteht in Pal. u. blüht dort vom 5. bis 8. Jhd. (Josse b. Josse, Jannai, Kalir); sie schafft d. monumentalen Formen von Jozer, Kerowa, Awoda u. wirkt spracherneuernd. Palästinensische Einflüsse bestimmen d. Charakter d. P. in Italien bis 1100 (Meschullam b. Kalonymos), in Nordfrankreich (Josef Tow-Elem) u. Dt. (Simeon b. Isaak) auch darüber hinaus. In diesen Ländern werden namentlich viele Selichot (Bußdichtungen) verfaßt. In Spanien wird im 10. Jhd. d. quantisierende Prinzip d. arab. Metrik auf die h. P. übertragen; in d. nachfolgenden Zeit blüht dort d. profane u. d. relig. P. (Samuel ha-Nagid, Gabirol, Mose ibn Esra, Juda Halevi, Abraham ibn Esra, Charisi). Spanische Einflüsse dringen in d. Provence um 1200 ein (Abraham Bedersi, Jedaja Penini, Kalonymos), in Italien wirkt daneben d. christl.-ital. Dichtung (Immanuel aus Rom), insbes. vom 16.—18. Jhd. (Josef Zarefati, Jakob u. Immanuel Frances, Mose Zacuto, Mose Chajim u. Efraim Luzzatto); hier entstehen d. ersten Dramen u. Epen. In Nordafrika u. im Orient dominiert während d. MA eine Profandichtung im arab. Stile, die dann nach 1500 von span. Vertriebenen weitergepflegt wird. Im Orient erlebt d. relig. P. eine neue Blüte im 16. Jhd. (I. Nadschara), ist jedoch dort von 1700 an ebenso wie d. profane P. in stetem Niedergang. Eine neue Periode eröffnet d. Klassizist N. H. Wessely in Dt. (2. Hälfte d. 18. Jhd.). Vorübergehend ist Mitteleuropa d. Zentrum der h. P. (Sch. Cohen, S. Löwysohn), doch bald verschiebt sich dieses nach d. Osten, vor allem nach Rußland (M. J. Lebensohn, J. L. Gordon, Ch. N. Bialik). In d. Nachkriegszeit tritt an dessen Stelle Pal. Forschungen zur synagogal. P. von Zunz, Elbogen, Davidson; Anthologie der h. P. von H. Brody, d. j.-ital. P. von J. Schirmann; Forschungsinstitut f. h. Dichtung (Leitung H. Brody) in Jerusalem.

Pogrom (russ. „Verwüstung"; der P.), Bz. f. eine mit Plünderung u. Gewalttätigkeit verbundene Verfolgung einer bestimmten Bevölkerungsschicht, besonders der Juden.

Pohl, Max, 10. 12. 1855 Nikolsburg —Berlin 10. 4. 1935, Schauspieler, seit 1884 in Berlin, 1897—1932 am dortigen Staatstheater. In seiner Glanzzeit berühmt als Shylock u. Nathan.

Polen, 3 Mill. J = 9,6%. Nachgewiesen seit 10. Jhd. als aus Südosteuropa, seit 11. Jhd. aus Böhmen u. Dt. zugewanderte Händler. Generalprivilegien seit 13. Jhd. Im 16. Jhd. aufblühende T-Forschung. Zusammenfassung d. Gem. in Provinzialverbänden u. dieser in d. Vierländersynode. Polit. u. wirtschaftl. Rückschlag seit 17. Jhd. In russ. Zeit Teil d. j. Ansiedlungsrayons. Heute haben die J in P. Minderheitenrechte; starke Zersplitterung (Aguda, Z., Frontkämpfer, Wirtschaftsverbände); 1935 Schaffung eines einheitl. Gem.-Verbandes. Verarmung d. j. Bevölkerung durch Wirtschaftskrise, begünstigt Auswanderung, früher mehr Übersee, heute Pal. — Von 100 j. Erwerbstätigen sind 9,8 Landwirte (darunter viele Pächter), 32,2 Handwerker u. Gewerbetreibende (bes. Bekleidung, mit beachtl. Arbeiterbeweg.), 35,1 Händler, 4,4 freie, 18,5% sonstige Berufe.

Polgar, Alfred, geb. 17. 10. 1875 Wien, Schriftsteller u. Kritiker, Meister der „Kleinen Form". Seine Theaterkritiken u. Feuilletons sind in 11 Bänden 1926/32 gesammelt erschienen.

Politik, j., als Einwirkung der J auf d. Gestaltung des j. Gemeinschaftslebens in Gem. u. Gem.-Verband ist bis zum Kriegsende wesentlich personenmäßig gebundene u. lokale P. (bis auf Verb. d. dt. J u. Kongreßgedanken). Seit 1919 mehr überlokale Gruppierungen: religiös (Liberale, Konservative, Mittelpartei, Trennungsorthodoxie, Reform), weltanschaulich entweder dt.-j. wie C. V. u. RJF. od. zionistisch (J. Volkspartei, Poale Zion, Revisionisten, Misrachi). Durch Erkenntnis d. j. Krise seit 1933 ergibt sich stärkere Zusammenschlußtendenz. 1933 Zentralausschuß f. Hilfe u. Aufbau u. Reichsvertretung d. dt. J.

Politiker: Adolphe Crémieux. Karikatur von Honoré △ Daumier

Politiker. J als P. seit Emanzipation bei allen politischen Richtungen, soweit nicht ✝, vertreten. Über Zahl d. j. Mitglieder u. ihren Einfluß bei d. einzelnen Parteien fehlen Unterlagen. Bedeut. j. P in Dt.: Friedr. J. ⊦ Stahl (konservativ); Johann ⊦ Jacoby, Eduard ⊦ Lasker, Gabriel ⊦ Riesser, Ludwig ⊦ Bamberger, Leopold ⊦ Sonnemann (liberal); Ludwig ⊦ Frank, Paul ⊦ Singer u. Ferdinand ⊦ Lassalle (sozialdem.); Karl ⊦ Marx als Begr. sozialistischer Doktrin. Im Ausland stärkere politische Wirksamkeit von j. P. im Parlament, so in Amerika: Juda P. Benjamin (1811—1884, Staatssekr. d. Äuß.), Oskar H. Strauß (erster j. Min.), Henry ⊦ Morgenthau u. Abraham J. Elkuß (Botsch. in d. Türkei); England: ⊦ Disraeli, Lord Melchett, Lord Reading, Lionel de Rothschild, Sir

David Salomo, Sir Herbert Samuel; in Frankreich: Adolphe ↗ Crémieux (Justizminister), Léon ↗ Gambetta u. a. Österreich: Friedr. u. Victor Adler, Ignaz ↗ Kuranda. Nur in wenigen Staaten sind j. P. ausschließl. f. j. Interessen (als Vertretung d. Minderheit) gewählt u. tätig: so in Lettland, Litauen u. Polen; sonst stets im Interesse d. Gesamtheit wirkend. L: R. Schey, Von Marx bis Rathenau. 1929.

Politzer, Adam, 1835 Alberti (Ungarn)—Wien 1920, o. Prof. d. Ohrenheilkunde Wien, Begr. d. modernen Otologie; neue Methode „Politzern" (Einblasen von Luft in die Paukenhöhle).

Poll, Heinrich, geb. 1877 Berlin, Anatom, o. Prof. Hamburg 1924/33, wichtige Studien zur Vererbungslehre (Halbseitenzwillinge, Fingerabdrücke bei Zwillingen).

Pollak, Jakob, geb. in Prag, gest. um 1530 in Safed, Rabbiner u. Leiter einer T-Schule in Krakau. P. ist Ausgestalter d. Lehrmethode d. ↗ Pilpul.

Polygamie ↗ Ehe.

Pomis, David de, 1525 Spalato—Venedig 1588, Arzt u. Grammatiker. Ⓦ De medico Hebraeo, Apologie d. j. Ärzte; Zemach David (Sproß D.'s), Wörterbuch zum T (h., lat., ital.).

Pompejus △, 106—48 v., griff in d. Thronstreit der Prinzen Hyrkan II. u. Aristobul II. ein; mit d. Eroberung Jerusalems durch P. (63 v.) hörte faktisch d. j. Selbständigkeit auf.

Pontremoli, Aldo, 1896—1928, Physiker u. Dozent am Istituto di Fisica complementare Univ. Mailand, stürzte als wissenschaftl. Assistent d. Nobile-Expedition 1928 vom Luftschiff „Italia" ab.

Poppenberg, Felix, Berlin 13. 10. 1869—28. 8. 1915, Essayist, Kritiker.

Popper: 1) David, 1843—1913, hervorragender Violoncello-Virtuose in Wien u. Budapest. 2) Josef (Pseud. Lynkeus), 1838 Kolin (Böhmen)—Wien 1921, Sozialreformer, begr. d. Theorie „d. allgem. Nährpflicht d. Staates als Lösung d. sozialen Frage" (1912), auch als Erfinder (elektr. Kraftübertragung 1862) u. Philosoph bedeutend. Ⓦ Phantasien eines Realisten.

Porges, Nathan, 1848 Proßnitz—Würzburg 1924, j. Gelehrter (Bibliographie u. Sprachwissenschaft), Rabbiner in Leipzig.

Poritzky, Jakob Elias, 13. 1. 1876 Lomza (Polen) — Berlin 31. 1. 1935, Schriftsteller, Novellist u. Essayist.

Porto-Riche, Georges de, 20. 5. 1849 Bordeaux—Paris 5. 9. 1930, frz. Dramatiker, Verfasser psychologisierender Liebesstücke (L'amoureuse u. a.).

Porto Rico, 200 J = 0,2%.

Portugal, 2000 J = 0,03%, hpts. in d. Hauptstadt Lissabon. Bis zum 13. Jhd. geringe Bedeutung. Kurze Blüte durch Einwanderung span. Exulanten u. Marranen nach 1492, bis 1497 auch hier Vertreibung erfolgt (Zurückgebliebene zwangsgetauft oder versklavt). Die portug. Marranen erhielten Privilegien (bis P. 1580 unter span. Herrschaft geriet), so daß sie sich als bes. Gruppe erhielten, die neuerdings Kapitän Barros-Bastos zum Jt. zurückzuführen versucht. Neueinwanderung seit d. 19. Jhd. L: M. Ehrenpreis, D. Land zwischen Orient u. Okzident, 1928.

Posen, Prov., 9000 J = 0,4%, früher 75 000 = 5,7% (1850, Höchststand) u. 26 500 = 1,26% (1910). Hauptgemeinden Posen, Bromberg. J-Einwanderung in 2 Etappen, frühes MA u. seit 15. Jhd. (Austreibungen aus Dt.). Rechtsstatut 1264 von Herzog Boleslaw. Landessynode bildete Teil der Vierländersynode. Von 1772 (bzw. 1793)—1807, 1815—1919 preußisch. Erst 1850 Rechtsangleichung der poln. an die preuß. J. Fortdauernde Abwanderung, nach Berlin, Paris u. New

York. Wiege hervorragender Rabbiner, Wissenschaftler, Wirtschaftler. Seit Kriegsende Abwanderung der für Dt. optierenden J, teilweise ersetzt durch Einwanderung aus Kongreßpolen. Bei Dt. verblieb Grenzmark mit einigen Mittelgemeinden. Posener Heimatvereine, 1925 im Verband (Sitz Berlin) zusammengeschlossen; Organ: Blätter d. Verbandes j. Heimatvereine. L: Heppner-Herzberg, Aus Verg. u. Gegenw. d. J in d. Posener Landen, 1904/29.

Posen, Stadt, 2400 J = 1%. Seit 14. Jhd. nachweisbar. Hochstehende talmud. Forschung. In preuß. Zeit maßgebl. in Kommunal-, Wirtschafts- u. Geistesleben. Jetzige Gemeinde besteht überwiegend aus kongreßpoln. Nachkriegseinwanderern.

Possekim ↗ Dezisoren.

Potifar (ägypt.), Höfling d. ägypt. Königs; sein Weib (in d. islam. B-Sage: Suleika) sucht Josef vergeblich zu verführen.

Pottner, Emil, geb. 10. 12. 1872 Salzburg, Maler, Graphiker u. Bildhauer, trat vor allem als Tierplastiker hervor; zahlr. Modelle f. Porzellanmanufakturen.

Pour le mérite ↗ Auszeichnungen.

Poznanski, Samuel Abr., 3. 10. 1864 —6. 12. 1921, j. Gelehrter (Gesch. d. gaonäischen Zeit, Lit. d. Karäer), Rabbiner in Warschau.

Prag, 35 425 J = 4,17% (davon 18 014 tschech., 8088 dt. u. 8044 j. Nationalität); bereits um 900 n. Rechtsverhältnisse durch Privilegien (Majestätsbriefe) der meisten Herrscher geregelt, trotzdem Verfolgungen. 1389 wurden an 3000 J erschlagen (darüber berichtet eine Selicha d. Awigdor Karo). 1240—1781 J-Abzeichen; 1725/1849 durfte nur d. älteste Sohn (Familiant) heiraten. Ghetto (8/10 000 J) durch Tore von d. Altstadt abgeschlossen, brannte 1689 u. 1754 ab; Dezimierung d. Gemeinde durch d. Pest (1639, 1680, 1714), immer neuer

Judenfriedhof in Prag

Zuzug aus d. Osten. Schon im 16. Jhd. j. Fleischer-, Schneider- u. Schusterzunft mit behördl. bestätigten Satzungen. 1512 h. Buchdruckerei d. Gersoniden, d. erste in Mitteleuropa, gegründet. Vom 1852 aufgelassenen Ghetto sind noch erhalten: d. alte Friedhof mit etwa 20 000 Steinen (1439/1787), d. Altneuschul (um 1260 erbaut; Tafel 1), d. j. Rathaus mit d. Hochsynagoge (1568), d. Pinkas-, Klaus- u. Meislsynagoge. In P. j. Archiv, Bibliothek, Museum.

Prediger Salomo ↗ Kohelet.

Predigt (u. Predigtliteratur), auf dem Schriftwort beruhender gottesdienstl. Vortrag, integrierender Bestandteil des Gottesdienstes, dient der Erbauung u. Belehrung. Unterscheidung in statuarische P. (Sabbat- u. Fest-P.) u. Kasual-P. (Trau-, Leichen- u. Weihe-P. u. ä.). Anfänge d. P. gehen auf Esra zurück, der im Gottesdienst d. Toraabschnitt vorlas u. erklärte. In talmud. u. nachtalmud. Zeit d. Prediger Chacham od. Darschan gen., die P. Derascha, allsabbatl. gehalten, ihr Material in den Midraschim gesammelt (insbes. Midrasch Rabba, Tanchuma aus d. Zeit d. Geonim). Von großer Bedeutung die P. in Spanien, Portugal, Holland, Italien im 15.–18. Jhd.; in Dt. im MA nur einige Male im Jahre gehalten (j.-dt.), bis Mendelssohn d. erste dt. P. hielt. Gefördert durch Israel Jacobson, wird die P. in Kassel u. Seesen zu einer regelmäßigen Einrichtung (1806). Berühmte Prediger in Dt. u.a. Leop. Zunz („Die gottesdienstl. Vorträge d. J" [1832], dort die gesamte P.-Literatur quellenmäßig behandelt), J. N. Mannheimer-Wien, Ludwig Philippson, Michael Sachs, Abr. Geiger, S. R. Hirsch, M. Joel, Adolf Jellinek-Wien, S. Maybaum, N. A. Nobel. Heute dt. P. in Syn. aller Richtungen. P.-Lit. außer bei Zunz bei Winter u. Wünsche, Jüd. Lit. (II u. III), u. Maybaum, Jüd. Homiletik (1890).

Preßburg (slow. Bratislawa), ca. 11 000 J = 11%, seit 13. Jhd., Synagoge 1399; Sitz d. Jeschiwa d. Mose Sofer (19. Jhd.).

Presse, j., nahm ihren Ausgang von Amsterdam, wo seit 1667 unregelmäßig in h. Lettern u. jiddischer Sprache d. „Zeitung aus India" (hpts. m. Handelsnachrichten) erschien. Ihr folgte 1728/61 eine Wochenschrift „Frucht vom Lebensbaum" (hpts. m. Responsen). Erst 100 Jahre später ist wieder eine j. Zeitung nachzuweisen. In Dt. entstand 1750 Moses Mendelssohns (nur in zwei Nummern erschienener) „Sittenprediger" (Kohelet mussar) in h. Sprache u. 1771/72 zwar noch in h. Lettern, aber bereits in dt. Sprache d. „Dyhernfurther Privilegierte Zeitung", der 1784/1811 (ebenfalls von Mendelssohn angeregt) „Der Sammler" (ha-Meassef), zum Teil schon in dt. Lettern gedruckt, folgt. Mit ihm hebt d. gr. Zahl 1) j.-w i s s e n s c h. Zeitschriften an, die d. dt.-j. Presse d. 19. Jhd. charakterisieren: „Siona, encyclopäd. Wochenbl. f. Israeliten", Wien Juli/Dez. 1819 (Begr. Alois u. Ignaz Jeitteles), „Ztschr. f. d. Wissensch. d. Jt.", Berlin 1822/23 (Begr. Leopold Zunz), „Der Jude", Altona 1832/35 (Begr. Gabriel Riesser, erneuert in Berlin 1916/24 von Martin Buber), „Wissensch. Ztschr. f. j. Theologie", Frankfurt/M. 1834/48 (Begr. Abraham Geiger), „Allgem. Ztg. d. Jt.", Berlin 1837/1922 (Begr. Ludwig Philippson), ⁄ „Monatsschr. f. Gesch. u. Wissensch. d. Jt.", Breslau seit 1851 (Begr. Zach. Frankel), „Hamaskir, h. Bibliographie", Berlin 1858/82 (Begr. Moritz Steinschneider), „Jüd. Ztschr. f. Wissensch. u. Leben", Berlin 1862/75 (Begr. Abraham Geiger), „Jahrb. f. Gesch. u. Lit. d. J", Frankfurt/M. 1874/90 (Begr. Nehemia Brüll), „Ztschr. f. d. Gesch. d. J in Dt.", Braunschweig 1887/92 (Begr. Ludwig Geiger, erneuert von Ismar Elbogen, Aron Freimann u. Max Freudenthal seit 1929), „Ost u. West", Berlin 1901/22 (Begr. Leo Winz), „D. ⁄ Morgen", zuerst Darmstadt, jetzt Berlin, seit 1925 (Begr. Julius Goldstein). Mitte d. 19. Jhd. beginnt d. Gründung 2) j. r e l i g. Zeitschriften. Unter ihnen (als Vorläufer) „Sulamith" (reformerisch), Dessau 1806/33, „Jeschurun" (konserv.), Frankfurt/M. 1854/70 (Begr. Samson Raphael Hirsch), „Der Israelit" (Organ d. Aguda), Frankfurt/M. seit 1860 (Begr. Marcus Lehmann), „Die Laubhütte" (orthodox), Hamburg 1866/67 u. seit 1884, „Dt. Isr. Ztg." (agudist.), Hamburg seit 1884, „Jüd. Liberale Ztg.", Berlin 1921/34, „Mitteilungen d. j. Reform-Gem.", Berlin seit 1918. Um die Jahrhundertwende treten d. 3) j. p o l i t. Zeitungen in Erscheinung: ⁄ „Im Deutschen Reich" (Organ d. C. V.), Berlin 1895/1921, ⁄ „Jüdische Rundschau" (Organ d. z. Vereinigung), Berlin seit 1896, ⁄ „Der Schild" (Organ d. R. J. F.), Berlin

Tafel der jüdischen Presse in Deutschland 1935

Name	Anschrift	Gegr.	Auflage Okt. 1935	Ersch. monatl.	Schriftleiter
Der Israelit, Frankfurt a. M.	Rechneigrabenstr. 7	1860	4 050	4 mal	S. Schachnowitz
Jüd.-Allgemeine Zeitung, Berlin	Bleibtreustr. 2	1934	4 600	4 „	Dr. E. Tannenbaum
Mitteilung. der jüd. Reform.-Gem., Berlin	Johannisstr. 16	1918	3 000	1 „	George Goetz
Die Laubhütte, Hamburg	Hallerstr. 64	1884	3 000	2 „	Jakob Meyer
Zion, Berlin	Kantstr. 6	1928	2 000	1 „	Alexander Adler
C.V.-Zeitung, Berlin	Emser Str. 42	1922	40 000	4 „	Dr. A Hirschberg, Dr. M. Edelheim
Jüdische Zeitung, Breslau	Gartenstr. 25	1924	2 000	4 „	Erich Bildhauer
Jüdische Rundschau, Berlin	Meinekestr. 10	1896	37 200	8 „	Dr. R. Weltsch, K. Löwenstein
Der Schild, Berlin	Kurfürstendamm 200	1921	17 200	4 mal	Dr. Hans Wollenberg
Der Vortrupp, Berlin	Hasenheide 54	1934	1 300	unreg.	Dr. H. J. Schoeps
Hamburger Isr. Familienblatt, Berlin	Lindenstr. 69	1898	36 500	4 mal	Dr. Alfr. Kupferberg
Zeitschrift f. jüd. Familienforschg., Berlin	Tirpitzufer 22	1924	1 000	1 „	Dr. A. Czellitzer
Monatschrift für Geschichte und Wissenschaft des Judentums, Breslau	Schwertstr. 6	1851	1 800	unreg.	Dr. I. Heinemann
Zeitschrift f. d. Gesch. d. J. in Dt., Berlin	Pariser Str. 44	1929	500	„	Dr. Ernst G. Löwenthal
Monatsbl. des jüd. Kulturbunds, Berlin	Lindenstr. 74	1933	18 200	1 mal	Julius Bab
Monatsbl. d. j. Kulturb. Rhein-Main, Frankf.	Gärtnerweg 62	1934	3 000	1 „	Arthur Holde
Monatsbl. d. j. Kulturb. Rhein-Ruhr, Köln	Dischhaus	1934	5 000	1 „	Dr. T. Rosenthal
Der Morgen, Berlin	Pariser Str. 44	1925	1 400	1 „	Dr E. Reichmann, Dr. H. Bach
Posener Heimatblätter, Berlin	Wilmersdorferstr. 95	1926	1 250	1 „	Dr. Hermann Berlak
Der jüdische Kantor, Hamburg	Isestr. 47	1927	250	unreg.	Leon Kornitzer
Jüdische Schulzeitung, Köln	Unkelerstr. 17	1924	900	1 mal	Dr. Siegfr. Braun
Der jüdische Handwerker, Berlin	Nachodstr. 8	1908	3 600	1 „	Erich Salinger
Blätter des jüd. Frauenbundes, Berlin	Kantstr. 158	1924	4 100	1 „	Hannah Karminski
Schwesternverb. der UOBB., Frankfurt a. M.	Gärtnerweg 55	1928	5 500	1 „	Dr. Dora Edinger
Großloge für Deutschland UOBB., Berlin	Kleiststr. 12	1901	10 000	unreg.	Daniel Bernstein
Der Makkabi, Berlin	Meinekestr. 10	1898	5 000	1 mal	Heinz Engländer
Gem.-Blatt f. d. j. Gem. Preußens, Berlin	Kantstr. 158	1922	6 000	1 „	George Goetz
Korr. für jüd. Auswanderungsangel., Berlin	Steglitzer Str. 9	1905	5 000	unreg.	Mark Wischnitzer

Rembrandt △ Harmensz van Rijn: Bildnis eines Rabbiners. 1642
Budapest, Nationalgalerie

Tafel 28

Die Tempelgeräte der Juden im römischen Triumphzug. Marmorrelief am Titusbogen in Rom, 82 n.

Tafel 29

Palästina-Nachrichten, Berlin	SW 19, Neue Grünstr. 30	1933	5 000	2 mal	Dr. Fr. E. Ascher
Band, Ztschr. f. j. Gehörlose, Bln.-Weissensee	Parkstr. 22	1926	500	1 mal	Dr. Felix Reich
Jüdische Wohlfahrtspflege	*Berlin,*	1929	—	unreg.	Dr. Fr. Brodnitz
Inform.-Bl. d. Zentralaussch. f. Hilfe u. Aufb.	Kantstr. 158	1934	—	unreg.	Dr. Fr. Ollendorff
Gemeinde-Blatt für den Bezirk ***Aachen*** .	Harskampstr. 2	1926	500	2 mal	Rich. Heidelberg
Jüdisches Gemeinde-Blatt für ***Anhalt*** . .	Dessau, Sand 10	1925	350	1 „	Dr. Walter
Gemeinde-Blatt der jüd. Gemeinde ***Berlin***	Oranienburger Str. 29	1910	52 000	4 „	Leo Kreindler
Gemeinde-Blatt der isr. Gemeinde ***Bremen***	Gartenstr. 6	1929	450	1 „	Dr. Grünewald
Breslauer jüdisches Gemeinde-Blatt . . .	Gartenstr. 19	1920	5 500	2 „	Manfr. Rosenfeld
Jüd. Zeitung f. Mittelsachsen, ***Chemnitz*** .	H. Beckstr. 4	1931	1 000	2 „	Rabb. Dr. Fuchs
Jüdisches Gemeinde-Blatt ***Danzig***	Reitbahn 10/13	1928	2 500	2 „	Dr. Iwan Grün
Gemeinde-Blatt f. die Gemeinde ***Dortmund***	Bissenkamp 11	1933	900	2 „	Heinz Meyerfeld
Mitteilungen des sächs. Gem.-Verbandes	***Dresden,***	1927	2 400	unreg.	amtlich
Gemeinde-Blatt der jüdischen Gemeinde	Zeughausstr. 3	1925	2 200	2 mal	Leo Anschel
Gemeinde-Zeitung ***Düsseldorf***	Düsseldorf.	1929	1 600	2 „	Rabb. Dr. Klein
Gemeinde-Zeitung ***Duisburg***	Marienstr. 12	1929	500	2 „	Rabb. Dr. Klein
Gemeinde-Zeitung ***Essen***		1929	950	2 „	Rabb. Dr. Klein
Frankfurter Israelitisches Gemeinde-Blatt	Fahrgasse 146	1922	7 200	1 „	Dr. Herm. Gundersheimer
Deutsches Isr. Gemeinde-Blatt, ***Hamburg***	ABC-Str. 57	1925	6 400	1 „	Dr. N. M. Nathan
Nachrichtenblatt der Syn.-Gem. ***Hannover***	Wedekindstr. 6	1924	1 600	1 „	Siegfr. Bacharach
Blatt d. Oberrats bad. Israeliten ***Karlsruhe***	Kriegstr. 154	1884	1 000	unreg.	amtlich
Israelitisches Gem.-Blatt, ***Karlsruhe*** . . .	Herrenstr. 14	1934	2 600	2 mal	Paul Steeg
Jüdische Wochenzeitung, ***Kassel***	Wilhelmshöh. Allee 117	1933	450	1 „	Jakob Weißlitz
Gemeinde-Blatt ***Köln***-Ehrenfeld	Hospeltstr. 37	1931	2 800	4 „	Fritz Neulaender
Königsberger jüdisches Gemeinde-Blatt .	Brahmsstr. 5	1924	1 400	1 „	Dr. Reinhold Lewin
Gemeinde-Blatt der isr Rel. Gem. ***Leipzig***	Blümelstr. 10	1925	3 800	4 „	Rabb. Gustav Cohn
Isr. Gem.-Blatt für die Pfalz ***Ludwigshafen***	Schulstr. 14	1923	2 300	1 „	Dr. Grünewald
Mitteilungsbl. der Isr. Gem. Hessens, ***Mainz***	Hindenburgstr. 50	1926	3 200	1 „	Dr. Herm. Gundersheimer
Israelitisches Gemeinde-Blatt, ***Mannheim***	D. 7, 17	1923	2 350	2 „	Dr. Grünewald
Bayer. Israel. Gemeinde-Zeitung ***München***	Plinganserstr. 64	1924	4 500	2 „	Dr. Ludw. Feuchtwanger
Nürnberg-Fürther Gemeinde-Blatt	Rudolfstr. 13	1921	2 950	1 „	M. Bernheimer
Gemeinde-Zeitung. ***Saarbrücken***	Futter 25	1928	1 100	2 „	Rabb. Dr. L. Rothschild
Gemeinde-Blatt, ***Stettin***	Rosengarten 9	1929	1 200	1 „	Justizrat J. Moritz
Gemeinde-Zeitung für die Israelitischen Gemeinden Württembergs, ***Stuttgart***	Kasernenstr. 13	1924	1 850	2 „	Hans Sternheim
Gemeinde-Zeitung, ***Wuppertal,*** Düsseldorf	Kaiserstr. 43	1928	950	2 „	Gustav Sussmann

seit 1921, „Der nationaldt. J" (Organ d. nationald. J), Berlin 1921—1935, ↗ „C. V.-Zeitung" (Organ d. C. V.), Berlin seit 1922, „D. Staatszionist" (Organ d. Staatszionisten), Berlin 1933/35. Hierher gehört auch in gewissem Sinn d. ↗ „Hamburger Israel. Familienblatt" (parteilos), Hamburg seit 1898. Die Gründung d. sog. 4) Gemeindeblätter (z. Zt. 31) fällt in d. Jahre 1920/30 (Ausnahme Karlsruhe 1884 u. Berlin 1910). Daneben zahlr. Blätter d. Jugendbünde (bis 1934), Berufsorganisationen u. Vereine, die aus d. Tabelle zu ersehen sind. Während d. unter 1 u. 2 genannten Blätter sich im wesentlichen auf ihre Fachgebiete beschränkten, suchten die unter 3 über d. j. Leserkreis hinaus in d. Umwelt zu wirken. Teils wollten sie Verständnis f. j. Fragen erwecken, teils Aufklärung über d. Jt. in d. nichtj. Massen (vor allem Monatsausgabe d. C. V.-Zeitung bis 1933) tragen. Sie unterhalten einen eignen Redaktionsstab mit Sonderberichterstattern im Auslande. Die Gem.-Blätter dienen neben d. amtl. Bekanntmachungen vor allem d. Belehrung u. Unterhaltung. Ihren Nachrichtendienst entnehmen sie zumeist d. j. ↗ Korrespondenzbüros Seit 1933 tritt in allen Blättern d. j. Element durchaus in d. Vordergrund, d. dt.-j. Presse erlebt einen merklichen äußeren u. inneren Aufschwung. 5) Statistik (Oktober 1935): Höchste Auflagen „Berliner Gemeindeblatt" (52 000), „C. V.-Zeitung" (40 000), „Jüd. Rundschau" (37 200), „Hamburger Israelitisches Familienblatt" (36500); kleinste Auflage „Der j. Kantor" (250 jeden 2. Monat). Rund 60 Blätter erscheinen in einer monatl. Gesamtauflage von 1 135 000 (1934: 1 180 000), bei einer Gesamtzahl von 475 000 J in Dt. bedeutet das, daß jeder dt. J monatlich 2 j. Zeitungen liest.

Diese 1 135 000 verteilen sich auf folgende Gruppen:

	1934	1935
j.-polit. Blätter	755 000	685 000
Gemeinde-Blätter	315 000	322 500
j.-relig. Blätter	47 000	45 400
Berufs- u. Vereinsbl.	28 000	29 300
kultur. u. wissensch. Bl.	22 000	31 000
sonstige Blätter	15 000	21 300

Die Zeitungsdichte beträgt 8000, d. h. auf je 8000 J entfällt eine j. Zeitung (Zeitungsdichte in Dt. 1934: 21 000 [1932: 13 000], Schweiz 8000, Frankreich 27 000, England 77 000 im Hinblick auf die Gesamtbevölk.). Von d. 60 j. Blättern in Dt. erscheinen

wöchentlich zweimal	1
wöchentlich einmal	10
monatlich zweimal	17
monatlich einmal	23
seltener oder unregelmäßig	10

6) Nichtj. Zeitschriften m. oft wertvollen Beiträgen über j. Fragen sind u. a.: „Biblische Zeitschr." in Paderborn, „Ztschr. d. Dt.-Morgenländ. Gesellsch." in Halle, „Ztschr. für Alttestamentl. Wissenschaft" in Gießen, „Zeitschrift des deutschen Palästina-Vereins" in Tübingen. 7) Um d. Erforchung u. Darstellung d. Geschichte d. Zeitungswesens haben sich zahlreiche dt. J verdient gemacht: J. J. David „Die Zeitung" 1906, Richard Jacobi „Der Journalist" 1902, Emil Löbl „Kultur u. Presse" 1903, Ludwig Salomon „Gesch. d. Zeitungswesens" 1900/06. 8) Jüd. Presse d. Auslands: Wo J geschlossen siedeln, spielt d. jiddische Presse eine bes. Rolle (Litauen, New York, Polen, Rumänien). — Amerika: Als größte j. Zeitung „Vorwärts" m. Tagesauflage 225 000 (jidd.) u. „Jewish Daily Bulletin" (engl.), „Der Tog" u. „Morning Journal" (jidd.) u. d. Zeitschr. „American Hebrew" alle in New York. England: „Jewish Chronicle" (engl.), d. Tageszeitungen „Die Zeit", „J. Post" (jidd.) u. d. Zeitschr. „Jewish Quarterly Review" in London, da-

neben Gem.-Blätter lokaler Bedeutung. Frankreich: „L'Univers Israélite", „Revue des Etudes Juives", „Chalom" (hpts. unter d. Jugend in Übersee verbreitet) u. „Paix et Droit" (Organ d. Alliance Israélite) in Paris; „Kadimah" (Mülhausen), „La Tribune Juive" (Straßburg), alle frz. Griechenland: Mehrere sefard. (spaniol. geschriebene) Blätter (Tagesztg. in Saloniki). Holland: „Nieuw Israelitisches Weekblad" (holl., seit 1865, Aufl. 15 000), „Weekblad voor Israelitische Huisgezinnen" (holl., seit 1870 Rotterdam) u. „Der Ruf" (dt., seit 1934). Österreich: „Die Wahrheit" (dt.-j.), „J. Presse" (orth.), „Die Stimme" (z.), „Die neue Welt" (Hrsg. Stricker), alle in Wien. Palästina: „Dawar" („Das Wort", soz., Aufl. 30 000), „Haarez" („Das Land", bürgerl.), „Doar Hajom" („Tagespost", bürgerl.), „Hajarden" („Der Jordan", revis.), „Haboker" („D. Morgen", seit 1935); „Palestine Post" engl., alles Tageszeitungen; d. hebr. Zeitschr. „Bustenai" (Blatt d. Pflanzer), „Mosnajim" (Waage), „Giljonot" (Blätter), „Sulamith" (illustr.) u. v. a. Polen: „Hajnt" (allgem. z.), „Moment" (revision.), alle jidd. Rumänien: „Unsere Zeit" (jidd., Kischinew), „Curierul Israelit" (rum., Bukarest), „Ostj. Zeitung" (dt., Czernowitz), „Uj-Kelet" (ung., Klausenburg). Schweiz: „J. Presszentrale" u. „Israelit. Wochenblatt f. d. Schweiz" in Zürich. Tschechoslowakei: „Die Selbstwehr" (dt.-j., Prag seit 1906) u. 6 weitere Blätter in dt. Sprache. Ungarn: „Mult es Jövö" (Begr. Patai), „Egyenlöseg" u. „Magyar Szido Szemle" (Begr. Blau), alle ung. in Budapest. — In Italien, Spanien, Portugal, Skandinavien nur schwach entwickelte j. Pr. Diese Aufzählung d. außerdeutschen j. Presse kann nur summarisch sein. Denn nach einer Statistik d. Jahres 1929 waren bis zu diesem Zeitpunkt in 70 verschiedenen Ländern rund 5000 j. Zeitungen erschienen, von denen allerdings ein gr. Teil inzwischen sein Erscheinen eingestellt hat. Andererseits erfolgen täglich auch auf diesem Gebiet Neugründungen. ↗ Journalisten.

Preuß, Hugo, Berlin 1860—1925, war 1919 als Reichsminister des Innern an d. Schaffung d. Weimarer Verfassung d. Dt. Reiches beteiligt.

Preußen, 362 000 J = 0,91% (Volkszählung 1933; 1925: 404000=1,06%). Gründung j. Gem. zum Teil schon im MA. Gegenstand d. Gesetzgebung waren d. J mindestens seit 17. Jhd.: Edikt d. Großen Kurfürsten vom 21. Mai 1671 (Aufnahme von 50 aus Österr. vertriebenen J u. Erlaubnis freier Religionsübung), General-Privilegium u. Reglement vom 29. 9. 1730 (Festsetzung d. Zahl d. Schutzjuden-Familien in Berlin auf 120), Generalreglement von 1750 (Einteilung der J in ordentl. und außerordentl. Schutzj.). Emanzipationsbestrebungen führten unter Friedrich Wilhelm III. zum Edikt vom 11. 3. 1812, durch das d. J grundsätzlich gleichgestellt und zu „Einländern u. Staatsbürgern" erklärt wurden. Im damaligen Großherzogtum Posen schuf d. „Vorläufige Verordnung" vom 1. 6. 1833 eine Unterscheidung zwischen naturalisierten J u. solchen, die sich zur Erlangung von Rechten noch nicht eignen. Im Jahre 1845 wurden die J gesetzl. d. Heerespflicht unterworfen, auch gezwungen, sich feste Familiennamen zuzulegen. Mit Verfassung vom 31. 1. 1850 volle Gleichberechtigung. Verhältnisse d. Synagogengem. wurden durch Ges. vom 23. 7. 1847 geregelt (Parochialzwang, Korporationsrechte u. Steuerrecht), das eine Zusammenfassung von Gem. nicht kennt. Eine solche entstand erst auf Grund des Art. 137

d. Reichsverfassung durch die am 25. 6. 1922 erfolgte Gründung d. Preuß. Landesverbandes j. Gem. (↗ Gemeindeverbände). Daneben wurde später d. Preuß. Landesverband gesetzestreuer j. Gem. geschaffen, dessen Mitgliedsgem. etwa 4% d. preuß. J umfassen. In P. bestehen j. Volksschulen (teils öffentliche, teils private) in zahlr. Gem., höhere Schulen in Berlin, Frankfurt/M., Breslau, Köln u. Halberstadt, mittlere in Berlin.

L: S. Stern, D. preuß. Staat u. d. J, 1925.

Pribram (Przibram), j. Familie, aus Prag stammend: darunter bes. bekannt d. Professoren: Alfred (1841—1912), Pathologe in Prag; Alfred Francis (geb. 1859 London), Historiker in Wien; Ernst (geb. 1879), Bakteriologe in Chicago; Hans (Przibram; geb. 1874), Biologe in Wien; Karl Eman (geb. 1877 Prag), Nationalökonom in Genf; Richard (1849—1928), Chemiker Czernowitz.

Priester (Kohanim; Einzahl: Kohen), im alten Israel ein besonderer Stand aus Levis Stamm u. Aarons Geschlecht: Diensttuende im Heiligtum zu Jerusalem (1. u. 2. Tempel), d. Opfer vollziehend, auch mit allen Sühne- u. Reinigungszeremonien, rechtlicher u. ritueller Beratung d. Laien, medizinischer Prüfung usw. betraut. Einteilung d. P. in Klassen, die sich gegenseitig ablösten; oberster P. der ↗ Hohepriester. Vom P. wird gefordert: Familienreinheit (strenge Ehe-Bestimmungen), körperliche Makellosigkeit (ein Leibesfehler machte dienstuntauglich), Meiden von Toten u. Totenplätzen. Leinene Amtskleidung d. P.: Leibrock (Ketonet), bunter Gürtel (Awnet), Kopfband (Migbaa). Besondere Abgaben zugunsten d. P. (Hebe, Opferstücke usw.); für die P. bestimmt 13 P.-Städte rund um Jerusalem. — Bis heute für d. Kohen in Geltung: Vorrechte (Erstaufrufung beim Verlesen d. Tora, ↗ Priestersegen) u. Pflichten (keine Berührung eines Leichnams).

Priesterkodex: 1) Bz. d. Buches ↗ Leviticus (h. Torat Kohanim), das von d. Priestern handelt. 2) wissenschaftl. Bz. d. von d. B-Kritik angenommenen jüngsten Schicht im Pentateuch.

Priestersegen (Birkat Kohanim), bibl. Formel (NU 6, 24—26) für d. Segen Aarons u. d. Aaroniden über d. Gemeinde Israel; Bestandteil d. Achtzehngebets im tägl. Morgengottesdienst, vom Vorbeter (an Festtagen auch von Aaroniden) gesprochen. Erteilung des P. mit erhobenen Händen u. gespreizten Fingern (segnende Priesterhände j. Symbol auf Grabsteinen).

Pringsheim: 1) A l f r e d, geb. 1850 Ohlau, Mathematiker, 1901/22 o. Prof. München (Schwiegervater von Thomas △ Mann), bedeutender Vertreter d. Funktionentheorie. 2) E r n s t, Breslau 1859—1917, Physiker, o. Prof. Breslau, untersuchte Wärmestrahlung d. schwarzen Körper u. schuf dadurch d. Grundlagen f. d. △ Plancksche Quantenhypothese. 3) N a t h a n a e l, 1823 Wziesko (Oberschles.)—Berlin 1894, Botaniker, 1864/68 o. Prof. Jena, erforschte Sexualität d. Algen, Chlorophyll; Gründer u. Herausgeber d. Jahrbücher f. wissenschaftl. Botanik (1857/94).

Privilegien, gebührenpflicht. Rechtsschutz, von den Landesherren im MA den Juden gewährt. Geschichtl. bedeutsam f. d. dt. J waren d. P. Kaiser Heinrichs IV. f. Speyer u. Worms (1090); d. Gültigkeit d. letzteren übertrug Kaiser Friedrich II. 1236 auf d. gesamte J-heit Dt.'s.

Proletariat, j. Gewerkschaftl. u. polit. organisierte Lohnarbeiterschaft in Polen 0,2 Mill., USA. 0,5 Mill. haupts. in Fertigfabrikation unter j. Leitung; Palästina 0,07 Mill. Land-, Bau- u. Fabrikarbeiter; Rußland 0,4 Mill. in d. Planfabriken.

Außerdem Diamantarbeiter in Holland u. Belgien, Feinmechaniker in Westeuropa u. Amerika, Basarhandwerker in d. islamischen Ländern. Ferner Millionen proletaroide Luftexistenzen in Osteuropa.

Proops, Salomo, h. Drucker (Amsterdam 1704/34).

Pro-Marranen-Vereinigung, 1934 in Amsterdam gegr., zur Förderung der Marranenbewegung, insbesondere in der Gegend von Braganza.

Pro Palästina Komitee zur Förderung einer j. Heimstätte in Pal. wurde von Freunden des Z. (haupts. nichtj. Kreisen) seit d. Weltkrieg, als Vereinigung meistens P. P. K. benannt, in vielen europ. Ländern gegründet. In Dt. war bereits 1917 ein Komitee in Vorbereitung, das 1926 gebildet wurde. Weitere Komitees: in Frankreich France-Palestine, Comité français des amis de Sionisme, seit 1924; in England Parliamentary Palestine Committee seit Okt. 1926, Palestine Mandate-Society seit Aug. 1927; ferner in Belgien, Bulgarien, Italien, Österreich, Rumänien. Der 1926 in Ungarn begründete „P. P. Verband" besteht nur aus J.

Propheten (Newiim; Einz.: Nawi, „Verkünder"), Sammelname d. mittleren Teils d. B, umfaßt 1) Erste Propheten (Newiim rischonim), d. histor. Bücher Jos., Ri., Sm. u. Kg. (P. genannt, weil P. in ihnen auftreten u. zugl. als ihre Verfasser gelten); 2) letzte Propheten (Newiim acharonim), d. eigtl. prophet. Bücher d. B in zwei Gruppen: a) d. gr. P. Jes., Jer., Ez., b) d. Zwölf kl. P. (aram. Tre Assar [die Zwölf], griech. Dodekapropheton, Zwölfprophetenbuch): Hosea, Joel, Amos, Obadja, Jona, Micha, Nahum, Habakuk, Zefanja, Haggai, Sacharja, Maleachi. — Daniel zählt zu d. ↗ Hagiographen.

Prophetismus. Die altisr. Propheten (Newiim) sind Glaubensstreiter, -bekenner u. -erneuerer, Straf- u. Bußprediger, Ermahner u. Tröster, Verkünder d. bösen Zukunft wie d. messianischen Heils; ihre Erscheinung drückt d. Gesch. Israels u. Judas (bis zur Rückkehr aus d. babyl. Exil) d. Stempel auf: die Propheten bewahren, trotz d. immer wiederkehrenden Rückfälle d. Volkes in Heidentum u. Aberglauben, d. reine Gottesauffassung d. mosaischen Religion, die darum mit gleichem Rechte auch eine Religion der Propheten heißt. Traditionell hat Mose als erster d. Stufe d. Prophetie (Newua) errungen; in d. Kette d. Überlieferung folgen auf Mose, Josua u. d. „Ältesten" erst d. Propheten im eigtl. Sinn, die von den „Männern d. gr. Versammlung" der Zeit Esras abgelöst werden. Prophetische Typen: 1) d. Tat-Prophet, Gottes Sendbote, Einsetzer von Königen, Wundertäter, Verkünder kurzer Orakel (d. „Gottesmann" Samuel; Nathan, Ahia aus Silo, Elia, Elisa usw.); 2) d. Wort- u. Schrift-Prophet, Redner, Visionär, Ekstatiker u. Apokalyptiker (Jesaja, Jeremia, Ezechiel, Daniel u. die 12 „kleinen Propheten" [außer Jona]). Als weibliche Propheten kennt die B d. Richterin Debora u. d. Prophetin Hulda.

L: Cornill, D. isr. P.; M. Wiener, Rel. d. P.; H. M. Wiener, The prophets of Israel.

Proselyten, eigtl. Neubekehrte, also hier Nichtjuden, die in d. Jt. aufgenommen werden, h. = „ger". Im Altertum gab es den nur staatspolitisch angegliederten „Beisaß-P." (ger toschaw) u. den religiös voll aufgenommenen „frommen P." (ger zedek). Aufnahme findet durch Beschneidung u. Tauchbad statt. D. P. erhält einen j. Namen mit d. Zusatz „Sohn (bezw. Tochter) unseres Vaters Abraham". Obwohl d. Jt. keine Propaganda machte, traten im MA zahlreiche Christen aus Überzeugung zum Jt. über u. endeten oft auf d. Scheiterhaufen. In moderner Zeit vielfach Übertritt von Frauen bei Eheschließung. In Amerika gibt es Gem. von Negerproselyten, in Rußland d. judaisierende Sekte d. Subotniki (Sabbat-Beobachter). Hervorragende P. waren d. B-Übersetzer ↗ Aquila, d. Beichtvater Ludwigs d. Frommen Bodo, Graf V. Potocki in Wilna, N. R. ↗ Lazarus.

Protokolle d. Weisen von Zion, angebliche Pläne über Weg u. Ziel zur Errichtung j. Weltherrschaft. Im Kampf gegen d. Jt. trotz nicht erbrachten Echtheitsbeweises millionenfach verbreitet, spielten sie bei d. Pogromen d. Jahre 1918/20 in SO-Europa eine unheilvolle Rolle. Urschrift, Ursprache, 1. Ausg. d. P. sind unbekannt. Zehn Versionen über ihre Herkunft, jede d. andere ausschließend (z. B.: hebräische P. aus Rußland 1890; P. j. Geheimsitzungen in Frkr. 1901; P. von 24 Geheimsitzungen, d. dreitägigen Basler Z.-Kongresses 1897). Zuerst 1905 als Anhang zur 2. Aufl. d. mystischen Buches von Sergij Nilus „Das Große im Kleinen od. Nahe ist d. herandrängende Antichrist u. d. Reich d. Teufels auf Erden" in Moskau bekannt. Diente d. Bekämpfung liberaler Ideen, d. Festigung d. zarist. Systems, d. Kampf gegen d. russ. Jt. — P. Graves in d. „Times" 16./18. 8. 1921, J. Stanjek im „Deutschen Reich" Mai, O. Friedrich in „D. P., d. Buch d. Fälschungen" Sept. 1920 beweisen, daß 1865 bereits Bestandteil einer frz. Satire auf Napoleon III. (↗ Joly) und 1868 eines dt. Romans (↗ Goedsche) war, was 1897 J u. Freimaurer in den P. niedergelegt haben sollen. Diese u. a. Schriften plagiierten und verfälschten in ✝ Sinn d. unbekannten, in d. Kreisen d. russ. Ochrana zu suchenden Verfasser. — Urteile: A. △ Rosenberg in d. Einltg. zur neusten dt. Ausg. d. P. 1933: „Heute läßt sich ein jurist. schlüssiger Beweis für d. Echtheit d. P. nicht mehr erbringen"; d. christl. Theologe Prof. H. △ Strack: „D. Buch d. Fälschungen." — Prozesse: Graf E. △ Reventlow zieht vor d. Schöffengericht Berlin am 19. 4. 1923 seine Behauptung, Ascher Ginsberg (↗ Achad Haam) habe d. P. für d. Z.-Kongreß verfaßt, unter Kostenübernahme mit Bedauern zurück. In Johannesburg wurden am 21. 8. 1934 H. von Inch, I. von Moltke, D. H. Olivier wegen mißglückten Wahrheitsbeweises zu schweren Geldstrafen verurteilt. D. Berner Schwurgericht nannte in seinem erstinstanzlichen Urteil vom 14. 5. 1935 gegen Theodor Fischer u. Silvio Schnell d. P. „eine Fälschung u. ein Plagiat" u. verurteilte d. Angeklagten zu Geldstrafen.

L: B. Segel, P. 1924.

Proust ♂ Marcel, 1871—1922, d. gr. frz. Prosaiker (Mutter geb. Weil). Ⓦ Romanzyklus „A la recherche du temps perdu", 1913—1927.

Proverbia ↗ Sprüche Salomos.

Przibram ↗ Pribram.

Psalmen (Tehillim, „Lobgesänge"; Einzel-Ps.: Mismor, „Lied"), erstes Buch d. Hagiographen: Sammlung religiöser Lieder, Hymnen u. Gebete, grundlegend für j. (u. christl.) Liturgie, nach d. Tradition von David verfaßt bezw. redigiert (vgl. II. Chr. 29, 30), 150 Kap. in fünf Abteilungen (beginnend mit Ps. 1, 42, 73, 90, 107). — P. Salomos, pseudepigraph. Buch (griech., urspr. h.), 18 Kap.

Pseudepigraphen (Schriften mit falscher Verfasseraufschrift; h. Sefarim chizonim, „außenstehende Bücher"), altj. Schriften bibl. Stils u. Gehalts, d. außerhalb der h. B wie auch (im Ggs. zu d. ↗ Apokryphen) d. Septuaginta stehen u. nur in Übersetzung erhalten sind. Beispiele: ↗ Aristeasbrief, ↗ Baruchapokalypse, ↗ Henochbuch, ↗ Jubiläenbuch, ↗ Psalmen Salomos, ↗ Sibyllinen, ↗ Testamente d. Patriarchen.

Pseudomessiasse ↗ Messianische Bew.

Ptolemäer, griech. Dynastie ägypt. Herrscher nach d. Zerfall d. Weltreichs Alexanders, kämpften mit d. ↗ Seleuziden um d. Besitz von Pal. Ptolemäus II. (285/47 v.) ließ d. Sage nach d. Tora ins Griechische übersetzen (↗ Septuaginta).

Ptolemais ↗ Akko.

Pumbedita, Stadt in Babylonien, seit 3. Jhd. n. Sitz einer talmud. Gelehrtenschule, deren Oberhaupt 589—1038 ↗ Gaon-Titel führte.

Punktation (Nikkud), Ausstattung d. überlieferten bibl. Konsonantentextes mit ↗ Vokalzeichen („Punkte" genannt), d. Werk d. Massoreten u. Nakdanim (Punktatoren), datiert seit 8. Jhd. Zwei Systeme: a) tiberiensische (westliche) P., Vokalisation unterhalb d. Konsonanten (sublinear), die in Gebrauch geblieben ist; b) babylonische (östliche) P., Vokalisation oberhalb d. Konsonanten (supralinear), außer Gebrauch.

Purim (Lose), Freudenfest anläßlich d. Errettung d. j.-persisch. Diaspora vor d. Anschlag Hamans; P. (Losfest) genannt, weil Haman d. Los befragte, in welchem Monat er zum Ziele kommen würde. P., 14. Adar, ist Halbfeiertag; es folgt ein 2. Festtag (P. von Susa, Schuschan P., 15. Adar), voran geht ein Fasttag (Taanit Esther, 13. Adar). Vorlesung d. Esther-Rolle (Megilla), Brauch wechselseitiger Sendung von Gaben (Mischloach Manot), ausgelassene Fröhlichkeit (Verkleidung, Aufführung scherzhafter P.-Spiele). — Auch örtliche Gedenktage ähnlichen Anlasses werden P. genannt (P.-Vincenz in Frankfurt/M.).

Purimteller. Porzellan, bemalt, um 1810

saen vaf he ein dalet gimel Bet Alef
s v linds.h. d g b a
ז ו ה ד ג ב א

mem / lamed /chaf kaf Jot tet ein/Het ein
m L cha k J hert t hert H
מ ל ך כ י ט ח

fe pe hain zsamech/nun nün mem
f p h zsed n n m
ף פ ע ס ן נ ם

taf schin resch qof zadiq zadiq
t esch r q z z
ת ש ר ק ץ צ

¶ Es steet czu wissen das fünff buchstaben sindt in disem alphabet weliche sindt czwifeldigt vnd sindt die kaf/mem/nün/pe/vnd zadiq vñ habē sich in sölicher weisz das vnder yen das krum seczt man allein yn dem anfangk oder yn das mittel dess worts vnd das lang allein in das endt. ¶. War czu sindt drey.ha. Das erst wirt genent he. vnd bedeut ein linds. h. Das ander wirt genennt Het vnd bedeutt ein starck.H. ausz der brust. Das drit wirt genennt. hain. vnd bedeutt ein. h. oben gemacht mit dem knögerlein in dem hals.

Quadratschrift: Das erste hebräische Alphabet im deutschen Buchdruck (Petrus Nigri, Stern des Meschiah, 1477)

Quaderhalle (Lischkat ha-gasit) im Tempel zu Jerusalem, Tagungsort d. ↗ Synhedrions.

Quadratschrift (Merubba, „viereckig"), Bz. d. geläufigen Schrift d. h. ↗ Alphabets in Handschriften und Druckwerken nach ihrer typischen, eckigen Form.

Quellbad ↗ Mikwe.

Querido: 1) Isaak, Amsterdam 1. 10. 1874–5. 8. 1932, Schriftsteller, neben ↗ Heijermans Hauptvertreter holländ.-j. Schrifttums. Ⓦ Dramen „Saul u. David" u. „Aron Laguna"; Romane „D. Jordan" (4 Bde.), „Simson d. Gottgeweihte" (2 Bde., 1927/29) u. a. Dt. Übersetzungen seiner Werke sind bisher nicht erschienen; 2) Jakob, um 1662 Saloniki—Alexandria 1695, Schwager Sabbatai Zwis, trat gleichfalls als Pseudomessias auf und nahm 1686 mit zahlr. Anhängern den Islam an. ↗ Dönmeh.

R

Rab (Raw): Herr, gr. Mann, Lehrer, Meister, Oberhaupt, ↗ Rabbiner. Rabbi (= mein R.), Anrede d. Tannaiten (zugleich zum Eigennamen gewordener Titel d. ↗ Juda ha-Nassi) u. d. palästinensischen Amoräer (d. babyl. Amoräer wurden R. genannt), gleichbedeutender Ehrentitel u. Amtsbezeichnung, ebenso Rabbenu (= unser R.). Die talmud. Patriarchen führten d. Ehrentitel Rabban.

Raba (b. Josef), Amoräer im 3./4. Jhd., Begr. d. Gelehrtenschule zu Machosa (Babylonien).

Rabba (b. Nachmani), Amoräer im 3./4. Jhd., Oberhaupt d. Lehrhauses zu Pumbedita (Babylonien).

Rabbaniten, rabbinische J im Gegensatz zu d. antitalmudischen ↗ Karäern.

Rabbi ↗ Rab.

Rabbiner, vom h. „Rabbi" („mein Lehrer"), Titel hervorragender Gelehrter u. bes. d. Lehrhausvors. in Pal. (in Babylonien „Raw"); kein Priester m. sakramentaler Befugnis; Lehrer d. Tora; im 3. Jhd. n. auch Leiter des Gottesdienstes u. d. Gem. Im MA in Dt. einzelne R. auch im Interesse d. Staates tätig (verantwortl. f. Steuereinziehung d. J), oft „Judenbischof" genannt. Amt urspr. unbesoldet, später (Mitte d. 14. Jhd.) m. Bezügen. Wichtig neben der relig. Belehrung auch d. richterliche Tätigkeit (Zivil-, Ehe-, Erbrecht), dazu autorisiert durch rabbinische Autorität (Titel „Morenu" = unser Lehrer). Nach Fortfall d. Jurisdiktion Minderung d. Ansehens, in neuester Zeit wieder erstarkt, R. wird wieder geistiger Führer. Schwerpunkt liegt auf Predigt, Vornahme von Trauungen, Beerdigungen, Scheidungen, Erteilung u. Überwachung d. Religionsunterrichts, Begutachtung relig. gesetzl. Fragen, Mitarbeit im gesamten Wohlfahrtswesen, bes. als Seelsorger u. in d. Jugendarbeit. Stellung jetzt äußerlich der d. christl. Geistlichen

Marc Chagall:
Bildnis eines Rabbiners, 1914

ähnlich, auch in Tracht (Talar, Bäffchen); Anstellung erfolgt durch Gem., meist auf Lebenszeit; in größeren Gem. Mitgl. d. Gem.-Vorstandes. Bevorzugte gesetzl. Stellung noch in Hannover, Kurhessen, Nassau u. einigen süddt. Staaten. Anstalten zur Heranbildung u. zur Erteilung d. Diploms (Hatarat Horaa): R.-Seminar in Breslau 1854, Lehranst. f. d. Wiss. d. Jt. in Berlin 1872 u. orth. R.-Seminar in Berlin 1873. Akademische Bildung vorgeschrieben. R. zusammengeschlossen im Allgem. R.-Verband u. in drei parteimäßigen Verbänden.

Rabbiner - Hirsch - Gesellschaft, Frankfurt/M., Hanauerlandstr. 15, gegr. 1930, verbreitet d. geistige Erbe von S. R. Hirsch durch Schrift u. Wort. Ⓦ „Nachlath Zewi" (Monatsschrift f. Jt., Lehre u. Tat).

Rabbinerseminare, Lehranstalten u. Hochschulen f. d. Wissenschaft d. Jt. wurden seit Mitte 19. Jhd. gegründet, einerseits als modernes Gegenstück zu der ausschließlich talmud.-rabbinischen Jeschiwa, andererseits als Ausgleich für d. Mangel besonderer j.-theolog. Fakultäten an d. Universitäten. R. bestehen in: Deutschland (Berlin: 1. Lehranstalt [1923/33 Hochschule] f. d. Wiss. d. Jt., seit 1872 [hervorr. Dozenten: A. Geiger, H. Steinthal, S. Maybaum; heute I. Elbogen, L. Baeck]; 2. R. f. d. orthodoxe Jt. 1873 [E. Hildesheimer, D. Hoffmann]; Breslau: Jüd.-Theolog. Sem., 1854 [Z. Frankel, H. Graetz, M. Brann, I. Lewy, I. Heinemann]); England (London: Jews' College, 1856 [A. Büchler]; Ramsgate: Judith Montefiore College, 1869 [M. Gaster]); Frankreich (Paris: Ecole rabbinique de France, 1859 [I. Loeb, I. Lévi]); Italien (Florenz: Collégio rabbinico Italiano, 1899 [U. Cassuto], früher in Padua [seit 1829, S. D. Luzzatto] u. Rom); Niederlande (Amsterdam: Nederl. Isr. Seminarium, 1834 [J. H. Dünner], orthodox); Österreich (Wien: Isr.-Theolog. Lehranstalt, 1893 [A. Schwarz, D. H. Müller, S. Krauss]); Ungarn (Budapest: Landesrabbinerschule, 1877 [W. Bacher, I. Goldziher, D. Kaufmann]); Verein. Staaten (Cincinnati: Hebr. Union College, 1875 [Is. M. Wise, K. Kohler, J. Morgenstern], New York: 1. Jewish Institute of Religion, 1922 [St. S. Wise, Ch. Tschernowitz], 2. Jewish Theol. Seminary of America, 1902 [S. Schechter, I. Davidson, L. Ginzberg], Philadelphia: Dropsie College, 1909 [C. Adler]).

Rabbinerverbände: 1) Allgemeiner Rabbinerverband in Dt., gegr. 1884, reorganisiert 1896, zur Förderung d. in dt. Gem. tätigen Rabbiner in ihrer rechtlichen u. beruflichen Stellung u. bei ihrer wissenschaftl. Tätigkeit. 2) Verband orthodoxer Rabbiner Dt.'s, gegr. 1906 von Breuer - Frankfurt/M., Berufsvereinigung d. orthodoxen Rabbiner. 3) Vereinigung d. liberalen Rabbiner Dt.'s, gegr. 1898, Berufsorganisation d. liberalen Rabbiner. 4) Vereinigung traditionell-gesetzestreuer Rabbiner Dt.'s, gegr. 1897 von Israel Hildesheimer, Berlin, fördert durch Gedankenaustausch u. gemeinsame Unternehmungen d. Interessen d. überlieferten Jt. in den dt. Gem.

Rabbinismus, Bz. d. traditionellen Gestalt d. Jt., die dieses durch d. Rabbinen erhalten hat; d. Entwicklung zum R. geht über Esra u. d. Schriftgelehrten (Soferim), T-Lehrer (Tannaiten, Amoräer, Saboräer) u. Gaonen zu d. Rabbinen im engeren Sinn, welche eine vom MA bis zur Gegenwart reichende „rabbinische" Lit. geschaffen haben.

Rabbinowicz (Rabinowitsch, Rabinowitz): 1) J o s e f, 1817—1869, russ.-j. Schriftsteller, Begr. d. ersten russ.-j. Zeitschr. „Rasswjet" (Morgenröte), 1860. 2) S a u l P i n e h a s (SchePheR), 1845 Tauroggen —Frankfurt/M. 1910, j. Gelehrter, h. Übersetzer u. Bearbeiter d. Graetzschen Geschichtswerks. 3) S c h a l o m ↗ Schalom Alechem. 4) R a p h a e l N a t h a n, 1835 Nowo Shagory (Litauen) — Kiew 1888, T-Forscher, bearbeitete in München sein Ⓦ Dikduke Soferim (variae lectiones in Mischnam et in Talmud Babylonicum), 16 Bde., 1867 ff.

Rabbuni (verstümmelt aus Rabbi), gelegentl. Anrede Jesu im NT.

Rabe (Orew), unreiner Vogel; Noah sendet vergeblich d. R. aus, Elia von R. gespeist. Nachbibl. Sage: R. lehrt Adam d. Erdbestattung.

Rabinowitsch-Kempner, Lydia, 22. 8. 1871 Kowno—Berlin 6. 8. 1935, Bakteriologin, 1896/98 Prof. am Women's Medical College, Philadelphia, seit 1912 erster weibl. Prof. in Preußen, bis 1933 Abteilungsdirektor d. Bakteriolog. Laboratoriums am Krankenhaus Moabit Berlin; schrieb zahlr. Arbeiten bes. auf d. Gebiet d. Tuberkuloseforschung.

Rachel, Elisa (eigtl. E. R. Felix), 1821—1858, frz. Schauspielerin, seit 1838 am Théâtre Français, erweckte durch ihre Darstellungskunst d. klass. Tragödien Corneilles u. Racines zu neuem Leben. Bis 1935 Denkmal auf d. Pfaueninsel (Potsdam) anläßl. ihres dortigen Gastspiels vor d. preuß. Hof u. d. russ. Zaren 1852.

Rafael (Heile Gott), einer d. vier Erzengel, Gottesbote, Wundertäter u. Arzt; Begleiter d. jungen Tobia (Tobia-Apokr.).

Rahab (Rachaw), Wirtsfrau zu Jericho, beherbergt d. Kundschafter Josuas u. verhilft ihm zum Siege.

Rahel (Rachel, „Mutterschaf"), jüngere Tochter Labans, Lieblingsfrau Jakobs, Mutter Josefs u. Benjamins (bei dessen Geburt sie stirbt). Ihr Grab wird bei Bethlehem gezeigt.

Die Rachel als Roxane in „Bajazet" von Racine

Rambam ↗ Mose b. Maimon.

Rapoport, Salomo Juda (SchJR), 1790 Lemberg—Prag 1867, T-Gelehrter, gehörte zum Kreise d. Aufgeklärten u. war einer d. Begr. der j. Wissenschaft; 1840/67 Oberrabbiner in Prag. Grundlegend seine Arbeiten über Saadja u. Haj Gaon, Elcasar Kalir, Nathan b. Jechiel, ebenso sein Ⓦ Erech Millin („Wörterschatz"), talmud. Realwörterbuch, unvollendet.

Rappoport, Salomo, ↗ An-ski.

Raschi ↗ Salomo b. Isaak.

Raschi-Schrift ↗ Alphabet.

Ras el Ain (ehem. Antipatris), Ort an d. Jarkon-Quelle; Eisenbahnstation.

Rasiel (Geheimnis Gottes), kabbalist. Buch, wohl aus d. 13. Jhd., Himmelslehre, nach d.

Rahels Grab
Kupferstich in einem Reisewerk des 17. Jhd.

Sage vom Engel R. dem ersten Menschen überliefert (vgl. Abb. 23/24).

Rasierverbot ⁄ Bart.

Rasse als Menschengruppe mit angeborenen, auf gleicher Abstammung beruhenden, gleichen oder sehr ähnlichen körperl. u. seelischen Anlagen, die sich in gleicher Weise auf d. Nachkommen vererben, ist nicht wesensgleich mit Sprachgemeinschaft, wie indogermanisch od. semitisch. Nach Δ Deniker sind gr. R.-Gruppen: europäide, mongolide, negride, australide. Einteilung d. europäiden R.-Gruppe: nordische, fälische, ostbaltische, westische (mediterrane), ostische (alpine), dinarische, die ihr sehr nahestehende vorderasiatische u. die d. mediterranen R. sehr nahestehende orientalische. J sind keine einheitliche R., sondern ein R.-Gemisch, das überwiegend aus Elementen der europäiden R.-Gruppe besteht (Fishberg, ΔLuschan,ΔGünther) u. starke regionale Verschiedenheiten aufweist, je nach d. Einflusse d. jeweiligen Umgebung. Es gibt demnach versch. j. R.-Typen, z. B. vorwiegend mediterrane oder orientalische oder vorderasiatisch-dinarische oder ostbaltische usw. D. urspr. R. der J in bibl. Zeit war wahrscheinlich orientalisch-mediterran mit frühzeitigem vorderasiatischem Einschlag u. ist im Verlauf d. Diaspora seit über 2000 Jahren noch vielgestaltiger geworden. Vermutungen, daß Einmischungen von Hetitern, Philistern, Amoritern usw. zu bibl. Zeiten von wesentl. Bedeutung f. die jetzt sichtbaren Verschiedenheiten im j. R.-Bild sind, halten nach S. Weissenberg neuerer Kritik nicht stand. In West-Europa überwiegen d. Sefardim von ausgesprochen mediterran-orientalischer Prägung, in Ost- u. Mitteleuropa die mehr vorderasiatisch anmutenden Aschkenasim, im Osten mit ostbaltischen u. tatarischen Einschlägen (Chazaren). Sehr rein orientalisch sind d. Samaritaner; starke mongolische Einschläge bei den J in Buchara, negride bei d. jemenitischen J. Unbestimmter Herkunft sind d. Berg-J im Kaukasus; an d. Ostküste Vorderindiens (Cochin) d. sogenannten weißen J von orientalisch-vorderasiatischer R. u. die schwarzen J von deutlich tamulischer Abkunft. (Vgl. Tafel 27.)

L: M. Fishberg, D. Rassenmerkmale d. J 1913; F. Boas, Kultur u. Rasse 1922; F. Hertz, Rasse u. Kultur 1925; J. Zollschan, D. Rassenproblem 1925; S. Weißenberg, J. Rassenkunde 1933.

Rathaus, Karol, geb. 16. 9. 1895 Tarnopol, Komponist, trat bes. auf dem Gebiet mod. Kammermusik, später auch mit Bühnenwerken („Fremde Erde" 1930 in d. Berliner Staatsoper) hervor.

Rathenau: 1) Emil, Berlin 11. 12. 1838—2. 6. 1915, Ingenieur, führte d. Glühlampe u. d. Telefon in Dt. ein,

Emil Rathenau
Gemälde von Max Liebermann

Gründer d. A. E. G., führend in d. Entwicklung d. gesamten Starkstromtechnik, Bau von Kraftwerken u. elektrischen Bahnen in d. ganzen Welt, Gründer d. Städt. Elektrizitäts-Werke Berlin (deren Leiter bis 1915), Einführung d. Aluminiums.

L: Pinner, E. R. u. d. elektr. Zeitalter, 1918.

2) Walther, Berlin 29. 9. 1867–24. 6. 1922 (durch Attentat, Gedenktafel an d. Tatstelle bis 1933), folgt seinem Vater Emil in d. Leitung d. A.E.G., organisiert Dt.'s Kriegsrohstoffversorgung u. vertrat nach d. Krieg als Minister f. Wiederaufbau u. Außenminister (1921/22) Dt. auf intern. Konferenzen (Rapallovertrag m. Rußland). R.-Stiftung Freienwalde bei Berlin. Gesellschaftskritiker (geistige Planwirtschaft). Ⓦ Von kommenden Dingen 1917; Höre Israel 1902.

L: H. Graf Kessler, W. R. sein Leben u. sein Werk 1928; W. R.'s Briefe 1926.

Rätsel (Chida). Bibl. Beispiel: Simsons R. (Ri. 14, 14 ff.); nachbibl. Volkslit.: R. d. Königin von Saba (Born Judas, Nr. 13).

Räucherwerk (Ketoret), aus elf Ingredienzien bestehend, wurde in Stiftshütte u. Tempel täglich von d. Priestern auf d. R.-Altar entzündet.

Raw ⁄ Abba Aricha.

Raw Zair ⁄ Tschernowitz.

Rawina, Name zweier Amoräer, d. beide an d. Redaktion d. babyl. T beteiligt waren, R. I als Mitarbeiter Aschis, R. II als Schlußredaktor u. letzter Amoräer (Ende 5. Jhd.).

Reading, Marquess of (eigtl. Rufus Daniel Isaacs), geb. London 10. 10. 1860, Staatsmann u. Jurist, 1910/13 Kronanwalt, 1913/21 Lord-Oberrichter von England, 1925/26 Vizekönig u. Generalgouverneur von Indien, 1931 Außenmin.; bis 1921 Vizepräs. d. Anglo-Jewish Association.

Rebekka (Riwka), Erzmutter, Gemahlin Isaaks, von Elieser für diesen gefreit, Mutter Esaus u. Jakobs.

Rechabiter, eine religiöse Gemeinschaft, d. das Wohnen in festen Städten u. d. Weingenuß verwarf; Jeremia hält sie seinen Zeitgenossen als Beispiel wahrer Gläubigkeit vor (Jr. 35). Ihr Ahnherr, Jonadab b. Rechab, war Zeitgenosse Jehus.

Rechowot („Weite", nach G 26, 22), pal. Landstadt, 7500 Einw., geistiges Zentrum d. Hitachdut ha-Ikkarim (Pflanzerverband unter Führung von Smilansky), Sitz d. Landwirtschaftl. Versuchsstation u. d. Sieff-Forschungsinstituts f. Agrikulturchemie (⁄ Weizmann). Wein- u. Getreidebau mit arab. u. j. Lohnarbeitern.

Recht ist dem Jt. d. von Gott bestimmte Grundlage d. Gesellschaft, Rechtspflege daher eines d. wichtigsten Gebote. Das bürgerliche R. behandelt u. a. Pacht u. Miete, Depot, Fund, ferner sind geregelt Erbschafts-R., Nachbar-R., Vollstrekkungs-R., Schadenersatz (⁄ Ethik, Sozial-R.). Die Richter waren rechtskundig, jedoch keine Berufsrichter. Urteilsfindung durch Einzelrichter war grundsätzlich ausgeschlossen. In Zivilsachen entschieden 3 Richter, je 1 von d. Parteien bestimmt, der 3. von d. beiden andern zugezogen. Kam kein Vergleich zustande, entschied d. Parteieid, der aber möglichst vermieden wurde (⁄ Eid). Auch d. Zeugen wurden weder im Zivil- noch im Strafverfahren vereidigt. In Strafsachen entschied in 1. Instanz ein Gerichtshof von 23 Richtern (kl. Synhedrion). Von d. Richtern trat einer als Ankläger, ein anderer als Verteidiger auf. Die Ersatzrichter durften für d. Angeklagten, aber nicht gegen ihn sprechen. Nach d. Zeugenvernehmung begannen zunächst d. Plädoyers d. Verteidiger; bei d. Abstimmung stimmten d. jüngsten Richter zuerst. Ein Schuldspruch durfte erst am Tage nach d. Verhandlung gefällt werden, u. zwar mit qualifizierter Mehrheit, aber nicht einstimmig; zumindest der verteidigende Richter mußte für d. Angeklagten stimmen. Eine Revision an d. oberste Gericht (gr. Synhedrion mit 71 Richtern) in Jerusalem war jederzeit zulässig, aber nur zugunsten des Verurteilten. Eine Verurteilung konnte nicht auf Grund eines Geständnisses oder Indizienbeweises erfolgen, daher gab es keine Folter u. keine Voruntersuchung; sie erfolgte nur auf d. Aussage mindestens zweier einwandfreier sorgfältig geprüfter Zeugen. Verhängt wurde Geldstrafe (für Diebstahl), Geißelung (Übertretung von Verboten, auf die keine Todesstrafe stand), Verbannung (fahrlässige Tötung), Todesstrafe u. zwar Steinigung (Götzendienst, Gotteslästerung, Sabbatverletzung, Ehebruch, Unzucht), Feuertod (Ehebruch einer Priestertochter), Enthauptung (Mord), Erdrosselung (Menschenraub, Mißhandlung der Eltern). Todesurteile waren äußerst selten. Über Verbrecher, die aus formalen Gründen nicht verurteilt werden konnten, wurde Schutzhaft verhängt.

Rechtsanwälte, j. Gesamtzahl d. am 1. 1. 35 zugelassenen R. in Dt.: 18 780. Davon Nichtarier: 2736 (14,57%). Vor d. Ariergesetzgeb. in Preußen (= 61% d. dt. Anwaltschaft) Gesamtzahl d. R.: 11 814, hiervon 3370 Nichtarier. Am 1. 5. 34 in Preußen noch insgesamt 10 885 zugelassen, davon 2009 Nichtarier (1080 sind ausgeschieden). In Berlin waren 1933: 1880, 1935: 1092 j. R. niedergelassen. Unter d. nichtarischen R. Anf. April 1933: 60% Notare, 1934 etwa 42%. Interessenvertretung f. zugelassene R.: Auskunftsstelle, Berlin, Potsdamer Str. 28. Produktive Hilfsmaßnahmen bei örtlichen j. Gemeindestellen. Bedeutende j. R. in Dt. (nach Rechtsmaterien): Arbeitsrecht: Max Abel; Bürgerl. Recht: Eduard Goldmann, Felix Herzfelder, Theodor Löwenfeld, Alfred Werner, Wolffson (Mitgl. d. Kommission f. d. BGB); Grundbuch- u. Notariatsrecht: Ernst Hagelberg, Ernst Heinitz, Leo Sternberg, Sigismund Stillschweig; Handels- u. Kartellrecht: Heinr. Friedlaender, Fritz Haußmann, Maximilian Kempner, Oskar Netter; Intern. Privatrecht: Ernst Frankenstein; Steuerrecht: Max Lion, Paul Marcuse; Strafrecht: Leonhard Friedmann, Ernst Mamroth, Max Wronker; Theaterrecht: Wenzel Goldbaum. Recht der R.-schaft: Edmund Benedikt („Advokatur unserer Zeit"), Siegbert Feuchtwanger („D. freien Berufe"), Max Friedlaender (R.-Ordnung, Gebührenordnung), Julius ⁄ Magnus („Die Rechtsanwaltschaft"). Organisatoren d. R.: Julius Haber (Vorsitzender d. dt. R.-Vereins), Martin Drucker (Vors. d. dt. R.-Vereins), Eugen ⁄ Fuchs (Stellv. Vors. d. dt. R.-Vereins), Adolf Heilberg (Stellv. Vors. d. dt. R.-Vereins), Ernst Heinitz (Vors. d. Berliner R.-Kammer), Adolf Weißler (Begr. d. sozialen Einrichtungen d. dt. R.), Ludwig Wreschner (Begr. d. Berliner Wohlfahrtseinrichtungen d. R.). Redaktion von Zeitschriften: „Deutsche Juristenzeitung": Hermann ⁄ Staub, Max Hachenburg, Ernst Heinitz; „Juristische Wochenschrift": Maximilian Kempner, Eugen Fuchs, Hugo Neumann, Julius Magnus; Zeitschr. f. Zivilprozeßrecht: Richard Kann; Zeitschrift f. Beamtenrecht: Jacques Abraham. ⁄ auch Juristen.

Reeder, j.: Alfred ⁄ Ballin; Arnold Bernstein (geb. 23. 1. 1888 Breslau, begr. u. a. 1934 in Hamburg d. erste j. Schiffahrtslinie „Palestine Shipping Co." m. Dampfer „Tel-Awiw"); Wilhelm Kunstmann (Stettin 17. 12. 1844—25. 3. 1934, begr. seine Reederei am 1. 4. 1870) u. sein Sohn Arthur (geb. 29. 12. 1871 Stettin).

Refet (Stall), Kuhstall, Bz. d. Rinderzucht als eines Zweiges d. Landwirtschaft.

Reformjudentum ist eine Sonderbewegung d. j.-religiösen Liberalismus. Im Grundsätzlichen stimmt es mit ihm überein, in d. Anerkennung d. Entwicklungsgedankens, in d. Ablehnung d. Verbalinspiration, in d. Trennung von Form u. Wesen. Die Sonderbewegung besteht nur in d. Freiheit gegenüber d. Zeremonien, sowohl im häuslichen wie im öffentlichen Leben. Von dieser Freiheit wird in d. einzelnen Ländern, in denen es Reformgem. gibt (Deutschland, Amerika, England), sehr verschiedener Gebrauch gemacht. Das H ist zugunsten d. Landessprache mehr oder weniger eingeschränkt, d. Gebetbuch ist bedeutend gekürzt, d. Kopfbedeckung d. Männer ist hier ganz aufgehoben, dort freigestellt. Die Wallfahrtsfeste, auch d. Versöhnungstag werden nur in beschränktem Umfang begangen. Man kennt Sonntagsgottesdienst neben Sonnabend- od. Freitagabendgottesdienst. In England wird am Sonntag nur ein Vortrag gehalten, dem Gebete vorausgehen u. Fragebeantwortungen folgen. Dafür fehlt hier ein Freitagabendgottesdienst, der in d. dt. Reform üblich ist. In allen Reformgem. wird auf soziale Betätigung, auf Bildung d. Erwachsenen wie d. Jugend größter Wert gelegt. — Dem Z. steht d. Reformjt. ablehnend gegenüber. Nur vereinzelt wird eine Synthese zwischen beiden angestrebt. — D. Bestrebungen d. Reformjt. haben am Ausgang d. 18. Jhd. eingesetzt u. wurden durch eine neue geistige Bewegung unter d. J, durch sprachliche u. bürgerl. Emanzipation hervorgerufen.

Regenbogen (Keschet), Zeichen d. göttl. Bundes mit Noah nach d. Sintflut (G 9).

Regensburg, 427 J = 0,5%, seit 10. Jhd. bezeugt; ältestes J-Viertel in Dt. (11. Jhd.), seit 1210 Synagoge (1519 abgerissen, in Radierungen von Albrecht △ Altdorfer festgehalten) u. Friedhof. Wirkungsort d. ↗ Petachja b. Jakob u. d. ↗ Juda Chassid (12./13. Jhd.). Neuansiedlung 1730.

Reggio, Isaak Samuel, Görz 1784—1855, Rabbiner u. j. Gelehrter, Anreger d. ital. Rabbinerseminars (Padua 1829). Ⓦ ha-Tora weha-Pilosofia (Tora u. Philosophie); Pent. mit ital. Übs. u. h. Komm.

Rehabeam (Rechabeam), Sohn Salomos, erster Kg. d. Rumpfreiches Juda, um 930 v.

Rehfisch, Hans José, geb. 10. 4. 1891 Berlin, Dramatiker, begann als Expressionist („D. Chauffeur Martin"), schrieb später Lustspiele u. Tendenzstücke. Erfolgreich seine Dramatisierung des Falles Dreyfus (1929, mit Wilhelm △ Herzog).

Reicher, Emanuel, 7. 6. 1849 Bochnia (Galizien)—Berlin 15. 5. 1924, Schauspieler, seit 1887 in Berlin, berühmter Ibsen- u. Hauptmann-Darsteller des ↗ Brahm-Ensembles.

Reichsausschuß d. jüd. Jugendverbände, als gemeinsame Interessenvertretung j. Jugend in Dt. 1926 von Ludwig ↗ Tietz gegr. (Vors. des R. bis zu seinem Tode); praktische Sozialarbeit durch Landerholungsheim Seesen (dort auch jährl. Zusammenkunft des „Seesener Kreises" junger Sozialarbeiter). 1933 nach Erklärung d. Reichsjugendführung vom 2. 11. als die „alleinige verantwortliche Zentralorganisation d. j. Jugend" anerkannt, umfaßt fast alle j. Jugendorganisationen mit etwa 55 000 Jugendlichen. Aufbau: D. Plenum, in dem alle Bünde vertreten sind, wählt den Führerrat, der aus d. Vorsitzenden, d. Geschäftsführer u. 5 Spartenführern (Sport, religiöse [liberal u. orthod.], bündische u. Jugendpflege) besteht; Landes- u. Ortsausschüsse. Aufgaben: Vertretung bei d. Reichsjugendführung u. allen Behörden u. j. Zentralorganisationen, Anregung u. Heranziehung zu tätiger Mitwirkung in d. Sozialarbeit, Jugendselbsthilfe, Durchführung einheitl. Versicherung aller Jugendlichen, Förderung d. körperl. Ertüchtigung durch Reichssportlehrer f. Kleingemeinden u. Sportfeste, Dezernate f. Berufsumschichtung u. Kleingemeindearbeit. Überbündische Schulungsarbeit durch Vorträge u. Führertage. Seit 1934 Ausbau eines Jugendherbergswerkes.

Reichsbund j. Frontsoldaten (RjF), gegr. 8. Febr. 1919 von Hauptmann Leo ⁄ Loewenstein. Zweck: Wahrung soldatischer Tradition (gegründet auf Heimat- u. Glaubensbewußtsein; ⁄ Kriegsstatistik), Kameradschaftspflege, Betreuung j. Kriegsopfer (⁄ Kriegsopferversorgung), körperliche Ertüchtigung d. Mitgl. (⁄ Sportverbände), Siedlungsbestrebungen (Gut Groß Gaglow b. Kottbus). R. umfaßt 30 000 Mitgl. in 16 Landesverbänden u. über 350 Ortsgruppen. Ⓦ Der Schild, wöchentlich.

Reichsbund gesetzestreuer j. Gem. Dt.'s, gegr. 1920 in Halberstadt (Halberstädter Verband) als Vertretung d. orthodoxen Gem., Landesverbände in Bayern, Hessen, Preußen.

Reichsbürgerrecht ⁄ Ariergesetzgebung.

Reichsverband d. nichtarischen Christen, E.V., als Reichsverband christl. dt. Staatsbürger nichtar. od. nicht rein ar. Abstammung 20. 7. 1933 gegr., Berlin W 15, Uhlandstr. 40/41, sucht die durch d. ⁄ Ariergesetzgebung zu Nichtariern erklärten Staatsbürger zu betreuen. Seine Einstellung ist bewußt christlich, dabei voll Achtung vor dem Jt. als d. Wurzel christl. Religiosität. Deutschtum erscheint ihm nicht als eine Sache des Blutes, sondern d. Haltung u. Gesinnung. Ⓦ Mitteilungsblatt, seit 1934.

Reichsverband d. j. Kulturbünde in Dt., gegr. 27. 4. 1935 auf staatl. Anordnung, Zwangsorganisation seit 5. 8. 35, bezweckt d. Pflege d. j. Kulturarbeit für J in Dt. u. d. Vertretung d. angeschlossenen Organisationen. November 1935 gehörten ihm ca. 140 Organisationen mit ca. 80—90 000 Mitgliedern an. Kulturbünde existieren Nov. 1935 in: Berlin, Chemnitz, Dresden, Düsseldorf, Eschwege, Frankfurt/M., Halberstadt, Halle, Hamburg, Hannover, Herford, Hildesheim, Karlsruhe, Kassel, Koblenz, Köln, Königsberg, Landau (Pfalz), Leipzig, Lübeck, Magdeburg, Mannheim, München, Nordhausen, Plauen, Saarbrücken, Schwerin Stettin, Stuttgart, Ulm, Wiesbaden, Witten a. d. Ruhr, Weimar, Worms, Zwickau.

Reichsverband d. j. Mittelstandes, gegr. Frühjahr 1933 als wirtschaftl. Interessenvertretung. Ⓦ „Der j. Mittelstand", Beilage zu „D. j. Handwerker" (monatlich).

Reichsvertretung der J in Dt., gegr. 1933 von sämtl. j. Landesverbänden, den Großgem. u. den gr. privaten j. Org. (Centralverein d. Juden in Deutschland, Reichsbund j. Frontsoldaten, Zionist. Vereinigung f. Dt.), um in Zusammenfassung aller dieser Org. u. in Repräsentation d. versch. Richtungen des dt. Jt. wie der geograph. Teile Dt.'s d. gesamte dt. Jt. nach außen zu vertreten u. in allen wichtigen inneren Fragen zu führen u. zu formen. Die von d. Reichsarbeitsgemeinschaft d. j. ⁄ Landesverbände als Spitze gebildete „alte Reichsvertretung" hat ihre Geschäfte d. neuen R. übertragen. An d. Spitze steht d. Präs. Rabbiner Leo ⁄ Baeck, ihm ist ein Präsidialausschuß beigegeben (geschäftsführender Vors. Ministerialrat a. D. Otto Hirsch; u. 7 Mitglieder). Ein aus führenden dt. J aller Richtungen bestehender Beirat tritt in größeren Abständen zusammen. In R. sind seit 1. 4. 1935 ⁄ Zentralausschuß als Finanzabteilung, ⁄ Zentralstelle f. j. Wirtschaftshilfe u. ⁄ Zentralwohlfahrtsstelle als Fachabt. eingegliedert.

Reichsverweisung, geregelt durch Gesetz vom 21. 3. 34, RGBl. 213 u. Durchführungsverordnung vom 29. 5. 34, RGBl. 467. Bisher nur landesrechtliche Bestimmungen, jetzt einheitlich für d. Reich geregelt. Ausweisung aus einem Lande nicht mehr möglich, nur Ausweisung aus d. Reichsgebiet. Ausgewiesen werden kann ein Ausländer aus den im § 2 d. Ges. genannten 11 Gründen. Ausländer ist jeder, der nicht d. dt. Staatsangehörigkeit besitzt, also auch ein Staatenloser.

Rein und unrein. Berührung eines Aases sowie Berührung u. Weilen unter einem Dach mit einem Toten machen kultisch unrein, ebenso gewisse Krankheiten. Unrein sind auch Menstruierende u. Wöchnerinnen. Unreine durften d. Heiligtum nicht betreten u. vom Opfer nicht genießen. Bestimmte Waschungen machen wieder rein. Rituell unrein sind d. zum Genuß verbotenen Tiere (↗ Speisegesetze).

Reina, Josef della, messianischer Schwärmer in Galiläa (16. Jhd.).

Reinach, drei Brüder: 1) Joseph, Paris 1856—1921, frz. Politiker u. Journalist, Mitarbeiter u. Biograph Gambettas, Historiker d. Dreyfus-Prozesses (7 Bde., 1900/08). 2) Salomon, 1858—1932, Archäologe u. Kunsthistoriker, Prof. in Paris. 3) Théodore, 1860—1928, Archäologe, Prof. in Paris. Ⓦ volkstüml. „Histoire des Israélites"; Sammlung „Textes d'auteurs grecs et romains relatifs au judaïsme".

Reinhardt (eigtl. Goldmann), Max, geb. 9. 9. 1873 Baden b. Wien, Theaterleiter u. Regisseur, 1894/1902 Schauspieler unter ↗ Brahm, dann selbständig in Berlin (Deutsches Theater u. v. a.) u. Wien (Theater in d. Josefstadt), Begr. d. Salzburger Festspiele; als Dramaturg (Wilde, Shaw, Maeterlinck, Hofmannsthal, Wedekind) u. Regisseur (Shakespeare) Antipode Otto Brahms. Seine Leistung gehört der dt. Theatergeschichte an.

L: Monographien von S. Jacobsohn, M. Epstein u. a.

Max Reinhardt

Reiseberichte, in d. h. Lit. mehrfach vertreten; am berühmtesten die R. d. ↗ Benjamin aus Tudela u. d. ↗ Petachja aus Regensburg (beide 12. Jhd.). Sammlung h. R. bei Eisenstein, Ozar Massaot (1926); h. u. jidd. R.-Berichte aus Pal. in Auswahl dt. durch K. Wilhelm (1935). Vgl. ferner: H. △ Petermann, Reisen im Orient (1865)· L. A. ↗ Frankl, Nach Jerusalem (Auszug, 1935).

Reisen, Abraham, geb. 1876 Koidanowo (Weißrußl.), jidd. Dichter (volkstüml. Gedichte, soziale Erzählungen), lebt in Amerika.

Religionsgespräche ↗ Disputationen.

Religionsphilosophie, Versuch, Religion u. Philosophie in Einklang zu bringen, mit d. Bestreben, d. ethischen Gehalt des Jt. hervorzuheben u. d. Zeremonialgesetz zu rechtfertigen. Anfänge d. R. finden sich im bibl. Buch Kohelet u. in d. j.-hellenist. Lit., bes. bei Philo (1. Jhd. n.), ferner in d. Apokryphen u. in d. Gnosis sowie in Mischna u. T. Die erste systematische R. bietet der Gaon Saadia (892—942) in seinem „Emunot we-Deot" im Anschluß an d. arab. Scholastik. Um 1075 entstand d. volksethische Buch „Chowot ha-Lewawot" (Herzenspflichten) des Bachja ibn Pakuda. Dem Neuplatonismus gehören an d. Dichter u. Pantheist Salomo ibn Gabirol (ca. 1020—58 od. 70), dessen Hauptwerk „Mekor Chajim" in neuerer Zeit in lat. Übersetzung unter d. Titel „Fons vitae" aufgefunden wurde, u. d. B-Forscher Abraham ibn Esra (1092—1167). Historisch-national wurde d. Jt. im Buche „Kusari" des Dichters Juda Halevi (ca. 1080—1145) begründet. Aristoteliker war Abraham ibn Daud (gest. 1180) in seinem „Emuna rama". Höhepunkt d. j. R. bildet Mose b. Maimon (Maimonides, 1135—1204), ebenfalls ein Aristoteliker, mit seinem „More Newuchim" (Führer d. Irrenden). Mit Ausnahme Abraham ibn Esras schrieben alle bisher Genannten arabisch u. sind erst ins H übersetzt worden. — Eine Reaktion gegen d. Rationalismus des Maimonides bildet d. Kabbala, deren Grundbuch der Sohar des Mose de Leon (2. Hälfte 13. Jhd.) ist (zugeschrieben d. Tannaiten Simeon b. Jochai, Mitte d. 2. Jhd.). Dieser Schule gehört auch an Mose b. Nachman (Nachmanides, 13. Jhd.). Die aristotelische Schule in d. materialistischen Richtung des Averroës vertritt d. Astronom u. Mathematiker Levi b. Gerschon (1. Hälfte d. 14. Jhd.), dessen h. verfaßtes „Milchamot Adonai" vielfach angefochten wurde. Zu erwähnen ist ferner d. Karäers Aaron b. Elia (2. Hälfte d. 14. Jhd.) Werk „Ez Chajim". Kritisch gehalten ist d. Buch „Or Adonai" des Chasdai Crescas (2. Hälfte d. 14. Jhd.). Den Abschluß d. spanischen Schule in d. R. bildet Josef Albo (1. Hälfte d. 15. Jhd.) mit seinem konservativ gehaltenen „Ikkarim", das jede dogmatische Gebundenheit d. Jt. ablehnt u. später von Mendelssohn stark benutzt wurde. Ferner treten Elia Delmedigo, Isaak Abravanel u. Josef Salomo Delmedigo in d. R. hervor. Kritisch mit d. Jt. hat sich Baruch Spinoza (1632/77) beschäftigt. Neuerer Zeit gehört Moses Mendelssohn (1729/86) mit seinem „Jerusalem" (1783) an, ferner d. Hegelianer Nachman Krochmal (1785—1840), Ludwig Steinheim, Samuel Hirsch, Moritz Lazarus, Heymann Steinthal, Hermann Cohen, Leo Baeck (Das Wesen des Judentums).

L: D. Neumark, Gesch. d. j. Philos. d. MA, 1907 ff.; J. Guttmann, Philosoph. d. Jt. 1933.

Religionsunterricht, notwendig, seitdem nach Verlassen des Ghettos d. j. Religion nicht mehr den absoluten Mittelpunkt j. Lebens bildet. Dreigliederung d. R.: 1) Durchnahme d. wesentlichen Sätze d. j. Religionslehre u. Ethik, 2) Unterweisung in j. Gesch., 3) Erlernung d. h. Sprache (neuerdings auch Kurse in Neu-H). Trennung d. Religionsschulen nach konservativem u. liberalem Ritus in größeren Gem. durchgeführt. Neuerdings Forderung einer Reorganisation („Judentumskunde"; j. Kultur u. j. Leben in seiner Ganzheit) u. Aktualisierung (Vergegenwärtigung) des Unterrichts (insbes. im Hebräischen).

Remak: 1) Ernst Julius, 1849 Berlin—Wiesbaden 1911, Sohn von 2, angesehener Neurologe, a. o. Prof. Berlin. 2) Robert, 26. 7. 1815 Posen—Kissingen 29. 8. 1865, erster j. Privatdoz. an d. Berl. Univ., seit 1859 a. o. Prof., Entdecker d. marklosen Nervenfasern, Begründer d. Elektrodiagnostik u. -therapie.

Rembrandt Harmensz van Rijn △ 1606—1669, d. gr. holländische Ma-

Rembrandt: Die Synagoge. Radierung, 1648

ler, zeigt in Leben u. Werk zahlreiche Berührungspunkte mit dem Jt. Eines seiner ersten Bilder ist das Porträt seines Vaters als „Philo, d. J", eines seiner letzten die seit alters so genannte „Judenbraut" (Darstellung thematisch ungeklärt). Dazwischen liegen Rabbiner- u. Judenbildnisse in großer Anzahl (Tafel 28; meist nicht als Porträts im eigtl. Sinne, sondern als typisch-symbolhafte Darstellungen gemeint) sowie d. Bildnisse ↗ Manasse ben Israels u. des Arztes Ephraim ↗ Bueno (Abb. 118), ferner Radierungen wie d. „Synagoge". R.'s Bilder zum AT weisen in ihrer realistisch-j. Auffassung der bibl. Gestalten (etwa im Haager „Harfespielenden David" u. ö.) deutlich auf die Modelle aus dem Amsterdamer Ghetto zurück, wo d. Künstler lange Jahre seines Lebens verbrachte.

Renan △ Ernest, 1823—1892, frz. Orientalist. Ⓦ m. j. Themen: „Histoire du peuple d'Israel" (1877 ff.); „Les écrivains juifs français du XIV. siècle" (1894); „Les rabbins français" (gemeins. m. Neubauer).

Resch (Kopf), 20. Buchst. d. h. Alphabets, Kehl- od. Gaumenlaut (r).

Resch Galuta ↗ Exilarch.

Responsen (Teschuwot, „Antworten"), Rechtsgutachten, Gattung d. rabbin. Lit.: Gemeinden richteten briefliche Anfragen (Scheelot) an d. großen talmud. Lehrer ihrer Zeit u. erhielten in d. R. autoritative Gesetzesbescheide. Von bes. Bedeutung f. d. Entwicklung d. Halacha sind d. R. der Gaonen (Tesch. ha-Geonim, mehrfach gesammelt), ferner die des Maimonides, Salomo b. Adret u. a.

Retcliff, Sir John, ↗ Goedsche.

Reuchlin △ Johannes, 1455—1522, dt. Humanist, d. erste christl. Hebraist (Rudimenta linguae hebraeae, Sprachlehre 1506; De accentibus et orthographia linguae hebraicae 1518; Abb. 616); langwieriger Streit mit d. Dominikanern („Dunkelmännern"), beginnend mit R.'s objektivem Gutachten über d. rabb. Lit. (gegen d. von ↗ Pfefferkorn geforderte T-Verbrennung, 1510) u. seiner dt. Verteidigungsschrift „Augenspiegel“ (1511), von gr. Wirkung auf d. dt. Reformation.

Reuter, Paul Julius Freiherr von (eigtl. Israel Beer Josaphat), 21.7.1816 Kassel-Nizza 25. 2. 1899, Buchhändler u. 1849 Begr. d. R.'schen Telegraphenbüros (Aachen, seit 1851 London); 1871 in Dt. geadelt.

Rëuweni ↗ Rubeni.

Revere, Giuseppe, 2.9. 1812 Triest—Rom 22. 11. 1889, ital. Schriftsteller u. Politiker. Ⓦ Dramen, Sonette, satirische Reiseskizzen; Gesamtausgabe, 4 Bde., 1896/98.

Revisionisten ↗ Zionisten-Revisionisten.

Revolution. D. frz. R. von 1789 sieht J zunächst nur als Opfer (Elsaß). Am 22. 8. 1789 wird d. erste Antrag (Abbé △ Grégoire) auf Gleichberechtigung eingebracht („den J als Nation sei alles zu verweigern, als Menschen aber alles zu gewähren“), dem am 27. 9. 1791 d. Nationalversammlung grundsätzlich zustimmt.

Titelblatt von Reuchlins Schrift „De accentibus“

Da außer in Frankreich noch nirgends durchgeführt, ist 1848 Gleichberechtigung einer d. Programmpunkte aller europäischen R.; deshalb fast überall Beteiligung d. J, aber auch Ausschreitungen gegen sie in Prag u. Ungarn. Im Frankfurter Parlament bezeichnet Riesser d. J als „Religionspartei, d. keine Nationalität haben will“; als Ergebnis d. R. überall bürgerliche Gleichberechtigung, an der auch in d. Restaurationszeit grundsätzlich festgehalten wird, außer in Rußland. Dort daher starke Beteiligung von J an d. R. von 1905 (Ziel: eigne Volksvertretung) u. von 1917/18 (in ihrem Verlauf von d. Weißgardisten ca. 100 000 J getötet), deren Führer, soweit sie J waren, fast alle wieder in d. Hintergrund traten (Trotzki, Kamenew, Sinowjew). In Dt. 1918 nur einzelne Sozialisten führend, d. bürgerliche dt. Jt. unbeteiligt u. überwiegend Gegner d. Revolution.

Rhodos, 4500 J = 8%, seit 2. Jhd. v.

Ricardo, David, London 19. 4. 1772 —11. 9. 1823, Sefarde, getauft, Bankier, Unterhausmitgl., system. Vollender der klassischen Volkswirtschafts- (sog. ehernes Lohngesetz, Theorie d. Bodenrente) u. Freihandelslehre. Ⓦ Principles of political economy and taxation 1817.

L: Ammon, R. als Begr. d. theor. Nationalökonomie, 1924.

Richter (Schofetim), Buch der, zweites d. histor. Bücher d. B, behandelt d. ↗ Richterzeit, vom Eroberungszug Judas bis zur Erneuerung Benjamins; 21 Kap.

Richter △ J. P. F. (Jean Paul), 1763—1825, d. dt. Prosaiker, stand in Beziehung zum Berliner Kreis d. Rahel ↗ Varnhagen, Esther Bernard-Gad usw. Mit seinem Freund, d. J Emanuel Osmund (1766—1843) korrespondierte R. u. a. über talmudische Ethik („... ich beklag' es, daß ich die Unterdrückten fast bloß aus dem Munde der Unterdrücker kenne"). Denkrede ↗ Börnes auf R.

Richterzeit, Epoche d. altisr. Geschichte von Josuas Tod bis zur Einsetzung eines Königs (Saul) durch Samuel; heroisches Zeitalter d. isr. Stämme. An Richtern nennt die B (Buch d. Richter, Kap. 3—16): ↗ Otniel, ↗ Ehud, Samgar, ↗ Debora (u. ↗ Barak), ↗ Gideon (dem ↗ Abimelech folgt), Tola, Jair, ↗ Jeftah, Ibzan, Elon, Abdon, ↗ Simson. Am Ausgang d. R. wirken ↗ Eli u. ↗ Samuel (I. Sm. 1 ff.).

Rieger, Paul, geb. 1870 in Dresden, j. Gelehrter („Geschichte d. J in Rom", m. Vogelstein 1895 f.), Rabbiner in Stuttgart.

Rieß, Peter Theophil, Berlin 27. 6. 1804 — 22. 10. 1833, Physiker, seit 1842 (als erster J) Mitgl. d. Preuß. Akademie d. Wissenschaften.

Riesser, Gabriel, Hamburg 2. 4. 1806 —22. 4. 1863, Vorkämpfer d. dt.

Gabriel Riesser
Gemälde von Moritz Oppenheim

J-Emanzipation, „Anwalt d. dt. J" genannt; Obergerichtsrat in Hamburg. Kampf f. d. J-Emanzipation: 1831 „Über d. Stellung d. Bekenner d. mos. Glaubens in Dt.", 1832 Zeitschr. „Der Jude", 1840/42 „Jüd. Briefe". 1848/49 Vizepräsident d. Frankfurter Parlamentes (Eintreten f. preuß. Erbkaisertum).

L: F. Friedlaender, G. R., 1926.

Rieti, Mose, 1388—1460, h. Dichter, Arzt u. Rabbiner in Rom. Ⓦ Mikdasch meat (Heiligtum im Kleinen), Lehrgedicht in Terzinen.

Riga, 40 000 J = 12%, seit 16. Jhd.

Rindfleisch △, fränkischer Edelmann im 13. Jhd., Urheber einer d. schwersten J-Verfolgungen, die am 20. 4. 1298 mit d. Vernichtung d. Gemeinde Röttingen (Franken) begann (Ursache war d. Gerücht einer angebl. Hostienschändung) u. über 140 Gemeinden (darunter Würzburg u. Nürnberg) in Franken, Bayern u. Österreich als Opfer forderte.

Ringparabel vom Wettstreit d. Religionen (Lessing, Nathan III 7; nach Boccaccio, Dekameron I 3) geht vermutl. auf eine j. Erzählung (Born Judas, Nr. 253) zurück.

Risch, Abk. f. Reichsverband isr. Schwerhöriger, gegr. 1933 von Lothar Goldschmidt, Selbsthilfe-Organisation j. Schwerhöriger in Dt. (Beschaffung von Vielhörern in Synagogen; Sprechablesekurse u. dgl.).

Rischon le Zion („Erstling Zions"), älteste Landsiedlung in Pal., 4200 Einw., 1882 von ↗ Biluim begr., durch Edmond de Rothschild saniert; Wein- u. Orangenbau mit arab. u. j. Lohnarbeitern, vorstädtische Industrie.

Ritualien: a) synagogale (in den aus d. MA bek. Synagogen): Toraschrein (↗ Aron ha Kodesch) an d. O-Seite durch d. Vorhang (↗ Parochet) geschmückt u. abgeteilt als d. ↗ „Allerheiligste" d. Tempels; vor d. Vorhang d. ewige Licht (↗ Ner tamid), zur Seite d. achtarmige Leuchter (↗ Menora) f. Chanukka (nur im salomonischen Tempel stand d. 7-armige), davor d. Lesepult (↗ Omed) d. Vorbeters; in d. Mitte d. Synagoge ein erhöhter abgeschlossener Raum mit Lesepult zur Toravorlesung (↗ Almemor); d. Eingang zur Synagoge führte zumeist einige Stufen tiefer („aus d. Tiefe rufe ich dich, Herr" [Ps. 130, 1]); in d. Vorhalle Waschgerät f. d. Kohanim u. eine Waschgelegenheit, bevor man d. Betraum betritt. „Frauenschul" durch Gitter von d. Männerschul getrennt (orient. Sitte). Neben d. ↗ Synagoge d. rituelle Bad (↗ Mikwe). — b) gottesdienstliche: Gebetmantel (↗ Tallit) mit Schaufäden (↗ Zizit), dafür auch kleines Viereck (↗ Arba Kanfot) unter d. Kleidung; Gebetriemen (↗ Tefillin) beim werktäglichen Morgengebet an Arm u. Kopf. Widderhorn (↗ Schofar), Rosch-ha Schana u. Ausgang Jom Kippur geblasen; Feststrauß (↗ Lulaw, ↗ Etrog [E. während Nichtgebrauchs in silberner Büchse aufbewahrt]) f. Gebetrezitation an d. Sukkot-Tagen u. 7-maligen Umzug am Hoschana rabba. ↗ Torarolle, auf Pergament geschrieben u. auf 2 Stäbe aufgerollt, durch ein Band (Wimpel [Mappa] oft gestickt oder bemalt) zusammengehalten, in ein Mäntelchen (oft kostbar gestickt) gehüllt; Schmuck d. Stäbe mit Rim-

Toraschmuck. Silber, vergoldet. Hamburg, 1740

Torawimpel. Leinen, bemalt. Rheinland, 1816

monim (Granatäpfeln, silbern oder golden) bezw. einer Krone (Keter Tora); auf d. Vorderseite d. Mäntelchens ein silbernes Schild (Tass) u. ein Zeiger (Jad; aus Silber, Gold od. Holz) zur Unterstützung d. Vorlesers. c) im Hause: am rechten Türpfosten d. ↗ Mesusa, im Zimmer zur Bz. d. O-Wand d. ↗ Misrach. Für d. Sabbateingang (↗ Kiddusch) d. Kidduschbecher, eine Barchesdecke über d. Brot, Sabbatleuchter u. d. Sabbatlampe (gewöhnl. 6-teiliger Stern mit 6 Tüllen f. d. Öl u. einem Abtropfer); am Sabbatausgang (Hawdala) d. Hawdala-Ständer f. d. Licht-, d. Riechbüchse (Bessamim-Büchse) f. d. Gewürz- u. d. Becher f. d. Weinsegen. Am ↗ Seder-Abend (Pessach) d. Sederschüssel (Zinn, Silber, Porzellan) zum Auflegen d. Mazzot, d. in 3-teilige Mazzotdecke gelegt werden; Waschgefäß; Behälter für ↗ Charosset, d. Bitterkraut (Maror), ein angebranntes Ei u. ein Stück gebratenes Fleisch. Eine ↗ Haggada für d. Pessach-, eine ↗ Megilla für d. Purim-Lesung, eine Omer-Rolle f. tägliche Spruchlesung an d. Tagen d. ↗ Omer-Zählung. Laubhütte (↗ Sukka) zum Aufenthalt während d. Sukkotfestes. — d) für feierliche Anlässe: Trauung unter d. ↗ Chuppa, wobei d. Bräutigam d. Braut d. Trauring ansteckt; Verlobungs- bezw. Heiratsvertrag auf d. ↗ Ketubba aufgezeichnet; Brautgeschenke (Siwlonot), meist silberner Gürtel, d. bis zur Hochzeit getragen wird. Bei Verweigerung d. Leviratsehe Übergabe d. ↗ Chalizaschuhs; bei Ehescheidung Scheidebrief (↗ Get). Zur ↗ Beschneidung d. erforderl. Gerät: Messer, Sandgefäß, Decke; f. d. Eintragung d. Beschneidungen d. Mohel-Buch. — Beim Todesfall Waschung d. Leiche (Tahara), Totengewand (Sargenes, Tachrichin) u. Tallit, ↗ Bestattung in 4 Brettern. Totenlicht nach d. Tode 4 Wochen lang, Jahrzeitlicht am Jahrestag d. Todes brennend (↗ Jahrzeit).

Ritualmord ↗ Blutbeschuldigung.

Rituelle Speisehäuser. Verein zur Förderung r. Sp., Hamburg 1, Gr. Bäckerstr. 6, gegr. 1900, gibt periodisch (etwa viertelj.) Verzeichnisse d. unter Aufsicht gesetzestreuer Rabbiner stehenden Speisehäuser heraus.

Ritus (lat.: Religionsgebrauch; h. Minhag). Man spricht vom j. R. im Gegs. zum R. anderer Konfessionen („rituell leben" = d. j. Zeremonialgesetz erfüllen). Im Jt. selbst unterscheidet man d. religiösen Brauch d. einzelnen Länder u. Gruppen. Haupttypen: 1) aschkenasischer, a) westlicher (deutscher) in Dt., Italien, Frankr.; b) östlicher (polnischer) in Osteuropa, Holland, England, Amerika. 2) sefardischer (orientalischer) Ritus.

Robert: 1) Emmerich, 1847–1899, Schauspieler, seit 1878 am Wiener Burgtheater, gefeierter Darsteller jugendlicher Helden u. Liebhaber. 2) Ludwig, 16. 12. 1778 Berlin – Baden-Baden 5. 7. 1832, Schriftsteller, Bruder der Rahel ↗ Varnhagen; seine Dramen „D. Tochter Jephthas" (1811; gedruckt 1820), „D. Macht der Verhältnisse" (1815; gedruckt 1819) u. a. sind wohl die ersten Stücke eines J, die in Dt. auf d. Bühne gelangten.

Roda Roda ♁ (eigtl. Rosenfeld), Alexander, geb. 13. 4. 1872 Pusta Zdenci (Slawonien), Schriftsteller, 1892/1902 österreich. Offizier. Ⓦ Zahlreiche Sammlungen meisterhaft pointierter Anekdoten, Lustspiele (↗ Rößler) u. a.

Rödelheim (bei Frankfurt/M.), bevorzugter h. Druckort seit Mitte 18. Jhd.

Rodenberg (eigtl. Levy), Julius, 26. 6. 1831 Rodenberg (Hessen)–Berlin 11. 7. 1914, Schriftsteller, Begr. u. Herausg. der „Deutschen Rundschau" (seit 1874). Ⓦ Gedichte, Romane, Reiseschilderungen.

Rodriguez, Name einer Marranenfamilie, von der einige Vertreter wegen ihrer Treue zum Jt. durch d. Inquisition verfolgt wurden.

Rokeach ↗ Eleasar b. Juda.

Rollen (Megillot), fünf (chamesch M.), h. Sammelbz. d. fünf mittleren Hagiographen (Hohelied bis Esther), deren jede zu besonderer Gelegenheit im Gottesdienst verlesen wird (Hohelied zu Pessach, Ruth zu Schawuot, Klagelieder am 9. Aw, Kohelet zu Sukkot, Esther zu Purim), u. die seit altersher, als kleines „Fünfbuch" (neben d. großen Fünfbuch, der Tora) ein besonders beliebter Gegenstand d. Auslegung gewesen sind (z. B.: ↗ Midrasch rabba zum Pent. u. den fünf R.).

Rom, 13 500 J = 1,3%. Älteste j. Gem. Europas, im 2. Jhd. v. nachgewiesen. Grabkatakomben aus früher Zeit erhalten. Am Titusbogen Darstellung des Gefangenenzuges mit d. j. Tempelgeräten (Tafel 29). Trödelmarkt im ehem. Ghetto Trastevere (↗ Gregorovius). Im Spätmittelalter Zwangsbekehrungspredigten u. schimpfliche Karnevals-

Rom: Ansicht des Ghettos Kupferstich, 1817

Rosch ha-Schana. Kupferstich aus „Jüdisches Ceremoniel“ von P. C. Kirchner, 1726

wettläufe. 1870 Emanzipation. Seither lebhafter Anteil am geistigen u. polit. Leben, reiche Synagogenbauten. L: Vogelstein-Rieger, Gesch. d. J in R.; E. Loevinson, Roma Israelitica, 1927.

Romberg: 1) Ernst ♁ 5.11.1865 Berlin—München 18.12.1933, Enkel von 2, 1912/33 Prof. d. inneren Medizin u. Direktor d. 1. Medizin. Univ.-Klinik München, geadelt 1908. Hauptarbeitsgebiet in Praxis u. Theorie: Erkrankungen d. Herzens u. d. Gefäße. 2) Moritz Heinrich, 11.11.1795 Meiningen—Berlin 16. 6. 1873, seit 1840 o. Prof. d. inneren Medizin, Begr. d. patholog. Physiologie u. Neurologie, sowie d. modernen Nervenheilkunde (Tabes). Sein „Lehrbuch d. Nervenkrankheiten“ 1840/46 war lange führend.

Römer. Nach j. Sage entstand Rom an d. Tag, da Salomo sich dem Götzendienst ergab. Geschichtl. Überlieferung berichtet von Bündnissen d. Makkabäer Juda, Jonathan, Simon u. Hyrkan I. mit d. R. Pompejus griff in d. Thronstreit zwischen Hyrkan II. u. Aristobul II. ein. Antipater u. Herodes machten sich um Caesar u. Augustus verdient, konnten aber d. endgültigen Verlust j. Selbständigkeit an d. R. nicht hindern. Als Teil d. röm. Provinz Syrien wurde erst Judäa, bald ganz Pal. von Landpflegern verwaltet, gegen d. das Volk sich erhob; den röm.-j. Krieg entschied Vespasian durch d. Gefangennahme Josephus', Titus durch d. Eroberung Jerusalems. Nun wurde Pal. eine besondere röm. Provinz mit eigenem Statthalter. Den Aufstand Bar Kochbas unterdrückte Hadrians Feldherr Severus. Antoninus Pius, der d. hadrianischen Beschränkungen zum Teil wieder aufhob, oder Marc Aurel war nach j. Sage Freund d. Juda ha-Nassi. Durch d. Gesetz Caracallas wurden auch d. J zu röm. Bürgern. Julian Apostata dachte an d. Wiedererrichtung d. Tempels zu Jerusalem.

Rosch Chodesch (Anfang d. Monats) ⁄ Neumond.

Rosch ha-Schana (Anfang d. Jahres), Neujahrsfest, 1. (u. 2.) Tischri, erster d. zehn Bußetage, „gewaltiger Tag“ (Jom nora) wie d. letzte

Bußetag (Jom Kippur). Blasen d. Schofar im Mussaf-Gottesdienst (bibl. Bz. des R. als „Tag d. Posaunenschalls"). R. ist himmlischer Gerichtstag (bibl. „Tag d. Gedenkens"), daher d. Wunschformel: Ketiwa u-Chetima towa = gute Schrift u. Siegel (deiner Taten im Buch d. göttl. Gerichts [„Schrift" am R. „Siegel" am Jom Kippur]). Gebete: d. längsten d. Jahres; Bräuche: ↗ Taschlich. Name eines Tr. (Moed), der vom R. handelt.

Rosen ♁, Orientalistenfamilie j. Herkunft: 1) Friedrich, 30. 8. 1856 Leipzig—Peiping 27. 11. 1935, Iranist u. Indologe, dt. Diplomat, Mai —Okt. 1921 Außenminister im 1. Kabinett Wirth. Ⓦ Aus einem dipl. Wanderleb. 1931/32. 2) Friedrich August, 2.9.1805 Hannover—London 12.9.1837, Sanskritist, 1827/31 Prof. London. 3) Georg, Detmold 24. 9. 1820—29. 10. 1891, Bruder von 2, Vater von 1, Iranist u. Diplomat. Ⓦ Elementa persica 1846; Übs. aus d. Pers. u. Türkischen.

Rosenbach, Ottomar, 4.1.1851 Krappitz (Oberschles.)—Berlin 20.3.1907, Prof. d. inneren Medizin u. dirig. Arzt am Allerheiligen-Hospital Breslau, betonte das Primat d. Klinik vor Tierexperimenten u. Laboratoriumsforschung.

Rosenberg, Marc, 22. 8. 1852 Kamilnice (Podolien)—Baden-Baden 4. 9. 1930, Kunsthistoriker, 1887/1912 Prof. a. d. Techn. Hochsch. Karlsruhe. Ⓦ Grundlegende Werke über Goldschmiedekunst: „Der Goldschmiede Merkzeichen" u. a.

Rosenfeld, Morris, 28. 12. 1862 Boksche (Polen)—New York 22. 6. 1923, jidd. Arbeiterdichter u. Sänger d. Ghetto, lebte als Schneidergeselle in Amerika. Ⓦ Lieder d. Ghetto (dt. von B. Feiwel).

Rosenheim, Jakob, geb. 1871 in Frankfurt/M., Führer d. selbständigen j. Orthodoxie, Präsident d. Agudas Jisroel. Ⓦ Abrahamitisches oder mosaisches Jt.? (1924).
L: Festschr. zum 60. Geburtstage, 1931.

Rosenstock, Josef, geb. 27. 1. 1895 Krakau, Dirigent, Generalmusikdirektor Darmstadt, Wiesbaden, New York, Mannheim, wirkt seit 1933 im Kulturbund dt. J Berlin.

Rosenthal, Moriz, geb. 18. 12. 1862 Lemberg, Klaviervirtuose von höchster technischer Vollendung, Schüler △ Liszts.

Rosenwald, Julius, 1862 Springfield —Chicago 1932, amerikan. Industrieller u. Philanthrop.

Rosenzweig, Franz, 25. 12. 1886 Kassel—Frankfurt/M. 10. 12. 1929 (seit 1922 gelähmt), Philosoph, Theologe u. Gelehrter, Deuter d. Jt., neuartiger Übersetzer (Juda Halevi. Hymnen u. Gedichte; D. Schrift, gemeins. m. Martin ↗ Buber). Ⓦ D. Stern d. Erlösung, religionsphilosoph. Hauptwerk (1921); Zweistromland, Essays (1926).
L: F. R., Briefe, 1935.

Rosin, Heinrich, 1855 Breslau—Freiburg 1927, Jurist, 1886 o. Prof. Freiburg, erforschte insbes. Staats-, Sozialrecht u. dt. Rechtsgeschichte.

Rosmer, Ernst (Pseud. f. Elsa Bernstein-Porges), geb. 28. 10. 1866 Wien, Dramatikerin. Ⓦ Königskinder, 1895 (Textgrundlage der späteren Oper △ Humperdincks); naturalist. u. hist. Dramen.

Rossi (min ha-Adomim), Asarja dei, Mantua 1513—1578, j. Humanist, zog als erster die im Jt. vergessenen Werke d. j.-hellenist. Lit. neben d. talmud.-rabbin. Überlieferung heran u. wurde, von d. Zeitgenossen angefeindet, ein Vorläufer d. Wissenschaft d. Jt. Ⓦ Meor Enajim (Augenspiegel), Berichte, Übers. d. Aristeasbriefes, Abhandlungen.

Rossi, Salomone, um 1587/1628, d. erste (u. für die nächsten 200 Jahre einzige) namhafte j. Komponist, Hofkapellmeister in Mantua, komp. Madrigale, Kanzonetten u. (als einer der ersten Komponisten überhaupt)

Instrumental-Sonaten (1607). Für die Synagogalmusik wichtig seine „Cantici ebraici" (1622).

Rößler, Carl, geb. 25. 5. 1864 Wien, Lustspielautor, berühmt durch den „Feldherrnhügel" (1910, mit Roda Roda) u. durch „Die fünf Frankf." (1911, den Aufstieg der ↗ Rothschilds schildernd).

Rote Kuh ↗ Para.

Rotes Meer (h. Jam Suf = Schilfmeer). Wunderbarer Durchzug Israels durchs R. u. Untergang d. Ägypter (E 14—15).

Roth, Joseph, geb. 2. 9. 1894 in Schwabendorf (Zips), Schriftsteller. Ⓦ Essays „J auf d. Wanderschaft" 1927; Romane: „Hiob" 1930 (Geschichte einer ostjüdischen Familie); „Radetzkymarsch" 1932.

Rothenburg ob d. Tauber. 44 J = 0,5%, seit 13. Jhd. bezeugt, Wirkungsstätte d. ↗ Meïr b. Baruch; erhalten d. sogen. „J-Tanzhaus". Vertreibung 1520, Neuansiedlung im 19. Jhd.

Rothenstein, Sir William, geb. 29. 1. 1872 Bradford (Yorkshire), angesehener engl. Maler, bek. bes. durch charakterist. Porträtzeichnungen.

Rothschild, berühmtes Privatbankiergeschlecht, seit 1530 in Frankfurt /M.; Stammhaus „Zum roten Schild", 1567 erbaut. Mayer Amschel R. (1743—1812) gründete 1760 d. Frankfurter Bankhaus; seine Söhne („Die Fünf Frankfurter") erweiterten d. Unternehmen. Amschel R. (1773—1855) leitete d. Stammhaus, d. Filialen Nathan R. (1777—1836) in London, Karl R. (1788—1855) in Neapel, James R. (1792—1868) in Paris, Salomo R. (1774—1855) in Wien. Unter d. Nachkommen (Industrielle, Philosophen, Kunstsammler, mehrere geadelt) Alphonse R. (1827—1905) führend bei d. frz. Anleiheverhandlungen 1871, Lionel R. (1808—1879) finanzierte auf ↗ Disraelis Veranlassung 1875 Suezkanalaktien, Edmond, Baron de R. (1845—1934) förderte paläst. Siedlungswerk, später von d. ↗ Palestine Jewish Colonization verwaltet. (Vgl. Tafel 30.)
L: E. C. Conte Corti, Haus R. 1927; Ravage, Glanz u. Niedergang d. Hauses R., 1930.

Untergang der Ägypter im Roten Meer. Miniatur in einer deutschen Haggada - Handschrift von 1739

Rouchomovsky, Israel, geb. 1860, russ. Graveur, der 1895 auf fremde Bestellung nach verschiedenen Vorlagen eine Goldtreibarbeit herstellte, die als altskythische „Tiara des Saitaphernes" f. 200 000 Frs. vom Louvre angekauft wurde. R.'s Gutgläubigkeit schon dadurch erwiesen, daß er sich als Verfertiger meldete, sobald er von d. Streit d. Gelehrten Kenntnis erhielt. Urteil eines hervorrag. Fachkenners: „Es wäre verfehlt, eine Museumsleitung, die eine solch wunderbare Arbeit als echt ankauft, zu tadeln." D. Tiara

jetzt im Kunstgewerbemus. Paris.
Rubeni (Rëuweni), David, messianischer Schwärmer, angebl. Prinz aus d. verschollenen Stamme Ruben, errang d. Vertrauen Papst Clemens' VII., bekehrte in Portugal d. Marranen Salomo /- Molcho u. wurde nach dessen Märtyrertode (1532) von d. span. Inquisition gefangen gesetzt.
Rubin, Salomon, 1823—1910, Aufklärer, Galiz.; h. Spinoza-Übers.
Rubinstein, Anton, 28. 11. 1829 Wechwotynez (Podolien) — Peterhof 20.11.1894, Klaviervirtuose von überragender Bedeutung u. sehr produk-

Anton Rubinstein
Gemälde von Ilja △ Rjepin

tiver Komponist. Ⓦ Bibl. Opern „D. Makkabäer" u. „Sulamith", Oratorium „Moses".
Rückert △ Friedrich, 1788—1866, d. dt. Lyriker, hat bei seinen Nachdichtungen oriental. Motive auch Stoffe d. talmud. Agada behandelt; charakteristisches selbständiges Gedicht: „Die h. Akzente".
Rüdenberg, Reinhold, geb. 4. 2. 1883 Hannover, Elektrotechniker, seit 1927 Hon. Prof. d. Techn. Hochschule Berlin, Chef-Elektriker d. Siemens-Schuckert-Werke, Dr. ing. h. c.
Rülf, Isaak, 1831 Rauisch-Holzhausen (Hessen)—Bonn 1902, Rabbiner in Memel (Redakteur d. „Memeler Dampfboots"), philosoph. Schriftst., Zionist.
Rumänien, 900 000 J = 5%; überwiegend verarmte, jidd. sprechende Händler u. Bekleidungshandwerker. Schmale, rumän. bezw. russisch od. dt. gebildete kaufmänn. u. akadem. Oberschicht in d. Hauptgem. Bukarest, Jassy, Galatz, Kischinew, Czernowitz. Seit d. Altertum fortgesetzte J-Verfolgungen, die auch ausländische Intervention (Berliner Kongreß 1878) nicht wirksam unterbinden konnte. Heute ✢-Partei (National-Zaranisten; Führer Cuza-Goga). Starke Zersplitterung d. J (J. Reichspartei, Union rumän. J), Vertretung im Abgeordnetenhaus u. Senat. Dauerauswanderung, früher nach USA., jetzt nach Palästina.
Rundschau, Jüd., gegr. 1896, erscheint zweimal wöchentlich als Organ d. Zionistischen Vereinigung f. Dt., Auflage 37 200.
Ruppin, Arthur, geb. 1. 3. 1876 Rawitsch, seit 1908 mit Unterbrechungen Leiter der z. Pal.-Siedlung. Ⓦ Die J d. Gegenwart (1904/1920); D. Aufbau d. Landes Israel (1919); Soziologie d. J (1930).
Rußland, 2,6 Mill. J = 1,77%. Nach sporadischem Auftreten j. Händler seit d. 8. Jhd. brachten erst die 3 polnischen Teilungen ca. 1/2 Mill. J unter russ. Herrschaft. Aufenthaltserlaubnis nur in westl. u. südlichen Gouvernements (Ansiedlungsrayon). Pogrome seit 1881 lösten die j. Amerikawanderung aus. Doch ermöglichte d. Auslesepolitik d. Regierung das Entstehen einer russisch gebildeten j. Großkaufmann- u. Akademikerschaft in den Hauptstädten, die d. Führung im Kampf um d. Gleichberechtigung in R. u. in d. z. Bewegung übernahm. Der bolschewistische Umsturz, an dem auch Intellektuelle j. Herkunft Anteil hatten, bekämpft

j. Religion u. Z., vernichtete das j. Bürgertum, deklassierte das j. Handwerk, förderte aber j. Industriearbeiter u. (mit Hilfe d. Agrojoint) Landwirte. Die J genießen nationales Minderheitenrecht mit örtl. Selbstverwaltung u. jiddischer Sprache in ihren ländl. Konzentrationspunkten sowie jidd. Schulen. Von 100 j. Erwerbstätigen sind 9,1 Bauern, 14,8 Arbeiter, 18,9 Handwerker, 23,3 Angestellte u. Beamte, 11,6 Händler, 1,6 Angehörige freier Berufe u. 20,7 sonstiger Berufe u. vor allem Arbeitslose.

Rüsttag (Erew = [Vor-]abend), d. Tag vor d. Sabbat- u. Festtag, dient d. Rüste u. d. Vorbereitung auf d. heiligen Tag, d. bereits mit Beginn d. abendlichen Dunkelheit am R. beginnt.

Ruth, fromme Moabitin, die, verwitwet, ihre isr. Schwiegermutter nicht verlassen will u. als Ährenleserin d. Liebe d. begüterten Boas gewinnt; Stammutter Davids. Buch R., 2. d. „fünf Rollen" in d. Hagiographen d. B (in d. alten B-Übers. hinter d. Richterbuch gesetzt, weil d. Erzählung in d. Richterzeit spielt), d. R.-Idylle, 4 Kap. (Verlesung am Wochenfest).

Ruthenberg, Pinchas, Ingenieur, geb. 1879 Romny (Gouvernement Poltawa), arbeitete nach dem Krieg Projekt d. hydroelektrischen Ausnutzung d. Jordangefälls aus, gründete als Regierungskonzessionär 1926 mit engl.-j. Beteiligung Palestine Electric Corporation (P. E. C.) u. eröffnete 1932 Station Tel-Or („Lichtberg") beim Einfluß des Jarmuk in den Jordan unterhalb d. Tiberiassees. Ausbau weiterer Staustufen bei ansteigendem Bedarf möglich. Gesamtkapazität (einschl. Diesel-Hilfsstationen Tel Awiw u. Haifa) z. Zt. 32 925 PS. Kraftstromverbrauch 1934 über 34 Mill. KW.

Ryback, Issachar, geb. 1897 Elisabethgrad, Maler, in Moskau, später in Berlin u. Paris tätig; in seinem Schaffen Einflüsse j. Volkskunst neben solchen d. frz. Kubismus. Ⓦ Gemäldezyklus „D. kleine Stadt"; Aquarellzyklus „Pogrom".

Issachar Ryback: Die alte Synagoge

S

Saadia (Said) b. Josef, 892 Fajjum (Oberägypten) — Sura (Babylonien) 942, Gaon zu Sura, Religionsphilosoph, Exeget, Grammatiker, Apologet u. liturg. Dichter, schrieb arab. u. h. — S. ist d. erste Autor d. rabbin. Lit., Begründer fast ihrer sämtlichen Literaturzweige, Erneuerer d. geistigen Hegemonie d. babyl. Jt. u. Verteidiger d. mündlichen Lehre gegen Karäer u. andere Sektierer. Ⓦ B-Übersetzung (arab.); Emunot we-Deot (Glaubenslehren u. -ansichten), religionsphilos. System.

Saarland, ca. 4800 J = 0,6%.

Saba, altsemit. Volk u. Reich in SW-Arabien; B-Sage vom Besuch d. Königin von S. beim weisen Salomo (I. Kg. 10; II. Chr. 9).

Sabbat (Schabbat, „Ruhe"), siebenter Tag d. Woche, Tag d. Ruhe u. d. Heiligung zur Erinnerung an d. göttl. Weltschöpfung (E 20, 11) u. Israels Befreiung aus ägypt. Sklaverei (D 5, 15). Schöpfungsidee in Verbindung mit sozialer Gerechtigkeit bilden Ausgangspunkt u. Endziel eines jeden S. u. zugleich des dereinstigen ewigen S. der Zukunft. Beginn d. S.-Feier am Vorabend (Freitag Abend) 45 Minuten vor Nacht m. Lichtanzünden u. Arbeitsverbot. Empfang des S. (Kabbalat S.) m. Begrüßungslied ↗ Lecha Dodi (für d. „Prinzessin S."); synagogale u. häusl. Einweihung (↗ Kiddusch), vor d. häusl. Eingangsfeier Segen d. Hausherrn über seine Kinder; S.-Lieder zu den Mahlzeiten (↗ Semirot); feierlicher Charakter d. drei Hauptmahlzeiten (Schalosch Seüdot); am S.-Tage Tora-Vorlesung d. ↗ Wochenabschnitts (m. ↗ Haftara), Zusatzgebet (↗ Mussaf) im Anschl. an d. Morgengebet, in d. Liturgie ↗ Siebengebet statt Achtzehngebet; zu S.-Ausgang (Mozaë S.) feierliche Verabschiedung (↗ Hawdala). Zahllose S.-Bräuche; volkstüml. u. mystische Vorstellungen über Kraft u. Bedeutung des S. (Beispiele: d. „zusätzliche Seele" [Neschama jetera], die d. Mensch während des S. gewinnt; den am Freitagabend von d. Synagoge Heimkehrenden begleiten 2 Engel). Die gehobene S.-Stimmung darf durch keine offensichtl. Trauer getrübt werden. S.-Entweihung gilt als Todsünde (vgl. NU 15, 32 ff.). Charakteristikum des S. d. absolute Ruhe u. Einstellung jeder Tätigkeit (sogar des Rauchens); Hilfskonstruktion (↗ Eruw) zur Erleichterung d. Trageverbots; seit Einführung d. Sonntagsruhezwanges Gründung zahlr. „Schomre Schabbos" (Sabbat-Hüter) -Vereine (jetzt zusammengeschlossen, Sitz Jerusalem). Ausgezeichnete Sabbate d. Jahres: teilw. nach d. Wochenabschnitt d. Toravorlesung (S. Bereschit, S. d. allerersten Tora-Abschnitts), teilw. nach ihrer Stellung innerhalb d. Festtagskalenders benannt (S. Chason u. S. Nachamu, S. vor u. nach 9. Aw, mit Jesajas Straf- bezw. Trostpredigt als Haftara; S. Schuwa, Buße-S. zwischen Neujahrs- u. Versöhnungstag; S. ha-gadol, „gr. S.", S. vor Pessach). S., eindringlicher als alle anderen j. Gebote u. Bräuche d. Umwelt vor Augen tretend, wurde vom Heidentum verspottet, von Christentum u. Islam mit Veränderung übernommen.

L: M. Zobel, Der S., 1935.

Sabbatai b. Meïr ha-Kohen (SchaCh), 1621 Wilna—Holleschau 1662, Dezisor. Ⓦ Sifte Kohen (Lippen d. Priesters), Kommentar zum Sch. Ar.

Sabbatai Zwi, 1626 Smyrna—Berat (Albanien) 1676, Pseudomes-

Sabbatai Zwi. Kupferstich, 1666

sias; erstes öffentl. Auftreten Smyrna 1648, türk. Kerker zu Abydos u. Übertritt zum Islam 1666. Not d. J (Wirkung d. Chmjelnizki-Verfolgung von 1648), mystische Hoffnung auf nahe Erlösung (im „messianischen" Jahr 1666), Nimbus d. hier mißverstandenen Kabbala u. bewußte Propaganda ehrgeiziger Jünger (Nathan aus Gaza, 1644/80) verbreiten d. Bewegung (Sabbatianismus); offene Anhänger auch nach seinem Abfall u. Tod, heimliche bis ins 18. Jhd. ⸕ Dönmeh.

Sabbatjahr (Schemitta, „Erlaß"), im pentateuchischen Gesetz Brach-(Ruhe-)jahr d. Bodens, alle sieben Jahre wiederkehrend (E 23, 11; L 25, 4–7; D 15, 1 ff.; Tr. ⸕ Schewiit). Nach sieben S. ein ⸕ Jubeljahr.

Saboräer (aram. Saworaë, „Erklärer"), T-Gelehrte d. 6. Jhd., Nachfolger d. Amoräer, ergänzten u. harmonisierten d. abgeschloss. T-Text.

Sacharja (Secharja, „Ruhm Gottes"; griech. Zacharias), nachexilischer Prophet (unter Darius). Buch S., 11. d. Zwölfprophetenbuchs, Vision u. messian. Weissagung, 14 Kap.

Sachs: 1) Julius, 2. 10. 1832 Breslau—Würzburg 29. 5. 1897, Botaniker, Prof. Bonn, Freiburg, Würzburg, führte als erster d. Begriff d. organbildenden Stoffe bei d. Entwicklung d. Pflanzen ein, bahnbrechende Arbeiten über die Ernährungsbedingungen der Pflanzen. 2) Michael, 3. 9. 1808 Glogau—Berlin 31. 1. 1864, Rabbiner d. gemäßigten Reform, als Prediger u. Gelehrter bedeutend, Übersetzer d. B (in Zunz' B-Werk), d. Gebetbuchs (Siddur u. Machsor) u. von Proben d. h.-span. Poesie. Ⓦ Stimmen vom Jordan u. Euphrat, Gedichte über Themen aus B u. T (1853).

Sachsen, 20 584 J = 0,5%, seit 12. Jhd. nachweisbar, zuerst in Leipzig (im 19. Jhd. starker Zuzug von Ostj.). Zur Zeit d. Frankfurter Nationalversammlung ist d. Leipziger Emanzipationsverein unter Führung von Christen für die Emanzipation tätig. Sächsischer Isr. Gemeindeverband (Dresden) seit 1926 Körperschaft d. öffentl. Rechts, umfaßt 8 Bezirksgem. mit 7 Rabbinaten; Hauptgem.: Leipzig, Dresden, Chemnitz.

Michael Sachs

Sack (Sak), als j. Familienname Abk. d. Anfangsbuchstaben von Sera Kodesch („heiliger Same" = Abkömmling eines Märtyrers).

Sadduzäer (Zaddukim; d. Name meist vom Priester ↗ Zadok abgeleitet), politische u. religiöse Partei zur Zt. d. 2. Tempels, d. führende aristokratische Minderheit (priesterl. Adel), weltanschaulich von ihren Gegnern, d. Pharisäern, einerseits durch konservative Züge (als verbindlich galt ihnen allein d. schriftliche Lehre, d. Tora), andererseits durch rationalistische (Grundsatz d. menschl. Willensfreiheit) geschieden.

L: R. Leszynsky, Die S., 1912.

Safed (Zefat), Stadt in Obergaliläa, ca. 3500 J = 30%. Große j. Gemeinde seit 14. Jhd.; Zentrum j. Gelehrsamkeit u. Mystik im 15. Jhd. (Josef ↗ Karo, Isaak ↗ Luria).

Sage und Mythos. I. Mythos. a) biblischer: Schöpfungs-, Paradies- u. Sintflut-M.; Verwandtschaft mit babylon. u. ägypt. M. nachgewiesen. b) nachbiblischer: Erweiterung d. bibl. M. in d. Lit. d. Midrasch u. d. Kabbala (Vier Tiere als Weltwächter; Schlangen-M.; Engel u. Dämonen; Ober- u. Unterwelt). II. Sage. a) biblische (Jeftahs Gelübde, David u. Goliat, Salomos Urteil); b) nachbiblische, haupts. als Erweiterung d. bibl. Geschichte (Kain von Lamech getötet; d. Satan hilft Noah beim Weinbau; Abraham als Götzenstürmer). Fast alle Gestalten d. talmudisch-rabbinischen Literatur S.-Helden (von Hillel bis Maimonides); Orts-S. um d. heiligen Stätten, Natur-S. um d. Pflanzen Palästinas.

L: Goldziher, Mythos bei d. Hebr., 1876; bin Gorion, S. d. J, 1935.

Sahula, Isaak b. Salomo, 13. Jhd. Spanien, Fabeldichter u. ethischer Schriftsteller; verbreitet sein Ⓦ Meschal ha-Kadmoni (Fabel d. Vorzeit).

Saitschick, Robert, geb. 24. 4. 1868, Philosoph u. Literarhistoriker, o. Prof. Zürich u. Köln, get. (ursprünglich j. interessiert). Ⓦ Genie u. Charakter 1900; D. innere Welt Jesu 1928.

Sajin (Waffe), 7. Buchst. d. h. Alphabets, stimmhafter s-Laut (frz. z); Zahlwert 7.

Sakheim, Arthur, 27. 10. 1884 Libau—Berlin 23. 8. 1931, Schriftsteller u. Dramaturg in Frankfurt/M. Ⓦ D. j. Element in der Weltliteratur 1924; Chassidim-Drama „D. Zaddik" (nach einem Fragment ↗ An-skis) 1929.

Salfeld, Siegmund, 1843—1926, Rabbiner in Mainz, j. Gelehrter. (Gesch. d. J in Dt.) Ⓦ D. Martyrologium d. Nürnberger Memorbuchs (1898).

Salman, j.-dt. Nebenform zu Salomo.

Salome (Schulamit, d. Friedliche), j.-hellenist. Frauenname. — 1) Alexandra S., d. einzige j. Königin zur Zt. d. 2. Tempels, regierte 76—67 v., Witwe Jannais, Mutter Aristobuls II. u. Hyrkans II. 2) Schwester Herodes', Verleumderin d. Mariamne. 3) Stieftochter Antipas', legendäre Mörderin Johannes' d. Täufers (Drama von Oscar △ Wilde).

Salomo (Salomon, h. Schelomo = Friedlicher, Friedrich), Sohn Davids u. d. Bathseba, Kg. um 950, prachtliebender Friedensfürst, Erbauer d. Tempels zu Jerusalem, durch seine Weisheit berühmt (Urteil S.'s, I. Kg. 3; zahlr. Weisheitserzählungen in d. nachbibl. j. u. islam. Sage), traditioneller Verfasser von Hohelied, Sprüche u. Prediger. Weisheit S.'s (apokr.), Psalmen u. Oden S.'s (pseudepigr.).

Salomo b. Isaak, bek. als Raschi (= R. Salomo Izchaki), Troyes 1040—1105, Begr. d. dortigen T-Hochschule, klassischer Exeget von B u. T, dessen Kommentare, für d. wörtl. Erklärung d. bibl. u. d. einfache Verständnis d. talmudischen Textes

Maier Amschel Rothschild, seine fünf Söhne und sein Enkel Lionel
Nach zeitgenössischen Stichen

Tafel 31

Angebliches Jugendbildnis

Authentisches Bildnis um 1665

Spinoza

unentbehrlich, seit jeher allen Ausgaben beigedruckt werden. Legendäre Erinnerungen an S. (sogen. „Raschikapelle") in Worms, seinem Studienort 1055/65. — Pent.-Komm. übs. von S. Bamberger.

L: S. Rothschild, Raschi 1924.

Salomon: 1) Alice, geb. 19. 4. 1872 Berlin, leitete 1908/24 sozialeFrauenschule, 1925/33 Akademie f. soziale u. pädagog. Frauenarbeit in Berlin; Sozialpolitikerin. 2) Gotthold, 1784—1862, Prediger in Hamburg. Ⓦ Dt. Volks- u. Schul-B f. Isr. (1837).

Salomons, David, Sir, 22. 11. 1797 London—Greal Cumberland 18. 7. 1873, Gründer (1832) u. Leiter d. Bank von England, erster J im engl. Parlament, 1855 Lordmayor von London.

Saloniki, 60 000 J = 25%, von Paulus bereits 53 n. erwähnt. Seit spaniolischer Einwanderung im 15. Jhd. Aufschwung. Früher führend im Handel, zahlr. Hafenarbeiter u. Fischer. Jetzt notgedrungen Abwanderung bes. nach Pal. Entwickeltes Schulwesen vor allem durch Gründungen d. „Hilfsvereins d. dt. J" u. d. „Alliance Isr.".

Salten (eigtl. Salzmann), Felix, geb. 6. 9. 1869 Budapest, Schriftsteller u. Kritiker in Wien. Ⓦ Romane, Novellen, Dramen; Pal.-Buch „Neue Menschen auf alter Erde" 1925.

Salvador ♁ Joseph, 1779 Montpellier—Versailles 1873, (Mutter △), Historiker, d. erste Theoretiker d. j. Geschichte (Jt. als Verkörperung d. Ideale d. frz. Revolution). Ⓦ La loi de Moïse (1822).

Salzsäule (Neziw Melach). Lots Weib in S. verwandelt, weil sie rückwärts schaute (G 19, 26).

Samael (d. Giftige?), böser Engel, Satan, Schutzherr Roms in d. j. Mystik.

Samaria: 1) Hauptstadt d. Reiches Israel im 9. u. 8. Jhd. v., von Omri gegr. (Schomron) u. von d. Assyrern zerstört, von Herodes wieder aufgebaut (Sebaste). 2) Name d. Landschaft Efraim u. Manasse, die d. Stadt S. umgab, seit hellenist. Zeit.

Samaritaner, Samariter (Schomronim, nach Stadt u. Landschaft Samaria benannt), j. Sekte (1935: 212 Seelen, jetzt nur noch zu Nablus [Sichem] ansässig) mit eigener Überlieferung (h. Pentateuch mit zahlr. Textvarianten), Sprache (Samaritanisch, aram. Dialekt) u. Schrift (Abwandlung d. Altsemitischen), heiliger Stätte (Berg Garizim bei Sichem) u. Hierarchie (Hohepriester). S. gehen zurück auf die von d. Assyrern im eroberten Israel (722 v.) angesiedelten Kutäer bezw. auf einige im Lande verbliebene Entronnene Israels; sie betrachteten d. unter Esra zurückkehrenden J als Eindringlinge u. wurden von diesen als Fremde angesehen; ihren Garizimtempel zerstörte Hyrkan I., der sie den J unterwarf; im j.-röm. Kriege wurden sie gleichfalls dezimiert; Ausnahmegesetze, Verfolgungen u. unglückliche Aufstände in byzantinischer Zeit vernichteten ihren Stamm bis auf d. seit Jahrhunderten stagnierenden Rest. Althergebrachtes Pessach-Opfer der S. auf dem Garizim.

L: M. Gaster, The Samaritans, 1925.

Sambation (Sabbaton), sagenhafter Sabbatfluß im Reich d. verschollenen zehn Stämme; S. strömt d. Werktage über u. ruht am Sabbat. Volksmund nennt ein ungebärdiges Kind einen S.

Samech (Stütze), 15. Buchst. im h. Alphabet, stimmloser s-Laut; Zahlwert 60.

Sammelwerke. Das j. Schrifttum trägt vielfach d. Charakter von Sammelwerken (↗ Talmud, ↗ Kodizes); Auszüge u. ↗ Anthologien wurden immer wieder notwendig. Ein enzyklopädisches S. d. Rabbinismus in alphabet. Anordnung stellt ↗ Lamprontis „Pachad Jizchak" dar. Moderne S. (Enzyklopädien) d. Jt.: Jakob Hamburger, Realenzyklopädie f. B u. T (1870 ff.), d. erste Versuch in dt. Sprache; The Jewish Encyclopaedia, hrsg. von I. Singer (12 Bde., 1901 ff.), grundlegend; Ozar Jisrael, h. Enzykl., hrsg. von J. Eisenstein (10 Bde., 1906 ff.); Jewrejskaja Enziklopedia, russ., hrsg. von J. L. Kaznelson (16 Bde., 1906 ff.); Jüdisches Lexikon, hrsg. von G. Herlitz u. B. Kirschner (5 Bde., 1927 ff.); Encyclopaedia Judaica, deutsch, hrsg. von J. Klatzkin (10 Bde., A—L; 1928/34). Daneben zahlr. ↗ Biographische S.

Sammlungen, j. Entweder Judaica-S. oder S. allgem. Art in j. Besitz. Judaica-S. umfassen Einzelgebiete wie Archäologisches (Keramik, Münzen, Siegel), Ritualien, Kunstwerke, Handschriften, Drucke, Medaillen, Autographen usw. (j. Herkunft oder auf Jt. bezüglich) oder alle diese Gebiete zusammen. Reiche Judaica-Bestände oder ganze Abteilungen in vielen Museen, so bes. in London (British Mus.), Paris (Cluny), Amsterdam (Hist. Mus.), Prag, Nürnberg (German.Mus.), München, Köln, Frankfurt/M., Cambridge USA. (Semitic Mus.) u. vielen anderen Städten. Judaica-Museen (öffentl. Gemeinde- u. Vereins-S.) u. a. in Berlin (J. Mus.), Wien, Frankfurt/M. (Museum j. Altertümer), Breslau, Hamburg (Ges. f. j. Volkskunde), Mainz, Straßburg, Warschau, Lemberg, Prag, Budapest (Ung.-j. Mus.), häufig auf d. Grundstock einer Privat-S. aufgebaut (Berlin: Albert Wolf; Warschau: Mathias Bersohn; Cincinnati: Salli Kirschstein). J. Museen in Pal.: Mus. Bezalel in Jerusalem u. Städtisches Museum in Tel Awiw. Private Judaica-S. bes. zahlreich in London (Rothschild, Sassoon, Gollancz, Elkan Adler u. v. a.), ferner Jerusalem, Budapest (Friedmann), Amsterdam (Flörsheim); in Dt. bes. Kirschstein (Berlin), Lessmann (Berlin), Feuchtwanger (München), Hahn (Göttingen) usw. Einer d. ersten Anreger solcher S. in Dt. war d. Direktor d. Düsseldorfer Kunstgewerbemuseums Heinrich △ Frauberger (1845—1920). Inkunabeln, besonders hebräische, u. andere wertvolle Drucke hat Lazarus ↗ Goldschmidt gesammelt. Allgemeine Samml. (Kunst, Antiquitäten, Bücher usw.): J. Sammler sehr zahlreich, auch nur annähernd vollständige Nennung unmöglich (neben d. gr. viele mittlere u. kleine S.). In vielen Museen ganze Abteilungen Stiftungen j. Sammler, so im Berliner Kaiser-Friedrich-Mus. d. S. James Simon, im Louvre d. Impressionisten-S. Camondo, in d. Londoner National Gallery d. Stiftungen Sir A. u. L. Mond u. Asher Wertheimer. Andeutungsweise seien wenigstens einige bes. hervorrag. S. genannt: Mitte 19. Jhd. Benoni Friedländer (Münzen) u. Ferdinand Robert-Tornow; sodann d. Sammler-Familien Rothschild, Mendelssohn, Oppenheim, Mosse, Cassirer; um 1900 Paul Davidsohn (Graphik), Oskar Hainauer (Bronzen); in neuester Zeit d. Wiener Universal-S. A. Figdor u. Castiglioni, d. Gemälde-S. Nemes, Huldschinsky, Arnhold, Kappel, Eduard Simon, d. Bücher-S. Fürstenberg, Hirschberg u. Pincus, d. Musikalien-S. Wolffheim, d. Porzellan-S. Darmstaedter u. Hermine Feist, d. Glas-Sammlung Mühsam. ↗ Autographen, ↗ Philatelie.

Samoilowitsch, Rudolf, geb. 13. 9. 1881 Asow, Polarforscher in Leningrad, Krassin-Expedition zur Rettung Nobiles 1928, Arktisflug d. Zeppelin 1931. Ⓦ S-O-S Arktis 1929.

Samson ↗ Simson.

Samuel (Schemuel), d. letzte in d. Reihe d. Richter (11. Jhd. v.), Priester u. Prophet, Vorbereiter d. Königtums, salbt Saul u. David. Bücher S., im B-Teil der „ersten Propheten" (histor. Bücher), Fortsetzung d. Richterbuches, behandeln d. Geschichte von Eli u. S., Saul u. David; 2 Teile, 31 u. 24 Kap.

Samuel b. Abba (Mar [Herr] S.; auch: Jarchinaa [Astronom]), einer d. ersten Amoräer (2./3. Jhd.), Gefährte d. Abba Aricha, Haupt d. Gelehrtenschule in Nehardaa.

Samuel b. Chofni, Gaon zu Sura um 1000 n., B-Kommentator u. -übersetzer (arab.).

Samuel b. Meir (RaSchBaM), Rameru (Nordfrankr.) um 1080/1158, Enkel Raschis u. Bruder d. Jakob b. Meir, B-Exeget d. strengen Wortsinns u. T-Erklärer.

Samuel ibn Nagrela, 993 Cordova —Granada 1055, Staatsminister d. arab. Königs von Granada (seit 1027), zugleich Oberhaupt (Nagid) d. J, Rabbiner, Gelehrter u. Dichter. Sein Sohn u. Amtsnachfolger Josef (1031—1066) fiel in Ungnade u. wurde getötet.

Samuel, Herbert Louis, Sir, geb. 6. 11 1870, engl. Staatsmann, liberales Parlamentsmitgl., 1920/25 ↗ High Commissioner Pal.'s, 1927/29 Führer d. Liberalen Partei, 1931 Innenminister.

Sandak (griech. Gevatter), Bz. d. Mannes, der während d. Beschneidung d. Knaben auf d. Schoß hält.

Sanders, Daniel, Altstrelitz 12. 11. 1819—11. 3. 1897, j. Schulleiter, dt. Sprachforscher u. Literarhistoriker. Ⓦ Wörterbuch d. dt. Sprache 1860; Gesch. d. dt. Sprache 1899; Wörterbuch d. Hauptschwierigkeiten in d. dt. Sprache (38. Aufl. 1915).

Sänger u. Sängerinnen, j., haben d. Opernbühne u. d. internationalen Konzertsaal in gleicher Weise bereichert. Genannt seien aus d. Vergangenheit: d. engl. Tenor John Braham (1774—1856), d. erste Hüon im „Oberon"; d. Prager Baßbariton Franz Hauser (1794—1870) u. d. Münchener Bariton August Kindermann (1817/91); d. Sopranistinnen Sabine Heinefetter (1809/72), Henriette Nissen (1819/79, Gattin d. dän. Komponisten Siegfried Saloman), Pauline ↗ Lucca (1841—1908), Hedwig Reicher-Kindermann (1853/83) u. Charitas Bianca Bianchi (geb. 1858); d. Tenöre Heinrich Sontheim (1820—1912), Paul Kalisch (geb. 1855), Sohn von David ↗ Kalisch, Gatte Lilli △ Lehmanns, Robert Philipp (1852—1933), Nicolaus Rothmühl (1857—1926), Julius ↗ Lieban (geb. 1857), Rudolf Berger (1874—1915) u. Joseph Mann (1879—1921); d. Baritone Leopold Demuth (1861—1910), Desider Zador (1863—1931) u. Joseph ↗ Schwarz (1880—1926). Gegenwart: Wilhelm Guttmann, Hermann ↗ Jadlowker, Alexander Kipnis, Emanuel List, Hermann Schey, Joseph Schmidt, Friedrich Schorr, Richard ↗ Tauber; Sängerinnen: Gitta Alpar, Lola Beeth, Julia Culp, Irene Eisinger, Fritzi Jokl, Sabine Kalter, Selma Kurz, Lotte Leonard, Paula Lindberg, Berta Morena, Lotte Schöne, Vera Schwarz, Rose Walter u. v. a.

Sanhedrin: 1) d. altj. Gerichtshof in hellenist.-röm. Zeit (↗ Synedrion).

Tagung des Sanhedrin in Paris
Stahlstich, 1807

Siegelzylinder Sanheribs mit dem Bericht seiner Belagerung Jerusalems

2) Tr. (Nesikin), handelt von j. Gerichtshof, Gerichtsverfahren u. Strafrecht. 3) nach dem Muster d. altj. Gerichtshofes von Napoleon 1807 einberufenes Gremium von Rabbinern (Vorsitzender: David Sinzheim) u. Laien (Sprecher: Abraham Furtado) zwecks Regelung d. zwischen Staat u. j. Religionsgesetz strittigen Fragen im Sinne d. Staates (Abb. 646).

Sanherib △ Kg. von Assyrien, 8.–7. Jhd., belagerte Hiskia in Jerusalem u. berichtet auf seinen Denkmälern über d. siegreichen Feldzug; bibl. Wundererzählung: S.'s Niederlage u. Tod (Jes. 36–37).

Saphir: 1) J a k o b, 1822 Oschmiany (bei Wilna)–Jerusalem 1885. Weltreisender (Asien, Nordafrika, Australien). Ⓦ Ewen Sappir (Saphirstein), Reisebericht mit wertvollen Daten zur Gesch. u. Gegenw. j. Diaspora. 2) M o r i t z G o t t l i e b, 8. 2. 1795 Lovas Berény (Ungarn)–Baden b. Wien 5. 9. 1858, Journalist u. Schriftsteller, 1826/29 in Berlin, seit 1834 in Wien, dort Herausg. d. Zeitschr. „D. Humorist". Seine gesammelten Schriften erschienen 1887/88 in 26 Bänden.

Sara (Fürstin), Erzmutter, Abrahams Gemahlin (u. Halbschwester), Mutter Isaaks.

Saragossa (Spanien) hatte J seit d. Römerzeit, im 11. Jhd. Zentrum j.-arab. Kultur (Dschanach, Gabirol), im 14./15. Jhd. Wirkungsstätte von Isaak b. Scheschet, Ch. Crescas u. a.

Sardinien, ca. 200 J = 0,02%; vereinzelte J aus Rom wohl im 1. Jhd. n.; urkundlich seit 599; im 14. Jhd. Einwanderung aus Spanien; Gem. in Cagliari u. Alghero; 1492 vertrieben.

Sargon II. △ Kg. von Assyrien; Eroberung Samarias durch S. (722 v.) u. assyr. Gefangenschaft.

Saron (Scharon), Ebene an d. Küste von Pal., vom S-Rand d. Karmel bis Jaffa.

Sasportas, Jakob, 1610–1698, Rabbiner in Marokko, London, Livorno, Amsterdam. Ⓦ Zizat Nowel Zwi (welke Blume d. Herrlichkeit), Tr. gegen Sabbatai Zwi.

Sassoon, sefard. Familie aus Mesopotamien, deren Träger bes. in In-

Moritz Gottlieb Saphir
Zeitgenössische Karikatur

dien wirtschaftl. Bedeutung hatten, so Sir Eduard Albert S., Baronet (1818—1896) u. sein Sohn Philipp (geb. 1888), Unterstaatssekr. f. Luftfahrt. Berühmte h. Bibliothek des David Salomo S. (geb. 1880).

Satan (Feind), Teufel, böser Geist, Ankläger (Hiob); in Agada u. Mystik ↗ Samael genannt, auch mit d. ↗ Todesengel gleichgesetzt.

Satanow, Isaak, 1732 Satanow (Podolien)—Berlin 1804, h. Dichter. philosophisch. Schriftsteller u. Gelehrter, gehörte zum Kreise Mendelssohns.

Satanower, Mendel, ↗ Levin.

Satire. Satirische Schablonen vom j. Wucherer durchziehen seit dem späten MA d. gesamte ↟ Literatur u. Presse. Jüd. Satiriker (Heine, Mendele, Schalom Alechem, Zangwill u. a.) erschlossen Typen wie den Schnorrer, Protz, Heuchler, Schadchan, Parvenu, u. ironisierten innerjüdische Mißverhältnisse.

Saudek, Robert, 21. 4. 1880 Kolin (Böhmen)—London 15. 4. 1935, Schriftsteller, Graphologe u. Charakterforscher. Ⓦ Experimentelle Graphologie 1929; Romane.

Sauerteig ↗ Chamez.

Saul (Schaul, „Erbetener"), erster Kg. in Israel (11. Jhd. v.), aus Benjamin, von Samuel eingesetzt, mit David entzweit, heldisch in Sieg u. Niederlage, stirbt freiwillig in d. Philisterschlacht auf d. Gilboa (I. Sm. 9—31).

Saul Wahl (S. b. Samuel Katzenellenbogen), um 1545/1617, Zoll- u. Salzpächter in Brest-Litowsk, legendärer Eintagskönig über Polen.

Sawim (Blutflüssige), Tr. (Teharot), handelt über d. Bestimmungen von L 15.

Schaatnes, Bz. für Mischgewebe, ein aus zweierlei Stoff (Wolle u. Leinen) gewebtes Kleid, rituell verboten (L 19, 19). ↗ Kilajim.

Schabbat (Sabbat), Tr. (Moed), handelt vom Sabbat, insbesondere vom Arbeitsverbot.

Schach. Schachspiel bei J seit d. MA bezeugt u. beliebt; viele bedeut. j. Persönlichkeiten d. älteren Zeit waren gute Sch.-Spieler, so z. B. Moses Mendelssohn. J. Sch.-Schriftsteller u. Theoretiker seit 18. Jhd.; bes. hervorzuheben Julius Mendheim (gest. 1835) mit seinen „Aufgaben f. Sch.-Spieler" (1832), Johann Jacob Löwenthal (1810/76), Jean Dufresne (1829/93), Verfasser d. vielverbreiteten „Lehrbuch d. Sch.-Spiels" (1884), u. Daniel Harrwitz(1823/84). Erfolgreichste j.Praktiker waren Wilhelm ↗ Steinitz (1836—1900) und sein Besieger Emanuel ↗ Lasker (geb. 1868), die d. Sch.-Weltmeisterschaft nacheinander nicht weniger als 55 Jahre lang behaupteten. Neben diesen beiden traten hervor: Siegbert Tarrasch (1862—1934) u. Daniel Janowski (1868—1927), beides glänzende Turnierspieler mit zahlr. ersten Preisen, d. Problemkomponisten Samuel Gold (1835—1920), Moritz Lewitt (geb. 1863) u. Hermann Keidanski (1865—1935) u. d. als Spieler wie als Sch.-Schriftsteller bekannte Jacques Mieses (1865). Der nächsten Generation gehören an: Akiba Rubinstein (1882), kurz vor dem Kriege Laskers schärfster Rivale; Ossip Samoilowitsch Bernstein (1882), der auf d. Turnier Ostende 1907 d. 1. Preis mit Rubinstein teilte; Rudolf Spielmann (1883), vielfach Turniersieger; Erich Cohn (1884—1918), begabter Spieler, fiel im Kriege; Aron Nimzowitsch (1886—1935), einer d. besten Spieler d. Gegenw. (Dresden 1926 vor △ Alechin, Karlsbad 1929 vor △ Capablanca), Savielly G. Tartakower (1887), bedeut. Spieler u. orig. Sch.-Schriftsteller; Richard Réti (1889—1929), 1920 in Göteborg 1. Preisträger. Zu den jüngsten j. Sch.-Meistern gehören Isaak Kashdan (USA.), Salo Flohr (CSR.), der auf d. Sch.-Kongreß Hastings 1933/34 d. 1. Preis vor d. Weltmeister △ Aljechin eroberte, u. schließlich Samuel Rzeschewski (geb. 1911), der seit 1917 als Wunderkind auftrat u. inzwischen auch als Turnierspieler erfolgreich war (1. Preis Syracuse, USA., 1934). J. Abstammung des Weltmeisterschaftsaspiranten J. H. Zukertort (1842/88) u. d. hervorragenden Turnierspielerin Vera Menschick (geb. 1906) zweifelhaft.

Schacharit, Morgengottesdienst, d. erste d. drei täglichen Gebete.

Schächtfrage ↗ Schechita.

Schadchan (neuh.), Heiratsvermittler („der [gut] Zuredende"); Schidduch, Zureden zur Ehe, Ehevermittlung, Eheschließung, „Partie".

Schaddai (Mächtiger), Name Gottes: d. Allmächtige.

Schadow △ Johann Gottfried, 1764—1850, d. gr. dt. Bildhauer (Schüler des Belgiers P. A. △ Tassaert, des Schöpfers der berühmten Moses Mendelssohn-Büste [Tafel 20]), heiratete 1785 d. j. Juwelierstochter Marianne Devidels aus Wien; aus dieser Ehe entstammten der Bildhauer Rudolf ⚲ Sch. (1786—1822) u. der seinerzeit hochberühmte Maler Friedrich Wilhelm von ⚲ Sch. (1789—1862), der 1827/59 d. Düsseldorfer Kunstakademie leitete u. 1843 in den preuß. Adelsstand erhoben wurde. — J. G. Sch.'s Tochter aus zweiter Ehe, Lida △ Sch., heiratete den Maler Eduard ↗ Bendemann.

Schaikewitsch ↗ Schomer.

Schalet ↗ Speisen.

Schalit, Heinrich, geb. 2. 1. 1886 Wien, einer d. wenigen j. Komponisten in Dt., die d. j. Element (im Anschluß an j. Volks- u. Synagogalmusik) in ihrem Schaffen betonten. S. wirkt seit 1933 als Chordirigent in Rom. Ⓦ Hebräischer Lobgesang.

Schalkowitz ↗ Ben Awigdor.

Schalom (Friede), Friedensgruß. S. alechem = Friede mit euch!

Schalom Alechem

Schalom Alechem („Friede mit euch"; eigtl. S. Rabbinowicz), 2. 3. 1859 Perejaslaw (Ukr.)—Kopenhagen 13. 5. 1916, jidd. Dichter, Humorist u. Satiriker, klassischer Schilderer d. ostj. Volkslebens, Meister d. Mono- u. Dialoges. Ⓦ Roman „Stempenju", Gesch. eines Musikanten; „Täwje d. Milchiger", Schilderungen.

Schaltjahr ↗ Chronologie.

Schamir (Dorn, Diamant), Name d. wunderbaren Wurmes, den Salomo beim Tempelbau zum Sprengen d. Steine gebrauchte (Gittin 68 b).

Schammai, Kollege u. Antipode ↗ Hillels, vertrat diesem gegenüber die starre Strenge d. Gesetzes; Diskussionen d. Schule S.'s u. d. Schule H.'s (Bet Hillel, Bet S.) im tannait. Schrifttum.

Schammasch (vulg. Schammes, „Diener"), Bz. d. Synagogendieners.

Schapira (Schapiro, Spira, Spiro), aschk. Familienname, nach d. Stadt Speyer.

Schapiro, Konstantin, 1840 Grodno—St. Petersburg 1900, neuh. Lyriker, getauft, von Beruf Photograph; Dichter d. J-Schmerzes.

Schaprut: 1) Chasdai ibn, um 915/970, Staatsmann u. Diplomat am Hof d. Kalifen zu Cordova, urspr. Arzt, Wegbereiter d. Blütezeit j. Poesie u. Wissenschaft in Spanien, bek. auch durch sein Sendschreiben an d. Kg. d. Chasaren. 2)

Schemtow ibn, Apologet aus Tudela, bek. durch sein 1380 veröffentlichtes Ⓦ Ewen Bochan (Prüfstein), Dialog zwischen einem J u. einem Bekenner d. Dreieinigkeit.

Scharon ↗ Saron.

Schass (= Talmud) ↗ Abkürzungen.

Schaubrot (Lechem ha-Panim, „Brot d. Angesichts“ = vor d. Angesicht Gottes), 12 Weizenbrote (ohne Sauerteig bereitet), in d. Stiftshütte u. im Tempel auf bes. S.-Tisch ausgelegt u. allsabbatlich erneuert. Der flüchtige David erhält vom Priester S. als Speise (I. Sm. 21).

Schaufäden ↗ Zizit.

Schauspieler u. Schauspielerinnen, j. An d. modernen Menschendarstellungskunst nehmen J gleich nach Beginn d. Emanzipation Anteil. Frankreichs größte Bühnenkünstlerinnen im 19. Jhd., die ↗ Rachel (1820—1858) u. Sarah ↗ Bernhardt (1843—1923) sind j. Herkunft. In Dt. sind d. ersten namhaften j. Sch. komödiantische Virtuosen wie Moritz Rott (1797—1867) u. Eduard Jermann (1798—1859) oder, auf höherem Niveau, Ludwig ↗ Dessoir (1810/74) u. Bogumil ↗ Dawison (1818/72); Heinrich Marr (1797/1871) war d. erste deutsche Mephisto (Braunschweig 1829), mit Anton Ascher (1820—1884) tritt d. erste namhafte j. Komiker auf d. Plan, u. bald finden sich auch mittlere Ensemblespieler wie d. „Meininger“ Ludwig Chronegk (1837/91) u. Leopold Teller (1844—1908) und Heldendarsteller wie Emmerich Robert (1847/99) und Maximilian Ludwig (1847—1906). Persönlichkeiten wie Adolf von ↗ Sonnenthal (1834—1909) u. Siegwart Friedmann (1842—1916) fügen sich, d. einer an d. Wiener Burg, d. andere an L'Arronges Dt. Theater (dem auch Gustav Kadelburg u. Max ↗ Pohl angehörten) willig einem Ensemble ein, u. nur Ludwig ↗ Barnay (1842—1924) gründet sich als Protagonist sein eigenes Theater. Die Tragödin Marie Barkany (1862—1928) u. d. Sprachmeister u. Rezitator Alexander Strakosch (1846—1909) gehören gleichfalls dieser Epoche an. Noch mehr als vorher bedeutete seit etwa 1890 Berliner Schauspielkunst soviel wie dt. Schauspielkunst. Kaum ein Darsteller, der nicht in Berlin zur höchsten Entfaltung seiner Eigenart gekommen wäre. So unter ↗ Brahm vor allem Emanuel ↗ Reicher u. Irene ↗ Triesch, unter ↗ Reinhardt Komiker wie Hans Pagay (1845—1915) u. Viktor ↗ Arnold, Liebhaber wie Oskar Beregi, Schauspielerinnen wie Rosa Bertens, Camilla Eibenschütz u. Lia Rosen, bes. aber Rudolf ↗ Schildkraut, neben Reicher der j. Sch. par excellence. Unter Meinhardt-Bernauer traten Ludwig Hartau (1878—1922) u. Maria ↗ Orska, unter ↗ Barnowsky bes. Ilka Grüning hervor. D. Nachkriegsjahre brachten ekstatisch-expressive Naturen wie den frühverstorbenen Julius Szalit, Josef Schildkraut, Erwin Kalser, vor allem aber Fritz ↗ Kortner, Ernst ↗ Deutsch u. Alexander Granach; auch Eleonore von Mendelssohn ist hier zu nennen. D. Jahre d. „Starherrschaft“ waren Individualitäten wie Elisabeth ↗ Bergner u. Max ↗ Pallenberg günstig, dem eine Reihe von Komikern (Bois, Bressart, Burg, Falkenstein, Garrison, Gerron, Graetz, Haskel, Fritz Hirsch, Herzfeld, Leopold, Morgan, Hermann Vallentin, Wallburg) folgte. Als Komikerin ragt Rosa Valetti hervor, u. auch d. Talent Lucie Mannheims u. Grete Mosheims neigt mehr d. heiteren Seite zu. Außerhalb Berlins errangen z. B. Carl Goetz (1863—1932), Arnold Marlé, Kurt Katsch, Therese Giehse, Grete Jacobsen u. Mirjam Horwitz ihre Haupterfolge. Hingewiesen sei noch auf d. Vortragskünstler Marcell Salzer u. Ludwig ↗ Hardt. Ausländische Bühnenkünstler sind in Dt. kaum bekannt; bemerkt sei wenigstens, daß Louis Bouwmeester (1842–1925), d. größte holländ. Sch. seiner Zeit, J war.

Schawuot (= Wochen), Wochenfest, mittleres d. drei gr. ↗ Feste d. Jahres, Ernte- u. Wallfahrtsfest (im Christentum als Pfingstfest gefeiert), zweitägig: 6. (traditioneller Tag d. Sinai-Offenbarung) u. 7. Siwan. Vorlesung d. Ruth-Megilla zu S. (d. Sage nach Geburts- u. Todestag Davids).

Schechina (Verweilen, Wohnen), d. göttl. Gegenwart unter d. Menschen, d. Majestät Gottes, gedacht als im Heiligtum thronend, mit Israel gemeinsam verbannt, bei jeder betenden Gemeinde anwesend.

Schechita (Schlachtung), d. Schlachten gesunder, reiner Tiere nach d. Bestimmungen d. j. Gesetzes (Sch. Ar., Jore Dea 1–28); approbierter Schächter (Schochet), dem nach d. Halacha auch d. Untersuchung (Bedika) d. Lunge, obliegt; Vollziehung der S. mittels Querschnitts durch Speise- u. Luftröhre; Betäubung vor dem Schächten religionsgesetzlich unzulässig, doch schließt S. Tierquälerei aus. Reformvorschläge (elektr. Betäubung), veranlaßt durch behördl. Bedenken gegen d. hergebrachte Form der S., sind nicht durchgedrungen. S.-Verbot in Dt. durch „Gesetz über d. Schlachten von Tieren", vom 21. 4. 33 (RGBl. I, S. 203), ausgenommen d. durch Minderheitenklausel geschützte Teil von Oberschlesien seit 27. 8. 1934 (Vereinbarung d. Reichsregierung mit dem Synagogenverband O.S.).

Schechter, Salomon, 1848 Focsani (Rumänien)–New York 20.11.1915, j. Gelehrter u. konservativer Theologe, Direktor d. Jewish Theol. Seminary in New York, Entdecker d. ↗ Genisa zu Fostat. Ⓦ Ausgaben d. Midr. ha-gadol (großer Midr.) zur Genesis, d. neugefundenen h. Sirach u. d. Damaskusschrift.

Schechuna (Gasse), Wohnviertel.

Schedule, eigtl. Labour Schedule (engl. Bz. f. „Arbeiterverzeichnis"), Zahl d. j. Einwanderer aus d. Arbeiterschaft, die von d. pal. Regierung auf Grund einer Vorschätzung d. Arbeitsmarktes unter Anhörung d. Jewish Agency halbjährlich festgesetzt wird.

Scheelot u-Teschuwot (Fragen u. Antworten), Bz. d. gesammelten ↗ Responsen.

Schefela (Niederung), Ebene an d. Küste von Pal., zwischen Jaffa u. Gaza, anschließend an d. Ebene Saron.

Scheftelowitz, Isidor, 1875 Sandersleben (Anhalt)–Oxford 1934, Indologe u. Iranist, 1908/26 Rabbiner in Köln, 1923/33 Honorarprof. Köln. Ⓦ Arisches im AT 1901ff.; Altpalästin. Bauernglaube 1925.

Scheidebrief ↗ Get.

Scheidung ↗ Ehe.

Scheinchristen ↗ Marranen.

Scheinmohammedaner ↗ Dönmeh.

Scheitel, Bz. f. d. Perücke, die d. verheiratete Frau vom Mädchen unterscheidet. Verhüllen d. Kopfhaares d. Ehefrau (durch Schleier, Kopftuch, in Polen durch d. Haube [Kupka]) seit ältester Zeit j. Sitte.

Schekalim (Plur. von ↗ Schekel), Tr. (Moed), handelt von d. Tempelsteuer (halber Schekel) zur Unterhaltung d. Heiligtums.

Schekel (Gewicht): 1) geläufige altisr. Silbermünze, seit d. Makkabäerzeit geprägt; d. halbe S. war d. vorgeschriebene Tempelabgabe. 2) z. Jahresbeitrag, nach 1 benannt.

Scheler ♁ Max, 22. 8. 1874 München–Frankfurt/M. 19. 5. 1928 (j. Mutter), Philosoph u. Soziologe, 1919 o. Prof. Köln, 1928 Frankfurt/M., begr. im Anschluß an ↗ Husserl eigenartige Philosophie (Persönlichkeitslehre) u. Soziologie d. Kultur.

L: Wohlgemuth, Grundgedanken d. Religionsphilosophie M. S.'s in j. Beleuchtung, 1931.

Schelomo ↗ Salomo.

Schem (Name), Bz. d. unausgesprochenen Namens Gottes, genauer: S. ha-meforasch (echter, unverstellter Name).

Schema Israel („Höre Israel", auch nur: Schema), Bekenntnis d. Einzigkeit Gottes, benannt nach d. Anfangsworten (D 6, 4) u. zusammengesetzt aus 3 Abschnitten: 1) D 6, 4–9; 2) D 11, 13–21; 3) NU 15, 37–41. S. wird im tägl. Morgen- u. Abendgottesdienst gelesen (Keriat Schema, „Lesung d. S."); d. Anfangssatz, in d. Liturgie auch sonst geläufig, ist auch d. letzte Bekenntnis in d. Todesstunde.

Schemini Azeret, Bz. für d. 8. (Schemini) u. Schluß-(Azeret)tag d. Laubhüttenfestes, am 22. Tischri als bes. Festtag (mit völliger Arbeitsruhe) begangen. ↗ Simchat Tora (Gesetzesfreude, 23. Tischri) gilt als 2. Tag S.

Schemitta ↗ Sabbatjahr.

Schemone essre (Achtzehn [Segensprüche]), Achtzehngebet, auch „Gebet" schlechthin (Tefilla) genannt, Hauptgebet d. werktäglichen Morgen-, Nachmittags- u. Abendgottesdienstes d. Gem. (Sabbats u. Festtags tritt an seine Stelle d. verkürzte Siebengebet), nach talmudischer Überlieferung bereits in vormakkabäischer Zeit zusammengestellt; S. enthält 19 (urspr. 18) Bitten, deren jede mit einem Segenspruch (Beracha) u. d. Hervorhebung einer bestimmten Eigenschaft Gottes schließt („der d. Toten erweckt", „der d. Verstoßenen sammelt", „der sein Volk Israel mit Frieden segnet" usw.), u. wird stehend gesprochen (daher auch als „Amida" [= das Stehen] bezeichnet).

Schemot ↗ Exodus.

Schemtow (guter Name), h. Vorname seit MA.

Scheol, Abgrund, Todesort, Unterwelt, Hölle; d. Rotte Korah fährt hinab in d. S.

Scherira, um 900/1000, Gaon zu Pumbedita (Babylonien). Ⓦ „Sendschreiben" (Iggeret, „S.-Brief") an d. Gem. Kairuan (Tunis), eine Gesch. d. mündl. Lehre bis auf seine Zeit.

Schermann, Lucian, geb. 10. 10. 1864 Posen, Ethnologe (bes. Indien), seit 1907 Direktor d. Museums f. Völkerkunde, 1916 o. Prof. München.

Scheschbazar, Davidide, Vorgänger ↗ Serubabels, von Cyrus zum Statthalter in Juda ernannt.

Schewa (Schwa), Lesezeichen im h. Punktationssystem (zwei Punkte senkrecht unter dem Buchst.), bez. d. Vokallosigkeit d. betr. Konsonanten.

Schewat, 5. Monat d. j. Kalenders (Jan.–Febr.), 30 Tage. 15. S.: Festtag.

Schewiit (Siebentes), Sabbatjahr; Tr. (Seraim).

Schewuot (Eide), Tr. (Nesikin), vom Schwur u. d. Arten d. Eide.

Schibbolet (Ähre), Kennwort, an dessen falscher Aussprache (Sibbolet) d. Gefolgsleute d. Richters Jeftah d. Stammeszugehörigkeit d. flüchtenden Efraimiter erkannten (Ri. 12, 5f.). Übertragen: unfreiwilliges (oder auch freiwilliges) Farbebekennen.

Schiff: 1) Jacob Henry, 10. 1. 1847 Frankfurt/M.–New York 26. 9. 1920, amerikanischer Bankier, Philanthrop, Förderer jüdischer Wissenschaft. 2) Moritz, 1823 Frankfurt/M.–Genf 1896, o. Prof. d. Physiologie Genf. Arbeiten über d. Funktion von Gehirn- u. Rückenmark, über Zuckerstoffwechsel- u. Gallenbildung u. d. Beeinflussung d. Organfunktion durch d. Nerven.

Schiffer, Eugen, geb. 14. 2. 1860 Breslau, Staatsmann u. Jurist, früher nationalliberal, seit 1919 demokrat. Reichs- u. Landtagsabgeordneter (in Preußen), abwechselnd Reichsfinanzminister, Vizekanzler, Reichsjustizminister, später Sonderkommissar für Wirtschaftsfragen.

Schild, Der, Organ d. Reichsbunds j. Frontsoldaten, erschien seit 1921 vierzehntägig, jetzt wöchentlich.

Schildkraut, Rudolf, 27. 4. 1862 Konstantinopel – Hollywood 15. 7.

1930, Schauspieler in Wien, Hamburg, Berlin, seit 1911 meist in Amerika, wo er vielf. auch an jiddischen Theatern spielte. Berühmter Darsteller j. Väterrollen (Shylock; Jankel Schepschowitsch in Schalom Aschs „Gott der Rache").
Schilfmeer ↗ Rotes Meer.
Schiller △ Friedrich von, 1759—1805. Figur d. Moritz Spiegelberg in d. „Räubern" vielleicht als J gedacht; bemerkenswerte bibl.-historische Essays („D. Sendung Moses"; „Über d. erste Menschengesellschaft"). Seine Dichtung (Ballade, Drama) von gr. Einfluß auf d. neuh. Lit. d. Aufklärer.
Schin (Zahn), 21. Buchstabe d. h. Alphabets, s-Laut doppelter Aussprache: sch (Schin) u. s (Sin = Samech), im vokalisierten (punktierten) Text durch einen Punkt rechts bezw. links über d. Zeichen unterschieden; Zahlwert 300.
Schir ha-Schirim ↗ Hohelied.
Schiur (Maß), T-Pensum d. T-Schülers; allg.: Stunde, Lektion.
Schiwa (Sieben) ↗ Trauerriten.
Schläfenlocken ↗ Peot.
Schlange (Nachasch), Verführerin Evas in d. Sündenfall-Erzählung (G 3). Aufrichtung d. ehernen Schlange in d. Wüste (NU 21).
Schlegel, Dorothea (eigtl. Brendel), 24. 10. 1763 Berlin—Frankfurt/M. 3. 8. 1839, d. älteste Tochter Moses Mendelssohns, 1783 mit d. Bankier Simon Veit, 1804 mit Friedrich △ Schlegel vermählt, 1802 protestant., 1808 kathol. getauft, trat schriftstellerisch u. a. mit dem Erziehungsroman „Florentin" (1801) hervor. (Vgl. Tafel 8.) L: M. Hiemenz, D. S. 1911.
Schlesinger, Georg, geb. 17. 1. 1874 Berlin, 1904/33 o. Prof. f. Betriebswissenschaften an d. Techn. Hochschule Berlin, hervorrag. im dt. Werkzeug- u. Maschinenbau (Modernisierung von Fabrikationsanlagen) u. in d. Durchführung d. Normung; Herausg. d. Zeitschrift „Werkstattstechnik" seit 1907.
Schnabel, Artur, geb. 17. 4. 1882 Lipnik, einer d. größten lebenden Klavierspieler (Beethoven-Interpr.), als Komponist eigenwillig-abstrakt.
Schnëur, j. Vorname aus lat. Senior. — S. Salman aus Ljady (Weißrußland), 1746—1812, Begr. d. Chabad-Richtung im ↗ Chassidismus.
Schneur (Chneour), Salman, geb. 1887 Schklow (Weißrußland), lebt in Paris; neu-h. (u. jidd.) Dichter, eine d. führenden Erscheinungen d. modernen h. Lit., Lyriker u. Epiker von revolutionärem Pathos.

Arthur Schnitzler
Zeichnung von S. Carvallo-Schülein

Schnitzler, Arthur, Wien 15. 5. 1862—21. 10. 1931, Schriftsteller, seit 1893 („Anatol") einer d. führenden dt. Dramatiker, trat später auch als Prosaiker bedeutsam hervor; j. Probleme behandelte er vor allem in d. Roman „D. Weg ins Freie" (1908) u. in d. Drama „Professor Bernhardi" (1912). Ⓦ ferner: Dramen „Liebelei", „D. grüne Kakadu", „Reigen" u. v. a.; Novellen „Leutnant Gustl", „Casanovas Heimkehr", „Fräulein Else".
L: R. Specht, A. S. 1922.
Schocken, Salmann, geb. 30. 10. 1877 Margonin (Posen), Mitbegr. d. S.-Konzerns (1901) gemeins. m. Simon S., Gründer d. S.-Verlags (↗ Buchhandel), seit 1933 in Jerusalem;

führender Z., seit 1921 im Direktorium d. K.K.L., Förderer j. Wissensch. (Forschungsinst. f. h. Dichtung), 1935 Vors. d. Verwaltungsrats d. ↗ Universität.

Schofar (Signalhorn), Widderhorn, krummes Blasinstrument aus d. Horn eines Widders, wird am Rosch ha-Schana u. beim Ausgang d. Andacht am Jom Kippur geblasen. S. kommt auch mit Tierköpfen u. Inschriften verziert vor. Bibl. S.-Sage: d. Festung Jericho fällt durch Blasen d. S. („Posaune").

Schofetim ↗ Richter, Richterzeit.

Schofmann, Gerschon, geb. 1880 Orscha (Weißrußl.), neu-h. Erzähler (impressionist. Novellen u. Skizzen).

Scholem, Gerhard, geb. 1897 Berlin, j. Gelehrter (Kabbala-Forschung), o. Prof. Univ. Jerusalem.

Scholem Alechem ↗Schalom Alechem.

Schomer (Hüter). Bz. f. d. Wächter einer pal. Kolonie.

Schomer (eigtl. Schaikewitsch, Nahum Meïr), 1850 Nieswiesh (Weißrußl.)—New York 1905, jidd. Autor, Verfasser von Schauerromanen.

Schomre Schabbos ↗ Sabbat.

Schomron ↗ Samaria.

Schönberg, Arnold, geb. 13. 9. 1874 Wien, Komponist, 1925/33 Lehrer an d. Berliner Hochsch. f. Musik, seit 1933 in Amerika tätig, konsequentester Vertreter der „Neuen Musik", die durch Leugnung d. bisherigen harmonischen, melodischen u. rhythmischen Gesetze eine absolute Ausdruckskunst anstrebt (Zwölftönesystem). Ⓦ Gurrelieder; Pierrot lunaire.

Arnold Schönberg
Zeichnung v. E. Orlik

L: P. Stefan, Sch. 1924.

Schopenhauer △ Arthur, 1788—1860, dt. Philosoph. Stellung zum Jt.: er empfindet die J als „Nation"; als Atheist gegen Theismus, als Pessimist gegen „Optimismus" d. Jt. Persönl. Beziehung zu J: Julius Frauenstädt; Wegbereiter seiner Lehre: David Asher.

Schöpfung, Thema d. Anfangs d. B: 1) Erschaffung d. Welt in 6 Tagen durch Gottes Tat u. Wort (G 1); 2) Erschaffung d. Paradiesgartens mit d. ersten Menschenpaar (G 2). S.-Geschichte (Maasse Bereschit) ein Lieblingsgegenstand d. Midrasch u. d. Kabbala.

Schorr: 1) Josua Höschel, Brody 1814—1895, j. Gelehrter (B- u. T-Kritik), Aufklärer. Ⓦ h. Zeitschr. „he-Chaluz" (Streiter), Beitr. zur Wissenschaft d. Jt. 2) Mose, geb. 1874 Przemysl, Semitist, Prof. an d. Universität Warschau, Leiter d. dortigen „Instituts f. d. Wissensch. d. Judentums".

Schreiber, Mose ↗ Sofer, Mose.

Schreiner, Martin, 1863—1927 (seit 1902 geisteskrank), j. Gelehrter (Religionsgesch. u. -philosophie), Dozent an d. Lehranstalt Berlin.

Schrift, h., ↗Alphabet, ↗Quadrat-Sch.

Schrift, heilige (Kitwe Kodesch, „heilige Schriften"; auch Mikra, „Lesung", „gelesenes Buch"), Bz. d. ↗ Bibel.

Schrifterklärung ↗ Exegese.

Schriftgelehrte, geläufige dt. Bz. (durch Luthers B-Übersetzung) für d. j. Schrifterklärer (Soferim [Schreiber]) d. Altertums; unter d. Begriff fallen insbesondere die Begr. d. mündl. Lehre seit Esra, ↗ Soferim, ↗ Pharisäer, ↗ Tannaiten.

Schriftliche Lehre (Tora schebiChtaw), Bz. d. schriftlichen Gesetzes (Tora) im Ggs. zum „mündlichen" (Mischna, Talmud).

Schrifttum, j., in d. europäischen Ländern. Deutschland: abgesehen von vereinzelten Vorläufern — am berühmtesten d. Minnesänger ↗ Süßkind von Trimberg im 13. Jhd. — beginnt ein j. Schrifttum in dt. Sprache mit Moses ↗ Mendelssohn. Die folgende Liste nennt in chronologischer Reihenfolge jüdische Dichter und Schriftsteller mit ihren Geburts- bezw. Sterbejahren u. d. Literaturgebieten, auf denen sie besonders hervorgetreten sind; d. Liste ist bis zum Geburtsjahr 1900 durchgeführt. Es sind in der Hauptsache Belletristen angeführt, daneben aber auch einige Philosophen u. andere Geisteswissenschaftler, politische Publizisten, Kritiker u. Essayisten, soweit ihr Einfluß auf die Literatur ihrer Zeit besonders stark gewesen ist.

Moses Mendelssohn	1729—1786	Philosophische u. ästhetische Schriften
Moses Ephraim Kuh	1731—1790	Gedichte
Joseph von Sonnenfels	1733—1817	Ästhetik, Publizistik
Isaschar Behr Falkensohn	1746—1817	Gedichte
Sabattja Joseph Wolff	1756—1832	Polemisches, Satirisches
Dorothea Schlegel	1763—1839	Prosa
Henriette Herz	1764—1847	Briefe
Benedikt David von Arnstein	1765—1840	Dramen
Rahel Varnhagen von Ense	1771—1833	Briefe
Ludwig Robert	1778—1832	Dramen
Ignaz Jeitteles	1783—1843	Ästhetik, Prosa
David Ferdinand Koreff	1783—1851	Gedichte
Lippmann Moses Büschenthal	1784—1818	Gedichte, Erzählungen
Ludwig Börne	1786—1837	Prosa, Ästhetik
August Lewald	1792—1871	Prosa, Dramen
Daniel Lessmann	1794—1831	Gedichte, Prosa
Alois Jeitteles	1794—1858	Lyrik, Dramen, Parodien
Moritz Gottlieb Saphir	1795—1858	Humoristisch-satirische Skizzen
Heinrich Heine	1797—1856	Lyrik, Epik, Essays
Oskar Ludwig Bernhard Wolff	1799—1851	Erzählungen, Humoristisches
Michael Beer	1800—1833	Dramen
Heinrich Stieglitz	1801—1850	Gedichte
Karl Johann Philipp ♁ Spitta	1801—1859	Geistliche Lieder
Hermann Schiff	1801—1867	Novellen
Leopold Feldmann	1802—1882	Lustspiele
Gabriel Riesser	1806—1863	Publizistik
Ludwig Wihl	1807—1882	Gedichte
Ludwig Kossarski	1810—1873	Gedichte, Novellen
A. E. Wollheim da Fonseca	1810—1884	Dramen, Memoiren
Ludwig August Frankl	1810—1894	Gedichte, Prosa
Julius Kossarski	1811—1879	Gedichte, Sagen, Dramen
Fanny Lewald	1811—1889	Romane
Berthold Auerbach	1812—1882	Dorfgeschichten, Romane
Aron Bernstein	1812—1884	Novellen
Ludwig Kalisch	1814—1882	Humoristische Gedichte u. Novellen
Betty Paoli	1815—1894	Gedichte
Karl Beck	1817—1879	Gedichte
Max Ring	1817—1901	Romane, Novellen
Theodor Creizenach	1818—1877	Gedichte, Prosa
Moritz Barach	1818—1888	Gedichte, Humoristisches
David Kuh	1819—1879	Gedichte, Publizistik
Wilhelm Wolfsohn	1820—1865	Gedichte, Dramen
David Kalisch	1820—1872	Volksstücke, Possen
Hermann Hersch	1821—1870	Dramen, Gedichte
Moritz Hartmann	1821—1872	Gedichte, Prosa
Salomon Hermann von Mosenthal	1821—1877	Dramen

Schrifttum

Hieronymus Lorm	1821—1902	Gedichte
Leopold Kompert	1822—1886	Romane, Novellen
Eduard Mautner	1824—1889	Dramen, Gedichte
Ferdinand Lassalle	1825—1864	Drama, Publizistik
Salomon Kohn	1825—1904	Ghetto-Geschichten
Emil Kuh	1828—1876	Erzählungen, Gedichte
Josef von Weilen	1828—1889	Dramen
A. Mels (Martin Cohn)	1829—1894	Novellen, Lustspiele
Paul ♁ Heyse	1830—1914	Prosa, Gedichte, Dramen
Eduard Kulke	1831—1897	Erzählungen, Essays
Julius Rodenberg	1831—1914	Gedichte, Romane
Julius Stettenheim	1831—1916	Humoristisches
Hermann Salingré	1833—1879	Berliner Lokalpossen
Eduard Jacobson	1833—1897	Possen
Daniel Spitzer	1835—1893	Satirische Prosa
Friederike Kempner	1836—1904	Gedichte, Dramen
Louis Herrmann	1836—1915	Possen, Volksstücke
Georg Ebers	1837—1898	Romane
Adolf L'Arronge	1838—1908	Volksstücke
Joseph Popper (-Lynkeus)	1838—1921	Essays
Oskar Justinus (Cohn)	1839—1893	Lustspiele, Possen
Paul ♁ Lindau	1839—1919	Dramen
Hermann Cohen	1840—1912	Gedichte, Philosophie
Otto Liebmann	1842—1918	Philosophie, Ästhetik
Hugo Lubliner	1846—1911	Lustspiele
Wilhelm Fischer-Graz	1846—1932	Romane, Erzählungen
Karl Emil Franzos	1848—1904	Romane, Novellen
Alfred Klaar	1848—1927	Kritisches, Essays
Maximilian Bern	1849—1923	Gedichte
Fritz Mauthner	1849—1923	Prosa, Dramen, Philosophie
Max Nordau	1849—1923	Prosa, Dramen,
C. Karlweis (Karl Weiß)	1850—1901	Volksstücke
Felix Philippi	1851—1921	Dramen
Auguste Hauschner	1851—1924	Romane, Novellen
Gustav Kadelburg	1851—1925	Lustspiele
Alexander Moszkowski	1851—1934	Populärwissenschaft, Humoristisches
Oscar Blumenthal	1852—1917	Lustspiele
MarcoÂrociner	1852	Dramen, Prosa
Eli Marcus	1854	Plattdeutsche Dialektdichtung
Max Bernstein	1854—1925	Lustspiele
Anselma Heine	1855—1930	Romane, Novellen
Siegfried Lipiner	1856—1911	Versepen, Dramen
Otto Brahm	1856—1912	Kritisches
Heinrich Teweles	1856—1927	Dramen
Jakob Loewenberg	1856—1929	Gedichte, Novellen
Siegmund Freud	1856	Psychologie
Friedrich Adler	1857	Dramen, Gedichte,
Julius Gans von Ludassy	1858—1922	Dramen
Jakob Julius David	1859—1906	Erzählungen
Peter Altenberg (Engländer)	1859—1919	Prosaskizzen
Franziska Mann	1859—1927	Skizzen, Essays
Alfred ♁ Bock	1859—1932	Romane, Novellen
Hermann Faber (Goldschmidt)	1860	Dramen
Julius Elias	1861—1927	Kritik, Essays
Maximilian Harden (Witkowski)	1861—1927	Kritik, Essays
Hans Land (Hugo Landsberger)	1861	Romane, Novellen
Leo Berg	1862—1908	Essays
Franz Held (Herzfeld)	1862—1908	Dramen, Gedichte
Conrad Alberti-Sittenfeld	1862—1918	Kritisches, Dramen, Prosa

Paula Dehmel	1862—1918	Kinderbücher
Heinrich Lee (Landsberger)	1862—1919	Romane, Dramen
Arthur Schnitzler	1862—1931	Dramen, Novellen, Romane
Julius Levin	1862—1935	Prosa
Ludwig Fulda	1862	Dramen
Max Kempner-Hochstädt	1863—1934	Dramen
Juliane Déry	1864—1899	Dramen, Prosa
Alfred Nossig	1864	Dramen, Essays
Carl Rößler	1864	Lustspiele
Samuel Saenger	1864	Essays
Jon Lehmann	1865—1913	Dramen
Rudolf Lothar (Spitzer)	1865	Lustspiele
Hugo Salus	1866—1929	Lyrik
Georg Engel	1866—1931	Romane, Novellen, Dramen
Richard Beer-Hofmann	1866	Dramen, Lyrik, Novellen
Ernst Rosmer (Elsa Bernstein)	1866	Dramen
Kurt Eisner	1867—1919	Drama, Publizistik
Walter Rathenau	1867—1922	Essays
Felix Hollaender	1867—1931	Romane
Franz Adamus (Ferdinand Bronner)	1867	Dramen
Alfred Kerr	1867	Kritik, Gedichte
Ernst Heilborn	1867	Essays, Prosa
Ludwig Jacobowski	1868—1900	Romane, Novellen, Gedichte
Samuel Lublinski	1868—1911	Kritik, Philosophie, Dramen
Moritz Heimann	1868—1925	Prosa, Dramen, Essays
Karl ♁ Federn	1868	Novellen, Essays
Paul Mongré (Felix Hausdorff)	1868	Philosophie, Lyrik, Drama
Theodor Wolff	1868	Publizistik, Dramen
Felix Poppenberg	1869—1915	Essays, Kritik
Leo Feld (Hirschfeld)	1869—1924	Lustspiele
Viktor Hahn	1869	Dramen
Arthur Holitscher	1869	Romane, Essays
Felix Salten	1869	Novellen, Dramen
Siegfried Trebitsch	1869	Prosa, Dramen
Karl Wolfskehl	1869	Gedichte, Anthologien
Gustav Landauer	1870—1919	Essays, Publizistik, Prosa
Felix Dörmann	1870—1928	Gedichte, Dramen
Oscar Bendiener	1870	Dramen
Arthur Eloesser	1870	Kritik, Essays
Georg Hermann (Borchardt)	1871	Romane, Essays
Mynona (Salomo Friedlaender)	1871	Grotesken, Essays
Willi Handl	1872—1920	Kritik, Prosa
Richard Huldschiner	1872—1931	Prosa
Norbert Falk	1872—1932	Kritik, Romane
Theodor Lessing	1872—1933	Gedichte, Essays
Alfred Mombert	1872	Lyrik
Roda ♁ Roda	1872	Humoristische Skizzen
Oscar A. H. ♁ Schmitz	1873—1931	Essays, Dramen, Prosa
Jakob Wassermann	1873—1934	Romane, Novellen, Essays
Efraim Frisch	1873	Romane, Essays
Georg Hirschfeld	1873	Dramen, Romane, Novellen
Hugo von ♁ Hofmannsthal	1874—1929	Dramen, Lyrik, Prosa
Karl Kraus	1874	Kritik, Lyrik, Essays
Robert Prechtl (Friedlaender)	1874	Dramen, Essays
Rideamus (Fritz Oliven)	1874	Humoristisches
Margarete Susman	1874	Lyrik
Stefan Großmann	1875—1935	Essays, Prosa
Sammy Gronemann	1875	Romane
Monty Jacobs	1875	Kritik, Essays

Alfred Polgar	1875	Skizzen, Kritisches
Leo Greiner	1876—1928	Dramen, Gedichte
Arthur Landsberger	1876—1933	Unterhaltungsromane
Jakob Elias Poritzky	1876—1935	Essays, Prosa, Dramen
Raoul Auernheimer	1876	Novellen, Lustspiele
Emil Faktor	1876	Kritik, Gedichte
Else Lasker-Schüler	1876	Gedichte, Prosa
Sil Vara (Geza Silberer)	1876	Dramen
Ludwig Wolff	1876	Unterhaltungsromane
Hugo Bettauer	1877—1925	Unterhaltungsromane
Paul Rosenhayn	1877—1929	Unterhaltungsromane
Rudolf ♁ Borchardt	1877	Dichtungen, Dramen
Sling (Paul Schlesinger)	1878—1928	Prosa, Komödien
Alfons Fedor Cohn	1878—1933	Komödien
Erich Mühsam	1878—1934	Gedichte, Dramen
Paul Adler	1878	Dichtungen
Alice Berend	1878	Romane
Martin Buber	1878	Legenden, Essays
Alfred Döblin	1878	Romane, Essays
Egon Friedell	1878	Essays, Dramatisches
Berta Lask	1878	Gedichte, Dramen
Arno Nadel	1878	Lyrik, Dramen
Carl ♁ Sternheim	1878	Komödien, Novellen, Essays
Grete Meisel-Hess	1879—1922	Prosa, Essays
Paul Zifferer	1879—1929	Romane, Novellen
Camill Hoffmann	1879	Gedichte
Kurt Münzer	1879	Romane, Novellen
Otto Weininger	1880—1903	Philosophie
Friedrich Gundolf	1880—1931	Geistesgeschichte
Robert Saudek	1880—1935	Essays, Prosa, Dramen
Heinrich Anton (Simon)	1880	Essays, Dramen
Julius Bab	1880	Essays, Dramen
Rudolf Bernauer	1880	Essays, Dramatisches
Moritz Goldstein	1880	Essays, Novellen
Adolf Grabowsky	1880	Essays, Gedichte
Franz Hessel	1880	Prosa, Dramen
Max Hochdorf	1880	Essays, Prosa, Dramen
Richard Katz	1880	Reiseschilderungen
Doris Wittner	1880	Romane, Novellen
Walter Calé	1881—1904	Gedichte, Novellen
Hugo Zuckermann	1881—1914	Lyrik
Siegfried Jacobsohn	1881—1926	Kritisches
Herbert Hirschberg	1881—1929	Dramen
Martin Beradt	1881	Prosa
Emil Bernhard	1881	Dramen
Emil Ludwig	1881	Essays, Dramen
Stefan Zweig	1881	Novellen, Dramen, Gedichte
Walther Heymann	1882—1915	Lyrik
Ludwig Rubiner	1882—1920	Gedichte, Essays
Karl Ettlinger	1882	Humoristisches
Ernst Lissauer	1882	Gedichte, Dramen, Essays
Hans Müller	1882	Dramen
Alice Stein-Landesmann	1882	Romane, Dramen
Franz Kafka	1883—1924	Romane, Erzählungen
Fritz Friedmann-Frederich	1883—1934	Lustspiele
Oskar Baum	1883	Romane
Hugo Bieber	1883	Essays
Arnold Höllriegel	1883	Romane, Reiseschilderungen
Harry Kahn	1883	Lustspiele

Hermann Sinsheimer	1883	Essays, Prosa
Max Brod	1884	Prosa, Essays, Dramen
Lion Feuchtwanger	1884	Romane, Dramen
Ludwig Meidner	1884	Dichtungen
Leo Perutz	1884	Romane
Berthold Viertel	1884	Essays, Dramen
Ernst Weiss	1884	Romane
Ernst Bloch	1885	Essays
Felix Braun	1885	Gedichte, Novellen
Carl Einstein	1885	Essays, Dichtungen
Kurt Hiller	1885	Essays
Ernst Kamnitzer	1885	Dramen
Egon Erwin Kisch	1885	Reportagen, Romane
Franz Rosenzweig	1886—1929	Philosophie
Albert Ehrenstein	1886	Gedichte, Prosa, Essays
Kurt Pinthus	1886	Essays
Arthur Silbergleit	1886	Gedichte
Arthur Sakheim	1887—1931	Dramen, Essays
Bruno Frank	1887	Novellen, Dramen, Gedichte
Arnold Zweig	1887	Prosa, Essays, Dramen
Vicky Baum	1888	Unterhaltungsromane
Ulrich Steindorff	1888	Dramen
Alfred Wolfenstein	1888	Lyrik, Dramen
Alfred Lichtenstein	1889—1914	Lyrik, Prosa
Heinrich Eduard Jacob	1889	Romane, Novellen, Dramen
Rudolf Kayser	1889	Essays
Felix Langer	1889	Dramen
Rudolf Leonhard	1889	Gedichte, Essays, Prosa
Walter Meckauer	1889	Prosa, Essays
Friedrich Raff	1889	Dramen, Gedichte
Ludwig Winder	1889	Romane
Alfred Lemm (Lehmann)	1890—1919	Prosa, Essays
Ernst Blaß	1890	Gedichte
Rudolf Fuchs	1890	Gedichte
Josef Kastein	1890	Romane, Gedichte
Paul Kornfeld	1890	Dramen
Ernst Lothar	1890	Romane, Novellen
Kurt Tucholsky	1890	Satirische Gedichte u. Skizzen
Franz Werfel	1890	Lyrik, Prosa, Dramen
Otto ♁ Zoff	1890	Dramen, Romane
Georg Fröschel	1891	Unterhaltungsromane
Iwan Goll	1891	Dichtungen, Essays
Willy Haas	1891	Essays
Anton Kuh	1891	Essays
Erich Mosse („Peter Flamm")	1891	Romane, Dramen
Hans José Rehfisch	1891	Dramen
Erik Ernst Schwabach	1891	Prosa, Dramen
Theodor ♁ Tagger („F. Bruckner")	1891	Dramen, Gedichte
Walter Benjamin	1892	Kritisches, Essays
Ludwig Berger	1892	Dramen
Karl Jakob Hirsch	1892	Prosa
Lola Landau	1892	Gedichte
Hans Sochaczewer	1892	Romane
Ludwig Strauß	1892	Gedichte, Novellen
Hermann Ungar	1893—1929	Romane, Novellen, Dramen
Manfred Georg	1893	Essays, Prosa
Leo Matthias	1893	Essays, Dramen
Ernst Toller	1893	Dramen, Gedichte
Gregor Jarcho	1894	Dramen

Gina Kaus	1894	Prosa, Dramen
Ludwig Marcuse	1894	Essays
Joseph Roth	1894	Romane, Novellen
Alfred Neumann	1895	Romane, Novellen, Dramen
George A. Goldschlag	1896—1934	Gedichte
Hans Jacob	1896	Essays, Prosa
Leo Lania	1896	Essays, Dramen
Walter Mehring	1896	Gedichte, Prosa
Victor Wittner	1896	Gedichte
Carl ♁ Zuckmayer	1896	Dramen, Novellen, Gedichte
Otto ♁ Braun	1897—1918	Prosa
Hans Chlumberg	1897—1930	Dramen
Heinz Lipmann	1897—1932	Essays, Dramen
Martin Gumpert	1897	Gedichte
Robert Neumann	1897	Romane, Parodien
Paul Frischauer	1898	Prosa, Dramen
Adrienne Thomas	1898	Romane
Otto Zarek	1898	Romane, Dramen
Max Zodykow	1899	Lyrik, Prosa
Hermann Kesten	1900	Romane
Hans Meisel	1900	Prosa, Dramen
Anna Seghers	1900	Prosa

Wie in Dt. (Süßkind von Trimberg) gibt es auch in d. südeurop. Literaturen vereinzelte j. Vorläufer; so in Spanien im 14. Jhd. d. Spruchdichter Santob de Carrion, in Italien d. venezianische Dichterin Sarah Copia Sullam (1590—1641); in Frankreich spielen ↗ Nostradamus u. ↗ Montaigne, beide im 16. Jhd., d. gleiche Rolle. Im übrigen beginnt, genau wie in Dt., ein j. S. in d. europ. Landessprachen erst um 1800. •Frankreich, 19. Jhd.: Léon Halévy (1802/83), Jules Janin (1804/74), Alexandre Weill (1811/98), Adolphe-Philippe Dennery (1811/99), Eugène Manuel (1823—1901), Hector Crémieux (1828/92), Ludovic Halévy (1834—1908), Zacharie ↗ Astruc (1835—1907), Catulle ↗ Mendès (1841—1909). Gegenwart: zwei der größten frz. Prosaiker, Anatole ↗ France (1844—1924) und Marcel ↗ Proust (1871—1922) waren ♁; im übrigen sind zu nennen d. Dramatiker Georges de ↗ Porto-Riche (1849—1930), Albin Valabrègue (geb. 1853), Pierre Wolff (1865), Tristan ↗ Bernard (1866), Georges Berr (1867), Romain Coolus (1868), Max Maurey (1868), Fernand Nozières (1874—1931), Henri Duvernois (1875), Edmond Sée (1875), Henri ↗ Bernstein (1876), Francis de Croisset (1877), Alfred Savoir (1884—1934), Jean-Jacques Bernard (1888); die Lyriker Gustave Kahn (1859), André ↗ Spire (1868), Edmond ↗ Fleg (1874), Henri Hertz (1875); d. Prosaiker u. Essayisten Jean Finot (1865—1922), André ↗ Suarès (1866), Marcel ↗ Schwob (1867—1905), Julien Berr de Turique (1869), Charles-Henri Hirsch (1870), Louis Forest (1872), Max Jakob (1876), André Salmon (1881), Jean-Richard ↗ Bloch (1884), André ↗ Maurois (1885), Benjamin Crémieux (1888), Henri Franck (1888—1912), Armand ↗ Lunel (1892), Albert Cohen (1895), Joseph Kessel (1898), Myriam Harry u. Sarah Lévy. In Belgien ist d. in frz. Sprache schreibende H. H. A. Kistemaekers (1872) zu nennen, in Holland Isaak ↗ Costa (1798—1860) u. in neuerer Zeit Herman ↗ Heijermans (1864—1924), Isaak ↗ Querido (1874), M. H. van Campen (1874), J. I. de Haan (1881), Victor Emanuel van Vriesland (1892) u. Siegfried van Praag (1899). In England wirkten im 19. Jhd. d. Prosaiker

Benjamin ↗ Disraeli (1804/81) u. Grace Aguilar (1816/47), später Israel ↗ Zangwill (1864—1926) u.d.Dramatiker Arthur Pinero (1855—1934) u. Alfred Sutro (1863), während von jüngeren Autoren d. Satiriker Humbert Wolfe (1885) u. d. Romanciers Gladys B. Stern (1890) u. Louis Golding (1895) hervorzuheben sind. Groß ist d. Anteil von J in d. mod. Literatur der USA.; d. bedeutendsten sind Emma ↗ Lazarus (1849/87), David ↗ Belasco (1859—1931), Gertrude Stein (1874), Ludwig Lewisohn (1882), George Jean Nathan (1882), Edna ↗ Ferber (1887), Fanny Hurst (1889), Waldo David Frank (1889), Samuel Ornitz (1890), Elmer Rice (1892), Robert Nathan (1894), Maurice Samuel (1895), Lester Cohen, Nathan Asch, Michael Gold; im skandinavischen S. spielen d. Dänen Henrik ↗ Hertz (1797—1870), Meir Aron ↗ Goldschmidt (1819/87), Georg ↗ Brandes (1842—1927), Edvard Brandes (1847—1931), Henri ↗ Nathansen (1868) u. d. Schweden Ludwig Oscar Josephson (1832/99), Sophie ↗ Elkan (1853—1921), Oscar ↗ Levertin (1862—1906) eine wichtige Rolle, während aus Norwegen kein Name von Belang zu nennen ist. In Italien tritt verhältnismäßig früh der Dichter Salomone ↗ Fiorentino (1743—1815) auf; ihm folgen d. Prosaiker Giuseppe ↗ Revere (1812/89), Tullio Massarani (1826—1905), Italo Svevo (1861—1928) u. d. Dramatiker Sabatino Lopez (1867). Aus den östl. Ländern Europas nennen wir d. Ungarn Ludwig Hevesi (1843—1910), Joseph Kiss (1843—1921), Alexander ↗ Brody (1863—1924), Eugen Heltai (1871), Franz ↗ Molnár (1878), Ludwig ↗ Biro (1880), Ludwig ↗ Hatvány (1880) u. Melchior ↗ Lengyel (1880) u. d. Tschechen Julius ♁ Zeyer (1841—1901), Jaroslaw ↗ Vrchlicky (1853—1921), Otokar Fischer (1883), Richard Weiner (1887), Frantisek ↗ Langer (1888); im j. S. Polens spielt d. ↗ jiddische u. neuhebräische Literatur d. Hauptrolle; in polnischer Sprache schrieben u. a. d. Dt.-Polen Alfred Nossig (1864) u. Wilhelm Feldmann (1868—1919), während in d. jungpoln. Literatur d. Gegenwart Julian Tuwim (1894) u. Antoni Slonimski (1895) eine gewichtige Rolle spielen; in Rußland endlich traten in neuerer Zeit bes. d. Dramatiker Semjon ↗ Juschkewitsch (1868—1927) u. Ossip ↗ Dymow (1878), d. Prosaiker Ilja Ehrenburg (1881), Mark Aldanow (1886) u. Isaak ↗ Babel (1894) sowie d. Lyriker Boris ↗ Pasternak (1890) hervor.

Schtadlan (einer, der sich bemüht), Fürsprecher u. Abgesandter in j. Angelegenheiten; Josel von Rosheim u. viele Hofjuden werden als S. bezeichnet.

Schudt △ Johann Jakob, Frankfurt 1664—1722, Theologe und Orientalist. Ⓦ Jüdische Merckwürdigkeiten (1714/17, Neudr. 1922, Auswahl 1934), Materialien zu j. Gesch., Brauch- u. Schrifttum, kulturhistorisch (J in Frankfurt) bedeutend, aber tendenziös (christl.-apologet.).

Schul (Schule), j.-dt. Bz. d. Lehr- u. Bethauses (auch in Luthers NT-Übersetzung: J-Schule), d. Synagoge (vgl. Altneuschul zu Prag); Weiber-(Frauen-)S., d. für d. Frauen abgeteilte Raum d. Synagoge; S.-Klopfer, d. Diener (Schammasch), der durch Klopfen an alle Türen zum Gebet ruft.

Schulchan Aruch (gedeckter Tisch), Kompendium d. j. Ritualgesetzes u. Rechts in systematischer Anordnung, von Josef ↗ Karo in Safed verfaßt (Erstausgabe: Venedig 1564/65). Vier Hauptteile: 1) Orach Chajim (Lebenspfad): tägl. Pflichten, Sabbat- u. Festtagsbestimmungen; 2) Jore Dea (er lehrt Erkenntnis), Ritualgesetze; 3) Ewen ha-Eser (Stein d. Hilfe), Eherecht; 4)

Choschen ha-Mischpat (Schild d. Rechts), Zivilrecht. S. stellt in knappster Form aus d. unübersehbar gewordenen u. vielfach widerspruchsvollen halachischen Literatur d. jeweils gültige Gesetz bezw. d. angenommenen Brauch zusammen; in d. Entscheidungen folgt er d. Autoritäten ↗ Alfassi, ↗ Maimonides u. ↗ Ascher b. Jechiel, in d. Form dem Kodex Tur d. ↗ Jakob b. Ascher. Charakteristisch für d. als praktisches Handbuch gedachte Werk ist d. thematische Gruppierung (im Gegensatz zu Alfassi u. Ascheri), d. Beschränkung auf solche Gesetze, die auch nach d. Tempelzerstörung gelten (im Ggs. zu Maimonides), u. d. stilistische Neufassung d. Ganzen (im Ggs. zu Jakob b. Ascher). S. wurde durch Mose ↗ Isserles („Mappa“ = Tafeltuch, Komm. zum S.) um d. aschkenas. Brauchtum ergänzt (Erstausg. Krakau 1578, später u. a. von ↗ David b. Samuel ha-Levi u. ↗ Sabbatai Kohen erläutert) u. ist in dieser Form im Lauf d. 17. Jhd. zum autoritativen Kodex, zusammen mit seinen Kommentaren f. d. orthodoxe Jt. maßgebend, geworden. — Dt. Teilübers. von H. G. F. Löwe (1837 ff.).

L: Tschernowitz, D. Entstehung d. S., 1915; D. Hoffmann, D. S. A., 1894; H. △ Strack, Jüd. Geheimgesetze? 1920; Eli Munk, Verkanntes Jt., 1930.

Schulhoff, Erwin, geb. 8. 6. 1894 Prag, Komponist u. Pianist, Vertreter einer eigenwillig abstrakten, vom Rhythmus mod. Tanzformen beeinflußten Richtung d. neuen Musik.

Schulmann, Kalman, 1819—1899, Aufklärer in Wilna, Verf. populärwissenschaftl. h. Werke (Welt- u. j. Gesch.; allgem. Geographie; j. Gelehrtengesch.) u. Übersetzer (Josephus, Eugen △ Sue).

Schulwesen: 1) D. neuzeitliche j. Sch. in Dt. beginnt mit der Emanzipation. Ziel war Einführung in d. Kultur d. Umwelt. Die bedeutsamsten Gründungen waren: Freischule in Berlin (1778), Samson-Schule in Wolfenbüttel (1786), Wilhelmsschule in Breslau (1791), Herzogl. Franz-Schule in Dessau (1799), Jacobson-Schule in Seesen (1801), Philanthropin in Frankfurt/M. (1804), T-Thora-Schule in Hamburg (1805). Oft hielten d. Regierungen d. j. Gem. zu Schulgründungen an; andererseits wurde in wachsendem Maße j. Kindern d. Besuch christlicher Schulen freigestellt. Während anfänglich auf j. Seite reformerische Kreise oft in heftigem Gegensatz zur Orthodoxie Vorkämpfer d. Schulgedankens waren, wurden später Orthodoxe seine Träger, neben die im 20. Jhd. d. Zionisten m. d. Ziel d. Erziehung zur j. Volksgemeinschaft traten. J. Volksschulen bestehen vornehmlich in Berlin, ferner in Westfalen, Hannover, Hessen-Nassau, Rheinprovinz, Bayern u. Württemberg. 1933 setzte, bedingt durch die veränderte Lage d. dt. Jt., neuerdings eine Periode von Volksschulgründungen ein (bisher 21), wobei d. ↗ Reichsvertretung d. Führung übernahm. Die von ihr herausgegebenen „Richtlinien zur Aufstellung von Lehrplänen für j. Volksschulen“ stellen ein Rahmenprogramm dar, das d. einzelnen Schulen u. Lehrern d. Möglichkeit zur erzieherischen Arbeit im Sinne ihrer j.-weltanschaulichen Haltung gibt sie jedoch zur Rücksichtnahme auf d. gesamtj. Interesse verpflichtet. Dringendste pädagog. Probleme sind: erzieherische u. unterrichtliche Vorbereitung d. Jugend auf Berufe d. Handarbeit u. auf Auswanderung, bes. nach Pal.; in diesem Sinne Steigerung d. schon an sich gebotenen Hebraisierung sowie Ausgestaltung d. 9. u. 10. Volksschuljahres; eine d. neuen Notwendigkeiten angepaßte Lehrer-Aus- u. Fortbildung; Schaffung geeigneter Lehr- u. Lernmittel f. d. bes. Zwecke des j. Sch. —

Z. Zt. werden ca. 140 j. öffentl. u. private Volks-, Mittel- u. höhere Schulen von ca. 20000 Schülern u. Schülerinnen besucht. Frequenz im Ansteigen. Neue staatl. Regelung in Vorbereitung: nach ihr sollen, zunächst im Volks-Sch., d. j. Schüler von d. arischen möglichst getrennt u. öffentl. j. Schulen eingerichtet werden. 2) In Pal. Hebung des Sch. seit Mitte 19. Jhd.: L. A. Frankl (1856, Lämelstiftung), Gottschalk Lewi (Verein zur Erziehung j. Waisen in Pal. 1872). Bahnbrecher d. mod. h. Sch. E. Cohn-Reiss (seit 1887 Leiter d. Waisenhaus-Lämelschule). Seit 1903 Schulsystem d. Hilfsvereins: 28 Anstalten aller Gattungen. 1919/32 größter Teil d. Sch. von d. z. Organisationen geleitet, seither von d. ↗ Knesset Israel bzw. ↗ Waad Lëumi; spezielle Abteilung „Waad Hachinnuch" (Erziehungsrat). Drei autonome Erziehungsrichtungen: allgemein (z.), Misrachi, Schulen d. Arbeiterschaft. Materiell unabhängig: Kolonieschulen d. Pica, Kindergärten, Gymnasium in Jaffa (gegr. 1907), Oberrealschule in Haifa. Alliance unterhält höhere landwirtschaftl. Schule in Mikwe-Israel u. weitere 8 Anstalten; Anglo-Jewish Association eine höhere Fachschule in Jerusalem. Zweite landwirtschaftl. Schule von d. Regierung in Kfar-Tabor errichtet (Kadoorie-Stiftung). Landwirtschaftl. Schule f. Mädchen in Nahalal, Kinderdörfer in Schefeja u. Ben-Schemen, daneben Talmud-Toraschulen alten Stils.

Schurek, Vokalzeichen u (langes u), wird ausgedrückt durch Waw mit eingeschriebenem Punkt.

Schutzjude, Bz. d. privilegierten, gegen besondere Abgaben landesherrlichen Schutz genießenden J in Dt. seit d. Ausgang d. MA; d. individuelle Erscheinung der S. löste d. allgemeine d. ↗ Kammerknechte ab.

Schwab, Moïse, Paris 1839—1918, j. Gelehrter, Bibliothekar an d. Nationalbibliothek. Ⓦ frz. Übersetzung d. palästinensischen T („le T de Jerusalem", 11 Bde., 1871 ff.).

Schwagerehe ↗ Leviratsehe.

Schwarz: 1) Adolf, 1846 Tewel (Ung.)—Wien 1931, j. Gelehrter (T-Forschung), Dozent u. Rektor d. Isr.-Theolog. Lehranstalt Wien. 2) David, 20. 12. 1845 Keszthely (Plattensee)—Wien 13. 1. 1897, Holzhändler, Erfinder d. starren Luftschiffs (Abb. 178; erster Aufstieg Berlin, Tempelhofer Feld 3. 11. 1897). Seine Witwe verkaufte d. Patente am 10. 2. 1898 an d. Zeppelinsche Unternehmen. 3) Josef, 1880 Riga—Berlin 10.11.1926, Opernsänger, wohl d. bedeutendste dt. Bariton-Belkantist seiner Zeit, 1915/21 in Berlin, dann meist in Amerika. 4) Karl, geb. 22. 4. 1885 München, Kunsthistoriker, bis 1933 Direktor des Jüdischen Museums Berlin, seitdem als Museumsleiter in Tel-Awiw tätig. Ⓦ D. J in der Kunst 1928.

David Schwarz

Schwarzer Tod, eine 1347/50 in Europa wütende Pest: d. Vorwurf, sie veranlaßt zu haben (↗ Brunnenvergiftung), führte zu einer d. schwersten J-Verfolgungen d. j. Gesch. u. zeitweiliger Vernichtung d. Jt. in Dt.

Schweden, 6500 J = 0,1% in 9 Gem. J. Siedlung begann mit dem dt. J Aron Isak 1775 auf Grund eines bis 1838 gültigen Reglements. Emanzipation 1870 vollendet (seitdem J am kulturellen Leben mit beteiligt: ↗ Josephson, ↗ Levertin, ↗ Warburg, ↗ Grünewald). Dezimierung durch häufige Mischehen einstweilen aufgehalten durch ostj. Einwanderung.

Schwein (Chasir), zählt nach L 11, 7; D 14, 8 zu d. unreinen Tieren.
Schweiz, 24000 J = 0,6%. Nach den Vertreibungen im 15. Jhd. hatten die J seit 17. Jhd. Niederlassungsrecht nur in den zwei Dörfern Lengnau u. Oberendingen. Vom 17. Jhd. an Zuwanderung, hauptsächlich im 19. Jhd. aus Mittel- u. Osteuropa. Emanzipation durch Bundesgesetz von 1856. Haupt-Gem.: Zürich, Basel, Genf, vereinigt 1904 im Schweizer isr. Gemeindebund.
Schwerhörige ↗ Risch.
Schwerin-Abarbanell, Jeanette, Berlin 1852—1899, Schöpferin d. soz. Frauenarbeit in der dt. Frauenbewegung, schuf Zentrale f. private Fürsorge u. erste Volkslesehalle.
Schwob, Marcel, 23. 8. 1867 Chaville—Paris 12. 2. 1905, frz. Schriftsteller, Vertreter d. Symbolismus. Ⓦ Essays, Novellen, Roman „Livre de Monelle" (dt. 1904); Legende „La croisade des enfants" (dt. 1906).
Scott △ Walter, 1771—1832, d. engl. Romancier, schafft im „Ivanhoe" neben d. Shylock-artigen Gestalt d. Isaak aus York d. Idealfigur d. barmherzigen u. entsagenden Rebekka (Oper „D. Templer u. d. Jüdin" von Heinrich △ Marschner).
Sechsunddreißig Gerechte, verborgen u. unbekannt, leben in jeder Generation u. bewirken durch ihr Verdienst deren Erhaltung u. Fortbestand; alte j. Volksvorstellung, im T (in Form zahlenmystischer Exegese von Jes. 30, 18) zuerst erwähnt.
Seder (Ordnung): 1) Bz. d. sechs Unterabteilungen (schischa Sedarim)
Sebulon (Sewulun, „Geschenkter"), Sohn Jakobs u. Leas; Stammgebiet in W-Galiläa.

Sederabend. Kupferstich von Jan Evert △ Grave, 1772

d. Mischna u. d. Talmud. 2) Gebetbuch, = ↗ Siddur. 3) Bz. d. häusl. Feier am 1. (u. 2.) Pessach-Abend: symbolische Speisen (↗ Mazza, ↗ Maror, ↗ Charosset, Bratenstück u. Ei [zur Erinnerung an Pessachlamm u. Opfer], 4 Becher Wein, ein 5. f. Elia); Verlesung d. ↗ Haggada; Mahl mit ↗ Afikomon.

Seder Olam (Weltordnung), altj. Werk unbek. Verfassers, Chronik d. bibl. u. nachbibl. Geschichte bis zum Bar Kochba-Aufstand, schon im T zitiert.

Seelenfeier ↗ Haskara.

Seelenwanderung, Wiederverkörperung d. Seele, Reinkarnation, h. Gilgul (= das Rollen), ein Begriff d. ↗ Kabbala.

Seesen im Harz, 33 J = 0,5%; 1810 erste dt. Orgelsynagoge; Sitz d. Jacobson-Schule.

Sefarad, unbekanntes Exilsland (Obadja 20), traditionell mit Spanien gleichgesetzt u. geläufige h. Bz. dieses Landes.

Sefardim, Bz. d. J aus Spanien (Sefarad) u. Portugal, d. im 14. u. 15. Jhd. über Europa, Nordafrika, Lateinamerika u. d. Orient zerstreut wurden. Kulturelle u. materielle Blüte im 17. Jhd., Stillstand u. Rückgang auf etwa 10% d. Weltjudenziffer; Bewahrung besonderen (sefardischen) Ritus u. reiner (sefardischer) Aussprache d. H, auch anthropologisch (ausgespr. südländ. Typus) von d. Mehrzahl d. Aschkenasim unterschieden (↗ Tafel 27).

Sefer (Schrift), Buch. S.-Tora, Buch d. Tora, Torarolle.

Sefer Chassidim (Buch der Frommen), Hauptwerk d. ↗ Juda Chassid.

Sefer ha-Jaschar (Buch des Redlichen), anonymes h. Volksbuch aus d. MA, Wiedererzählung d. bibl. Geschichten d. Pent. u. Buches Jos. mit märchenhaften, dem Midr. entnommenen Ausschmückungen.

Sefira (Zählung) ↗ Omer.

Sefirot (Zahlen), kabbalistische Vorstellung von 10 schöpferischen Kräften d. Göttlichen: Keter (Krone), Chochma (Weisheit), Bina (Vernunft), Gedula (Größe), Gewura (Kraft), Tiferet (Schönheit), Nezach (Fortdauer), Hod (Majestät), Jessod (Fundament), Malchut (Reich). Nach anderer Zählung stehen am Anfang: Chochma, Bina, Daat (Weisheit, Vernunft, Erkenntnis), abgek. ChaBaD.

Seforno, Obadja b. Jakob, um 1475–1550, B-Exeget, philosoph. Autor u. Arzt, einer d. Lehrer △ Reuchlins. Ⓦ Komm. zum Pent., vielfach in rabbin. Bibeln gedruckt.

Segal, Arthur, geb. 13. 7. 1875 Jassy (Rumänien), Maler, anfangs Expressionist, gelangte auf d. Wege über optisch-kunsttheoretische Studien zu naturalistischer Kunstauffassung. Ⓦ Lichtprobleme d. bildenden Kunst, 1925.

Arthur Segal: Selbstbildnis, 1934

Segall (Segal, Segel), als j. Familienname Abk. d. Anfangsbuchstaben von Segan Lewijja (Vorsteher d. Levitenschaft).

Segel, Binjamin, 20. 7. 1866 – 9. 3. 1931, dt.-j. Publizist („Ost u. West").

Segen (Beracha) in d. B: a) Erzählung (magische Kraft d. Isaak-S.; Bileams ungewollter S.); b) Dichtung u. Weissagung (Jakob-S. [G. 49], Mose-S. [D. 33]); c) relig. Unterweisung (S. als Verheißung, Fluch als Drohung: L 26, D 28). In Gottesdienst, Gebet u. Brauch: Priestersegen, Tischsegen, Eulogie für Tote.

Segol, Vokalzeichen e (kurzes e): drei Punkte (zwei waagerecht, einer in d. Mitte darunter) unter d. Buchst.

Sekles, Bernhard, Frankfurt/M. 20. 6.1872—8.12.1934, Komponist, Neuromantiker. Ⓦ Oper „Schahrazade", Orchestervorspiel zum „Dybuk", zahlr. Kammermusikwerke u. Lieder.

Sejmisten, j. sozial. Arbeiterpartei, gegr. 1905 in Rußland, f. nat. Autonomie in d. Diaspora, ↗ Arbeiterbewegung.

Sekten (von d. offiziellen Religion abweichende Gruppen), im Jt. von verschiedener Art: 1) Parteien, ungenau als S. bezeichnet (↗ Sadduzäer, ↗ Boëthosäer, ↗ Pharisäer); 2) religiöse Orden (↗ Essäer, ↗ Therapeuten); 3) nationale Gemeinschaften (↗ Samaritaner, ↗ Falascha); 4) Antitalmudisten (↗ Karäer); 5) messianische Schwärmer (Anhänger d. ↗ Sabbatai Zwi, ↗ Frankisten). Bewegungen wie d. ↗ Chassidismus, die innerhalb d. überlieferten Jt. bleiben, sind nur in bedingtem Sinne S.

Sela, unerklärtes h. Wort, häufig in d. Ps.; wahrscheinlich ein musikal. Kunstausdruck (Schlußzeichen?).

Selbsthilfegemeinschaft d. j. Körperbeschädigten in Dt., begr. Sept. 1934 in Berlin zur Förderung d. j. Körperbeschädigten auf sozialem, kulturellem und wirtschaftl. Gebiet, umfaßt die vier Gruppen: Blinde, Körperbehinderte, Gehörlose (Taubstumme), Schwerhörige.

Selbstmord, im Jt. verboten; Gottes Mahnung an d. Noachiden: „Euer eigen Blut will ich von euch einfordern" (G 9, 5) gilt als Wurzel d. Verbots. Auch d. Selbstverstümmelung ist untersagt: „D. Mensch hat kein Recht, sich selbst zu verletzen" (Baba Kamma 91 b). Historische Fälle von S. (Saul; II. Sm. 31, 4) werden, da es sich um Heldentod handelt, milde beurteilt.

Seleuziden, Dynastie im vorderasiat. Nachfolgereich Alexanders d. Gr. (haupts. Syrien), rangen mit d. Ptolemäern um d. Besitz von Pal.; d. Unterdrückungspolitik Antiochus' IV. (168 v.) führte zur makkab. Erhebung. Seleuzidische Ära (Minjan Schetarot [Ära d. Kontrakte]), seit 311 v., bei J bis ins MA gebraucht.

Selicha (Verzeihung), Bußgebet, Gattung gottesdienstl. Poesien (Selichot) für Fast- u. Bußetage.

Seligman, Edwin Robert Anderson, geb. 25. 4. 1861 New York, amerikan. Volkswirtschaftler, o. Prof. Columbia Univ. New York. Ⓦ Grundsätze d. Sozialökonomie 1930.

Seligmann, Caesar, geb. 1860 Landau (Pfalz), seit 1902 Rabbiner Frankfurt/M., Führer d. liberalen Richtung im dt. Jt., Verfasser grundleg. Reformschriften, Mitherausg. d. Einheitsgebetbuchs.

Seligsohn, Arnold, geb. 13. 9. 1854 Samotschin (Posen), Rechtsanwalt in Berlin, anerkannter Kommentator d. dt. Patent- u. Gebrauchsmustergesetzes (1892), d. Warenzeichenrechts (1894, zahlr. Auflagen), Ehrendoktor d. Univ. Berlin.

Sem (Schem [Ruhm?]), Noahs ältester Sohn, Stammvater d. Semiten.

Semachot (Freuden), eigtl. „Ewel rabbati" = d. gr. Traktat von d. Trauer, euphemist. Bz. eines selbständigen T-Traktats, der von Trauervorschriften u. -gebräuchen handelt.

Semicha (eigtl. „Stütze"; Handauflegung auf d. Haupt d. Sühnopfertiers [L 1, 4]), talmud. Bz. d. Weihung eines Gelehrten zum Rabbi: Ordination.

Semi-Gotha, „genealog. Taschenbuch d. Adels jehudäisch. Ursprungs", 1912 Kyffhäuser-Verlag München. In äußerer Ausstattung dem echten „Gotha" nachgebildet, dazu Hakenkreuz, Davidstern u.

Wort „Jehuda". Inhalt nicht zuverlässig.

Semi-Kürschner, Lexikon j. versippter Persönlichkeiten aus d. Jahren 1813/1913, von Ph. △ Stauff in Anlehnung an Joseph △ Kürschners bek. Handbücher herausgegeben, nicht zuverlässig.

Semirot (Gesänge), Tischgesänge am Freitag Abend u. am Sabbat.

Semitische Sprachen. Man unterscheidet folgende Gruppen: 1. Akkadisch (Babylonisch u. Assyrisch); 2. Kanaanäisch (Hebräisch, Phönizisch, Moabitisch); 3. Aramäisch (zahlr. j.-aram. Dialekte; Samaritanisch; Syrisch); 4. Südarabisch-Abessinisch; 5. Arabisch. Sprachgeographisch eingeteilt ist 1 Ostsemitisch, 2—3 Nordwestsemitisch, 4—5 Südsemitisch.

Semon: 1) Felix, Sir, 1849 Danzig—London 1921, Laryngologe, lange Zeit Leibarzt Eduards VII. 2) Richard, 1859 Berlin—München 1918, Zoologe, 1891/97 Prof. Jena; Forschungsreisen in Australien; begr. in „Die Mneme als erhaltendes Prinzip im Wechsel d. organ. Lebens" neue psycho-lamarckistische Anschauung.

Separatgemeinde ↗ Trennungsorthodoxie.

Sepphoris (Zipporin), Hauptstadt Galiläas z. Zt. d. 2. Tempels mit j. Bevölkerung bis zum 4. Jhd. n., heute ein Dorf.

Septuaginta (lat. = 70; h. Targum ha-Schiwim, „Übers. d. 70"), Bz. d. griech. B-Übersetzung nach ihrer Entstehungssage: 70 (72) j. Dolmetscher, vom ägypt. Kg. mit d. Übers. d. Tora beauftragt, lieferten, jeder unabhängig vom anderen, wörtlich d. gleichen Text. Abfassung im alexandrinischen Jt., Abschluß etwa im 2. Jhd. v.; für d. Textgeschichte d. h. B durch Lesarten wichtig, für d. altj. Literaturgeschichte durch d. allein in S. überlieferten ↗ Apokryphen. Vom Christentum übernommen u. mit d. griech. NT zur christl. B vereinigt.

Septuaginta: Griechischer Papyrus mit Genesis-Text

Serach, Enkelin Jakobs, Tochter Assers; in d. Agada verherrlicht.

Serafim, eine Schar geflügelter Engel; Jesaja schaut Gott, von S. umgeben (Jes. 6).

Seraim (Saaten), 1. Ordnung d. Mischna: Land- u. Feldfrucht, Abgaben.

Serajewo, 8000 J = 10%.

Serkes, Joel, 1561 Lublin—Krakau 1640, Dezisor. Ⓦ Bajit chadasch (abgek. BaCH; „neues Haus"), Kommentar zum Tur d. Jakob b. Ascher.

Serubabel, Davidide, Enkel Jojachins, Führer d. Heimkehrer aus d. babylon. Exil (wohl von ↗ Scheschbazar zu unterscheiden), Statthalter Judas unter Darius.

Set (Schet), dritter Sohn Adams u. Evas, Stammvater d. Menschheit.

Sewachim (Schlachtopfer), Tr. (Kodaschim), über Tieropfer.

Shylock, d. j. Gestalt in Shakespeares „Kaufmann von Venedig" (etwa 1595). Herkunft des Namens unsicher. Zweifellos als groteske Figur im mittelalterlichen Sinn beabsichtigt, aber durch dichterisches Genie während d. Arbeit als Mensch erfühlt. So ist zwar d. Komposition d. Komödie aus d. Gleichgewicht gebracht, aber ein Grunddokument für d. Anerkenntnis d. J in Europa geschaffen. — Berühmte j. Shylock-

Ludwig △ Devrient als Shylock

Zeichnung von Wilhelm Henschel

Darsteller: Dawison, Pohl, Schildkraut, Kortner, Granach.

Sibyllinen (Weissagungen d. Sibylle), griech. Literaturgattung oriental. Ursprungs; in hellenist. Zeit entstanden j. S. (ein Teil d. ↗Pseudepigraphen), d. von christl. Schriftstellern erweitert wurden.

Sicha (Ssichah), Gespräch, Aussprache.

Sichem (Schechem, griech. Neapolis, heute Nablus), altisr. Stadt (durch Grabungen bis 1700 v. nachgewiesen), in Efraim zwischen d. Bergen Garizim u. Ebal, Hauptort d. Nordreichs, bis heute Kult- u. Wohnsitz d. Samaritaner.

Siddur (Seder = Anordnung, Aneinanderreihung [d. Gebete]), Bz. d. Gebetbuchs, besonders d. tägl. Gebetbuchs (Stammgebete) im Gegs. zum Festtagsgebetbuch (↗ Machsor). Das erste S. verfaßte Saadia (10. Jhd.). Die Zusammensetzung (außer d. Grundgebeten) ist in d. einzelnen Riten u. Gemeinden verschieden.

Sidra ↗ Wochenabschnitt.

Sieben, häufigste symbolische Zahl im alten Jt.: Heiligung d. 7. Tages (Sabbat), 7. Jahres (Sabbatjahr); nach 7 Sabbatjahren Jubeljahr; 7 Wochen zwischen Pessach u. Wochenfest; Tischri, Hauptmonat d. Festkalenders, urspr. 7. Monat (jetzt 1.); 7 Trauer- u. Hochzeittage; urspr. 7tägige Festdauer von Pessach u. Sukkot; 7 hermeneutische Regeln d. Exegese; 7 Gebote d. Noachiden; 7 Segnungen (Siebengebet an Sabbat u. Festtag); je 7 reine Tiere in d. Arche; 7 Kühe u. Ähren in Pharaos Traum; myst. Vorstellung von 7 Himmeln; Siebenfach (7fältige Rache für Kains Tötung). 70 Völker u. Sprachen (nach G 10), 70 Älteste unter Mose, 70 Dolmetscher d. griech. Übersetzung (Septuaginta), 70 Jahre Lebenszeit.

Siebengebet (Tefillat Schewa), Hauptgebet an Sabbat- u. Festtagen, an Stelle d. werktäglichen 19-teiligen Achtzehngebets (↗ Schemone essre), dessen 13 mittlere Sätze hier durch eine einzige (Keduschat ha-Jom, „Heiligung d. Tages“) abgelöst werden.

Siebenschläfer, christl. Heiligenlegende, geht vermutl. auf j. Motive zurück; talmud. Gegenstück: Agada vom 70jährigen Schlaf d. Kreisziehers Choni.

Siedlungen, j., in Pal. ↗ Palästina Sp. 539/40.

Siegel mit alt-h. Schrift, teilweise mit figürl. Darstellung (Löwe auf S. des „Schama, Diener Jerobeams“), seit 9. Jhd. v. vielfach erhalten.

Sifra (aram. „Buch“), halachischer ↗ Midrasch zu L.

Sifre (aram. „Bücher“), halachischer ↗ Midrasch zu NU u. D.

Silbergleit, Arthur, geb. 26. 5. 1886 Gleiwitz, Dichter. Ⓦ Lyrik; Legendendichtungen „D. Magd“, „D. verlorene Sohn“.

Silo (Schilo), Stadt in Efraim, in d. Ältesten- u. Richterzeit Sitz d. Bundeslade; Priestertum d. Eli in S. (I. Sm. 1—3).

Siloah (Schiloach), Quelle bei Jerusalem, deren Wasser, f. d. Versorgung der Stadt, in d. S.-Teich geleitet wurde (Tunnel Hiskias; aus

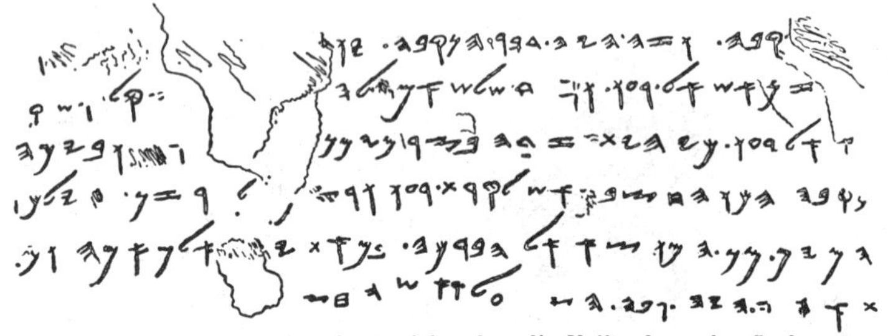

Felsen-Inschrift von Siloah (Bericht über die Vollendung der Grabung)

jener Zeit [8. Jhd. v.] Felsen-Inschrift, alt-h. Schriftdenkmal).
Silpa, Magd Leas, Nebenfrau Jakobs, Mutter d. Gad u. Asser.
Silva, da: 1) Antonio, 1705 Rio de Janeiro—Lissabon 1739, Marrane, gefeierter portug. Komödiendichter, von d. Inquisition verbrannt. 2) Francisco, 1592—1639, warb f. d. Rückkehr d. peruanischen Marranen zum Jt. u. wurde verbrannt. 3) Samuel, literarischer Gegner Acostas in Amsterdam (1623); Figur bei ↗Gutzkow.
Silverberg. Paul, geb. 1876 Bedburg (Köln), 1903/33 führender Industrieller im rhein. Braunkohlenbergbau, zweiter Vors. d. Reichsverbandes d. dt. Industrie.
Simcha (Freude), h. Vorname seit MA.
Simchat Tora (Gesetzesfreude), Festtag beim Abschluß d. jährl. Toravorlesung u. beim Beginn eines neuen Zyklus, im Anschluß an d. Laubhüttenfest am 23. Tischri gefeiert. Umzüge mit d. Torarollen in d. Synagoge; Kinderfest.
Simchoni (eigtl. Simchowitsch), Jakob Naftali, 20. 1. 1884 Sluzk (Weißrußl.)—Berlin 31. 5. 1925, j. Gelehrter. Ⓦ Diwre Jeme Israel (Gesch. Israels; Handbuch) 1922ff.; h. Übersetzungen d. Josephus.
Simeon (Schimon, Simon; „Ruhmreicher"), Sohn Jakobs u. Leas; südlichstes Stammgebiet (im S Judas).
Simeon (Simon): 1) S. b. Gamliel II., Tannaite, Sohn u. Nachfolger Gamliels II., Vater d. Juda ha-Nassi, Patriarch zu Uscha (Galiläa) Mitte 2. Jhds. n. 2) S. d. Gerechte (ha-Zaddik), um 200 v., Hohepriester, d. erste mit Namen bek. Schriftgelehrte nach Esra. 3) S. b. Jochai (= Jochanan), Tannaite im 2. Jhd. n., Schüler Akibas, hielt sich 13 Jahre vor d. Römern in einer Höhle verborgen; legendärer Verfasser d. ↗ Sohar, seine Gruft zu Miron (bei Safed) Wallfahrtsort am Lag ba-Omer (traditioneller Todestag S.'s). 4) S. b. Lakisch (Resch Lakisch), um 200/275, Amoräer in Galiläa; Berufungslegende: d. Räuber S. tut Buße u. wird Schriftgelehrter. 5) S. d. Makkabäer ↗ Simon. 6) S. b. Schetach, Gesetzeslehrer (Pharisäer) im 1. Jhd. v., nach talmud. Tradition Bruder d. Königin Salome Alexandra.
Simmel ♁ Georg, 1. 3. 1858 Berlin—Straßburg 26. 9. 1918, 1914/18 o. Prof. Straßbg., schöpferischer Philosoph, entwickelte eine psychol. Soziologie, Kultur- u. Lebensmetaphysik. Ⓦ D. Probleme d. Geschichtsphilosophie 1892, Philosophie d. Geldes 1900, Soziologie 1908.
L: Max Adler, S.'s Bedeutung f. d. Geistesgeschichte, 1919.
Simon, älterer Bruder d. Makkabäers Juda, Ahnherr d. hasmonä-

ischen Königshauses, Hohepriester, regierte 142—135 v.

Simon bar Giora ⁄ Bar Giora.

Simon: 1) Herman Veit, Berlin 1856—1914, führender Anwalt u. Handelsrechtler. Ⓦ Bilanzen d. Aktiengesellschaften u. Kommanditgesellschaften auf Aktien; Ehrenpräs. d. Berliner Gem. u. j. Gesellschaften. 2) James, Berlin 1851—1932, Chef eines Baumwoll-Großhandelshauses. Kunstsammler u. Philanthrop (große Schenkungen an d. Kaiser-Friedrich-Museum), 1901 Mitbegr. d. Hilfsv. d. dt. J.

Simonsen, David, Kopenhagen 17. 3. 1853—15. 6. 1932, j. Gelehrter u. Orientalist, 1892/1902 Oberrabbiner in Kopenhagen.

Simson (Schimschon [Sonnengleicher?], lat. Samson) aus Dan, Richter u. Held, Besieger d. Philister; bibl. S.-Sage: Geheimnis seiner Stärke im ungeschorenen Haar, Verrat durch ⁄ Delila, Blendung u. letzter Sieg im Tode (Ri. 13—16).

Simson: 1) Bernhard von, 1840 Königsberg—Berlin 1915, Sohn von 2, 1877/1905 o. Prof. d. Geschichte

Eduard von Simson

in Freiburg. 2) Eduard von, 10. 11. 1810 Königsberg—Berlin 2. 5. 1899, getauft (1823), 1836 o. Prof. d. Rechte, glänzender parlamentar. Redner, 1848/49 Präs. d. Nationalversammlung Frankfurt/M., 1860/61 d. Preuß. Abgeordnetenhauses, 1867/73 d. Dt. Reichstags, 1879/91 d. Reichsgerichts Leipzig; Gründer d. Goethe-Gesellschaft.

L: B. v. Simson, E. v. S., 1900.

Sin (Buchstabe) ⁄ Schin.

Sinai, auch Horeb genannt, Berg in d. gleichnamigen Wüste u. Halbinsel, Stätte d. Offenbarung u. Tora-Gebung; Lokalisierung umstritten.

Sinai-Gebirge

Singer: 1) Kurt, geb. 11. 10. 1885 Berent (Westpr.), Arzt, Dirigent u. Musikschriftsteller, 1927/31 Intendant d. Städtischen Oper Berlin, 1933 Gründer d. ↗ Kulturbundes in Berlin. 2) Paul, Berlin 1844 —1911, führender sozialdemokrat. Politiker, verlegte seit 1884 d. „Volksblatt" (d. späteren „Vorwärts").

Sintflut (dt. = gr. Flut; h. Mabul), d. unvergessene Naturkatastrophe d. menschl. Urgeschichte, der allein Noah entging (G 6—9).

Sinzheim, David Josef, 1745—1812, Rabbiner in Straßburg, Vorsitzender d. Napoleonischen Sanhedrin (1807).

Sippur, h. Erzählung, Volksgeschichte.

Sirach, Jesus (h.: Ben Sira), Spruchdichter z. Zt. d. 2. Tempels; nach ihm benannt: 1) „Weisheit Sirachs" (auch „Sprüche" S.'s; lat. Ecclesiasticus), apokryph. Buch, volkstüml. Ermahnungen, Weisheiten u. Lebensregeln; 51 Kap. (griech.; d. größte Teil im h. Original aufgefunden). 2) Alphabetbuch Sirachs, j. Fabel- u. Märchenbuch aus d. MA.

Sissera, kanaanitischer Heerführer, von Debora u. Barak besiegt, von d. Keniterin Jael im Schlafe getötet (Ri. 4—5).

Sittlichkeit ↗ Ethik.

Siwan, 9. Monat d. j. Kalenders (Mai—Juni), 30 Tage. 6.—7. S.: ↗ Schawuot (Wochenfest).

Sling (Pseud. f. Paul Schlesinger), Berlin 11.5.1878—22.5.1928, Schriftsteller, bekannt bes. als Prozeßberichterstatter (Auswahlsammlung „Richter u. Gerichtete" 1929).

Slonimski, Chajim Selig, 1810 Bialystok—Warschau 1904, h. Schriftsteller (Mathematik, Astronomie, Kalenderwesen) u. Journalist (Begr. d. h. Zeitung: ha-Zefira [Morgenröte], 1862 ff.). ↗ Erfinder.

Smolenskin, Perez, 1842 Monsterschtschina (Weißrußl.)—Meran 1885, neu-h. Dichter, Schöpfer d. modernen h. Romans mit realistischen Zügen. Ⓦ ha-Toe be-Darke ha-Chajim (d. Irrende auf d. Lebenswegen), Roman eines vergeblichen Suchers.

Snif (Verbindung, Verlängerung), Abteilung, Filiale.

Sobernheim, Moritz, Berlin 13. 8. 1872—5. 1. 1933, Orientalist, j. Gelehrter, seit 1918 Legationsrat im Auswärtigen Amt.

Sodom (Sedom) u. Gomorrha (Amorah), untergegangene Städte auf d. Grunde d. Toten Meers; Zerstörung durch Pech- u. Schwefelregen wegen d. Bosheit d. Einwohner, Errettung Lots aus S. — Ausdr. „Sodomie" nach G 19, 5.

Sofer (Schreiber): 1) Schriftgelehrter (Esra d. erste S.); Soferim, d. ersten Schriftgelehrten, Vorgänger d. Tannaiten; „soferische" Verordnungen. 2) Schreiber von Torarolle, Tefillin, Mesusa; Soferim, kl. Tr., über d. Schreiben d. Torarolle u. d. gottesdienstl. Toravorlesung.

Sofer, Mose, 1763 Frankfurt/M.—Preßburg 1839, Führer d. strengsten Orthodoxie, Begr. d. T-Hochschule zu Preßburg. Ⓦ Chatam Sofer (S. hat gesiegelt), Rechtsgutachten.

Soferim ↗ Sofer.

Sofia, ca. 21 000 J = 9,5% (ca. 19 500 Sefardim, 1500 Aschkenasim), seit 967 nachweisbar, aus Griechenland, Ungarn, Byzanz, Italien, Spanien, Bayern zugewandert.

Sohar (Leuchte), Hauptwerk d. Kabbala, in Form eines Midrasch zum Pent., aramäisch (besonderer Dialekt) geschrieben. Pseudepigraph. Verfasser: d. Tannaite Simeon b. Jochai; wahrscheinlicher Autor od. Redaktor: Mose de Leon (Ende 13. Jhd.) in Spanien. Frz. Übersetzung von Jean d. Pauly; dt. Teil-Übers. von E. Müller, G. Scholem.

Sokolow, Nachum, geb. 10. 1. 1861 Wyszograd bei Plozk (Polen), h. Schriftsteller u. zionistischer Politiker. Seit 1. z. Kongreß (1897) tätiger Z., 1906/09 Generalsekretär d. z. Organisation, seit 1911 Mitgl. d. z. Exekutive, führte während d. Kriegsjahre mit Chajim ↗ Weizmann in England d. polit. Verhandlungen, die d. ↗ Balfour-Deklaration u. d. Pal.-Mandat zur Folge hatten. 1921/31 Präs. d. z. Exekutive u. seit 1931 d. z. Weltorganisation. (Abb. 828.)

Sola, de, sefard. Marranenfamilie; darunter: Juan Isaak, 1795—1860, hervorrag. General im Unabhängigkeitskampf südamerikan. Staaten gegen Spanien.

Solmssen (eigtl. Salomonsohn), Georg, geb. 7. 8. 1869 Berlin, führender Bankfachmann, zunächst in d. Disconto-Ges., dann in d. Deutschen Bank u. Disconto-Ges. 1930/33 Präs. d. Zentralverbandes d. dt. Bankgewerbes, widmete sich bes. Fragen d. Agrarpolitik.

Solowjew △ Wladimir S., 1853—1900, gr. russ. Philosoph neuidealistisch. Richtung, entschiedener Gegner des ✡, den er aus religiösen u. russisch-nationalen Gründen zu widerlegen suchte. Ⓦ Judentum u. Christentum (dt. 1911), D. T u. d. neueste polemische Lit.

L: F. Getz, D. Philosoph W. S. u. d. Jt., 1927.

Somary, Felix, geb. 20. 11. 1881 Wien, Volkswirt, leitete 1914 in Belgien gemeinsam m. H. △ Schacht d. Finanzen d. Besetzten Gebiets. Seit 1919 Bankier Zürich.

Sombart △ Werner, geb. 1863, dt. Volkswirtschaftler, mißt in „D. J u. d. Wirtschaftsleben" (1911) d. J bei d. Entstehung d. mod. Kapitalismus gr. Bedeutung bei. Seine Thesen von Lujo △ Brentano, F. △ Rachfahl u. a. bestritten.

L: A. Philipp, D. J u. d. Wirtschaftsleben, 1929.

Soncino, Familie h. Drucker, aus Dt. in Italien eingewandert; Josua Salomo S. (Ende 15. Jhd.) u. sein Neffe Gerschon b. Mose, Schöpfer von Erstdrucken (B, Gebetbuch) u. richtunggebenden Ausgaben. — S.-Gesellschaft ↗ Bibliophilie.

Sonne (Schemesch), für d. j. ↗ Chronologie von geringerer Bedeutung als d. ↗ Mond; d. Ausdruck S.-Aufgang (Misrach) bezeichnet d. Osten. Poetische Vorstellung: nachts weilt d. S. in einem Zelte (Ps. 19, 5—6). Sprichwort: Nichts Neues unter d. S. (Koh. 1, 9).

Sonnemann, Leopold, 29. 10. 1831 Höchberg b. Würzburg—Frankfurt /M. 30. 10. 1909, Gründer d. Frankfurter Zeitung (1856), demokrat. Politiker, zeitw. im Reichstag.

Joseph von Sonnenfels

Sonnenfels, Joseph, Freiherr von, 1733 Nikolsburg (Mähren)—Wien 25. 4. 1817, Sohn d. 1746 geadelten j. Sprachlehrers Lipmann Ber in (Perlin), Staatsmann u. Schriftsteller, 1763 Prof. d. Staatswissenschaften Wien, 1779 Hofrat, 1811 Präs. d. Akademie d. bildenden Künste. In der österreich. Aufklärungsperiode spielte S. auf juristischem (Polizeiwesen), sozialem (Abschaffung d. Folter) u. literarischem Gebiet eine bedeutsame Rolle. Ⓦ Zeitschr. „D. Mann ohne Vorurteil" (1765/75); Gesammelte Schriften (1783/87).

L: W. Müller, J. v. S., 1882.

Sonnenthal. Adolf, Ritter von, 21. 12. 1834 Budapest—Prag 4. 4. 1909, Schauspieler, seit 1856 am Wiener Burgtheater, dort 1887/90 auch Direktor, 1881 geadelt, hervorrag. Darsteller klass. Heldenrollen (Wallenstein; in seiner Spätzeit bes. auch Nathan). L: R. Lothar, S. 1904.

Sonnenwenden u. Tagundnachtgleichen, d. 4 Jahrespunkte (Tekufot), fallen gewöhnl. in d. Monate Nissan, Tammus, Tischri, Tewet; Reminiszenzen an d. festl. Begehung d. zwei S. werden in d. Festtagen d. 15. Schewat u. 15. Aw vermutet.

Sonnino ♁ Sidney, Baron, 11. 3. 1847 Florenz—Rom 24. 11. 1922, ital. Staatsmann, 1893/96 Schatzminister, 1914/19 Außenminister, Senator.

Sota (die d. Ehebruchs Verdächtige [NU 5]), Tr. (Naschim).

Sozialismus ↗ Arbeiterbewegung.

Sozialpolitiker, j. Auf d. Gebiete j. Wohlfahrtspflege u. verwandter Zweige betätigten sich: in Dt. Sch. Adler-Rudel (geb. 1892), Eugen Caspary (1863—1931, Gründer d. ↗ Zentralwohlfahrtsstelle), Th. ↗ Hertzka, Fritz M. Kaufmann (1888—1921, Begr. d. j. Arbeitsfürsorge), Max Kreutzberger (geb. 1899), Paul ↗ Nathan, Alfred Nossig (geb. 1864), Friedrich Ollendorff (geb. 1882), Berta Pappenheim (geb. 1859, Frauen- u. Gefährdetenfürsorge), Arthur ↗ Ruppin, Jakob Segall (geb. 1883, j. Berufsstatistik); Rußland: N. Bakst (1842—1904, Mitbegr. d. ↗ Ort), Boris Brutzkus (geb. 1878, j. Siedlungsfragen); U. S. A.: Morris J. Karpf (geb. 1890, j. Sozialausbildung), Rebekka ↗ Kohut, Henriette ↗ Szold. Im übrigen machten sich um d. Sozialpolitik in Dt. verdient: Josef Baum (Begr. d. Kaufmannserholungsheime), Georg Flürschheim (Bodenreform), H. ↗ Fürth, H. ↗ Goldschmidt, Clara Israel (geb. 1876, Magistratsrat Berlin, Familienfürsorge), Gertrud Israel (geb. 1882, führend in d. Angestelltenbewegung), Ignaz Jastrow (geb. 1856, Schöpfer d. Arbeitsnachweiswesens), Bernhard ↗ Kahn, Albert Levy (1862—1922, Vors. d. Zentrale f. private Fürsorge), J. ↗ Levy-Rathenau, Emil Muensterberg (1855—1911, Organisator d. Berliner Armenpflege), Alice ↗ Salomon, J. ↗ Schwerin, Helene Simon (geb. 1862, Arbeiterinnenfrage u. Kinderschutz), Siddy Wronsky (geb. 1883, Archiv f. Wohlfahrtspflege), Frieda Wunderlich (geb. 1884, Herausgeb. d. Sozialen Praxis).

Sozialrecht in der B dient d. Schutz d. gesellschaftlich u. wirtschaftlich Schwachen. Zu diesem Zweck konnte sogar d. Eigentumsrecht aufgehoben werden. Auf d. Schuldner wurde weitgehend Rücksicht genommen. Schuldhaft war verboten, bei Pfändungen galten besondere Schutzmaßregeln, auch d. Mißbrauch d. Offenbarungseides durch d. Gläubiger war unmöglich. D. Familienrecht (↗ Familie; Frau) u. d. Vormundschaftsrecht waren umfassend ausgebildet. Gegen unmündige Waisen konnte keine Forderung gerichtlich geltend gemacht werden. D. Sklavenrecht war äußerst milde (j. Sklaven gab es in der talm. Zeit überhaupt nicht mehr); auch Heiden gegenüber war eine schonende Behandlung gesetzlich vorgeschrieben. Erhebliche Verletzung hatte Freilassung zur Folge; Verkauf an Nichtjuden war verboten. Gesinde u. Arbeiter hatten Anspruch auf Sabbatruhe u. konnten gegen ihren Willen auch f. Bezahlung nicht zu Überstunden gezwungen werden. Für Sicherung d. verdienten Lohnes war gesorgt, Zahlung in Ware verboten. D. Arbeiter konnte jederzeit d. Arbeit niederlegen, nur war er bis zur Höhe d. verdienten Lohnes für etwaigen Schaden ersatzpflichtig. Das S. sorgte ferner f. d. Aufrechterhaltung d. öffentlichen Sicherheit, sowie f. Gesundheits- u. Wohlfahrtspflege. In d. bibl. Zeit hatte d. Arme Anteil an d. Ernte u. am Zehnten; in d. talmud. Zeit bestanden Armenkassen u. Einrichtungen f. Volksspeisung, Krankenpflege, Beerdigung u. dgl., zu denen jeder beitragspflichtig war. Dabei wurde kein Unterschied zwischen j. u. nichtj. Armen gemacht.

Spanien, 4500 J = 0,02%, haupts. in Barcelona u. Madrid, seit wenigen Jahrzehnten. Austreibung 1492 beendete 1500 Jahre Siedlung, deren Glanzzeit im arab. Süden das 11., im kathol. Norden das 13. Jhd. war. Neben Handwerkern, Außenhändlern, Geldleihern u. Steuerpächtern wirkten Talmudisten, hebr. Dichter u. Kabbalisten, Mathematiker, Astronomen u. Ärzte. Seit d. 14. Jhd. entstanden durch Zwangstaufen die Neuchristen (Marranen). Die Emigranten zerstreuten sich über Mittelmeer- u. Nordseehäfen als „Spaniolen" (Sefardim). 1935 (Maimonides-Feier) Widerruf d. Ausweisung.

L: F. Baer, D. J im christl. Sp. 1930.

Spaniolisch (Ladino [= Lateinisch]), h.-span. Mischsprache d. Sefardim (ähnl. dem Jiddisch d. Aschkenasim); h. Schrift (in Drucken: Raschi-Schrift), zahlr. altspan. Vokabeln. Religiöses Schrifttum (B-Übers., Gebetbuch, Ritualwerke usw.), Volkslieder (Purimlieder) u. Sprichwörter; unbedeutende mod. Lit. u. Zeitungswesen.

L: Grünbaum, J.-span. Chrestomathie, 1896.

Speisen: 1) S. symbolischer Bedeutung: ↗ Mazza, ↗ Charosset u. ↗ Maror (ägypt. Fron u. Auszug). 2) Sabbatgerichte: Barches (sabbatl. Weißbrot, ↗ Challa); Schalet (Bohnen bezw. Graupen od. Kartoffeln mit Fleisch) u. Kugel („Gugelhupf", Pudding), beide am Freitag aufgesetzt u. heiß erhalten; Fisch (gefüllter Fisch). 3) volkstüml. Feiertagsspeisen: Knödel (Klöße) u. Eierspeisen aus Mazza-Mehl (Pessach); Kreppchen („Krapfen", Nudelteig mit Fleisch gefüllt) zu Purim, Hoschana rabba u. am Vortag d. Jom Kippur; Haman-Taschen (Gebäck in Dreieckform mit Mohnfüllung) zu Purim. 4) sonstige S.: Bobes (Bohnen u. Erbsen, gekocht u. kalt genossen), bes. am Freitagabend vor einer Beschneidung.

Speisegesetze bestimmen d. Tiere (reine), deren Genuß erlaubt ist, u. zwar d. Wiederkäuer mit gespaltenen Klauen sowie 24 Vogelarten, die aber nicht alle bekannt sind, ferner alle Fische mit Flossen u. Schuppen. Verboten sind Würmer, Insekten u. dgl. sowie Gemüse u. Früchte, die von ihnen befallen sind. D. Genuß von Milch u. Eiern ist nur von reinen Tieren erlaubt, aber auch von diesen sind verboten d. Spannader bezw. d. ganze Hinterteil; Blut u. Unschlitt. Gewisse Arten von Verletzungen u. Erkrankungen machen an sich reine Tiere zum Genuß ungeeignet. Verboten ist ferner d. Genuß nicht rituell geschlachteter Tiere sowie d. gleichzeitige Genuß von Milch- u. Fleischspeisen.

Spektor: 1) Isaak Elchanan, 1817—1896, führender russischer Rabbiner, wirkte in Kowno. 2) Mordechai, 1858 Umanj—New York 1925, jidd. Milieu-Schilderer.

Speyer, 269 J = 1%. J in S. wohl seit d. Römerzeit; Privileg d. Bischofs Rüdiger f. d. Gem. 1084. Rabbinersynode d. 3 Gemeinden S., Worms, Mainz (abgek. SchUM) 1156. Wirkungsstätte d. Halachisten Simcha b. Samuel (13. Jhd.). J-Bad aus d. Zeit um 1200 erhalten (Abb. 477). Austreibung 1435; Neuansiedlung im 19. Jhd.

Spiegelberg, Wilhelm, 1870 Hannover—München 1930, Ägyptologe, seit 1923 o. Prof. München.

Spiele, j., im Altertum Nußspiel (Geschicklichkeitsspiel mit Nüssen); Kuwja (griech. Kybeia: Würfel), im

T als Glücksspiel verpönt. Im MA: Kattowes (Rätselspiel mit Zahlenwerten h. Verse); Passuk (Gedächtnisspiel mit Bibelversen). Ziege u. Wolf, noch viel im Osten verbreitet. Trendel, kreiselartig, vierseitig, mit h. N, G, H, S (Ness Gadol Haja Scham = Ein großes Wunder geschah uns dort) oder dt. Zeichen (Nehmen, Ganz, Halb, Setzen) bei Kindern. ↗ Schach nach mittelalterl. j. Sage von Salomo erfunden.

Spina △, Alfonso de, 15. Jhd., Franziskaner, Polemiker gegen d. Jt. Ⓦ Fortalitium fidei (Glaubensfeste), Straßburg 1470 (Abb. 723).

Spinoza, Baruch, 24. 11. 1632 Amsterdam—Haag 21. 2. 1677, Sproß spanischer J, 1656 aus d. Synagoge ausgestoßen. Sein philosophisches System (Hauptwerk „Ethica") setzt j. Gottesglauben in d. Sprache d. mathematischen Zeitalters um u. kündet d. Einheit von Gott u. Natur. Sein Werk u. fast mehr noch d. Kunde seines reinen, ganz d. Wahrheit gewidmeten Lebens machen (nach langer Verlästerung) Ende d. 18. Jhd. tiefen Eindruck. ↗ Lessing, ↗ Herder u. vor allem ↗ Goethe bekannten sich zu ihm. Sp.-Romane schrieben u. a. ↗ Auerbach, ↗ Zangwill u. △ Kolbenheyer. (Vgl. Tafel 31.) Ⓦ Opera postuma (darin d. Ethica u. eine h. Grammatik) 1677. Dt. Übersetzungen von ↗ Auerbach (5 Bde., 1841) u. C. ↗ Gebhardt (3 Bde., 1914).

L: J. Freudenthal, Sp. (2. Aufl. 1927); C. Gebhardt, Sp. (1932).

Spira-Wedeles, Aaron Simeon, Prag 1640—1679, berühmte rabb. Autorität. Wegen falscher Beschuldigung, d. Tötung eines Täuflings veranlaßt zu haben, 2 Jahre eingekerkert, nach Bezahlung von 8000 Fl. Freibrief durch Leopold I. Bildl. Darstellung d. Prozesses auf seinem Sarkophag.

Spire, André, geb. 28. 7. 1868 Nancy, Dichter, Hauptvertreter d. Jt. im frz. Schrifttum, Z. Ⓦ Lyrik (darunter „Poèmes juifs"), Drama „Samaël"; ferner „Les juifs et la guerre" (1917) u. „Quelques juifs et demi-juifs" (1928).

Spiro, Eugen, geb. 18. 4. 1874 Breslau, Maler, 1906/14 in Paris, Impressionist, als kultivierter Porträtist bekannt. Seine Bilder in mehreren dt. Museen.

Eugen Spiro: Selbstbildnis, 1932

Spitta ♁ Karl Johann Philipp, 1. 8. 1801 Hannover—Burgdorf 28. 9. 1859, (Mutter Rebekka Lehser), Superintendent u. Dichter geistlicher Lieder („Psalter u. Harfe" 1833/44); sein älterer Bruder Heinrich ♁ S. (1799—1860) war o. Prof. d. Medizin (Seuchenkunde u. gerichtliche Medizin) in Rostock; seine Söhne: Friedrich ♁ S. (1852—1924), protest. Theolog, Prof. in Straßburg u. Göttingen, u. Philipp ♁ S. (1841/94), bed. Musikforscher, Verf. d. grundlegenden Biographie Joh. Seb. △ Bachs (1873/80).

Spitzer, Daniel, 3. 7. 1835 Wien—Meran 11. 1. 1893, Schriftsteller; seine in d. Wiener „Neuen Freien Presse" veröffentl. geistreichen Feuilletons erschienen als „Wiener Spaziergänge" mehrfach gesammelt.

Sport. I. Geschichte. Altertum: Bibl. Jt. kennt S. als wehrhafte Ertüchtigung d. Jugend, daneben Schwimmen, Gewichtheben, Tanz (7 versch. Ausdrücke) u. Wettläufe. Meldeläufertum bereits im 11. Jhd. v. nachweisbar. Bedeutende Läufer Assahel u. Achimaaz. Athletische Erscheinungen Gideon, Jeftah, Simson, David u. seine 36 Helden. 170 v. Gründung eines Gymnasiums in Jerusalem. Jüdische Festgesandte zur 152. Olympiade. Herodes baut Stadien in ganz Palästina u. finanziert die olymp. Spiele. T gestattet Leibesübungen, verbietet Gladiatorenberuf (Schwimmen u. Reiten an jüdischen Feiertagen). Hervorragende j. Krieger in versch. Heeren. Mittelalter: Maimonides empfiehlt S. aus gesundheitlichen Gründen. In Frankreich nehmen Juden an Turnieren teil. In Dt. Judenturnier in Weißenfels (1386), 1460 erfolgreiche j. Läufer in Italien. 1509 verfaßt Ott (get.), Sportlehrer am österr. Hofe, ein Lehrbuch d. Ringkampfs. Neuzeit: Mit Emanzipation Betätigung in allgemeinen Sport- u. Turnverbänden. 1898 Gründung d. „Jüd. Turnerschaft" auf nationalj. Basis, die 1921 im Deutschen Makkabikreis aufging. 1933 Ausschluß d. j. Sportler aus fast allen dt. Sportverbänden. Neue Zusammenschlüsse. F. d. folgende Tabelle j. Sportler d. Neuzeit gelten als Abk.: O = Olympiasieger (2., 3. = an zweiter, dritter Stelle), W = Weltmeister, WR = Weltrekordler, E = Europameister, M = Landesmeister, HW = Studentenweltmeister, H = Studentenmeister; Dt. = Deutschland, CSR = Tschechoslowakei, Engl. = England, Fr. = Frankreich, Ö. = Österreich, P. = Polen, Ung. = Ungarn, USA = Vereinigte Staaten. /- Flieger, /- Schach.

Alpinismus

Darmstädter, L.	Dt.		
Koch, Jacques	Dt.		
/- Merzbacher, G.	Dt.	Tien-San	1891—1908
Pflaum, Fritz	Dt.		
Preuss, Paul	Dt.	Guglia di Brenta	1911

Autosport

Dreyfuss	Fr.		1935
Lewy, E.	Dt.		
Oesterreicher	Dt.		
Rosenberger	Dt.		1933

Boxsport

Attell, Aby	USA.	W (Feder)	
Ball, H.	Dt.	Dt. M	
/- Baer, Max	USA.	W (Schwer)	
/- Belasco, Aby	Engl.		1934
/- Belasco, Israel	Engl.		1817
Bloomfield, Jack	Engl.	M (Schwer)	1817
Brown, Jackie	USA.	W (Fliegen)	
Choynski, Joe	USA.	W	1934
Dempsey ♁ Jack	USA.	W (Schwer)	1919—26
Elias (Dutch), S.	Engl.		1801—14
Friedemann, F.	Dt.	Dt. M	
Fuchs, Herbert	Dt.	Dt. M	
Greb, Harry	USA.	W	
Isaacs	USA.	O 3 (Feder)	1928
Lasky, Art	USA.		1935
Leonard, Benny	USA.	W (Leicht)	
Levinsky, B.	USA.	W (Halbsch.	1910—23
Levinsky, King	USA.		
Lewis, Ted Kid	USA.	W (Welter)	
Mandell, Sammy	USA.		
/- Mendoza, D.	Engl.	W	1792—95
Perez, Young	USA.	W	1933
Rosenberg	USA,		
Rosenbloom, M.	USA.	W (Halbsch.)	1934
Ross, Barney	USA.	W (Welter)	1934
Seelig, Erich	Dt.	Dt. M.	
Stein, Harry	Dt.	Dt. M.	

Eishockey

Brück, Gebr.	Dt.	Dt. M.	1934
Ball, Gebr.	Dt.	Dt. M.	1934

Fechten

Cohen, Normann	Ung.	O	1928
Fuchs	Ung.	O	1908—32
Garay	Ung.		
Gombos	Ung.	E	
Halberstadt, Han	Dt.	Dt. M.	
Kabos	Ung,	O 2 u. E.	1932
Mayer ♁ Eugen	Dt.	O 2 u. O 4	1928 u. 32
Mayer ♁ Helene	Dt.	O 1	1932
Pettschauer, Attil	Ung.	Dt. H	
Preiss, Ellen	Oe.	O1, O.3 Dt.H.	1928 u. 32
Rozgonyi	Ung.		
Stark, Fritz	Dt.	Dt. M. (Jun.)	

Fußball

„Hakoah", Wien	Ö.	Profimannschaft	1924—1935
Bernstein	Ung.	Repräsentative u. Internationale d. Nachkriegszeit	
Biro, Julius	Ung.		
Blum	Ung.		
Braun	Ung.		
Brody	Ung.		
Feldmann, J.	Ö.		
Fenynes	Ung.		
Fuchs	Dt.		
Goldmann	Dt.		
Gross, II	Ö.		
Hirsch	Dt.		
Kertesz	Ung.		
Leiserowitsch	Dt.		
Sebestyen	Ung.		
Sternberg	Dt.		
Vollreiter	Dt.		

Gewichtheben

Fein, Robert	Ö.	WR u. EM	1929
Haas	Ö.	O 2	1928

Jiu-Jitsu

Beck, Walter	Dt.	Dt. M (Feder)	1926
Joachimsthal, Ernst	Dt.	Dt. M (Feder)	1927—1928
Neumann, Heinz	Dt.	Dt. M (Leicht)	1930
Rosenthal, Harry	Dt.	Dt. M (Leicht)	1927—1928
Unger, Luis	Dt.	Dt. M (Leicht)	1931—1932
Wittenberg, Egon	Dt.	Dt. M (Feder)	1929
Wolff, Heinz	Dt.	Dt. M (Schwer-Mittel)	1932
Zadek, Rudi	Dt.	Dt. M (Feder)	1931

Leichtathletik

Abrahams, Harald	Engl.	O (100 m)	1924
Bodor	Ung.	O 3 (800 m)	1908
Bergmann, Gretel	Dt.	Engl. M Hochspr., WR Stab-Hochspr.	1934
Carr, J.	USA.	O (400 m)	1932
Ciemann	Kan.	WR (Gehen)	
Coopeland, Lilian	USA.	O (Diskus)	1932

Tennis

Adamoff, Ida	Fr.	Weltrangliste	1930—1935
Austin, Wilfred H.	Engl.	Wimbledon, Engl. M	1929—1935
Friedleben, Ilse	Dt.	Dt. M	1920—1926
Hecht	CSR.	CSR. M	1935
Lacoste, Renée	Fr.	Wimbledon, Fr. M	1925—1927
Lenglen, Suzanne	Fr.	Wimbled., Weltrangl. 1	1919—1926
Morpurgo, Baron de H.L.	It.	Ital. M. (mehrfach)	1920—1925
Neppach, Nelly	Dt.	Dt. M	1925—1926
Prenn, Daniel	Dt.	Dt. M (mehrfach)	1927—1928
Richter-Weihermann, T.	Dt.	Dt. Rangliste	1925—1926
Sander ♁ Edith	Dt.	Dt. Rangliste	1935
Stuck-Recznizek ♁ Paula	Dt.	Dt. Rangliste	1935
Ullstein ♁ Frl.	Dt.	Dt. Rangliste	1935
Zehden ♁ Gertrud	Dt.	Dt. Rangliste	1935

Turner

Flatow, Alfred	Dt.	O 1 (Barren), O 2 (Reck)	1896
Genserowsky	USA.	O 1	1932
Gulack	USA.	O 1	1932
Sarkany	Ung.	Ung. M	
Tauber	Ung.	Ung. M	
Hirsch, Nikolaus	Ö.	O 3, Ö. M	1932
Kurland	Dän.	O 2	1932
Mourison	USA.	O 3	1928
Radvany	Ung.	W	
Schlanger	Ö.	Ö. M	1935
Stein	USA.	USA. M	
Weiss, Richard	Ung.	O, W	

Wassersport

„Hagibor", Prag	CSR.	mehrf. M im Schwimmen u. Wasserball	1935
„Hakoah", Wien	Ö.		
„Vasc", Budapest	Ung.		
Abeles, Leo	CSR.	HW, CSR. M	1932—1935
Adam, Gebr.	Ung.	O-Wasserballmannsch.	1932
Adler, Grete	Ö.	Ö.M(Freistil,Kunstspr.)	1915—1925
Bano, Emanuel	Ung.	Ung. M, (Rudern: Einer)	

Engel, Heinz	CSR.	HW u. CSR. M (200 m)	1932—1934
Freiwaldowna, Maryla	P.	P. M (Hürden)	1935
Gerö, Josef	Ung.	Ung. M (100 u. 200 m)	
Gottlieb, Gerda	Ö.	WR (Standhochspr.)	1932—1935
Hampson, J.	Engl.	WR (800 m)	1932
Hecks,	CSR.	Marathonlauf	
Henoch, Lilly	Dt.	10fache Dt. M (Diskus- u. Kugelstoßen)	1922—1928
Jacob, Martel	Dt.	Dt. M Speerwerfen	
Katz, Eli	Finl.	O 2(3000m,Hindernis)	1924
Kiviat	USA.	WR, O 2 (1500 m)	1922
Madarasz, Andres	Ung.	Diskus	
Prinstein, Meyer	USA.	O(Weit-u.Dreispr.)WR	1900—1906
Rosenfeld, Frl.	Kan.	O 2 (100 m)	1928
Spitz, George	USA.	WR, USA. M (Hochspr.)	
Weiss, Hadwiga	P.	P. M (Diskus)	1935

Pferdesport

Cassierer, Bruno	Dt.	Züchter
Fischhof, Eduard	Dt.	Züchter
Fürstenberg, Egon	Dt.	Züchter
Joel, I. B.	Dt.	Züchter
Koch, Otto	Dt.	Reiter
/- Mossner ♁ Walter	Dt.	Reiter
Oppenheim, M. J.	Dt.	Züchter
/- Rothschild, Lionel	Fr.	Züchter
Saloszin, D.	Dt.	Reiter
Sassoon, Victor	Engl.	Reiter
Sommer, Felix	Dt.	Züchter
Stern, George	Dt.	Reiter
Treuherz, A.	Dt.	Reiter
Weinberg, Arthur	Dt.	Züchter

Radsport

Friedenstein, Walter	Dt.	Trainer d. W-Mannschaft bis 1933

Ringen

Breitbart, Siegmund	P.	/- Artisten um	1910
Bado	Ung.		
Cyganiewicz, Stanisl.	P.	W	1906
Finscus, Erich	Ö.	Ö. M	
Fischer	Ö.	W	
Gelb	Ung.	EM	

Baer ♁		O 1 (Segeln)	1928
Baer, Lolo	Dt.	HW u. H (mehrf.)	1928—1930
Baronyi	Ung.	WR. Ö. M (mehrf.)	1907—1911
Barta, Carl	Ung.	O 3, O-Wasserball	1922 1932
Barta, Istvan	Ung.	Ö. M	1923
Bienenfeld, Hedy	Ö.	Ö. M (mehrf.)	1925—1934
Blitz, Gerard	Belg.	O 3	1920
Brodi	Ung.	O-Wasserball	1932
Donath, Leo	Dt.	Präs. d. europ. Schwimmverbands	
Fazekas	Ung.	O-Wasserball	1932
Frankenstein	Dt.	Dt. M	
Getreuer, Franz	CSR.	CSR. M	1932—1935
Goldberger, Hans	Ö.	Ö. M (mehrf.)	
Guth, Alfred	Ö.	Ö. M (mehrf.)	1930
Hajos, Alfred	Ung.	O, Ö. M	1896
Kojac, Georg	USA.	O, WR (mehrfach)	1928—1929
Lenkey, Magda	Ung.	E	1934
Löwy, Fritzi	Ö.	Ö. M (mehrfach)	1925—1935
Omtsof, Judith	Ö.	Ö. M	1934—1935
Sarkany	Ung.	O-Wasserball	1932
Stein, Walter	Ö.	Ö. M (mehrfach)	1930—1932
Steiner	CSR.	HW	1910—1911
Szekely, Andreas	Ung.	HW, O-Wasserball	1931
Toldi, Edmund	Ung.	WR, Ö. M (mehrfach)	1932

Wintersport

Bernstein, Esther	Dän.	Dän. M	
Jaffe, Irving	USA.	O 1 (5000 u. 10 000 m)	1932
Andor, Szende	Ung.	Ung. M.	
Vadas, Marcel	Ung.	Ung. M	1932

Verschiedenes

Brüll	Ung.	Führer d. intern. Ringverbands	
Donath, Leo	Dt.	Präs. d. europ. Schwimmverbands	
Hajos, Alfred	Ung.	O 2 f. Architektur (Ⓦ Nationalbad Budapest)	1924
Lewald ♁ Theodor	Dt.	Dt. Olympiakommissar	1936
Mezö, Franz	Ung.	O 1 f. Literatur (Ⓦ „D. Olymp. Spiele“)	1928

Sportverbände: 1) Deutscher Makkabikreis E. V., gegr. 1898, Mitgl. d. Makkabi-Weltverbandes (Sitz Tel-Awiw), der ca. 45 Kreise (Länder) m. ca. 200 000 Mitgl. umfaßt, die er körperlich u. geistig zu verantwortlicher Mitarbeit am Aufbau Pal.'s u. an allen übrigen nat. Aufgaben d. j. Volkes erzieht. Dt. Makkabikreis (133 Vereine m. 22 000 Mitgl., einschl. Makkabi Hazair) schuf 1934 eignes Leistungsabzeichen (sportliche u. geistige Prüfung). Ⓦ „D. Makkabi". 2) Sportbund des Reichsbunds j. Frontsoldaten (RJF), gegr. 1933, um den aus d. dt. Sp. ausgeschiedenen j. Sportlern weitere Betätigung zu ermöglichen; gliedert

Abzeichen jüdischer Sportverbände

sich in Sportdezernat (m. Reichsobleuten), Landessportleiter (m. Bezirksobleuten); umfaßt 185 Vereine m. ca. 20 000 Mitgl. Ⓦ „Die Kraft" (Beilage zum „Schild"); schuf 1935 eignes Leistungsabzeichen in Kupfer, Bronze, Silber, Gold (versch. Alters- u. Leistungsklassen). 3) Neutrale Sportgruppen nur noch vereinzelt vorhanden. — September 1934 „Reichsausschuß j. Sp." (aus 1 u. 2 zusammengeschlossen) gegr. u. vom Reichssportführer als alleinige Vertretung d. j. Sports in Dt. anerkannt.

Sprachen d. J: 1) ursprüngl. Sprachen (H, d. „heilige Sprache", u. Aramäisch). 2) zeitweise angenommene Literatursprachen (Griechisch u. Arabisch, hellenist. bezw. islamische Periode). 3) Mischsprachen: J-Persisch, Spaniolisch, Jiddisch u. a.

Sprachforscher. j.: Indogermanisten: Michel Bréal (1832—1915), Ernst Fränkel (1881), Herm. Jacobsohn (1879—1933), Rich. Loewe (1863), H. ↗ Steinthal; Germanisten: Sigm. Feist (1865), Sam. Singer (1860); Klass. Philologen: Leop. Cohn (1856—1915), Eduard Fränkel (1888), Jacob Freudenthal (1839—1909), Wilhelm Freund (1806—1894), Ludwig Friedländer (1824—1909), Paul Friedländer (1882), Ludwig ♁ Gurlitt (1855—1931), Friedrich Leo (1851—1914), Paul Maas (1880), Eduard Norden (1868), Ludw. Traube (1861—1907); Anglisten: Josef Caro (1863—1934), Hans Hecht (1876), Emil J. Wolf (1879); Romanisten: Erich Auerbach (1892), Arsène Darmesteter (1846—1888), Emil Levy (1855—1918), Leo Spitzer (1887); Allgemein: Ernst Lewy (1881). ↗ Literarhistoriker, ↗ Orientalisten.

Sprichwörter: a) biblische: „Wer andern eine Grube gräbt, fällt selbst hinein" (Ps. 7, 16; Spr. 26, 27); „Die Väter haben Herlinge gegessen, u. der Kinder Zähne sind stumpf geworden" (Jr. 31, 29; Ez. 18, 2). b) neutestamentliche: „Wer das Schwert nimmt, der wird durchs Schwert umkommen" (Matth. 26, 52; beruht auf G 9, 6). c) talmudische: „Späteres Leid macht das frühere vergessen" (Israels Los; Berachot 13 a); „Der Stock, in d. Höhe geworfen, fällt immer auf d. Wurzel zurück" (Midr. Bereschit rabba 53, 15); „Wirf keinen Stein in d. Brunnen, aus dem du getrunken hast" (Baba kamma 92 b). d) ostjüdische: „A bissel un a bissel wert a fulle Schissel" (= viele Wenig machen ein Viel); „As (wenn) das Mädel kann nit tanzen, sagt sie, die Klesmer (Musikanten) können nit spielen". L: I. Bernstein, J. S. u. Redensarten, 1908.

Sprüche Salomos (Mischle Schelomo, lat. Proverbia), 2. Buch d. bibl. Hagiographen, Sammlung sittlich-religiöser u. profaner Sprüche, Kg. Salomo zugeschrieben, 31 Kap.

Die Juden in Deutschland Mitte 1933.

Preußen	361 826
Bayern	41 939
Baden	20 617
Sachsen	20 584
Uebrige Länder	54 716
Deutsches Reich	499 682 Juden

Je heller die Schraffierung, desto geringer der Anteil der Juden in dem betreffenden Gebietsteil.

[Reichsdurchschnitt: Unter 100 Einw. 0,77 Juden]

Ergebnis der Volkszählung von 16.6.1933.

Die Juden in Europa, Nordafrika und Kleinasien.*)

Sprüche der Väter (Pirke Awot [auch Awot, „Väter"]), Tr. (Nesikin), Sammlung von Wahlsprüchen d. Schriftgelehrten u. Tannaiten, volkstümlichstes Stück d. Mischna, Bestandteil d. Liturgie.

Staatenlose bedürfen einer Aufenthaltsbewilligung u. eines Fremdenpasses. St. russische Flüchtlinge können Nansenpaß erhalten (Bekanntmachung vom 7. 6. 32; RGBl. 257). St. bedürfen zur Annahme von Arbeit einer Arbeitsbewilligung oder eines Befreiungsscheines (Verordnung über ausländische Arbeitnehmer vom 31. 1. 33; RGBl 26). St. erhalten Krisenunterstützung (Erlaß vom 19. 2. 29; RGBl 31) u. Wohlfahrtsunterstützung (§ 34 d. Fürsorgeverordnung vom 4. 12. 24; RGBl 765; u. vom 1. 8. 31; RGBl 441). Auch auf St. findet das Gesetz über ↗ Reichsverweisung Anwendung.

Staatszionistische Organisation (Vereinigte Revisionisten Dt.'s), Berlin, gegr. Mai 1933, erstrebt Schaffung d. Judenstaats zu beiden Seiten d. Jordans, auf dem Boden d. Judenstaatsprogramms stehend; umfaßt d. früher in Dt. existierenden Gruppen d. Zionisten-Revisionisten u. d. Judenstaatspartei u. erstreckt sich nur auf Dt. ↗ Zionisten-Revisionisten.

Stahl: 1) Friedrich Julius, 16. 1. 1802 München—Brückenau 3. 8. 1855, ev. getauft 1819, dt. Staatsrechtslehrer, o. Prof. Würzburg, Erlangen, Berlin, begr. d. christl. konservative Staatslehre mit ständischer Volksgliederung, seit 1849 Führer d. konservativen Fraktion in d. preuß. Ersten Kammer (Herrenhaus), Mitgl. d. evangel. Oberkirchenrats. L: P. Drucker, F. J. St., Konservative Staatslehre u. geschichtl. Entwicklung (1933). 2) Fritz, (eigtl. Siegfried Lilienthal) 10. 12. 1864 Rosenthal (Westpr.)—Berlin 9. 8. 1928, Kunstschriftsteller, Redakteur am „Berliner Tageblatt". Ⓦ. Städte-Monographien u. a. 3) Heinrich, geb. 1868, Vors. d. Vorstands d. j. Gem. Berlin (seit 1933), führend in d. zentr. j. Körperschaften Dt.'s.

Stämme (Schewatim, Mattot), Bz. d. 12 Söhne Jakobs, d. Stammväter Gesamtisraels: Ruben, Simeon, Levi, Juda, Isaschar, Sebulun (Lea-S.); Josef, Benjamin (Rahel-S.); Gad, Asser (Silpa-S.); Dan, Naftali (Bilha-S.). Josua verteilt Kanaan an d. 12 S. (zwei Josef-S., Efraim u. Manasse; kein Erbe Levis, da Priesterstamm); ideale Grenzen (↗ Karte Pal.) den historischen nicht ganz entsprechend. S.-Verband unter Richtern u. Königen; führend Efraim im N, Juda im S; nach Reichsteilung Zehnstämmereich gegenüber Zweistämmereich (Juda-Benjamin). Allein d. letztere (Juda) bleibt erhalten; d. 10 S. Israels, seit d. assyr. Gefangenschaft verschollen, sind Gegenstand d. Sage u. messian. Erwartung.

Statistik. Gesamtzahl d. J in d. Welt 1935 ca. 16 Mill. = 0,8%, in Europa 3/5 aller J (9½—10 Mill.), ein knappes Drittel in Amerika (über 4½ Mill.), in Afrika 530 000, in Asien 800 000. Europa. In Osteuropa noch heute größtes Zentrum d. J: Polen knapp 3 Mill. = ca. 10%, Sowjet-Rußland knapp 2¾ Mill. (davon 1,6 Mill. = 5,5% in d. Ukraine), Rumänien ca. 900 000 J; im übrigen Europa: Dt. 475 000, Ungarn ca. 445 000, Tschecho-Slowakei 357 000, England 300 000, Österreich ca. 200 000. Amerika: Vereinigte Staaten zweitgrößtes Zentrum u. Wohnsitz von mehr als 9/10 d. amerikan. J mit ca. 4,3 Mill. In weitem Abstand Argentinien ca. 250 000, Brasilien ca. 25 000, Mexiko 16—18 000, Chile 15 000, im übrigen Mittel- u. Südamerika sind J nicht zahlreich, außer in Kuba mit 8000. Asien (Hauptgebiete Mittelmeerländer): Palästina mit 335 000 (1. 7. 1935) J, Irak mit knapp 100 000, Persien u. Sibirien mit je 60000, Kaukasus 35000, Syrien 20000, asiatische Türkei ca. 30000, Arabien u. Indien je 25000. D. Zahlen f. Buchara, China u. Japan sind völlig unsicher. Afrika (Hauptgeb. am Mittelmeer): Französisch-Marokko über 120000, Algier etwa 80000, Ägypten, Tunis u. Britisch-Südafrika mit je 60—67000, Abessinien mit etwa 50000. Im Gebiet von Tanger leben 15000, in Spanisch-Marokko etwa 20000 u. in Tripolis etwa 25000 J. Australien: ca. 25000. — Prozentualer Anteil d. J an d. Bevölkerung ihrer Wohnländer, am größten (außer Pal., wo ca. 25%) in Tanger (über 19%); es folgen: Polen (etwa 10%), Litauen (fast 8%), Ukraine u. Lettland (je 5—6%), Ungarn (über 5%), Rumänien, Österreich u. d. europ. Türkei (je ca. 4½—5%). Den geringsten Anteil von J haben, außer einigen südamerik. Staaten, in Europa Spanien u. Portugal (2 J unter 10000 Einw.); in Indien kommt auf 15000 Einw. 1 J. Verhältnis zur Gesamtbevölkerung in d. Zentren j. Ansiedlung: über 25% in Jerusalem, Jaffa, Beirut, Pinsk, Odessa, Lodz, Warschau, Kowno, Kischinew, Lemberg, Wilna, Minsk, Jekaterinoslaw, Kiew, Adrianopel, ferner in Tripolis u. New York; 10—25% in Saloniki, Budapest, Riga, Bukarest, Sofia, Bagdad, Tunis, Amsterdam u. Wien, ferner in Chicago, Cleveland, Philadelphia, Boston, Los Angeles, Newark. (↗Karten, ↗einzelne Länder.)

L: Harry S. Linfield, Statistics of Jews 1931. E. Rawicz, D. Zerstreuung d. J, 1935. M. Wischnitzer, Die J in d. Welt, 1935.

Stättigkeit, seit 14. Jhd. Bz. für d. Aufenthaltsrecht d. J in bestimmten dt. Städten; S.-Ordnung in Frankfurt/M. von 1366.

Staub, Hermann, 21. 3. 1856 Nicolai (Oberschl.)—Berlin 2. 9. 1904, seit 1882 Rechtsanwalt in Berlin, Verfasser grundlegender handelsrechtlicher Kommentare (HGB, Wechselordnung, G. m. b. H.-Gesetz). Mitbegr. u. Mitherausgeber d. „Dt. Juristenzeitung".

Stein: 1) Friedrich (eigtl. Goldstein), 1859 Breslau—Halle/Sa. 1923, Jurist, o. Prof. Halle, hervorragender Förderer d. Zivilprozeßrechts. 2) Leopold, 1810 Burgpreppach (Bayern)—Frankfurt/M. 1882, einer d. Führer d. gemäßigten Reform, 1844/62 Rabbiner in Frankfurt; trat auch als Dichter (Lyrik, Drama) hervor. Ⓦ D. Schrift d. Lebens (1872 ff.); Koheleth, Predigten; Gebetbuch f. isr. Gem. 3) Ludwig, 12. 11. 1859 Erdö-Banye (Ungarn)—Salzburg 13. 7. 1930, Philosoph, Soziologe, 1881/83 Rabb. Berlin, 1889 o. Prof. Zürich, 1891 Bern. Seit 1910 Dozent u. Schriftsteller (Diplomaticus) Berlin, Herausg. u. a. von „Nord u. Süd". Ⓦ Versuche einer Kulturphilosophie 1899; D. J in d. Philosophie d. Gegenwart 1925. 4) Marc Aurel, Sir, geb. 26. 11. 1862 Budapest, engl. Archäologe; bedeutsame Forschungen u. Ausgrabungen in Zentralasien.

Steinberg: 1) Josua, Wilna 1830—1908, Lexikograph. Ⓦ Hebr.-russ.-dt. Wörterbuch (1878 ff.). 2) Juda, 1861 Lipkany (Bessarabien)—Odessa 1908, neu-h. Fabeldichter u. Erzähler.

Steinhardt, Jakob, geb. 23. 5. 1887 Zerkow (Posen), Maler u. Graphiker, trat haupts. m. graphischen Folgen nach j. u. biblischen Motiven hervor (Holzschnitte zur Haggada u. v. a.; Abb. 127, 726). Neben ↗Struck u. ↗Budko Hauptvertreter einer spezifisch j. interessierten Kunst, lebt seit 1933 in Palästina.

Steinheim, Salomo Ludwig, 1789 Bruchhausen—Zürich 1866, Arzt in Altona, später Rom, Religionsphilosoph, stellte in „D. Offenbarung nach d. Lehrbegriffe d. Synagoge" (1835 ff.) j. Offenbarungsglauben d. heidnischem Mythos u. d. Philosophie gegenüber.

Steinitz, Wilhelm, 18. 5. 1836 Prag —New York 12. 8. 1900, Schachweltmeister 1866/94 (von ↗ Lasker besiegt).

Steinschneider, Moritz, 30. 3. 1816 Proßnitz (Mähren)—Berlin 24. 1. 1907, Begr. d. wissenschaftl. h. Bibliographie. Ⓦ Kataloge h.Handschr. d. Bibliotheken Oxford, Leyden, München, Hamburg, Berlin; „Hebr. Übersetzungen d. MA"; „Arab. Lit. d. J"; Literaturgeschichte „Jüd. Lit."; Zeitschr. „Hebr. Bibliographie" (ha-Maskir, 1858 ff).

Steinthal, Heymann, 16. 5. 1823 Gröbzig (Anhalt)—Berlin 14. 3. 1899, Sprachforscher u. Philosoph, a. o. Prof. Universität u. Lehranstalt Berlin, begr. mit M. ↗ Lazarus d. Völkerpsychologie u. deren Zeitschrift (1859/90). Ⓦ D. Ursprung d. Sprache, im Zusammenhang mit d. letzten Fragen alles Wissens, 1851; Über J u. Jt. 1907.
L: Th. Achelis, H. St. 1898.

Stenographie (Kazranut). Übertragungen d. gebräuchlichsten St.-Systeme auf das H haben weniger Anwendung gefunden als eigene h. Kurzschriften. Als Lehrbücher wurden bekannt: Maimon, Kurzschrift (Nationalstenographie) auf das H übertragen; Schnrgorodskah Stenographie Ibrith, Berlin; Hederich, Schnellschrift, Mittweida 1893.

Stern: 1) Ernst, geb. 1. 4. 1876 Bukarest, Maler u. Graphiker, als Bühnenkünstler langjähr. Mitarbeiter Max Reinhardts am Berliner Deutschen Theater. 2) Heinrich, geb. 1883 Berlin, Rechtsanwalt, Vors. d. Repr.-Vers. Berlin (seit 1930), führend im relig.-lib. Jt. 3) Lina Solomonovna, Physiologin, Prof. an d. Univ. Moskau. Ihre bedeut. Arbeiten betreffen d. Gebiet d. Blutliquorschranke im Gehirn. 4) William, geb. 29. 4. 1871 Berlin, Psychologe, 1919/33 o. Prof. Hamburg. Hauptgebiet differentielle und Kinderpsychologie; begr. eine personalistische Weltanschauung. Ⓦ D. differentielle Psychologie 1911; Person u. Sache, 3 Bde., 1906/24.

Sterne (Kochawim) werden in d. B vereinzelt aufgezählt (Hi. 9, 9; 38, 31 f. u. a.), der T unterscheidet Fixsterne u. Planeten (denen d. Sonne zugezählt wird) u. kennt d. Tierkreis. Die Tora verbietet d. Sterndienst (D 4, 19; 17, 3). Astrologie, in d. B verpönt (Jes. 47, 13), bleibt ein Element d. Volksglaubens, u. d. Wort „Masal" (eigtl. Sternbild, Tierkreiszeichen) bedeutet übertragen d. Schicksal.

Sternheim ♁ Carl, geb. 1. 4. 1878 Leipzig (Mutter △), Dramatiker, schrieb d. vielgespielten antibürgerl. Komödien „D. Hose", „D. Snob", „1913", „D. Kassette", „Bürger Schippel" u. a., auch Essays u. eigenwillig stilisierte Novellen.

Stettenheim, Julius, 2. 11. 1831 Hamburg—Berlin 30. 10. 1916, humorist. Schriftsteller, Herausg. d. Witzblattes „D. Wespen" (1862—1894) u. Erfinder d. populär gewordenen Figur des „Wippchen".

Stettin, 2365 J = 0,9%.

Steuern: besondere Abgaben, die d. J, bes. für J-Schutz, bis zur Emanzipation entrichten mußten. Besondere Arten: Kopfsteuer (u. a. Fiscus Judaicus in d. röm. Kaiserzeit; „Güldener Opferpfennig" 1342). Spezielle Bezeichnung: Leibzins, Judenschutzgeld. Abgabe für Gewährung von Personenschutz: Judengeleit, Leibzoll (erst Ende 18. Jhd. aufgehoben). Bei Antritt eines neuen Herrschers: Krönungssteuer. Kriegssteuer in Form einer Vermögensabgabe: der „dritte Pfennig" (bei Türken-, Hussitenkriegen bes. erhoben).

Stieglitz, Heinrich, 1801—1849, Dichter, ist weniger durch seine Werke, als durch d. Opfertod seiner Gattin Charlotte △ St., geb. Willhöft (1806—1834) bekannt, die Selbstmord verübte, um St.'s dichterisches

Schaffen durch ein schweres Erlebnis zu beflügeln. (Dramen von Hans △ Kyser 1915 u. Felix △ Lützkendorf 1935.)

Stier (Schor), reines Tier, Sinnbild Josefs (D 33, 17). Erinnerung an d. altisr. S.-Dienst: d. goldene Kalb d. Wüste, d. goldenen Kälber Jerobeams.

Stiftshütte (Ohel Moed; auch Mischkan [Wohnung]), isr. Zeltheiligtum während d. Wüstenwanderung, in Geräten u. Ritual Vorbild d. Tempels.

Stiftungen sind von J zu allen Zeiten begr. worden, durch Vermögenszuwendungen, die nach d. Willen d. Stifter entweder zu Lebzeiten od. nach d. Tode wirksam werden sollten. Zweckbestimmung d. St. ist sehr mannigfaltig, häufig zur Errichtung von Anstalten u. Institutionen, ferner zur Unterstützung einzelner hilfsbedürftiger Personenkreise oder bei besonderen Anlässen zur Förderung der Wissenschaft (unter 19 Stiftern d. Kaiser-Wilhelm-Instituts Berlin 8 J u. 3 Halbj.), Kunst, Siedlung oder anderer ausdrücklich gekennzeichneter Bestrebungen. Verwaltung d. St. steht besonderen Kuratorien od. vertrauenswürdigen Organen zu, wie d. Verwaltungen j. Gem. od. Org. Erschöpfende Aufzählung der bedeutendsten St. nicht möglich. Unter den bedeutsamen St. seien genannt: A) St. mit ausschl. j. Zwekken. 1) in Berlin: a) 1869 St. d. Ehepaares Moritz u. Sara Reichenheim an j. Gem. für Reichenheimsches Waisenhaus (1872); bei ihm wurden weitere St. bes. zur Unterstützung abgegangener Zöglinge errichtet. b) Bei d. Lehranstalt f. d. Wissenschaft d. Jt. bestehen zahlreiche St., deren Zweck insbes. d. Erhaltung d. Lehrstühle, d. Vergebung von Prämien, d. Begründung eines Pensionsfonds ist. c) Die gleiche Anstalt ist Eigentümerin d. Hausmann-Stiftung (Erholungsheim f. Akademiker in Arendsee). d) Martin Ephraim-Stiftung, 1890 zu wohltätigen Zwecken gegr. e) Salinger-Stiftung, 1929 von Geh. Justizrat Max Salinger für Stipendiengewährung an dt. Gelehrte, Künstler, Schriftsteller u. Techniker durch ein Grundstücksvermächtnis. 2) in Breslau: Kommerzienrat Fraenckelsche Stiftungen von dem am 27. 1. 1846 verstorb. Komm.-Rat Jonas Fraenckel zum Zwecke d. Errichtung eines j.-theolog. Seminars, d. Förderung d. Künste u. Handwerke unter den J, sowie sonstiger Bestrebungen; 3) in Dresden: die 1852 von d. Bankier Wilhelm Schie als Altersheim für Mitgl. d. Dresdner isr. Gem. gegr. Henriette-Stiftung. 4) in Hamburg: a) das 1841 durch eine St. des Bankiers Salomon Heine errichtete Krankenhaus d. Dt.-isr. Gem., b) das 1909 errichtete S. S. Rosenthal-Altenhaus, in dem bei gleicher Würdigkeit u. Bedürftigkeit Israeliten d. Vorzug haben. 5) in Karlsruhe: M. A. von Rothschild'sche St., 1903 von Baronin Adelheid von R. in Paris zur Errichtung u. Unterhaltung einer Lungenheilstätte f. j. Lungenkranke weibl. Geschlechts in Nordrach (bad. Schwarzwald) gegr. 6) in Kassel: a) Isr. Waisenhaus auf Grund d. Philipp Feidel u. Emilie Goldschmidt'schen St.; b) Aschrott-St. (von Geh. Komm.-Rat Siegmund A.) f. ein Heim f. ältere Damen. 7) in Köln: Isr. Waisenstiftung (Abraham Frank-Haus) 1876 gegr. 8) in Leipzig: das von Chajim Eitingon nach d. Weltkriege durch eine gr. St. begr. j. Krankenhaus u. d. von Familie Ariowisch durch St. gegr. j. Altersheim. 9) in Nürnberg: die von Lazarus u. Bertha Schwarz gestiftete Anstalt. 10) in Stuttgart: die 1905 begründete Abraham u. Henriette Thalheimer-Stiftung zur Erziehung u. Ausbildung bedürftiger israelitischer junger Leute. 11) in Würzburg: die durch Sammlungen d. Rabb. Seligmann Bär-Bamberger 1864 begr. Isr. Lehrerbildungsanstalt u. die mit ihr verbundene, durch Sammlungen des Rabb. Lazarus Ottensoser 1841 begr. Talmud-Tora Bürger- u. Präparandenschule in Höchberg.

B) St. mit interkonfessionellen Zwecken: 1) in Berlin: die Rudolf Mosse Altersversorgungs-St., bei d. Stadt zum Zwecke d. Unterstützung alter Leute von d. Verlagsbuchhändler Rudolf Mosse begr.; b) Moritz u. Bertha Manheimer-St., 1920 zum Zwecke d. Errichtung eines Kinder- u. Säuglingshauses f. alle Konfessionen errichtet. 2) in Braunschweig: Jüdel-St. von Geh. Komm.-Rat Max Jüdel 1910 errichtet f. mildtätige Zwecke, Einrichtungen d. Stadt u. Darlehensgewährung. 3) in Dessau: a) die 1900 von d. Baronin Julie Cohn Oppenheim gegr. Baron Moritz von Cohn-Stiftung zur Unterstützung bedürftiger Personen u. Familien anhaltinischer Staatsangehörigkeit, ohne Unterschied d. Konfession; b) die 1905 von d. j. Kultusgem. in Dessau begr. Baronin von Cohn-Oppenheim-St. zur Förderung von Werken allgem. Menschenliebe. 4) in Dresden: die 1908 von Komm.-Rat Max Arnhold errichtete „Soziale Stiftung". Die Zinsen kommen gemeinnützigen od. wohltätigen Vereinen u. Anstalten, die keinen Unterschied in Bezug auf Bekenntnis u. Nationalität machen, zugute. 5) Frankfurt/M.: Zahlr. Heime gestiftet von Michael M. Mainz. 6) in Hamburg: a) das 1903 gegr. hamburgische See-Hospital „Nordheim-Stiftung" f. skrofulöse u. tuberkulöse Kinder; b) die von Theodor Mendelson errichtete Mendelson St. zur Gewährung von Freiwohnungen f. alte Leute. 7) in Köln: das 1869 gegr. Isr. Asyl f. Kranke u. Altersschwache. 8) in Mannheim: a) Eduard u. Rosalie Trautmann-St. von Friedrich T. 1911 zur Unterstützung von Rekonvaleszenten u. von bedürftigen Familien; b) Bernhard Herschel-St. 1906 zur Errichtung eines Hallenbades. 9) in München: Forschungsanstalt f. Psychiatrie u. Kinderspeisung durch James Loeb (1867—1933). 10) in Preußen verschiedene St.: Samuel Bleichröder (Lungenheilstätte in Belzig); in Stolp: Raphael Wolff-St. zur Errichtung von Kleinwohnungen. 11) in Stuttgart: die 1917 gegr. Wolf-St. zur Errichtung u. zum Betrieb eines j. Krankenhauses in Stuttgart.

Stilling, Benedikt, 1810 Kirchhain—Kassel 1879, Anatom, Studien über d. Rückenmark, erfolgreiche Bauchoperationen in d. vorantisept. Zeit.

Stockholm, 3800 J = 0,77%.

Strack △ Hermann L., 1848–1922, alttestamentl. Theologe, Begr. d. Institutum Judaicum (im Dienst d. J-Mission) an d. Universität Berlin, Erforscher d. nachbibl. Jt. (verbreitetes Handbuch: „Einleitung in T u. Midr."; mit △ Billerbeck „Komm. zum NT aus T u. Midr.") u. wissenschaftl. Verteidiger d. Jt. („Das Blut im Glauben u. Abergl. d. Menschheit"; „Jüd. Geheimgesetze?").

Strasburger, Eduard, 1. 2. 1844 Warschau—Bonn 18. 5. 1912, Botaniker, seit 1880 o. Prof. Bonn. Wichtige Werke zur Entwicklungslehre.

Straßburg, 6500 J = 3,7%. Gem. erstmalig Mitte 12. Jhd. erwähnt, im 18. Jhd. von Cerfberr wiederbegründet u. durch Zuwanderung aus d. Elsaß angewachsen. Sitz d. unterelsäss. Konsistoriums.

Straus: 1) Nathan, 31. 1. 1848 Ottersberg—New York 11. 1. 1931, Philanthrop. 2) Oscar Salomon, 23. 12. 1850 Ottersberg—New York 10. 5. 1926, Bruder von 1, amerik. Staatsmann, 1906/09 Handelsminister. 3) Oskar, geb. 6. 4. 1870 Wien, neben ⊬ Fall und △ Lehar führender mod. Operettenkomponist. Ⓦ „Ein Walzertraum" (1907).

Strauß, Ludwig, geb. 28. 12. 1892 Aachen, Lyriker u. Novellist, übersetzte ostj. Liebeslieder u. Gedichte von Bialik. Ⓦ Novellen „D. Mittler" 1916, „Botschaft" 1934.

Holzschnitt aus einer Streitschrift des Alfonso de Spina: Der Turm der Kirche, angegriffen vom Teufel, von Heiden, Türken und den „verblendeten" Juden

Streitschriften: a) heidnische u. christl. gegen d. Jt.; älteste Beispiele: griech. S. d. Ägypter Manetho (3. Jhd. v.) u. Apion (1. Jhd. n.); im frühen MA: S. d. Kirchenväter (Justinus Martyr, Dialog mit Tryphon, 2. Jhd.; Tertullian, Adversus Judaeos, 2./3. Jhd.); zu Beginn d. Neuzeit: Pfefferkorn gegen Reuchlin. b) j. Verteidigungsschriften; d. älteste u. klassische: Josephus' S. gegen Apion. c) innerj. S.: im Zuge d. Auseinandersetzungen zw. Rabbaniten u. Karäern, Maimunisten u. Antimaimunisten, Anhängern u. Gegnern d. Sabbatai Zwi, Chassidim u. Mitnaggedim, Aufklärung u. Orthodoxie, Toratreue u. Reform.

Strich, Fritz, geb. 13. 12. 1883 Königsberg, Literarhistoriker, seit 1929 o. Prof. in Bern. Ⓦ Klassik u. Romantik 1922.

Strnad, Oskar, 26. 10. 1879 Wien—Alt-Aussee 3. 9. 1935, Architekt, Prof. an d. Wiener Kunstgewerbeschule, bes. durch seine Bühnenentwürfe (u. a. für Max Reinhardt) bekannt.

Strousberg, Bethel Henry (eigtl. Straussberg, Barthel Heinrich), 20. 11. 1823 Neidenburg (Ostpr.)—Berlin 31. 5. 1884, getauft, Selfmademan, Großindustrieller, baute zahlreiche Strecken d. dt. Eisenbahnnetzes, auch Bahnen im Ausland; Zusammenbruch in d. Gründerjahren.

Struck, Hermann, geb. 6. 3. 1876 Berlin, Radierer u. Maler, seit 1922 in Haifa tätig, war einer d. ersten Künstler in Dt., der thematisch (in Porträts, ostj. Typen, Pal.-Landschaften) fast ausschließlich d. j. Element hervorhob; virtuoser Beherrscher d. graphischen Techniken,

Hermann Struck: Selbstbildnis (Lithographie), 1926

bes. der Radierung. Ⓦ Die Kunst des Radierens 1909. (Vgl. Abb. 550.)

Studentenfürsorge, j., erfolgt u. a. durch d. Studentenhilfe d. Zentralwohlfahrtsstelle, d. Berliner j. Gem., d. Hilfsverein f. j. Studierende; ↗ Mensa academica u. ä. Einrichtungen.

Studentenverbände, j. in Dt.: 1) Bund j. Akademiker (B.J.A.), gegr. 1906, Org. d. gesetzestreuen Akademiker; 2) ↗ Kartell-Convent d. Verbindungen dt. Studenten j. Glaubens, dt.-j.; 3) ↗ Kartell j. Verbindungen (K. J. V.), nationalj. — Außerhalb Dt.'s: „Bar Kochba", z. Verein j. Studenten aus Galizien in Wien, gegr. 1897 u. „Bar Kochba", Verein j. Hochschüler in Prag, gegr. 1893, z., von Buber beeinflußt.

Stuttgart, 4490 J = 1,1%, seit 14. Jhd. Ausweisungen 1348 u. 1740. Neugründung d. Gem. 1832.

Suarès, André, geb. 1866 Vallon de l'Oriol, frz. Schriftsteller, trat bes. als kulturphilosoph. Essayist hervor. Stellung zum Jt. negativ. Ⓦ Sur la vie, 3 Bde. 1909/12.

Sucre y de Alcalá ♂ José de, 1795—1836, südamerik. Freiheitsheld, 1826/28 Präsident von Bolivien, aus j. Familie Zucker (Uffenheim in Bayern) stammend.

Südafrika, 75 000 J = 1,1%, bezw. 4,4% d. weißen Bevölkerung. Hauptgem. Johannesburg, Kapstadt, Pretoria, Durban, Port Elizabeth. Einwanderung seit 1890 aus Osteuropa, 1930 gesetzl. beschränkt. Anteil an Farmwesen, Bergbau u. Handel. Reges geistiges Leben; z. Aktivität, gefördert durch General Smuts, Mitherausgeber d. Balfour-Dekl. — Vertretung: Jewish Board of Deputies.

Sugot ↗ Paare.

Sukka (Obdach, Hütte), Bz. d. Laubhütte, des für d. Tage d. ↗ Sukkotfestes vorgeschriebenen ständigen Aufenthalts (f. Mahlzeiten u. Nachtruhe); Bestandteile: Zweige, Flechtwerk, Laub, Stroh usw.; Erfordernis: Aufstellung unter freiem Himmel mit provisor. Dach, durch das d. Sterne schimmern können. — Name d. T-Traktates (Moed), d. vom Sukkot-Fest handelt.

Sukka
Radierung von Jakob Steinhardt

Sukkot (Hütten), Laubhüttenfest, Herbstfest, 3. d. drei Wallfahrtsfeste, größtes (u. vielleicht ältestes): 15.—22. Tischri; 15. u. 16. Feiertage (16. z. Zt. d. Tempels d. ↗ Wasserschöpfefest), 17.—21. Halbfeiertage (am 21. besondere Feier: ↗ Hoschana rabba, Palmfest), 22. Feiertag (↗ Schemini Azeret); 23. Torafreudenfest (↗ Simchat Tora). Charakteristikum d. Festes: Aufenthalt in d. Laubhütte (↗ Sukka), zur Erinnerung an d. provisorische Hüttenleben d. Israeliten während d. Wüstenwanderung (L 23, 43), u. Umzüge mit d. Feststrauß (↗ Lulaw, ↗ Etrog) nach d. Mussaf-Gebet.

Sulamith („die Friedliche"), Frauengestalt, im Hohenlied (7, 1) besungen; d. Name gräzisiert: ↗ Salome.

Sulzbach (Oberpfalz), Druckort h. Bücher von 1669 (Sohar-Ausgabe d. Mose Bloch, auf Veranlassung d. Herzogs Christian August 1684) bis 1851; Auflösung d. kleinen Gemeinde

Ansicht von Sulzbach. Kupferstich, um 1700

1933/34 u. Umwandlung d. Synagoge in ein Heimatmuseum.

Sulzer, Salomon, 30. 3. 1804 Hohenems—Wien 18. 1. 1890, fünfzehnjährig Vorbeter in Hohenems, seit 1825 Oberkantor Wien, 1874 Ehrenbürger Wiens. Reformator d. Kultgesanges. Berühmt sein „Schir Zion".

Sündenbock, am Versöhnungstag zu ↗ Asasel bergabwärts in d. Wüste gejagt (L 16).

Sündenfall Adams u. Evas, Übertretung d. göttl. Verbots, Verführung durch d. Schlange u. Genuß vom Baum d. Erkenntnis, Ursache der Vertreibung aus d. Paradies u. der Sterblichkeit; d. erste bibl. Erzählung (G 3).

Sura, Stadt in Babylonien, nahe d. Eufrat; bedeutende alte T-Akademie u. Sitz d. Gaonats.

Susanna (Schoschanna, „Lilie"), von zwei Greisen im Bade belauscht, unschuldig d. Ehebruchs angeklagt u. durch Daniels Weisheit errettet. Apokryphe S.-Novelle, Zusatz d. Septuaginta zu Da.

Susman, Margarete, geb. 14. 10. 1874 Hamburg, philosoph. Schriftstellerin („Vom Sinn d. Liebe", 1912) u. Literarhistorikerin („Die Frauen d. Romantik" 1929).

Suess ♁ Eduard, 20. 8. 1831 London—Wien 26. 4. 1914 (Mutter geb. Zdekauer), Geologe, 1898—1911 Präs. d. Wiener Akademie d. Wissensch. Ⓦ D. Antlitz d. Erde, 1883—1909.

Süßkind von Trimberg, d. einzige bekannte j. Minnesänger, um 1250/1300, fränkischer Herkunft. Erhalten sind 12 Spruchlieder in mittelhochdt. Sprache (mit bibl.-rabbinischen Anklängen). Sein Bildnis ist in der Manesseschen Liederhandschrift überliefert (Tafel 7).

Sutro, Adolf, 29. 4. 1830 Aachen—San Francisco 8. 8. 1898, amerik. Philanthrop, Stifter d. Stadtbibliothek San Francisco, 1894 Bürgerm.

Svevo, Italo, (eigtl. Ettore Schmitz), Triest 19. 1. 1861—13. 9. 1928, ital. Schriftsteller, Verf. psychologisierender Romane wie „La coscienza di Zeno" (1923; dt. 1928).

Symbole bzw. Embleme, j., auf Münzen, Baudenkmälern, Grabsteinen usw.: Elemente d. Kultus (Siebenarmiger Leuchter, Bundestafeln, Torakrone, Feststrauß d. Laubhüttenfestes), Zeugnisse d. Amts- oder Berufsübung (Segnende Priesterhände, Ölkännchen d. Leviten, Messer d. Schächters), Tiergestalten aus dem Jakobsegen (d. Löwe Juda), magische Zeichen dunkler Herkunft (Davidstern).

Synagogalmusik. Altj. Musik (in B vielfach erwähnt) ist in keinerlei Notenaufzeichnungen erhalten u. theoretisch (was seit d. 16. Jhd. vielfach versucht wurde) kaum zu erschließen. D. ersten bisher bek. wirklichen Musiknotierungen stammen aus d. 18. Jhd. (Hannoversches Kompendium von 1744, Melodiensammlg. d. Berliner Kantors Aaron Beer seit 1791). Einteilung d. Materials: 1) S. des Orients, 2) S. der Sefardim, 3) dt., bes. süddt. S., 4) S. der Ostjuden. Je mehr sich die J vom Orient entfernt haben, desto europäischer gestalteten sich ihre Melodien. Selbst d. Missinai-Melodien, d. „skarboven" Gesänge des Ostens weisen meistens weltlichen Charakter auf, weniger d. Steiger-Weisen, die sich frei ergehen u. rezitativisch darbieten. Weitaus am echtesten hat sich j. Tradition, wenn man vom Orient absieht, in den Rezitationen d. Ostjuden erhalten. Hier ist seelische Ekstase, selbstverständliche Verschmelzung d. Gesanges mit dem Text, also ein eigentlicher h. Gesang, wie wir ihn sonst, jedoch enger u. gebundener, nur im j.-oriental. Gottesdienst finden. Charaktere: 1) d. rezitative, 2) d. melodisch-diatonische, der im Gegensatz zum harmonisch-akkordischen meistens d. nächsten Intervalle verwendet, 3) d. anapästische, dem Urrhythmus d. h. Sprache folgend, 4) d. parallelistische, dem dichterischen, vor allem dem Charakter d. Psalmverses folgend, 5) d. meditative, der den seelischen gottnahen Intentionen nachgeht, 6) d. Mischcharakter, der den Tonarten, da d. freie leidenschaftliche Rezitation keine einengende Tonleiter duldet, u. 7) d. Wechselcharakter d. Rhythmen, der d. oriental. Improvisation entspricht. — Im ganzen u. großen vollzieht sich im Laufe von zwei Jahrtausenden ein Aufstieg der S. vom orientalisch engen Sprechgesang bis zu den Höhen d. Kunst in Ernst Blochs „Awodass hakodesch". D. wichtigsten Persönlichkeiten, die d. S. schöpferisch u. wissenschaftl. gefördert haben, sind Salomone ↗ Rossi, der im Stile seiner Zeit u. dennoch in h. Geist hervorrag. Kompositionen geschaffen hat, ferner ↗ Sulzer, Maier Kohn u. sein Kreis in den „Münchener Gesängen", Hermann Aron Ehrlich (1815/79), ↗ Naumbourg u. David in Paris, Lewandowski in Berlin, Minkowsky u. Gerowitsch in Rußland, Weintraub in Königsberg, Deutsch in Breslau u.a. ↗ Kantoren. Notenbeisp. Sp. 731/32.

L: für d. Antike J. N. Forkel, Allg. Lit. d. Musik, 1792; allgemein: A. Ackermann, D. synagogale Gesang in seiner hist. Entwicklung, 1894; A. Z. Idelsohn, H.-orientalischer Melodienschatz, 1914 ff.; ders., Geschichte d. j. Musik, 1924/28.

Synagoge, griech. Übersetzung f. Gem., später auch f. d. Versammlungsort d. Gem. (Bet ha-Kenesset), im MA in Italien u. Dt. auch „Schule" („Schul") u. „Tempel" gen. S. zuerst bei den J in Ägypten um 250 v., dann in allen anderen j. Gem. d. Welt. Zentrum f. d. gesamte Gemeindeleben. Gebetsrichtung (Da. 6, 11) nach Jerusalem, deshalb d. meisten S. nach Osten (Misrach); dem Eingang gegenüber heilige Lade (Aron ha-Kodesch) m. d. Torarollen; davor Vorbeterpult (Omed), f. d. Toravorlesung erhöhter Platz (Almemor); in jeder S. Leuchter u. „Ewige Lampe". Frauen in alter Zeit nicht von d. Männern getrennt, später Anbau bes. „Frauen-" oder „Weiberschul", durch Gitter abgegrenzt bis ins 19. Jhd., heute nur noch in orth. S. Jetzt Frauen in bes. Abteilungen, bei d. äußersten Reform (Amerika, England, Berlin) Trennung d. Geschlechter aufgehoben. Anfang d. 19. Jhd. Einführung d. Orgel in lib. S. — Bauge-

ANFÄNGE DER BEKANNTESTEN HEBRÄISCHEN FESTTAGS-MELODIEN IN DEUTSCHLAND

1. Rosch-Haschonoh. Bor'chu

2. Jom Kippur. Kol Nidre

3. Ssukkos-Weise

4. Pessach-Weise

5. Schowuos-Weise

Akdomus-Weise aus dem Hannoverschen Kompendium. 1744

schichte: Die ersten Anfänge synagogaler Typenbildung sind noch ungeklärt. Eines der frühesten erhaltenen Beispiele in Pal. ist d. S. in ↗ Kapernaum (Abb. 368), in klassizist. Stil; sie zeigt in der Anbringung von Frauenemporen u. im Eindringen religiöser Symbole in d. Ornamentik spezifisch j. Prägung. Weitere Beispiele aus hellenist. Zeit: Keraze, Miron Kefar Birim (Tafel 32), Irbid (Tafel 33). Die meisten anscheinend schmucklos; reicher Freskenzyklus in ↗ Dura-Europos (Abb. 1, 164, 793), Mosaiken in ↗ Bet Alfa u. ↗ Gerasa (Abb. 489). D. frühen pal. S. mit d. Fassade, d. späteren, wie auch heute noch üblich, m. d. Aron ha-Kodesch nach Jerusalem orientiert. – D. dt. S. des MA sind von einfachster Grundform u. verzichten auf Emporen, während in Spanien d. Emporentyp beibehalten wird u. von dort auf die sef. S. in Amsterdam u. London übergeht. Im Baustil folgt d. S. der architektonischen Entwicklung in Europa; so z. B. Worms (Tafel 32, 36) in romanischem, Prag (Tafel 1) in gotischem, Toledo (Abb. 460) in maurisch-spanischem, Venedig in Renaissance-, Amsterdam in klassizist. Barockstil. Dagegen entwickeln d. osteurop. S. des Barock einen eigenen Typus, außen durch wehrbauhaften Charakter, oft auch durch fast chinesisch anmutende Dachbildung (Abb. 733/34, Tafel 32), innen durch Freskenschmuck gekennzeichnet (Tafel 34), der auf süddt. S. (Tafel 35) zurückwirkt (↗ Wandmale-

Frontruine der Synagoge von Miron (Galiläa)

Holzsynagoge in Sabludowo (Polen), um 1700

Synagoge in Dresden,
erbaut von Gottfried △ Semper, 1840

rei). — Auch an der Architekturgeschichte der Neuzeit hat d. S. Anteil; von Fr. W. v. △ Erdmannsdorffs reizvoller S. in Wörlitz (Tafel 33) u. △ Sempers Dresdener Bau (Abb. 735) führt d. Entwicklung über d. zahllosen Stilnachahmungen im Laufe des 19. Jhd. (neumaurische, neuromanische, neugotische Beispiele in allen Großstädten; Abb. 115, 209) zu beachtenswerten Ansätzen, einen eigenen Stil zu finden (Essener S. von E. △ Körner, Abb. 138, Augsburger S. von Fritz Landauer) u. zur Einordnung in die Bauformen unserer Zeit (Hamburger S. von Ascher u. Friedmann, Tafel 32, 33, Entwurf von Erich Mendelsohn, Abb. 467/68). D. überwiegende Mehrzahl aller S. bes. in Dt. stammt aus d. Zeit ärgster Bauverirrung (1870—1910), während d. architektonisch bemerkenswerten Beispiele in ganz Europa selten oder nicht mehr erhalten sind, woraus sich ein falsches Gesamtbild ergibt.

L: Freyer, Gesch. d. S.-Baus, 1929.

Synhedrion (griech. „Sitzung"; im T: Sanhedrin), Bz. d. j. Ältestenrats zu Jerusalem in griech.-röm. Zeit; traditioneller Ursprung: d. 70 Ältesten d. Mose-Zeit (NU 11, 16); unmittelbarer Vorgänger: sog. „gr. Versammlung" (Kenesset gedola) d. Esra-Zeit; Aufbau: Vorsitzender (Hohepriester), Stellvertreter (Aw Bet Din [Haupt d. Gerichts]); 71 Mitglieder (Priester u. Laien); Kompetenz: allgemeine u. religiöse Gerichtsbarkeit. Streit d. Sadduzäer u. Pharisäer im S.; Kampf d. Herodes mit d. oppositionellen S.; Aufhebung d. S. nach d. Fall Jerusalems durch d. Römer; neues (geistliches) S. (Bet Din, „Gerichtshof") in Jawne unter d. Vorsitz d. Patriarchen (Nassi) bis zum Übergang d. geistig. Hegemonie an Babylonien.

Syrien, 20 000 J = 0,65%, haupts. Damaskus, Aleppo, Beirut. Kaufleute u. Basarhandwerker, arabisch sprechend. Alliance-Schulnetz. Gem. seit seleuzid. Zeit. 1840 Blutbeschuldigung von Damaskus. Nordpalästina bis zum Krieg Teil d. Wilajets Beirut. Zollunion S.-Palästina: S. Absatzgebiet d. pal. Industrie. Einwanderung f. j. Kapitalisten u. Industrielle zugelassen, jedoch keine Ansiedlung längs d. pal. Grenzlinie.

Székely, Franz, geb. 9. 1. 1858 Alap, führender ungar. Bankdirektor, zeitweise Präs. d. Budapester Religionsgem. u. j. Institutionen.

Szold, Henriette, geb. 21. 12. 1860 Baltimore, Organisatorin d. z. Frauen in U. S. A. ↗ Hadassa.

T

Taanit (Kasteiung), Fasten, Fasttag; Tr. (Moed), vom Fasten u. ä. Megillat T. (Fastenrolle, ↗ Fasten).

Tabakbau in Pal. Hauptanbaugebiete in d. Bezirken Akko u. Safed; Aufschwung nach d. Weltkriege. Produktion 1933: 420 529 kg auf 10 000 Dunam. Fast ausschließl. Inlandsverarbeitung u. -verbrauch.

Tabor, Berg im NO d. Ebene Jesreel; Kreuzpunkt d. Grenzen von Isaschar, Sebulon u. Naftali.

Tachanun (Bitten, Flehen) bezw. Techinna (Flehen, Gebet), werktägl. Bittgebet im Morgen- u. Nachmittagsgottesdienst, schließt an d. Achtzehngebet an.

Tachrichin (Hüllen), Bz. d. Sterbekleider, in die d. Leichnam vor d. ↗ Bestattung gehüllt wird.

Tacitus △, 54–120, röm. Historiker; unkrit. Abriß j. Gesch. u. Religion in „Historiae" V, 1–13.

Tahara (Reinigung), Waschung u. Bekleidung d. Leichnams vor d. ↗ Bestattung.

Takkana (Verbesserung), rabbinische Anordnung zur Ergänzung bezw. Begrenzung d. pentateuchischen Gesetzes. Manche gebräuchl. Einrichtung wird als alte T. angesehen (↗ Eruw als T. Salomos). Mittelalterl. Beispiel: Verordnungen (Takkanot) d. ↗ Gerschom b. Juda.

Talion (latein. „Vergeltung"), juristische Bz. f. d. Bestrafung, die genau dem Vergehen entspricht; im pentateuchischen Gesetz: „Auge um Auge, Zahn um Zahn" usw. (E 21, 23–25), später (laut T) durch Geldbuße abgelöst. Das altj. T.-Gesetz war als Norm f. d. Richter gedacht, d. im NT ihm gegenübergestellte ethische Forderung „Wer dich auf die linke Wange schlägt, dem halte auch die rechte hin" wandte sich an d. einzelnen.

L: B. Jacob, Auge um Auge, 1929.

Tallit, Gebetmantel („T. gadol", großes T.), viereckiges Tuch zum Umschlagen aus Wolle od. Seide m. Quasten, sog. Schaufäden (↗ Zizit) an d. vier Ecken. Ursprüngl. tägliches Bekleidungsstück, später nur für relig. Zwecke verwandt, wird heute von männl. Personen über 13 Jahren nur beim Morgengebet angelegt, in lib. Gemeinden wie ein schmaler Schal getragen. Daneben noch Sitte, ein kleines T. („T. katan"), sog. ↗ Arba Kanfot, unter d. Kleidung zu tragen.

Talmid Chacham (Schüler eines Weisen), Bz. d. Gelehrten.

Talmud („Studium", „Belehrung", „Lehre"), nächst der B Hauptwerk d.Jt., aus vielhundertjähriger mündl. Überlieferung entstanden, abgeschlossen um 500 n. Begriff u. Wesen: T ist Sammelbegriff f. ↗ Mischna (kanonische Sammlung d. j. Gesetzes, nach Materien geordnet, hebr. geschrieben, Werk d. ↗ Tannaiten) u. ↗ Gemara (weitschichtiger Kommentar zur Mischna, h. u. aramäisch, Werk d. ↗ Amoräer); zwei Talmude, da zwiefache Gemara: eine kürzere u. ältere, in Pal. redigierte (palästinens., jerusalemischer T [Jeruschalmi]) u. eine umfassende, im allgem. jüngere, aus Babylonien (babylonischer T [Bawli]), mit jeweils verschiedenem aram. Dialekt. Babyl. T ist Kanon u. repräsentiert d. T schlechthin. Man unterscheidet zwei Gattungen d. talmud. Stoffes: die ↗ Halacha (Gesetz u. Diskussionen über d. Gesetz), die d. weitaus größeren Teil einnimmt, u. die ↗ Agada (Belehrung, Unterhaltung, Erbauung, Geschichte u. Sage, Ethik); beide sind im übrigen nicht voneinander geschieden u. gehen häufig unvermittelt ineinander über. Durch d. Mischna m. ihrer systematischen Anordnung d. Gesetzesstoffes ist eine inhaltliche Gliederung auch des ganzen T vorbereitet, aber d. Gemara schweift oft vom Gegenstande ab u. schließt andere Erörterungen an, die zum Teil thematische, zum Teil nur äußerliche Verwandtschaft m. d. behandelten Materie haben: dadurch ergibt sich zugleich d. inhaltliche Reichtum, d. Unerschöpflichkeit des T, wie auch d. Schwierigkeit, ihn ganz zu übersehen. Hauptform d. T ist d. Diskussion, d. Dialog; er überliefert d. allmähliche Herausbildung d. Gesetzes in d. Gelehrtenschulen Pal.'s u. Babyloniens. Die Halacha wird direkt oder vermittels hermeneutischer Regeln aus d. B abgeleitet; manches gilt zugleich als uralte mündl. Tradition, mosaisches Gesetz, das in d. Tora nicht niedergeschrieben wurde. Während d. Mischna Kodex ist, trägt d. T als Ganzes enzyklopäd. Charakter u. gibt mittel- oder unmittelbar über alle Lebensäußerungen d. Jt. am Ausgang d. Altertums u. Beginn d. MA Auskunft; d. in ihm vereinigte Stoff ist zugleich B-Erklärung wie selbständiges, vom biblischen unabhängiges Gut, vieles nur zeit- u. landesgebunden, vieles von übernationalem dauerndem Wert. E i n t e i l u n g u. I n h a l t : Jedes Hauptgebiet bildet eine „Ordnung" (Seder), innerhalb deren jedem einzelnen Stoffgebiet ein Traktat (Massechet) gewidmet ist; d. Traktat zerfällt in Kapitel (Perakim, Einz.: Perek), diese in einzelne Lehrsätze (gleichf. „Mischna" [Mehrz.: Mischnajot] bezw. „Halacha" [Mehrz. Halachot] genannt). Sechs Ordnungen (Schischa Sedarim, abgek.: SchaSs [einer d. Namen des T] im Ganzen; I. Seraim (Saaten): d. vorgeschriebenen Benediktionen, Pflichtabgaben von Bodenerzeugnissen an Priester, Leviten u. Arme, Brachjahr d. Ackers u. Schonzeit d. Früchte (11 Traktate); II. Moed (Feste): Sabbat, Fest- u. Fasttage (12 Tr.); III. Naschim (Frauen): Ehe u. Eherecht (Verlöbnis, Vertrag, Bruch, Scheidung, Schwagerehe), Gelübde u. Nasirat (7 Tr.); IV. Nesikin (Schädigungen): Zivil- u. Kriminalrecht, halachische (Edujjot) u. agadische (Awot [Spr. d. Väter]) Traditionen (10 Tr.); V. Kodaschim (Heiligkeiten): Opfer- u. Schächtgesetz (11 Tr.); VI. Teharot (Reinheiten): Verunreinigung u. Reinigung (12 Tr.). Außerhalb d. Kanons stehen u. ohne Kommentar geblieben sind: 1) Tossefta (Hinzufügung), ein breiter angelegtes Parallelwerk zur Mischna, d. ebenfalls alle Ordnungen u. Traktate, z.T. in abweichender Folge enthält u. den Ausgaben des babyl. T angehängt wird, u. 2) eine Reihe von kleinen Traktaten, im Anhang zur IV. Ordnung d. babyl. T (darunter: Awot Rabbi Nathan, Paralleltraktat zu d. Spr. d. Väter; Soferim [Schreiber], über Torarolle u. -vorlesung; Ewel rabbati [auch ↗ Semachot], Trauervorschriften; Derech Erez [Lebenswandel], Sittenregeln); 3) weitere sieben „kl. Traktate" (Massechtot ketannot): Torarolle, Mesusa, Tefillin, Zizit, Sklaven, Samaritaner, Proselyten. T r a d i t i o n e l l e E n t s t e h u n g: T ist ↗ Mündliche Lehre, wie d. schriftliche (Tora) sinaitischen Ursprungs, von Mose bis Esra weitergegeben u. durch d. Schriftgelehrten weiter entwickelt. Pentateuchische Vorschrift, der schriftl. Tora nichts abzuziehen u. nichts zuzufügen (D 4, 2; 13, 1); daher jahrhundertelanges Verbot d. Abfassung von Gesetzesbüchern („Schreibeverbot") u. Erhaltung d. wachsenden halachischen Stoffes nur im Gedächtnis d. Gelehrtenjünger. Allmähliche Entwicklung d. Halacha von d. „Männern d. gr. Versammlung" (5. Jhd. v.) über d. ↗ Soferim (Schreiber) zu d. sog. fünf Gelehrten- ↗ Paaren (Sugot) u. d. Schulen des ↗ Schammai u. ↗ Hillel. Beginn d. Zeitalters d. eigentl. Mischna-Lehrer (↗ Tannaiten); keine Unterbrechung durch d. Fall Jerusalems, da ↗ Jochanan b. Sakkai d. Tradition rettet. Vorbereitung d. Mischna in d. zweiten (↗ Ismael, ↗ Akiba) u. dritten (↗ Meïr), Redaktion in d. vierten Tannaiten-Generation durch ↗ Juda Hanassi (um 200 n.). Fünf Generationen pal. ↗ Amoräer schaffen d. jerusalemischen T (Grundlage durch ↗ Jochanan b. Nappacha, 2. Generation; Abschluß um 360 n.), sieben Generationen babyl. Amoräer d. babyl. T: Abschluß (durch ↗ Aschi u. ↗ Rawina, 6./7. Generation) um 500 n., endgültige Niederschrift durch d. ↗ Saboräer (6. Jhd.). Fortführung u. Wirkung: Unmittelbare Nachfolger d. T-Lehrer sind ↗ Gaonen (Geonim) u. ↗ Dezisoren; d. rabbinische Schrifttum (↗ Kommentare, ↗ Kodizes, ↗ Novellen, ↗ Responsen) baut sich auf dem T auf. Elementare Pflege d.

Textproben aus Talmud und Midrasch

Halacha:
Der Hauptverrichtungen (die am Sabbat verboten sind) sind vierzig weniger eine: säen, pflügen, mähen, Garben binden, dreschen, worfeln, aussondern, mahlen, sieben, kneten, backen; Wolle abscheren, bleichen, zupfen, einfärben, spinnen, ketteln, zwei Fäden ziehen, zwei Fäden weben, zwei Fäden auseinanderspalten, einen Knoten knüpfen, einen Knoten lösen, zwei Stiche nähen, zertrennen um zwei Stiche zu nähen; ein Wild erlegen, schlachten, das Fell abziehen, es salzen, bearbeiten, schaben, zerschneiden; zwei Buchstaben schreiben, radieren um zwei Buchstaben zu schreiben; bauen, niederreißen, löschen, anzünden, mit dem Hammer schlagen, etwas aus einen Bezirk in den anderen übertragen (Mischna, Tr. Schabbat VII, 2).

Agada (palästinensischer T):
Die Mutter des Rabbi Tarfon erging sich am Sabbat auf ihrem Hofe; da legte Rabbi Tarfon seine beiden Hände unter ihre Fußsohlen, und sie schritt auf ihnen, bis sie ihr Bett erreichte. Einmal wurde er krank, und die Weisen kamen ihn besuchen; da sagte die Mutter zu ihnen: „Betet für meinen Sohn Tarfon, denn übergroß ist die Ehre, die er mir bezeugt." Sie fragten die Frau: „Was ist es, das er tut?" Und sie erzählte ihnen die Begebenheit. Da sprachen sie: „Und täte er das auch tausend und abertausendmal, er hätte noch nicht die Hälfte der Ehre bezeugt, die die Tora geboten." (Tr. Pea I, 15c).

Agada (babylonischer T):
Ein Mann hatte ein Feld und war damit beschäftigt, es von den Steinen zu säubern; er hob sie einzeln heraus und warf sie auf die Straße. Da kam einer vorbei, der zu den Frommen zählte, und sprach: „Törichter Mensch! Was wirfst dû Steine aus einem Bezirk, der dir nicht gehört, in einen Bezirk, der dir gehört?" Der Getadelte spottete über diese Rede. Es begab sich aber danach, daß die Not ihn zwang, sein Feld zu verkaufen; er mußte die Straße durchqueren und stolperte über die Steine, die er selber dorthin geworfen hatte. Nun sagte er: „Wie richtig hat doch damals der Fromme gesprochen: von einem Platze, der nicht dein eigen ist, schleuderst du Steine auf den Platz, der dein eigen ist!" (Tr. Baba Kamma 50 b).

Midrasch:
Rabbi Josua aus Sichnin sagte im Namen des Rabbi Levi: Gott sann nach, aus welchem Gliede Adams Eva zu erschaffen sei. Er sprach bei sich: „Ich will sie nicht aus dem Kopfe schaffen, damit sie ihren Kopf nicht hoch trage; nicht aus dem Auge, damit sie nicht eine Späherin, nicht aus dem Ohr, damit sie nicht eine Horcherin, nicht aus dem Mund, damit sie nicht eine Schwätzerin werde; nicht aus dem Herzen, damit sie nicht neidisch sei; nicht aus der Hand, damit sie nicht alles ergreife; nicht aus dem Fuß, damit sie nicht überallhin gehe; nein, aus einem keuschen Glied, welches auch dann zugedeckt ist, wenn der Mensch nackend dasteht." Und bei jedem Glied, das Gott dem Weibe formte, sprach er zu ihr: „Sei ein frommes Weib, sei ein züchtiges Weib!" (Midr. rabba zu G 2, 21).

T-Studiums im ↗ Cheder, eindringende in d. ↗ Jeschiwa; T wird dem abgeschlossenen Jt. im MA zum relig. Fundament, Quelle d. Bildung, Nahrung d. Geistes, Ursache d. Erhaltung in äußerlich trübster Zeit. Seit 19. Jhd. wissenschaftl. T-Forschung, ein Zweig d. ↗ Wissenschaft d. Jt. (Studien zu Textgestalt, Aufbau, Einzeldisziplinen u. Realien des T; moderne Jeschiwot, T-Lehrstühle an d. j. wissenschaftl. ↗Rabbinerseminaren). Gegnerschaft: a) jüdische: Ablehnung d. mündl. Lehre durch d. ↗ Sadduzäer, Antitalmudismus d. ↗ Karäer; in d. Neuzeit: Abwendung von d. Halacha in d. Kreisen d. radikalen Reform (evolutionäre Tendenz von Seiten d. religiösen Liberalismus). b) christliche: relig. Polemik wendet sich, da AT vom Christentum übernommen ist, gegen nachbibl. j. Schrifttum u. bes. gegen d. T; j. Apostaten klagen den Talmud an. T-↗Disputationen, in Zeiten schärfsten Glaubenskampfes T-Konfiskation u. -Verbrennung, zwischendurch u. später generell kirchliche ↗ Zensur von T-Handschriften u.-Drucken. Zahlr. Streitschriften (↗ Eisenmenger). Seit Humanismus (↗ Reuchlin) u. mod. Wissenschaft (↗ Strack) allmählich gerechtere Beurteilung, da T-Studium d. Christen immer zugänglicher wird. Text, Druck, Übersetzung: Beide Talmude sind nicht vollständig erhalten; pal. T zu d. Ordnungen I—IV, babyl. T zu 37 Tr. (hpts. Ordnungen II—V). Älteste Handschrift d. babyl. T: Cod. Hebr. 95 München (14. Jhd. [1369]); erste Druckausgabe: Daniel △ Bomberg, Venedig 1520/23. Mischna wird nach Tr., Abschnitt u. Lehrsatz zitiert, babyl. T nach d. (in allen Ausg. wiederholten) Blattzahlen d. Bombergschen Ausgabe von 1548, pal. T gewöhnlich nach Abschnitt u. d. Seiten- u. Kolumnenzahlen d. Ausg. Krakau 1609 (= Krotoschin 1866). Traditionelle Kommentare (zu beiden Seiten d. Textes gedruckt): ↗ Raschi u. ↗ Tossafot zum babyl. T, ↗ Bertinoro u. ↗ Heller zur Mischna; klassisches Kompendium d. Halacha von ↗ Alfassi; d. Agada von ↗ Chabib (En Jaakow); Verzeichnis d. Textvarianten von ↗ Rabbinovicz; Übersetzungen: babyl. T (dt. von L. ↗ Goldschmidt, mit d. Text seit 1893 [vollständig], neue Ausg. ohne Urtext seit 1929 [noch nicht abgeschl.]); pal. T (frz. von Moïse ↗ Schwab, 1878 ff. [vollständig]). Zahlr. Übersetzungen d. Mischna u. einzelner Tr. L: Strack, Einl. in T u. Midrasch; S. Funk, D. Entstehung d. T; A. Guttmann, Enthüllte T-Zitate, 1930.

Talmudisten
Radierung von Ephraim Moses Lilien

Talmud Tora (Gesetzesstudium), Bz. d. j. Elementarschule (z. T. auch Mittelschule), d. im Ggs. zum ⁄ Cheder von d. Gem. unterhalten wird.

Tam, Rabbenu ⁄ Jakob b. Meïr.

Tamar (Palme), bibl. Frauenname: 1) Schwiegertochter d. Juda u. Mutter d. Perez (G 38); 2) Tochter Davids, von ihrem Halbbruder Amnon verführt (II. Sm. 13).

Tamid (ständig; d. ständige [zweimal tägl.] Opfer), Tr. (Kodaschim).

Tammus, 10. Monat d. j. Kalenders (Juni—Juli), 29 Tage. 17. T.: Fasttag (Durchbruch d. Mauer Jerusalems unter Titus).

Tanchuma, babylon. Amoräer im 4. Jhd., Sammler d. Agada, nach dem ein Midrasch zum Pentateuch (Midr. Tanchuma) benannt ist.

Tandler, Julius, geb. 16. 2. 1869 Iglau, Anatom, seit 1910 o. Prof. Wien, förderte sozialhygien. Einrichtungen.

Tanger, 15 000 J = 23% d. Gebiets, 30% d. Stadt Tanger. Nächste afrikanische Zufluchtsstätte d. aus Spanien Vertriebenen. Jetzt orientalisierte Händler u. Handwerker.

Tannaiten (aram.: Tanna = Lehrer), Bz. d. Gesetzeslehrer im 1.—3. Jhd. n., deren Lehren d. Inhalt d. Mischna bilden; über 250 T., fast durchweg Palästinenser, mit d. Schulen Hillels u. Schammais beginnend, endend mit Juda ha-Nassi. Tannait. Schrifttum: Mischna, Tossefta, Baraita (tannaitische Fragmente im Talmud), halachische Midraschim.

Tanz. Andeutungen über Tänze, auch religiöse, durchziehen schon die B. Das h. Wort Chag (Feiertag) bedeutet urspr.: Tanz. Bestimmte Tanztraditionen sind nicht erhalten. Im MA hat d. intellektualistische Rabbinismus jeden T. verpönt. Im Chassidismus wird d. Ekstase entflammt; im Gebet herrscht tänzerischer Rhythmus vor; bei bes. Anlaß ekstatische Gruppentänze. Hochzeitstänze (Mizwa-T.) sind schon seit dem Talmud nachweisbare Tradition. Die Horra (pal.-j. Volkstanz) ist arabischer Herkunft. Einen eigenen j. Kunsttanz gibt es nicht. Der T.-Stil d. „Habima" ist russisch, d. Motive chassidisch. Von j. Tänzern u. Tanzmeistern sind u. a. berühmt: Ida Rubinstein (Star d. russ. Balletts in Paris), Valeska Gert, Dorothea Albu, Katta Sterna, Ruth Abramowitsch, d. Revue-Regisseur Erik Charell, der als Tänzer begann, u. d. Meister des amerikan. Girl-Balletts Ziegfield.

Tarbut, im mod. H = Kulturarbeit; Name eines h. Schulwerks in Polen u. anderen Ländern.

Tarfon, Tannaite im 1.—2. Jhd., Gefährte Akibas.

Targum (Übersetzung), Bz. d. aram. Tora- (f. d. frühere synagogale Toravorlesung) u. B-Übersetzung. 1) Tora-T. (T. d. Onkelos, etwa 2.—3. Jhd. in Babylonien, d. klassische [durch Wörtlichkeit ausgez.] aram. Tora-Übers.; T. Jeruschalmi, etwa 4.—7. Jhd. in Palästina, Vereinigung von Übers. u. Midrasch); 2) Propheten-T., dem Jonathan b. Usiel zugeschrieben, etwa 4. Jhd. in Babylonien; 3) Hagiographen-T. (T. zu sämtl. Hag., ebenfalls n. Jonathan b. Usiel benannt [T. zu Chron. n. einem Amoräer Josef], etwa 5.—10. Jhd.; zweites T. [Targum scheni] zu Esther, eine Art Midr., etwa 12. Jhd.). T. wird d. rabbin. B-Ausgaben beigedruckt.

Tarnopol (Galizien), ca. 14 000 J = 40%. J in T. seit 17. Jhd. Zentrum d. Aufklärung.

Taschlich (Du wirst werfen [d. Sünde in d. Tiefe d. Meeres; Micha 7, 19]), Brauch, am Neujahrstage Brotkrumen ins Flußwasser zu werfen; symbol. Sinn: d. Strom schwemmt d. Sünden hinweg.

Taube (Jona), reiner Vogel, Opfertier; eine T. bringt Noah d. Botschaft vom Ende d. Sintflut.

Tauber, Richard, geb. 16. 5. 1892 Linz a. D., Operntenor, seit 1930 fast nur noch in Operette u. Tonfilm.

Täubler, Eugen, geb. 1879 Gostyn (Posen), Historiker, o. Prof. Heidelberg 1924/33, j. Gelehrter. Ⓦ Imperium Romanum 1913.

Taubstumme, j. Gruppe Gehörlose d. ↗ Selbsthilfegemeinschaft, Ortsgruppen Berlin, Breslau, Essen, Frankf./M. Fürsorgevereine: Freunde d. T. (Jedide Ilmim) mit Isr. T.-Anstalt (gegr. 1873 von Markus Reich); Hilfsverein f. d. j. T. mit Altersheim (gegr. 1903); Weltbund d. j. T. (gegr. 1927 Prag), Sitz Krakau nach Austritt d. Dt. 1933.

Tauchbad ↗ Mikwe.

Taufe, als christl. Sakrament d. j. Beschneidung entsprechend; Zusammenhänge mit j. Reinheitsriten (Tauchbad) wahrscheinlich, Heilung d. Aussätzigen durch Tauchen im Jordan (Naeman auf Rat Elisas, II. Kg. 5), ein alttestamentl. Gegenstück zur Jordan-T. d. Täufers Johannes. Zwangs-T. von J im MA, christl. J-Mission bis heute; im Zeitalter d. religiösen ↑ galt T. als Voraussetzung f. Gleichberechtigung u. Aufstieg.

Taufjudentum ↗ Apostasie, Apostaten, Konvertiten.

Taw (Zeichen, Kreuz), 22. (letzter) Buchst. im h. Alphabet, Dentallaut (t), urspr. u. mundartl. auch mit weicher Aussprache (th, aschkenas. s); Zahlwert 400.

Tawus, Jakob b. Josef, 16. Jhd., Übersetzer d. B ins Persische.

Teamim ↗ Akzente.

Techinna (Flehen, Gebet), bez. außer ↗ Tachanun insbesondere j.-dt. Frauengebete (Techinnot) u. d. Frauengebetbuch.

Technik u. Verkehr. J förderten als ↗ Erfinder u. ↗ Physiker d. technischen Wissenschaften. Auf Spezialgebieten zeichneten sich aus: Karl ↗ Arnstein, Karl Bernhard (geb. 1859, Statik), André ↗ Citroen, Arthur Fürst (1880—1926, Schriftst.), Abraham Gottlieb (1873—1894, Brückenbau in U. S. A.), Josua Heilmann (1796—1848, Textil-T.), M. H. ↗ Jacobi (Bau-T.), Theodor Landsberg (1847—1915, o. Prof. f. Statik u. Brückenbau), Leopold Loewenherz (1847—1892, Präzisionsmechanik), Leon S. Moiseiff (geb. 1872, amerik. Brückenbau), Josef ↗ Popper, Karl Redlich (1860—1918, Tauerntunnel), Joseph Samuda (1813—1885, engl. Schiffsbautechniker), Georg ↗ Schlesinger, Anton Schwarz (1839—1895, Gründer d. amerik. Brauerakademie), Adolf Slaby (1849—1913, dt. Radiotechniker), Benno Strauß (geb. 1873, Metallurgie d. Eisens, Erfinder d. nichtrostenden Stahls bei F. Krupp A. G. Essen), Ernst Valentin (geb. 1874, Kraftfahrzeugbau). — Im Verkehrswesen, insbesondere im Eisenbahnbau waren J als Finanziers u. Industrielle wie Isaac Pereira (1806—1880, franz. Eisenbahnbau), Jakob Emil Pereira (1800—1875, Begr. d. franz. Bahnbaus), Samuel S. Poljakoff (1837—1887, erbaute d. vierten Teil d. russischen Bahnlinien), B. H. ↗ Strousberg, u. als Techniker u. Administratoren tätig: Ludw. Homberger (geb. 1882, dt. Eisenbahnwirtschaft), Joseph Michaelsen (1826—1908, Däne, Schöpfer d. Weltpostvereins), M. A. Rothschild (1827—1905, Direktor d. franz. Nordbahn), Ernst Spiro (geb. 1873, Beschaffungswesen d. dt. Eisenbahnen), Theodor Taussig (1848—1909, Präs. d. österreich. Staatseisenbahnen).

Technikum (Technion), in Haifa, 1913 vom Hilfsverein dt. J gegr. (Baumeister: Alexander Baerwald), 1925 eröffnet; h. Technische Hochschule (Hoch- u. Tiefbau, Architektur, Technologie). Angeschlossen: Gewerbe- u. Handwerkerschule; Abendkurse f. Arbeiter.

Techum (Grenze), Bz. d. Sabbatgebietes, einer Entfernung bis zu 2000

Ellen vom Wohnorte (Stadtgebiet) aus; T. zu überschreiten, ist am Sabbat verboten.

Tefilla (Gebet), Bz. insbesondere d. Achtzehngebets (/ Schemone essre), aber auch jedes anderen Gebets.

Tefillat Schewa / Siebengebet.

Tefillin, Gebetriemen (griech. Phylakterien [Matth. 23, 5]), werden von männl. Personen über 13 Jahren am linken Arm, d. Herzen gegenüber, u. an d. Stirn beim Morgengebet d. Wochentage getragen, mit je einem auf d. schwarzen Riemen befestigten Kästchen, in dem sich 4 Toraabschnitte, auf Pergament geschr., befinden (E 13, 1—10, 11—16, D 6, 4—9; 11, 13—21); stellen die buchstäbl. Erfüllung d. Gebotes E 13, 9 dar.

Teharot (Reinheiten), 6. Ordnung d. Mischna: Rein u. Unrein.

Teheran, ca. 10 000 J = 5%; sef. Gem., die seit d. Herrschaft Riza Chans nach langer Leidenszeit aufblüht; 1933 Zuzug dt. J; 2 Schulen. / Persien.

Tehillim / Psalmen.

Teitel, Jakob, geb. 1850 Tscherny Ostrow, russ. wirkl. Staatsrat, 1902/12 Landgerichtsrat in Saratow (einziger j. Richter in Rußland), seit 1921 Vors. d. Verbandes russischer J in Dt. Ⓦ Aus meiner Lebensarbeit, 1929.

Tekoa, altisr. Ort südl. Jerusal.; Amos stammt aus T.

Tel-Awiw („Frühlingshügel"), erste reinj. Stadt in Pal., gegr. 1909 als Vorstadt von / Jaffa, seit 1921 selbständig; bei d. letzten Volkszählung (Nov. 1931) ca. 46000 Einw., heute auf über 115 000 geschätzt. Stadtverwaltung wird nach Proportionalgrundsätzen gewählt (15 Mitgl.); Bürgermeister ist M. Dizengoff. T.

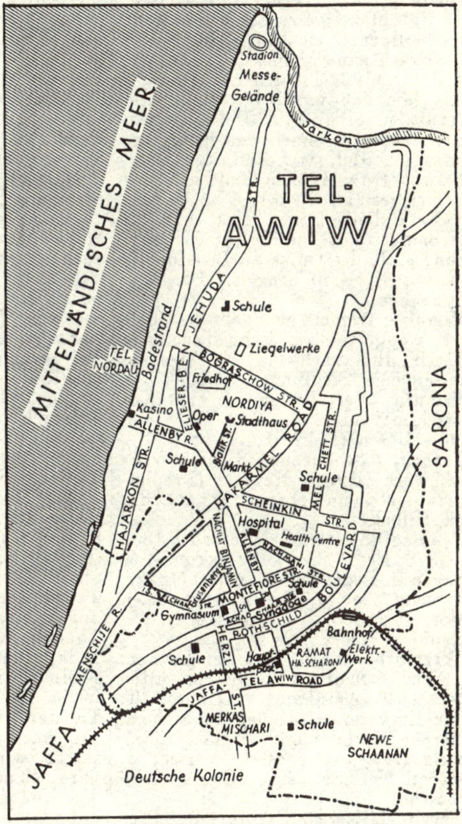

Plan von Tel Awiw

hat viele Industrien, ist j.-gesellschaftl. Zentrum u. Zentrum d. j. Arbeiterbewegung Palästinas.

Tel Chum ⁄ Kapernaum.

Temkin, Wladimir, 1860 Elisabetgrad—Paris 1927, z. Politiker in Rußland, später in d. Ukraine, Präs. d. Z.-Revisionisten.

Tempel (lat.; h. Bet ha-Mikdasch, Heiligtum): 1) Bz. des alt-j. Zentralheiligtums zu Jerusalem. Erster T., Prachtbau Salomos (10. Jhd. v.); Zeitalter d. 1. T.: d. isr.-j. Königszeit (bis 586 v.). Zweiter T., von Serubabel erbaut (6. Jhd. v.), von Herodes durch einen Prachtbau ersetzt (1. Jhd. v.); Zeitalter d. 2. T., von Esra bis zum Ende d. röm.-j. Krieges (bis 70 n.). — 2) Gegen- u. Ersatzheiligtümer z. Zt. d. 2. T.: a. Samaritanischer T. auf d. Garizim; b. T. des Onias zu Leontopolis (Ägypten). — 3) neuzeitl. Bz. d. ⁄ Synagoge.

Templer, fromme evangelische Siedler, wanderten aus Schwaben Ende d. 19. Jhd. nach Pal. aus, wo sie in eigenen Siedlungen wohnen.

Temura (Vertauschung), Tr. (Kodaschim), über d. Umtausch von Opfertieren (L 27, 10).

Tenach, ⁄ Abkürzung d. drei Worte: Tora (Pent.), Newiim (Propheten), Ketuwim (Hagiographen), das ist: Bibel.

Tendlau, Abraham, Wiesbaden 1802—1878, Erforscher j. Volkskunde. Ⓦ Sagen u. Legenden j. Vorzeit (1842); Sprichwörter u. Redensarten dt.-j. Vorzeit (1860, Auswahl 1934).

Tennis ⁄ Sport.

Terebinthe (Elon, Ela'; bei Luther: „Eiche"), heiliger Baum im alten Israel; T. Abrahams zu Hebron, T. der Erzväter u. Josuas zu Sichem.

Terefa (Verletzung[d. Schlachttiers], vulg. trefe), Bz. aller Speisen, d. rituell verboten sind, Ggs. von ⁄ Koscher.

Territorialismus, Bz. für das Programm d. von I. Zangwill 1905 gegr. u. nach d. Balfour-Deklaration aufgelösten Jewish Territorial Organisation, die f. d. J ein Territorium auf autonomer Basis erstrebte u. sich im Gegensatz zu d. nationalist. Tendenzen d. Z. auch f. d. Kolonisation außerhalb Pal.'s einsetzte. Neuerdings gewinnen d. Ideen d. T. wieder Boden. In Europa u. Amerika schließen sich Anhänger zus.; in Polen ist Landesverband in Bildung. (Seit Okt. 34 Monatschr. „Frajland").

Terumot (Hebe-Gaben), Tr. (Seraim), handelt von d. ⁄ Hebe.

Teschuwa (Umkehr) ⁄ Buße.

Teschuwot (Antworten) ⁄ Responsen.

Testament (Zawwaa), Gattung d. pseudepigraph. Lit.; Testamente d. 12 Patriarchen, Ermahnungen d. 12 Söhne Jakobs (griech.; T. Naftalis auch h. gefunden).

Tet, 9. Buchst. im h. Alphabet, emphatisches t, in d. heut. Aussprache von Taw nicht unterschieden; Zahlwert 9.

Tetragramm (griech.: Vierzeichen), von Philo geprägte Bz. d. vierbuchstabigen Gottesnamens JHWH.

Tetrarch (griech. „Vierfürst"), Titel d. Fürsten über Teilgebiete Palästinas nach Herodes' Tod.

Teufel ⁄ Satan.

Tewet, 10. Monat d. j. Kalenders (Dez.—Jan.), 29 Tage. 2. (3.) T.: 8. Tag Chanukka. 10. T.: Fasttag (Beginn d. Belagerung Jerusalems unter Nebukadnezar).

Tewul Jom (Gebadet [aber unrein] auf Tageszeit), Tr. (Teharot).

Thannhauser, Siegfried, geb. 28. 6. 1885 München, Internist, o. Prof. Freiburg i. B. (bis 1934), verdient um d. Biochemie d. Leber u. Galle.

Theater. D. Anteil der J am dt. Th. war stark, wenn auch nicht so stark, wie vielfach angenommen wird. Staatl. u. städt. Bühnen standen vor 1918 nie, nachher selten unter j. Leitung. D. Privatth. der Großstädte allerdings wurden vielfach von J geleitet. In Berlin begr. 1824 Karl Friedrich Cerf (1782—1845) als erste Privatbühne d. Königsstädtische Th. Theatergeschichtl. bedeutsam sodann Adolf ↗ L'Arronge, Otto ↗ Brahm, Max ↗ Reinhardt, Leopold ↗ Jeßner, in zweiter Linie Siegmund Lautenburg (Residenzth.), Oscar ↗Blumenthal, Ludwig ↗ Barnay, R. ↗ Löwenfeld, Max Pategg, V. ↗ Barnowsky, Carl Meinhardt u. Rudolf Bernauer, Eugen Robert, Georg Altman u. v. a. Beispiele aus anderen Städten: Jakob Herzfeld (1769—1826) u. Bernhard Pollini (eigtl. Baruch Pohl, 1836/97) in Hamburg, Angelo Neumann (1838—1910) u. Heinrich Teweles (1856—1927) in Prag, Theodor Loewe (1855—1935) in Breslau, Emil Claar (1842—1930) inFrankfurt/M.—Regisseure: Heinrich Marr (1797—1871), Ludwig Chronegk (1837/91, Regisseur der „Meininger"), Carl Heine (1861—1927), Richard Vallentin (1874—1908), Lothar Wallerstein, Fritz Jeßner, Berthold Viertel, Leopold Lindtberg, Erik Charell u. v. a. Dramaturgen: Julius ↗ Bab, Arthur ↗ Eloesser, Arthur Kahane (1862—1932), Felix ↗ Hollaender, Arthur ↗ Sakheim, Heinz Lipmann (1897—1930) u. a. — Groß ist d. Anteil j. Unternehmer in USA.: Oscar Hammerstein (1847—1919), Heinrich Conried (1855—1909, Direkt. d. Metropolitan Opera New York), David ↗ Belasco (1859—1931), Morris Gest (geb. 1881) sind Th.-Magnaten großen Stils. — (↗ Schauspieler, ↗ Sänger).

Theater, j. u. h. Anfänge eines speziell j. Th. in d. Purim- u. Chanukkaspielen d. 13.—17. Jhd. (hier d. Typ des „Lez", d. Hanswurstes; berühmtester Darsteller Jakob b. Mordechai Ris); schöpferische Entwicklung unter d. Marranen im 17. u. 18. Jhd. (Paulo de Pinno; d. ersten h. Dramen schrieben Mose ↗ Zacuto, Mose Chajim ↗Luzzatto u. Josef Penso de la Vega). — Im modernen Sinn eines Berufs-Th. schuf Abraham ↗ Goldfaden (1840 Shitomir [Südrußland]—New York 1908) in Jassy 1877 ein „jiddisches Th.", dessen Dichter, Komponist u. Regisseur er zugleich war. Über Bukarest u. Odessa gelangte seine Truppe nach Rußland. Als sein u. inzwischen entstandene ähnliche Unternehmungen dort 1880 verboten wurden, ging er nach Amerika, wo sich seit 1884 hpts. in New York eine selbständige jiddische Theaterliteratur, jiddische Ensembles u. Th. (Peoples Th., Grand-Oriental-Th. u. a.) entwickelt hatten (↗ Dymow, ↗ Schildkraut). Diesen Aufschwung verdankte d. jiddische Th. vor allem Jakob ↗ Gordin (eigene Dramen u. Bearbeitungen dt. Klassiker). Auf dieser Tradition fußt d. (literarisch bedeutendere) „Wilnaer Truppe" 1916. Sie spaltete sich 1921 in d. „Jüd. Künstlertheater" (heute in Amerika) u. d. „Wilnaer Th." (heute meist in Polen u. Rumänien). 1934 gab es in Polen 15 jiddische Th. — In Leningrad wurde 1918 m. Staatsmitteln d. „Jidd. Kammer-Th." gegr. Seit 1918 in Moskau, gelangte es unter ↗ Granowsky als staatl. „Moskauer j.-akadem. Th." (1924/30) zu Weltruhm („D. Nacht auf d. alten Markt"). — H. Th. (Dilettantenbühnen) entsteht erstmals 1910 in Pal. u. wurde durch d. russ.-h. Truppe der ↗ Habima in Europa bekannt. Neuerdings entstanden in Pal. d. Arbeiterbühne „Ohel" (Zelt), d. satir. Th. „Matate" (Besen) u. kleinere Unternehmungen ähnlicher Art. Hauptanziehungskraft übt jedoch heute dort d. Habima aus.

Theilhaber: 1) A d o l f, geb. 1854 Niederwerrn (Unterfranken), Gynäkologe in München, schrieb größere Studien über d. Wesen d. Entzündung u. Geschwulstlehre. 2) F e l i x A a r o n, geb. 1884 Bamberg, Sohn von 1, Ethnologe u. Schriftsteller. Ⓦ Kampf um Gott, Volk u. Land.

Theodora von Bulgarien

Miniatur in einer Handschrift des 14. Jhd.

Theodora, Taufname d. j. Frau d. Zaren Ivan Alexander von Bulgarien (1335). Ihr Sohn fiel im Kampf gegen d. Türken; ihre Tochter Thamar nahm der siegreiche Sultan Murad I. zur Frau.

Theologen, christl., j. Abkunft: 1) evangelisch: Michael S. Alexander (1799—1844, erster anglikanischer Bischof in Jerusalem); Abraham Capadose (1795—1874, Führer d. niederländ. Calvinismus); Karl Paul Caspari (1814—1892, Prof. in Oslo); Paulus ↗ Cassel; Isaak da Costa (1798—1860, holländ. calvinistischer Kirchenpolitiker); Georg ↗ Lasson; August ↗ Neander; Fr. A. ↗ Philippi; K. J. Ph. u. Fr. ↗ Spitta; Adolf Saphir (1831—1891, Missionar); I. ↗ Trebitsch-Lincoln. 2) katholisch: Monsignore Bauer (1827—1887); Theodor ↗ Kohn; Edgar Mortara (geb. 1858); Marie-Théodore Ratisbonne (1802—1884, Priester in Paris); Johann Emanuel Veith (1787—1876, Domprediger Wien).

Therapeuten (Heiler), j. Eremitenorden in Ägypten (hellenist., vorchristl. Zeit).

Thora ↗ Tora.

Tibbon, Familie von h. Übersetzern klassischer j.-arab. Werke: 1) Juda ibn T., 12. Jhd. in Lunel (Bachja, Dschanach, Gabirol, Juda Halevi, Saadia); 2) Samuel ibn T., 12.—13. Jhd. (Maimonides).

Tiberias, Stadt am Kinneret (Genezaretsee), 8601 J = 60%. Von Antipas gegr., nach Kaiser Δ Tiberius benannt, im MA eine d. vier heiligen Städte; Festung im j.-röm. Kriege, seit 3. Jhd. Sitz d. j. Patriarchats u. gelehrtes Zentrum (palästin. T, Massora). Heilquellen (Thermen) zu T. seit Altertum bekannt.

Tiere ↗ Flora u. Fauna.

Tierschutz, stets von J gefördert. Als Geschöpf Gottes hat d. Tier Anspruch auf gute Behandlung, z. B. wird Sabbatruhe auch auf d. T. aus-

Blick auf Tiberias

Tilsit: Loge zu den drei Erzvätern, erbaut von Erich Mendelsohn, 1926

gedehnt (E 20, 10; 23, 12; D 5, 14; 12, 4; 22, 10). Markante Sätze u. Bestimmungen: „Verbinde dem Ochsen d. Maul nicht, wenn er drischt" (D 25, 4); „Wenn du ein Vogelnest findest, so sollst du nicht d. Mutter m. d. Küchlein ausnehmen, sondern sollst d. Mutter fliegen lassen . . ." (D 22, 6—7); „Koche kein junges Vieh in d. Milch seiner Mutter" (E 34, 26); „D. Gerechte kennt d. Herz seines Tieres" (Spr. 12, 10). Nachbibl. u. talmud. Schrifttum (z.B. Sabbat 128 b) schreiben Schonung d. Tieres vor, verbieten jede unnütze Tierquälerei, gebieten Tierfürsorge, weil d. Tier ein Recht darauf hat. Schächten nach j. Auffassung humanste Tötungsart.

Tietz: 1) Ludwig, Berlin 5.3.1897 —4. 11. 1933, Arzt; Vors. d. Reichsausschusses d. j. Jugendverb., stellv. Vorsitz. d. C. V., Mitgl. d. Initiativkomités d. Jewish Agency in Dt., Mitgr. u. Generalsekr. d. ↗ Zentralausschusses f. Hilfe u. Aufbau (1933). 2) Oskar, 18. 4. 1858 Birnbaum—Berlin 17. 1. 1923, Gründer d. ersten dt. Warenhauses u. Schöpfer d. modernen Filialbetriebes.

Tigris (h. Chiddekel), einer d. vier Ströme d. Paradieses, einer d. zwei Ströme Mesopotamiens.

Tijjul (Ausflug), Wanderung, Exkursion.

Tiktin: 1) Abraham, gest. 1820, Talmudist, seit 1816 Oberlandesrabbiner in Breslau. 2) Salomo, gest. 1843, Sohn von 1, Vorkämpfer d. Orthodoxie, Gegner A. ↗ Geigers, seit 1823 Oberrabbiner in Breslau.

Tikwa ↗ Hatikwa.

Tilsit, 521 J = 0,9%, kulturelle Brücke vom West- zum Ost-Jt.; Gebäude d. früheren U.O.B.B.-Loge „Zu den drei Erzvätern", erbaut von Erich ↗ Mendelsohn.

Timendorfer, Berthold, 1. 9. 1853 Rosdzin (O.-S.)—Berlin 5. 10. 1931, Geh. Justizrat, führendes Mitgl. j. Organisationen. 1898/1924 Großpräsident, 1924/1931 Ehrengroßpräsident d. dt. Großloge U. O. B. B.

Tischa be Aw ↗ Aw.

Tischgebet (Birkat ha-Mason, „Speisesegen"), Gebet, aus einzelnen Segenssprüchen bestehend, nach d. Mahlzeit zu sprechen.

Victor Tischler: Die Tochter des Künstlers, 1934

Tischler, Victor, geb. 24. 6. 1890 Wien, Maler u. Graphiker, trat besonders als Porträtist u. mit stimmungsvollen Landschaften hervor.

Tischri, 1. Monat d. j. Kalenders (Sept.—Okt.), 30 Tage. 1.—2. T.: Neujahr. 3. T.: Fasten Gedalja. 10. T.: Versöhnungstag. 15. T.: 1. Tag Laubhüttenfest. 23. T.: Gesetzesfreude.

Tisza-Eszlar (Ungarn). Am 1. 4. 1882 wurde dort Esther Solymossi ermordet. Lügnerische Aussagen d. Knaben Moritz Scharf führen zur Ritualmordanklage gegen d. J. Freispruch wegen erwiesener Unschuld am 3. 8. 1883. — Dramatisiert von Arnold Zweig: „Ritualmord in Ungarn" (späterer Titel „D. Sendung Semaels") 1914.

Titus △ röm. Kaiser, als Feldherr nach △ Vespasians Thronbesteigung Eroberer Jerusalems u. Zerstörer d. Tempels (70 n.), Schutzherr d. ⁄ Josephus. T.-Bogen zu Rom mit Darstellung seines Triumphs (Tafel 29). Talmudische T.-Legende: eine Mücke dringt d. Frevler ins Gehirn. — „T. u. d. Jüdin", Drama von Hans △ Kyser 1911.

Tnuwa (Frucht), Name d. Vertriebsgenossenschaft f. d. landwirtschaftl. Produkte d. j. Siedlungen; Verkaufsstellen an allen größern Plätzen.

Tobia (Gott gütig), frommer Israelit im assyr. Exil. T.-Legende: T. hat an Toten Barmherzigkeit geübt, ein Engel beschützt seinen Sohn; d. blinde T. wird durch d. Galle eines Fisches geheilt. Buch T. („Tobit"), griech. Apokryphon, 14 Kap.

Tobia b. Elieser, 11. Jhd. in Bulgarien, Verf. einer Midr.-Sammlung zu Tora u. Megillot („Lekach tow", gute Lehre).

Toch, Ernst, geb. 7. 12. 1887 Wien, Komponist, führend auf d. Gebiete moderner Kammermusik.

Tochecha (Strafrede), Bz. d. zwei gr. Fluchkapitel d. Tora (L 26, 14 ff.; D 28, 15 ff.).

Todesengel (Malach ha-Mawet), eine d. Gestalten d. Satans, tötet mit d. Schwerte; nachbibl. Vorstellung, an bibl. Vorbilder (Würg- u. Pestengel; II. Sm. 24, 16) anknüpfend.

Tohuwabohu (zwei nicht gänzlich aufgehellte Wörter: „wüst u. leer"), im Schöpfungsbericht (G 1, 2) Bz. f. d. chaotischen Urzustand d. Welt.

Toledo
Inneres der ehemaligen Synagoge
(jetzt Kirche Santa Maria la Blanca)

Toledo, eine d. gr. j. Gem. im christl. Spanien; seit d. Westgotenzeit bezeugt, im 11.—12. Jhd. Blüte d. j. Kultur (Juda Halevi, Abr. ibn Esra, Abr. ibn Daud), im 14. Jhd. Rabbinat d. Ascher b. Jechiel. Im 15.—18. Jhd. ein Hauptort d. Inquisition. Sitz d. Inquisitionstribunals; zahlr. Autodafés. Von altj. Bauten sind zwei in Kirchen umgewandelte Synagogen (El Transito u. Santa Maria la Blanca) erhalten.

Toledot Jeschu (Leben Jesu), j. Volkserzählung über Jesus u. Judas, aus d. MA; sagengeschichtl. von Interesse, historisch ohne Bedeutung.
L: S. Krauß, Leben Jesu nach j. Quellen, 1902.

Toleranz, d. mod. Gedanke einer Duldung fremder Glaubensbekenntnisse, wurde von d. gr. freiheitlichen Denkern vorbereitet, u. a. von Spinoza (Theolog.-polit. Traktat); Lessings Nathan ist „d. Hohelied d. T.“ Als Staatsgrundsatz wurde T. Ausgang d. Emanzipation (Beispiel: sog. T.-Edikt Josephs II. von Österreich 1782).

Toleranzämter ↗ Judenämter.

Tonfilm ↗ Film.

Touro, Juda, 1775 Newport—New Orleans 1854; amerik. Philanthrop.

Tora (Lehre), Bz. d. ↗ Pentateuch, d. 5 Bücher Mose. Für d. gottesdienstl. Gebrauch auf eine Pergamentrolle (T.-Rolle, h. Sefer Tora [T.-Buch]) vom T.-Schreiber (↗ Sofer) geschrieben, mit Geräten u. Schmuck ausgestattet (↗ Ritualien), u. im Toraschrein (↗ Aron ha-Kodesch) verwahrt; d. unbrauchbar gewordene T.-Rolle wird bestattet (↗ Genisa). T.-Vorlesung im ↗ Gottesdienst insbesondre d. Sabbat-, Fest- u. Fasttage; einjähriger Zyklus d. Lesung, hierzu Einteilung d. T. in ↗ Wochenabschnitte, am Abschluß (zugleich Beginn d. neuen Lesung) ein besondres Fest Gesetzesfreude (↗ Simchat Tora), dabei Umzüge mit d. T.-Rolle in d. Synagoge.

Torafreudenfest ↗ Simchat Tora.

Toratreue ↗ Orthodoxie.

Toravorlesung ↗ Gottesdienst.

Torczyner, Harry, geb. 13. 11. 1886 Lemberg, Semitist u. B-Exeget, Dozent an d. Lehranstalt Berlin, seit 1933 Prof. Jerusalem. Ⓦ Entstehung d. semit. Sprachtypus (1916); Hiob (1920); Dt.-h. Wörterb. (mit S. M. Laser, 1927); B-Übers. (T. 1 u. 2: 1935).

Tordesillas, Mose ha-Kohen de, 14. Jhd. Avila (Kastilien), disputierte mit d. Apostaten Johannes in Valladolid. Ⓦ Eser ha-Emuna (Glaubensstütze), Apologie d. Jt.

Torquemada △ Tomas de, Segovia (Spanien) 1420/98, Großinquisitor, unter ihm 1492 Verfolgung u. Vertreibung d. span. J. Behauptung j. Abstammung nicht erwiesen. ↗ Inquisition.

Torre, Lelio della, 11. 1. 1805 Cuneo—Padua 9. 7. 1871, j. Gelehrter (it. Ps.-Übers.) u. h. Lyriker, Prof. am Rabbinerseminar Padua. Ⓦ Tal Jaldut (Tau der Jugend), Gedichte 1868.

Tortosa (Aragonien), 1413/14 Stätte d. fast zweijährigen j.-christl. Disputation über einen Beweis d. Messianität Jesu aus B, T u. Midr., deren ungünstiger Ausgang d. Katastrophe d. span. Jt. vorbereitete.

Tossafot (Zusätze), Sammlung von Erläuterungen, Exkursen u. Ergänzungen zu Einzelstellen d. talmud. Gesetzes, mit Raschis Kommentar (dieser auf d. Innen-, T. auf d. Außenseite d. Textblattes) den geläufigen T-Ausgaben beigedruckt; aus d. Gelehrtenschulen d. „Tossafisten“ (Baale Tossafot) in N-Frankr. u. W-Dt. (12.—13. Jhd.) hervorgegangen.

Tossefta (Hinzugefügtes, Supplement), tannaitisches Sammelwerk, Einteilung u. Anordnung wie die d. Mischna, umfangreicher, aber außerhalb d. Kanons stehend u. nur als Zusatz (T.) angesehen; traditionelle Urheber: d. Tannaiten Nehemia u. Chija b. Abba, d. Amoräer Oschaja (3. Jhd.). — Krit. Ausg. von ↗ Zuckermandel, 1880.

Totes Meer (Jam ha-Melach, „Salzmeer“; bei Josephus = Asphaltsee), gr. See, in den d. Jordan mündet, 1200 m unterhalb Jerusalems, 392 m unter d. Spiegel d. Mittelmeers, stärkster Salzgehalt (25%); Ausbeutung von d. „Pal. Potash Ltd.“ begonnen (1930). Bibl. T.-Sage: Vernichtung d. Städte Sodom u. Gomorrha im fruchtbaren Tal Siddim. (Vgl. Tafel 23.)

Totschlag, Blutvergießen u. Mord, im pentateuchischen Gesetz verboten: (G 9, 6; E 20, 13; 21, 12; L 24, 17; D 27, 24); Flucht d. unfreiwilligen Totschlägers in d. ↗ Asylstädte (NU 35; Jos. 20).

Toz, Abk. für Towarzystwo Ochrany Zdoroiwa, Schwesterorganisation d. ↗ Ose für Polen mit gleichem Aufgabengebiet. Ⓦ Soziale Medizin (h.) u. Folksgesunt (jidd.).

Tozeret ha-Arez (Produkt des Landes), Bz. f. Erzeugnisse d. pal. Industrie u. Landwirtschaft.

Trachten ↗ Kleidung.

Traktat (Massechet = Gewebe, Text), spezielle Bz. d. 63 Einzelbücher d. Mischna, d. Tossefta u. d. T.

Trani, Jesaja di: zwei ital. Dezisoren, Jes. b. Mali um 1200 in Trani (S-Italien) u. sein Enkel Jes. b. Elia um 1250.

Transjordanien (Ewer ha-Jarden, jenseits d. Jordans), Ostjordanland, in bibl. Zeit Stämmesitz (Ruben, Gad, halb Manasse), in hellenist. Zeit als Peräa Teil d. herodian. Reiches. Seit Kriegsende arab. Emirat innerhalb d. Mandatgebietes Palästina, f. das d. Balfour-Deklaration nicht gilt; j. Einwanderung, wirtschaftl. erwünscht, stößt vorerst auf politische Schwierigkeiten.

Transkription (Umschrift) d. H in lat. Lettern nicht einheitlich, da einerseits d. historische Aussprache nicht feststeht, andererseits die charakteristischen emphatischen Laute (Tet, Ajin, Zade, Kof) keine Entsprechung in d. europ. Sprachen haben.

Traube, Ludwig, 12. 1. 1818 Ratibor — Berlin 11. 4. 1876, Arzt, a. o. Prof. d. inneren Medizin, Begr. d. experimentellen Pathologie, bahnbrechender Forscher (Herz-, Lungen- u. Nierenkrankheiten), führte d. Digitalisbehandlung bei Herzkranken ein.

Trauerriten nach Todesfällen: Einreißen (Keria) d. Kleider; 7 strenge Trauertage (Schiwa) nach d. Bestattung, dabei Sitzen auf niedrigem Schemel u. unbeschuht; im Ganzen 30 Trauertage (Scheloschim); nach Tod d. Eltern Trauerjahr (tägl. ↗ Kaddisch d. Söhne) u. ↗ Jahrzeit-Pflicht. Verbreiteter T.-Brauch: nach dem Todesfall d. Wasservorrat auszugießen (d. Todesengel spülte sein Schwert darin) u. d. Spiegel zu verhängen.

Traum (Chalom), Motiv d. Vätergeschichte (Jakobs T., G 28, 12 ff.; Josefs, d. Schenken u. Bäckers sowie

Transjordanische Landschaft

Pharaos Träume (G 37 u. 40–41), d. prophet. Erzählung (Nebukadnezars u. Daniels Träume, Da. 2. 4. 7f.) u. d. Volksglaubens (Bruchstücke eines altj. Traumbuches im T [Ber. 55a–57b]).

Trebitsch 1) Arthur, 17. 4. 1880 Wien–Eggersdorf b. Graz 26. 9. 1927, Schriftsteller, bekämpfte, obwohl selbst J, d. Jt. in schärfster Weise. Ⓦ Dt. Geist oder Jt. 1923. Arische Wirtschaftsordnung 1925. 2) Siegfried, geb. 21. 12. 1869 Wien, Bruder von 1, Dramatiker u. Erzähler, Vorkämpfer u. Übersetzer Bernard △ Shaws.

Trebitsch-Lincoln, Ignaz, geb. 1879 in Ungarn, Abenteurer, trat nach Theologiestudium zum Christentum über, Prediger einer relig. Sekte in New York, Pfarrer u. Mitgl. d. Unterhauses in England, Direktor einer Ölgesellschaft in Rumänien, Pressechef beim Kapp-Putsch, flüchtete nach China, jetzt buddhist. Eiferer.

Treitschke △ Heinrich von, 1834–1896, führender Historiker, entfachte um 1880 eine J-Debatte durch seine Aufsätze „Ein Wort über unser Jt.". Gegenschriften: von Rabb. M. ⊬ Joel (Offener Brief 1879), Th. △ Mommsen („Auch ein Wort über unser Jt." 1880), M. ⊬ Lazarus („Was heißt national?" 1880), H. Bresslau („Zur Judenfrage", Sendschreiben 1880). T. hat d. J-Frage auch in seiner „Dt. Geschichte im 19. Jhd." (3. Bd. 9. Kap.; 4. Bd. 7. Kap.) behandelt.

Trennungsorthodoxie, strengste Richtung innerhalb d. religiösen Konservativismus, die, soweit sie als relig. Minderheit in d. Gesamtgemeinde sich nicht durchsetzen konnte, d. Gründung von Separatgemeinden unternommen hat (gesetzl. Basis: Austrittsgesetz 1876). Größte Trennungsgemeinden in Dt. „Adass Jisroel" Berlin, „Israelit. Religionsgesellschaft" Frankfurt/M.

Holzschnitt aus der ältesten deutschen Schrift über Simon von Trient (Augsburg, 1475)

Trient. Am 23. 3. 1475 führt d. Ermordung d. dreijährigen Simon Unverdorben zur Ritualmordbeschuldigung gegen d. J Samuel, der nach achttägiger Folter gesteht u. mit anderen J hingerichtet wird. Die Wiederaufnahme d. Verfahrens durch d. Papst 1476 stellt d. Unschuld d. J u. d. Fälschungen d. anklagenden Franziskaners Bernardino da Feltre einwandfrei fest.

L: H. L. Strack, D. Blut im Glauben u. Aberglauben 1911; Blutlügen 1934.

Trier, 796 J = 1%, vermutlich seit d. Römerzeit, seit 1066 bezeugt. Familiennamen Treves, Dreifuß usw. nach T. benannt.

Trier: 1) Hermann Martin, Kopenhagen 1845–1925, Pädagoge, liberaler Politiker, 1901/05 Präs. d. dän. Ständekammer. 2) Seligmann Meyer, Kopenhagen 7. 6. 1800–20. 12. 1863, Arzt, 1847 Prof., 1857 Staatsrat. 3) Walter, geb. 25. 6. 1890 Prag, Zeichner, trat bes. als (nicht aggressiver, sondern beschaulich-lustiger) Karikaturist hervor, schuf Aquarelle von zartpoetischer Farbstimmung.

Triesch, Irene, geb. 13. 4. 1877 Wien, Schauspielerin, trat 1901/20 in Berlin besonders als ausgezeichnete Ibsen-Darstellerin hervor.

Trietsch, Davis, 1870 Dresden—Tel-Awiw 1935, z. Schriftsteller u. Politiker, trat in seinen Schriften f. j. Siedlungen auch über d. Grenzen Pal.'s hinaus ein.

Tripolis, 24 500 J = 0,45%, hpts. in d. Stadt T., außerdem viele Höhlenbewohner. (↗ Abdias.)

Troki, Isaak ↗ Karäer.

Tropp (lat.: tropus, „Singweise"), j.-dt. Bz. f. d. Singsang bei d. synagogalen Toravorlesung.

Trotzki, Leo (eigtl. Bronstein), russ. Revolutionär, geb. 26. 10. 1879 Janowka (Gouv. Cherson); beteiligte sich 1905 führend an d. russ. Revolution; 1917 Volkskommissar f. Kriegs- u. Marinewesen, 1928 ausgewiesen, lebt seitdem im Ausland. Ⓦ Mein Leben, 1930.

Troyes (Frankr.), Zentrum j. Gelehrsamkeit im 12.—14. Jhd. (Raschi, Samuel b. Meir, Jakob Tam u. a.).

Trumpeldor, Josef, 4. 12. 1880 Pjatigorsk—Tel Chaj 12. 3. 1920, verlor im russ.-japan. Krieg 1904 d. linken Arm u. wurde russ. Reserveleutnant. 1912/14 Arbeiter in Migdal u. Degania, 1914/16 Hauptmann d. „Zion Mule Corps" im Gallipoli-Feldzug. 1917/19 Leiter d. j. Pogrom-Selbstwehr u. d. Hechaluz in Rußland; verteidigte Febr. 1920 d. nordgalil. Kolonien gegen arab. Überfälle u. starb 29. 2. 1920 an seinen Schußwunden. Nach ihm Emek-Kolonie Tel Josef benannt u. Brit T. (Revisionistenjugend).

Tschechoslowakei. 356 830 J = 2,4%, davon Böhmen 76 301, Mähren 42 250, Slowakei 136 737 u. Karpathorußland 102 542. D. Nationalität nach: 204 427 j., 87 489 tschecho-slov., 45 732 dt., 16 807 ungar. J. Seit etwa 900 n. sind j. Siedlungen nachweisbar. Rechtsgrundlage d. J bildete d. Privilegium Premysl Ottokars II. von 1254 in d. histor. Ländern, das Andreas' III. von 1291 in d. Slowakei. Die J genossen als „Kammerknechte" Schutz; trotzdem häufige Verfolgung u. Vertreibung, so 1360 aus d. Slow., 1424 aus Iglau, 1430 aus Eger, 1541 u. 1745 aus Böhmen u. Mähren. 1725 wurden in Böhmen 8541, in Mähren 5400 j. Familien zugelassen u. nur d. Erstgeborene durfte eine Ehe schließen. Erst 1867 erfolgte d. volle bürgerl. Gleichberechtigung. D. Organisation d. Länder war verschieden; f. Böhmen war ursprüngl. Prag d. einzige J-Gem., von 1655—1793 besaß d. Land d. böhm. Landesjudenschaft mit eigenem Landesrabbinat (1689/1750). Mähren hatte eine Landesjudenschaft mit Landesrabbinat (1570/1925). Seit 1918 gibt es in d. hist. Ländern den „Obersten Rat d. Kultusgemeinden", dem d. tschech., dt., Prager, sowie d. mähr.-schles. Verband d. Kultusgem. untersteht. In d. Slowakei besteht d. orthod. Landeskanzlei u. „Jeschurun" f. d. neologen u. status-quo-Gemeinden. In T. Minderheitenschutz. — 39% der J in Handel u. Industrie, 21,5% im Handwerk, 8,5% in freien Berufen, Heer, Beamtenschaft, 12,5% berufslos.

Tschernichowski, Saul, geb. 1875 Michailowka (Krim), h. Dichter (Lyrik, Epik, Übersetzung) u. Arzt, Vors. d. h. Pen-Klubs, lebt in Pal. Ⓦ Idyllen; Homer-Übertragung.

Tschernowitz, Chajim (Pseud.: Raw zaïr, „junger Rabbi"), geb. 1870, j. Gelehrter (T- u. Traditionsforschung), Begr. d. ersten modernen Jeschiwa (Odessa 1905), seit 1923 Prof. am „Jewish Institute of Religion" in New York. Ⓦ Die Entstehung d. Sch. Ar. (1915); Toledot ha-Halacha (Gesch. d. Halacha, Bd. I, 1934).

Tuberkulosefürsorge. Verschickung unbemittelter Patienten, bei denen

Wiederherstellung der Gesundheit u. Erwerbsfähigkeit zu erwarten ist, in Heilstätten: in Soden u. Nordrach f. Erwachsene, in Wyk u. Dürrheim f. Kinder. Kostenaufbringung durch eigene Leistungen, Versicherungsträger, Wohlfahrts- oder Gesundheitsämter, „Offenen Fonds" d. „Arbeitsgemeinschaft j. Tuberkulosefürsorge", j. Wohlfahrtsstellen u. -vereine; nachgehende Fürsorge durch ärztliche Behandlung in j. T.-Stellen, Gewährung von Ernährungsbeihilfen.

Tudela (Navarra, Span.), Sitz einer bedeutenden j. Gem. im MA (↗ Benjamin aus T., 12. Jhd.).

Rekonstruktion des Turms zu Babel

Tunesien, 56 000 J = 2,5%, davon die Hälfte in d. Hauptstadt Tunis; eigene Wohnviertel. Seßhaft seit röm. Zeit (alte Synagogen in Kairuan u. Hammam Lif [Abb. 490]), verstärkt durch span. Exulanten. Eigener Ritus, mit arab. Gebeten gemischt. 27 Synagogen, frz. Schulnetz d. Alliance Isr. Mehrzahl Händler, Rest Handwerker u. auch freie Berufe.

Tur, Kodex d. ↗ Jakob b. Ascher.

Turin, 4000 J = 0,7%. Ursprüngl. aschkenas., später marran. Einwanderung. Bed. j. Industrielle.

Türkei, 52 000 J = 4,7% in d. europ. T. (hauptsächlich Istanbul u. Adrianopel), 30 000 J = 0,2% in Kleinasien (haupts. Smyrna, Brussa). Gem. seit oström. Zeit. 15./16. Jhd. Einwanderung von Spaniolen u. aschkenas. Minderheit. Glanzzeit 16. Jhd. (Josef Nassi, Herzog von Naxos, u. Josef Karo, Verf. d. Schulchan Aruch). 19. Jhd. Aufbau d. frz. Alliance-Schulnetzes. Einbuße durch Kemal Paschas Türkisierungspolitik: Verlegung der Hauptstadt von Istanbul nach Ankara; Aufhebung der j. relig. Autonomie; Verdrängung d. spaniol. Sprache; Verzicht auf d. im Lausanner Vertrag begründete j. Minderheitenrecht. Jetzt Zwangsassimilation.

Turmbau zu Babel, das sündhafte Unterfangen d. nachnoachidischen Generation (Dor Haflaga, „Geschlecht d. Trennung"), hatte d. Sprachenverwirrung zur Folge (G 11). — Geschichtl. Hintergrund: d. altbabylon. Turm Etemenanki, eines d. 7 Weltwunder d. Altertums; Umrisse durch Grabungen festgestellt, zahlr. Rekonstruktionsversuche.

Tykocinski, Chajim, geb. 1862 Gonionds (Polen), j. Gelehrter (mittelalterl. j. Gesch.), lebt in Berlin. Ⓦ D. gaon. Verordnungen (1928); Germania Judaica (1934, Hauptmitarbeiter).

Tyrus (Zor), phöniz. Küstenstadt; Kg. Hiram von T. sendet Baustoffe zu Salomos Tempelbau.

U

Übersetzer, j. in Dt. Zahlr. J haben, bes. seit 1900, Dichtern des Auslands, sei es in freier Nachschöpfung oder in wortgetreuer Übertragung, d. Weg zum dt. Leser vermittelt. Gundolfs Shakespeare-Übers. steht an der Spitze. Im Schaffen von Rudolf ⁄ Borchardt (Dante), Albert ⁄ Ehrenstein (chines. Lyrik), Alfred ⁄ Wolfenstein (Shelley), Stefan ⁄ Zweig (Verhaeren), Ludwig ⁄ Fulda (Molière, Rostand) u. Siegfried ⁄ Trebitsch (Shaw) behauptet neben der eigenen Produktion d. Ü.-Tätigkeit einen wichtigen Platz. Ü. „im Hauptberuf" sind Max Meyerfeld u. Hedwig Lachmann (Oscar Wilde), Leon Schalit (Galsworthy) u. Sil Vara f. englische, Jul. ⁄ Elias, Jos. Chapiro, Hans Jacob u. Lucy von Jacobi f. französische, Raphael ⁄ Löwenfeld, Alexander Eliasberg u. Fega Frisch f. russische, Wilhelm Goldbaum f. polnische, Otto Pick f. tschechische, Marie Herzfeld u. Erwin Magnus f. skandinavische, Hans Feist f. italienische, schließlich Max Fleischer f. chinesische Literatur, womit d. Fülle der Namen keineswegs erschöpft ist.

Übersetzungen, h. 1) Innerjüdische: klassische j. Werke in griechischer (Apokryphen durch S. Plessner [1833] u. J. S. Fränkel [1830 u. ö.]; Josephus durch J. N. Simchoni [1923]), arabischer (Bachja, Juda Halevi, Maimonides durch d. ⁄ Tibboniden) u. aramäischer Sprache (Sohar durch J. Rosenberg [Auszüge 1924 ff.]). 2) Werke d. klass. u. islam. Kulturkreises im MA (Bibliographie bei M. Steinschneider, D. h. Ü. des MA, 1893). 3) Werke d. Weltliteratur in d. Neuzeit (Ilias durch S. Tschernichowski, NT durch Franz △ Delitzsch, Coriolan durch Frischmann, Wilhelm Tell durch Bialik, Iphigenie u. Tasso durch J. Kahan, Zarathustra durch Frischmann, Raskolnikoff durch Brenner).

Uganda (Brit.-Ostafrika), von d. engl. Reg. 1903 d. zion. Organisat. als autonome j. Siedlg. angeboten, wurde nach schweren Auseinandersetzungen aus grundsätzl. Bedenken geg. außerpalästin. Lösungsversuche vom 7. z. Kongreß in Basel 1905 abgelehnt.

Ukraine, 1,6 Mill. J = 5,4%, davon 150 000 ländl. Bevölkerung. Hauptgem. Kiew, Odessa, Charkow, Jekaterinoslaw. Ansässig seit 16. Jhd. Massenpogrome 1648 unter Chmjelnizki, 1918/20 während d. Umsturzes. Soziale Auswirkung d. Sowjet-Herrschaft ⁄ Rußland.

Ukzin (Stiele [d. Frucht]), letzter Tr. d. Mischna (Teharot), über Unreinheit an Früchten.

Ullmann, Adolf, Budapest 1857—1925, einflußreicher ung. Bankier, Baron, Mitgl. d. Magnatenhauses.

Ullstein, Leopold, 6. 9. 1826 Fürth—Berlin 13. 12. 1899, begr. d. nach ihm benannten weltbekannt. Verlag (1877). Zeitungen: Vossische Zeitung (bis 1934), Berliner Morgenpost, B. Z. am Mittag, Tempo (1927/33); Zeitschriften: Berliner Illustrirte, Grüne Post, Sieben Tage, Blatt d. Hausfrau, Koralle, Dame, Uhu (1921/34); Buchverlag (Propyläenverlag); Bühnenvertrieb (Arcadiaverlag).
L: 50 Jahre U. 1927.

Ulm, 516 J = 0,8%, seit 13. Jhd., durch Grabsteine bezeugt.

Umkehr (Teschuwa) ⁄ Buße.

Ungar, Hermann, 20. 4. 1893 Boskowitz (Mähren)—Prag 27. 10. 1929, Schriftsteller. Ⓦ Bekenntnisromane („D. Verstümmelten"); Dramen („D. rote General", „D. Gartenlaube").

Die Universität in Jerusalem

Ungarn, 445 000 J = 5,1%, zur Hälfte in ↗ Budapest. Von 100 Erwerbstätigen 4,3 Gutsbesitzer u. Pächter, 31,6 Industrielle u. Gewerbetr., 44,1 Händler u. Bankiers, 8,7 in freien Berufen u. öffentl. Diensten, 11,3 Sonstige. J. Altertümer aus röm. Zeit. Emanzipation 1867. Blutbeschuldigung von Tisza-Eszlar 1882. J. Vorkämpfer d. ungar. Kultur in d. gemischtnationalen Randprovinzen. Großer Anteil an d. freien Berufen u. Mitwirkung einzelner J an d. Räteregierung 1919 führte zu blutigen Verfolgungen, Numerus clausus u. Massentaufen. Seither Stabilisierung: korpor. j. Vertretung im Oberhaus, aber fortgesetzter ökon. Druck in den verengten Nachkriegsgrenzen.

Unger, Josef, Wien 2. 7. 1828–2. 5. 1913, österr. Jurist, o. Prof. Wien, Mitgl. d. Herrenhauses, 1871/78 Minister, seit 1881 Präs. d. österr. Reichsgerichts.

Union, israelitische, e. V., Berlin, Wohlfahrtsorg., gegr. 1913, treibt praktische Wohlfahrtspflege: Geldunterstützungen, Kleiderkammer, jährliche Kinderverschickungen, 4 Polikliniken f. innere, Nieren-, Geschlechts- u. Zahnleiden.

Union Libérale Israélite, j. liberale Vereinigung in Frankreich mit Sitz in Paris, gegr. 1907, f. Reform d. Gottesdienstes wirkend.

Union österreichischer J, 1885 als „Österreichisch-israelitische Union" gegr., später in „Union dt.-österr. J" u. neuerdings in „Union österr. J" umbenannt; Vereinigung österr. Staatsbürger j. Glaubens; Bestrebungen ähnlich denen d. ↗ C. V. in Dt. (bis 1933). Ⓦ Die Wahrheit (Wochenschr., Wien IX, Bergstr. 4).

Universität, h., angeregt durch Berthold ↗ Feiwel u. Chajim ↗ Weizmann, wurde am 1. 4. 1925 durch Lord Balfour in Jerusalem eröffnet. Repräsentation d. U. nach außen durch den Präsidenten (J. L. Magnes), Administration durch d. Exekutiv-Komitee (Vors. S. ↗ Schocken); Leitung d. Lehrtätigkeit durch d. Rektor (1935 H. ↗ Bergmann); drei Fakultäten: Judaistik, Geisteswissenschaften, Naturwissenschaften (medizinische Fakultät im Aufbau). D. umstehende Verzeichnis d. Professoren u. Lektoren mit ihren Lehrfächern nach d. Stand von Mitte 1935.

Unna, Paul Gerson, Hamburg 8. 9. 1850–29. 1. 1929, Dermatologe, bahnbrechend als Histologe u. Färbetechniker, entdeckte d. Erreger d. weichen Schankers (mit △ Ducrey).

U. O. B. B., Abk. f. Unabhängiger Orden ↗ Bne Briss (h. „Söhne des Bundes"), in englisch sprechenden

Dozenten der Universität Jerusalem

Judaistik

Professoren

Fritz Baer (Geschichte d. J im MA)
Jacob N. Epstein (Talmud. Philologie)
Julius Guttmann (Jüd. Philosophie)
Joseph Klausner (Mod. h. Literatur)
Samuel Klein (Palästina-Kunde)
Gerhard Scholem (Kabbala)
Harry Torczyner (Hebräische Sprache)

Lektoren

Simcha Assaf (Rabbinische Lit. im MA)
Asher Gulak (Jüd. Recht)
Arthur Ruppin (Jüd. Soziologie)
Moses Z. Segall (Jüd. B-Kommentatoren)
David Yellin (H. Poesie d. span. Zeit)

Orientalistik

Professor

Leo A. Mayer (Kunstgesch. u. Archäologie)

Lektoren

Louis Billig (Arabische Literatur)
Fritz Goitein (Geschichte d. Islam)

Geisteswissenschaften

Professoren

Norman Bentwich (Völkerrecht)
Hugo Bergmann (Neuere Philosophie)
Boris Brutzkus (Agrarökonomie)
Richard Koebner (Neuere Geschichte)
Leon Roth (Philosophie)

Lektoren

Alexander M. Dushkin (Pädagogik)
Hiram Pflaum (Romanische Sprachen)
Max Schwabe (Klassische Philologie)
Elieser Sukenik (Archäologie Palästinas)
Avigdor Tscherikover (Griech. u. röm. Geschichte)

Mathematik

Professoren

Michael Fekete (Mathematik)
Adolf Fraenkel (Mathematik)

Lektor

Benjamin Amira (Mathematik)

Naturwissenschaften

Professoren

Fritz Bodenheimer (Zoologie)
Andor Fodor (Organische u.Kolloidchemie)
Georg Placzek (Theoretische Physik)
Otto Warburg (Botanik)

Lektoren

Israel Aharoni (Systemat. Zoologie)
Max Bobtelsky (Analytische Chemie)
Alexander Eig (Botanik u. Geobotanik)
Ladislas Farkas (Physikalische Chemie)
Max Frankel (Organische Chemie)
Leo Picard (Geologie)
Alfred Reifenberg (Angew. org. u. Kolloidchemie)
Samuel Sambursky (Experimentalphysik)

Medizin

Professoren

Saul Adler (Parasitologie)
Ludwig Halberstaedter (Radiobiologie)
Israel Kligler (Patholog. Physiologie)
Ernst Wertheimer (Patholog. Physiologie)

Lektoren

Leonid Dolschansky (Zellularphysiologie)
Alexander Geiger (Physiologie)
Gideon Mer (Seuchenkunde)
Leo Olitzky (Serologie)
Oskar Theodor (Mediz. Entomologie)
George Witenberg (Helminthologie)

Universitätsbibliothek

Gotthold Weil (Direktor)
David Baneth (Orientalia-Abteilung)
Issachar Joel (Judaica-Abteilung)

Musikwissenschaft
(der Universität angeschlossen)

Emil Hauser (Instrumentalmusik)
Karl Salomon (Vokalmusik)
David Schorr (Musikgeschichte)

Ländern I.O.B.B. = Independent Order B'nai B'rith.
Unrein ⁄ Rein u. Unrein.
Unterrichtswesen ⁄ Schulwesen.
Unzucht, verboten im 7. Gebot.
Urgeschichte, biblische: Schöpfung u. Paradies, Sündenfall u. Brudermord, Geschlechtsregister d. Urväter, Sintflut u. Turmbau (G 1—11).
Uri ⁄ Phöbus.
Uria (Gott Licht) d. Hetiter, einer d. Helden Davids, Gatte d. Bathseba; d. Kg. raubt ihm d. Frau, befiehlt, ihn umkommen zu lassen, u.

Abrahams Auszug aus Ur Kasdim. Holzschnitt

bestellt d. betr. Schreiben („U.-Brief“) an d. Oberfeldherrn durch U. selbst (II. Sm. 11).

Uriel (Gott mein Licht), einer d. vier Erzengel, Herr d. Gestirne u. d. Wetters, Wegweiser Henochs auf dessen Himmelswanderung.

Uriel da Costa ↗ Acosta, Uriel.

Urim und Tummim („Licht u. Recht“?), Name d. alt-isr. Losorakels, das d. (Hohe-)priester trägt u. befragt.

Ur Kasdim (Ur in Chaldäa), uralte Stadt am Euphrat; als Heimat Abrahams bezeichnet, der von Ur nach Kanaan zog. Ausgrabungsort.

Urmensch (Adam Kadmon), kabbalistische Vorstellung vom U., dem im Ebenbild Gottes geschaffenen, als d. ursprünglichsten Ausstrahlung Gottes, die d. 10 ↗Sefirot in sich enthält.

Uruguay, ca. 12 000 J = 0,7%; meist Ost-J in d. Hauptstadt Montevideo; Arbeiter, auch Kaufleute u. Handwerker.

Ury, Lesser, 7. 11. 1862 Birnbaum (Posen)—Berlin 18. 10. 1931, Maler u. Graphiker, in seinen Landschaften, Großstadtbildern u. Stilleben ein Meister d. dt. Impressionismus, schuf daneben eindrucksvolle bibl. Monumentalbilder (z. T. im Jüd. Museum Berlin). ↗ Tafel 15.

L: A. Donath, L. U. 1921.

Uscha, Stadt in Galiläa; Sitz d. Synhedrions nach d. hadrianischen Verfolgung.

Usque, sef. Familie. Samuel U., 16. Jhd., portug. Dichter, lebte in Ferrara u. Safed. Ⓦ Consolaçam as tribulaçoens de Israel (Tröstung für die Leiden Israels), Prosadichtung.

Ussischkin, Menahem Mendel, geb. 17. 8. 63 Dubrowna (Weißrußland), führender Z., einer d. Pioniere d. Bewegung, Leiter d. Keren Kajemet.

Lesser Ury: Polnischer Jude

V

Valentin, Gabriel Gustav, 8. 7. 1810 Breslau—Bern 24. 5. 1883, einer d. bedeutendsten Physiologen seiner Zeit, 1836/81 o. Prof. Bern. Ⓦ Lehrbuch d. Physiolog. d. Menschen, 1844.

Varnhagen, Rahel, Berlin 26. 5. 1771 — 7. 3. 1833, Tochter d. Goldwarenhändlers Markus Levin, 1814 getauft u. mit d. Schriftsteller Karl August △ V. von Ense verheiratet; ihr Salon war um die Jahrhundertwende geistiger Mittelpunkt Berlins; als „geistreichste Frau d. Universums" unterhielt sie Beziehungen zu Prinz Louis Ferdinand, d. Brüdern Humboldt, zu Schlegel, Tieck, Brentano, Goethe, Heine, Börne, Grillparzer u. a.

L: A. Varnhagen, Rahel, ein Buch d. Andenkens für ihre Freunde, 1833.

Vasti (Waschti) △, d. verstoßene erste Gemahlin Xerxes' in d. Esthergeschichte.

Vázsony, Wilhelm, 1868 Sümeg—Baden (Wien) 1926, ung. Politiker (Demokrat), 1917/18 Justizminister, später Abgeordneter d. Nationalversammlung u. Führer d. Habsburger Monarchistengruppe.

Vecchio, Giorgio del, geb. 1878 Bologna, ital. Rechtsphilosoph (Naturrechtsschule), Prof. d. Univ. Rom.

Veit: 1) Johannes (eigtl. Jonas), 2. 3. 1790 Breslau—Rom 18. 1. 1854, Bruder von 3 u. ebenfalls Maler. 2) Moritz, Berlin 12.9.1808—4.2.1864, Verleger u. Politiker, Mitgl. d. Nationalversammlung 1848, preuß. Abgeordneter, führend in d. j. Gem. Berlin. 3) Philipp 13.2.1793 Berlin—Mainz 18. 12. 1877, Bruder von 1, aus d. ersten Ehe Dorothea ⚲ Schlegels, d. erste j. Maler, der in d. Geschichte d. dt. Kunst rühmlich hervortrat; doch spielte d. Jt. im Leben u. Werk d. früh Getauften u. d. „nazarenischen" Kunstrichtung Angehörenden keine Rolle. Ⓦ Religiöse Fresken in Berlin u. Frankfurt/M. Selbstbildnisse in Mainz (Abb. 780, Tafel 21).

Venedig, 2200 J = 0,9%. Vom neuen Judenviertel (1516) stammt d. Ausdruck „Ghetto". Berühmte j. Buchdruckereien d. Renaissance.

Venezuela, ca. 500 J = 0,02%, entstammen meist sef. Kreolen-J, die von d. Antillen nach Caracas u. Puerto Cabello einwanderten.

Verband Jüd. Ingenieure u. Chemiker in Dt. E. V., gegr. 1929, Berufsorg., Stellennachweis in Zusammenarbeit mit j. Arbeitsnachweis.

Verband nationaldt. Juden (1921/35), von Max Naumann gegr., bezweckte d. Zusammenschluß aller derjenigen Deutschen j. Stammes, „die bei offenem Bekennen ihrer Abstammung sich mit dt. Wesen u. dt. Kultur so unauflöslich verwachsen fühlen, daß sie nicht anders als deutsch empfinden u. denken können".

Philipp Veit: Selbstbildnis, 1873

Verbote, Gebote in verneinender Form („Du sollst nicht . . .“), werden 365 gezählt; Gesamtzahl d. ↗ Gebote u. V.: 613.

Verga, Salomo ibn, 15./16. Jhd., spanischer Exulant, portug. Marrane, in S-Italien gest.; sein Ⓦ Schewet Jehuda (Zuchtrute [Zepter] Judas), zuverlässige u. sagenhafte Berichte über J-Verfolgungen (dt. Ausg. von M. Wiener, 1856).

Vereinigte Staaten von Amerika (U.S.A., vgl. d. umstehende Karte), 4,5 Mill. J = 3,6%, davon 4,05 Mill. im Norden u. Osten, 0,25 Mill. im Süden, 0,2 Mill. im Westen d. Union. — Mehrere J u. Marranen waren Begleiter d. Kolumbus. Erste j. Einwanderung 1654. 2000 J 1783; 230 000 = 0,52% (1877). Seit d. russ. Pogromen 1881 Mehrheit d. USA.-J osteuropäisch. Minderheiten dt., elsäss. u. sefard. Herkunft. Hauptgem. New York (1 800 000 J), Chicago (325 000 J), Philadelphia (275 000 J); Boston, Detroit, Baltimore, Los Angeles, St. Louis, San Francisco. Insgesamt 1927 in 870 Orten 3100 freiwillige Synagogenvereinigungen mit 1750 Rabbinern, 61 Hospitälern etc., 1 religionsw. Hochschule, 6 Rabbiner-, 19 Lehrerseminaren, 6 j. Bibliotheken, 111 period. Zeitschriften, davon 9 tgl., Mehrheit engl., Rest jiddisch u. h., 24 j. Theater. — Betätigungsweise neben 0,1 Mill. j. Farmern in d. Hauptsache Textilgewerbe u. -handel, Produkten- u. Grundstückshandel, Privatbankgewerbe. Zahlr. Diplomaten u. Staatssekretäre. — Überseeisches j. Hilfswerk vor allem durch Joint (Budget 1927: 4,8 Mill. Dollar) u. Hadassah (f. Palästina).
L: The Communal Organisation of the Jews in the U. S. A., 1927, New York 1930; American's Jewish Year-Book, 36 Bde.

Verleger, j. ↗ Buchhandel.

Verona, 600 J = 0,4%. Eingangstor von Aschkenasim n. Italien; noch heute aschk. Ritus. Ghetto 1797 durch die Franzosen aufgelöst.

Versicherungen, j., in Dt.: 1) „Familienschutz“, gemeinnütziger Verein f. Hinterbliebenenfürsorge der Mitgl. j. Gemeinden e. V., Berlin, gegr. 1930, steht der Lebensversicherungsgesellschaft „Phönix“ nahe. 2) Versicherungsverein „Die Hilfe“, Berlin, gegr. 1931, steht der „Viktoria“-Versicherungs-A.-G. nahe.

Versöhnungstag ↗ Jom Kippur.

Versorgungsrecht ↗ Kriegsopfervers.

Vespasian △, röm. Kaiser, als Feldherr Sieger im j.-röm. Krieg; Josephus (nach d. T: Jochanan b. Sakkai) weissagte ihm d. Kaiserwürde.

Vierländersynode (Waad Arba Arazot), Vertretung (J-Reichstag) d. j. Gemeinden Polens im 16.—18. Jhd., nach d. vier Provinzen (Groß- u. Kleinpolen, Reußen u. Litauen) benannt (Waad).

Vierzig, häufige symbolische Zahl in d. B: 40 Tage Sintflut, 40 Tage Mose auf d. Sinai, 40 Jahre Wüstenwanderung, Frieden (Ri. 5, 31 u. ö.) u. Königtum (David, Salomo).

Vision (h. Chason, Machse = [prophetisches] Gesicht), ein Element d. isr. Prophetismus. V. Jesajas vom Thron (Js. 6) u. Ezechiels vom Thronwagen (Ez. 1) Gottes.

Vital Calabrese, Chajim, 1543 Safed—Damaskus 1620, Kabbalist, Sammler u. Redaktor d. Lehren u. Schriften seines Meisters Isaak Luria.

Vogel, Julius, Sir, London 24. 2. 1835 —12. 3. 1899, australischer Staatsmann, Minister in Neuseeland.

Vogelstein: 1) Heinemann, 13. 2. 1841 Lage (Lippe)—St. Moritz 4. 8. 1911, führender liberaler Rabbiner, wirkte in Stettin. 2) Hermann, geb. 8.1.1870, Sohn von 1, Rabbiner in Breslau. Ⓦ gemeins. m. Paul Rieger: „Gesch. d. J in Rom“ (1895).

Vokalzeichen, im urspr. ↗ Hebräischen nicht benötigt, von d. ↗ Massoreten im 8. Jhd. zur unveränderlichen Festlegung d. B-Textes eingeführt, werden heute außer in Bi-

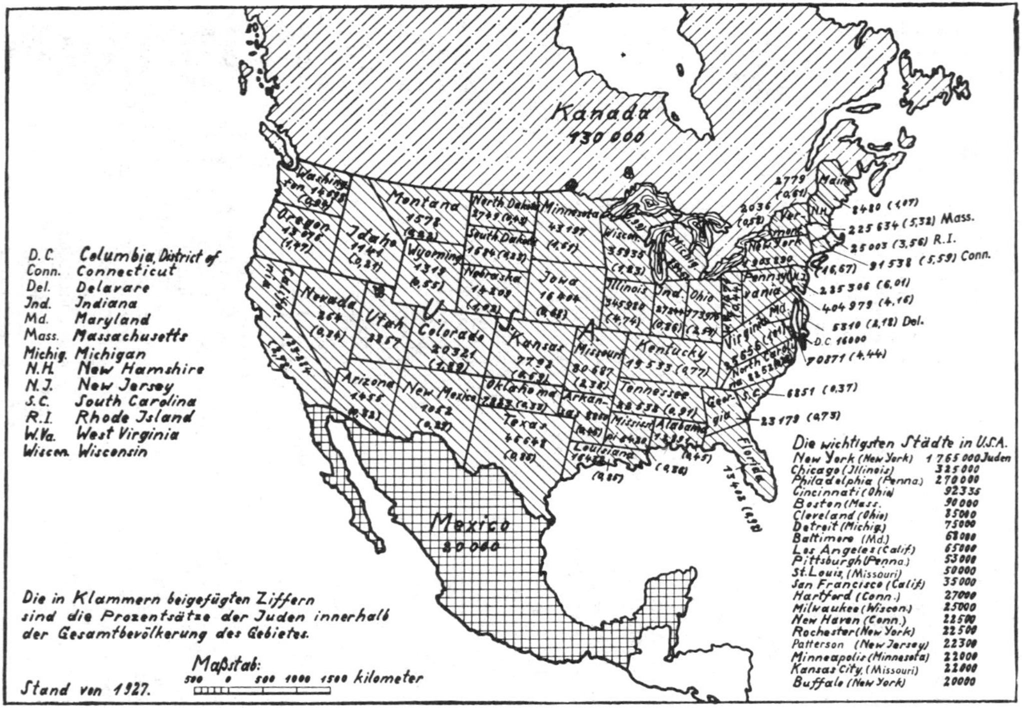

Die jüdische Bevölkerung der Vereinigten Staaten von Amerika

Kefar Birim (Galiläa), Frontruine. 3. Jhd. n.

Worms. Männerschule. 12. Jhd.

Schawkjany (Litauen). 18. Jhd.

Hamburg (Architekten Ascher u. Friedmann). 1931

Synagogenbau

Tafel 32

Rekonstruktion einer antiken Synagoge

Bechhofen (Bayern). 1733

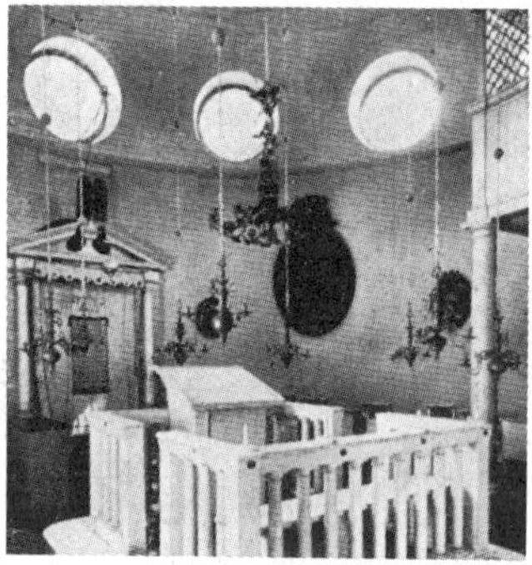

Wörlitz (Anhalt). 1790

Plauen. 1929

Hamburg. 1931

bel u. Gebetbuch durchweg in poetischen Texten verwandt, in Prosabüchern nur gelegentlich zur Ausschaltung mißverständlicher Lesung eines Wortes. Die gebräuchl. V. (tiberiensische ↗ Punktation) zerfallen in 2 Gruppen: 1) Punkte u. Striche

Die hebräischen Vokalzeichen

Gestalt	Name	Sefardische Aussprache
—ָ	Kamez	= ā (ŏ)
—ַ	Patach	= a
—ֵ	Zere	= ē
—ֶ	Segol	= e
—ִ	Chirek	= i
וֹ—, —ֹ	Cholem	= o
וּ—	Schurek	= ū
—ֻ	Kibbuz	= u
—ְ	Schewa	Vokallosigkeit

unter d. Konsonanten: Kamez (langes a bezw. kurzes o), Patach (kurzes a), Zere (langes e), Segol (kurzes e), Chirek (i), Kibbuz (kurzes u), Schewa (Zeichen d. Vokallosigkeit); 2) V. in Verbindung mit d. Halbvokal Waw: Schurek (langes u, durch Punkt im Waw bezeichnet), Cholem (langes o, Punkt über d. Waw; aber auch ohne Waw, als Punkt über d. Buchst. gebraucht).

Völkertafel, Bz. für G 10, eine primitive genealog. Ableitung d. 70 Völker von Noah u. seinen Söhnen.

Volksbücher, h., aus d. MA: eine Darstellung d. bibl. Urgeschichte u. ältesten j. Geschichte (↗ Sefer ha-Jaschar) u. eine Chronik d. 2. Tempels (↗ Josippon), beide mit Fabeln u. Märchen durchsetzt.

Volkserzählungen: a) jüd. (Sippure Am, Sippure Maassijot). Gestalten: 1. der B (Ausschmückung d.. zeitl. Lebens Mosis u. Salomos; V. vom Fortleben Abrahams, Davids, Elias); 2. des T (Geduld Hillels; Akibas Verlöbnis u. Märtyrertod); 3. des nachtalmud. Jt. (Gabirols Ermordung; Juda Halevis Märtyrertod). Stätten j. Gesch.: 1. in Pal. (Grundstein d. Tempels als Mittelpunkt d. Welt; Patriarchen-, Propheten- u. Königsgräber); 2. in d. Diaspora (Mainzer u. Wormser Geschichten; Golem in Prag). — b) christl. m. j. Thema: d. ewige J (↗ Ahasver); d. getaufte J (Boccaccio, Dekam. I, 2); Sühne f. Mord am J (Grimm, Nr. 115: D. Sonne bringt es an d. Tag).

Volkskunde, j.: Erforschung d. charakteristischen Zeugnisse j. Lebens (Tracht, Lebensweise), j. Religion (Brauchtum, Ritualien), j. Volksglaubens (eingewurzelte Vorstellungen abergläub. Art) u. j. Volksdichtung (Märchen, Sprichwort, Lied) nach d. landsmannschaftl. Besonderheiten (Aschkenasim, Sefardim, oriental. J, j. Sekten); ein Teilgebiet d. Wissenschaft d. Jt. (vgl. d. Arbeiten von M. ↗ Grünbaum, M. ↗ Gaster, M. ↗ Grunwald u. a. m.). Gesellschaft f. j. V. (gegr. 1898 Hamburg).

Volkslieder, j., haben sich neben d. Ps., Hymnen u. Kultgesängen im Ghetto erhalten. Auffallend ist gegenüber ihren balladesken, düsteren Stimmungen d. stark entwickelte Hang zur Groteske, zu Witz, Spott, ausgelassenstem Humor. Ihre Melodiebildung entwächst oft aus d. kolorierten Floskeln synagogaler Stilelemente, ist aber rhythmisch ungemein variabel. Cahan, Kipnis, Kisselgof, Nadel, Ginsburg u. Marek (nur Texte) u. a. gaben in letzter Zeit krit. Sammlungen heraus, an denen d. Verbindung m. chassidischen u. vielen oriental. Weisen, aber auch m. d. russ., span. u. a. Dialekten ersichtlich wird.

Volkspartei, j., in Dt. Zusammenfassung nationalj. Gruppen zur gemeinsamen Interessenvertretung innerhalb d. Gem. u. Gem.-Verbände, erfolgte zuerst im Herbst 1919 für Berlin. Von ihr spaltete sich im Mai 1933 d. z. Fraktion ab. Name in „Jüd. Volksbund“ geändert.

Volkswirtschaftler, j. D. Wissenschaft d. Nationalökonomie haben zahlr. j. Gelehrte gefördert. Als Mitbegr. d. Staatswirtschaft d. Absolutismus (Kameralistik) ist Josef von ↗ Sonnenfels (1733—1817) anzusehen; als Begründer d. klassischen Nationalökonomie gilt neben Adam △ Smith David ↗ Ricardo (1772—1823), dessen Haupttheorien (Grundrenten- und Steuerlehre, Quantitäts- u. klassische Lohntheorie) entscheidenden Einfluß ausübten. Unter den V. in Dt. seien angeführt: Wilhelm Stahl (1812—1873), d. Finanztheoretiker Gustav Cohn (1840—1918), Mitbegr. d. Vereins f. Sozialpolitik, Emanuel Leser (1849—1914; Wirtschaftsgesch.), Robert Friedberg (1851—1920), Robert Stern (geb. 1855; Betriebswissensch.), Ignaz ↗ Jastrow (geb. 1856); Rich. Ehrenberg (1857—1921; Wirtschaftsgeschichte), Carl Grünberg (geb. 1861; Wirtschafts- u. Sozialgeschichte), Julius Wolf (geb. 1862; Theorie d. Steuern u. d. Notenbankwesens), Georg Adler (1863—1908), Arthur Cohen (geb. 1864; Bank- u. Börsenwesen), Franz ↗ Oppenheimer (geb. 1864), Edgar Jaffé (1866—1921), Franz Eulenburg (geb. 1867), Max Apt (1869, Herausg. d. Handelshochschulbibl.), Moritz von Halle (1871—1913), Moritz Julius ↗ Bonn (geb. 1873), Robert Liefmann (geb. 1874; Systematiker d. modernen Unternehmungsformen), Georg Bernhard (geb. 1875; Bank- u. Börsenwesen), Ludwig Bernhard (1875—1935), Paul Mombert (geb. 1876; Bevölkerungstheorie), Julius Landmann (1877—1934; Finanzwissensch.), Alfred Manes (geb. 1877; Versicherungswissensch.), Karl Pribram (geb. 1877; Gewerbepolitik), S. P. Altmann (1878—1931; Finanzwissensch.). Siegfried Buff (1880—1922; Privatwirtschaftslehre), Henrik Großmann (geb. 1881; Krisentheorie), Hermann Levy (geb. 1881; engl. Wirtschaft), Arthur Salz (geb. 1881; Kapitaltheorie), Felix ↗ Somary (geb. 1881), Julius Hirsch (geb. 1882; Organisation d. Handels), Emil Lederer (geb. 1882; Theorie d. Sozialpolitik), Ernst Grünfeld (geb. 1883; Genossenschaftswesen), Frieda Wunderlich (geb. 1884; Produktivität), Kurt Singer (geb. 1886; Wirtschaftsgeschichte), Eugen Altschul (geb. 1887; Konjunkturforschung), Alfred Isaac (geb. 1888; Betriebswissenschaft), ferner Theodor Plaut

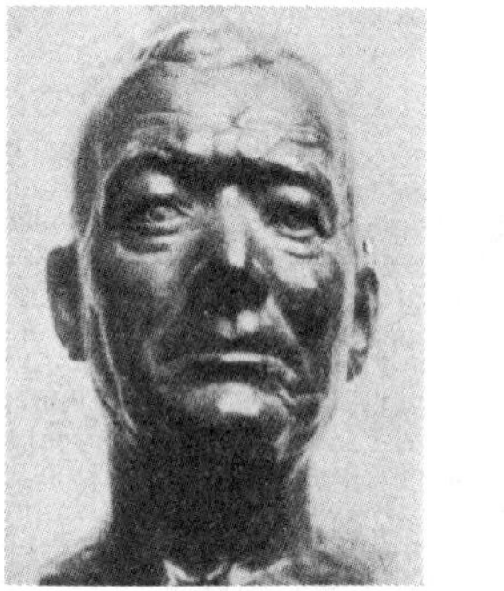

Franz Oppenheimer

(geb. 1888), Eduard Heimann (geb. 1889), Walter Sulzbach (geb. 1889), Carl Landau (geb. 1891; Planwirtschaft), Melchior Palyi (geb. 1892), Gottfried Salomon (geb. 1892), Adolf Loewe (geb. 1893), Karl Mannheim (geb. 1893), Friedrich Pollok (geb. 1894), Hans ♁ Neisser (geb. 1895), Gerhard ♁ Colm (geb. 1897), Arthur Feiler (geb. 1897), Jakob Marschak (geb. 1898), Fritz Neumark (geb. 1900), Paul Eppstein (geb. 1902). — Neuzeitliche j. V. in Dänemark: Georg N. David (1793—1874, Finanzminister 1864/65), Marcus Rubin (1854—1923, Statistik); in England: Robert H. J. Palgrave (1827—1900, Herausg. d. Dictionary of Political Economy); in Frankreich: außer den Soziologen D. ↗ Durkheim, L. ↗ Lévy-Bruhl u. R. ↗ Worms, Alfred Neumarck (Verf. v. Finances Contemporains; 1907, 5 Bde.) u. René Stourm (1837—1917); in Italien: Emilio Morpurgo (1835—1885, Statistik), Achille ↗ Loria (geb. 1857), Adolf Supino (geb. 1860); in der Schweiz Naum Reichesberg (1869—1928; Bern), Manuel Saitzew (geb. 1885; Univ. Zürich) u. Edgar Salin (geb. 1892; Univ. Basel); in USA. E. R. ↗ Seligmann (geb. 1861, Leo S. Rowe (geb. 1871), Lewis L. Lorwin (geb. 1883). Außerdem seien noch folgende j. volkswirtschaftlich-statische Schriftsteller erwähnt: Adolf Böhm (geb. 1873; Wirtschaftstheoretiker d. Z.), L. Albert Hahn („Volkswirtschaftliche Theorie d. Bankkredits", 1930), Rudolf Hilferding (geb. 1877; Wirtschaftstheorie), Wladimir W. Kaplun-Kogan (geb. 1888; jüdische Wirtschaftsgeschichte), Jakob Lestschinsky (geb. 1876, j. Statistik), Harry S. Linfield (geb. 1889, nordamerik.-j. Statistik), Heinrich Bernhard Oppenheim (1819—1880), Jakob Rießer (1853—1932; Herausgeber d. Bankarchivs), Jacob Segall (geb. 1883, Statistiker), Heinrich Silbergleit (geb. 1858; leitete statistische Ämter Magdeburg, Schöneberg, Berlin).

Voltaire △, François Marie Arouet, 1694—1778, führender frz. Denker, durch private Mißhelligkeiten (1750 mit dem Berliner j. Finanzmann Abraham Hirschel) ↑ gestimmt (schmähende Artikel im „Dictionnaire philosophique", 1756).

Vorabend ↗ Rüsttag.

Vorbeter ↗ Kantor.

Vornamen, j. Bis etwa 1800 wurden Judennamen meist aus zwei Vornamen gebildet, z. B. Aaron Samuel = Aaron ben (also Sohn des) Samuel. Feste ↗ Familiennamen waren Ausnahme. Erst als solche gesetzlich eingeführt wurden, gab es V. im heutigen Sinne, oft zwei verschiedene, ein synagogaler u. ein profaner. Ersterer biblisch (Aaron), letzterer d. Zeitströmung angepaßt, aber mit gleichem Anlaut (Arthur). Schon im Altertum gaben in d. Fremde lebende J gern ihren Kindern solche assimilierende Namen: In Ägypten Pinchas; in Babylon Mordechai = Marduk; in Persien Esther = Ischtar; in Arabien Charif; in Griechenland Isidor, Ptolemaios, verderbt zu Tolmai (dessen Sohn: Bar-Tolmai = Bartholomäus), Alexander verderbt zu Sander, Sender, Makedon = Mugdan, Phoibos = Feibes, Feiwel, Fabisch; Elisabeth gräzisiert aus Eli-schewa. Aus Rom stammen Markus, Julius, Dux = Dukes; aus Frankreich Belle = Beile, Esperance = Sprinze. Ähnliche Schmeichelnamen wurden für Mädchen gewählt: Suesse, Liebe Schöne, Selde = Glück, Glückele, Rose, Perle, Frumet = Gerechte, Freude = Frade, Broche = Segen; Braine = Braunlockige, Gelle = Gelbe, Blonde. Vornamen unterliegen bei J wie auch sonst d. Mode, so daß man aus ihnen vielfach d. Zeit erschließen kann. — Übernahme von h. u. j. V. ↗ Hebräische Wörter, ↗ Lehnwörter.

Vrchlicky ♂ Jaroslaw (eigtl. Emil Frida), 17. 2. 1853 Laun—Taus 9. 9. 1912, namhafter tschechischer Dichter (Epik u. Lyrik) d. romantischen Schule, auch Übersetzer u. Literarhistoriker. Ⓦ Epos „Bar Kochba" 1897.

Vulgata, d. lat. Bibelübersetzung d. Hieronymus (um 400 n.), offizielle Bibel d. kath. Kirche.

Vulgärausdrücke ↗ Jargonausdrücke.

W

Waad (Zusammenkunft) = Ausschuß, Komitee. W. arba Arazot, d. ↗ Vierländersynode. W. lëumi (nationaler W.), d. j. Nationalrat in Palästina.

Wachstein, Bernhard, 1868 Tluste (Galizien)—Wien 1935, j. Gelehrter (Gemeindegeschichte, Bibliographie, Epitaphie), Bibliothekar d. j. Gem. Wien.

Wachtel (Slaw), reiner Vogel; W.-Schwärme neben d. Manna Nahrung Israels während d. Wüstenwanderung (E 16; Nu 11).

Wagenseil △ Johann Christoph, 1633—1705, christl. Hebraist, Prof. zu Altdorf, religiös-↑ Schriftsteller mit J-missionarischer Tendenz. Ⓦ Tela ignea Satanae (Satans feurige Geschosse), 1681; Belehrung d. Judisch-Teutschen Schreibart, 1699.

Wagner △ Richard, 1813—1883, d. dt. Musikdramatiker, sprach seine negative Haltung d. Jt. gegenüber in zwei Aufsätzen „Über d. Jt. in d. Musik" (1850) u. „Aufklärungen über d. Jt. in d. Musik" (1869) aus, in denen er „d. Unfähigkeit unserer musikal. Kunstepoche" an Mendelssohn-Bartholdy u. vor allem an Meyerbeer darzulegen suchte u. darüber hinaus allgemeines künstl. Unvermögen d. j. Rasse behauptete. Im Jahre 1882 vertraute W. d. ersten Aufführungen seines „Parsifal" d. Dirigenten Hermann ↗ Levi an. — W.'s Schwiegersohn war H. St. ↗ Chamberlain.

Wahl ↗ Saul Wahl.

Wahle, Julius, geb. 15. 2. 1861 Wien, Literarhistoriker, 1886—1928 (zuletzt als Leiter) am Goethe-Schiller-Archiv in Weimar tätig, Herausg. Goethescher Gedichte u. Briefe.

Waldenburg, Louis, 1837 Filehne—Berlin 1881, Internist, a. o. Prof. Berlin, leit. Arzt an d. Charité, 1868/81 Schriftl. d. Berliner Klin. Wochenschrift, propagierte Lungenheilstätt.

Wallach, Otto. Königsberg 27. 3. 1847—26. 2. 1931, Chemiker, legte durch seine Arbeiten über Terpene u. ätherische Öle d. Grundlage f. d. Entwicklung d. dt. Riechstoffindustrie; Nobelpreis 1910.

Wallfahrtsfeste, drei (Schalosch Regalim), heißen d. drei Hauptfeste Pessach, Schawuot u. Sukkot, die zur Zt. d. Tempelbestandes von ganz Israel in Jerusalem begangen wurden (E 23, 17).

Walter, Bruno (eigtl. Schlesinger), geb. 15. 9. 1876 Berlin, hervorrag. Dirigent (München, Berlin), bedeutender Mozart- u. Mahler-Interpret.

Wanderbewegung der Juden. Aus d. Ländern d. j. Massensiedlung — Rußland, Österr. u. Rumänien — sind in den letzten 50 Jahren 4 250 000 J ausgewandert, davon 75% nach d. Vereinigten Staaten, 7% nach Südamerika, 5% nach Pal., 5% nach England, 2% nach Südafrika: d. restlichen 6% verteilten sich auf verschiedene Länder. Bis 1914 wanderten jährl. ungefähr 120- bis 130 000 J aus Europa nach Übersee. In d. Kriegsjahren wurde d. W. außerordentl. gedrosselt. 1921 erreichte sie erstmals wieder über 120 000; von da ab sank sie infolge d. Einwanderungssperre nach d. Ver. Staaten. In d. letzten Jahren waren im Durchschnitt jährlich 50 000 j. Auswanderer festzustellen, von denen 80% nach Pal. wanderten. Der Rest verteilte sich auf d. geringe Einwanderung nach d. Ver. Staaten sowie nach Südamerika. ↗ Auswanderung.

Ansicht der Stadt Worms
Wandmalerei von Chajim ben Isaak Eisik Segal in der Synagoge von Mohilew (Weißrußland). 18. Jahrhundert

Wanderfürsorge, j. Überseeische Auswanderer betreut d. ↗ Hilfsverein, Binnen- u. Rückwanderer nach d. Oststaaten; d. Hauptstelle f. j. W. m. ihren 24 Provinzialkassen (gegr. 1925) Berlin-Charl. 2, Kantstr. 158.

Wandmalerei in der Synagoge von Dura-Europos

Wandmalerei. Das früheste bek. Beispiel einer j. W. sind d. vor kurzem entdeckten Fresken d. Synagoge von Dura-Europos in Syrien, die, in hellenist. Maltechnik gehalten, ein völlig neues Licht auf d. Frühzeit d. j. Kunst werfen. Die kunstgeschichtl. Auswertung d. inhaltlich u. stilistisch bes. auch in seinem Verhältnis zur frühchristl. W. interressanten Zyklus steht noch aus (Abb. 1, 164, 793). Weitere Beiträge zur j. W. der Spätantike sind d. Katakombenfresken in Palmyra (2. Jhd. n.) u. Rom (3./4. Jhd.; Abb. 375). — Erst d. 17. Jhd. bietet d. nächsten erhaltenen Zeugnisse j. W. u. zwar in polnischen Synagogen: Chodorow 1642, Jablonow 1674, Mohilew um 1750, von Chajim b. Isaak Segal ausgemalt (Tafel 34), u. a., sehr bemerkenswerte Produkte farbenfreudiger barocker Phantasie. Ihre Fortsetzung fand diese Kunstübung (vielleicht durch Rückwanderer vermittelt) im 18. Jhd. in Süd-Dt.: Horb 1707 (jetzt im Museum Bamberg), Bechhofen 1733 (Tafel 33), Unterlimpurg 1739 (Tafel 35), Kirchheim 1740 (Museum Würzburg), diese drei von einem Maler Sußmann (stilistisch eleganter u. weniger urwüchsig als in Polen). Rokoko-W. auch in Rechnitz (Burgenland) u. anderwärts. — Versuche zur Wiederbelebung der W. neuerdings in Bruchsal (Leo Kahn), Plauen (Sgraffito-Malereien von Gruber, Tafel 33) u. an anderen Orten.

Wappen j. Adliger, meist nicht auf Herkunft d. Trägers deutend, sondern in Figuren u. Devisen d. allgem. Brauch angeähnelt. Ausnahmen sind d. Davidschild im W. der Rothschild u. Etrog u. Lulaw in dem d. Familie Sassoon. Im W. Montefiores außer einer engl. Devise dreimal das h. Wort Jeruschalajim, im Sassoon-W. d. Devise „Wahrheit u. Treue" in lat. u. h. Sprache. — Im W. d. Stadt Judenburg (Steiermark) Kopf eines J mit turbanartigem Hut.

Wappen der Familie Sassoon

Warburg: 1) A b y, Hamburg 13. 6. 1866—26. 10. 1929, Kunsthistoriker, Begründer u. Leiter d. berühmten „kulturwissenschaft. Bibliothek W." in Hamburg (seit 1933 in London). 2) E m i l, 9. 3. 1846 Altona—Grunau b. Bayreuth 28. 7. 1931, Physiker, o. Prof. Berlin, 1905/22 Präs. d. physikal-techn. Reichsanstalt, Hauptarbeitsgebiete: Akustik, Gas-

Synagoge in Warschau

kinetik, Magnetismus, Elektrolyse d. Glases, kapillar-elektr. Fragen, stille Entladung, Ozonbildung. 3) Felix, geb. 1871 Hamburg, Bankier, j. Philanthrop, Mitbegr. d. Jewish Agency. 4) Karl, 23. 11. 1852 Göteborg — Stockholm 14. 9. 1918, schwed. Literarhistoriker, maßgebend am Aufbau d. Nobel-Bibliothek d. Stockholmer Akademie beteiligt. 5) Max M., 5. 6. 1867 Hamburg, Bankier, Ehrendoktor Hamburg, führend in d. Bankwirtschaft, bis 1933 Mitgl. d. Generalrats d. Reichsbank. 6) Otto, geb. 20. 7. 1859 Hamburg, Botaniker, seit 1892 Prof. Berlin, 1921 Direktor d. landw. Instituts in Jaffa, 1925 Leiter d. Abt. für Naturgesch. Univ. Jerusalem. 1911/20 Präs. z. Organisat. 7) Otto Heinrich ♁, geb. 8. 10. 1883 Freiburg i. Br., Physiologe, Sohn von 2, Leiter d. Kaiser-Wilhelm-Instituts f. Zellforschung Berlin-Dahlem, entdeckte nach eigenen Methoden der Gasanalyse d. Stoffwechsel der bösartigen Geschwülste, erhielt dafür 1931 den Nobelpreis. 8) Paul M., 1868 Hamburg—New York 1932, Bankfachmann (Federal Reserve Board) in USA.

Warschau. 340 000 J = 32,5% (größte j. Gem. Europas). Nachgewiesen seit 15. Jhd. Unbeschränktes Wohnrecht erst seit 1862. Überwiegen in Kaufmannschaft u. Handwerk. Mehrzahl proletarisiert; nicht unbedeut. bundistische Organisation. Schmale poln. assimil. Oberschicht. Umfangr. j. Schulwerk u. j. Presse.

Warschauer, Adolf, 13. 10. 1855 Kempen (Posen)—Berlin 26. 12. 1930, Historiker, Prof. an d. Akademie Posen.

Wassermann: 1) August von, 21. 2. 1866 Bamberg—Berlin 16. 3. 1925, Arzt u. Bakteriologe, seit 1913 Direktor d. Kaiser-Wilhelm-Instituts für experiment. Therapie u. Biochemie Berlin-Dahlem, entdeckte 1906 d. sog. Wassermannsche Reaktion (Blutprobe f. Syphilis) u. errang damit Weltruhm. 2) Jakob.

Jakob Wassermann. Gemälde von Suzanne Carvallo-Schülein, 1932

10. 3. 1873 Fürth—Alt-Aussee 1. 1. 1934, Schriftsteller, einer d. bedeutendsten Prosaiker d. modernen dt. Literatur. Seine Stellung zu Deutschtum u. Jt. hat W. 1921 in d. autobiographischen „Mein Weg als Deutscher u. J" gekennzeichnet. In fast allen seinen Romanen j. Zentral- oder Randfiguren. Ⓦ D. Juden von Zirndorf 1897; Caspar Hauser 1908, D. Gänsemännchen 1915, Christian Wahnschaffe 1919. L: M. Karlweis, J. W. 1935. 3) Oscar, 4. 4. 1869 Bamberg—Garmisch 8. 9. 1934, Privatbankier, später Bankdirektor, 1912/33 im Vorstand d. Dt. Bank u. Disconto Ges., bis 1933 Mitgl. d. Generalrats d. Reichsbank. Neutraler Präsid. d. dt. Keren Hajessod. 1929 Mitbegr. d. Jewish Agency.

Wasserschöpfefest, altj. Freudenfest, zur Zeit d. zweiten Tempels am Abend u. in d. Nacht d. 2.Tages Sukkot begangen: Schöpfen d.Wassers aus dem Siloah für d. vorgeschriebene Wassergußopfer; Entzünden von Fackeln, Umzüge, Tänze.

Watik (peinlich genau), Bz. d. Frommen, der d. relig. Gesetze noch strenger erfüllt, als vorgeschrieben.

Waw (Haken), 6. Buchst. im h. Alphabet, Konsonant (w) u. Vokal (u, o); Zahlwert 6.

Weigert, Karl, 1845 Münsterberg (Schles.)—Frankfurt/M. 1904, Pathologe, seit 1884 Prosektor, a. o. Prof. Frankfurt/M. Studien über Färbemethoden (Differentialfärbung von Bakterien u. Nervenzellen), Tuberkulose, Pathologie d. Blut- u. Lymphgefäße.

Weil, aschk. Familie; Stammvater Jakob W. aus Weilderstadt (Württ.), dt. Talmudist im 14./15. Jhd. Ⓦ Schechitot u-Wedikot (Schächtung u. Untersuch.), verbreit. Handbuch.

Weil: 1) Bruno, geb. 4. 4. 1883 Saarlouis, Anwalt, führend im C. V. Ⓦ D. j. Internationale 1924; Affäre Dreyfus 1930. 2) Gotthold, geb. 13. 5. 1882 Berlin, Islamist, 1918/31 Direktor d. oriental. Abt. d. Staatsbibl.Berlin, seit 1935 Direktor d.Nat.-Bibl. Jerusalem. 3) Gustav, 1808 Sulzburg (Baden)—Freiburg 1889, Arabist, o. Prof. in Heidelberg. Ⓦ verbreit.Übersetzung von 1001 Nacht.

Weill, Kurt, geb. 2. 3. 1900 Dessau, Bühnenkomponist, durch d. Erfolg d. „Dreigroschenoper" (1928) populärster Vertreter mod. Musik in Dt. („Song-Stil"). Ⓦ ferner „Mahagonny" (1927), „D. Bürgschaft" (1932).

Wein (Jajin), eine d. Hauptkulturen im alten Pal.; Noah d. erste Pflanzer (G 9, 20). „W. erfreut d. Menschen Herz" (Ps. 104, 15). W.-Stock ein Sinnbild Israels (Ps. 80, 9); Jesajas Gleichnis vom Weinberg (Js. 5). W.-Enthaltung forderten Rechabiten u. Essäer.

Weinberger, Jaromir, geb. 8. 1. 1896 Prag, Komponist d. weitverbreiteten Volksoper „Schwanda, d. Dudelsackpfeifer" (1927).

Weininger, Otto, Wien 1880—1903 (Freitod), Philosoph, Renegat, begr. in „Geschlecht u. Charakter" (1903) eine Theorie von d. Gegensätzlichkeit d.Geschlechtscharaktere, wonach Mann edles (heldisches), Weib böses Prinzip vertritt.

Weise von Zion ↗ Protokolle.

Weisheit Salomos, apokr. Schrift (griech.), 19 Kap.

Weiß: 1) Eisik Hirsch, 1815—1905, j. Gelehrter, Lektor am Bet ha-Midr. in Wien. Ⓦ grundlegende Gesch. d. rabbin. Tradition (vom T bis Sch. Ar.), „Dor Dor we-Doreschaw" (Geschlecht um Geschlecht u. seine Gelehrten). 2) Ernst, geb. 23. 8. 1884 Brünn, Schriftsteller, trat bes. als phantasievoller Erzähler (Romane „Nahar", „Männer in d. Nacht", „Georg Letham, Arzt u. Mörder") hervor.

Weisselberger, Salo von, geb. 1867 in d. Bukowina, 1913/14 Bürgermeister Czernowitz, Abgeordneter in d. Bukowina, geadelt, 1926 Senator.

Weissenberg, Samuel A., Elisabethgrad 1867—1928, Rassenforscher u. Volkskundler, insbes. Studien über Pal., südruss. J, Jemeniten u. „Das Wachstum d. Menschen nach Alter, Geschlecht u. Rasse“ (1911).

Weizmann, Chajim, geb. 27. 10. 1874 Motyli bei Pinsk, 1900 Privatdoz. f. Chemie in Genf, später Prof. u. Ehrendoktor d. Univ. Manchester, 1901 Mitgründer d. oppositionellen demokratisch-z. Fraktion, die auf dem 11. z. Kongreß (1913) Schaffung einer h. Universität in Jerusalem anregte, erwirkte zusammen mit ↗ Sokolow d. Balfour-Deklaration. 1920/29 Präs. d. z. Organisation u. d. Jewish Agency, 1930 infolge Paßfieldschen Weißbuchs zurückgetreten, 1935 wiedergewählt. Leiter d. Sieff-Forschungsinst. in Rechowot. (Porträt Abb. 827).

Welish, Stadt in Weißrußland. Blutbeschuldigung 1823 (unaufgekl. Mord an dreijährigem Knaben) führte zu Verhaftungen u. Schließung d. Synagogen, nachträgl. Untersuchung 1835 zur Freisprechung d. Angeklagten.

Wellesz, Egon, geb. 21.10.1885 Wien, Komponist und Musikhistoriker, Schüler Arnold ↗ Schönbergs, führender Vertreter moderner Musik in Österr. Ⓦ bes. Ballette u. Kammermusikwerke; grundlegende Studien zur Musik d. Orients.

Wellhausen △ Julius, 1844—1918, Prof. in Göttingen, Mitbegr. u. Hauptvertreter d. wissenschaftl. B-Kritik seiner Zeit. Ⓦ Prolegomena zur Gesch. Israels (1883); Composition d. Hexateuchs (1885).

Weltkrieg. Nach d. Aufstellungen d. einzelnen Länder haben im Weltkrieg 1,5 Mill. J für die kriegführenden Staaten gekämpft, darunter 600 000 f. Rußland, 300 000 f. Österreich-Ungarn, 250 000 f. d. Vereinigten Staaten, 100 000 f. Deutschland, 50 000 f. England, 25 000 f. Frankreich, 175 000 f. Italien, Serbien, Rumänien, Bulgarien, Türkei. Gefallen sind 154 000, darunter 100 000 Russen, 25 000 Österreicher, 10 000 Ungarn, 12 000 Deutsche, 3500 Amerikaner, 2300 Engländer, 1200 Franzosen. ↗ Kriegsstatistik.

Weltliteratur (J u. j. Motive in der △ W.). Bearbeitung bibl. Stoffe ist ein ewiges Thema der W.: Schöpfung (Tasso, Il mondo creato), Paradies u. Vertreibung (Milton, Paradise lost; Shaw, Back to Methusalem, I), Brudermord (Byron, Caïn), weitere Urgeschichte (Klopstock, Tod Adams; Bodmer, Noachide), Patriarchengeschichte (Goethes Wiedererzählung in „Dichtung u. Wahrheit“, Buch 4; Kierkegaards Abraham-Rede in „Furcht u. Zittern“; Christian Weise, Jakobs doppelte Heirat [1682]), Josef u. seine Brüder (vom Koran [12. Sure] u. d. pers. Dichtern Dschami u. Firdusi bis zu Thomas Mann), Mose (Schiller, D. Sendung Moses; Freiligrath, Nebo; Chateaubriand, Moïse; Carl Hauptmann, Moses), Richterzeit (Simson-Dramen von Wedekind, Eulenberg, Burte), Königszeit (Claudius, David u. Goliath; Voltaire, Alfieri, Rückert, André Gide: Saul; R. J. Sorge, Kg. David; Racine, Athalie), Exilzeit (Zedekia-Drama „Les Juifs“ von Robert Garnier [1583]; Esther-Dramen von Racine u. Grillparzer). Nachgestaltung von Motiven aus Apokryphen u. Josephus: Judith (von Hebbel bis Georg Kaiser), Makkabäer (Otto Ludwig), Herodes u. Mariamne (von Lodovico Dolce [16. Jhd.] bis Hebbel), Titus u. Berenike (von Racine bis Kyser), schließlich j. Bibellegende aus T u. Midrasch (Herder u. Rückert). Aus d. späteren j. Geschichte werden mit besonderer Neigung d. Außenseiter behandelt: Acosta (Gutzkow) u. Spinoza (Kolbenheyer), Rahel Fermosa (von Lope da Vega bis Grillparzer), Löw b. Bezalel (Meyrink), Jud Süß (von Hauff bis Ortner). Anonymes

J-Schicksal vergangener Zeit, mit knappem historischem Hintergrund (Marlowe, Der J von Malta; Cumberland, Der J; Hauptbeispiel: ↗ Shylock bei Shakespeare) oder in festem geschichtl. Rahmen (Lessing, Nathan d. Weise; Isaak aus York u. Rebekka in Scotts „Ivanhoe"; Scribes „Juive"). Wiederholung bibl. u. nachbibl. j. Klänge im Gedicht (Gessner, Maler Müller, Kopisch, Byron, Browning, Börries von Münchhausen). Charakterzüge aus d. Jt. im 18. u. 19. Jhd. haben in Dt. Hebel (J-Anekdoten im „Schatzkästlein"), Stifter (Abdias), Chamisso (Abba Glosk Leczeka; Ein Baal Teschuba), Droste - Hülshoff (Judenbuche), Reuter (Gedichte: De Frigeri, Dat kümmt mal anners; Figur d. Moses Löwenthal in „Ut mine Stromtid"), Raabe (Frau Salome), Fontane (l'Adultera) u. a. in klassischer, andere (Freytag, Soll u. Haben [Ehrental u. Veitel Itzig]) in zeitgebundener Form dargestellt; der W. im weiteren Sinne gehören d. j. Gestalten in Mickiewicz' Pan Taddeusz (positiv), Gogols Taras Bulba u. Turgenjews Faktor (negativ), bei Balzac, d. Brüdern Goncourt (Nanette Salomon) u. Zola (l'Argent); philosemit. Tendenz zeigt Eliots Daniel Deronda. D. Darstellung d. modernen J. in d. Gegenwartsdichtung unübersehbar. Beispiele: Carl Hauptmann (Ismael Friedmann), Hamsun (Papst in „Landstreicher"), Bahr (D. Tänzchen), Tschirikow (Die J), Galsworthy (Loyalties), Dreiser (Ton in des Töpfers Hand).

Weltschöpfung ↗ Schöpfung.

Wendungen, biblische im dt. Sprachgebrauch (durch Luthers Übersetzung): 1) an Eigennamen gebunden: Kainszeichen (G 4, 15), Methusalems Alter (G 5, 27), babylonische Verwirrung (G 11, 9), d. keusche Josef (G 39, 7 ff.), ägyptische Finsternis (E 10, 21 ff.), Fleischtöpfe Ägyptens (E 16, 3), Enakskind (NU 13, 33), Uriasbrief (II. Sm. 11, 14), Absaloms Haar (II. Sm. 18, 9), Salomonisches Urteil (I Kg. 3, 16 ff.), Hiobspost (Hi. 1, 14—19). 2) an Erzählungen u. Vorstellungen gebunden: Feigenblatt (G 3, 7), Salzsäule (Lots Weib; G 19, 26), Linsengericht (Esau; G 25, 34), fette u. magere Jahre (G 41), goldenes Kalb (E 32, 1 ff.), Allerheiligstes (E 26, 33), Sündenbock (Jom-Kippur-Ritual; L 16), Koloß auf tönernen Füßen (Da. 2, 31 ff.). 3) allgemeine Begriffe u. Redewendungen: im Schweiße d. Angesichts (G 3, 19), himmelschreiend (G 4, 10), ehrliches Begräbnis (G 23, 6), unser Fleisch u. Blut (G 37, 27), es jemandem sauer machen (E 1, 14), Milch u. Honig (E 3, 8), durch d. Finger sehen (L 20, 4), Menschensohn, Menschenkind (NU 23, 19 u. ö.), Dorn im Auge (NU 33, 55), ohne Ansehen d. Person (D 1, 17), vom Scheitel bis zur Sohle (D 28, 35), Traubenblut (D 32, 14), zw. Himmel u. Erde (II. Sm. 18, 9), eherne Stirn (Jes. 48, 4), Zetergeschrei (Jr. 12, 6), Herz u. Nieren prüfen (Jr. 17, 10), Denkzettel (Maleachi 3, 16), Heidenlärm (Ps. 2, 1), wunderl. Heiliger (Ps. 4, 4), Jammertal (Ps. 84, 7), Eckstein (Ps. 118, 22), auf keinen grünen Zweig kommen (Hi. 15, 32), Gewissensbiß (Hi. 27, 6), d. gr. Unbekannte (Hi. 36, 26), bis hierher u. nicht weiter (Hi. 38, 11), d. Geist aufgeben (Kl. 2, 12), Lückenbüßer (Neh. 4, 7), d. Hals kosten (I. Chr. 12, 19). 4) Zitate: Das Dichten d. menschl. Herzens ist böse von Jugend auf (G 8, 21); Der Mensch lebt nicht vom Brot allein (D 8, 3); Die Rache ist mein (D 32, 35 [Römer 12, 19 zitiert]); Mein Gott, mein Gott, warum hast du mich verlassen (Ps. 22, 2); D. Herr ist mein Hirte (Ps. 23, 1); Unser Leben währet 70 Jahre (Ps. 90, 10); Den Seinen gibt's d. Herr im Schlaf (Ps. 127, 2).

Wengeroff, Semjon, 1855—1920, hervorragender russ. Literarhistoriker u. Lexikograph, Verfasser grundlegender Geschichts- und Quellenwerke zur russ. Literaturgeschichte.
Weprik, Alexander, geb. 23. 7. 1899 Lodz, Komponist, mit seinem Orchesterwerk „Lieder u. Tänze d. Ghetto" u. mehreren j. Gesangswerken einer d. wenigen Vertreter j. Musik in Europa.
Werfel, Franz, geb. 19. 9. 1890 Prag, Lyriker, Dramatiker („Paulus unter d. J") u. Erzähler. Durch seinen Verdi-Roman (1924) u. seine Neubearbeitungen mehrerer Opern Initiator d. Verdi-„Renaissance" in Dt. Ⓦ Gedichtbände „D. Weltfreund" 1911, „Wir sind" 1912.
Wertheimer: 1) J o s e f von, Wien 1800—1887, Vorkämpfer d. J-Emanzipation in Österreich. 2) S a m s o n, 1658 Worms—Wien 1724, Hofjude unter Leopold I. u. Joseph I., ungar. Landesrabbiner.

Hartwig Wessely Kupferstich

Wessely: 1) H a r t w i g (Naftali Herz Weisel), 1725 Kopenhagen—Hamburg 23.3.1805, neu-h. Dichter u. Gelehrter aus Mendelssohns Kreis (Mitarbeit am „Biur"), Aufklärer u. Reformer. Ⓦ Schire Tiferet (Lieder d. Ruhms), Mose-Epos (Moseïde) 1789 ff. (dt. Übers. 1795/96). L: W. A. Meisel, Leben u. Wirken N. H. W.'s, 1841. 2) K a r l Bernhard, 1. 9. 1768 Berlin—Potsdam 11. 7. 1826, Komponist u. Dirigent, Hofkapellmeister d. Prinzen Heinrich von Preußen in Rheinsberg. Ⓦ Trauerkantate auf d. Tod Moses Mendelssohns.
Widal, Fernand, 9. 3. 1862 Dellys (Algerien)—Paris 14. 1. 1929, Prof. d. Bakteriologie u. inneren Medizin, entdeckte mit △ Gruber d. Gruber-Widalsche Reaktion zur Typhus- u. Paratyphus-Diagnose.
Widderhorn ↗ Schofar.
Widdui (Beichte) ↗ Aschamnu.
Wien, 176 000 J = 9,4%. Seit d. 10. Jhd. in eigenem Viertel nachweisbar. J-Verbrennung 1421 wegen angeblichen Hostiendiebstahls. Bis 1670 mehrere Vertreibungen. Seit 1675 Rückkehr von privileg. Hofjuden, deren Nachkommen auf d. Wiener Kongreß 1815 gesellschaftl. u. polit. Rolle spielten. Im 19. Jhd. j. Zuwanderer aus d. österr.-ung. Doppelmonarchie, die am kultur. Leben teilnahmen und am Aufbau von Industrie u. Bankwesen maßgeblich mitwirkten, aber seit Zerschlagung der Monarchie einem ökonom. Rückdrängungsprozeß ausgesetzt sind.
L: H. Tietze, D. Juden Wiens, 1933.
Wiener, Harold Marcus, 1875—1929 (Opfer d. arab. Unruhen in Jerusalem), engl. B-Forscher, Vertreter d. Antikritik (↗ Bibel). Ⓦ The integrity of the Old Testament (1924).
Wiener-Neustadt, ca. 1100 J = 3%; urkundlich seit 1285; eine d. ältesten j. Gem. in Österr.; Israel ↗ Isserlein wirkte u. a. in W.; Verfall seit 1500; Neuansiedlung seit 1848.
Wieringermeer-Polder (früher Zuider-See), Herbst 1933 gegr. Arbeitslager zur Ausbildung j. Menschen in d. Landwirtschaft, gefördert durch holländ. Hilfskomitee voor byzondere jodsche Belangen, Amsterdam (s' Gravenshekje 7).
Wiesbaden, 2713 J = 1,7%.
Wilda (eigtl. Seligmann), Wilhelm Eduard, 1800 Altona—Kiel 1856, Jurist (bes. Rechtshistoriker, altdt. Recht), o. Prof. Breslau, Kiel. Ⓦ

D. Strafrecht d. Germanen (1842).

Wilhermsdorf (Bayern), 36 J = 2,2%. Druckort h. Bücher 1669—1734.

Willstätter, Richard, geb. 13. 8. 1872 Karlsruhe, Chemiker, 1912 o. Prof. Berlin, Mitgl. d. Kaiser-Wilhelm-Instituts f. Chemie, 1915/25 o. Prof. München, Mitgl. d. Preuß. u. Bayerischen Akademie d. Wissenschaften, Ritter d. Ordens Pour le mérite, Ehrendoktor von Oxford usw. Hauptstudien über Chinone, Farbstoffe, Chlorophyll, tierische Pigmente, Zellatmung. Nobelpreis 1915. (Porträt Taf. 22).

Wilna (Polen), ca. 56 000 J = 43%, seit 15. Jhd.; im 18. Jhd. Zentrum d. T-Gelehrsamkeit u. d. Antichassidismus („Gaon" Elia W.).

Winckler △ Hugo, 1863—1913, Orientalist, Begr. d. „panbabylonischen" Schule. Ⓦ Geschichte Israels, 1895 ff.

Winter, Jakob, geb. 1857 Sandorf (Ungarn), j. Gelehrter (zusammen mit △ Wünsche: Gesch. d. j. Lit. seit Abschluß d. Kanons 1897), Rabbiner in Dresden seit 1886.

Winterhilfswerk, j., geht parallel d. Winterhilfswerk des dt. Volkes (als bes. Notstandsaktion geschaffen im Winter 1933/34) u. wird von den j. Wohlfahrtsstellen (Landes- u. Provinzialverbänden f. j. Wohlfahrtspflege u. örtlichen Wohlfahrtsstellen) unter Leitung d. Zentralwohlfahrtsstelle d. dt. J als j. „Winterhilfe" durchgeführt. Auch geistiges W. (künstl. Darbietungen, Kindernachmittage u. Kinovorführung f. Hilfsbedürftige).

Winternitz, Wilhelm, 1. 3. 1835 Josefstadt (Böhmen)—Wien 22. 2. 1917, Arzt, Begr. d. wissenschaftl. Hydrotherapie, 1881/1906 o. Prof. Wien.

Winterstein: 1) Hans, geb. 31. 7. 1879 Prag, Physiologe, 1927/34 o. Prof. Breslau, jetzt Istanbul; Stoffwechsel d. Nervensystems u. Atmung. 2) Simon, Baron von, 1819 Prag—Wien 1883, bedeut. Wiener Industrieller, Mitgl. d. Reichsrats, geadelt, zeitw. Präs. d. Wiener Religionsgemeinde.

Wirtschaft. Biblische Zeit: im Ostjordanland halb nomadische Viehzüchter, Westjordanland Getreidebauern, Öl- u. Weinpflanzer. Außenhandel betrieb zeitweise der Hof (Salomo). Händler sonst Kanaanäer, Metallhandwerker zunächst Philister. Rückkehrer aus d. 1. Exil überwiegend Landleute u. Handwerker. Wallfahrtsort Jerusalem, Empfänger d. Tempelsteuern d. ↗ Diaspora, wurde Handelsplatz. Talmudische Zeit: in Babylonien, Ägypten u. Rom Handel u. Gewerbe treibende städtische Gem., die auf d. religiös ungeschulten Landmann herabsahen. Mittelalter: Bis zu den Vertreibungen in Spanien, Frankreich und Deutschland war j. Landbesitz nicht selten. Die in West- u. Mitteleuropa aufkommenden eigenständigen Kaufmannschaften verdrängten d. j. Handel. Die Aschkenasim organisierten im unerschlossenen Osteuropa d. kaufm. Austausch seiner Rohprodukte gegen Industrieerzeugnisse. Neuzeit: Aus Spanien Vertriebene förderten Handel u. Gewerbe d. türkischen Mittelmeerreichs u. wirkten von d. Nordsee- u. Atlantikhäfen aus als Reeder, Unternehmer u. Financiers mit an d. Erschließung d. Überseeplantagen u. d. Rohstoffhandels. Aus d. ostj. Bekleidungshandwerk wuchs in d. letzten 150 Jahren durch Auswanderung d. westeurop. u. amerik. Konfektions- u. Textilindustrie hervor. Kapitalistische Aufschließung von Kohlen-, Erz-, Diamanten- u. Goldgruben in Österreich, Amerika u. Südafrika. Zulassung zu d. freien Berufen. Nachkriegszeit: Zerschlagung u. Einengung d. Wirtschaftsgebiete in Ost- u. Mitteleuropa veranlaßten staatl. Binnen-Planwirtschaft, die d. j. Handelsinitiative u. Intelligenzberufe freisetzt u. (in d. Randstaaten) zur Auswanderung, (in Sowjetrußland) zur Umschichtung in Industrie- u. Landarbeiter zwingt. Ariergesetzgebung in Dt. gilt nicht f. d. freie Wirtschaft, schließt J aber vom Erbhoftum u. von einzelnen Organisationen aus. Palästina: Auf Basis gemischter Landwirtschaft (f. d. Binnenmarkt) u. Zitrusplantagen (f. d. Export) entstanden Baugewerbe u. Konsumindustrien neben einigen Großfabriken d. Rohstoff- u. Kraftversorgung. Messe in Tel Awiw strebt Warenaustausch im vorderen Orient an.

Wirtschaftsberatung, j., in Dt. ausgeübt 1) von d. Zentralstelle f. j. Wirtschaftshilfe, Berlin-Charl. 2, Kantstr. 158, m. zahlreichen Wirtschafts- und Berufsberatungsstellen im Reich; 2) von d. Juristisch-Wirtschaftlichen Beratungsstelle d. ↗ Centralvereins deutscher Staatsbürger jüdischen Glaubens, Berlin W 15, Emser Str. 42, dezentralisiert bei 23 Nebenstellen im Reich.

Wirtschaftsgliederung. Unter den am 16. 6. 1933 in Dt. gezählten 499 682 Glaubens-J waren 240 487 = 48,12% Erwerbspersonen; 60 941 = 12,2% wurden als berufslose Selbständige (Rentner, Heiminsassen, Studenten usw.) gezählt, der Rest war ohne Beruf. D. nebenstehenden Tabellen zeigen d. Gliederung nach Wirtschaftsabteilungen, -gruppen u. -zweigen sowie d. soziale Gliederung der j. Erwerbspersonen.

Wise: 1) Isaak Mayer, 29. 3. 1819 Steingrub (Böhmen)—Cincinnati 26. 3. 1900, Pionier d. j. Reformbewegung in Amerika, Rabbiner, Gründer d. „Union of American Hebrew Congregation" u. d. „Hebrew Union College" in Cincinnati. 2) Stephen S., geb. 17. 3. 1862 Budapest, radikaler amerikan. Reformrabbiner, Organisator u. Z., Begr. d. „Jewish Institute of Religion" in New York.

Wissenschaft des Judentums, d. moderne gelehrte Erforschung aller Zweige d. j. Literatur, aller Entwicklungsphasen d. j. Religion u. aller Epochen d. j. Geschichte, ist seit Beginn d. 19. Jhd. an d. Seite d. ausschließlich rabbinischen Gelehrsamkeit getreten. Den Begriff W. d. Jt. prägte L. ↗ Zunz; er u. A. ↗ Geiger in Dt., N. ↗ Krochmal u. S. J. ↗ Rapoport in Galizien, S. D. ↗ Luzzatto in Italien, begr. zugleich d. W. d. Jt.; weitere klassische Hauptvertreter im 19. Jhd.: Z. ↗ Frankel, H. ↗ Graetz, M. ↗ Steinschneider, W. ↗ Bacher, D. ↗ Kaufmann. Zweige d. W.: Politische, Geistes-, Kultur- u. Sozialgeschichte, B-Wissenschaft, T-Wissenschaft, rabbinische Lit., Hellenismus, Religionsphilosophie, Kabbala, Sekten; Liturgie, synagogale Poesie, Musik u. Kunst; weltl. h. Poesie des MA; Paläographie, Sprachwissenschaft, Bibliographie, Volkskunde. Jüd. ↗ Lehranstalten m. Dozenturen f. d. Hauptgebiete; Lehrstühle f. nachbibl. j. Lit. an ausländ. Universitäten (Oxford, Paris, New York u. a.); h. ↗ Universität zu Jerusalem. ↗ Wissenschaftl. Gesellschaften zur Pflege d. W.; wissenschaftl. Zeitschriften (Hauptorgane: ↗ Monatsschrift [Breslau], Revue des Etudes Juives [Paris], Jewish Quarterly Review [Philadelphia]). Vielfache Berührungspunkte mit nichtj. Disziplinen (Archäologie [Pal.], Semitistik, vergleichende Sprachwissenschaft), speziell m. d. evang. Theologie (B-Kritik, neutestamentl. Zeitgeschichte); wesentl. Anteil christl. ↗ Hebraisten an d. W.

Wissenschaftliche Gesellschaften zur Erforschung d. Jt.: ↗ „Gesellschaft zur Förderung d. Wissenschaft d. Jt." in Berlin (Zeitschr. ↗ „Monatsschrift f. Gesch. u. Wiss. d. Jt."), „Société des Etudes Juives" in Paris (seit 1880; Zeitschr. „Revue des Etudes Juives"), „Jewish Historical

Wirtschaftsgliederung der Juden in Dt. am 16. 6. 1933:

Wirtschaftsabteilung Wirtschaftsgruppe Wirtschaftszweig	Jüdische Erwerbspersonen	Von 100 Erwerbspersonen gehörten zu dieser Wirtschaftssparte bei der jüd. Bev.	Ges.-Bev.	Von 100 Erwerbspersonen der Gesamtbevölkerung in dieser Wirtschaftssparte waren Juden
1 Land- und Forstwirtschaft . .	4 167	1,7	28,9	0,04
2-3 Industrie und Handwerk . . .	55 655	23,1	40,4	0,4
Nahrungs- u. Genußmittel . .	10 568	4,4	5,0	0,7
Fleischerei u. Fischindustrie	5 966	2,5	1,2	1,6
Bekleidungsgewerbe	22 024	9,2	4,6	1,5
Schneiderei	14 823	6,2	2,7	1,7
4 Handel und Verkehr	147 314	61,3	18,4	2,5
Handelsgewerbe	137 048	57,0	10,0	4,3
Warenhandel	114 659	47,7	8,4	4,2
Immobilienhandel, Vermittlung usw.	17 100	7,1	0,6	9,5
Bank- u. Versicherungswesen	6 272	2,6	1,2	1,6
Bank- u. Börsenwesen . . .	4 085	1,7	0,6	2,0
5 Öffentliche Dienste und private Dienstleistungen	29 974	12,5	8,4	1,1
Verwaltg., Kirche, Bildung usw.	14 838	6,2	5,2	0,9
Rechts- u. Wirtschaftsberatg.	6 249	2,6	0,6	3,3
Gesundheitswesen u. hygien. Gewerbe	10 811	4,5	2,3	1,4
Krankenpflege, Heilanstalten usw.	9 105	3,8	1,2	2,3
6 Häusliche Dienste	3 377	1,4	3,9	2,7
1-6 Erwerbspersonen zusammen .	240 487	100	100	0,7
davon Erwerbslose	33 661	14,0	18,1	0,6

Soziale Gliederung der j. Erwerbspersonen in Dt. am 16. 6. 1933

Stellung im Beruf	Jüdische Erwerbspersonen	Von 100 Erwerbspersonen waren in dieser Stellung bei der jüd. Bev.	Ges.-Bev.	Von 100 Erwerbspersonen der Gesamtbevölkerung waren Juden
Selbständige	110 669	46,0	16,4	2,1
Mithelfende Familienangehörige .	23 160	9,6	16,4	0,4
Beamte	2 275	1,0	4,6	0,2
Angestellte	80 559	33,5	12,5	2,0
Arbeiter	20 921	8,7	46,3	0,1
Hausangestellte	2 903	1,2	3,8	0,2
Erwerbspersonen zusammen . . .	240 487	100	100	0,7

Society of England" in London (seit 1893; Bücherreihe: „Transactions of J. H. S."), „American Jewish Historical Society" in New York (seit 1892; Bücherreihe: „Publications"); d. dritte gr. j.-wissenschaftl. Zeitschr. „Jewish Quarterly Review“ (London 1888 ff.) wird seit 1910 vom ↗ Dropsie College in Philadelphia herausgegeben. Engeren Gebieten widmen sich in Dt.: Gesellschaft zur Erforschung j. Kunstdenkmäler (Frankfurt/M.), Ges. f. j. ↗ Familienforschung (Berlin), Ges. f. j. ↗ Volkskunde (Hamburg). Ferner zahlr. „Vereine f. j. Gesch. u. Lit.“, seit1893 in einem Verband zusammengeschlossen (Jahrbuch f. j. Gesch. u. Lit. 1898 ff.). Von nichtj. wissenschaftl. Ges. in Dt. haben sich bes. d. Deutsch-Morgenländ. Ges. (Halle), d. Deutsche Orient-Ges. (Berlin), d. Vorderasiat.-Ägypt. Ges. (Berlin) u. d. Deutsche Verein zur Erforschung Pal. (Leipzig) m. altj. Gesch., Geogr. u. Lit. befaßt. Viele Pal.-Gesellschaften zur Erforschung von Einzelgebieten d. Landeskunde (↗ Geographische Lit.), Wirtschaft (Palestine Economic Society, Tel Awiw) u. Ethnologie.

Wissotzky, Kalonymos W., 1824 bei Kowno—Moskau 1904, russ. Agronom u. Teeproduzent, Philanthrop, Stiftung f. Technikum Haifa, Förderer Palästinas.

Witkowski, Georg, geb. 11. 9. 1863 Berlin, Literarhistoriker, 1896/1933 Prof. in Leipzig, namhafter Goetheforscher. Ⓦ Grundlegende Schriften zur dt. Literatur d. 19. Jhd.

Witz (Halaza [Spaß], Bedicha, Chiddud), j. Gelegentl. W.-Worte in d. B (Simson: „Hättet ihr nicht m. meinem Kalbe gepflügt . . .“ [Ri. 14, 18]), zugl. Ablehnung d. scharfen Spottes (G 21, 9 [Verwerfung Ismaels]; Ps. 1, 1 [Bank d. Spötter]). Im T Verpönung beißenden W.'s wie überhaupt d. unernsten Haltung; zugleich häufig humoristische oder satirische Note in d. oft didaktisch zugespitzten Aussprüchen d. Tannaiten u. Amoräer (Verzicht auf Lob von Seiten d. Bösewichts: „Biene, ich will deinen Stachel nicht, ich will auch deinen Honig nicht!“). Ausbildung d. spezifisch „jüdischen“ W. im Ghetto. Kunst-W. in d. Lit.: Wortspiel (↗ Saphir, ↗ Stettenheim) u. tieferer Humor (↗ Börne, ↗ Heine); ostj. Humoristen (↗ Schalom Alechem). W.-Sammlungen: A. Moszkowski, M. Schnitzer, Ch. Bloch, I. Olsvanger (jidd.), A. Drujanow (hebr.) u. v. a.

Wizo, Abk. f. Womens International Zionist Organisation, Weltorg. z. Frauen, gegr. 1920 London zur haus- u. landwirtschaftl. Ausbildung von Frauen u. Mädchen in Pal. 1934. Landesverbände; in Dt. Verband j. Frauen für Palästina-Arbeit.

Wochenabschnitt (Sidra, Parascha). Alte Einteilung d. Tora in 54 Abschnitte, zum Zweck d. allsabbatlichen Toravorlesung in einjährigem Zyklus (da weniger Sabbate als W., gelegentliche Vereinigung zweier W.); zu jedem W. ein thematisch verwandter Zusatzabschnitt (Haftara) aus d. Propheten. Im W. sind meist mehrere Kapitel zusammengefaßt; Sinn-Absätze, d. sich nicht immer m. d. geläufigen (späteren) Kapitelanfängen decken.

Wochenfest ↗ Schawuot.

Wohlfahrtspflege, j., wurde auf Grund d. Gebotes d. „Zedaka“ als „pflichtmäßige Wohltätigkeit im Sinne ausgleichender sozialer Gerechtigkeit“ geübt. Gegenüber moderner W. fehlt ihr Planmäßigkeit. Individuelles Wohltun im Vordergrund; Formen: „Kuppa“ (Kasse), Sammlung f. Ortsarme zur Beschaffung von Speisen u. Kleidung; „Tamchui“ (Schüssel) f. Durchwanderer. Später Almosenkasten, daneben seit langer Zeit Brautausstattungsverein (Segall). Planmäßige Versuche in gr. Umfange, bes. f. leidende J Rußlands u. d. Orients durch ↗ Alliance Israélite (1860) u. andere ↗ Wohlfahrtsverbände. In Dt. W. bis 1914 von geringem Umfang; fast ausschl. ehrenamtlich getragen. Seit 1919 Ausbau j. Wohl-

Die Wochenabschnitte des Pentateuch

Bereschit (Im Anfang)	G	1, 1	Haftara Jes.	42, 5—43, 10
Noach (Noah)		6, 9	Jes.	54, 1—55, 5
Lech lecha (Zieh hin!)		12, 1	Jes.	40, 27—41, 16
Wajjera (Er erschien)		18, 1	II. Kg.	4, 1—37
Chajje Sara (Saras Lebensalter)		23, 1	I. Kg.	1, 1—31
Toledot (Geschlechtsfolge Isaaks)		25, 19	Maleachi	1, 1—2, 7
Wajeze (Er zog aus)		28, 10	Hos.	12, 13—14, 10
Wajjischlach (Er schickte)		32, 4	Hos.	11, 7—12, 12; bzw. Ob. 1—21
Wajjeschew (Er wohnte)		37, 1	Am.	2, 6—3, 8
Mikkez (Nach Ablauf)		41, 1	I. Kg.	3, 15—4, 1
Wajjigasch (Er trat heran)		44, 18	Ez.	37, 15—28
Wajechi (Er lebte)		47, 28	I. Kg.	2, 1—12
Schemot (Namen)	E	1, 1	Jes.	27, 6—28, 13
Waëra (Ich erschien)		6, 2	Ez.	28, 25—29, 21
Bo (Komm)		10, 1	Jer.	46, 13—29
Beschallach (Als er ziehen ließ)		13, 17	Ri.	4, 4—5, 31
Jitro (Jetro)		18, 1	Jes.	6, 1—7, 6; 9, 5—6
Mischpatim (Rechte)		21, 1	Jer.	34, 8—22; 33, 25—26
Teruma (Hebe)		25, 1	I. Kg.	5, 26—6, 13
Tezawe (Du sollst befehlen)		27, 20	Ez.	43, 10—27
Ki tissa (Wenn du erhebst)		30, 11	I. Kg.	18, 1—39
Wajakhel (Er versammelte)		35, 1	I. Kg.	7, 40—50
Pekude (Die Zählungen)		38, 21	I. Kg.	7, 51—8, 21
Wajikra (Er rief)	L	1, 1	Jes.	43, 21—44, 23
Zaw (Befiehl!)		6, 1	Jer.	7, 21—8, 3; 9, 22—23
Schemini (Am achten)		9, 1	II. Sm.	6, 1—7, 17
Tasria (Sie empfängt)		12, 1	II. Kg.	4, 42—5, 19
Mezora (Aussätziger)		14, 1	II. Kg.	7, 3—20
Achre Mot (Nach dem Tode)		16, 1	Ez.	22, 1—16
Kedoschim (Heilige)		19, 1	Amos	9, 7—15
Emor (Sprich!)		21, 1	Ez.	44, 15—31
Behar (Auf dem Berge)		25, 1	Jer.	32, 6—27
Bechukkotai (In meinen Satzungen)		26, 3	Jer.	16, 19—17, 14
Bamidbar (In der Wüste)	NU	1, 1	Hos.	2, 1—22
Nasso (Erhebe)		4, 21	Ri.	13, 2—25
Behaalotecha (Wenn du anzündest)		8, 1	Sach.	2, 14—4, 7
Schelach (Schicke!)		13, 1	Jos.	2, 1—24
Korach (Korah)		16, 1	I. Sm.	11, 14—12, 22
Chukkat (Satzung)		19, 1	Ri.	11, 1—33
Balak		22, 2	Micha	5, 6—6, 8
Pinchas (Pinehas)		25, 1	I. Kg.	18, 46; 19, 1—21
Mattot (Stämme)		30, 2	Jer.	1, 1—2, 3
Masseï (Reisen)		33, 1	Jer.	2, 4—28
Dewarim (Reden)	D	1, 1	Jes.	1, 1—27
Waëtchannan (Ich flehte)		3, 23	Jes.	40, 1—26
Ekew (Sofern)		7, 12	Jes.	49, 14—51, 3
Reeh (Sieh!)		11, 26	Jes.	54, 11—55, 5
Schofetim (Richter)		16, 18	Jes.	51, 12—52, 12
Ki teze (Wenn du ziehst)		21, 10	Jes.	54, 1—10
Ki tawo (Wenn du kommst)		26, 1	Jes.	60, 1—22
Nizzawim (Ihr steht)		29, 9	Jes.	61, 10—63, 9
Wajjelech (Er ging)		31, 1	[Hos.	14, 2—10; Mi. 7, 18—20; Joel 2, 15—27]
Haasinu (Höret!)		32, 1	II. Sm.	22, 1—51
Wesot ha-Beracha (Das ist der Segen)		33, 1	Jos.	1, 1—18

fahrtsämter mit geschulten Kräften bes. in Großgem., als Bestandteil d. Gem.-Verwaltung, Schaffung von ↗ Landes- u. Provinzialverbänden f. j. W. 1919 Gründung d. ↗ Zentralwohlfahrtsstelle der dt. J in Berlin. Jüd.W. hat subsidiären (ergänzenden) Charakter, umfaßt Wirtschafts-, ↗ Gesundheitsfürsorge u. ↗ Jugendwohlfahrt. Nach ihren Formen unterscheidet man geschlossene (Anstalten, Waisen-, Erziehungs-, Kranken- u. Altersheime), halboffene (Kindergärten, Horte u. Krippen) u. offene W. (Familien- u. Jugendfürsorge). Neben d. gemeindlichen W. ist d. Vereinswohlfahrtspflege (ältester Träger d. ↗ Chewra Kaddischa) weitverzweigt. Ⓦ „Zeitschr. f. j. W. u. Sozialpolitik"; „Informationsbl.", seit 1.4.33 hrsg. von d. Zentralwohlfahrtsstelle.
L: Von j. W. (Selbstverlag d. Zentralwohlfahrtsstelle), 1922; Ollendorff in „Vom Wesen d. Wohlfahrtspflege", 1918.

Wohlfahrtsverbände, j. In Dt.: ↗ Hilfsverein d. dt. J, Isr. ↗ Union, ↗ Landes- u. Provinzialverbände f. j. Wohlfahrtspflege, ↗ Ose, Zentralstelle f. j. Adoptionsvermittlung u. Pflegestellenwesen, Kinder- u. Mutterschutz d. j. Frauenbundes e.V. (Wuppertal, Genügsamkeitsstr. 7). Im Auslande: ↗ Alliance Israélite, ↗ Allianz, ↗ Anglo Jewish Association, ↗ Hilfskomitees; bes. f. Einwandererfürsorge: ↗ Anglo-Hicem, ↗ Emigdirect, ↗ Hicem, ↗ Ica.

Wolf (Seew), Tier d. Stammes Benjamin; häufiger Name.

Wolf: 1) Lucien, London 20.1.1857 —23.8.1930, j.-engl. Politiker, Journalist (Jewish World, Daily Graphic) u. Historiker (Gesch. d. J in England). 2) Simon, 1836 Hinzweiler (Bayern)—Washington 1923, amerik. Generalkonsul Ägypten, trat vielfach f. unterdrückte J ein.

Wolfenstein, Alfred, geb. 28. 12. 1888 Halle, Dichter, namhafter Lyriker, trat auch als Dramatiker (D. Nacht vor dem Beil), Übersetzer u. Essayist (Jüdisches Wesen u. dt. Dichtung 1922) hervor.

Wolff: 1) Bernhard, 1811 Berlin —Rom 1879, Arzt u. Journalist, gründete 1848 d. „Telegraphische Korrespondenzbüro B.W.", das spätere amtliche W.T.B. (heute D.N.B.), dessen Direktor er bis 1875 war.
L: F. Fuchs, Telegr. Nachrichtenbüros 1919.
2) Leo, geb. 29. 7. 1870 Berlin, Kammergerichtsrat i. R., 1924/27 Vors., seitdem stellv. Vors. d. j. Gem. Berlin, Präs. d. preuß. Landesverb. j. Gemeinden. 3) Martin, geb. 26. 9. 1872 Berlin, Jurist, 1914 o. Prof. Marburg, 1918 Bonn, 1921/35 Berlin. Hauptgeb.: Bürgerl. Recht, internat. Privat- u. Handels-R. 4) Oskar Ludwig Bernhard, 26.7.1799 Altona—Jena 16.9.1851, Schriftsteller u. Improvisator, wurde durch Goethes warme Empfehlung 1826 Gymnasialprof. in Weimar u. 1832 Universitätsprof. f. neuere Sprachen in Jena, Herausg. d. weitverbreiteten „Poet. Hausschatz d. dt. Volkes" u. anderer Anthologien. 5) Theodor, geb. 2. 8. 1868 Berlin, Journalist u. demokrat. Politiker, 1906/33 Chefredakteur d. Berliner Tageblattes.

Wolffsohn, David, 1856 Dorbiany (Litauen)—Homburg 15.9.1914, einer d. Pioniere d. Z., Freund u. Nachfolger Herzls, Begr. d. Jewish Colonial Trust.

Wolfskehl, Karl, geb. 17. 9. 1869 Darmstadt, Dichter u. Germanist, Vorkämpfer Stefan △ Georges. Ⓦ D. Jhd. Goethes 1902; Dichtungen 1903; Saul 1905; Die Stimme spricht 1934; mehrere Anthologien.

Wollheim da Fonseca, Anton Eduard, 12.2.1810 Wien—Berlin 24.10. 1884, Schriftsteller, Dramaturg, Sprachwissenschaftler u. Diplomat. In W.'s Bearbeitung gelangte 1854 Goethes Faust II. zum ersten Male auf d. Bühne. Ⓦ Indiscretionen 1883/84.

Wandmalereien der ehemaligen Synagoge von Unterlimpurg, 1739
(Jetzt in der Altertumssammlung zu Schwäbisch-Hall)

Tafel 35

Inneres der Synagoge in Worms (Männerschule). Um 1180

Tafel 36

World Jewry Fellowship, j. Kameradschaftsbund, gegr. Sept. 1934 in London zur Verbreitung d. Kenntnis von d. Rolle d. J in d. Menschheitskultur, d. Förderung gegenseitigen Verstehens u. d. Freundschaft zwischen J u. Nichtjuden.

World Union for Progressive Judaisme, Tottenham Court Road, London WC 1, gegr. 1926 von Rabbiner- u. Laien-Organisationen aus Dt., Amerika, Frankreich u. England unter d. Vorsitz von Claude Goldsmid ↗ Montefiore, ist eine Vereinigung j. fortschrittlich-religiöser Verbände zur Förderung d. relig. Liberalismus.

Worms, 1016 J = 1,98%, eine d. ältesten j. Gem. in Dt. Niederlassung um 1000 verbürgt, alte Synagoge (erhaltene Teile erst aus 12. Jhd., Tafel 32, 36), Raschikapelle 1624 angefügt. Privileg Kaiser Heinrichs IV. f. d. Wormser J 1074. ↗ Raschi u. ↗ Meir aus Rothenburg wirkten in W. Schwere Verfolgungen während d. Kreuzzüge, 1349 (Schwarzer Tod) fast restlos vernichtet. Neuansiedlung im 17. Jhd.

L: Sondernummer d. Histor. Ztschr. f. d. Gesch. d. J in Dt. 1934.

Worms, René, 1869 Rennes—Paris 1926, hoher frz. Staatsbeamter, begr. d. organische Richtung d. Soziologie u. d. Institut International de Sociologie.

Wörterbücher: a) klassische, von fast allen h. Grammatikern verfaßt; Beispiele: B-W. „Sefer ha-Schoraschim" (Wurzel-W.) d. David Kimchi (12./13. Jhd.); T-W. „Aruch" (gerüstet) d. Nathan b. Jechiel (12. Jhd.). b) humanistische, von christl. Hebraisten; Beispiel: B-, T- u. Targum-W. d. Joh. △ Buxtorf (16/17. Jhd.). c) moderne 1. zur B (△ Gesenius, Jul. Fürst, Ed. △ König); 2. zu T, Midr. u. Targum (J. Levy, G. △ Dalman, M. Jastrow [engl.]); 3. zur ges. Lit. („Thesaurus" von Ben Jehuda, Taschen-W. von Klausner-Grasowsky u. Gross, dt.-h. W. von Laser-Torczyner).

Wreszinski, Walter, 18. 3. 1880 Meseritz—Königsberg 9. 4. 1935, Ägyptologe (Prof. Königsberg), langjähriger Herausg. d. „Orientalischen Lit.-Zeitung".

Wunderrabbi, Bz. d. wunderwirkenden ↗ Zaddik im ↗ Chassidismus.

Wünsche △ Karl August, 1839—1913, ev. Theologe, Oberlehrer in Dresden, bek. als Agada-Übersetzer (nicht immer zuverlässig), verfaßte mit J. Winter eine „Gesch. d. j. Lit." (1892/95).

Wuppertal, 2471 J = 0,6%. J in Elberfeld seit 1691, in Barmen später.

Württemberg, 10 023 J (1933) = 0,4% (1925: 10 827 = 0,42%), urkundlich erstmals 1298 in Heilbronn erwähnt. In Alt-W. bis 1828 nur Einzelzulassung von J als Schutz- u. Hof-J (↗ Jud Süß 1734). Vereinzelte J-Ordnungen im 18. Jhd. (Freudenthal 1731, Hochberg 1780). Im Zuge d. Aufklärung 25. 4. 1828 Gesamtregelung (innerkirchlich u. staatsrechtlich) durch „Gesetz betr. d. öffentl. Verhältnisse d. isr. Glaubensgenossen". Neuregelungen u. Ergänzungen 1831, 1912, 1924. Oberrat aus 7, Landesversammlung aus 19 Mitgliedern; 8 Rabbinatsbezirke u. Stadtrabbinat Stuttgart, 45 Religionsgem. Größte Gem.: Stuttgart, Heilbronn, Ulm.

Würzburg, 2145 J = 2,1%, urkundlich seit 1119; ↗ Süßkind von Trimberg u. Rabbi ↗ Meir von Rothenburg wirken im 13. Jhd. in W. Austreibung 1567; um 1800 Neuansiedlung. Seligmann Bär Bamberger gründet d. j. Lehrerseminar.

Wüste (Midbar): a) W. Juda, zwischen dem Gebirge Juda u. dem Toten Meer. b) W. Sinai, d. gr. arab. W., Schauplatz d. 40jährigen W.-Wanderung Israels von Ägypten nach Kanaan.

X Y Z

Xanten (Rheinland), 13 J; seit 11. Jhd. bezeugt. Märtyrertod d. Gem. im 1. Kreuzzug (27. 6. 1096). – Adolf Buschoff wurde am 29. 6. 1891 d. Ritualmords an d. fünfjährigen Johann Hegmann beschuldigt. Sein Freispruch erfolgte am 14. 7. 1892.

Xerxes Δ Kg. von Persien, 5. Jhd. v., als Achaschwerosch (Ahasver) Gestalt d. bibl. Esther-Geschichte.

Yahuda, Abraham Schalom, geb. 18. 6. 1877 Jerusalem, B-Forscher u. Orientalist, zeitweise an d. Lehranstalt f. d. Wissenschaft d. Jt. Berlin u. Prof. an d. Univ. Madrid. Ⓦ D. Sprache d. Pent. in ihren Beziehungen zum Ägyptischen (1929).

Yellin, David, geb. 1864 Jerusalem, Pädagoge u. j. Gelehrter, Dozent f. hebr. Dichtung an d. Universität Jerusalem. Ⓦ H. Sprachlehren; h. Wörterbuch (mit Grasowski).

Ysop (Esow), Pflanze, bei priesterlichen Reinigungszeremonien (L 14) gebraucht. Bildhafter Ausdruck: „von d. Zeder bis zum Y.“ = vom höchsten zum geringsten (I. Kg. 5, 13).

Zacharias ↗ Sacharja.

Zacuto (Sachut): 1) Abraham, um 1450/1510, Astronom (Prof. in Salamanca u. Saragossa, Berater Vasco da Δ Gamas) u. Chronist. Ⓦ Sefer Juchassin (Buch d. Genealogien), Chronik u. Geschlechtsregister von d. Weltschöpfung bis 1500. – 2) Mose, um 1625 Amsterdam–Mantua 1697, Kabbalist u. Dichter. Ⓦ Tofte aruch (D. Hölle ist bereit), Mysterium; Jessod Olam (Fundament d. Welt), Drama.

Zaddik (Gerechter), d. Fromme, Vollkommene u. Wundertäter im ↗ Chassidismus.

Zade, 18. Buchst. im h. Alphabet, emphatischer S-Laut (angenommene Aussprache: z); Zahlwert 90.

Zadikow, Arnold, geb. 1884 Kolberg, Bildhauer, neben Benno ↗ Elkan einer der führenden Vertre-

Arnold Zadikow
Selbstbildnisbüste, 1929

ter moderner j. Plastik in Dt. Ⓦ Bildnisbüsten, Grabdenkmäler (Abb. 246); Statue „D. junge David“ (Tafel 6) im Jüd. Museum Berlin.

Zadok (Gerechter), Aaronide, Hohepriester unter Salomo u. Ahnherr d. Priestergeschlechts d. Zadokiden (Hohepriester am 1. u. 2. Tempel).

Zahlen: Eins (Einzigkeit Gottes [D 6, 4]); Zwei (Bundestafeln, Lehren [schriftl. u. mündl. Lehre]); Drei (Erzväter, Hauptteile d. B [Tora, Proph., Hagiogr.], Wallfahrtsfeste); Vier (Erzmütter, Formen d. Exegese, Typen d. fragenden Knaben [in d. Pessach-Haggada]); Fünf (Torabücher, Rollen); Sechs (Ordnungen d. Mischna); ↗ Sieben; ↗ Zehn, ↗ Zwölf; 13 (Glaubensgrundsätze, von Maimonides aufgestellt); 18

(Achtzehngebet); 24 (Bücher d. Bibel); 36 (verborgene Gerechte); 40 (↗ Vierzig); 50 (Jubeljahr); 70 (↗ Sieben); 72 (Älteste im talmud. Gelehrten-Kollegium): 248 (Gebote); 365 (Verbote); 613 (Gebote u. Verbote). — Volkstüml. Z.-Lied (1—13) in d. Pessach-Haggada („Echad mi Jodea" = Eins, wer weiß es?). Z.-Mystik, ein Mittel d. B-Exegese (↗ Gematria, ↗ Notarikon) u. religiösen Spekulation.

Zamenhof, Ludwig Lazarus, 15. 12. 1859 Bialystok - Warschau 14. 4. 1917, Augenarzt in Warschau, Erfinder d. Welthilfssprache Esperanto (1887); heute in allen Ländern verbreitet, in etwa 30 Ländern Wahlfach im Unterricht; zahlr. Zeitschr.

Zangwill, Israel, 24. 2. 1864 London —Midhurst 1. 8. 1926, engl. Schriftsteller, Zionist, Mitbegr. u. Präs. d. ↗ „Ito". Ⓦ vielfach d. Leben im Londoner Ghetto schildernd: Kinder d. Ghetto (1892) u. a.

Zaraat ↗ Aussatz.

Zarefat, als unbek. Exilsland Obadja 20 erwähnt, traditionell mit Frankreich gleichgesetzt. Zarfati, Name u. Beiname mehrerer frz.-j. Gelehrten d. Mittelalters.

Zarfat (griech.: Sarepta), Stadt in Phönizien. Elia erweckt d. toten Sohn d. Witwe zu Z. (I. Kg. 17).

Zauberkünstler, j.: Im 18. Jhd. Philadelphus Philadelphia (eigtl. Jacob Meyer), im 19. Jhd. Compars Herrmann, dessen Bruder Alexander (Herrmann the Great), der als Berlach geb. „Allerweltszauberer" Samuel Bellachini; Carl Hertz (Leib Morgenstern); Imro Fox (Isidor Fuchs); St. Roman (Samuel Thiersfeld); Ernest Thorn (Illusionist); Horace Goldin (Goldstein).

L: G. Dammann, J in d. Zauberkunst, 1933.

Zebaot (Heerscharen), Beiname ↗ Gottes.

Zedaka, wörtl.: Gerechtigkeit, speziell als Bz. d. pflichtmäßigen Wohltätigkeit gebraucht.

Zedekia (Zidkijahu, „Gott meine Gerechtigkeit"), letzter Kg. d. Reiches Juda, von Jeremia vergeblich ermahnt, nach d. Zerstörung Jerusalems (586 v.) vor Jericho gefangen, geblendet u. ins babylonische Exil deportiert.

Zeder (Eres), d. Pracht d. Libanons, Gleichnis d. höchsten Baums (I. Kg. 5, 13); ihr Holz beim Bau d. salomonischen Tempels verwandt.

Zederbaum, Alexander, 1816—1893, h. u. jidd. Schriftsteller, Aufklärer in Odessa, Pionier d. h. Journalismus. Ⓦ ha-Meliz (D. gute Sprecher), als h. Wochenblatt 1860 begr., seit 1870 h. Tageszt g. in St. Petersburg.

Zeena u-reena, altjidd. B - Paraphrase. ↗ Jiddische Literatur.

Zefanja (Gott verhüllt), Prophet unter Kg. Josia. Buch Z., 9. d. 12 kl. Propheten, 3 Kap.

Zehent (Maasser), d. zehnte Teil d. Ertrages an Früchten u. Vieh wie d. Einkommens überhaupt; pentateuchische Pflichtabgabe verschiedener Art (Leviten-Z., Armen-Z.; sog. „zweiter Z." f. d. eigenen Gebrauch bei d. Festfeier [D 14, 23 ff.]).

Zehn, häufige Zahl: 10 Gebote (↗ Dekalog), 10 ägypt. ↗ Plagen, 10 ↗ Stämme Israels (verlorene Stämme), 10 ↗ Märtyrer Roms, 10 ↗ Bußetage, 10 ↗ Sefirot; Abgabe d. ↗ Zehent.

Zeire Zion („Junge Zionisten"), sozial. stark volksmäßig betonte Bewegung innerh. d. Z., entstanden 1900. ↗ Arbeiterbewegung.

Zeißl, Hermann von, 1817 Vierzighuben (Mähren)—Wien 1884, a. o. Prof. Wien, einer d. bedeutendsten Dermatologen seiner Zeit. Ⓦ Lehrbuch d. konstitutionellen Syphilis.

Zeitungen ↗ Presse.

Zelofchad aus Manasse; d. für ihn bestimmte Erbe geht auf seine fünf Töchter über, da er keine Söhne hinterlassen hat (NU 27; Jos. 17).

Zeloten (griech. „Eiferer"; h. Kannaim), Bz. d. national-radikalen j.

Partei im 1. Jhd. n., die d. Widerstand gegen d. Römer schürte u. d. Signal zum Aufstande gab.

Zensur h. Bücher von Seiten d. katholischen Kirche, hauptsächl. gegen d. T gerichtet (Handschriften u. Drucke), seit Mitte 16. Jhd. generell angewandt, meist in d. Form einer Selbst-Z. der beanstandeten Stellen (Äußerungen gegen d. alte Rom, griech.-röm. Heidentum, Apostaten u. Samaritaner) durch d. J; zeitweise Milderung, zeitweise Verschärfung, die bis zu T-Verbrennung ging. Durch Z. ist teilweise d. Text gänzlich verderbt; Wiederherstellung d. unzensurierten Textes (d. ersten △ Bombergschen Ausgaben des T sind unzensuriert) in krit. Ausgaben d. Gegenwart (L. ⊦ Goldschmidt).

Zentralausschuß d. dt. Juden f. Hilfe u. Aufbau (seit 1. 4. 1935 in d. ⊦ Reichsvertretung eingegliedert), April 1933 als zentrale Körperschaft d. j. Sozialarbeit gegr. An ihm beteiligt: Centralverein der Juden in Deutschland, Zentralstelle f. j. Wirtschaftshilfe, Zentralwohlfahrtsstelle, Hilfsverein d. J in Dt., Zion. Vereinigung f. Dt., Pal.-Amt, Jüd. Gemeinde zu Berlin, Reichsbund j. Frontsoldaten, Jüd. Frauenbund, Agudas Jisroel.

Zentralstelle f. d. Ansiedlung dt. J in Pal., London, unterhält Siedlungsgesellschaft „Rural and Suburban Settlement Co." (abgek. Rassco).

Zentralstelle f. j. Wirtschaftshilfe, gegr. März 1933 (seit 1.4.1935 in d. ⊦ Reichsvertretung eingegliedert), bearbeitet: Berufsumschichtung u. -ausbildung, Selbsthilfe d. einzelnen Berufsgruppen (Ärzte, Juristen, Dozenten, Künstler). Daneben arbeitsgemeinschaftlich zusammengeschlossen: a) Hauptstelle f. j. ⊦ Wanderfürsorge (Bearbeitung d. Fragen d. Rückwanderung ausländischer J in ihre Heimatländer); b) Zentralstelle f. j. ⊦ Darlehnskassen (Organisierung eines Netzes von Darlehnskassen f. alle j. Gem. Dt.'s); c) Vereinigte Zentrale f. j. ⊦ Arbeitsnachweise in Dt. (Schaffung eines zwischenörtlichen Austausches von Arbeitsangeboten u. -Gesuchen; Finanzierung d. Arbeitsnachweise); d) Jüd. Arbeitshilfe (Träger d. Landwerks Neuendorf).

Zentralverband j. Handwerker Dt.'s e.V., gegr. 1909: 17 Ortsgruppen (1934). Ⓦ Der j. Handwerker.

Zentralwohlfahrtsstelle d. dt. J e.V. gegr. 1919, gesetzlich anerkannt durch 3. Durchführungsverordnung zum Anleihe-Ablösungsges. 1926, seit 1. 4. 1935 Abt. d. ⊦ Reichsvertretung. Abteilungen: Offene Wohlfahrtspflege (Organisation u. Finanzierung im Reich); Gefährdeten- u. Tuberkulosefürsorge, Heilkuren, Studentenhilfe, Erholungsfürsorge; Anstaltsausschuß (Beratung u. Rationalisierung d. Anstalten), Sammlung „Jüdische Not" (f. nichtgemeindliche Berliner Anstalten).

Zere, Vokalzeichen e (langes e): 2 Punkte (waagerecht) unter dem Buchstaben.

Zeremonialgesetz, eine von Mendelssohn geprägte Bz. f. d. mosaische Gesetz (Kultus, Ritus, Brauch).

Zertifikat. Einwanderungserlaubnis nach Pal. wird erteilt durch: 1) Arbeiter-Z. Anzahl wird durch pal. Regierung bestimmt. Verteilung erfolgt über Jewish Agency durch Pal.-Ämter. Voraussetzung ist ausreichende Vorbildung in einem Beruf, der d. wirtschaftl. Bedürfnissen Pal.'s Rechnung trägt, u. Kenntnis d. h. Sprache. 2) Jugend-Z. f. Jugendliche von etwa 15—17 Jahren. 3) Handwerker-Z. f. ausgebildete Handwerker mit Mindestkapital von 250 engl. Pfund. 4) Verwandten-Z., auf Anforderung von d. in Pal. lebenden Angehörigen. 5) f. sonstige Gruppen: a) Kapitalisten-Visum f. Personen mit Mindestkapital von 1000 engl. Pfund durch British Passport Office. b) Personen mit gesichertem Lebensunterhalt (Waisenkinder, Studenten u. Schüler, f. deren Lebensunterhalt gesorgt ist). c) Personen religiösen Berufes. d) Spezialarbeiter auf Anforderung durch pal. Unternehmer.

Zins nehmen auch von d. nichtj. Einwohnern Pal.'s war in d. B streng verboten, dagegen nicht von Ausländern. Der T hat darüber hinaus jegliche andere Nutznießung untersagt, ohne Unterschiede zwischen J u. Nichtjuden. Im MA zum Geldgeschäft gedrängt, nahmen d. J zunächst nur von Nichtjuden Z., später auch von J, aber nur in Form d. Beteiligung am Geschäft (hetter iska) u. für produktive Zwecke. Sonst blieb d. zinslose Darlehen (gemilut chessed) bestehen.

L: I. Bernfeld, Zinsverbot bei d. J, 1924.

Zion, ein Hügel Jerusalems, auf dem d. Burg Davids stand; auch Bz. von Tempelberg u. Tempel wie von ganz Jerusalem.

Zionismus: 1) Idee (Begriff 1893 von Nathan Birnbaum geprägt) geht von d. Anschauung aus, daß die J ein Volk seien, betrachtet daher J-Frage vor allem als nationale u. politische Frage. Überwindung d. Spannungen mit d. Umwelt u. „Normalisierung" j. Lebens könne nur durch Schaffung eigenen Territoriums erfolgen. Aus dieser Erkenntnis soll Pal. als geschichtl. Herkunftsland der J aufgebaut werden u. als Vorbild befruchtend auf d. Leben der J außerhalb Pal.'s (Galut) wirken. Auch werde d. Besinnung auf d. eigene Volkstum eine weniger problematische Beziehung zwischen d. J u. ihrer nichtj. Umwelt herbeiführen. Aus diesen Grundideen entwickelte sich allmählich d. Ideologie des Z., vielfach gewandelt u. häufig umgeprägt. Gegenüber d. rein politischen Z. Herzls entsteht d. Kultur-Z. Achad Haams. D. radikale Galutverneiner Klatzkin sieht d. völligen Untergang d. J außerhalb Pal.'s. Andere Richtungen bejahen d. Arbeit in d. „Galut", wobei über d. staatsrechtl., kulturelle u. wirtschaftl. Einordnung in d. Wohnländern keine einheitl. Meinung besteht. D. Begriff d. j. Kulturschöpfung stellt sich immer stärker in d. Mittelpunkt (hebr. Sprachschöpfungen; Bialik, Grundlegung einer neuen j. Religiosität). Die beim Aufbau Pal.'s entstandenen sozialen Fragen haben zur Gründung z. Arbeiterparteien, die d. „bürgerlichen" Z. gegenüberstehen, geführt. Weitere Unterschiede ergeben sich aus d. Stellung zur ↗ Araberfrage u. zur Politik d. Mandatarmacht England. Nach gemäßigter Anschauung kann Pal. kein j. Nationalstaat, sondern nur ein binationaler Staat mit politischer Autonomie sein (H. Kohn u. R. Weltsch: Z. Politik 1927), während d. ↗ Z.-Revisionisten d. Durchsetzung d. Majorität in Pal. u. Transjordanien fordern. Ein gr. Teil nichtrevis. Z. bejaht dieses Endziel auch, lehnt aber d. Methode d. Rev. ab. 2) Geschichte. Vorläufer: Chowewe-Zion (Zionsliebende) u. Chibbat-Zion (Zionsliebe; Leo Pinsker: „Auto-Emanzipation" 1882). Weltorganisation wurde 1897 durch ↗ Herzl

Theodor Herzl

Chajim Weizmann

auf 1. Kongreß zu Basel, finanzielle Grundlage durch Gründung d. j. Kolonialbank (Jewish Colonial Trust) 1909 u. d. j. Nationalfonds (Keren Kajemet Lejisrael) 1901 geschaffen. Präs. war bis zu seinem Tode Herzl, der vor allem d. Großmächte f. den z. Staatsgedanken gewinnen wollte. D. Angebot d. Territoriums ⁄ Uganda wurde nach schwerem Konflikt abgelehnt. Herzls Nachfolger wurde 1905 David ⁄ Wolffsohn, der in d. Fortsetzung d. traditionellen Politik Herzls starke Widerstände fand: d. Opposition forderte statt rein politisch-diplomatischer Tätigkeit praktische Kolonisationsarbeit in Pal. 1911 wurde Otto ⁄ Warburg Präsident. Während d. Kriegsjahre wurde d. Schwerpunkt d. Arbeit nach London verlegt, wo es Chajim ⁄ Weizmann u. Nachum ⁄ Sokolow gelang, in der Balfour-Deklaration vom 2. 11. 1917 d. Unterstützung Englands u. später auch anderer Großmächte f. die z. Pläne zu gewinnen. Bei d. Friedensverhandlungen (Paris 1919, San Remo 1920) wurden d. Grundlagen f. das ⁄ Pal.-Mandat gelegt (1922 vom Völkerbund ratifiziert). Z. Organisation wurde als Vertretung d. Judenheit (Jewish Agency) f. Pal. anerkannt. Auf d. 16. Kongreß (Zürich 1929) wurde d. erweiterte Jewish Agency gebildet, in d. Z. u. Nichtz. mit je 50% vertreten sind. Den Araberunruhen von 1929 folgten Differenzen zwischen Jewish Agency u. Mandatarmacht (Passfield-Weißbuch, 1930). Chajim Weizmann trat als Präs. d. Jewish Agency zurück, Nachfolger wurde auf d. 17. Kongreß N. Sokolow, auf d. 19. wurde Weizmann als Präs. d. Z. Org. u. d. Agency wiedergewählt. 3) O r g a n i s a t i o n. Mitgliedschaft verpflichtet zur Anerkennung d. ⁄ Baseler Programms u. Zahlung d. Schekel (=1Mark = 1Shilling usw.). Neben allgem. z. Landesverbänden sind Sonderverbände nach religiösen (Misrachi), sozialen (Ichud) u. politischen Gesichtspunkten (Radikale u. Revisionisten) entstanden. Oberstes beschließendes Organ: d. aus allgem., direkten Wahlen hervorgegangene Kongreß, der d. Aktionskomitee u. d. Exekutive wählt. 1933 zählte Z. 640 000 organ. Mitgl.

Nachum Sokolow
Gemälde von Leonid Pasternak, 1922

1935 Abtrennung d. ↗ Zionisten-Revisionisten. L: J. Heller, Gesch. d. Z., 1935; Adolf Böhm, D. z. Bewegung; Nachum Sokolow: History of Zionism; Z. Handbuch herausgeg. von Gerhard Holdheim; Protokolle d. Zionistenkongresse I—XVIII.

Zionistenkongresse. 1. Basel 1897, 2. Basel 1898, 3. Basel 1899, 4. London 1900, 5. Basel 1901, 6. Basel 1903, 7. Basel 1905, 8. den Haag 1907, 9. Hamburg 1909, 10. Basel 1911, 11. Wien 1913, 12. Karlsbad 1921, 13. Karlsbad 1923, 14. Wien 1925, 15. Basel 1927, 16. Zürich 1929, 17. Basel 1931, 18. Prag 1933, 19. Luzern 1935.

Zionisten-Revisionisten, Union der, erstrebt J-Staat in d. historischen Grenzen Pal.'s, treibt aktive Politik gegenüber England, um es dem Mandat entsprechend zur Förderung d. J-Staatsaufbaues zu veranlassen, tritt ein f. j. Selbstschutz, kämpft f. Wirtschaftsfrieden gegen Klassenkampf. Seit 1935 selbständige Weltorganisation (ohne dt. ↗ Staatsz.): „Neue Zionistische Organisation". Gründungskongreß Wien. Präsident ↗ Jabotinsky.

Zionisten-Sozialisten, abgek. S. S., gegr. in Rußland 1904, für territ. Lösung der J-Frage, aber nicht in Palästina. ↗ Arbeiterbewegung.

Zionistische Vereinigung f. Dt., gegr. 1897, Sitz Berlin; Zusammenfassung d. J, die auf d. Boden d. ↗ Baseler Programms stehen. Eingeteilt in Gruppenverbände, Ortsgruppen u. Arbeitsgemeinschaften. Arbeitsgebiete: Z. Politik, h. Kulturarbeit, Frauen-, Jugend-, Gemeinde- u. Pal.-Arbeit. Ⓦ Jüdische Rundschau.

Zippora (Vöglein), Mosis Frau.

Zizit, Schaufäden, Quasten, die nach NU 15, 37—41 u. D 22, 12 an den 4 Enden d. Gebetmantels (↗ Tallit) u. des ↗ Arba Kanfot, d. kleinen Tallit, sich befinden u. Erinnerungszeichen an Gott u. Gottes Gebote darstellen.

Zola △, Emile, Paris 1840—1902, 1908 im Panthéon beigesetzt. Romanschriftsteller, richtungweis. in d. naturalistischen Schule, greift 1898 mit Offenem Brief „J'accuse" (Abb. 151) in „Aurore" in d. Affäre ↗ Dreyfus ein, wird dieses Kampfes wegen verurteilt, flieht, kehrt nach Urteilsrevision zurück. Sein Eintreten für Dreyfus literarisch niedergelegt in „Vérité" u. „La Vérité en marche".

Zollschan, Ignaz, geb. 1877 Erlach b. Wien, Arzt u. Anthropologe in Karlsbad. Ⓦ Das Rassenproblem unter besonderer Berücksichtigung d. theoretischen Grundlagen d. j. Rassenfrage (2. Aufl. 1924).

Zom Gedalja ↗ Gedalja.

Zondek: 1) B e r n h a r d, geb. 1891 Wronke, Gynäkologe, 1926/33 a. o. Prof. Berlin, Leiter d. Hadassa-Rothschild-Krankenhaus. Jerusal., wichtige Arbeiten über d. Zusammenhang d. Absonderung d. Hypophyse mit d. Eierstöcken, arbeitete zus. mit ↗ Aschheim d. Diagnostik d. Schwangerschaft aus d. Urin aus. 2) H e r m a n n, geb. 1887 Wronke, Internist, seit 1921 a. o. Prof., 1926/33 Direktor am Urban-Krankenhaus Berlin. Hauptgebiet: Lehre von d. inneren Sekretion.

Zoologen, j.: Im 18. Jhd. Markus Elieser ↗ Bloch; in d. Gegenwart Israel ↗ Aharoni, Fritz S. Bodenheimer (geb. 1897; Jerusalem), Ernst Bresslau (San Paulo; 1872—1935), Paolo Enriques (Padua), Richard Goldschmidt, Viktor Jollos (geb. 1887; Madison), Hans ↗ Przibram, Richard ↗ Semon, Curt Stern (geb. 1902; Rochester).

Zuckerkandl, Emil, 1. 9. 1849 Raab —Wien 28. 5. 1910, Anatom u. Anthropologe, o. Prof. u. Leiter d. 2. Anatomischen Instituts Wien; Studien zur Schädelkunde, anthropol. Untersuchungen über d. Bevölkerung Österreichs.

Zuckermandel, Mose Samuel, 1836 Ung.-Brod—Breslau 1917, Tossefta-

Forscher, Stiftsrabbiner in Breslau. Ⓦ Tosefta, Mischna u. Boraitha.

Zuckermann, Hugo, Eger 15. 5. 1881—23. 12. 1914, Dichter, bekannt durch sein „Österreichisches Reiterlied". Aus seinem Nachlaß wurden Gedichte u. d. Übersetzung dreier Dramen von J. L. ↗ Perez veröffentlicht. Z. war Zionist.

Zünfte, j. Zuerst: Alexandria. Im MA streng geregelte Berufsorg. d. Handwerker, entsprechend d. christl. Zünften. Aufnahme erst nach dreijähriger Lehrzeit. Alljährlich gewählter Ausschuß leitet d. Z. u. vermittelt Beilegung von Rechtsstreitigkeiten. Aufgabe d. Zunftorg.: Unterbindung d. Konkurrenzprinzips, Überwachung d. relig. u. moralischen Vorschriften, soziale u. charitative Hilfsmaßnahmen. Seit 1715: nur Verheiratete als selbständige Handwerker geduldet. Mit Emanzipation Auflösung d. Z. u. Bildung j. Handwerkerverbände.

Zuntz, Nathan, 7. 10. 1847 Bonn —Berlin 23. 3. 1920, Physiologe, o. Prof. an d. Landwirtschaftl. Hochschule Berlin, arbeitete bes. über Stoffwechsel u. Ernährung, gründete 1911 erstes wissenschaftl. Sport-Laboratorium.

Zunz, Leopold, 10. 8. 1794 Detmold—Berlin 17. 3. 1886, j. Gelehrter, Wegbereiter d. modernen j. Wissenschaft (Präger d. Begriffs „Wissenschaft d. Jt.") u. zugleich ihr klassischer Vertreter; Begr. d. j. literargeschichtl. Forschung (Midrasch-Literatur, synagogale Poesie), Vorkämpfer f. Emanzipation u. freiheitl. Geist. Ⓦ Die gottesdienstl. Vorträge d. J (1832); Gesammelte Schriften (1876); Schul- u. Haus-B (gemeins. m. H. Arnheim, J. ↗ Fürst, M. ↗ Sachs; 1838 u. ö.; Neudr. 1935).

L: Jubelschrift zum 90. Geburtstag, 1884.

Zürich, 6200 J = 1%.

Zweieinhalb Stämme: Ruben, Gad u. halb Manasse, m. Transjordanien als Stammgebiet (NU 32; Jos. 22).

Zweig: 1) Arnold, geb. 10. 11. 1887 Glogau, Erzähler, Dramatiker u. Essayist; j. Gestalten u. Probleme in fast allen seinen Werken. Ⓦ Dramen: Abigail u. Nabal, D. Sendung Semaels; Caliban (Essaywerk gegen ✡, 1927); Kriegsroman „D. Streit um d. Sergeanten Grischa". 2) Stefan, geb. 28. 11. 1881 Wien, Schriftsteller, erfolgreich bes. als virtuoser Novellist. Dramatisches Hauptwerk „Jeremias" 1918.

Zwi (↗ Hirsch), h. Vorname.

Zwölf, d. Zahl d. Monate d. regelmäßigen j. Jahres; 12 ↗ Stämme Israels, 12 kleine ↗ Propheten, 24 Bücher d. B.

Zypern. Unter 347 000 Einwohnern lebten 1921 ca. 195, durch d. ↗ ICA um 1900 in d. Kolonien Cholmakchi, Kuklin u. Margo angesiedelte J; seit 1934 neue j. Siedlungstendenz.

Zypresse (Berosch), nächst der Zeder d. Pracht d. Libanons (Jes. 14, 8); Z.-Holz von Salomo zum Tempelbau verwandt.

Leopold Zunz
Gemälde von Moritz Oppenheim